beck**'sche**
reihe

W0075955

Dieses Lexikon der Steinzeit ist einmalig auf dem deutschen Buchmarkt. Es erläutert in vorbildlicher Allgemeinverständlichkeit grundlegende archäologische Begriffe beispielsweise aus den Bereichen der menschlichen Evolution, der Fundstätten, Werkzeugentwicklung, Kultur, Bearbeitungstechniken, Waffen, Geräte, Forschungs- und Datierungsmethoden, Nahrungsmittel und aus vielen anderen. Mit weit über 900 Einträgen stellt das Steinzeitlexikon eine wertvolle Informationshilfe dar für allgemein historisch und anthropologisch interessierte Leser, Hobbyarchäologen, aber auch für Studierende und Lehrende aus den Fachgebieten Archäologie, Ur- und Frühgeschichte und Paläoanthropologie.

Emil Hoffmann lehrte als Studiendirektor in Mannheim und war in zahlreichen Ausbildungskommissionen tätig. Das vorliegende Werk ist das Ergebnis einer langjährigen Durchdringung unterschiedlichster historischer und archäologischer Themen.

Emil Hoffmann

Lexikon der Steinzeit

Verlag C.H. Beck

Die Deutsche Bibliothek – CIP-Einheitsaufnahme

Hoffmann, Emil:
Lexikon der Steinzeit / Emil Hoffmann. – Orig.-Ausg.,–
München : Beck, 1999
  (Beck'sche Reihe ; 1325)
  ISBN 3 406 42125 3

Originalausgabe
ISBN 3 406 42125 3

Umschlagentwurf: + malsy, Bremen
Umschlagmotiv: Tonstatuette einer weiblichen, auf einem Hocker
sitzenden Gestalt, Höhe 18,4 cm, Pazardžik, Bulgarien,
5. Jahrtausend v. Chr., © Gallimard, Erich Lessing, Paris
© C. H. Beck'sche Verlagsbuchhandlung (Oscar Beck), München 1999
Gesamtherstellung: C. H. Beck'sche Buchdruckerei, Nördlingen
Gedruckt auf säurefreiem, alterungsbeständigem Papier
(hergestellt aus chlorfrei gebleichtem Zellstoff)
Printed in Germany

Inhalt

Vorwort

Ausgangspunkt meiner Arbeit war die Beschäftigung mit der Frühzeit und der Entwicklung des Menschen, mit den Gegenständen, die er hinterließ, und dem Umgang mit diesen Gegenständen. Um Zusammenhänge und Begriffe zu erfassen, zu klären und schnell zu finden, legte ich eine Stichwortsammlung an, die aber im Laufe der Zeit so umfangreich wurde, daß der Gedanke an eine Zusammenfassung in einem Lexikon nahe lag. Dabei habe ich mich bemüht, die einzelnen Begriffe möglichst in ihrer umfangreichen Bedeutung zu erfassen. Schwierigkeiten bereitete bei der Abfassung die Darstellung fachlicher Definitionen und die unterschiedlichen Auffassungen einzelner Autoren über Sachverhalte und chronologische Daten. Besonders Zeitangaben sollten eher als Mittelwert oder Annäherung an unterschiedliche Alterseinstufungen gesehen werden, zumal auch während der Ausarbeitung laufend Korrekturen durch neue wissenschaftliche Erkenntnisse notwendig wurden.

Mein besonderer Dank gilt dem Paläontologen Herrn Dr. Friedemann Schrenk (Hessisches Landesmuseum Darmstadt) für seine Unterstützung, der mich zur Veröffentlichung ermutigt hat, sowie Herrn Prof. Dr. Hansjürgen Müller-Beck (Institut für Urgeschichte der Universität Tübingen) für seine Quellenergänzungen, die wertvolle Bereicherungen waren. Dies geschah trotz der umfangreichen Forschungsarbeiten und Reiseverpflichtungen der beiden Wissenschaftler. Für weitere fachliche Unterstützung danke ich Herrn Prof. Dr. Dietrich Mania von der Universität in Jena, Herrn Dr. Kurt Alt vom Institut für Humangenetik und Anthropologie der Universität Freiburg und Herrn Dr. Karl W. Beinhauer vom Reiss-Museum in Mannheim. Zu danken habe ich Herrn Knut Liehner, der bei meiner Arbeit am Computer oftmals unersetzliche Hilfe war und den ich manchmal mit „Notfällen" genervt habe, meiner Tochter Birgit, die mich als Redakteurin mit aktuellen Informationen versorgte, und schließlich meiner Frau Renate, die sich geduldig meine Probleme und Fragen anhörte, diskutierte und so wesentlich zum Gelingen meines Buches beitrug. Nicht zuletzt möchte ich dem Verlag C. H. Beck danken, der mich durch Herrn Dr. Stefan von der Lahr beratend unterstützt hat.

Mir ist bewußt, daß nicht alle Themen oder Begriffe erfaßt wurden, der Inhalt eine mehr oder weniger persönliche Auswahl ist, daher Lücken vorhanden sind und manche Darstellung ganz andere Betrachtungsweisen zuläßt. Ziel war es immer, wissenschaftliche Inhalte übersichtlich und verständlich darzustellen. Damit kann das „Lexikon Steinzeit" einer ersten Information dienen und einen Einstieg in die Fachliteratur erleichtern. Ergänzende Bilder sind für eine spätere Ausgabe vorgesehen.

Lampertheim-Hüttenfeld, Januar 1999   *E. Hoffmann*

Zum Text:
→: Das Zeichen weist auf ergänzende Inhalte hin.
In Klammern gesetzte Zahlen geben die verwendete Literatur im Literaturverzeichnis an.

Die Steinzeit von A bis Z

Aalstecher

Zum →Fischfang in den Binnengewässern benutzte man sogenannte Aalstecher, mit denen man Fische, vor allem während ihrer Winterstarre, im Schlamm aufspießen konnte. Beim Stoß mit diesem Gerät geriet die Beute zwischen 2 federnde Zinken aus Holz, wurde von diesen eingeklemmt und auf einen dazwischenliegenden Dorn aufgespießt.

Abbevillien

(→Acheuléen)
1 500 000–600 000 v. h.
(benannt nach Abbeville, Stadt in NW-Frankreich an der Sommemündung)
Die Bezeichnung wurde häufig für Industrien mit grob gearbeiteten Faustkeilen und Artefakten aus →Abschlägen in Europa verwendet. Sie ersetzte dort als früheste Stufe allmählich den zunächst benutzten Begriff →Chelléen. 1847 entdeckte der Zöllner Jacques Boucher de Perthes (→Lebensläufe) auf dem späteren Schlachtfeld der Somme neben Knochen von längst ausgestorbenen Tierarten Werkzeuge aus Stein, die auf ein hohes Alter der Menschheitsgeschichte hinwiesen (ca. 500 000 Jahre). Erst nach vielen Jahren der Ablehnung erwiesen sich seine Thesen als richtig, wobei Stücke von afrikanischen Fundplätzen dreimal älter sind. Man betrachtete das Abbevillien als eine Stufe, die dem →Acheuléen vorausging. Heute wird der Terminus Abbevillien in der Fachliteratur kaum noch benutzt und wird allenfalls mit dem ebenfalls allmählich verschwindenden Begriff Protoacheuléen gleichgesetzt. Das Abbevillien kann heute als Bestandteil des Älteren Acheuléen gelten, das jetzt zunehmend, wie alle geowissenschaftlichen Begriffe, mit der englischsprachigen Endung „ean" (Acheulean) geschrieben wird. Im Abbevillien (Älteren Acheulean) tauchen bereits grob zugerichtete Geräteformen auf, die man zunächst erst in das spätere →Moustérien oder gar →Jungpaläolithikum stellen wollte. Außerdem fand man in Abbeville Geräte von Moustérien-Art, andere jungpaläolithische und neolithische Geräte.

Abri (Halbhöhle)

(franz.: Unterstand, Schutz, Obdach)
Geschützte Stelle unter einem Felsüberhang, eine Halbhöhle, die als Siedlungsplatz dienen kann. Die Höhlung unter einem Felsdach entsteht durch Herauswittern einer weicheren Schicht unter widerstandsfähiger Deckschicht, meist Kalk- oder Sandstein. Sehr oft zeugen meterhohe Ablagerungen von einer Benutzung über Jahrtausende hinweg. Kulturschichten mit Steingeräten und anderen Artefakten sowie Knochen von erlegtem Wild wechseln mit fundleeren Schichten, die aus abgebrochenem Gestein und angewehter Erde bestehen. An die Felswände lehnte man zuweilen hütten- oder windschirmartige →Behausungen. Seit dem →Alt- und Mittelpaläolithikum sind die Abris als Wohnstätten benutzt worden und stellen wichtige Fundstätten dar. Die dort zurückgelassenen →Werkzeuge und →Ge-

räte und die sich bildenden aufeinanderfolgenden → Kulturschichten bieten die Grundlage für eine
archäologische → Chronologie.

Abri-Audi-Spitzen

(benannt nach der Fundstelle Abri-
Audi bei Les Eyzies, Dordogne,
Frankreich)
An diesem Aurignacien-Fundplatz
wurden zahlreiche Spitzen gefun-
den, wobei die breite Bogenspitze
(Halbmondmesser) die → Leitform
bildet. Es ist eine asymmetrische
Klinge mit retuschierter konvexer
Kante, wobei die gerade oder kon-
kave Kante evtl. geschäftet war.
Die Abri-Audi-Spitze hat vermut-
lich ihren Ursprung im → Mousté-
rien.

Abschläge

Gezielte Loslösungen von einem
größeren Stein, einer Feuersteinknolle oder einem präparierten
Kern nach verschiedenen Verfahren, um ein Rohstück zu erhalten,
ein Rohstück zu formen, um die
Abschläge (→ Abschlagtechniken)
ohne → Modifikation direkt als
Werkzeug oder als Halbfabrikate
zur weiterer Bearbeitung und Um-
formung zu benutzen. Diese Verfahren verfeinerten sich weiter bis
zur Herstellung feiner dünner
Klingen mit Hilfe der → Druck-
technik. Abschläge, die am Ar-
beitsort liegen blieben, dienen dem
Archäologen zur Lokalisierung der
Arbeitsplätze.
Durch Abschläge von einem Geröll entstehen Kernwerkzeuge wie
→ Chopper, → Chopping Tools
sowie → Proto- und → Faustkeile
(→ Kerne). Die Abschläge selbst
ergeben Schaber, Messer u. ä. Aus
einem großen Abschlag wird ein

Werkzeug durch weitere kleinere
Abschläge geformt, z. B. ein Faustkeil. Durch Abheben kleiner Abschläge, → Absplisse oder Flips
entsteht eine formgebende oder
funktionale → Retusche: z. B. Blattspitzen, Schaber. Abschläge aus
vorbereiteten Kernen ergeben
→ Klingen wie bei der → Leval-
lois-, → Quina- und → Klingenabschlag-Technik, die meist noch weiter zu Schabern, Messern, Stichel,
Bohrern u. a. bearbeitet werden.
Abschlagwerkzeuge gab es zu allen Zeiten, von der frühesten Ge-
röllbearbeitung (→ Oldowan) bis
über das Neolithikum (Klingenabschlag) hinaus. Bereits in der ersten Periode des Oldowans tauchen
verschiedene Abschlagsformen auf:
Polyeder, Disken und Schaber.
Daraus kann geschlossen werden,
daß der Umgang mit Geräten den sie
herstellenden Hominiden bereits
über längere Zeit vertraut war.
„Dies sind die ersten klar beobach-
teten Serien geplanter Steingeräte-
produktion" (Müller-Beck, 141, 35).
Die wichtigsten aus Abschlägen
hergestellten Werkzeuge: → Schaber, → Spitzen, → Stichel, → Klingen, → Bohrer, → Mikrolithen
und durch Abschläge geformte
Kernwerkzeuge: Geröllwerkzeuge,
Faustkeile, → Beile, → Äxte.

Richtungsbezeichnungen bei Abschlägen:

• Proximal: (lat. proximus: der
  nächste) bedeutet, in der Nähe
  des Schlagpunktes gelegen oder
  in Richtung auf den Schlagpunkt
  gerichtet.
• Distal: (lat.: von der Körpermitte
  entfernt) vom Schlagpunkt weggerichtet, auch als „terminal" (lat.:
  zum Ende gerichtet) bezeichnet.

- Ventral: (lat.: Bauchseite) Trennfläche des Abschlags vom Kern. Merkmale der Ventralseite sind: Schlaglinien (→ Wallner-Linien), Schlagpunkt, Bulbus, Schlagnarbe, Radialstrahlen, die spiegelbildlich auch auf dem zugehörigen Negativ am Kernstein erscheinen.
- Dorsal: (lat.: Rückenseite) Vorder- oder Außenseite des Abschlags, evtl. mit → Rinde und Negativen früherer Abschläge mit Grate.
- Lateral: (lat.: seitlich) seitliche Begrenzung, dritte Dimension neben proximal → distal und ventral → dorsal.
- Axial: (nlat.: in der Achsenrichtung) Schlagrichtung proximal → distal.
- transversal: (nlat.: querverlaufend) quer zur Schlagrichtung.

Teile der Abschläge:
- Schlagfläche (Schlagbasis): Rest jener Fläche des Kerns, auf welche der trennende Schlag ausgeführt wurde (gewölbte, ebene oder facettierte Fläche). Ventral von der ehemaligen Kante des Kerns (Kernkante) dorsal durch die beim Schlag entstehende Trennkante begrenzt.
- Schlagkegel: kann sich an der Auftreffstelle des Schlages in Form eines kleinen Kegelmantels ausbilden, geht meist ohne klare Grenzen in den → Bulbus über.
- Schlaglippe: wenn die Trennkante lippenförmig hervorspringt.
- Schlagnarbe: gelegentlich springt während des Trennvorgangs aus dem Bulbus ein flacher Splitter heraus, der auf dem Bulbus eine Schlagnarbe hinterläßt.

- Schlagpunkt: der Auftreffpunkt des Schlages ist gelegentlich sichtbar als Vorwölbung der Trennkante.
- Bulbus: (lat.: Zwiebel) Aufwölbung, Verdickung auf der Ventralseite eines Abschlags unterhalb des Schlagpunktes. Je nach Rohmaterial und Schlagtechnik kann sich sowohl der Schlagkegel als auch die sich anschließende Erhebung markieren und durch eine begrenzte Gefügezertrümmerung ein milchiges Aussehen haben. Wichtiges Merkmal des (muscheligen) Bruchs: am abgeschlagenen Stück ist der Bulbus positiv, am Rohstück (Kern) negativ.
- Radialstrahlen und -sprünge (nlat. radial: strahlenförmig): Schräg vom Schlagpunkt weg bilden sich häufig Radialstrahlen oder -sprünge (Schlagwellen) aus und lassen bei Rekonstruktionen die ursprüngliche Abtrennrichtung erkennen.
- Abspliß: sehr kleiner Gesteinssplitter, wie er bei der → Retusche anfällt.
- Klinge: langer, schmaler Abschlag mit annähernd parallelen (lateralen) Kanten (→ Klinge).
- Wallner-Linien: Konzentrische Schlagwellen am Feuerstein.

Abschlagtechniken
Es gibt 3 Grundtechniken der Steinbearbeitung:
→ Kernstein-Technik
→ Levallois-Technik
→ Klingenabschlag-Technik
Bei allen Abschlagtechniken werden von einem Rohstück Abschläge entfernt mit der Absicht, diese als Werkzeuge zu verwenden, sei es ohne weitere Zurich-

tung, indem die beim Absprengen vom Kernstein (Nukleus) entstandenen scharfen Kanten als Schneiden dienen, so daß diese Abschläge die Ausgangsstücke für weitere Geräteformungen durch teilweise oder auch vollständige Retusche darstellen (z. B. Schaber, Klingen, Klingenbohrer). Oder es werden Abschläge entfernt, bis der Kern als beabsichtigtes Gerät übrigbleibt (z. B. Faustkeil). Ziel der Klingenabschlag-Technik ist die vor dem Abschlag bestimmte Form der zu schlagenden Klinge.

Kernstein-Techniken:
- Beim Werfen von Geröllen gegen einen Amboßstein können Abschläge entstehen, die eine ebene Ventralfläche mit keinem oder wenig ausgeprägten Bulbus zeigen.
- Vertikales Schlagen eines Gerölls auf einen →Amboß führt zur Längsspaltung in Hälften oder zum Abtrennen von Abschlägen mit flacher Ventralseite ohne Bulbus.
- Direkter Schlag mit der Geröllkante auf einen Amboß ergibt einen normalen Abschlag mit konvexer Ventralfläche und mehr oder weniger ausgeprägtem Bulbus.
- Amboßtechnik: Schlagen eines Steines mit der vorbereiteten Schlagfläche auf einen Amboßstein (→Clactontechnik).
- Hartschlegeltechnik: direkter harter Schlag mit Hilfe eines Schlagsteins. Schlagkegel und Bulbus sind klein und zierlich.
- Weichschlegeltechnik: wurde der Stein mit einem Schlagwerkzeug aus Knochen oder Geweih bearbeitet, entsteht kein Schlag-

kegel, sondern nur ein flacher Bulbus.
- Lösen mit Hilfe eines →Zwischenstücks (Punch) aus Stein, Knochen oder Geweih. Durch punktgenaues Aufsetzen wird der Lösungsvorgang verbessert.
- Indirektes Loslösen auf dem Spitzamboß. Der Kernstein wird mit der äußeren Kante der Schlagfläche auf die Kante eines Spitzambosses gelegt, und durch einen Schlag auf den Kernstein wird die Klinge gelöst.
- Lösen durch Druck: Einsetzen eines kleinen Spitzamboß in eine Hebelstange, die auf den Kernstein drückt. Als Widerlager kann eine Baumöffnung dienen.

Abschläge aus vorbereiteten Kernen:

Quina-Technik
Längliche Feuersteinknollen werden, unter Umständen mit der Hilfe des Spitzambosses, in relativ dicke Scheiben zerlegt, die als Halbfabrikate zu Werkzeugen mit hohen und stabilen Arbeitskanten wie Spitzen, Schaber, Bohrer, Messer u.ä. weiterverarbeitet werden.

Levallois-Technik
Erste Herstellung von Abschlägen an umfassenden systematisch präparierten Kernen, die als Sonderform auch einen Restkern in Gestalt eines gewölbten Schildkrötenpanzers hervorbringen kann (→Levallois-Technik).

Klingenabschlag-Technik
Um schmale Klingen zu erhalten, werden verschiedene Verfahren angewendet: Lösen der Klinge von einem vorbereiteten Kern durch:

Schlagstein, Knochen-, Geweih- oder Holzschlegel, Abdrücken durch Druckstab oder mittels Meißel (→ Klingenabschlag-Technik).

Abspliß

Bei der → Retusche sich lösender kleiner Gesteinsplitter unter 10 mm maximaler Ausdehnung.

Abstandhalter

→ Bernsteinschieber

Abu Hureyra

11 500–7 000 v. Chr.

(120 km östlich von Aleppo, Syrien)

Abu Hureyra ist eine Siedlung in Zentralanatolien (Türkei) aus den Anfängen des Ackerbaus.

Der riesige → Tell besteht aus übereinandergeschichteten Resten von Schlammziegeln, vermischt mit Haushaltsabfällen. Die älteste Besiedlungsphase von 11 500–9 600 v. Chr. belegt eine 50–300 Personen umfassende Gruppe, die ganzjährig in einfachen, aber soliden Einfamiliengebäuden lebten (→ Behausungen). Damit widerspricht Abu Hureyra der traditionellen Vorstellung des Wildbeutertums: der von kleinen, umherziehenden Lokalgruppen. Die mesolithischen Sammler und Jäger dieser Siedlung jagten überwiegend Gazellen auf ihren Wanderzügen, aber auch Wildschweine, Schafe und Onager (eine Art Wildesel).

Um 10 100–9 600 v. Chr. wurde Abu Hureyra z.T. verlassen, vielleicht wegen Raubbaus an den lokalen Ressourcen und eines zunehmend unwirtschaftlicheren Klimas. Pflanzliche Reste zeigen, daß 157 Pflanzenarten verzehrt wurden, mehr als in irgendeiner anderen archäologischen Fundstätte. Menschliche Skelette, die in Gräbern gefunden wurden, zeigen anatomische Veränderungen der Zehen-, Knöchel- und Kniegelenke. Vermutlich haben die Menschen viele Stunden am Tag kniend mit umgebogenen Zehen zugebracht. Weitere körperliche Merkmale zeigen, daß diese Veränderungen durch die Haltung bei der Mehlzubereitung auf → Mahlsteinen entstanden sind. Man kann annehmen, daß die pflanzliche Nahrung das Fleisch überwog.

Um 9 500 v. Chr. kommen zwar weniger Pflanzenarten vor, doch tauchen neue Kulturpflanzen auf: Gerste, Roggen, Linsen, Kichererbsen und 2 Weizensorten. Das Getreide bildet das Grundnahrungsmittel, vorwiegend ergänzt durch das Fleisch der Gazellen.

Um 7 500 v. Chr. tritt die Gazellenjagd zurück, und domestizierte Schafe und Ziegen treten an deren Stelle.

Die Häuser wurden aus Schlammziegeln gebaut, waren in der frühen Siedlungsphase rund, später rechteckig mit mehreren Räumen, die durch enge Gassen und Gänge miteinander verbunden waren. Die schwarzen, polierten Gipsfußböden waren zum Teil mit roten Mustern geschmückt. Vermutlich wurde jedes Haus von einer Familie bewohnt. → Keramik wurde nicht gefunden. Nahrungsmittel wurden offenbar in großen, schweren, rechteckigen und ortsgebundenen Gefäßen aus Gipsmasse innerhalb der Räume und daneben zusätzlich in Körben gelagert.

Spätestens um 5 500 v. Chr. wurde die Siedlung gänzlich verlassen. Grund dafür können nachlassende

Niederschläge sein, die zum Rückgang des Waldes, Vordringen der Steppe und schließlich zur Wüstenbildung führten. Damit änderten sich die Lebensbedingungen entscheidend, und Abu Hureyra wurde aufgegeben, um in günstigerer Umgebung eine neue Existenz zu gründen.

Acheul

(St. Acheul: Fundort bei Amiens an der Somme, Frankreich)
Fundplatz war eine schotterbedeckte Hochebene, 46 m über Meereshöhe und 25 m über dem Ufer der Somme, mit gewaltigen Kies- und Sandgruben in den Terrassen der alten Somme. Hier suchte der französische Forscher Rigollot seit 1819 ganze 35 Jahre lang alle Knochen von pleistozänen Tieren. Auf Grund der Funde des Zöllners Bouché de Perthes in Abbeville, Faustkeile und Abschläge, befaßte sich Rigollot mit den dort vorkommenden Steinen und entdeckte ebenfalls eine große Zahl Faustkeile mit einer allgemein sorgfältigeren Flächenbehandlung als die des → Abbevillien (→ Faustkeile).

Acheuléen (Acheulean)

1 500 000–100 000 v. h.
(benannt nach dem französischen Fundort Saint-Acheul bei Amiens an der Somme)
Nach früherer Auffassung stellte das Acheuléen die Fortentwicklung des → Abbevillien dar, heute betrachtet man das Acheuléen als Kulturstufe, die allmählich die Geröllindustrien des → Oldowan ablöste. Mit dem *Homo erectus* (→ Evolution des Menschen) entwickelte sich ein neuer Gerätetyp,

der → Faustkeil, der in den Faustkeilindustrien des Acheuléen über 1 Mio. Jahre das bevorzugte Werkzeug blieb und sich typologisch kaum veränderte. Anfangs, durch die Verwendung eines → Schlagsteins noch sehr grob, wurde er später mit einem Schlagholz bearbeitet und feiner. Das Spätacheuléen (etwa 150 000–100 000 v. h.) verläuft in der zweiten Hälfte parallel zu den beginnenden Kulturstufen des → Micoquien und → Moustérien. In Europa endet das Acheuléen mit dem Übergang zum → Mittelpaläolithikum ebenso wie die Tradition der Faustkeilkultur im Übergang zu den → Blattspitzen.

Ackerbau

(Für Europa und Westasien ist zunächst der → Fruchtbare Halbmond wichtig)
Dort wurde Wildgetreide schon zwischen 9 500 und 8 500 v. Chr. in der Siedlung Mallaha im nördlichen Israel angebaut, um 4 500 v. Chr. in Nordeuropa. Aber erst um 7 600 v. Chr. wird das Wildgetreide domestiziert (→ Domestikation). In Jordanien beginnt um 8 000–6 000 v. Chr. das → Präkeramische Neolithikum, d. h. es gibt Ackerbau und Viehzucht, aber noch keine Töpferei. Mit den ersten Bauern- und Hirtenkulturen beginnt die Jungsteinzeit (→ Neolithikum).
Anbau von Getreide, Hülsenfrüchten, später Emmer, Einkorn, Gerste, Hirse und Linsen. Das Getreide erreichte nicht die Höhe heutiger Halme, daher hat es die Unkräuter kaum überragt. Es wurde mit Feuerstein besetzten → Sicheln oder → Erntemessern abgeschnitten, dabei entsteht an den Schnittkanten der typische Sichel-

glanz (→Glanz). Das geerntete Getreide wurde in Erdgruben oder tönernen Vorratsgefäßen gelagert. Gedroschen hat man mit Steinen oder Knüppeln, durch Schlagen oder Stampfen. Nicht selten wurden Getreidekörner geröstet, um ihren Feuchtigkeitsgehalt zu verringern, das Auskeimen zu verhindern und Schimmel und Fäulnis vorzubeugen. Die Körner ließen sich längere Zeit risikolos aufheben (z.T. bis heute). Gemahlen wurde mit →Läufern auf →Mahlsteinen mit der Hand. Für die Bodenbearbeitung standen am Anfang nur →Grabstöcke, später Holzspaten zum Graben von Saatlöchern zur Verfügung. Der von Rindern gezogene Hakenpflug (→Pflug) tauchte erst um 3 500 v.Chr. in Europa und in Vorderasien auf. →Hacken waren aus Geweih oder Stein.

7 000–6 000 v.Chr.: Anfänge der Töpferei im Mittelmeergebiet. Dies ist auch der Zeitpunkt, von dem ab im Vorderen Orient Ackerbau, Viehzucht und Töpferei betrieben wurden. Von dort und vermutlich von Nordafrika aus wurden diese Neuerungen verbreitet:

5 500 v.Chr.: südliches Mitteleuropa
4 500 v.Chr: Nordeuropa

Weitere autonome frühe Pflanzenanbau-Zentren existieren in der Steinzeit schon im subsaharischen Afrika, Ost- und Südostasien sowie in Mittel- und Südamerika. Die dort kultivierten Arten erreichen Europa und Westasien erst in der Neuzeit nach 1 500 v.Chr. und sind, wie etwa der asiatische Reis, der amerikanische Mais und die amerikanische Kartoffel, neben dem westasiatischen Weizen heute die wichtigsten Nahrungspflanzen.

Die Jungsteinzeit, in die jetzt die →Kupferzeit meist mit einbezogen wird, endete allmählich mit der allgemeinen Verwendung von →Bronze für die Herstellung von Waffen und Schmuck (→Bronzezeit).

adult
(lat. adultus: erwachsen, geschlechtsreif)
Altersstufe beim Menschen im Sinne der Wachstumstadien von 20–40 Jahren (→matur).

Aeneolithikum
(gr.-nlt.: Kupferstein, Kupfersteinzeit, auch →Chalkolithikum)
Mit diesem Begriff wird zuweilen die spätere →Jungsteinzeit im Übergang zur →Kupferzeit bezeichnet, mit der ersten Verwendung von Kupfer, jedoch ohne Weiterverarbeitung zur Bronze bei mehr oder weniger neolithischem Gerätebestand.

Ahle
→Pfrieme

Ahrensburger-Kultur
9 500–8 500 v.Chr.
(benannt nach einigen Fundstellen bei den Orten Ahrensburg und →Stellmoor nordöstlich von Hamburg, Deutschland)
Verbreitung: Schleswig-Holstein, Nordrhein-Westfalen, Rheinland-Pfalz, Brandenburg, Mecklenburg, Niederlande und Luxemburg.
Als letzte altsteinzeitliche Kulturstufe und Tundrenwirtschaft in Norddeutschland gilt die Ahrensburger-Kultur, welche in Norddeutschland die zeitgleiche →Federmessergruppe ablöste und in Deutschland Vorgänger der →Ma-

glemose-Kultur war. Von den Angehörigen der Ahrensburger-Kultur sind bisher keine Skelettfunde entdeckt worden; ihre Zugehörigkeit zu den Stielspitzengruppen (→Stielspitzen) läßt aber vermuten, daß sie nach Norden vorgedrungene Nachkommen der Magdalénienleute sind.

Lagerplätze dieser Rentierjäger hatten eine geringe Ausdehnung von maximal 15 Metern Durchmesser. Gewohnt wurde in →Zelten und →Hütten; wo es →Höhlen gab, wurden auch diese benutzt.

Die Jäger dieser Kulturstufe jagten mit →Pfeil und Bogen sowie Wurfspießen hauptsächlich Ren, Auerochsen und Wildgeflügel, fingen Fische und aßen verschiedene Pflanzen. Allein in →Stellmoor kamen über 20 000 Überreste erlegter Tiere und 1 200 Rentier-Geweihstangen zum Vorschein. Über 10 Rentierknochen wiesen Schußverletzungen auf; eine Einschußwunde war verheilt.

Feuersteinwerkzeuge hatten hauptsächlich symmetrische Formen: Stichel, Bohrer, Schaber, Hochschaber, Sägen, Pfeilspitzen (→Stielspitzen) und die sogenannten Riesenklingen. Leitform ist die gestielte Pfeilspitze mit abgeschrägter Schneide, die wahrscheinlich von der →Hamburger Spitze herkommt. Gegenüber der →Hamburger Kultur zeigen sich einige Unterschiede: es gibt kleine, runde, steilbehauene Scheibenschaber, aber keine Zinken; neu sind auch die Klingenschaber ohne Bearbeitung der Längskanten und Kleinspitzen mit oft unregelmäßiger rhombischer Form, den →Mikrolithen ähnelnd.

Aus Geweih und Knochen sind Schaber, Druckstäbe, Harpunen, Beile (→Lyngby-Beile), kleinere Schaber aus Wirbeln, Knochenmesser aus Rippen und Schwirrgeräte. Geweihbeile haben eine gerade Schneide, Querschneide, ein spitzes oder hammerartig geformtes Ende. Bei einigen Rengeweihstangen waren alle Seitensprossen sorgfältig entfernt, so daß anstatt des Beiles eine Art Knüppel oder Hammer entstand, sie hatten vielleicht die Funktion von Jagdwaffen im Nahbereich oder dienten, zusammen mit Feuersteinklingen zum Zerlegen der Jagdbeute. Die Rengeweihschäfte lassen sich in 2 Gruppen einteilen: Geräte, bei denen die Wurzel der Eissprosse als Spitze oder Schneide geformt ist, und Geräte, bei denen die Wurzel ausgehöhlt ist (→Tülle) und eine Schneide (→Klinge) aus Knochen, Geweih oder Flint aufnimmt. Die zweite Gruppe trug die Entwicklungsmöglichkeiten in sich, die zur Schaffung des richtig geschäfteten Flintbeiles führten. Damit sind die Rengeweihschäfte Vorläufer des →Beiles.

In Stellmoor fand man mehr als 100 aus Kiefernholz geschnitzte Pfeilschäfte. Sie sind bis zu 75 cm lang, einen halben bis 1 cm dick und mit einer Kerbe am Ende zum Aufsetzen auf die Bogensehne. Die Stielspitzen steckten noch teilweise in den Pfeilschäften. Die meisten Pfeilschäfte laufen im hinteren Drittel bis zur Hälfte schlank aus. Wurfspeere hatten grobe →Harpunen aus Rentiergeweih mit 2 Reihen Widerhaken.

Von besonderer Bedeutung ist der bei Stellmoor nachgewiesene Kultplatz der Rentierjäger. Hier hatte man weibliche Rentiere ausgeweidet, die Leiber mit Steinen gefüllt und die beschwerten Tierkadaver als Opfergaben in den damaligen See versenkt. Am Ufer des Opfergewässers stand ein 2 m langer Kultpfahl aus Kiefernholz, dem man den Schädel eines 16 Jahre alten weiblichen Rentieres aufgesetzt hatte. Ein anderer Holzpfahl zeigt die Statue eines Menschen. Dieser Kultplatz zeigt Spuren der ältesten kultischen Bräuche aus der religiösen Tradition der eurasischen Jägervölker.

Ob die Ahrensburger Jäger bereits das Ren als Zug- oder Tragtier für ihre Zeltstangen benutzt haben, ist nicht geklärt.

Die Kunst der Ahrensburger-Kultur ist ornamental gehalten und zeigt weder Tier- noch Menschenmotive. Meist hat man einfache V-förmige Muster und Strichgruppen miteinander kombiniert oder durch Aneinanderreihen von V-Zeichen Zickzackbänder geschaffen. Sie wurden auf Rentier- und Elchrippen sowie auf Rengeweihschäften eingeritzt. Nach der Blüte der realistischen Kunst im →Magdalénien wirkt der Übergang zum Ornament als Verarmung. Mit knöchernen →Schwirrgeräten wurden Töne erzeugt.

Ahrensburger Tunneltal

Unter den Gletschern der letzten Eiszeit spülte das Schmelzwasser breite Rinnen aus, die als Tunneltäler bezeichnet werden. Während die Gletscher abtauten, blieben an tief gelegenen Stellen unter Sandablagerungen große Eisblöcke erhalten, das sogenannte Toteis.

Das Ahrensburger Tunneltal mußte von ziehenden Rentierherden überquert werden, ein günstiges Revier für die Jäger der →Hamburger- und der →Ahrensburger-Kultur.

Die Jägerstationen →Meiendorf und →Stellmoor lagen im Uferbereich eines Sees, der sich über abschmelzendem Toteis gebildet hatte. Mit dem vollständigen Abschmelzen des Toteises sanken die Schichten mehrere Meter ab. So blieb der Fundzusammenhang bis heute bewahrt (114, 6).

Ahrensburgspitzen

Gestielte Feuersteinspitzen der →Ahrensburger-Kultur. Verwendung als Pfeil- oder Wurfspeerspitzen.

Aichbühler Gruppe

4200–4000 v. Chr.

(benannt nach dem Fundort Aichbühl am ehemaligen Ufer des Federsees bei Schussenried im Kreis Bieberach in Oberschwaben)

Verbreitung: Nur am →Federsee

Die Funde stammen von Aichbühl und der etwa 100 m entfernten Siedlung Riedschachen I. Die Dörfer waren unbefestigte →Seeufer- oder Moorsiedlungen mit ebenerdigen Bauten und wurden an Plätzen errichtet, die vor Hochwasser sicher waren. Die Wohnhäuser waren bis 8 m lang und 5 m breit. Ihre Giebel mit Eingang wiesen zum Federbach, der in den Federsee einmündet, und besaßen einen nicht überdachten Vorplatz, der mit Holz ausgelegt war. Diese Vorplätze bildeten einen zusammenhängenden Gang vor den Häusern. Im Inneren der Häuser gab es →Backöfen und Herdstellen (→Herd).

Hauptgrundlage der Ernährung waren Ackerbau und Viehzucht, doch muß, nach den zahlreichen

zu →Netzsenkern verarbeiteten
Keramikscherben zu urteilen, der
→Fischfang mit Stellnetzen eine
wichtige Rolle gespielt haben;
vermutlich wurde auch vom Einbaum aus gefischt und gejagt.

Es gab Becher und grobe Töpfe
mit großen Trichterrändern, die
häufig einen gekerbten Rand aufweisen. Ritzmuster zeigen manchmal noch weiße Farbreste (→In-
krustationen). Beeinflußt wurde der
keramische Formenschatz sowohl
von der →Michelsberger Kultur
des Neckarraumes als auch von der
→Altheimer Kultur in Bayern.

Aus Stein sind die erstmals auftretenden schlanken →Streitäxte,
also die Aichbühler →Hammeraxt
mit Schneide und flachem Schlag-
teil.

Alleröd
11 700–10 700 v. h.
(benannt nach den Ablagerungen
bei der Ziegelei von Alleröd in
Nord-Seeland, Dänemark)
In den Ablagerungen von Alleröd
konnte eine Klimaerwärmung in
der spätglazialen Zeit des Nordens
festgestellt werden, die etwa ein
Maximum von 14°C erreichte.
Später hat man die Alleröddschicht
an vielen Orten Nord- und Nord-
westeuropas und sogar Nordamerikas festgestellt, so daß der milde
Allerödeinschlag zwischen den beiden arktischen →Dryasperioden
(ältere und jüngere Dryas) Gültig-
keit für die ganze nördliche Halbkugel hat. In Nordeuropa bildete
sich lichter Wald mit Kiefern und
Birken, der große Waldtiere an-
lockte, ohne das Ren zu vertreiben.
Das Alleröd ist heute vor allem in
südlicheren Regionen Mitteleuropas durch den Nachweis weiterer

kürzerer Klimaschwankungen in
der älteren Dryas nicht mehr überall klar synchron von dem vorhergehenden →Bölling zu trennen. Es
wird daher gerne mit diesem zum
neuen Terminus „Bölleröd" zu-
sammengezogen.

Altheimer Kultur
3 900–3 500 v. Chr.
(benannt nach der befestigten
Siedlung von Altheim im Kreis
Landshut in Niederbayern)
Verbreitung: im bayrischen Teil
des Donautals, Nördlinger Ries, im
Alpenvorland bis München.
Die Siedlung von Altheim war ein
→Erdwerk, das durch 3 Gräben von
bis zu 3 Metern Tiefe gesichert
war. In den Gräben fand man mehrere Dutzend Skelette, von denen
nur ein Teil unversehrt war, außerdem Keramik und Waffen. Wahrscheinlich handelt es sich um Hinterlassenschaften einer im Kampf
untergegangenen Siedlung. Im
Nördlinger Ries entdeckte man
Pfostengruben (→Grubenhütten)
von Gebäuden mit einem Grundriß
von 6,60 x 7m und Hüttenlehmre-
ste mit Rutenabdrücken, in Niederbayern den Grundriß eines 20m
langen und 3m breiten Hauses,
dessen tragenden Elemente aus
Wanddoppelpfosten mit teilweise
erhaltenem Flechtwerk und einer
mittleren Firstpfostenreihe bestanden, sowie die Reste eines Zaunes
aus →Flechtwerk. Keramikfunde
in Höhlen bezeugen den gelegent-
lichen Aufenthalt.
Ernährungsgrundlage waren der
Ackerbau mit Einkorn, Emmer,
Nacktweizen und Spelzgerste sowie die Tierhaltung von Rindern,
Schafen, Ziegen, Schweinen,
Hunden und Pferden. Der seltene

Nachweis von Pferderesten stammt wahrscheinlich von domestizierten Tieren mit einer Risthöhe von etwa 1,35 Metern, die man als lebenden Fleischvorrat hielt. Das Nahrungsangebot wurde ergänzt durch wildwachsende Äpfel, Erdbeeren, Brombeeren und Holunderbeeren. Die Keramik ist größtenteils unverziert, besitzt eine weiche Profilierung und Standböden. Verzierungen bestehen meist aus Bogenrandleisten mit Fingertupfenreihen. Typische Tongefäße sind große vierhenkelige Amphoren, Schüsseln, konische Näpfe mit 2 Schnurösen, Näpfe und Becher mit Knubben unter dem Rand, Henkelkrüge und -tassen sowie Flaschen mit vertikal oder horizontal durchlochten Ösen.

Werkzeuge sind aus Feuerstein, Felsgestein, Geweih, Knochen und Kupfer hergestellt. An Stelle der →Klingenabschlag-Technik der älteren neolithischen Stufen, tritt eine auf Feuersteinplatten gegründete →Kernsteintechnik. Aus Feuerstein sind doppelseitig retuschierte Sicheleinsätze, Pfeilspitzen in Dreiecksform und Speerspitzen. Ein Dolch aus honiggelbem Feuerstein in Weidenblattform, ganzflächig retuschiert, stellt wohl die Nachahmung eines Kupferdolches dar. Solche Kupferdolche gab es in der gleichzeitigen →Pfyner Kultur. Aus Stein sind geschliffene, spitznackige Steinbeile und Knaufhammeräxte sowie Mahlsteine. Aus Kupfer sind die Klingen von Flachbeilen, Pfrieme und Doppelpfrieme. Zahlreiche Geweihwerkzeuge, zumeist aus Abwurfstangen, umfassen vor allem durchbohrte Hacken und Äxte. Aus Knochen sind Pfrieme, Nadeln,

Schaber und Spachteln. Ein Handfäustel aus dem Oberschenkelgelenk eines Tieres mit einem erhaltenen Holzstiel diente vermutlich als Schlaggerät bei der Feuersteinbearbeitung. Ein seltener Fund ist ein aus Hirschgeweih geschnitzter, mit gebohrten Vertiefungen in Linienform verzierter Gürtelhaken. Schmuckgegenstände waren durchbohrte Tierzähne als Anhänger, seltene Fundstücke sind ein aus einem menschlichen Schädeldach gewonnenes Amulett sowie eine Kupferblechplatte.

→Bestattungen erfolgten in Erdgräbern mit geringer Tiefe ohne Beigaben. Diese Art der Bestattung ist vielleicht ein Grund dafür, daß man nur wenige Gräber aus dieser Kultur finden konnte, weil die meisten zerstört worden sind. Mit einem Kult wird ein leicht gewölbter Hügel mit dicht gepackten Tongefäßscherben, die vielleicht bewußt zerschlagen worden sind, in Ergolding in Verbindung gebracht.

Altpaläolithikum

Ältere Altsteinzeit, älteste Stufe der →Steinzeit.

Amazonenäxte

Besondere Form der →Streitäxte, auch Doppeläxte genannt. Sie sind aus Felsgestein und haben geschliffene Klingen. Die Axtklingen können bis zu 20 cm lang sein, mit einem Schaftloch, das nicht in der Mitte liegt sondern seitlich versetzt ist. Die beiden Schneiden sind halbmondförmig geschweift. Vorbilder sind die Kupferäxte Südosteuropas. Neben dem Zweck als Waffe können einige auch Schmuckwaffen, Statussymbole oder Kultgeräte gewesen sein.

Amboß

Als Amboß eignet sich anstehender Fels, bzw. jeder festaufliegende Stein etwa ab Faustgröße, wenn er einigermaßen hart ist. Es gibt mehr oder weniger kugelige Ambosse, doch bevorzugte man flache Steine, weil diese fest auf dem Erdboden aufliegen. Notfalls wurden sie etwas eingegraben, denn nur bei gut fixierter Unterlage war exaktes Arbeiten möglich. Oftmals wurden Ambosse auch als →Schlagsteine verwendet. Eine besondere Form ist der Spitzamboß (→Amboßtechnik), der bei der →Kerbbruchtechnik und bei der Herstellung von →Buchtschabern verwendet wurde.

Amboßtechnik

1. Ein schwerer Stein wird mit beiden Händen wuchtig auf einen Amboß geschleudert. Die Form der Trümmer ist zufällig, die geeigneten (scharfe Spitze, Schneide oder handlicher Griff) werden herausgesucht.

2. Ein schwerer Stein wird mit beiden Händen gefaßt und ohne ihn loszulassen auf den Amboß geschlagen. Um hohe Bewegungsenergie zu erreichen, wird er evtl. zwischen den gespreizten Beinen hindurch geschwungen. Es ist günstig, wenn der Arbeitsgegenstand etwa 1–5 cm neben seinen Rand auf die Kante des Amboßsteines trifft.

Wünscht man Abschläge von relativ kleinen Roh- oder Kernsteinen, genügt einhändiges Arbeiten. Es gelingt auf diese Weise sogar, lange schmale Klingen herzustellen. In der Regel erhält man aber nur relativ breite Abschläge, die man als „Clacton-Abschläge" (→Clacton-Technik) bezeichnet.

Die Bearbeitung des auf dem Amboß liegenden Gegenstandes kann nach verschiedenen Verfahren erfolgen: z.B. durch direkten Schlag mit einem Schlagstein.

Insgesamt gestattet die Amboß-Technik nur grobe Arbeiten, weil der Treffpunkt während des Schlages nicht eingesehen werden kann. Das änderte sich erst durch die Erfindung des Handambosses und Spitzambosses durch den Neandertaler.

Handambosse

„Der Neandertaler war auch Erfinder des Handambosses, [also] runder, etwa apfelsinengroßer Steinkugeln. Er nahm so eine Kugel in die Hand und hielt mit derselben Hand den Rand des Werkzeuges, das retuschiert werden sollte, mit der Kante gegen den kleinen Amboß. Durch Schläge mit einem feinen Hammer aus Stein, Bein oder Holz gegen das Werkstück konnte er feinste Splitterchen am Rand entlang ablösen und die Kante schärfen" (Honoré, 93, 52–54).

Spitzamboß

(Schneidenamboß)

„Der Neandertaler erfand auch einen anderen, kleineren Amboß, den Spitzamboß, der in einem Holzstamm senkrecht festgeklemmt war oder in einem Bohrloch saß". Nur mit solchen kleinen Geräten ließen sich sogenannte Buchtschaber herstellen. „Das sind Feuersteinabschläge, die am Ende oder an den Seiten eine geschärfte Einbuchtung zeigen. Diese Einbuchtung läßt sich nur mit einem ganz kleinen Spitzamboß und einem kleinen Hämmerchen aus Stein, Knochen oder Holz vornehmen" (Honoré, 93, 54).

amorph
(gr.: gestaltlos)
Darstellungen, die keine bestimmte
Form erkennen lassen.

Amphore
(gr. amphoreus: Doppelträger)
Großes Gefäß mit engem Hals, 2
vertikalen Halshenkeln und hohem
eiförmigen Bauch, dessen Unterteil
meist zugespitzt war. Sie wurden
mit der Spitze in den Boden anti-
ker Magazine gesteckt oder gesta-
pelt. Sie dienten zum Transport
und zur Aufbewahrung von Wein,
Öl, Honig, Fisch, Getreide, Mehl
u. a. sowie auch als Aschenurnen.

Anatomie
(gr.: aufschneiden, zergliedern)
Lehre vom Bau der Organismen bei
Pflanzen, Tieren und Menschen.

Ancylus-See
(benannt nach der Süßwassernapfschnecke *Ancylus fluviatilis*)
Gegen Ende der Yoldia-Zeit, etwa
6000 v. Chr., hob sich der durch
die Eisschmelze entlastete Boden,
das → Yoldia-Meer verlor die Verbindung zum Ozean und wurde
zum Süßwassersee, dem Ancylus-
See, der zweiten Entwicklungsstufe der Ostsee, die vor dem Litorina-Meer liegt (→ Nacheiszeit).

Angelhaken
Die ältesten Angelhaken bestanden
möglicherweise aus Holz und sind
uns daher nicht erhalten geblieben:
• Die Knebel- oder Stabangel besteht aus einem Stäbchen, das an
beiden Enden zugespitzt und in
der Mitte angebunden ist. Beim
Verschlucken stellt sich das
Stäbchen durch die haltende
Schnur quer.

• Die eigentlichen Angelhaken
fertigte man zunächst aus einem
gegabelten Ast, indem man 2
oder 3 Enden anspitzte, später
aus Knochen, Horn oder Stein.
Angelhaken erscheinen erst im
→ Mesolithikum und waren mit einer Länge von 8–15 Zentimetern
auffällig groß, sie eigneten sich
daher nur zum Fang großer Fische
wie z. B. Hechte und Welse, hatten
einen Stiel und waren an dessen
Ende angebunden. Sekundäre Widerhaken gab es noch nicht. Die
Schnur wurde zuerst an der Zwie-
sel (Gabel), dann in der Mitte und
schließlich am Ende des Stiels
befestigt. Als Material für die
Angelschnur dienten Rensehnen,
Pferdehaare, Fasern der Brennessel
u. a. Vorteile des Angelns gegenüber Netzen und Reusen: Wenn
auch der Fangerfolg beim Angeln
im Durchschnitt niedriger ist, so
kann er doch nicht unwesentlich
zur ständigen Versorgung beitragen, denn es gehen auch kleinere
Fische an die Angel, die mit Speeren und Pfeilen kaum zu treffen
sind. Selbst bei ungünstigen Verhältnissen, z. B. bei geschlossener
Eisdecke, in trübem oder sehr tie-
fem Wasser, kann man mit dieser
einfachen Methode noch gute Er-
folge erzielen (→ Fischfang).

anthropogen
(gr. anthropos: Mensch)
Durch den Menschen beeinflußt
oder verursacht.

Anthropoidea
Menschenaffen

Anthropologie
Die Wissenschaft vom Menschen,
seiner Entstehung, Entwicklung

und Typendifferenzierung, seines Verhaltens und seiner Auseinandersetzung mit der wechselnden Umwelt, als →Fossil ist der Mensch ein wesentlicher Bestandteil der →Archäologie.

anthropomorph
von menschlicher Gestalt, menschenähnlich

archaisch
(gr.: altertümlich, frühzeitlich)

Archäolithikum
So wird gelegentlich die Zeit vor dem Paläolithikum genannt. Mit dem Auftauchen der ersten klar als Herstellungsinventar erkannten Geröllgeräte vor etwa 2,5 Mio. Jahren beginnt das Paläolithikum oder die Altsteinzeit (→Steinzeit).

Archäologie
(gr.: Altertumskunde)
Die Archäologie bezog sich ursprünglich auf die Erforschung der Kultur- und Kunstdenkmäler des klassischen Altertums; ihr eigentlicher Begründer war im 18. Jahrhundert Johann Joachim Winckelmann. Heute ist sie die Wissenschaft, deren Aufgabe die Erforschung der Menschheitsentwicklung von den Anfängen bis zum Einsetzen der schriftlichen Quellen ist, wobei sie sich allein auf die materiellen Hinterlassenschaften der Menschen stützt. Methoden und Techniken in der Archäologie lassen sich in 6 große Gruppen unterteilen: Aufsuchen, Ausgrabung, Fundsicherung, Analyse, Auswertung und Datierung.
Gegenstand der archäologischen Wissenschaft sind die materiellen Überreste der menschlichen Vergangenheit. Feststehende Bodendenkmäler: Höhlen, →Abris, Muschelhaufen, Rastplätze mit Hütten, mit Zelten oder Feuerstellen, Siedlungen, Töpferwerkstätten, Bergbau, Äcker, Erdwerke (Schutzwälle, Fliehburgen), Grabanlagen. Kultdenkmäler: Steinkreise, Menhire, Felsbilder. Bewegliche Denkmäler: Werkzeuge, Waffen, Geräte aus Stein, Knochen, Geweih, Elfenbein und Holz, Tongefäße, Urnen, Grabbeigaben und anthropologische Funde.
Dazu bedient sie sich einer Reihe verschiedener Methoden: praktische Archäologie (→Feldbegehung, systematische Ausgrabung mit Analyse und Konservierung der Funde), Archäometrie (vereinigt alle geeigneten Naturwissenschaften und technische Disziplinen, um archäologische Probleme zu lösen), →Stratigraphie (Schichtenfolge), →Typologie (Formenlehre, →Typologischer Vergleich), →Chronologie (Datierung), →Kalibration (Datierung), →Pollenanalyse (Datierungsmethode durch Blütenstaubkörner), →Dendrochronologie (Datierung von Bäumen), Warvenzählung (→Warven, Datierung nach Bändertonschichten), →Radiokarbonmethode (Datierung organischer Materialien mit Hilfe des Kohlenstoffs C-14), →Thermolumineszenzmethode (Datierung von Keramik), →Kollagentest und →Fluortest (relative Datierung von Knochen). Spezialgebiete der Archäologie sind z.B. →Luftbild- und →Unterwasserarchäologie. Bestandteil aller Untersuchungen ist die Fundsicherung (Beschreibung, Vermessung, Zeichnung, Fotografie, Konservierung), die Fundanalyse (wissenschaftliche

Auswertung des Fundmaterials) und die Veröffentlichung der Ergebnisse.

Armschutzplatten

Dienten zum Schutz des Armes vor dem Rückprall der abgeschnellten Sehne. Nach Fundbeobachtungen zu schließen wurden sie oft am linken, seltener am rechten Arm benutzt und mitunter in der Gürtelgegend getragen. Sie sind aus Stein oder Knochen und meist verziert. Neben dem praktischen Zweck werden sie auch als Standeszeichen interpretiert.

Es gibt schmale, längliche Armschutzplatten mit konkaven oder konvexen Seiten mit 2, 4 oder 6 Durchbohrungen an den gegenüber liegenden Enden und schmale sowie breite konvex gewölbte Platten mit Löchern in den Ecken.

Erste Armschutzplatten treten im jüngeren Altpaläolithikum auf, sind aber besonders typisch für die →Glockenbecher-Kultur.

Artefakte

(lat. ars: Kunst; facere: machen) Alle von prähistorischen Menschen veränderten Gegenstände. Dazu zählt auch ein eindeutig von Menschen bewegter Stein.

Artefakte sind auch alle von Menschen erstellte Gruben, Feuerstellen oder Steinsetzungen. Im engen Sinne sind Artefakte aus Stein, Knochen, Holz o. ä., Materialien, die zumindest →Gebrauchsspuren aufweisen, gewöhnlich aber in mehreren Arbeitsgängen modifiziert (→Modifikation) worden sind. Dazu zählen auch die bei ihrer Herstellung entstehenden Abfallprodukte. Artefakte aus Stein bilden das Rückgrat der Urge-

schichte, da sie ein hohes Erhaltungspotential besitzen. Sie speichern Informationen, aus denen wir das Alter und die Entwicklung der menschlichen Technologie (→Technik) ablesen können. Erkennbar sind Steinartefakte durch die Art der angewendeten →Abschlagtechniken. Trotzdem kann es in einzelnen Fällen zu Verwechslungen mit →Eolithen kommen.

Artenentstehung

Die beiden Modelle zur Artenentstehung haben wichtige Auswirkungen auf die Arbeit der Paläontologen (→Paläontologie) und Paläoanthropologen (→Paläoanthrologie). So können Daten unterschiedlich interpretiert werden. Urteilen z. B. Gradualisten Sprünge der Merkmalsausprägung in einer Fossilreihe als „Fundlücke", interpretieren die Punktionalisten dies als „Speziationsereignis" (→Speziation).

Gradualismus

→Modell zur Entstehung der Arten, bei dem kleine Veränderungen über lange Zeiträume gleichförmig aber stetig sich ansammeln und somit der Artenwandel allmählich abläuft. Arten bleiben nach diesem Modell nicht unverändert, sondern sind einem stetigen Wandel unterworfen.

Punktialismus

Ein Modell zur Entstehung der Arten, bei dem sich die Veränderungen auf geologisch kurze Zeiträume beziehen und der Artwandel sprunghaft durch Aufspaltung bestehender Stammlinien erfolgt (unterbrochenes Gleichgewicht). Die Arten bleiben bis zur Auf-

spaltung in 2 Tochterarten unverändert. Arten sind für die Punktionalisten direkte Ereignisse mit zeitlich festgelegtem Beginn und Ende.

artifiziell
(lat. artificialis: künstlich hergestellt)
Zum Beispiel →Werkzeuge oder
→Geräte.

Askola-Kultur
ca. 7500 v. Chr.
(benannt nach den Wohnplatzfunden im Flußtal Porvoonjoki bei
Askola, Südfinnland)
Mesolithische Kultur Finnlands.
Funde bestehen nur aus Quarz-
gesteinen, organische Werkstoffe
sind nicht erhalten. Das Material
für die Werkzeuge wurde z.T.
durch Steinbrucharbeit, die bereits
zum →Bergbau überleitete, gewonnen. In Kopinkullio ist ein flacher Fels von zahlreichen Quarz-
adern durchzogen, die meist nur
2–10 cm, an einer Stelle jedoch
1 m stark sind. Vermutlich haben
die Mesolithiker mit schweren,
rundlichen, etwa pferdekopfgroßen
Steinen den Fels zertrümmert.
Häufige Geräte sind: Meißel,
Schaber, Stichel, Bohrer und Stielspitzen mit teilweiser feiner Retusche.
Die Menschen der Askola-Kultur
lebten hauptsächlich von der
Robbenjagd. In Lundfors, an der
schwedischen Ostküste, fand man
Tausende von →Netzsenkern für
aufwendige Netzfallen zur Robbenjagd. Ähnliche Methoden werden bestimmt auch die Askola-
Leute gehabt haben. Vermutlich
sind Askola- und →Komsa-Kultur
ein Zweig derselben Kultur. Es
handelt sich um Rentierjäger, die

mit zurückgehender Eiszeit nach
Norden gewandert sind und ihre
Wurzeln in der →Ahrensburger-
Kultur haben könnten.

Asturien
8500–5000 v. Chr.
(benannt nach dem Landstrich
Asturien an der Küste Nordspani-
ens)
Verbreitung: Längs der kantab-
risch und portugiesischen Küste,
besonders aber in Asturien.
Das Asturien geht dem →Capsien
voraus. Entlang der Küste Nord-
spaniens finden sich im gleichen
Zeitraum 2 unterschiedliche „Kulturen", das Asturien und das →Azi-
lien, die sich beide vom →Mag-
dalénien herleiten lassen. Während
die Asturienplätze vorwiegend im
Flachland und an Flußmündungen
verbreitet sind, befinden sich Azi-
lien-Fundplätze sowohl im Tief-
als auch im Hochland.
Funde wurden in Muschelhaufen
und in Höhlen gemacht. Die atypi-
sche Steinindustrie mit plumpen,
aus Geröllen hergestellten, an Pebble Tools und primitive Faustkeile
erinnernden Geräten macht es oft
schwer, dieses Material von altpaläolithischen Funden zu trennen.
Außerdem gibt es weniger retuschierte Stücke und Rückenmesser
als im Azilien. Was an Knochengeräten dieser Muschelsammler
gefunden wurde, ist unbedeutend.

Atérien
40000–18000 v. Chr.
(benannt nach dem Brunnen der Sta-
tion Bir El-Ater, nördl. der Sahara,
Algerien, in dessen Umgebung
zahlreiche Funde gemacht wurden)
Verbreitung: von Libyen im Osten
bis zur Atlantikküste im Westen

und im Süden bis zum Becken des Tschad-Sees, hauptsächlich im Atlasgebiet, sporadisch in Ägypten und im Sudan westlich des Niltals. Vom späten Atérien gingen einige technische Impulse aus, die Auswirkungen bis nach Zentralafrika und Nigeria hatten. Das Atérien findet sich in weiten Gebieten der Sahara, die heute unbewohnte Wüsten sind, was zeigt, daß es einst dort mehr Niederschlag gab.

In Nordafrika tritt das Atérien die Nachfolge des Levallois-Moustérien an und leitet sich auch zweifellos von ihm ab. Was das Atérien vom Moustérien unterscheidet, ist der Anteil und die Entfaltung der gestielten Geräte. Die Menschen des Atérien (vermutlich vom Crô-Magnon- oder aber Neandertaler-Typ) haben fast alles, die Abschläge eingeschlossen, mit Stielen (→Stielspitzen) versehen. Europäische Formen haben mit dem Atérien wahrscheinlich nichts zu tun. Das Atérien im engeren Sinne dauerte kaum 12–15 000 Jahre, doch hat es sich im Tschad und im Telemsi-Gebiet noch bis in neolithische Zeit erhalten und gilt als spezielle nordafrikanische Erscheinungsform.

Nach dem Acheuléen, an dem ganz Afrika Anteil hatte, beginnt hier die räumliche Gliederung der Kulturgruppen. Daher ist das Atérien die erste vorgeschichtliche Kultur Afrikas, die sich nur auf Nordafrika bezieht. Es ersetzt in Nordafrika das ältere und mittlere Jungpaläolithikum im europäischen Sinne.

Das Geräteinventar der Menschen dieser Zeit war allen früheren Instrumentarien weit überlegen. Die Waffen und Werkzeuge wurden leichter und leistungsfähiger. Sie erfanden vielleicht nicht die →Schäftung, aber sie verbesserten das Verfahren durch Stielung von Spitzen, Schabern, Bohrern und selbst Sicheln. Form und Größe der gestielten Spitzen lassen nicht so sehr an ihre Verwendung für Pfeile denken, sondern eher für kurze Wurf- oder Schleuderspeere, vielleicht auch für holz- oder knochengeschäftete Stichwaffen. Auf jeden Fall dominierten die →zusammengesetzten Geräte. Neben gestielten Geräten gibt es auch zahlreiche schlichte, in →Levallois-Technik hergestellte Objekte ohne oder mit geringer Retusche, und gegen Ende des Atérien in zunehmenden Maße auch bis zu 20 cm lange, beidseitig retuschierte weidenblattförmige Spitzen (besonders im nigerischen Ténéré). Die Verwendung von →Bolas ist fraglich. Als Material für die Geräte wurden anfangs Quarzite und harte Kalke, später Feuerstein bevorzugt. Wahrscheinlich wurde in dieser Kultur das Feuer künstlich erzeugt, was die geographische Mobilität erhöhte.

Atlantikum
7 500–5 100 v. Chr.
Das Atlantikum oder mittlere Wärmezeit ist eine der 5 Wärmestufen des →Boreals in Mitteleuropa. Mit einer Durchschnittstemperatur im Juli von etwa 18 Grad Celsius war es ähnlich warm wie heute. Deshalb konnten sich Mischwälder mit Eichen, Ahorn, Eschen, Linden und Ulmen ausbreiten.
Um 7 000 v. Chr. stieg die Nordsee an, England wurde zur Insel und der Ancylus-See zum Litorina-Meer (→Nacheiszeit).

Aufrechter Gang

Oreopithecus bambulii (→Evolution des Menschen: Hominoidea) war als Affe vor 8 Mio. Jahren der erste dauerhaft aufrechtgehende Primat. Mit den Australopithecinen (→Evolution des Menschen: Archaisches Paläolithikum) beginnt endgültig der aufrechte Gang der Hominiden.

Über die Gründe, die zur Zweibeinigkeit führten, gibt es unterschiedliche Meinungen. So soll die Vergrößerung des Gehirns zum aufrechten Gang geführt haben, während andere Forscher die gegenteilige Meinung vertreten und den aufrechten Gang als Ursache dieser Entwicklung ansehen.

Auch die Ansicht, unsere Vorfahren seien aufrechtgegangen, um Werkzeuge herstellen zu können, muß man aufgeben, denn die zweibeinigen Australopithecinen produzierten offenbar noch keine Steinwerkzeuge. ... Zwischen großem Gehirn und aufrechtem Gang besteht demnach kein unmittelbarer Zusammenhang (Johanson/Blake, 102, 88).

Die Erklärungen, in aufrechter Haltung ließen sich besser die Früchte von den Bäumen pflücken oder die Savanne überblicken, überzeugen nicht, ebenso wie die Annahme einer besseren Wärmeregulierung des aufrechten Körpers in der heißen Savanne. Nach dem Paläoanthropologen C. Owen Lovejoy von der Kent State University, „war Selektion auf den aufrechten Gang die Folge eines Verhaltensvorteils" für Fortpflanzung, Ernährung und Sicherheit. Das Männchen sorgte für Nahrung, das Weibchen konnte sich intensiver um die Brutpflege kümmern und war weniger durch Unfälle oder natürliche Feinde gefährdet. Diese Entwicklung führte zu langfristiger Paarbindung, da jedes Geschlecht dem anderen etwas zu bieten hatte: Das Männchen sorgte für Nahrung und Schutz, das

Weibchen gewährleistet, daß die Gene des Menschen in die nächste Generation gelangen, und diese besseren Überlebenschancen der Nachkommen sind das Entscheidende in Lovejoys Modell. ... Die Möglichkeit, mehrere Nachkommen zu versorgen und währenddessen wieder schwanger zu werden, wirkt sich also erheblich auf die Fortpflanzungsgeschwindigkeit einer Spezies aus (Johanson/Blake, 102, 89).

Hinweise für die Zweibeinigkeit geben vor allem die Knochen. Das Becken aufrecht gehender Hominiden ist anders gebaut und muß die inneren Organe beim Gehen stützen. Kräftige Oberschenkel, die mit großen Gelenkköpfen durch Schrägstellung des Knochenschaftes direkt unter dem Körper stehen, tragen das Körpergewicht, führen mit der S-Form der Wirbelsäule zu einem Gang ohne Kippen; die Knie übertragen das Gewicht ohne Verschiebung der Kniescheibe.

Aufschluß

Stelle, wo Gestein an die Erdoberfläche tritt und nicht von Boden oder Pflanzen verdeckt wird: z. B. bei Felswänden, Abrissen, Grabenbrüchen, Steinbrüchen oder Straßeneinschnitten.

Aunjetitzer Kultur

2.300–1 600 v. Chr.
(benannt nach dem Fundort eines Gräberfeldes bei Aunjetitz, heute Unĕtice, nahe Prag, Tschechien)
Verbreitung: Tschechien, Slowakei, Niederösterreich, Mitteldeutschland, Schlesien, Südpolen.

Die Aunjetitzer Kultur steht am Beginn der →Bronzezeit und im Traditionszusammenhang mit der →Schnurkeramischen Kultur und der →Glockenbecher-Kultur. Sie ist in erster Linie durch Grabfunde bekannt (über 1000), hinzu kommen Siedlungen und →Depotfunde (Bronzegeräte).

Typische Grabform ist das Flachgrab auf Gräberfeldern in der Nähe von Siedlungen. Flachgräber besitzen gelegentlich Steinschutz, mitunter sind es Steinplattenkisten (→Steinkistengräber). Häufiger und von kultureller Eigenart sind aber die trockengemauerten Steinkisten. Verstorbene wurde in der Regel auf der rechten Körperseite liegend, den Kopf nach Süden, das Gesichtsfeld nach Osten gerichtet, bestattet. Damit blickte der verstorbene Aunjetitzer der aufgehenden Sonne entgegen, die in seinen religiösen Vorstellungen eine besondere Rolle gespielt haben muß. In →Hügelgräbern erfolgten durchweg Nachbestattungen, wobei die ältere Bestattung beiseite geschoben wurde. Die Toten wurden gewöhnlich in rechtsseitiger Hockerlage beigesetzt. Doppelbestattungen kommen vor: Zwei Erwachsene, 2 Kinder oder Erwachsener mit Kind. Typisch sind Gruppenbeisetzungen, bei denen Tote dicht neben- und übereinander in ein Grab gelegt werden. →Brandgräber und →Baumsärge bilden eine Ausnahme, →Trepanationen waren üblich.

Aufwendig gebaute und ausgestattete →„Fürstengräber" sind eine Besonderheit der nördlichen Aunjetitzer Kultur in Mitteldeutschland und Polen. Es sind Grabhügel mit zeltförmigen Einbauten, die auf eine besondere Stellung des Verstorbenen schließen lassen. Reiche Ausstattung an Metallerzeugnissen und vielfach hochwertigem Goldschmuck lassen auf einen Personenkreis schließen, der mit der Herstellung, dem Handel mit den neuen Produkten, der Kontrolle der Salzgewinnung oder durch Betreiben der Zinnlagerstätten im Erzgebirge und Fichtelgebirge zu Wohlstand gekommen war. In Dieskau (Thüringen) wog der gefundene Goldschatz über 600 gr.

→Grabbeigaben in der älteren Periode der Aunjetitzer Kultur umfassen Keramik (beliebte Kombination: Krug, kleiner Krug, Schüssel), Steinwerkzeuge, Waffen und seltener Metallgegenstände. Keramik aus sandhaltigem Material und geglätteter, aber nicht polierter Oberfläche, mit den Leitformen: rundbauchige Tassen und Krüge mit hals- oder randständigem Henkel, krugförmige Schlauchgefäße, Krüge mit Fransen- oder plastischer Verzierung, zweihenkelige Amphoren, konische Schüsseln mit Leistenwarzen unter dem Rand, Hängegefäße mit waagerechten Ösen, Zapfenbecher und Schalen mit Längs- und Querhenkel, zuweilen mit unterbrochenem Fuß. Verzierungen bestehen aus eingeritzten Zickzacklinien und Fransen als plastischen senkrechten Rippen am Gefäßkörper oder hufeisenförmigen Leisten unterhalb des Henkels. Schnureindrücke oder Stempelverzierungen kommen nur wenig vor.

Als Steingeräte kommen Feuersteinäxte und -dolche, Pfeilspitzen, kleine Messer und Armschutzplatten mit 2 Löchern vor. Aus Knochen sind Nadeln, gelochte

Scheiben und zylindrische Perlen. Ohrgehänge bestanden aus Golddraht, Halsringe, Armringe und Nadeln mit unverziertem Scheibenkopf waren aus Kupferdraht.

Die Wirtschaftsform dieser älteren Periode ähnelt wahrscheinlich jener der →Glockenbecher- und teilweise den →Schnurkeramischen Kulturen. Siedlungsfunde sind spärlich. In Blsany (Okr. Louny, Böhmen) wurde außer mehreren →Gruben ein 17,3 x 6,1 m großer →Pfostenbau gefunden.

In der jüngeren und kürzeren Periode der Aunjetitzer Kultur sind die Gräber nur mit einem kleinen unverzierten Gefäß ausgestattet, daß offenbar die größere keramische Garnitur der älteren Periode symbolisiert. Leitform ist die Knickwandtasse mit einem Henkel über dem Bauchknick. Es ist strittig, ob sie aus der älteren aunjetitzer rundbauchigen Tasse entwickelt oder als neue Form von außen übernommen wurde. Töpfe besitzen eine Randleiste, Knubben und fingerverstrichene Schlickerrauhung. Außerdem gibt es Amphoren, Vorratsgefäße, Krüge, Schalen Schüsseln, Seiher, Webgewichte und Webbrettchen. Wenn kein Henkel angebracht wurde, erscheinen in der Regel Knubben oder andere Griffhilfen. Die Formen mit gut ausgearbeiteten Oberflächen sind gut proportioniert und zierlich.

Metallbeigaben kommen nun häufiger vor: Ösenkopf- und Schleifennadeln (zuweilen paarweise), Hülsen-, Kleeblatt-, Scheibenkopf- und Ringkopfnadeln, Ohrringe, Dolche, Dolchstäbe, Pfrieme, Noppenringe, Armspiralen, stabförmige Armringe und manschettenför-

mige Armstulpen (auch mit gravierten Mustern). Von Halsketten stammen Bronzeblechröllchen und Spiralröllchen. Aus Knochen sind Nadeln, Pfrieme und Perlen. Goldschmuck kommt häufig vor und entspricht in der Form den bronzenen Vorbildern.

Bronzedepotfunde (→Depotfund) kommen im gesamten Verbreitungsgebiet der Aunjetitzer Kultur vor, gehören aber fast ausschließlich der jüngeren Stufe an. Sie enthalten hauptsächlich Rundleistenbeile (in Mitteldeutschland über 1 000 Exemplare), Rohgußhalsringbarren, Ösenhalsringe, Halsringe, Armringe mit Petschaftenden, Armspiralen, gerippte Armmanschetten, Zierschilde, Dolchstabklingen, Dolchstäbe mit Bronzestiel, Dolchklingen und Vollgriffdolche, Lanzenspitzen und Schaftlochäxte, letztere gewöhnlich in der Form von Doppeläxten. Durch Anreicherung mit Zinn wirkten die Oberflächen wie Silber.

Siedlungen der jüngeren Periode der Aunjetitzer Kultur sind besser belegt als die der älteren Phase. Eine besondere Funktion hatten wohl die manchmal befestigten Höhlensiedlungen (Diebeshöhle bei Uftrungen im Kreis Sangershausen in Sachsen-Anhalt. Der Name weist auf vermutete Schätze einer Räuberbande hin, die in den vergangenen Jahrhunderten viele Schatzsucher zu Grabungen verleiteten.). Haupttyp der Wohnbauten bilden rechteckige Hütten in Pfostenbauweise von 6 x 4 Metern und 9 x 6 Metern sowie eingetiefte →Hütten, oft mit einer Abfallgrube.

Siedlungsfunde weisen auf verschiedene Tätigkeiten hin: Webstuhlgewichte, Spinnwirtel, steinerne Zerkleinerungswerkzeuge, Rillensteinäxte, Spaltwerkzeuge und vereinzelt tönerne Blasebalgstücke. Ein Teil der Bevölkerung beschäftigte sich offensichtlich mit Metallgewinnung und dessen Verarbeitung durch Gießerei und Hammerschlag. Neuerungen waren zweiteilige Gußmodeln und die Verwendung von Zinn, das man mit Kupfer zur Bronze legierte. Ernährungsgrundlage war die Landwirtschaft und Viehhaltung: Doppelweizen, Spelzweizen, Hirse, Hülsenfrüchte; Rinder, Schafe, Ziegen, Schweine, Pferde und Hunde waren vertreten. Jagd auf Wildeber und Hirsch sowie der Fischfang wurden ebenfalls betrieben.

Aurignacien
45 000–25 000 v. Chr.
(benannt nach dem Dorf Aurignac im Dep. Haute Garonne, Frankreich, in dessen Höhlen die ersten Funde gemacht wurden)
Verbreitung: Europa, Asien, Nordafrika. Als Sonderformen des Aurignacien gelten das →Grimaldien und →Olchewienien.
Die Herkunft des Aurignacien ist problematisch.

Am wahrscheinlichsten ist aber doch, daß sich Klingenindustrien ähnlicher Art annähernd gleichzeitig in verschiedenen Gebieten aus mittelpaläolithischen Kulturen herausgebildet haben. Der weitere Prozeß wurde dann durch gegenseitige Beeinflussungen, Migrationen der Kulturträger, Isolation sowie Differenzierung der Geräteformen außerordentlich kompliziert und schwer durchschaubar.
Im östlichen Mitteleuropa und in Südosteuropa trat das Aurignacien vor 45 000 und 40 000 Jahren erstmals und unvermittelt in Erscheinung. Es stellte eine bereits voll ausgebildete und fortgeschrittene Kultur, fast ohne archaische Merkmale dar. Vermutlich ist sie in dem von den Hochgebirgen der Karpaten, der Alpen und des Balkans umgrenzten Raum aus mittelpaläolithischen Vorläufern mit entsprechenden technologischen und typologischen Voraussetzungen entstanden. Zu den ältesten Aurignacien-Fundplätzen gehört die Grotte Baco Kiro [Bulgarien] mit mehr als 45 000 Jahre alten Fundschichten. Nur wenig jünger sind die Funde aus der Istállós-kö-Höhle in Ungarn, in deren etwa 42 000 Jahre alten Fundschicht sich auch aus Knochen bestehende Mladecer [→ Lautscher Spitzen] Geschoßspitzen befanden. ... Vom östlichen Mitteleuropa breitete sich das Aurignacien allmählich nach Frankreich und Spanien aus ... (etwa 32 000–27 000 BP) (Herrmann/Ullrich, 89, 422/424).

Das Aurignacien ist vermutlich die aus dem →Moustérien hervorgegangene Kultur des →Crô-Magnon-Menschen (benannt nach der Höhle Crô-Magnon, Dep. Dordogne). Die Angehörigen dieser Kultur lebten in Westeuropa vorwiegend in →Höhlen oder unter →Abris, in östlichen Gebieten auch im Freiland in →Zelten oder →Hütten.

Die Aurignacien-Bevölkerung in Westdeutschland wird von manchen Autoren auf weniger als 25 000 Menschen geschätzt. Dies entspräche 0,1 bis 0,2 Personen pro Quadratkilometer [1 Person auf 5 bis 10 Quadratkilometer] und damit etwa der Bevölkerungsdichte der nordamerikanischen Indianer zu den Zeiten, bevor die Weißen kamen. Heute leben in Westdeutschland etwa 245 Menschen auf einem Quadratkilometer, in Ostdeutschland 154 (Probst, 163, 77).

Eine grundlegende Veränderung zeigt sich im Übergang vom Faustkeil zur →Klingen-Abschlagtechnik mit →Retusche. Die Retusche der Kanten hatte schon der Neandertaler erfunden, neu ist die Anwendung der Retusche auf die Klinge. Es sind lange schmale Klingen mit steiler Randretusche, in der Mitte gelegentlich wie „eingeschnürt", und Bogenstichel. Die Retuschen zeichnen sich durch ihre regelmäßige breite Schuppenform aus. Typisch sind die Kernsteinschaber: Hoch- oder Blockschaber, Klingenschaber und Klingenbohrer, Stichel und vor allem die charakteristischen →Châtelperron-, →Abri-Audi- und →Font-Rôbert-Spitzen. Das Aurignacien nennt man daher auch die „Kultur der schmalen Klingen". Als Rohmaterial wurden fast ausschließlich Feuersteinkerne verwendet.

In großen Mengen treten zum erstenmal Mikrolithen-Abfälle auf, kleine schmale Miniaturklingen, die, wie Seitenretuschen zeigen, auch benutzt wurden. Die Steinwerkzeuge wurden vor allem zur Bearbeitung oder zum Schnitzen von harten Materialien wie Knochen, Geweih, Elfenbein oder zur Fellbearbeitung benutzt.

Neu sind die formreichen und weiterentwickelten Werkzeuge aus Knochen wie →Glätter, Kerbstäbe (→Kerbholz),→Lochstäbe,→Spatel, →Pfrieme. →Geschoßspitzen für Lanzen oder Speere mit gespaltener (→Aurignac-Spitzen) oder massiver Basis (→Lautscher Spitzen) waren aus Knochen, Geweih oder Elfenbein. „Die Produktion von Knochengeräten, speziell auch von Geschoß-Köpfen, nimmt stark zu, da offenbar Mangel an festeren, gutgewachsenen Hölzern auftritt" (Müller-Beck, 17, 342). Als Schmuck wurden getragen:

durchbohrte Schneckengehäuse (von wenigen Millimetern bis zu einigen Zentimetern groß), Zähne vom Eisfuchs und Steinbock, Elfenbeinanhänger und Knochenperlen. Auffällig sind die „Museums-Sammlungen" außergewöhnlicher Fundobjekte wie fossile Muscheln, Pyritklumpen, Quarz, Bleikristalle, bizarr geformte Steine u. a. Diese Sammeltätigkeit findet sich auch in den nachfolgenden Kulturstufen bis ins Magdalénien.

In der Kunst sind bereits alle Kunstgattungen vertreten: Zeichnung, Malerei, Relief und Vollplastik (→Felsbilder). Sie reichen von realistischen bis zu symbolhaft abstrahierten Tier- und Menschenbildern, Tier-Mensch-Figuren bis zu den nur wenige Zentimeter großen Tierfiguren aus Mammutelfenbein. Der Gebrauch von →Ocker ist übermäßig stark, und nicht selten ist der Boden einst bewohnter Höhlen mit einer zentimeterstarken Ockerschicht bedeckt. Vermutlich färbten die Menschen regelmäßig ihre Körper, Waffen und Tierhäute, auch Wohnhöhlen wurden damit gestrichen und es gibt Gräber, in denen der Tote vollständig in Ocker eingebettet ist.

Aurignac-Spitzen

1–15 cm lange Spitzen mit gespaltener oder gegabelter Basis aus Geweih, Knochen oder Elfenbein (→Geschoßspitzen).

Ausgrabung

(→Archäologie)
Die Ausgrabung ist ein wesentlicher Teil der archäologischen Arbeit. In Deutschland sind es heute meist Notgrabungen (in 9 von 10 Fällen), um die archäologischen

Befunde vor Bauarbeiten zu retten; unter Zeitdruck kann aber nicht mit der erforderlichen Sorgfalt und Präzision gearbeitet werden.

Im Prinzip besteht eine Ausgrabung aus der Abtragung von Schichten und Bauten in der umgekehrten Reihenfolge ihres Entstehens, bedeutet zugleich in den meisten Fällen auch eine Zerstörung des Denkmals und ist nicht wiederholbar. Daher müssen Ausgrabungen gründlich und sorgfältig durchgeführt und dokumentiert werden.

Bei gezielten Grabungen fallen zuvor umfangreiche organisatorische Arbeiten an: Festlegung von Ort und Umfang der Grabung, Finanzierung, Klärung rechtlicher Fragen, Anwerbung von Fach- und Hilfskräften, Bereitstellung von Quartieren, Maschinen, Geräten und Apparaturen. Dazu kommen Dokumentation, wissenschaftliche Untersuchungen der Ausgrabungsfunde und schließlich die Veröffentlichung der Ausgrabungsergebnisse. Dem Ausgräber stehen aber meist nur selten ausreichende Geldmittel zur Verfügung, die es ihm erlauben, sämtliche Hilfsmittel anzuwenden.

Australische Felsbilder

Diese gehören zur Kunst der Aborigines, die vor etwa 40000 Jahren einwanderten, bis vor wenigen Jahren in Jägerclans lebten und deren paläolithische Waffen hauptsächlich Lanze, Bumerang und Wurfspieß waren; Pfeil und Bogen waren nicht bekannt.

Sie haben ihre Traditionen nach Australien mitgebracht, ihre technischen Kenntnisse, lithische Werkzeuge herzustellen, Holz zu formen, Feuer anzuzünden und Häute zu gerben. Vermutlich haben sie auch das Bedürfnis mitgebracht, Kunst zu schaffen. Spuren künstlerischer Kreativität gibt es fast von Beginn an. ... Mit dem Verschwinden einer Lebensweise und aller Traditionen, die damit verbunden sind, kann unweigerlich auch keine von diesen Traditionen inspirierte Kunst mehr geschaffen werden. Dieser Prozeß hat bereits begonnen (Anati, 7, 373).

Nichtfigurative Felsgravierungen in der Koonalda-Höhle (bei Adelaide) und in anderen Orten werden auf 22000 v. Chr. datiert. Sie ähneln den Darstellungen in den Höhlen des europäischen Aurignaciens, wo in den noch weichen Lehm mit den 4 Fingern der Hand gezeichnet wurde („Makkaroni-Zeichen"). Bildliche Kunstwerke aus Laura (Halbinsel York) sind etwa 17000 Jahre alt. Einige, die älter als 12000 Jahre sind, finden sich in verschiedenen Regionen Australiens. Die Tradition der Felsbildkunst, die vor 22000 Jahren beginnt und bis heute reicht. läßt 6 verschiedene Stilrichtungen erkennen.

Perioden der Felsbildkunst mit versuchter Datierung (nach Anati, 7, 396).

heute bis 400	Arnhem-Komplex	„Patterned body"
heute bis 6000	klassischer „Laura-Stil"	Totemtiere
1000–10000	„Sidney-Stil"	große Menschen und Tiere, mit Umrißlinien
5000–12000	„Panaramitee-Stil"	figürliche Gravierungen
10000–20000	„Murray-Stil"	Assoziationen nach Art des Aurignaciens
vor 20000 Jahren	„Koonalda-Stil"	„Makkaroni-Stil"

Die 3 Gravierungsstile Koonaldo, Murray und Panaramitee gehören in die „geographische Tradition des Aurignaciens", andere Gruppen „nähern sich ikonographischen Strömungen, wie sie für das Magdalénien typisch sind".

Die australische Felskunst kann, von den frühesten Phasen im Stil des Aurignaciens abgesehen, von den Aborignes entziffert, gelesen und erklärt werden. Sie ist ein offenes Fenster auf Jahrtausende intellektueller Abenteuer des Menschen (Anati, 7, 396).

Australische Forscher von der Universität Wollongong und des Australien Museum in Sydney entdeckten im Norden Australiens, am Rande der Kimberly-Hochebene, bis zu 176000 Jahre alte menschliche Gebrauchsgegenstände und bis zu 75000 Jahre alte, in den Felsen eingeritzte Kunstwerke („Die Welt", 23.9.96). „Jeder Monolith weist ein Muster von mehr als 3000 knapp daumengroßen Mulden auf – Präzisionsarbeit, bei der Tiefe und Größe nicht mehr als ein paar Millimeter abweichen" („Die Welt", 26.4.97). Diese neuen Funde sind noch nicht allgemein anerkannt, da sie sich stark von den bisherigen Kenntnissen abheben.

Nach einer Meldung in „bild der wissenschaft" (9/1998, 8) revidierten inzwischen Richard Fullagar vom Australien Museum in Sidney zusammen mit Richard Roberts von der La Trobe University in Melbourne und weitere Archäologen die Datierungen.

Eine Überprüfung mit der zuverlässigeren optisch-stimulierten Lumineszenz-Methode und der Radiocarbon-Methode ergab: Die Malereien und Werkzeuge sind nicht älter als 22000 Jahre, wahrscheinlich sind sie sogar nur 6000 bis 10000 Jahre alt. Die frühesten Spuren menschlichen Wirkens auf dem fünften Kontinent sind damit 50000 bis 60000 Jahre alte Artefakte, die Roberts schon früher in Nordaustralien entdeckt hatte.

Australopithecinen
(lat.-gr.: Südaffen)
Beginn der Entwicklung der Hominiden (→Evolution des Menschen). Die Bezeichnung „Affen" ist irreführend, da es sich um Hominidae (Menschenartige) handelt.

Axial
(lat.: in der Achsenrichtung)
→Abschläge

Äxte
Urform aller Äxte und Beile ist der Faustkeil (engl. handaxe). Eine Axt ist ein Schlaggerät mit einer Durchbohrung der Axtklinge (Stein, Geweih oder Knochen) für den Schaft und einer parallel zum Stiel verlaufenden Schneide. Bei mesolithischen Geweihäxten wird eine Geweihstange (= Axtklinge) am Ende (zur Erhöhung der Festigkeit durch das stehengebliebene Wurzelende einer abgeschnittenen Sprosse) oder in der Mitte zur Aufnahme des Schaftes durchbohrt und das andere Ende zur Schneide angeschrägt. Verwendung finden sie für Erdarbeiten und zur Bearbeitung von Holz. Auch die Kombination Geweihaxt/-beil kommt vor, wenn das der Schneide gegenüberliegende Ende eine →Tülle zur Aufnahme der Beilklinge erhält.
Äxte haben gegenüber den →Beilen einen besonders langen →Schaft und werden meist beidhändig geführt. Das Bohrloch ist

bei den mesolithischen Äxten auf Grund der beidseitigen Durchbohrung doppelkonisch, im Neolithikum kann auch eine Hohlbohrung vorliegen (→ Bohrtechnik). Steinäxte wurden vom → Neolithikum bis in die → Bronzezeit und noch darüber hinaus verwendet.

Die Lage der Bohrung im Verhältnis zum Schwerpunkt der „Klinge" ermöglicht eine Unterscheidung in verschiedene Typen:
- Keulenäxte und Streitäxte mit der Bohrung durch den Schwerpunkt,
- Hammeräxte mit der Bohrung zwischen Schwerpunkt und Schneide,
- Arbeitsäxte mit der Bohrung zwischen Schwerpunkt und Nacken,
- Keiläxte mit extrem weit hinten beim Nacken sitzender Bohrung (Eschenweck, 53, 39).

Große Steinäxte waren ein hervorragendes Werkzeug für schwere Rodungsarbeiten (genauso wie schwere Fällbeile), Keiläxte dienten zum Spalten von Baumstämmen und Hammeräxte entweder mit dem Nacken als Hammer oder als Spaltaxt. Runde oder eckige Keulenäxte konnten eine Schneide besitzen. Als Waffen treten sie in der Form von → Streitäxten, → Hammeräxten, → Bootäxten und → Amazonenäxten auf. Prunkäxte zeigen Verzierungen, stellen wohl ein Zeichen der Herrschaft dar und dienten keinem praktischen Zweck.
Um 3000 v. Chr. gibt es in Ur (Mesopotamien) Schaftlochäxte mit Längs- und Querschneide aus Kupfer. Sie sind teils Waffen, teils Werkzeuge für die Holzbearbeitung. Die kupfernen Hammeräxte der → Schnurkeramischen Kultur mit gegossener Schafttülle oder sogar vollständigem Stiel stellen wohl eher einen Wertbesitz und einen damit verbundenen Machtanspruch dar.
In der späten Kupferzeit Palästinas und Westsyriens um 3000 v. Chr. tauchen bronzene Äxte auf. In Mitteleuropa kommen sie in der → Aunjetitzer Kultur vor (2300– 1800 v. Chr.), gewöhnlich in Form von schmalen Doppeläxten.

Azilien
8500–5000 v. Chr.
(benannt nach der großen, von der Arize durchflossenen Höhle Le Mas d'Azi am Nordrand der Pyrenäen, Frankreich)
Verbreitung: Südfrankreich, Nordspanien, im Osten bis zur Schweiz und Bayern
In Westeuropa existierte neben und nach dem → Magdalénien die Kultur des Azilien. Sie läßt sich vom Magdalénien herleiten. Verglichen mit dem Reichtum und der Vielfalt des Inventars des Magdalénien, sind die Geräte des Azilien aber viel kleiner, weniger sorgfältig bearbeitet und konzentrieren sich nur auf einige Typen, nämlich auf Schaber aus Abschlägen, krallenförmige Schaber, seltener Stichel, weiterhin Rücken-, Feder-, Segmentmesser und Messer mit geknicktem Rücken. Leitformen sind die Azilienspitzen, vermutlich Pfeilspitzen, in zahlreichen Variationen, die mehr oder weniger → Gravettespitzen gleichen.
Aus Hirschgeweih werden kurze, gedrungene und flache → Harpunen mit großer länglicher Basisdurchlochung, in Frankreich meist zweireihig, in Spanien einreihig (in der Höhle Mas d'Azil wurden etwa 1000 Harpunen gefunden), ge-

schnitzte →Speerschleudern mit geometrischen Mustern und Meißel hergestellt. Nur wenige sind künstlerisch ausdrucksvoll.

Es gibt keinen Hinweis auf einen Bevölkerungswechsel, wohl aber darauf, daß die Bevölkerungszahl in diesen Regionen dramatisch abgenommen hat. Die großen Magdalénien-Stämme spalteten sich in Gruppen auf, die sehr viel kleinere und sehr viel weiter verstreut lebende soziale Einheiten bildeten. So verringerten sich die Siedlungsplätze des Magdalénien von 70–80 Plätze auf etwa 20–30 Plätze im Azilien. Die Fundplätze sind sowohl im Tief- als auch im Hochland verbreitet. Vermutlich ist die Ausbreitung des Waldes die Ursache für den Bevölkerungsrückgang und der damit verbundenen härteren Lebensweise, die wenig Raum für künstlerische Betätigung ließ. Die Kunst, die im Magdalénien einen Höhepunkt erreicht hatte, beschränkte sich nun auf gravierte oder bemalte Geröllstücke (→Azilienkiesel) und auf Knochen mit geometrischen Zeichen.

Azilienkiesel

(benannt nach der Höhle Masd'Azil, in Frankreich)
Funde aus der Übergangszeit zwischen Jungpaläolithikum und Mesolithikum. Azilienkiesel sind ei- oder wurstförmige, flache, aus blau-grauem Schiefer bestehende Gerölle, die im Flußbett gesucht und dann bemalt wurden. Stets in roter Farbe dargestellte Ornamente bestehen aus Punkten, Linien, gelegentlich aus Zickzacklinien oder kreuz- und kreisförmigen Zeichen, roten Punkten und Farbflecken. Zum Teil sind sie mit Gravierungen kombiniert. Abbildungen von Tieren oder Menschen gibt es nicht. Die meisten Kiesel stammen aus der Höhle Le Mas-d'Azil, es wurden aber auch Kiesel in Bochach und Birseck in der Schweiz und in der →Klausennische in Bayern gefunden. Über den Zweck dieser Kiesel kann man nur Vermutungen anstellen, vielleicht waren es Spielsteine, Elemente eines frühen Zählsystems oder sie spielten bei Kult- oder rituellen Handlungen eine Rolle. Einer Studie

gelang der Nachweis, daß die Ornamente einem bestimmten Schema folgen. So wurden z.B. 16 verschiedene Motive identifiziert; aber nur 41 der 246 Kombinationsmöglichkeiten wurden benutzt. Die Sammlungen mit solchen Steinen, aber von verschiedenen Fundorten, zeigen unterschiedliche Häufigkeiten der Motive; so dominieren etwa auf den Kieseln aus Le Mas-d'Azil Punkte und auf denen aus Rochedare Linien (Cunliffe, 42, 147).

Baalberger Kultur

4300–3700 v. Chr.

(benannt nach Grabhügelfunden auf dem Schneiderberg von Baalberge im Kreis Bernburg in Sachsen-Anhalt)

Verbreitung: Mitteldeutschland mit Ausläufern nach Brandenburg, Mecklenburg und Pommern, Mittelböhmen und im nördlichen Österreich.

Sie gilt als älteste Gruppe der mitteleuropäischen → Trichterbecher-Kultur, weil auch der Trichterbecher zum Formenschatz der Tongefäße gehört und löste in diesem Gebiet die → Rössener Kultur ab.

Gesiedelt wurde in Einzelgehöften, in unbefestigten oder befestigten Siedlungen mit Graben, Wall und → Palisaden, die auch mitunter auf Anhöhen errichtet wurden. Die Häuser waren mit 5 x 4 Metern nicht sehr groß und boten nur einer Familie mit etwa 5 Personen Platz. Die größte Befestigungsanlage in Mitteldeutschland liegt auf der Flur Bischofswiese in der Dölauer Heide bei Halle an der Saale in Sachsen-Anhalt. Sie war mit einem 2,2 km langen, maximal 3,25 m tiefen und bis zu 5 m breiten Grabensystem umgeben, an dem sich ein Erdwall anschloß. Im Abstand von etwa 4–7 Metern hinter der Grabenkante folgte eine Palisade, die 0,80–1,50 m tief in den Boden eingegraben war. Die umfriedete Fläche betrug etwa 25 Hektar und besaß mindestens 3 Zugänge. Im Inneren der Anlage befanden sich keine Häuser, die freie Fläche diente vielleicht nur im Belage-rungsfall als Viehweide. Grundlage der Ernährung war Ackerbau und Viehzucht und gelegentlich die Jagd mit Pfeil und Bogen.

Tongefäße umfaßten Amphoren mit 2, 4 und mehr Henkeln, Henkelkannen und Henkeltöpfe, Trichterbecher mit langgestrecktem Unterteil und einer weiten Trichtermündung, vereinzelt auch Kragenflaschen mit einem Halsring. Typisch für die meisten Gefäße sind die kleinen Henkel, vereinzelt auch 4 Henkelösen. Daneben gibt es runde Tonscheiben, ähnlich den → „Backtellern" der Michelsberger Kultur und Näpfe mit Grifflappen („Schöpfer"). Die Keramik wurde selten verziert. Eingestempelte bandförmige Ornamente oder Punktreihen saßen an Schulter und Rand der Gefäße.

Aus Felsgestein waren Beile, Äxte, Streitäxte, aus Feuerstein Pfeilspitzen und Messer und aus Knochen wurden Pfrieme, Meißel, Dolche sowie Geweihäxte hergestellt. Kupfer wurde zu Hackenäxten, schweren Flachbeilen und zu Schmuck verarbeitet.

Es gab verschiedene Bestattungsarten: Erdhocker in einfachen Gräbern, zum erstenmal innerhalb ihres Verbreitungsgebietes auch Hügelgräber mit rechteckiger, trapezförmiger, dreieckiger oder runder Umfriedung und Steinkistengräber mit einem sogenannten → „Seelenloch", einer runden Öffnung an der Schmalseite des Grabes. In manchen Gräbern fanden sich auch Holzeinfassungen. → Bestattungen erfolgten meist einzeln, Ausnahmen waren Doppel- und Gruppenbestattungen mit Erwachsenen und Kindern und vermutliche Opferbestattungen. Daneben gibt es zer-

stückelte oder zerschlagene Skelettfunde und Rinderbestattungen
sowie auch Hinweise auf Kanni-
balenmahlzeiten (→ Kannibalismus), vielleicht in Verbindung
mit Totenritualen. Grabbeigaben
waren meist Tongefäße, vereinzelt
Feuerstein- oder Knochengeräte,
Schmuck und Tierteile als Speise.

Backöfen
Vorläufer des Backofens war die
mit Steinen ausgelegte Grube, in
der man das Feuer entzündete.
Nach dem Abbrennen räumte man
die Asche aus, brachte den Teig
auf die heißen Steine und deckte
diesen mit Blättern u.ä. zu. Einer
der ältesten Brotfunde stammt aus
der Schweiz und wurde um 3700
v. Chr. in einer Herdmulde gebak-
ken (→ Brot).
In Ur (Mesopotamien) wurde eine
4000 Jahre alte Bäckerei mit
Backöfen und Schalen, in denen
Brotteig geknetet wurde, ausgegraben.
Backöfen in Gestalt einer Kuppel
aus Lehm kennt man in Europa seit
dem Ende der Jungsteinzeit um
2000 v. Chr. Sie haben trapezförmige oder ovale Grundrisse von
0,80–1,60 m. Zu ihnen gehörte eine Grube, die mit Kieseln ausgelegt wurde. Darüber strich man
eine dünne Lage Lehm, diese bildete die Ofentenne. Die Lehmkup-
pel wurde durch ein Gerüst aus
Weidenruten gestützt, das beim
Beheizen des Ofens verkohlte.
Diese Form hat sich im bäuerlichen Backofen erhalten.
Bei den meist zweiräumigen Häusern des Neolithikums gab es im
Eingangsbereich einen kuppelartigen Backofen, dessen Öffnung
durch eine Steinplatte verschlossen

werden konnte. Der Hauptraum
hatte eine zusätzliche offene Feuerstelle, gemauert oder als offener
→ Herd. Die Öfen wurden nicht
nur zum Backen, sondern wohl
auch zum Darren des Getreides
benutzt. Es liegt nahe, daß Brot-
laibe gebacken wurden, denn für
Fladen brauchte man keinen geschlossenen Ofen.

Backteller
In der jungsteinzeitlichen → Michelsberger Kultur, in der frühen
nordeuropäischen → Trichterbecher-Kultur sowie in der → Chas-
séen-Kultur wurden tellerförmige
Tonscheiben gefunden, die man
nach ihrem vermutlichen Verwendungszweck „Backteller", Eßteller,
Gefäßdeckel oder Formplatte
nennt.

Demgegenüber konnten jüngste technische Untersuchungen für diese Frage
entscheidende Aufschlüsse bringen.
Danach kam es bei diesen sich in ihrer
Tonbeschaffenheit, Herstellungsart und
Erhaltung von der übrigen Keramik
merklich unterscheidenden Stücken of-
fenkundig nicht darauf an, eine Was-
serfestigkeit zu erreichen, wohl aber eine Widerstandsfähigkeit gegen Erhit-
zung. Dies läßt nur die Erklärung zu,
daß diese Platten tatsächlich als Backteller gedient haben (Müller-Karpe,
149, 200).

Auf ihnen könnte dann auf
→ Mahlsteinen zerriebenes Ge-
treide im breiartigem Zustand als
Fladen zubereitet worden sein.

Balkengrabkultur
Verbreitung: Südrußland, nördlich
des Kaspischen Meeres.
Bronzezeitliche, vertiefte, aus
Holzbalken gezimmerte Grabkam-
mern unter aufgeworfenen Hügeln.
Die Grabbeigaben (Keramik, Me-

tall- und Steingeräte, Schmuck) deuten auf eine gehobene Sozialschicht hin.

Baltischer Eisstausee
Vorform der späteren Ostsee (→ Nacheiszeit).

Bandkeramiker
→ Linienbandkeramische Kultur

Battenberg
(südlich von Grünstadt, Rheinland-Pfalz, auf einem Höhenrücken des Pfälzer Waldes gelegen)
Altpaläolithischer Fundplatz mit Geröllgeräten, Spaltern, Amboßsteinen, schweren Hausteinen und wuchtigen Schabern, z.t. mit → Wüstenlack aus dem Acheuléen. Bemerkenswert sind die rechtwinkligen Schaber (nach K. E. Kocher eine zusätzliche Funktion zur Bestimmung der Himmelsrichtung). Dieser Raum war während der Eiszeit frei von Gletschern und bildete einen Lebensraum für Mensch und Tier.
Noch stark umstritten sind die von Kurt E. Kocher (110) gefundenen Quarzitartefakte, in denen er Gesichtsprofile, Idole oder Tierplastiken erkennt, meist mit Stellflächen zur horizontalen Ausrichtung und Steckspitzen, die er dem *Homo erectus* und dem Neandertaler zuordnet, die meisten mit einem Alter von etwa 120 000 Jahren und älter. – Ein ähnlicher Fund stammt von den Golanhöhen, der mit 230 000 Jahren datiert wird (→ Kunst).

Baumsärge
Baumsargbestattungen kommen fast ausschließlich in der → Trichterbecher-Kultur vor über 3 000 v. Chr. in Norddeutschland, Holland und Skandinavien vor, und zwar neben der Bestattung in Steingräbern.

In der → Einzelgrab-Kultur tauchen die bisher frühesten Beispiele dafür auf, daß man statt des Bohlensarges einen ausgehöhlten Baumstamm benutzte. Möglicherweise besteht hier ein Zusammenhang: In einem engen Baumsarg mit rundem Boden kann der Tote leichter ausgestreckt gebettet werden als in Seitenlage mit angezogenen Beinen (Brønsted, 29, 298).

Baumsärge kommen im späten Neolithikum Nordeuropas (→ Dolchzeit) vor und sind vor allem in der Bronzezeit weit verbreitet (z.B. → Aunjetitzer-Kultur).
Baumsärge sind etwa 2–3 m lange Baumstämme, meist Eichenstämme, die in der Länge gespalten und für die Körperbestattung ausgehöhlt sind. Der Tote wurde in der nordischen Bronzezeit meist in eine Rinderhaut oder Wollzeug gehüllt und in → Hügelgräbern oder Mooren (→ Moorleichen) beigesetzt. Die konservierende Wirkung der Bodenfeuchtigkeit ist in Verbindung mit der Gerbsäure des Baumes so stark, daß Teile des Sarginhaltes erhalten blieben. Die Bestattung in Baumsärgen endet mit der → Brandbestattung in der jüngeren Bronzezeit.

Becher-Kulturen
→ Schnurkeramische Kulturen

Befestigungen
Mauern aus dem Altpaläolithikum dienten zum Schutz vor der Witterung. Das älteste Fundament einer Schutzmauer oder Schutzwand könnte ein leider nur unzureichend dokumentierter Steinwall aus der

Olduvai-Schlucht sein, der in Bett I, in einer etwa 1,8 Mio. Jahre alten Schicht, gefunden wurde (→Oldowan). Er hat einen Durchmesser von 4,30 x 3,70 m und könnte als Stütze eines Windschirmes entweder zum Schutz gegen Wind und Sonne oder als Fundament eines Zaunes gedient haben, hinter dem im Frühjahr gefangene Steinbocklämmer bis zur Schlachtreife im Herbst gehalten wurden (Müller-Beck 141).

Etwa 600 000 Jahre alt ist der Wall bzw. Rest einer Winterhütte in Prezletice, Prag-Ost, der in der Tschechei gefunden wurde. Er bestand aus Steinen und Lehm. An der niedrigsten Stelle war der Wall noch 30 cm hoch, am Fuß 60 cm breit und wurde durch einen schmalen Eingang unterbrochen.

In der Großen Grotte bei Blaubeuren in Baden-Württemberg errichteten vermutlich Neandertaler im Mittelpaläolithikum eine Mauer, um Wind und Schnee abzuhalten. Die Steine wurden zu einer Trockenmauer aufgeschichtet und wären damit das älteste „Bauwerk" der Welt. Die Datierung ist aber unsicher und schließt ein wesentlich jüngeres Alter nicht aus.

Im frühen →präkeramischen Neolithikum (8000–6000 v. Chr.) wurden Siedlungsplätze im Vorderen Orient durch eine Umwallung geschützt. Dabei kommt es bereits zur Ausbildung der klassischen Annäherungshindernisse von Wall und Graben, die über Jahrtausende hinweg die wichtigsten Bestandteile einer Befestigung ausmachen. Das bei dem Bau des Wallgrabens ausgehobene Material ergibt gleichzeitig den Wall. Die frühen Städte des Vorderen Orients waren durch ein einfaches System aus Lehmziegel-Mauer und Graben gesichert. Die älteste Befestigungsanlage in Jericho (Palästina) stammt aus der Zeit von 8000 v. Chr. Um 7000 v. Chr. wurde dann eine 2 m dicke, freistehende Steinmauer errichtet, die noch heute z.T. mit einer Höhe von 3,50 m steht, mit einem mächtigen Steinturm an der Innenseite der Mauer, der bis zu einer Höhe von 9 Metern erhalten ist und in dessen Inneren 22 Steinstufen auf eine Plattform führen.

Im Neolithikum Mitteleuropas wurden teilweise Einzelgehöfte und Siedlungen mit Wall und Graben sowie →Palisaden umgeben. Die ältesten Befestigungen in Deutschland wurden zur Zeit der →Linienbandkeramischen Kultur (5800–4500 v. Chr.) errichtet. In Eilsleben in Sachsen-Anhalt wurde der bisher älteste Graben Mitteleuropas nachgewiesen. Er ist über 170 m lang, mehr als 3 m breit und 2,50 m tief. Um 4000 v. Chr. entstanden auffallend viele Siedlungen von fast burgartigem Charakter mit Wällen, Gräben und Palisaden, sie wurden vor allem von der →Michelsberger Kultur auf Bergrücken angelegt. Dieses Verteidigungssystem wurde noch weit bis in die geschichtliche Zeit hinein angewendet.

Während der →Bronzezeit erhielten in Europa Befestigungen erstmals steinerne Mauern und Türme (Griechenland, Ungarn, Deutschland, Frankreich). Im südlichen Europa läßt sich dabei der Einfluß des vorderasiatischen Befestigungswesens erkennen. Die Mauern sind zwischen 1 und 6 Metern dick, und die erhaltene Höhe beträgt zuweilen noch mehr als 3 m. Sie wurden massiv entweder aus Steinplatten oder großen Steinblöcken trockengemauert oder aus 2 gemauerten Schalen mit einer lockeren Füllung gebildet. Rechtwinklig vorspringende Bastionen lassen sich auf die frühdynastische Stadtmauer von →Uruk zurückführen. Gelegentlich erhielten die Steinmauern horizontale Holzbalken, und der obere Teil scheint manchmal aus Lehmziegeln bestanden zu haben. Außerhalb der südeuropäischen Länder sind in Europa steinerne Festungsmauern von Kupferzeitsiedlungen unbekannt. Sie wurden wie im Neolithikum mit Gräben und Wällen sowie mit →Palisaden angelegt, oftmals in der Form von Ringwällen, die Flachland- und Höhensiedlungen ganz umzogen. Die Gräben haben nicht selten eine beträchtliche Breite, z. B. in Urmitz, Kreis Koblenz in Rheinland-Pfalz oben 6,50–10 m und unten 4–5 m. Hufeisenförmige Palisadenbastionen erinnern an die halbrunden Bastionen der südeuropäischen und vorderasiatischen Steinmauern. Höhensiedlungen waren oft nur auf einer Seite oder an einigen Stellen durch Wall und Graben geschützt, während die freien Seiten durch Steilabhänge genügend Schutz boten. Die →Seeufersiedlungen des alpenländischen und südwestdeutschen Raumes waren teilweise mit Palisaden umgeben, wobei der Schutz wohl mehr der Abwehr wilder Tiere und dem nächtlichen Zusammenhalten der Haustiere diente, als menschlichen Übergriffen.

Befund

Bezeichnung für einen ungestörten Fundzusammenhang archäologischer Überbleibsel sowie einen von Menschen verursachten Eingriff in die natürlichen Bodenverhältnisse, wie z. B. ein Hüttengrundriß. Der Befund muß jeweils vor der Entnahme zeichnerisch und fotografisch genau dokumentiert werden, damit eine spätere Auswertung zu exakten Ergebnissen kommt (→Fund).

Behausungen

Über Behausungen im frühen Altpaläolithikum ist fast nichts bekannt, aber es kann angenommen werden, daß einfache Wind- und Regenschirme, Laub- und Erdhütten als Schutz vor Witterungseinflüssen errichtet wurden.
Die älteste als Behausung gedeutete Fundstelle stammt aus der Olduvaischlucht (→Olduvai Gorge) aus dem Bett I und ist etwa 1,8 Mio. Jahre alt. Es handelt sich um einen aus Basalttrümmern bestehenden, archäologisch nur als Planum und grobe Profillinie dokumentierten Ring von 4,30 x 3,70 m Durchmesser, der ursprünglich entweder eine Steinmauer zum Schutz vor Wind und Sonne darstellte oder als Stütze eines aus Ästen, Laub und Gras errichteten Windschirmes gedient haben mag. Eine natürliche Entstehung des Ringes als Produkt der Verwitterung einer Basaltkuppe ist wegen des Fehlens einer Dokumentation des Gesamtprofils nicht sicher auszuschließen.
Vermutlich brachte das „Hüten" des Feuers den Menschen dazu, einen Schutz gegen Regen oder Wind zu schaffen. Die einfachste

Möglichkeit war eine Schutzwand aus Zweigen, Laub und Gras, die, zu einem Halbkreis gebogen, einen dachartigen Schutz gab. Wurde die halbkreisförmige Kuppel verlängert, wurde sie zur → Hütte. Die Zweige konnten miteinander verflochten und mit Gras, Laub, Schilf oder Tierfellen bedeckt werden.

Aus Prezletice (Prag-Ost) in der Tschechoslowakei kennt man Reste einer Winterhütte, die vor schätzungsweise 600 000 Jahren errichtet worden war. Sie stand auf einem Platz, der an drei Seiten durch steile Felsen und an einer Seite teilweise durch ein Seeufer begrenzt wurde. Von der Hütte blieb ein ovaler Wall aus Steinen und Lehm erhalten. Er war an der niedrigsten Stelle noch 30 Zentimeter hoch und am Fuß 60 Zentimeter breit. Die Behausung hatte eine Wohnfläche von etwa 3 x 2 Metern und einen schmalen Durchlaß im Nordwesten (Probst, 163, 35).

Behausungen, die etwa 400 000 Jahre alt sind, wurden in → Terra Amata über dem alten Hafen der südfranzösischen Stadt Nizza entdeckt. Elefantenjäger, die hier im Frühjahr erschienen und bis zum Sommer blieben, errichteten jeweils eine ähnliche Hütte mit ovalem Grundriß von etwa 17 Metern Länge, in der sie stehen und arbeiten konnten. Auf unterschiedlichem Grabungsniveau wurden insgesamt 27 Hütten für etwa 20–25 Menschen entdeckt. Die Behausungen bestanden aus langen, schräg und dicht gestellten Ästen und dünnen Stangen der ringsum wachsenden Bäume, die sich an den oberen Enden gegenseitig stützten, so daß ein Satteldach entstand, das unmittelbar auf den Boden aufgesetzt war. Steine um die Behausung herum dienten als Widerlager

für die Äste, die mit angeschwemmten Tang, Laub oder Fellen abgedeckt waren. In der Mitte der Hütte lag in einer flachen Vertiefung die Herdstelle, deutlich mit Steinen abgegrenzt. Um diese herum ließen sich Schlafplätze durch Fellabdrücke und sogar eine Fußspur nachweisen. Es gab einen festen Platz für die Essenszubereitung, wo sich auch Speisereste fanden, einen Platz für die Steinbearbeitung mit Abschlägen und eine Art steinerne Werkbank mit Arbeitsspuren eines Feuersteinmessers, mit dem vermutlich Fleisch zerteilt worden war. Das alles zeigt, daß der *Homo erectus* bereits planmäßig vorging und auch eine soziale Ordnung besaß: eine mobile Jagdgruppe, die mehrere Kleinfamilien umfaßte und unter einem Dach zusammenlebte.

Aus → Bilzingsleben (vor etwa 370 000 Jahren) sind 3 Hütten bekannt 2 runde und 1 ovale mit einem Durchmesser von etwa 3–5 Metern. Wahrscheinlich waren es zeltartige Hütten mit Stangengerüsten, die an der Außenseite mit großen Steinen oder Knochen befestigt waren.

Die ebenfalls bei Nizza liegende Lazarethöhle befindet sich am Abhang des Mont Boron, 25 m über dem Meeresspiegel, in etwa 100 m Entfernung vom Ufer des Mittelmeeres. Hier fand sich der Nachweis einer offenbar aus Holzpfosten gebauten Hütte am Höhleneingang. Der Fund wird auf etwa 150 000 Jahre datiert.

Die Neandertaler hielten sich im Freiland in Hütten und → Zelten oder kurzfristig in → Höhlen oder unter Felsvorsprüngen (→ Abri) auf. Die Höhlen dienten nicht nur als Unterschlupf, sondern wurden auch durch den Einbau von umgrenzten und wohl auch überdachten Behausungen aufgegliedert. Solche Einbauten dürften einen zusätzlichen Schutz gegen Witterungseinflüsse gewährt haben, denn in der Regel wurde nur der Eingangsbereich der Höhle bewohnt. Im allgemeinen wird man sich die altpaläolithischen Behausungen als aus Ästen gestaltete zeltartige Konstruktionen vorzustellen haben, die mit Tierhäuten, Laub und Gras abgedeckt waren. Die Mammutjäger der eiszeitlichen Steppen, denen wenig Holz zur Verfügung stand, bauten schon vor 100 000 Jahren ihre Hütten aus Mammutknochen (→ Molodowa in der Ukraine). Das Fundament für das Dach bildete eine Art Wall aus größeren Steinen und großen Mammutknochen wie Schädel, Schenkelknochen, Schulterblatt und Beckenknochen. Die Lücken des bis zu einem halben Meter hohen Walles wurden mit Erdaufschüttungen geschlossen. Gewöhnlich war der Grundriß kreisförmig und hatte einen Durchmesser von etwa 5–7 Metern. In den Ringwall wurden dann starke Äste oder dünne Stämme gerammt und in der Mitte in etwa 2–3 m Höhe zusammengeführt. So entstand ein einfaches Dachgerüst in Form eines Spitzkegels oder einer abgerundeten Kuppel. Offene Stellen im Dachgerüst wurden mit Zweigen oder Rengeweihen ausgefüllt, das Ganze mit Fellen abgedeckt und mit Knochen beschwert. Manchmal wurde das Dach durch eine Mittelstütze gesichert. In der Mitte der Hütte befand sich gewöhnlich eine Feuerstelle, und man kann sich vorstellen, daß der Raum bis etwa 1 m über dem Boden mit Rauch angefüllt war, dem der Mensch nur durch Sitzen oder Liegen ausweichen konnte. Um die Hütte geräumiger zu machen, wurde der Fußboden mit Geweihhacken (→ Hacken) bis zu einem halben Meter ausgehoben.

Aufgrund des sich ändernden Klimas am Ende der Eiszeit zogen die Rentierherden nach Norden, und der Mensch folgte ihnen. In der fast baumlosen → Tundra benutzte er eine Behausung, die er mitnehmen konnte, das → Zelt. Es bestand aus einem kegelförmigen Gerüst aus Stangen, die mit Rentierhäuten bedeckt wurden. Im Inneren befand sich eine Feuerstelle. Die ersten Zelte wurden vermutlich vom *Homo sapiens* vor mehr als 35 000 Jahren errichtet. Es gab bereits eine Vielzahl von Behausungen: Sommerzelte, Winterzelte auf gepflastertem Sockel als mehrteilige Anlage, Grubenhütten und große Unterkünfte für ganze Sippen.

In → Gönnersdorf (Rheinland-Pfalz) fand man 3 Grundrisse von Pfostenbauten mit einem Durchmesser von 6–8 Metern. Um einen im Mittelpunkt stehenden Stamm waren im Abstand von 3 oder 4 Metern rundum 12 kürzere Außenpfosten eingelassen, die oben mit einer Astgabel endeten. In die Astgabel legte man dünne Stämmchen, die zum Mittelmast führten und mit Lederriemen festgebunden wurden. Mit ca. 40 Wildpferdehäuten wurde die ganze Konstruktion (Seite und Dach) abgedeckt und mit Sehnen oder Därmen zusammengenäht, wobei rings um die Mastspitze eine Abzugsöffnung für den Rauch offen blieb. Der Boden war mit gravierten Schieferplatten ausgelegt auf die vermutlich Felle gelegt wurden. Die Feuerstelle befand sich in einer Grube, in der ein Glutfeuer unterhalten wurde, das die Hitze besser bewahrte und weniger Brennmaterial erforderte als ein Flammfeuer.

Aus dem Jungpaläolithikum sind Reste von Behausungen bekannt. In → Timonovka in der Ukraine wurden Gruben von 6–10,50 m Länge, 3–3,50 m Breite und 2,50–3 m Tiefe gefunden, deren senkrechte Wände Spuren einer Holzverkleidung aufweisen. Die Bedachung bestand aus horizontalen Pfosten und darüber aufgeschütteter Erde. Der Zugang in die unterirdischen Räume erfolgte über einen rampenartigen Gang von etwa 1 x 2,50 m. Die Feuerstelle im Inneren besaß einen Rauchabzug aus lehmverstrichener Rinde. Behausungen an anderen Fundstellen waren oft nicht so tief eingegraben und reichten über alle Zwischenstufen bis zur ebenerdigen Anlage. Oftmals waren die Feuerstellen mit Steinen eingefaßt oder der Boden war mit Steinplatten ausgelegt, auch backofenartige Aufbauten kamen vor.

Allgemein wird angenommen, daß im Jungpaläolithkum zeltartige oder zelthüttenartige Anlagen die einzig bekannten Behausungsformen gewesen seien; mit Häusern, d. h. – gemäß der von F. Oelmann vorgenommenen Definition – [Haus und Hof im Altertum 1, 1927] mit Bauten, bei denen Dach und Wand selbständige tektonische Elemente sind, ist nicht zu rechnen (Müller-Karpe, 147, 139).

Hütten im Mesolithikum stehen trotz des gewandelten Klimas noch in uralter Jäger- und Sammler-Tradition und lassen sich meist nur durch Bodenverfärbung des Innenraums oder durch konzentrierte Feuersteinabschläge an Arbeitsplätzen nachweisen. Erst mit der Neolithisierung endete das unstete Wanderleben der Jäger, Sammler und Fischer und die ersten richtigen Häuser tauchten auf.

Die ältesten neolithischen Siedlungen finden sich in der Levante und in den westlichen Ausläufern des Zagrosgebirges (Irak) und sind etwa um 10 500 v. Chr. entstanden. Die Häuser und Dörfer der → Natufien-Kultur (12 000–7 000 v. Chr.) waren Rund- und Ovalbauten mit einem breiten Steinsockel (bis 1 m), der z.T. noch in dieser Höhe erhalten ist, und hatten einen Durchmesser von bis zu 10 Metern. Der obere Teil des Baues bestand aus Lehm und einer stützenden Holzkonstruktion. Der Fußboden konnte steingepflastert, mit einem Estrichbelag oder sogar mit Steinplatten ausgelegt sein. Mörser und Mahlsteine weisen auf die Verarbeitung von Getreide und Samen hin.

An Ausgrabungen im Tell → Abu Hureyra in Syrien, an den Ufern des Euphrat unweit von Aleppo, läßt sich die Entwicklung des Hausbaues gut verfolgen. Etwa um 10 000–9 000 v. Chr. bewohnte eine Gruppe von Jägern und Sammlern erstmals diesen Platz. Es wurden Wohngruben ausgehoben und mit Holzpfosten umgeben, die das vermutlich aus Schilf gefertigte Dach trugen. Um 9 000 v. Chr. verließen die Bewohner Abu Hureyra aus unbekannten Gründen. Um 7 500 entstand eine neue Siedlung, die sich bald mit Tausenden von Bewohnern zur größten Siedlung der Levante entwickelte. In der neuen Siedlung tauchen die ersten aus ungebrannten Lehmziegeln erbauten Häuser auf. Die rechteckigen Häuser wurden dicht aneinander gebaut, mit nur schmalen Gassen und kleinen Höfen dazwischen. Jedes Haus bestand aus mehreren kleinen Räumen mit teilweise geglättetem schwarzen Estrichboden, den in einigen Fällen rote Motive zierten. Die Wände waren mit Lehmverputz oder weißer Tünche überzogen. Vermutlich wurde jedes Haus nur von einer Familie bewohnt. Auch diese Siedlung wurde um 5 500 v. Chr. verlassen. Als Gründe werden eine Klimaveränderung, wachsender Bevölkerungsdruck und nachlassende Fruchtbarkeit der Felder angenommen.

In → Çatal Hüyük, 48 km südlich von Konya in der Türkei, entstand um 7 000 v. Chr. eine blühende Stadt, deren Häuser wie Bienenwaben dicht beieinander standen. Ungewöhnlich ist die Standardisierung. Jedes Haus hatte 25 Quadratmeter Grundfläche und ein selbsttragendes Gerüst aus behauenen Holzbalken. Die Lehmmauern bestanden entweder aus luftgetrockneten Ziegeln, oder es wurden nacheinander mehrere strohgemischte Lehmschichten aufgetragen, oder der Lehm wurde zwischen 2 festen Holzverschalungen eingepreßt. Der Zugang zu den Häusern erfolgte über eine Holzleiter, mit der die Bewohner vom Hof auf das flache Dach gelangten, von dort einen Schacht und schließlich einen niedrigen Eingang erreichten; dies diente vielleicht einer besseren Verteidigung.

In den Wohnungen sind Bänke, Plattformen und Herdstellen aus Erde und Gips fest eingebaut. Die Siedlung umfaßte schätzungsweise 1 000 Häuser mit vermutlich 5 000–6 000 Einwohnern.

Um 6 000 v. Chr. wurden in Griechenland (Nea Nikomedeia, Makedonien) Häuser gebaut, die aus senkrechten Pfosten mit →Flechtwerk bestanden, das beiderseitig mit Lehm verputzt wurde. Diese Technik breitete sich später durch ganz Europa aus (→Pfostenbauweise).

Die ersten mitteleuropäischen Waldbauern der →Linienbandkeramischen-Kulturen, errichteten um 5 500 v. Chr. Langhäuser, die bis zu 45 m lang und etwa 8 m breit waren. Sie waren anfangs nicht zu Dörfern gruppiert, sondern lagen als Einzelhäuser weit verstreut. Erst später, vielleicht deshalb, weil die Zeiten kriegerischer wurden, legte man Dörfer mit Gräben, Wällen und Palisaden mit burgartigem Charakter an. Das tragende Gerüst dieser Häuser bestand aus 5 Längspfostenreihen: 3 Reihen Innenpfosten trugen die mit Reet abgedeckte Dachkonstruktion, die beiden anderen bilden mit dünneren Pfosten die Außenwände, deren Zwischenräume mit Flechtwerk aus Ruten ausgefüllt, mit Lehm verputzt und teilweise auch mit Kalk getüncht wurden. Gruben in der Nähe dieser Häuser dienten der Lehmentnahme zum Hausbau, sowie als Vorrats-, Speicher- oder Abfallgruben. Die Häuser waren in einen Wohn-, Speicher- und Stallteil gegliedert. Man nimmt an, daß die Form des Langhauses aus ursprünglich selbständigen Einzelhäusern verschiedener Zweckbestimmung zusammengewachsen sei. Es waren im Gegensatz zu den Behausungen der alt- und mittelaltsteinzeitlichen Jäger echte Dauerwohnbauten, deren Haltbarkeitsdauer auf 30–40 Jahre geschätzt wird. Diese Langhäuser waren die Vorbilder der späteren Bauernhäuser in Europa.

Zum Ende des Neolithikums ab 4800 v. Chr. in Norditalien und um 4000 v. Chr. in Deutschland und in der Bronzezeit trat an den Ufern zahlreicher Seen ein anderer Haustyp auf (→Seeufersiedlungen). Man trieb Pfähle in den weichen Schlamm der Seeufer und baute darauf eine Plattform, auf der alle weiteren Gebäude errichtet werden konnten. Vermutlich besaßen die Häuser einen hölzernen Rahmen, der mit Flechtwerk und grobem Putz ausgefüllt war und mit einem reetgedecktem Dach abschloß. In jedem Haus gab es eine Herdstelle, häufig einen aus Lehm geformten kuppelartigen Backofen. Die Holzfußböden wurden mit Birkenrindenschichten belegt und mit Lehm verstrichen.

Blockbauten, die direkt auf dem Erdboden errichtet wurden, besaßen ausschließlich horizontale Holzbalken mit Kerben und Verzapfungen und sind kaum erhalten.

Beile

Die Urform aller Beile und Äxte ist der stiellose →Faustkeil, der auch als Handbeil oder engl. als handaxe bezeichnet wird.

Als Beil wird ein nicht durchlochtes Felsstein- oder Feuersteinstück mit selten völlig symmetrischer (um das Festsitzen zu vermeiden), meist leicht asymmetrischer Schneide bezeichnet, die parallel zur Schäftung steht. Stücke mit einer asymmetrischen und querstehenden Schneide zur Schaftrichtung sind →Dechsel (Querbeile) oder →Hacken, →Äxte haben eine Durchlochung.

Die ersten Beile mit Steinklinge und Holzstiel wurden von Jägern und Sammlern in der jüngeren Altsteinzeit verwendet (35000–8000 v. Chr.), in großem Umfang aber erst in der Mittelsteinzeit (8000–4000 v. Chr.), während gepickte und geschliffene Beilklingen ein Hauptkennzeichen des Neolithikums (5500 v. Chr.) sind.

Beile variieren nach Größe, Herstellungstechnik und Oberflächenbearbeitung: z. B. →Kern-, →Scheiben- und →Walzenbeile, unretuschiert (grob behauen), teilretuschiert, mit vollständiger Oberflächenretusche, gepickt oder geschliffen. Die kleinen Beilklingen können als Behaubeile und die größeren als Fällbeile interpretiert werden. Querbeile eignen sich vorzugsweise zum Bearbeiten von Flächen (spanabhebendes Verfahren), während Geradbeile vorteilhaft sind, tiefe Kerben zu schlagen (Trennverfahren). Dicknackige Feuersteinbeilklingen sind schwere Fällbeile und auf Norddeutschland und Dänemark beschränkt. Die Schäftung erfolgte nach verschiedenen Verfahren (→Schäftungen).

Experimente ergaben, daß die Herstellung eines grob zugeschlagenen Beilkerns bei der weiteren Formgebung durch Picken 3–4 Stunden, der Schliff 2–3 Stunden und der Feinschiff nochmals 1 Stunde benötigte (→Steinschliff). Weitere Versuche zeigten, daß ein einziger Mann mit Hilfe eines Steinbeiles pro Woche 0,2 Hektar Wald urbar machen konnte, wobei die Baumstümpfe etwa 1,50 m hoch stehen blieben, wenn eine → Dechsel verwendet wurde.

Geweihbeile

Die Entwicklung der Geweihgeräte ging von den einteiligen spitz-, längs- oder querschneidigen Geräten zu den zweiteiligen mit Beilklinge aus Geweih, Knochen oder Elfenbein und Geweihschaft bis zu den dreiteiligen Geräten mit Steinklinge, Zwischenfutter und Schaft. Die mehrteiligen Geräte setzten sich schließlich durch, trotz des höheren Arbeitsaufwandes und gewisser Anfälligkeit, z. B. Lockerung der Bindung, Bruch der Klinge oder des Holzschaftes. Dagegen lassen sich bei mehrteiligen Geräten:

• aus einem Geweihteil mehrere Geräte herstellen,
• längere und handlichere Holzstiele anbringen,
• andere Beilklingen verwenden,
• Beilklingen in optimaler Stellung schäften,
• beschädigte oder zerbrochene Teile wieder auswechseln.

Lyngby-Beile

Benannt nach dem Fundort Lyngby an der Westküste Nordjütlands, Dänemark.
Bei diesem mesolithischen Werkzeugtyp wird vom Rengeweih Rose und Krone weggeschlagen, so daß nur der übriggebliebene Stamm den Schaft bildet, von den Seitensprossen ist nur der unterste Teil der Eissprosse geblieben. Auf etwa 5–10 cm verkürzt und einseitig schräg abgeschnitten entsteht entweder ein Gerad-,

Quer- oder als Spitze gearbeitet ein Spitzbeil. Wird die verbliebene Eissprosse abgerundet, entsteht ein hammerartiges Schlaggerät. Die Länge der Beile betrug etwa 23–57 cm.
Verwendung: als Schlagwaffe zum Töten des Wildes und als Fellablöser, als Wühl- und Rodegerät sowie als Eispickel beim Eislochfischen. Die Geweihbeile liegen trotz der Schaftkrümmung gut in der Hand wenn die Schläge nicht parallel, sondern schräg zur Körperachse des Jägers ausgeführt werden, solches geschieht, wenn er sich neben dem Tier befindet, das er töten will (ein Renschädel mit Loch aus Stellmoor weist auf die Einwirkung eines Geweihbeiles hin). Die ältesten Geweihbeile wurden in Pavlov (Pollau) in Tschechien gefunden und werden in das → Gravettien datiert.

Tüllenbeile

• In die Endfläche des Geweihstücks wird bis in die Markröhre ein Loch gehackt, die → Tülle, in welche dann der Schaft eingeführt wurde. Das geschärfte andere Ende bildet die Schneide.
• Erhält das Ende der Eissprosse eine Tülle, kann eine Beilklinge aus Stein, Knochen oder Geweih mit und ohne Zwischenfutter eingesetzt werden. Den Schaft bildet die Eissprosse. Das → Zwischenfutter aus zäh-elastischem Geweih dient als Puffer zwischen Beilklinge und Schaft und soll einen Bruch vermeiden. Damit wird das Tüllenbeil zum Vorläufer des geschäfteten Beiles. Verwendung: u.a. für Holzarbeiten.

Beilklingen

Unter Beilklinge versteht man einen Schlagkörper mit Schneide, geschäftet wird sie zum Beil. Beilklingen aus Gestein werden durch grobe →Abschläge, →Retusche oder →Picken und →Schleifen geformt. Sie werden nach verschiedenen Verfahren geschäftet (→Schäftungen). Durchbohrte Klingen sind Axtklingen (→Äxte). In Tüllenbeile (→Beile) werden Beilklingen aus Gestein, Knochen oder Geweih mit oder ohne Zwischenfutter eingesetzt. In der →Kupfer- und →Bronzezeit gibt es Flachbeile aus Metall.

Bein

Veralteter Sammelbegriff für →Knochen, →Geweih, →Horn und →Elfenbein. Mit diesem Begriff wird eine genaue Materialansprache umgangen, er gibt daher keine Auskunft über den Rohstoff.

Beitel

(urspr. „Beutel". Unter dem Einfluß von →„Meißel" wird „Beutel" zum „Beitel")
Meißelähnliches Gerät aus Knochen zur Holzbearbeitung (z. B. Ausstemmen von Zapfenlöchern) mit angeschliffener Schneide, die im unteren Teil des Knochens schräg von der Oberseite zur Unterseite verläuft, mit Schaft und Schlagfläche (oft die Gelenkfläche des Knochens).

Bergbau

→Feuersteinbergbau

Bernburger Kultur

→Walternienburg-Bernburger Kultur

Bernstein

(mndt. bernen: brennen; lat.: succus: Saft; Succinit: „Saftstein"; engl.: amber)
Größere oder kleinere Bernsteinvorkommen sind über die ganze Welt verteilt. Die Entstehung des ersten Bernsteins fällt in das Devon (410–360 Mio. Jahre) und das Karbon (360–290 Mio. Jahre). Die umfangreichsten Bernsteinfunde stammen jedoch aus dem Tertiär (60–40 Mio. Jahre) und befinden sich im Ostseeraum. Aber auch in Rußland, von Murmansk bis zur Ukraine, in Rumänien, Sizilien und an anderen Stellen Europas kommt Bernstein vor. Der vorgeschichtliche Bernstein besteht hauptsächlich aus dem baltischen Bernstein, von dem mehr als 80 unterschiedliche Arten bekannt sind. Weltweit sind es mehr als 300.
Bernstein ist ein fossiles Harz von Nadel- und Laubbäumen, vorwiegend aber von Kiefern, oft mit Inklusen (Einschlüssen) kleiner Organismen, z. B. Insekten. Der starke Harzerguß dieser Bäume ist auf krankhafte Veränderungen zurückzuführen. Durch Wasserentzug dickt das Harz zu einem festen, amorphen Gestein ein, dem Bernstein. Wegen seines geringen spezifischen Gewichts von 1,05–1,10 g/cm³ wird er leicht und im Wasser weit vertriftet. Bernstein ist brennbar und schmilzt bei 375° Celsius. In Europa taucht der Bernstein vereinzelt im Paläolithikum auf, öfters im Mesolithikum, im größeren Umfang erst seit dem Neolithikum und führt in der Bronzezeit zu einer ausgeprägten Nord-Süd-Beziehung. Bernstein ist wahrscheinlich das erste edelsteinähnliche Material, aus dem

der Mensch Schmuck gestaltete. Das älteste bekannte Bernsteinstück, das mit einer Bohrung in der Mitte versehen ist, wurde in Nordstemmen bei Alfeld in Niedersachsen gefunden und ist etwa 30 000 Jahre alt. Farbuntersuchungen der Felsbilder in der jungpaläolithischen Altamirahöhle ergaben, daß den Ockerfarben zum Teil zerriebener Bernstein als Bindemittel zugesetzt wurde.

Aus der mittleren Steinzeit gibt es zahlreiche trichterförmig durchbohrte Anhänger, wobei gegen Ende vollkommen neue Formen auftauchen: dreieckige Anhänger, die in der oberen Spitze eine Bohrung aufweisen und deren untere Kante leicht konvex gerundet ist. Auffallend sind die figürlichen und gegenständlichen Nachbildungen wie Rinder, Elche, Bären, steinzeitliche Waffen und Geräte sowie die ersten Darstellungen von Menschen.

In der Jungsteinzeit wurde der Bernstein, der vorher wahrscheinlich mehr von Männern als Jagdzauber oder Amulett getragen wurde, ein Schmuckgegenstand der Frauen. Es entstehen ein- oder mehrreihige Bernsteinketten mit unterschiedlich gestalteten →Perlen. Spätestens zu Beginn der Jungsteinzeit wurde der Bernstein zu einer begehrten Handelsware, gelangte von der Ostsee nach Spanien, in die Mittelmeerländer und sogar nach Ägypten. Die zahlreichen Bernsteinfunde hängen mit der Bildung des →Littorinameeres um 5 000 v. Chr. zusammen, bei der in großem Umfang Bernsteinvorkommen freikamen und nur aufgesammelt werden mußten.

Bernstein gibt es in den unterschiedlichsten Farbtönen: gelb, weiß, rot, grün, blau, braun, schwarz und mit „Silber-" und „Goldglanz" sowie in Farbkombinationen.

Bernsteinschieber

Verbreitung: von Südengland über das Elsaß nach Süddeutschland, Böhmen, Griechenland und bis Kreta, als Exportartikel aus →Wessex in England (1 500 v. Chr.).

Eckige und flach geschliffene Plättchen aus Bernstein, die mehrfach parallel durchbohrt wurden, um als Zwischenstücke die verschiedenen Stränge von Perlengehängen getrennt und geordnet zu halten. Zwischen den Kanälen für die Schnüre erfolgten noch Schmuckbohrungen. Solche Schieber kommen auch bei größeren Gagatgehängen (→Gagat) vor.

Bestattungen

Ältere Altsteinzeit

Aus dieser Zeit liegen keine Bestattungsfunde vor. Die ausgestorbenen *Australopithecinen,* die Urmenschen *Homo habilis* und *Homo rudolfensis* sowie die Frühmenschen *Homo erectus* (→Evolution des Menschen) wurden einfach liegengelassen. Knochen- oder Skelettfunde sind nur durch günstige geologische Umstände erhalten geblieben und stammen nicht aus Gräbern.

Ein Teil der *Homo erectus*-Funde aus der Zeit zwischen 500 000 und 300 000 Jahren v.h. weisen darauf hin, daß Knochen planmäßig gebrochen und Schädel rituell im Zuge von Teil- und Sekundärbestattungen geöffnet worden sein könnten. Ob dabei auch bei Teilbestattungen, wie etwa bei den Ainu auf Hokkaido oder den Australiern, Weichteile zur „Kraftübertragung" verzehrt wurden, bleibt ungeklärt. Ob auch Not- oder Genußkannibalismus vorkam, ist nicht sicher nachweisbar. In →Bilzingsleben und in →Vértesszöllös stammen Knochen offenbar von außerhalb der Lagerplätze Verstorbenen oder Verunglückten, die bewußt zum Lagerplatz zurückgebracht wurden und an bestimmten Stellen, z.B. in einer Bachrinne, abgelegt wurden. Zeichen für beabsichtigte und sorgfältige Bestattungen des ganzen Körpers gibt es erst seit 100 000 Jahren. Das schließt aber nicht aus, daß der Erdbestattung verschiedene Arten der Totenverehrung ohne Vergraben des Körpers vorausgingen, wie z.B. Aufbewahrung auf Astgabeln in Bäumen oder in kleinen, den Sarg ersetzenden Holzhäuschen u.a. In Jehel Quafzeh, bei Genezareth in Palästina, wurden die Skelette von 8 Erwachsenen und 3 oder 4 Kindern gefunden, die auf eine intentionelle Bestattung schließen lassen. Die Verstorbenen werden als Vorläufer des ältesten anatomisch modernen Menschen betrachtet.

Mittlere Altsteinzeit

Aus dem Mittelpaläolithikum stammen die ersten unangezweifelten Beerdigungen menschlicher Überreste.
Die Skelettreste von 7 Neandertalern, die in der →Shanidar-Höhle in Kurdistan (Irak) gefunden wurden, sind vor etwa 60 000 Jahren bewußt bestattet worden. Pollen aus der Erde bei einem der Schädel zeigen, daß Blumen den Kopf geschmückt haben und der Leichnam auf einem Blumenbett ruhte. Die Pollenanalyse datiert die Bestattung in den Sommer, etwa in den Monat Juni. Es handelt sich um Schafgarben, Kornblumen, St. Barbara-Disteln, St. Jakobs-Gräser, Träubelhyazinthen, Stockrosen und Schachtelhalm. Nach anderer Auffassung handelt es sich dabei nicht um Blumenschmuck, sondern um Heilkräuter, wie sie noch heute von den dort lebenden Menschen bei Krankheiten verwendet werden. Beigaben und roter Ocker sind auch aus anderen frühen Bestattungen bekannt.
In →La Ferrassie, im Dep. Dordogne in Frankreich, wurden mehrere Gräber des Neandertalers aus der Zeit vor etwa 60 000 Jahren entdeckt. Ein erwachsener Mann befand sich wohl in einer natürlichen Vertiefung auf dem Rücken liegend, leicht nach rechts gedreht, mit angezogenen Beinen. Auffallend viele Knochen in der Nähe als Überreste von Fleischgaben und einige Feuersteinwerkzeuge dicht am Körper kann man als Grabbeigaben deuten. Kopf und Schulter wurden durch 3 Steinplatten geschützt. Die Kinder lagen einzeln in künstlichen Vertiefungen, wobei eine mit einem kleinen Erdhügel bedeckt war. Bei allen Toten lagen Feuersteinwerkzeuge als Grabbeigaben.
In Monte Circeo, Prov. Latina in Italien, wurde der Schädel eines Neandertalers aus dem Moustérien entdeckt, der von einem ovalen Steinkreis umgeben war. Auf Grund der angenommenen intentionellen Öffnung der Schädelbasis wurde der Fund als Körperbestat-

tung interpretiert. Bisher fand man in Europa und Asien bei den Bestattungen, die älter als 30 000 Jahre sind, nur Neandertaler in Höhlen, von wenigen Ausnahmen in Freilandstationen abgesehen. Auffällig ist, daß von den zur selben Zeit lebenden Neandertalern des Micocquien keine Bestattungen bekannt sind. Entweder haben die Micocquien-Leute ihre Toten außerhalb der Höhlen bestattet, wo sie bisher noch nicht gefunden wurden, oder es gab keine Bestattungen.

Jüngere Altsteinzeit
Aus dem Jungpaläolithikum stammen zahlreiche Gräber des *Homo sapiens sapiens* vom Typ →Crô Magnon in Südwestfrankreich, in denen Tote vollständig in →Ocker eingebettet und mit Blumen, die der Jahreszeit der Beerdigung entsprechen, geschmückt sind.
Der großen Zahl von Wohn- und Rastplätzen stehen aber relativ wenig Gräber gegenüber. Vielleicht wurden die Toten am Sterbeort liegen gelassen oder nur flüchtig bedeckt. Andererseits zeigen Schnittspuren oder künstliche Defekte Manipulationen an Leichnamen, vielleicht in Verbindung mit Totenritualen. Einige dieser Knochen sind dann später weggeworfen oder an bestimmten Stellen innerhalb der Höhle oder des Wohnplatzes deponiert worden.
Körperbestattungen in Gräbern scheinen sich nur auf ganz wenige Individuen zu beschränken. Sie erfolgen zwar vergleichsweise häufiger als in der Endphase der Neandertaler-Zeit, waren aber keineswegs die Regel, sondern blieben

eine Ausnahme. Die Körper der Toten nehmen entweder eine langgestreckte oder eine Hockerstellung ein. Für extreme Hockerlagen wird eine Schnürung des Leichnams angenommen. So hatten die Hinterbliebenen bei einer Frau in Bruniquel, im Dép. Tarn-et-Garonne in Frankreich, die annähernd gestreckten Beine bis über den Kopf gedrückt.
Am Bach Sungir, bei Vladimir östlich von Moskau, wurden auf einem 25 000 Jahre alten Siedlungsplatz mehrere Gräber freigelegt. Man fand das Skelett eines etwa 60–jährigen Mannes, der in seiner Kleidung aus Pelz und Leder beigesetzt worden ist. 3 000 scheibenförmige Knochenperlen waren an Mütze, Bekleidung des Oberkörpers und Hose genäht. Außerdem waren 9 Frauen und 20 Kinder in Mulden niedergelegt und mit Asche und rotem Farbstoff bedeckt worden.
In →Unterwisternitz gab es vor etwa 20 000 Jahren eine Dreifachbestattung: eine Frau und rechts neben ihr ein Mann in Rückenlage, links ein Mann in Bauchlage, deren gleichzeitiger Tod jedoch rätselhaft wirkt. Ein anderes Grab innerhalb der Mammutjägersiedlung war mit 2 Mammutschulterblättern abgedeckt und weist auf eine Sonderstellung der Toten hin. In →Predmost wurde aus der gleichen Zeit ein Massengrab mit 20 menschlichen Skeletten entdeckt.

Mittelsteinzeit
Tote werden meist in Hockerlage mit zum Körper angezogenen Knien, aber auch als „sitzende Hocker" und in gestreckter Kör-

perlage bestattet. Gräber wurden im Flachland oder in Halbhöhlen als Einzel- oder auch Kollektivgrab (manche mit mehr als 40 Verstorbenen) angelegt. Wie in der jüngeren Altsteinzeit wurden die Toten oft mit rotem oder gelbbraunem Farbstoff bestreut. Auch Kopfbestattungen kommen vor. In der Großen →Ofnethöhle bei Holheim, Kreis Nördlingen in Bayern, wurden Köpfe mit noch vorhandenen Weichteilen in konzentrischer Anordnung von der Mitte aus nach und nach beigesetzt. Sie lagen einheitlich mit dem Gesicht nach Westen in Richtung Höhleneingang. Es sind 4 Männer, 9 Frauen und 20 Kinder. Verbrannte Knochenstückchen, Holzkohlenstücke und Aschenspuren weisen darauf hin, daß die übrigen Körperteile verbrannt worden sind. Frauen erhielten reichlich Schmuckbeigaben (200 durchlochte Hirschzähne, 4000 durchlochte Schnecken, z.T. aus dem Mittelmeer stammende Arten). Kinder besaßen fast ausschließlich Schneckenschmuck, Männer bekamen keine Beigaben.

Jungsteinzeit

Es gab weiterhin Körperbestattungen als Hocker- oder Gestrecktbestattung in Einzel-, Doppel- oder Kollektivgräbern.

Um 4800 v.Chr. erfolgten in Europa Bestattungen in Megalithgräbern. Die Steingräber der →Megalith-Kultur bestehen aus Kammergräbern (Dolmen), Galerie- und Steinkistengräbern (Steinkammergräbern), oft mit einem →„Seelenloch" versehen. Beigabenfunde deuten hier auf die Bestattung einer Oberschicht hin. Um 2800

v.Chr. Einzelbestattungen in der →Einzelgrab-Kultur: in →Hügelgräbern mit Untergrab, Bodengrab, Obergrab und Oberstgrab. Auch Gräber mit Holzeinbauten und Totenhütten (→Totenhaus) kamen vor.

Grabformen sind Flachgrab, Hügelgrab und Steingrab, die in verschiedenen Variationen vorkommen. Das Flachgrab, heute an der Oberfläche unkenntlich, besaß ursprünglich eine leichte Aufschüttung. Der Tote wurde in beliebiger Tiefe in einer Grabgrube beigesetzt. Das Hügelgrab wurde in der Regel mit einem noch heute sichtbaren Hügel bedeckt.

Bronzezeit

Bestattungen erfolgten von 1250–750 v.Chr. meist in Hügelgräbern, die auch über →Steinkistengräbern errichtet wurden, später auch als →Brandbestattung mit Beisetzung der Asche in →Urnen (→Urnenfelder-Kultur). Besonders reich ausgestattete Gräber werden als →„Fürstengrab" bezeichnet. Auch die Bestattung in →Totenhäusern kam vor. In Sottorf (Krs. Harburg, Niedersachsen) maß eine kleinere Halle 5,70 x 5,20 m. Die Verwendung von Kanthölzern setzt eine zimmermannsgerechte Verzahnung von Ständern und Balken voraus. Als Primärbestattung befand sich ein Leichenbrand in einer Grube. Eine weitere Bestattung erfolgte offensichtlich mit dem Abbrennen des Hauses, über dessen Reste ein Grabhügel aufgeschüttet wurde (in Rosengarten, Krs. Harburg, wurde das Sottorfer Totenhaus rekonstruiert). In einigen Kulturen wurde im →Baumsarg bestattet.

Beuronien

7 700–5 800 v. Chr.
(benannt nach dem Fundort Beuron im Kreis Tuttlingen, Deutschland)
Verbreitung: Baden-Württemberg, Bayern, Rheinland-Pfalz, Nordschweiz.
Die Jäger, Sammler und Fischer des nacheiszeitlichen, mesolithischen Beuronien haben mit Lanzen, Speeren sowie mit Pfeil und Bogen v. a. Rothirsche, Rehe und Wildschweine gejagt, Fische wie Hechte, Äschen, Rutte und Döbel gefangen und sich von Muscheln, Vogeleiern, eßbaren Pflanzen und Haselnüssen ernährt.
Steinwerkzeuge wurden auf ähnliche Weise wie in der jüngeren Altsteinzeit hergestellt. Aus Klingenabschlägen wurden geschäftete Messer, Schaber und Mikrolithen hergestellt. Die weißlich-rosa Färbung und der seidige Glanz vieler Feuersteinwerkzeuge weisen auf →Tempern hin.
Die Spitzen der wahrscheinlich benutzten Holzlanzen und -speere dürften, wie in anderen mesolithischen Industrien nachgewiesen, feuergehärtet gewesen sein. Leichtere Speere und Pfeile konnten mit mikrolithischen Steinspitzen oder mehreren in den Schaft seitlich eingesetzten Mikrolithen bewehrt sein. Bei den Pfeilspitzern nahmen die →Querschneider zu.

Bifaces

(engl.: zwei Gesichter)
Englische Bezeichnung für →Protofaustkeile und →Faustkeile, die sich von →Chopping Tools ableiten, und andere Steingeräte, deren beide Oberflächen behauen oder später auch durch Druck retuschiert wurden. Bei Unifaces ist dementsprechend nur eine Seite bearbeitet.

Bilderhöhlen

→Höhlenbilder (→Felsbilder)

Bilzingsleben

370 000 v. h.
(Altpaläolithischer Freilandfundplatz bei Bilzingsleben im Kreis Artern in Thüringen)
Bilzingsleben zählt zu den wenigen mit primärer Fundsituation erhaltenen Freilandfundplätzen des *Homo erectus* wie z. B. →Kärlich, →Schöningen, →Vértésszöllös (Ungarn), Prezletice (Tschechien) und Iserni (Italien).
Die Fundstelle ist eine alte Uferoberfläche eines flachen Sees im Bereich einer Quelle und einer Bacheinmündung. Auf ihr wurde das Fundmaterial noch weitgehend so angetroffen, wie es hinterlassen wurde. Durch einen Wasserspiegelanstieg wurde der Fundhorizont mit Kalkschlamm zugedeckt. Die Kalksedimente, See-, Quell- und Bachkalke, deren Ausscheidung auf die starke Karstquelle zurückgeht, schufen eine 5–6 m mächtige Travertinplatte (→Travertin), die bis zum heutigen Tag die Funde geschützt hat. Vielleicht trug noch der Bau eines Biberdamms im Abflußbereich des Sees dazu bei. Der Damm versinterte schnell durch die Travertinausscheidung und blieb erhalten. So entstanden feste Travertinkaskaden und -decken.
Die Aufenthalte der *Homo-erectus*-Gruppe erfolgten während einer Warmzeit (Holsteinkomplex) der →Eiszeit. Die Lage des Platzes war günstig, denn sie war westlich

von Talhang und Quelle umgeben, nach Osten etwa zur Hälfte vom See mit Schilfgürtel begrenzt und dadurch gegen Raubtiere weitgehend gesichert. Der Hang schützte den Platz vor den West- und Ostwinden, den auch damals vorherrschenden Windrichtungen, und von der nahen Hochfläche über dem Hang konnte das Wild beobachtet werden, besonders dann, wenn es zur Tränke zog. Dies alles und die lebensnotwendige Wassernähe sprachen für den Aufenthalt an diesem Platz. Die Gruppe, die sich dort aufhielt, umfaßte vielleicht 30 Personen, die sich in einer kurzen, mehrere Jahre umfassenden Periode ununterbrochen dort aufhielten (Basislager, Sommerlager).

An menschlichen Überresten wurden 23 Schädelfragmente und 6 Zähne des *Homo erectus* gefunden, die von mindestens 3 Individuen stammen. Nach den Funden besaß der Schädel eine lang nach hinten gestreckte Form bei großer Knochendicke, flach ansteigender Stirn, mächtigem Überaugenwulst und abgewinkeltem Hinterhaupt, den Merkmalen des *Homo erectus*. Das Gehirn umfaßte bereits 1 000– 1 100 cm^3, wie bei anderen entwickelten Formen des *Homo erectus* (z. B. → *Sinanthropus pekinensis).*

3 Behausungen (2 runde, 1 ovale) hatten einen Durchmesser von 3–5 Metern mit einer Feuerstelle vor oder neben dem Eingang, wie verkohlte Holzreste und brandrissige Gerölle beweisen. Wahrscheinlich waren es einfache zeltartige Hütten mit Stangengerüsten, die an der Außenseite mit großen Steinen und Knochen befestigt waren. Südlich jeder Behausung lagen unmittelbar neben den Außenwänden 2 Arbeitsplätze mit Amboßsteinen im Mittelpunkt. Die Umfriedung jeder Behausung war durch niedergelegte große Geräte aus organischem Material markiert: 1 Holzgerät, 1–2 Geweihhacken, 1 Geweihkeule, 1 Knochenhobel, 2 Knochenmeißel, 1–2 Knochenschaber oder -messer. Außerdem reihen sich große Steingeräte wie Schlagsteine auf, vorwiegend an der nördlichen Seite in Eingangsnähe. Für diese Freilandbehausungen können längere Traditionen angenommen werden (→Behausungen).

Arbeitsplätze sind örtlich begrenzte Bereiche für bestimmte Tätigkeiten: Zertrümmern von Steinen und Knochen, Bearbeitung von Geweih-, Knochen-, Elfenbein- und Steinartefakten sowie für spezielle Holzarbeiten. Das Rohmaterial und die Werkabfälle gruppieren sich um die Arbeitsunterlagen und heben die Arbeitsplätze deutlich von ihrer Umgebung auf der Siedlungsfläche ab. Ambosse bestehen aus Muschelkalkplatten, großen Quadern und Blöcken aus Quarzit oder Muschelkalk mit einem Gewicht von 20–40 kg. Sie stammen aus der Umgebung und müssen 1–6 km transportiert worden sein. Andere Unterlagen bestehen aus Knochen oder Stoßzahnfragmenten.

Auf dem freien Platz hinter den Behausungen, der bis zur Uferzone eine Breite von 3–15 m umfaßt, können sich Schlachtplätze befunden haben, auf denen Tiere geschlachtet, zerlegt und zum Verzehr vorbereitet wurden.

Auf besondere kulturelle Aktivitäten weist ein annähernd kreisförmiger gepflasterter Platz von 9 Metern Durchmesser hin. Das Pflaster besteht aus einer regelmäßigen Lage meist flacher in den Ufergrund hineingedrückter Gerölle, Knochenstücke und Kiefernreste. Dadurch entstand eine tennenartige Fläche. Auf dem Pflaster selbst befanden sich keine anderen Objekte wie Abfallhaufen, Artefakte oder deren Herstellungsreste. Der einzige Gegenstand, der aus dem Pflaster ragt, ist ein Amboß aus Quarzitgeröll, auf dem Knochen zerschlagen wurden. Es fehlen jedoch Spuren von Abfällen und Schlagsteinen. Eine 5 m lange Reihe aus 10 größeren in regelmäßigen Abständen niedergelegten Kalkblöcken läuft von westlicher Richtung auf das Pflaster zu. Die Endpunkte dieser Reihe bildeten Stoßzähne eines Waldelefanten.

Aus all dem läßt sich für den *Homo erectus* von Bilzingsleben ein wohlüberlegtes, geplantes und zielstrebiges Handeln erkennen, das in enger Verbindung mit dem sozialen Leben der Gruppe auf einem Lagerplatz mit Behausungen, Feuerstellen und Arbeitsplätzen steht.

Unter den mehr als 100 000 gefundenen Steinartefakten befinden sich 50 000–60 000 Geröllgeräte wie →Chopper und →Chopping Tools, →Schlagsteine und →Ambosse aus Quarz, Muschelkalk oder Quarzit, aber keine echten Faustkeile. Die meisten Geräte (ca. 10 000) bestanden aus Feuerstein: Schaber, Buchtschaber, Messer, Fein- und Langbohrer, →Tayac-Spitzen, Schneidegeräte mit Rükken, ein- und zweiflächig retuschierte Spitzen und Messer mit gezähnter Kante. Die kleinsten Feuersteinabschläge mit Gebrauchsspuren auf der Arbeitskante haben eine Länge von bis zu 8 Zentimetern.

Die Artefakte können nach den herkömmlichen terminologischen Praktiken weder dem Clactonien noch dem Acheuléen zugewiesen werden. Neben einer Schlagtechnik, die clactonoid anmutet, war auch die Technik des präparierten Kerns (Levallois-, Faustkeiltechnik) bekannt (Korrespondenz mit Mania).

„Es handelt sich am ehesten um eine Sonderfazies des Acheuléan mit geringen Anteilen von bifaziell zugerichteten Steingeräten und vorwiegend gering retuschierten Abschlagformen, die für die dort anfallenden Arbeiten ausreichten" (Korrespondenz mit H. Müller-Beck).

Aus Geweih sind Keulen und Hakken. Aus Knochen, zu 90 Prozent Langknochen vom Waldelefanten, sind Keile, Meißel, Schneid- und Schabgeräte, hobel- und beilartige Handgeräte ohne →Schäftung, faustkeilartige Hiebgeräte, Pfrieme, dolchartige Geräte hergestellt. Schulterblätter von Nashörnern dienten als Schneidunterlagen. Aus Elfenbein gibt es nur wenige Geräte, einige davon ähneln den Knochengeräten. 4 geschliffene (!) Spitzen aus dem Spaltstück eines Stoßzahnes stammen von Waldelefanten, aus Holz wurden Speere oder Stoßlanzen gefertigt; Zweige, Ruten und Schößlinge dienten wahrscheinlich als Flecht- und Bindematerial.

Der *Homo erectus* von Bilzingsleben war vorzugsweise ein Großwildjäger: Nashorn, Elefant, Wildrind und Wildpferde, aber auch Bären, Wildschweine, Löwen und Kleinwild wurden gejagt.

Auf einigen Knochengeräten befanden sich absichtlich angebrachte Schnittfolgen, Strichbündel, parallele Striche, „älteste optisch wirksame Darstellungen eines menschlichen Gedankens" (Korrespondenz mit Dietrich Mania).

Biostratigraphie
→Stratigraphie

Bipedie
(lat.: zweifüßiger Gang)
→Aufrechter Gang auf zwei Beinen. Dieser Gang ist fast nur beim Menschen und seinen unmittelbaren Vorfahren zu finden, alle anderen Primaten sind im wesentlichen Vierbeiner. Nach neuesten Funden ging der *Oreopithecus bambolii* (→Evolution des Menschen: Hominoidea) vor etwa 8 Mio. Jahren als erster Primat dauerhaft aufrecht. Diese Eigenschaft besaß er bereits als Waldbewohner. Über die Ursachen der Bipedie gibt es unterschiedliche Meinungen (→Aufrechter Gang).

Birkenrinde
In der →Cortaillod-Kultur wurde weiße Birkenrinde als Verzierung auf die schwarz glänzenden Tongefäße aufgeklebt. Auf einem gewölbten Stück Birkenrinde fand man einen etwa 3600 Jahre alten „Kuchen" (→Brot). Aus Birkenrinde ließen sich Behälter herstellen, sie diente auch als Isolationsmaterial für Fußböden und Feuerstellen sowie beim Fischfang als →Netzschwimmer. In den Gräbern der Schnurkeramiker im Dnjepr-Raum waren zum Teil die Böden außer mit Holz und Röhricht auch mit Birkenrinde bedeckt. Im Ural, im Gorbunovo-Moor, wurden →Netzsenker gefunden, die in Birkenrinde eingewickelt waren.

Bischheimer Gruppe
4400–4200 v. Chr.
(benannt nach dem Fundort Bischheim bei Kirchheim-Bolanden im Donnersbergkreis in Rheinland-Pfalz)
Verbreitung: Im Mittelrheingebiet und Unterfranken.
Grundrisse zeigen eingetiefte, viereckige, trapez- und schiffsförmige Häuser, zumeist mit 2 Räumen und einem Eingang an der Schmalseite. Im vorderen Raum befand sich meist ein Backofen, im hinteren eine Feuerstelle. Lehmfußböden wurden gelegentlich renoviert, indem eine neue Schicht aufgetragen wurde; diese erreichten so mit der Zeit eine Höhe bis zu 70 Zentimetern.
Hinweise auf Ackerbau sind spärlich und werden durch Mahlsteine belegt. Haustiere wurden gehalten; die Jagd bedeutete eine wichtige Ergänzung der Nahrung. Keramik war in „Nachrössener Art" (→Rössener Kultur) verziert. Steingeräte umfassen →Schuhleistenkeile, →Pfeilspitzen und →Mahlsteine. In wenigen Fällen wurden importierte Kupfergeräte gefunden.

Blattspitzen
Blattspitzen-Industrien sind charakteristisch für den Übergang vom Mittel- zum Jungpaläolithikum in Ost- und Mitteleuropa (Moustérien-Aurignacien). Sie lösen die lange Tradition der →Faustkeile ab. Die Form der meist dünnen, aus Abschlägen oder Kernsteinen hergestellten Blattspitzen ist lorbeer-, buchen- oder weidenblattförmig

(daher Blattspitzen), in der Seiten-
ansicht geradlinig und etwa 10 mm
dick. Frühe Formen gleichen
manchmal den Faustkeilen oder
Schabern. Sie haben eine teilweise
oder beidseitige Flächenretusche
mit 2 Spitzen, ein Ende kann auch
abgerundet sein. Die Flächenbearbeitung erfolgte mittels →Schlag-
stein, Druckstein oder →Druck-
stab (Retoucheure) aus Geweih,
Knochen oder Holz. Die flache
Retusche entstand durch das Abdrücken kleiner Splitter mit dem
Druckstab von der Kante aus. Diese →Retusche geht weit in die
Oberfläche hinein; die abgedrück-
ten Splitter sind hauchdünn bis zur
Durchsichtigkeit. Es gibt Hinweise, daß ein Teil der Blattspitzen
getempert ist, wodurch die Bearbeitung erleichtert wurde (→Tem-
pern). Sie stellen eine besondere
Leistung altsteinzeitlicher Steinbearbeitung dar, blieben aber eine
relativ seltene Sonderform unter
der Masse jungpaläolithischer
Klingengeräte.
Blattspitzen und →Kerbspitzen
werden als Speerspitzen oder mul-
tifunktionale Messer gedeutet, die
kleineren als Pfeilspitzen. Sehr
große und hauchdünne Stücke, bis
ca. 40 x 10 x 0,6 cm, die groß und
viel zu zerbrechlich sind, um jemals ein Werkzeug gewesen zu
sein, gelten als Ritualgeräte und
waren Meisterwerke der Stein-
schlägerkunst.

Blattspitzen-Gruppen
50 000–35 000 v. Chr.
Verbreitung: Die Gruppen lebten
in Teilen Deutschlands (Altmühlgruppe in Bayern, Nordrhein-Westfalen, Thüringen), in der Tschechoslowakei und in Ungarn, hier nach
den Funden aus der Szeleta-Höhle
→Szeletien genannt.
Der Name stammt von den Werkzeugen dieser Gruppen, die Baum-
oder Lorbeerblättern ähneln. Teilweise wurde in Mitteleuropa auch
die Bezeichnung „Altmühlgruppe"
oder „Präsolutréen" verwendet,
letztere soll die morphologische
Ähnlichkeit der Blattspitzen mit
der Leitform des westeuropäischen
Solutréen, das aber zahlreiche
jungpaläolithische gravettoide Elemente wie auch schlanke bifaziell
retuschierte Kerbspitzen aufweist,
und das höhere Alter ausdrücken.
Da man aus dieser Zeit keine
menschlichen Skelettreste gefunden hat, weiß man nicht, ob es sich
bei den Herstellern dieser Geräte
um den „klassischen Neandertaler"
oder um frühe Jetztmenschen handelt. Siedlungsspuren und Steinwerkzeuge wurden vor allem in
Höhlen gefunden, und manche
Funde erwecken den Anschein,
daß man sich auf die Höhlenbären-
jagd spezialisiert hat, vielleicht um
selber die Höhlen in Besitz zu nehmen. Typisch für die Blattspitzen-
Gruppen sind flächenhaft bearbeitete, große loorbeerblatt-, kleine
buchenblatt- und lange, schmale
weidenblattförmige Spitzen sowie
langovale Blattformen und schaberartige Klingen aus Feuerstein.

Blockschaber
→Kernschaber

Bocksteinmesser
→Keilmesser

Bocksteinschmiede
(Lohnetal Remmingen im Alb-Do-
nau-Kreis in Baden-Württemberg)
Die Bocksteinhöhle wurde nach

dem Kalkfelsen benannt, in dem sie sich befindet. Im Bockstein befindet sich noch die Halbhöhle Bocksteingrotte sowie die Höhle Bocksteinloch, deren Vorplatz Bocksteinschmiede genannt wird. Funde stammen aus dem Micoquien, Moustérien und Gravettien, aus dem Micoquien über 50 Faustkeile mit einer Länge bis 15,5 cm aus örtlich vorkommenden Jurakieseln in Kernstein- oder Abschlagtechnik (→Abschlagtechniken), dazu mehrere 100 Spitzen aus Hornstein oder Quarzit.

Bodenprofil
Vertikaler Schnitt durch den Boden, der den Aufbau und die Abfolge der Schichten zeigt. Ein normales, vollständiges Bodenprofil hat folgende Horizonte:
A-Horizont: Oberboden. Mit angereicherten organischen Stoffen in charakteristischen Farbtönen (Hauptfarben Grau, Braun, Schwarz). Ausgangshorizont.
B-Horizont: Unterboden. Humusarmer Verwitterungs- bzw. Anreicherungshorizont.
C-Horizont: Untergrund. Ausgangsmaterial mit Muttergestein und schwachen Verwitterungserscheinungen.

Bogen
→Pfeil und Bogen

Bogenbohrer
(Fidelbohrer)
Zum Bohren von Löchern in verschiedene Materialien und zur →Feuererzeugung. An einem Holz- oder Knochenstück wird an beiden Enden eine Sehne befestigt, in der Mitte um den Bohrstab geschlungen, der dann durch ein in der Hand gehaltenes Gegenlager aus Holz oder Stein auf die Bohrstelle gedrückt wird. Durch Hin- und Herziehen des Bogens rotiert der Stab abwechselnd nach rechts und links. (→Bohrtechnik).

Bohlensarg
Rechteckig gezimmerte Särge aus Bohlen (→Baumsärge).

Bohlenweg
→Moorwege

Bohren
→Spanabhebendes Verfahren: Durchlochung durch einen Bohrkopf aus Stein oder bei organischen Bohrköpfen oder Bohrstäben durch Zugabe von Schleifmitteln wie z.B. Quarzsand und Wasser (→Bohrtechnik, →Steinschliff).

Bohrer
Als Bohrer eignen sich viele Gerätetypen. Grobe Vorformen, wie z.B. blattförmige Spitzen, einfache spitze Abschläge oder Knochenspitzen, gab es bereits im Alt- und Mittelpaläolithikum. Der eigentliche Bohrer aus Stein, ein Abschlag mit dornartigem Vorsprung, der durch bilaterale, konkave Retusche erzeugt wird und das Bohrende ergibt, tritt erst im älteren Jungpaläolithikum (Aurignacien) bis zum Neolithikum beständig auf. Auch Klingenabschläge werden durch Zuspitzen zum Bohrer. Es ist nicht immer möglich, →Zinken und Bohrer zu unterscheiden. Aussplitterungen und Verrundungen der Bohrerspitze weisen auf eine bohrende Funktion hin. Je nach Verwendungszweck gibt es einfache Bohrer, schwere Grobbohrer, Feinbohrer und Langbohrer.

Als Ziel wird das Durchlochen von Holz, Knochen und weichen Materialien wie z. B. Häuten angenommen, es wurden aber auch Steinbohrungen, evtl. mit Hilfe von Quarzsand, durchgeführt (→ Perlenherstellung). Die Handhabung erfolgte vermutlich ohne Schäftung des Bohrers, der mit der Hand hin und her gedreht wurde. Die Verwendung von Bohreinsätzen zum Durchbohren von harten Gesteinen ist erst ab dem Neolithikum belegt und setzt den → Bogenbohrer und Schleifmittel (→ Steinschliff) wie Quarzsand voraus, wobei sowohl Vollbohrer als auch Hohlbohrer aus organischem Material eingesetzt wurden (→ Bohrtechnik, → Steinschliff).

Bohrtechnik

Die Steinbohrung ist keine Erfindung der Jungsteinzeit, aber sie ist für diese Zeit ein kennzeichnendes Merkmal. Bereits Ende des Jungpaläolithikums (→ Magdalénien) wurden Muscheln und Tierzähne als Schmuck durchbohrt. Im Mesolithikum sind es Knochen- und Geweihgegenstände, kleine Schmuckstücke aus Stein und vereinzelt auch Steinscheiben. Bei der Bohrtechnik für Gesteine lassen sich 2 verschiedene Arten unterscheiden:

Unechte Bohrung: durch beidseitiges Picken werden sanduhrförmige Vertiefungen erzeugt, die ein doppelkonisches Bohrloch hinterlassen.

Die sog. echte Bohrtechnik läßt sich nach Art des Bohrkopfes in 2 Arten unterteilen, in die Voll- und Hohlbohrung. Beide schleifen mit Wasser und einem Abrasionsmittel, wie Quarzsand, eine mehr oder weniger zylindrische Vertiefung ein. Durch Picken wird auch bei der Hohlbohrung die Bohrstelle angekörnt.

Vollbohrung: erfolgt mit einem schnell rotierenden Bohrkopf aus Hartholz, Stein, Elfenbein oder auch mit Tierzähnen. Erkennungsmerkmal ist das V-förmige Bohrloch, weil sich der Bohrer V-förmig abnutzt.

Linsenbohrer: Im → Natufien wurden um 7 000 v. Chr. Steingefäße ausgehöhlt. Ein flacher, gewölbter oder konisch zulaufender Dioritstein ergab entsprechende flache oder tiefere Ausbohrungen mit mehr oder weniger steiler Wandung. Der Bohrkopf war durch 2 Vertiefungen mit einem unten gegabelten Schaft fest verbunden. Mit der Bogensehne (→ Bogenbohrer) wurde der Bohrkopf, wie bei anderen Durchbohrungen auch, in Drehung versetzt, bis der gewünschte Hohlraum erreicht war. Typisches Merkmal sind die konzentrischen Ringe des Bohrvorgangs. Die äußere Gestaltung des Werkstückes erfolgte dann in einem weiteren Arbeitsgang durch → Schleifen.

Hohlbohrung (Zapfenbohrung): mit hohlem Holz wie Holunder oder hohlen Halmen wie Schilf, Hohlknochen (die auch mit Sand als Schmirgel gefüllt sein konnten) o. ä. und schnell rotierender Bohrhilfe. Pflanzliche Bohrer können genommen werden, weil die eigentliche Schleifarbeit durch Quarzsand erfolgt, der um den Bohrer angehäuft wird. Erfolgt die Bohrung von einer Seite, fällt ein konischer Zapfen (Bohrkern) heraus. Typisch ist das doppelkonische Bohrloch, wenn von beiden

Seiten gebohrt wird. Gegenüber der Vollbohrung wurde ca. 1/3 der Zeit eingespart.

Wie Experimente ergaben, lassen sich je nach Rohmaterial und Bohrtechnik Tiefen zwischen 0,4 mm und 0,7 mm in der Stunde erreichen. Bohrungen in organischem Material sind seit dem Jungpaläolithikum, in hartem Felsgestein seit dem Mesolithikum bekannt.

Bohrantriebe:

- Der Bohrkopf aus Knochen, Elfenbein oder Stein sitzt an der Spitze eines Holzstabes. Der Stab wird zwischen den Handflächen schnell hin und her gedreht, wobei der Bohrer jedesmal mehrere volle Umdrehungen macht.
- Um den Bohrstab mit Gegenlager (mit der Hand gehaltener, leicht ausgehöhlter Stein) wird ein Riemen geschlungen und von 2 Personen hin und her gezogen, wobei der Bohrer schnell rotiert.
- Größere Wirksamkeit hat der Antrieb des Bohrstabes mittels Bogen (→ Bogenbohrer), der eine höhere Umdrehungszahl und -geschwindigkeit erreicht und allein bedient wird. Der Holzschaft mit dem Bohrkopf dreht sich in einem Gegenlager aus Holz oder Stein, das mit einer Hand gehalten wird, mit der anderen Hand wird der Bogen hin und her bewegt, dessen Schnur um den Holzschaft gewickelt ist.
- Vermutlich gab es auch den Drillbohrer. Ein an einer Schnur befestigter, beim Drehen auf und abgleitender Quergriff machte den Bohrer zum Drillbohrer.
- Die Bohrmaschine arbeitete wie der Bogenbohrer, nur wurde statt des etwa handgroßen Widerlagers

ein Bohrgestell errichtet, wobei der waagerechte Querbalken durch sein Gewicht ständig auf den Bohrschaft drückte, der wie beim Fiedelbohrer von der Schnur des Bogens angetrieben wird.

Schleifmittel

Mischung aus Harz und feinem Quarzsand, Quarzsand mit Wasserzugabe oder beim Bohren anfallender Gesteinsabrieb mit Wasser (→ Steinschliff).

Bolasteine

(span.: bola: Kugel)

Kugelige Steine mit etwa 5–11 cm Durchmesser aus Quarz, Quarzit, Kalk-, Sand- und Felsgestein. Ihre kugelige Gestalt haben sie oftmals im wirbelnden Wasser von Strudellöchern und Gletschertöpfen erhalten, doch sind nicht wenige durch Picken künstlich geformt. Die ein-, zwei- oder dreikugeligen Bolas waren Fernwaffen. Die Kugeln waren umschnürt oder in einer Lederhülle miteinander verbunden und können dem Tier um die Beine geschleudert werden. Die Wucht der Kugeln wickelt das Verbindungsseil um die Füße des Tieres und bringt es zu Fall. Bolasteine kommen bereits seit dem frühen Mittelpleistozän (700 000–120 000 Jahre) vor. Im Vorderen Orient, im Tell Hassuna in Mesopotamien, wurden aus dem Neolithikum Schleuderkugeln aus gebranntem Lehm gefunden. Eine ähnliche Wirkung haben die neolithischen → Fangsteine der Sahara.

Bölling

13 000–12 000 v.h.
(benannt nach dem ehemaligen Bölling-See in Nordjütland, Dänemark)

Bölling ist ein Wärmeanstieg während der Dryaszeit und trennt diese ursprünglich in Älteste- und Ältere →Dryas (→Holozän). Er ist heute von dem folgenden →Alleröd oft nur noch bedingt abtrennbar. Die Temperaturen entsprachen den heutigen oder lagen leicht darüber.

Boot
→Wasserfahrzeuge

Bootäxte
(benannt nach der bootsähnlichen Form der Äxte, wenn man sie von der Seite her betrachtet, die auch um das Schaftloch herum eine ähnlich Form aufweisen)
Verbreitung: Südliches und mittleres Schweden einschließlich der Ostseeinseln Öland, Gotland, Bornholm, südliches Norwegen, Dänemark, südwestliches Finnland, Estland.
Bootäxte gehören zu den →Streit- oder →Hammeräxten der →Einzelgrab-Kultur (2800–2300 v.Chr.), besitzen aber fast immer eine kurze Schafttülle auf der Unterseite. Sie können mehr oder weniger in der Länge gebogen, Schneide und Nacken können fast gleichartig gestaltet, die Mitte kann bootsförmig breit, das Schaftloch in der Mitte oder nach hinten verlagert und die Nackenpartie zusammengedrückt oder gekniffen sein.

Boreal und Subboreal
10 300–2 800 v.h.
(gr.-lat. borealis: nördlich, dem nördlichen Klima Europas, Asiens und Amerikas zugehörend, einschließlich der Tier- und Pflanzenarten, →Holozän)
Das Präboreal, Boreal und das Subboreal sind die kühleren Abschnitte der →Nacheiszeit, nach der jüngeren →Dryas. Die Temperaturen im →Atlantikum lagen bis zu 4,5° C über dem heutigen Jahresmittelwert. Für Mitteleuropa unterscheidet man 5 Stufen:

1. Vorwärmezeit oder Präboreal (10 300–9 000 v.h.): mit Kiefern-Birkenwäldern.
2. Frühe Wärmezeit oder Boreal (9 000–7 500 v.h.): mit charakteristischen Haselnußbeständen.
3. Mittlere Wärmezeit oder Atlantikum (7 500–5 100 v.h.): mit Eichenmischwald, der aus Eichen, Ulmen, Eschen, Linden und Ahorn bestand.
4. Späte Wärmezeit oder Subboreal (5 100–2 800 v.h.): zum Eichenmischwald kommen Buchen- oder Buchen-Tannen- bzw. Fichtenwälder hinzu.
5. Nachwärmezeit oder Subatlantikum (etwa ab 2 800 v.h.): leitet zu den gegenwärtigen Bedingungen über.

Während der gesamten Borealzeit veränderte sich der Küstenverlauf der heutigen Nord- und Ostsee stark. Im Präboreal befand sich die Nordseeküste viel weiter nördlich als heute, zwischen Südengland und Jütland war Festland. In der frühen Wärmezeit lag die Küstenlinie der Ostsee (→Yoldia-Meer) in Mittelschweden und Südfinnland, und die jetzigen Ostseeinseln Bornholm, Wolin, Usedom und Rügen bildeten zusammen mit Mecklenburg, Jütland, den dänischen Inseln und Südschweden eine große Landmasse. In der Mittleren Wärmezeit, etwa um 7 000 v.Chr., drängte die Nordsee nach Süden vor und unterbrach die Landverbindungen von Holland, Belgien und Frankreich zu England, die Doggerbank wurde zur Insel und verschwand später ganz. Um 6 000 v.Chr. wurde der Vorläufer der heutigen Ostsee (→Ancylus-See) zum Binnenmeer. Um 5 000 v.Chr. kam es zu einer erneuten Verbindung des Baltischen Beckens mit der Nordsee und die Landverbindung zwischen Jütland, den dänischen Inseln, und Südschweden wurde zerrissen. Um etwa 2 000 v.Chr. wird die Ostsee durch Landerhebung in Nordskandinavien wieder zum Binnensee; erst um 1 000 v.Chr. entsteht das heute gewohnte Bild des Ostseeraumes. Mit dem Ende des Atlantikums beginnt in der Archäologie das Neolithikum.

Boviden
Bovidae (lat.: Hornträger)
Horntragende Tiere wie Antilope, Wiesent, Ur, Steinbock und Gemse im Gegensatz zu den geweihtragenden →Cerviden.

BP
Abkürzung für „Before Present" (vor unserer Zeit). Dieser Begriff aus der →Radiokarbon-Methode bedeutet „vor dem Jahr 1950", dem standardisierten Bezugsjahr für diese Datierungsmethode (→Datierungsbezeichnungen).

Brandbestattung
Totenverbrennungen sind seit dem Mesolithikum bekannt. Entsprechende Funde wurden auf dem Gräberfeld der →Einzelgrab-Kultur in Skateholm in Schweden gemacht. Aus derselben Kultur stammt ein Grabfund von Borgebund in Östford in Norwegen, der bisher älteste Fund einer Totenverbrennung im Norden.

Brandbestattungen kommen in Europa seit der Jungsteinzeit vor, besonders aber in der jüngeren Bronzezeit. Die Ursachen dieser neuen Bestattungsart können aus der Befundsituation heraus nicht ermittelt werden.
Beim Brandgrubengrab findet die Verbrennung des Leichnams im Grab selbst statt. Wird die Verbrennung auf einem gesonderten Platz durchgeführt, erfolgt die Beisetzung in einem Urnengrab, wobei die gesäuberten Knochenreste entweder in einer →Urne und die Beigaben in, über oder neben der Urne liegen oder die meisten Knochen und Beigaben in der Urne beigesetzt und die übrigen Brandreste über und um die Urne geschüttet werden (→Bestattungen).

Breccie (Brekzie)
Aus kantigen Trümmern, Gehängeschutt oder Bergsturzmaterial zusammengesetztes, durch kalkhaltige Bindemittel nach Niederschlägen verbackenes und oft buntes Felsgestein. An Stellen, wo in der Steinzeit Menschen lebten, z.B. in Höhlen des Dordogne-Gebietes in Frankreich, wurden auch Artefakte und fossile Knochen gefunden. →Konglomerate sind ähnlich, bestehen aber aus Geröll oder Schottersteinen.

Bromme Kultur
10 000–9 000 v.Chr. (Dänemark)
9 700–9 000 v.Chr. (Deutschland)
(benannt nach den Funden von Bromme bei Sorø, Insel Seeland, Dänemark)
Verbreitung: Nördlich der verschiedenen →Federmesser-Gruppen in Dänemark, Südschweden, nördliches Schleswig-Holstein.

Spuren der kleinen Siedlungen der Bromme Kultur finden sich im Landesinneren verstreut an See- und Flußufern oder an Geländeerhöhungen. Die Jagd auf den Elch und das Ren mit Speer sowie Pfeil und Bogen bildete die Lebensgrundlage der Jäger der Tundrenzeit. Diese Tiere lieferten Nahrung und Rohmaterialien für Waffen, Kleidung und Behausung. Von den späteiszeitlichen Jägern sind keine Gräber oder Skelette bekannt. Man hat nur Waffen und Siedlungsreste gefunden.

In Bromme hatte sich eine kleine Jägerschar kurze Zeit niedergelassen, was aber lediglich durch Feuersteingeräte belegt ist; man geht davon aus, daß sie in runden, teilweise aber auch langovalen Zeltanlagen lebten. Die spärlichen Siedlungsfunde lassen darauf schließen, daß sich die Jäger jener Zeit vielleicht nur wenige Wochen dort aufgehalten haben und sich von Ort zu Ort in einem regelmäßigen Jahresrhythmus bewegten, der durch die Jagd bestimmt war, und ihre eigentlichen Siedlungen sich auf dem Meeresboden der heutigen Nord- und Ostsee befanden. Gelegentlich gefundene Hüttengrundrisse mit einer Feuerstelle in der Mitte entsprachen einer Kleinwohnung für eine Familie und weisen auf den saisonalen Charakter dieser Unterkünfte hin.

Geologisch fällt die Bromme Kultur in das Alleröd-Instadial (→Alleröd), in der weite Gebiete der Nordsee noch festes Land waren. Gleichzeitig wurde das jetzige südliche Becken der Ostsee vom Baltischen Eisstausee ausgefüllt und durch die Hebung Dänemarks von der Verbindung zur Nordsee abgeschnitten. Sein Wasserspiegel lag mehr als 50 m über dem Meeresspiegel im Kattegatt. Erst zwischen 8 000 und 6 800 v. Chr. durchbrach dieser See die Eisbarriere und ergoß sich in den heutigen Nordseeraum (→Nacheiszeit).

Die Flintbearbeitung ist einfach. Grundform der Feuersteintechnik ist der Flintabschlag. Die Brommeleute scheinen nicht mehr als 7 Spezialgeräte aus Flint gekannt zu haben: 2 für die Jagd: Pfeil- und Speerspitze, und 5 fürs Handwerk: Stichel, Messer, Meißel, Bohrer und Schaber. Als Pfeilspitze oder Speerspitze gebrauchte man einen spitzen Abschlag, dessen dickeres Ende als Schaftzunge (→Stielspitzen) zurechtgehauen wurde, während das Blatt gewöhnlich ohne Retusche gebraucht wurde; die Bromme Kultur zählt zu den Stielspitzen-Gruppen. Das Klingenmesser war das gebräuchlichste Schneidegerät mit einer unbearbeiteten Längskante des Klingenabschlags als Schneide, während die andere Kante als stumpfer Rücken zurechtgehauen wurde und damit eine Unterlage für den Finger beim Schneidvorgang ergab. Der Schaber war das Hauptgerät zum Reinigen und Weichmachen der Felle. War ein Flintblock erschöpft, wurde der Klingenkern als Grobschaber benutzt. Anscheinend vermochten sie nicht, aus dem Flintkern ein Beil zu schaffen: Die spärlichen Zwergbäume der Tundra machten dies vielleicht nicht erforderlich.

Verglichen mit der viel sorgfältigeren Flintbehandlung der Hamburger Stufe, fällt Bromme stark ab. Kulturell ist Bromme mit der →Hamburger- und →Ahrensburger-Kultur verwandt, bildet jedoch eine eigene Gruppe.

Geräte aus Geweih, Knochen oder Holz sind nicht erhalten geblieben, vermutlich waren sie aber ähnlich gestaltet wie die der Hamburger Kultur.

Bronze

Sammelname für verschiedene Legierungen mit Kupfer (Arsen, Zinn, Zink, Nickel, Blei), die vor etwa 4200 v.Chr. im Vorderen Orient, in Südeuropa an der Wende vom 5. zum 4. Jahrtausend v.Chr. und in Mitteleuropa um 2000 v.Chr. mit der →Aunjetitzer Kultur auftauchten. Bronze weist gegenüber Kupfer verbesserte Eigenschaften auf: höhere Festigkeit und gute Gießbarkeit. Verwendung fand es für Waffen, Werkzeuge und Schmuck. Dem Werkstoff Stein stand Bronze in Robustheit und Härte kaum nach, ließ sich aber im Gegensatz zu diesem unter Hitzeeinwirkung gießen, schmieden oder mit dem Hammer treiben und so in beliebiger Form herstellen. Gußformen gestatteten eine Serienfertigung, und zerbrochene Bronzegeräte konnten eingeschmolzen und neu verarbeitet werden. Das im Laufe der Entwicklung gefundene ideale Verhältnis für Bronze betrug 90% Kupfer und 10% Zinn bei einem Schmelzpunkt um 1000° Celsius. Es besaß damit bessere Schmelz- und Gießeigenschaften als reines Kupfer.

Bronzeguß

Das technische Wissen um den Bronzeguß setzt das Vorhandensein von Fachleuten voraus, die eine Anzahl von Arbeitsgängen beherrschen mußten: Schmelzen des Rohmaterials im offenen Holzkohlenfeuer, Beachtung der Schmelztemperatur und das Gießen in offene, zweiteilige hohle oder verlorene Gußformen, die häufig aus Sandstein, Gneis, Speckstein oder Metall (Kupfer) waren.

Bronzezeit

Mitteleuropa: 2200–750 v.Chr.
Zeitalter zwischen →Kupferzeit (→Chalkolithikum) und →Eisenzeit. Gekennzeichnet durch die Verwendung von Bronze (gelblichbraune Kupfer-Zinn-Legierung mit ca. 10% Zinnanteil) für Waffen, Geräte und Schmuck.

Mit der Bronzezeit endet in Mitteleuropa die →Steinzeit. Dies bedeutet aber nicht, daß die Steingeräteherstellung völlig eingestellt worden wäre, dafür war die Bronze zu kostbar und blieb nur wenigen vorbehalten. Im Alltagsleben wurden die Steingeräte noch jahrhundertelang verwendet. Man nimmt an, daß bestimmte genormte Bronzeobjekte wie Barren oder Ringe eine Art Geldfunktion im Rahmen des damaligen Tauschhandels darstellten.

Die Bronzezeit begann im mittleren Osten vor 4200 v.Chr., in vielen Teilen Mitteleuropas um 2000 v.Chr., in Skandinavien um 1600 v.Chr. und endete allmählich mit dem Übergang zur →Eisenzeit, in Europa um 750 v.Chr., in Skandinavien und in Norddeutschland erst um 500 v.Chr. Weitgestreute Funde kleiner Eisengeräte beweisen, daß lange bevor man Geräte und Waffen aus Eisen herstellte, Eisengeräte zur Bronzeverarbeitung verwendet wurden. In einigen Gebieten Europas (Britische Inseln, Skandinavien) führte die Ausbreitung der Eisenindustrie zum Zusammenbruch des Wohlstandes, der auf Bronze beruhte, dagegen haben andere Gebiete mit reichen Eisenvorkommen, Kupfer und Mineralsalzen (Österreich, Süddeutschland, Iberische Halbinsel, Eturien) anscheinend eine ausgesprochene Blütezeit erlebt.

In diese Phase fallen bedeutende kulturelle Entwicklungen: Pferdehaltung, Räder- (→Rad und Wagen) und →Wasserfahrzeuge, Urbarmachung sandiger Gebiete und höhergelegener Gelände, verstärkte Schafzucht zur Woll- und Käsegewinnung, Kupfergewinnung (→Kupfer) und verbesserte Geräte und Waffen durch Bronze, Handelsbeziehungen und Transport begehrter Güter (→Handel), befestigte Siedlungen und Ringwälle (→Befestigungen). Einflüsse kamen von der →Schnurkeramischen- und →Glockenbecher-Kultur, insbesondere aber von der →Aunjetitzer Kultur.

Brot

Wildgetreide wurde vermutlich anfänglich roh verzehrt oder geröstet. Später wurden die Körner auf →Reibschalen und →Mahlsteinen zerrieben und aus dem geschroteten Getreide unter Zugabe von Wasser bei gleichzeitigem Erhitzen ein Brei hergestellt. Wurde weniger Wasser zugegeben, erhielt man einen Teig, der auf heißen Steinen gebacken einen Fladen ergab. Im Neolithikum traten mit dem Anbau von Getreide auch →Backöfen auf, in denen gesäuerter Teig gebacken wurde, der im Gegensatz zum Fladen ein gelockertes Brot ergab, wenn es auch noch fladenähnlich aussah.

In der Seeufersiedlung Twann in der Schweiz wurden ein 3 800 Jahre alter Breifladen und ein 3 700 Jahre altes gesäuertes Gerstenbrot gefunden. Etwa zur gleichen Zeit gab es in Mesopotamien schon Großbäckereien mit mehreren Backöfen. In Ägypten zeigen Papyrusaufzeichnungen, daß am königlichen Hof täglich 2 000 Brote gebacken wurden; die Ägypter kannten den Beruf des Bäckers und hatten 15 verschiedene Worte für „Brot" oder „Kuchen".

Mit Hefe gesäuertes Brot kam erst im ersten Jahrhundert v. Chr. auf und führte zu dem heute üblich hochgewölbten Brot.

Buchtschaber

Seit dem Moustérien bekannt, kommt aber in der Jungsteinzeit häufiger vor.

Feuersteinabschläge, die am Ende oder an einer Seite ein oder 2 Einbuchtungen aufweisen. Buchtschaber dienten zum Runden oder Glätten von Holzschäften. Aber auch die zum Flechten bestimmten Ruten wurden mit dem Buchtschaber entrindet und geglättet, bevor sie mit dem Spalter geteilt und so vorbereitet wurden für die Weiterverarbeitung.

Bükker Kultur

(benannt nach dem Bükk-Gebirge in Nordungarn)

Verbreitung: nördliches Ungarn, slowakisches Bergland

Gefäßformen gehören zum Formenschatz der →Linienbandkeramischen Kultur und zeichnen sich durch qualitätvolle Keramik aus. Es sind u.a. rundbauchige

Kümpfe, flaschenförmige Gefäße mit Ausgußrohr und meist dünnwandige Schüsseln. Typisch sind bogen-, girlanden-, band-, spiralförmige und schachbrettartige Muster. Die Bemalung der Gefäße erfolgte vor dem Brand. Auch weiße, gelbe oder rote →Inkrustationen sowie Negativmuster kommen vor. Lebensgrundlage der Kultur scheint weniger der Ackerbau, als vielmehr die Gewinnung, Verarbeitung und der weitreichende Handel mit →Obsidian gewesen zu sein. Darauf weisen Obsidianfunde in den benachbarten Kulturen, →Spondylus-Muscheln vom Mittelmeer und importierte Erdfarben für die Keramikbemalung hin.

Siedlungen befinden sich im Bükk-Gebirge, hier wurden auch zahlreiche Höhlen bewohnt, und in einem Teil der ungarischen Tiefebene, manchmal tellartig (→Tell) mit mehreren Kulturschichten. Die kleinen rechteckigen Häuser sind in den Boden eingetieft. Funde von menschlichen Knochen scheinen auf →Kannibalismus hinzuweisen.

Bulbus

Bezeichnung für die beulenartige Verdickung auf der Rückseite eines Abschlags unterhalb des Schlagpunktes; am Kern erscheint das entsprechende Negativ (→Abschläge).

Bumerang

(von austr. wumera: Wurfbrett) Wiederkehrendes Wurfholz, ca. 60 cm lang oder mehr, in der Mitte leicht geknickt und abgeflacht. Beim Wurf dreht sich der Bumerang um seine Drehachse im Knick. Wirft man ihn mit waagrechter Drehachse (Holz senkrecht) kehrt er nicht zurück, wenn er sein Ziel verfehlt hat. Mit senkrechter Drehachse schräg aufwärts geworfen kehrt er im Fall eines Fehlwurfs zum Werfer zurück. Sicher gab es auch noch andere Arten von gebogenen Wurfhölzern, die nicht zurückkehrten. Bumerangs konnten bis 200 m weit und damit weiter als ein Speer mit der →Speerschleuder geworfen werden.

In Polen wurde ein 20 000 Jahre alter Bumerang aus Mammutelfenbein gefunden. Er ist 800 g schwer, 71 cm lang und weist gravierte Linien auf. Er ähnelt in Form und Größe den Wurfhölzern der Australier, bei denen die ältesten Bruchstücke auf 8 000 v. Chr. datiert werden (Wyrie Swamp). Aus der Ertebøllezeit in Dänemark stammt ein bumerangähnliches Wurfholz aus Ahorn oder ähnlichem Holz.

Butten

Bauchige, flaschenartige Gefäße mit Griffen und Schnurösen.

Campignien

4 000 v. Chr.
(benannt nach Wohnplatzfunden vom Campigny-Hügel, Dep. Seine-Inférieure, NW-Frankreich)
Verbreitung: West- und Osteuropa
Makrolithische Steinindustrie mit grobem Steininventar. →Kern- (→Pics) und →Scheibenbeile (→Tranchets) sind die Leitformen. Die nordeuropäischen Kern- und Scheibenbeile der →Star Carr- und →Maglemose-Kultur sind denen des →Campignien verwandt. Im späten Campignien erscheinen geschliffene und polierte Beile, roh gearbeitete Tongefäße sowie Mahlsteine. Haustierhaltung ist durch Knochen von Rind, Pferd, Schaf und Schwein belegt.
Die Campignienfunde spiegeln offenbar die Kulturmischung wieder, die beim Vorstoß einer ersten Bauernkultur von Zentraleuropa bei den im Jäger- und Sammlerstadium lebenden Leuten im Westen und Osten entstehen mußte.

Capsien

9 000–3 000 v. Chr.
(benannt nach der antiken Stadt Capsa, dem heutigen Gafsa, Tunesien)
Verbreitung: Im Küstenstreifen von Tunesien bis Marokko, in der Sahara und bis zum Neolithikum in ganz Nordafrika.
Dem Capsien geht das →Atérien voraus. Die Bevölkerung ist rassisch vermutlich nicht homogen, Skelettfunde werden als „protohaminitisch" bezeichnet. Die Capsier kamen wahrscheinlich aus dem Osten und wanderten in die Gebiete der →Iberomarusier ein. Das typische Capsien weist häufig Abfallhaufen auf, die meist, wie im europäischen →Ertebølle (Kjøkkenmøddinger-Kultur), aus Muschel- und Austernschalen sowie Schneckenhäusern bestehen, die 10–15 m lang und 3 m hoch sein können. In Constatine wurde sogar ein 100 m langer, 50 m breiter und 2,50 m hoher Abfallhaufen gefunden.
Im Gebiet der Chotts (ausgetrocknete Salzseen) kamen an deren Ufern Schnecken vor, die den Hauptbestandteil der Ernährung bildeten und deren Hinterlassenschaften hunderte von Abfallhaufen bildeten (arabisch „ramadya").
Das Werkzeuginventar des Capsien ist durch einen großen Reichtum an Steinwerkzeugen charakterisiert: aus der Klingenindustrie Schaber, Kernschaber, Ecksticthel, Messer mit abgedrücktem Rücken, große, gezähnte Klingen und Mikrostichel, bei denen es sich um Überreste der Herstellung von mikrolithischen Geräten handelt. Die Spitzen der Stichel werden gelegentlich durch Nachretuschieren rechtwinklig, eine charakteristische Form des Capsien. Zahlreiche durchbohrte Kiesel erweitern das Geräteinventar.
Die Funktion dieser ringförmigen Geräte ist umstritten: Wühlstock- oder Grabstockbeschwerer, Netzsenker, Keulenköpfe oder Schleudersteine? Außer →Mahlsteinen gab es →Erntemesser, die auf Knochen- oder Holzgriffen montiert, zum Schneiden wilder Gräser verwendet wurden. Aus Knochen

sind Pfrieme und Nadeln, mit letzteren löste man vielleicht Schnecken aus dem Gehäuse.

Neu ist die Erfindung der →Mikrolithen, diese ging um die ganze Welt, gelangte von Afrika nach Spanien, von dort nach Frankreich und Deutschland und wanderte weiter in den Nahen Osten, in die Mongolei, nach Sibirien und Indien.

Um 5000 v.Chr. erschienen schalenartige Gefäße mit Verzierungen und Gefäße aus Straußeneierschalen mit geritzten, teilweise rot ausgelegten Zeichnungen mit ornamentalem oder figürlichem Aussehen. Ähnliche Darstellungen auf Steinplatten stellen die ältesten datierbaren künstlerischen Zeugnisse in Afrika dar. In die Zeit des Capsiens fällt auch die Felsbildkunst des Sahara-Neolithikums (→Nordafrikanische Felsbilder). Die Steinwerkzeuge wurden geschliffen; die Capsier begannen Schafe und Ziegen zu halten. Möglicherweise wurden um diese Zeit domestizierte Getreidesorten eingeführt. Von da an wurde die Lebensweise des Jägers und Sammlers durch Ackerbau und Viehzucht ersetzt.

Bestattungen zeichnen sich durch ihre Schmuckbeigaben aus, z.B. eine Halskette mit mehr als 1600 Perlen aus gravierten Straußeneierschalen, 10 Columbellamuscheln und einem Knochenanhänger.

carnivor

(lat. caro, carnis: Fleisch; vorare: fressen, verschlingen)
fleischfressend (→herbivor, →omnivor). Carnivoren: Tiere, die sich überwiegend von anderen Tieren ernähren.

Çatal Hüyük

7000–4900 v.Chr.
Hüyük (türk.: Tell, Hügel)
Inmitten einer weiten fruchtbaren Ebene mit insgesamt etwa 200 kleineren Hüyüks liegt zentral, auf 2 dicht benachbarten Hügeln, Çatal Hüyük (bei Cumra, Bezirk Konya, im Inneren Anatoliens). Was Çatal Hüyük heraushebt, ist der kulturelle Zusammenhang von Architektur, Plastik, Malerei, Handwerk, bewußter Stadtgestaltung, Wohnkultur, Ritualen und Gebräuchen in einer Siedlung mit hohem Lebensstandard, und zwar etwa 3000 Jahre vor den bekannten Stadtkulturen an Euphrat und Tigris oder Ägypten.

Die frühneolithische Siedlung mit etwa 10000 einstigen Bewohnern, um 7000–6500 v.Chr. entstanden, ist eine der ersten Städte der Menschheit (→Behausungen). Ihre Überreste lagen unter einem Kulturhügel (→Tell) begraben, der 13 Bauhorizonte umfaßt und etwa eine Mächtigkeit von 13 Metern aufweist. Die Häuser mit einheitlichem Grundriß und Bauart sind fast ausschließlich durch Brand zugrunde gegangen. Die kleinen, rechteckigen Häuser von durchschnittlich 6 x 4,5 Metern bestanden aus mit Sand oder Stroh durchsetzten luftgetrockneten Lehmziegeln unter Verwendung von Holzstützen und standen Wand an Wand. Die Wandhöhe betrug etwa 2,70 m. Fenster waren vorhanden, nicht aber ebenerdige Türen, so daß ein Zugang vom Hof oder der Straße nur über Holztreppen oder Leitern durch hochliegende Wandtüren oder über das Dach möglich war. Wer in das Haus oder in die Stadt wollte, brauchte also eine

Leiter. Mit dieser Bauweise konnte man auf eine die Siedlung schützende Mauer verzichten und sich trotzdem gut verteidigen. Das alljährliche Tünchen der Häuser mit weißem Tonschlamm ließ Putzlagen entstehen, deren Anzahl eine relative Datierung der Häuser ermöglicht. Im Inneren der Häuser gab es Arbeits-, Sitz- und Schlafplattformen. Feuerstellen waren viereckige Herde, zuweilen runde kuppelförmige Öfen und manchmal auch Darröfen.

Dekorationen im Inneren bestanden aus Wandmalereien in roter, grüner, schwarzer und gelber Farbe. Oft sind viele (bis mehr als 100) übereinanderliegende, jeweils durch eine weiße Grundierung voneinander getrennte Malschichten erkennbar, wobei die Muster zum Teil dieselben bleiben. Aus dem Putz wurden zuweilen menschliche und tierische Figuren reliefartig herausgeschnitten oder eingraviert. Motive waren vor allem weibliche Gestalten, meist in Geburtshaltung, Symbole, Tiere, Jagd-, Tanz- und Kultszenen, ein Landschaftsportrait mit dem Grundriß des Dorfes vor einem ausbrechenden Vulkan, der zur Blütezeit der Stadt noch tätig war, sowie abstrakte geometrische Kelimmuster, gemalte Imitationen von Wandteppichen und →Handabdrücke. Besonders bedeutsam sind die Funde, die auf den Kult einer Muttergöttin und einen Stierkult hinweisen.

Steingeräte weisen in allen Schichten annähernd dieselben typischen Züge auf: gestielte Pfeil- und Speerspitzen, Bohrer, Schaber, Klingen, Sichelklingen, Dolche aus Obsidian, Keulenköpfe aus Marmor oder Kalkstein und Steingefäße.

Knochengeräte waren: Nähnadeln, Löffel, Spatel u.a. Neben der meist einfarbigen Töpferware in unterschiedlichen Farbtönen gab es auch Holzgefäße.

Die Wirtschaft beruhte auf Ackerbau und Viehzucht, industriellen Fertigungsmethoden und Handel. Kleinkunst bestand überwiegend aus Stein- und Tonstatuetten. Schmuckstücke waren bereits aus Blei und Kupfer, es gab Halsketten und Spiegel aus Obsidian.

Tote wurden als gereinigte Skelette, oft mit Ocker, blauer oder grüner Farbe bemalt, in Matten eingewickelt und unter der Plattform des Hauses beigesetzt. Männer hatten meist Waffen bei sich: ein oder 2 Keulenköpfe, Pfeil- und Speerspitzen, ein Jagdmesser und verschiedene Steinwerkzeuge wie Schaber und Stichel aus Obsidian. Frauen erhielten geschnitzte Löffel, Spateln, Miniatur-Grünsteinbeilchen, Schminkpaletten, Knochennadeln, Marmorarmringe, Fingerringe aus Knochen oder Kupfer, Anhänger sowie Perlen aus Kupfer und Lignit, Ocker, Muscheln, Ton, Alabaster, Karneol, Obsidian, Apatit, Serpentin und Kalkstein. Holzgefäße und Körbe wurden Männern und Frauen mitgegeben.

Für James Mellaart ist die Kultur von Çatal Hüyük „das Bindeglied zwischen längst vergangenen Jägern des Jungpaläolithikums und einer neuen, Nahrungsmittel produzierenden Gesellschaft, die die Grundlage unserer Zivilisation schuf" (zit. n. Wingert, 211, 160).

Cerviden
(lat.: Geweihträger)
Geweihtragende Tiere wie Elch, Rothirsch, Reh und Ren im Gegen-

satz zu den horntragenden Tieren
(→ Boviden).

Chalkolithikum
(Kupfersteinzeit)
Damit ist der Übergang der Jungsteinzeit zur Kupferzeit gemeint, in
der Kupfer als Ergänzung verwendet wurde, die Steingeräte aber
noch überwogen. Auch andere Geräte der Jungsteinzeit aus Knochen, Geweih und Holz wurden
weiterhin verwendet. Der Begriff
Chalkolithikum wird vor allem in
der prähistorischen Archäologie
für den östlichen Mittelmeerraum
verwendet. In dieser Periode entstanden die ersten Hochkulturen.

Chamer Gruppe
3500–2700 v. Chr.
(benannt nach dem Fundort Knöbling im Kreis Cham in der Chamer
Senke im bayrischen Regierungs-
bezirk Oberpfalz)
Verbreitung: In Teilen von Bayern
(Oberpfalz, Nieder- und Oberbayern), Ober- und Niederösterreich,
Böhmen.
Die Chamer Gruppe folgte im bayrischen Verbreitungsgebiet auf die
→ Altheimer Kultur. Die befestigten Siedlungen mit Wall und Palisaden lagen im Flachland und auf
Höhen. Viele der Siedlungen zeigen Brandschichten, die von Über-
fällen herrühren könnten.
Lebensgrundlage war Ackerbau
und Viehzucht. Haustiere waren
Rinder, Schweine, Schafe oder
Ziegen und Pferde. Daneben wurde die Jagd noch häufig ausgeübt.
Tongefäße wirken nicht sonderlich
sorgfältig bearbeitet und sind zum
Teil schief, sogenannte Knick-
wandgefäße herrschen vor. Die Keramik ist oft bräunlich bis schwärz-

lich und wurde mit plastischen
Verzierungen und gestempelten
Ornamenten versehen. Einige Ge-
fäßfragmente zeigen das Herstel-
lungsverfahren: auf einer geformten Bodenplatte erfolgte der Aufbau in Wulsttechnik (→ Keramik),
der untere Rand wurde von außen
verstärkt. Dem Ton wurde Granit-
grus und manchmal auch Glimmer
zugesetzt.
An Werkzeugen gab es unter anderem Erntemesser, Schaber und
Pfeilspitzen aus Feuerstein. Honig-
gelbe Feuersteindolche von etwa
12–15 Zentimetern Länge stammen aus → Le Grand Pressigny
(→ Livre de beurre) in Frankreich
und stellen wohl Prunkstücke dar.
Aus Sandstein waren Schleifsteine,
aus Geröllen Reibsteine und aus
Felsgestein Beilklingen.
Als Schmuckstücke wurden dicke,
längsdurchbohrte Calciтröllchen für
Halsketten und durchbohrte Tierzähne verwendet. 5 tiefrote Eisen-
steinstücke aus Knöbling, mit teil-
weisen Schleifspuren, dienten wohl
zur Herstellung von Schminkfarbe.
Über Bestattungen ist nichts bekannt.

Chasséen
4600–2400 v. Chr.
(benannt nach der Fundstätte
Camp-de-Chassey, Dep. Saône-et-
Loire, Frankreich)
Verbreitung: Frankreich, von der
Kanal- und Atlantikküste bis zum
Mittelmeer, verwandt mit der
→ Lagozza-Kultur (Nordwest-Ita-
lien) und der Cortaillod-Kultur
(Schweiz). Wegen gewisser Über-
einstimmungen in der Keramik
spricht man auch von der westeuropäischen Chassey-Lagozza-Cor-
taillod-Kultur.

Die Chassey-Kultur gehört dem mittleren →Neolithikum an, ihre Wurzeln liegen wahrscheinlich im Mittelmeergebiet. Außer Siedlungen in →Höhlen, →Abris und Freilandstationen kommen in manchen Gebieten auch durch Wälle geschützte Höhensiedlungen mit Häusern aus Trockenmauerwerk vor (→Befestigungen). Wahrscheinlich hat der Ackerbau dominiert. Es wurden Emmer, Einkorn, Gerste und Bohnen nachgewiesen; an einigen Stellen gibt es auch Beweise für Viehhaltung. Gesammelt hat man Eicheln, Haselnüsse, Äpfel und Pflaumen.

Die Keramik hat einfache Formen, zumeist bauchige, mit einer geknickten Schulterpartie versehene Schüsseln, Becher, Töpfe, beutelförmige Näpfe, Vorratsgefäße und Hängegefäße mit abgerundetem Boden ohne merkliche Standfläche, meist ohne Verzierung, und →Backteller. Erst in der jüngeren Phase werden Verzierungen häufiger. Es sind feine, mit einem spitzen Gerät eingravierte Ritzmuster: gitter-, strich- oder punktgefüllte Bänder, X-Reihen, Zickzackstreifen und vereinzelt auch Wellen und Bögen sowie weiße und rote →Inkrustationen; mehrfach durchbohrte Leisten mit „Panflöten"- oder „Patronengürtel"-Ösen kommen hinzu.

In der Steinindustrie treten massenhaft Geräte mit Klingencharakter auf, Messer, querschneidige, blattförmige, rhombische und in der jüngsten Phase gestielte Flügelpfeilspitzen und Bohrer, Beile mit ovalem Querschnitt und spitzen Nacken, Scheibenbeile und Meißel. Der →Steinschliff kommt ergänzend hinzu.

Die Hocker-Einzel-Bestattung (→Bestattungen) erfolgte in Höhlen. Die gefundenen menschlichen Überreste sind zumeist unvollkommen; auch trepanierte Schädel (→Trepanation) kommen vor.

Châtelperronien
35 000–30 000 v. Chr.
(benannt nach einer Höhle im Departement Allier, Frankreich)
Verbreitung: Süd- und Mittelfrankreich, vereinzelt in Spanien und Deutschland.

Die älteste Phase des Jungpaläolithikums heißt bei englischsprachigen Archäologen „Châtelperronien" und ist nur an wenigen Orten Frankreichs belegt. Es leitet seine Herkunft vom →Moustérien mit entwickelter →Acheuléen-Tradition her und umfaßt etwa das gleiche Geräteinventar. In Frankreich sind es die Geräte der letzten Neandertaler-Populationen. Das charakteristische Werkzeug der Klingenindustrie ist die schlanke, schmale und bogenförmige →Châtelperron-Spitze mit steiler Randretusche, das vermutlich von breiteren →Abri-Audi-Spitzen abgeleitet wurde; die anfänglich seltene →Stichel wird zahlreicher. Typisch sind auch Werkzeuge und Waffen aus Elfenbein und Rentiergeweih.

Als Schmuck tauchen →Perlen in nennenswertem Umfang auf, sie waren meistens durchlocht und nicht mehr eingekerbt.
Auf das Châtelperronien folgt das →Aurignacien.

Châtelperron-Spitze (-Messer)
Schmale Klingen, mehr oder minder halbmondförmig gestreckt, mit gekrümmten, stumpfretuschierten

Rücken aber gerader Schneide, die
zur Spitze führt. Sie ähneln den
→Abri-Audi-Spitzen, von denen
sie wahrscheinlich abgeleitet sind.
Vermutlich wurden sie als Messer
verwendet.

Chelléen
(benannt nach der Stadt Chelles
bei Paris, nahe der Marnemün-
dung, Frankreich)
1 500 000–600 000 v.h.
Chelléen war die heute nicht mehr
benutzte Bezeichnung für die erste
Stufe der französischen Einteilung
des Paläolithikums mit den alten
Formen der groben Faustkeile und
wird heute in das →Acheuléen
(Protoacheuléen, früher →Abbe-
villien) einbezogen.

Chert
anglo-amerik. Bezeichnung für
→Feuerstein.

Chinesische Felsbilder
Felsbilder gibt es in ganz China.
Die ältesten sind etwa 10 000–
12 000 Jahre alt; man vermutet
aber noch ältere, bisher noch nicht
entdeckte Bilder. Die Felsbilder
zeigen in groben Zügen die Geschichte der Völker in den Gebieten jenseits der Großen Mauer und
die Entwicklung zu immer kompli-
zierteren Wirtschaftsformen. Die
Menschen sind Jäger, Sammler
und Fischer, betreiben Ackerbau,
Viehzucht, Handwerk, systemati-
schen Tauschhandel oder Handel.
Es läßt sich erkennen, wie immer
mehr Tiere domestiziert und neue
Techniken eingeführt werden:
Pfeil und Bogen, Wagen mit Speichenrädern, Metallwaffen, Kleider,
Musikinstrumente, Trinkgefäße sowie Hütten und Häuser. Ideo-

gramme werden mit den später in
der Schrift verwandten Zeichen
identifiziert. Nach Stilart und
Chronologie geordnet, entsteht eine vorläufige Einteilung:

- Epipaläolithische Jäger:
  ca. 10 000–6 000 v. Chr.
- Moderne Jäger:
  ca. 8 000–4 000 v. Chr.
- Hirten und Viehzüchter:
  ca. 3 500–2 000 v. Chr.,
  mit zwei weiteren Phasen
  ca. 1 200–200 v. Chr. und 900–1 600
  n. Chr.
- Masken:
  ca. 5 500–3 500 v. Chr.
- Lokale und komplexwirtschaftliche
  Stile: bereits ab ca. 6 000 v. Chr.

Einige sind bis heute erhalten geblieben (Chen Zhao Fu, 37, 11–13).

Chopper
(engl.: Hackmesser)
Chopper und →Chopping Tools,
auch Pebble Tools (→Geröllge-
räte) genannt, sind die Leitformen
der ältesten und einfachsten Stein-
gerätekulturen des Paläolithikums
(→Oldowan), die auch oft in Verbindung mit den Australopithecinen gebracht werden (→Evolution
des Menschen). Es sind einseitig
abgeschlagene Gerölle, ein oder
mehrere Abschläge auf einer Seite
bilden eine Schneide. Bei diesem
Verfahren entstehen scharfe Kanten und Ecken, die zum Zerschnei-
den von Fellen, Fleisch und Sehnen sowie zum Schaben von Häuten, Knochen und Holz geeignet
sind. Mit dieser planvollen Herstellung von Steingeräten ver-
schafften sich ihre Hersteller entscheidende Vorteile gegenüber allen anderen Lebewesen.
Die ältesten Geräte des Oldowantyps stammen aus Äthiopien, werden auf 2,6 Mio. Jahre datiert. Es

ist noch nicht geklärt, ob sie zum *Homo habilis* oder *Homo rudolfensis* gehören. Die Chopper vom →Turkanasee werden auf 2,3 Mio. Jahre datiert. Diese Werkzeuge waren für mehr als 1 Mio. Jahre die vorherrschende Form der Steintechnologie und zeigen, daß dieser Typ nahezu zeitlos war und in vielen unterschiedlichen Kulturen vorkommt. An ostasiatischen Fundstellen fand man sogar Geröllgeräte, die nur auf 200 000 Jahre datiert werden. Durch diese Werkzeuge wurden sonst unzugängliche Nahrungsmittel erschlossen. Die Analyse von 1,5 Mio. Jahre alten Steinsplittern aus Kenia ergab deutliche Spuren von Holzbearbeitung. Dies ist bedeutsam, weil es sich damit um ein Werkzeug handelt, das zum Herstellen eines anderen diente. Andere Spuren weisen auf das Schneiden von Pflanzen und Fleisch hin.
In Europa sind die seltenen und ältesten Geröllgeräte von Seixosa an der Küste Portugals etwa 1,5 Mio. Jahre, die von Foro Rosetto und Punta Grande in Spanien 1,2 Mio. Jahre alt. Am Übergang vom Alt- zum Mittelpleistozän vor 400 000 Jahren waren sie über ganz Süd- und Mitteleuropa verbreitet.

Chopping Tools
(engl.: Hackwerkzeug/Spalter)
Die Geölle (→Geröllgeräte) haben eine zwei- oder mehrflächige Bearbeitung (→Retusche). Die Schneide ist von beiden Seiten her alternierend zurechtgeschlagen, oft zickzackförmig, und ist daher schärfer als bei den →Choppers.
Chopper und Chopping Tools können auch aus Bruchsteinen gefertigt werden. Bei der Steinbearbeitung entstehen in der Regel →Abschläge und →Kerne (Nuklei). Oftmals ist kaum zu unterscheiden, ob die Kerne primär als Werkzeug gestaltet oder Reste der Produktion von Abschlaggeräten sind. Als Kernsteine sind sie Reststücke, dem Steinschläger kam es auf die Abschläge an. Bereits in der Pebble-Kultur des Oldowan wurden Schaber mit Abschlagspuren gefunden.
Es gibt Chopping Tools, die mit 2–3 Fingern, und solche, die mit beiden Händen geführt werden müssen. Sie eignen sich zum Schlagen, Schneiden, Sägen, Schaben oder Schlachten. Verwendung für schwere Hauarbeiten, Holzarbeiten, zur Herstellung von Lanzen, Keulen, Dolchen u.a., aber auch zum Zerteilen von Geweih und Elfenbein. Zur Fellbehandlung sind auch größere Chopper angemessen, die fast wie Hobel wirken.
Geröllgeräte sind die Vorläufer der →Faustkeile. Oft ist nicht zu unterscheiden, ob das jeweilige Exemplar noch ein Chopping Tool oder bereits ein →Protofaustkeil ist.

Choukoutien
→Zhoukoutien

Chronologie
(gr. chronos: Zeit; logos: Kunde →Datierungsbezeichnungen)
Die Chronologie dient der zeitlichen Einordnung von Kulturen und archäologischen Funden.
Sie ist die Lehre von der Zeitmessung und der Aufzeichnung geschichtlicher Ereignisse in zeitlich genauer Reihenfolge. Man unterscheidet die absolute und die relative Chronologie. Die absolute

Chronologie kann die Ereignisse nach Jahren (in der Geologie meistens nach Jahrmillionen) einordnen. Die relative Chronologie gibt nur an, welches Ereignis früher eintrat als ein anderes: Was ist jünger? Was ist älter? Was ist gleichalt?

Die relative Chronologie kann über die → Stratigraphie eines Grabungsplatzes erkannt werden, da die jeweils ungestörte untere Kulturschicht älter als die darüber liegende ist. Das gilt ebenso für die Fundobjekte in jeder Schicht. Auch die Typologie (→ Typologischer Vergleich) der → Leitformen und → Leitfossilien aus verschiedenen Ausgrabungsstätten erlaubt in ihrer Entwicklung eine relative Datierung.

Für eine absolute Datierung, d.h. für Zeitangaben, die auf unsere Zeitrechnung zurückgeführt werden können, stehen der Forschung naturwissenschaftliche Methoden (→ Dendrochronologie, → Radiokarbondatierung, → Thermolumineszenzmethode, → Stratigraphie) zur Verfügung. H. Müller-Beck (Korrespondenz) bringt eine weitere Unterteilung:

Die „enge" und die „weite" Chronologie ist eine eigene Umprägung des Begriffes der „kurzen" und „langen" Chronologie und sollte unterstreichen, dass die eine Autorengruppe die möglichst kurzen/jungen Datierungen und die andere die möglichst langen/alten benutzt, etwa ... besonders heute bei den Datierungen der frühen Homo sapiens sapiens die chronologischen Daten. Bilzingsleben wird mit den verschiedenen Methoden z.B. zwischen 400 000 und 200 000 datiert, in diese Spanne gehört es mit 98 % Wahrscheinlichkeit. Wählt man nur die Daten als Basis, sind das zwischen 300 000 und 200 000 oder 400 000 und 300 000 nur noch ca. 68 % ! – Es sei denn, man

hat andere, stratigraphische, klimahistorische Gründe – die nach geologischen Normen sogar zu fordern sind (und bei den meisten frühen Sapienten fehlen), dann landet man eher bei 300 000 bis 200 000. Aber hier können, ... wegen des Vorliegens zweier unterschiedlicher Skalierungen, keine mathematisch ausgedrückte Wahrscheinlichkeiten angegeben [werden]. Dennoch ist die Datierung mit ziemlicher Sicherheit nach heutigem Stand „richtiger" – also die „kürzere" Chronologie wäre sinnvoller.

Archäologische Chronologie

Die Altsteinzeit wird in vielen Gebieten Europas in drei unterschiedlich lange Abschnitte gegliedert: ältere Altsteinzeit (Altpaläolithikum), mittlere Altsteinzeit, (Mittelpaläolithikum) und jüngere Altsteinzeit (Jungpaläolithikum). Leider sind sich die Prähistoriker über die Kriterien dieser Gliederung und somit über die Zeitdauer der einzelnen Abschnitte nicht einig. Deshalb gibt es voneinander abweichende Gliederungen der Altsteinzeit (Probst, 163, 28 → Dreiperiodensystem).

Es folgt die Mittelsteinzeit (Mesolithikum), mit der Jungsteinzeit (Neolithikum) endet die → Steinzeit.

Auf andere Erdteile ist diese Einteilung nicht generell anwendbar.

Die Erforschung des Paläolithikums begann in größerem Umfang zum erstenmal im Frankreich des 19. Jahrhunderts. Deshalb sind die Kulturstufen nach französischen Fundorten benannt, indem man an deren Namen die Endung „ién" anhängt: z.B. Aurignac = Aurignacién.

Clactonien

700 000–300 000 v.h.
(benannt nach dem englischen Fundort Clacton-on-Sea)
Verbreitung: Im engeren Sinne bezog sich Clactonien auf eine Indu-

strie, die in England, Nordfrankreich, Belgien und Norddeutschland, aber auch in Afrika als eigenständiger Traditionskomplex angesehen wurde, aber unterdessen eher als ökologisch oder ökonomisch begründete Sonderfazies des umfassender gedachten Acheuléen angesehen wird.

Bezeichnung für eine Steinindustrie der frühen und mittleren Altsteinzeit. Die Geräte wurden durch feste Stöße eines Steinknollens gegen einen großen Amboßstein erzeugt (→Clacton-Technik). Typisch für das Clactonien ist meist das Fehlen von →Faustkeilen.

In Clacton-on-Sea wurde eine gut 400 000 Jahre alte Holzlanze gefunden (→Lanzen).

Clacton-Technik

Primitive Technik, die in der Regel auf dem kräftigen Zusammenprall zweier Steine beruht, um Trümmerstücke zu erzielen. Dazu wurde von einem Steinknollen zunächst eine obere Kappe weggeschlagen, um eine ebene Schlagfläche zu gewinnen, von der aus dann durch kräftiges Stoßen gegen einen Amboßstein die Abschläge losgesprengt (daher →Amboßtechnik) und meist nur notdürftig retuschiert wurden. Alle Werkzeuge weisen breite Schlagflächen und große Schlagbuckel auf. Der Winkel zwischen Schlag- und Trennfläche beträgt immer 100–150 Grad. Mit der Zeit vervollkommnete sich die Bearbeitungstechnik und der Gerätebestand wurde differenzierter: Klingen, Spitzen, längliche und runde Schaber, Bohrer und Stichel. Clacton-Abschläge können wegen der einfachen Herstellung und Schlagtechnik zu allen Zeiten vorkommen. Die →Choppers und →Chopping Tools wurden nicht aus Geröllstücken, sondern aus Feuersteinknollen gefertigt und sind deshalb mit Kernsteinen verwechselt worden.

Cleaver

(engl.: Spalter, Hackmesser; auch Spaltkeil, Breitkeil, handaxe oder Hachereux genannt)

Spaltkeile haben eine V- oder U-förmige Gestalt, wurden als Abschläge von Kernen, z.T. in →Levallois-Technik, oder als Abschläge von Trümmerstücken gewonnen und weisen eine grobe, aber oberflächliche Flächenbearbeitung auf. Die breite, axtähnliche Schneide, die quer oder leicht schräg zur Längsachse verläuft, besteht aus einer Trennfläche und einer natürlichen Fläche, die entweder überhaupt nicht sekundär bearbeitet oder lediglich durch einen oder wenige grobe Abschläge geformt, aber mit abnehmenden Alter immer feiner bearbeitet wurde. Sie wurden vermutlich zur Holzbearbeitung eingesetzt. Entsprechend der Form ist die Verwendung auch als Beil denkbar.

Spaltkeile sind besonders in Afrika verbreitet und stellen eine Weiterentwicklung der Oldowan-Geräte dar, so in Clacton-Abevillien, Acheuléen bis zum Mittelpaläolithikum. Die Größe liegt zwischen 6–21,5 cm Länge und 5,5–14 cm Breite.

Clovis-Spitzen

Typische →Nordamerikanische Geschoß-Spitzen der frühesten gesicherten paläoindianischen Industrie.

Combe Capelle

(benannt nach dem Abri in der Nähe von Monteferrand, Périgord, Dep. Dordogne, Frankreich)
Funde des Homo sapiens sapiens vom Typ Combe Capelle (→Crô-Magnon). Das männliche Skelett befand sich in Rückenlage mit leicht angezogenen Beinen. Geschätztes Alter 40–50 Jahre. Der Kopf war mit Muscheln geschmückt, auf seiner Brust, am Kopfende und an den Füßen lagen Steingeräte und neben dem Skelett der Fußknochen eines Schweines.

Cortaillod-Kultur

4000–3500 v. Chr.
(benannt nach der Seeufersiedlung Cortaillod am Westufer des Neuenburger Sees, Westschweiz)
Verbreitung: hauptsächlich in einem etwa 40–50 km breiten Streifen vom Genfer-See bis zum Zürichsee.
Die Angehörigen der Cortaillod-Kultur errichteten ihre Siedlungen in der Regel an Ufern von Seen (ähnlich der →Lagozza-Kultur), seltener auf vom Wasser abseits gelegenen Höhen, aber auch Halbhöhlen wurden benutzt. Manche Seeufersiedlungen erhielten offensichtlich aus Schutzbedürfnis →Palisaden. Hausfunde hatten einen maximalen Grundriß von 12 x 7 Metern mit Holzpfosten als Außenwänden, die mit →Flechtwerk verbunden waren. Das Dach war wahrscheinlich mit Schilf abgedeckt. Holzfußböden oder Rutenlagen mit darüber gelegten Rindenbahnen sorgten für Fußwärme. Auch der →Herd gehörte zur Grundausstattung dieser Häuser.
Ernährungsbasis war neben der noch immer ausgeübten Jagd, der Fischfang und Ackerbau mit Haustierhaltung (vorwiegend Rind). In der Seeufersiedlung Twann wurde ein 3700 Jahre altes gesäuertes →Brot gefunden.
Das Geräteinventar war sehr vielfältig. Jagdwaffen waren Pfeil und Bogen (die Pfeilspitzen waren dreieckig oder herzförmig mit konkaver Basis, die querschneidigen Pfeilspitzen fehlen ganz) sowie bumerangähnliche Wurfhölzer. Angelhaken aus Knochen, Harpunen aus Hirschgeweih, Netzreste und Netzschwimmer belegen den →Fischfang. Feuersteinsicheln mit Holzschaft, Mahlsteine, hölzerne Hechelkämme für Hanf und Flachs sowie Furchengrabstöcke (→Grabstock) bezeugen die Bedeutung des Ackerbaus.
Zu den Steinwerkzeugen zählen neben den Feuersteinsicheln geschliffene Meißel, Dechseln, Äxte und Beile aus Felsgestein. →Beile wurden oft als Tüllenbeile geschäftet. Aus Holz fertigte man neben Schäften auch Schalen, Becher, Löffel, Dreschflegel, Schlegel, Hacken, Pfeil, Bogen und Hechelkämme. Geweihe (meist Abwurfstangen) dienten als Rohmaterial für Beile, Hämmer und Hacken. Kupfer wurde importiert und zu Perlen, Schmuckanhängern, Beilen und Meißeln verarbeitet.
Aus Ton waren Amphoren, Näpfe und Schüsseln mit rundem Boden, die für diese Kultur typischen Knickwandschalen und →Backteller. Auf manche der schwarzglänzenden Tongefäße wurden mit einem teerartigen Klebstoff Birkenlamellen als kontrastvolle Verzierung aufgeklebt. Es gab mehrfach durchlochte Leisten und dop-

pelt nebeneinandergesetzte und durchbohrte Knubben wie im → Chasséen – es fehlen aber die „Panflöten"- oder „Patronengürtel"-Ösen.
In der Kunst werden die ältesten Felszeichnungen mit der Cortaillod-Kultur in Zusammenhang gebracht. Die Toten wurden auf Gräberfeldern in Steinkistengräbern als Hocker bestattet. Auf die Cortaillod-Kultur folgte die → Horgener Kultur.

Creswell-Crags
(Derbyshire, England)
Die Creswell-Klippen wurden durch die Funde in der Höhle Mother-Grundys-Parlour namensgebend für die Kulturstufe des → Creswellien. In einer unteren Höhlenablagerung wurden in 3 Schichten Moustérien-Geräte angetroffen, darüber eine Schicht mit blattspitzartigen Geräten und Schabern von Aurignacien-Art, darauf eine Schicht mit Fond-Robert-Charakter und zuoberst eine Schicht des Creswellien, wozu ein Stück Elfenbeinspeerspitze von Magdalénien-Art gehört.

Creswellien
15 000–11 000 v. Chr.
(benannt nach einer Höhle in den → Creswell Crags, Derbyshire, England)
Verbreitung: Südengland, Wales
Vor etwa 15 000 Jahren wanderten Magdalénienleute auch in Nordfrankreich, Belgien, Südengland und in die norddeutsche Tiefebene ein. Im nordwesteuropäischen Flachland bildeten sich die → Federmesser-Gruppen, in England das Creswellien, in den Niederlanden die → Tjonger-Gruppe heraus.

Das Creswellien weist im Fundinventar eine gewisse Ähnlichkeit mit der → Hamburger Kultur auf und soll auch zu der Tjonger-Gruppe Verbindungen gehabt haben. All diese Gruppen zeigen Einschläge des → Magdalénien.
Typische Werkzeuge sind Federmesser, Segmentmesser, Messer mit geknicktem Rücken, Dreieckmesser und Trapezmesser, außerdem Stichel, Schaber, Zinken und Klingen mit einer oder 2 Arbeitskanten geometrischer Ausprägung sowie zweireihige Harpunen. Einige Knochenstücke weisen figürliche Gravierungen auf.

Crô-Magnon-Menschen
Funde etwa 40 000–35 000 Jahre alt.
(benannt nach dem Fundort des Abri Crô-Magnon, bei Les Eyzies, Dep. Dordogne, Südwestfrankreich)
Fundstätten in West-, Mittel-, Süd- und Osteuropa.
Frankreich: Crô-Magnon, Combe Capelle, Les Cottes u.a. **Deutschland**: Hanöfersand, Kelsterbach, Paderborn. **Tschechien**: Brünn, Dolni Vestonice, Mladec, Pavlov, Predmost. **Österreich**: Willendorf. **Ungarn**: Balla, Istállóskö. **Bulgarien**: Baco Kiro. **Italien**: Grimaldi. **Jugoslawien**: Cerowac, Veternica, Vindija. **Rumänien**: Cioclovina. **Rußland**: Eliseevici, Korman, Kostjenki, Sungir.
Gegenwärtig wird häufig angenommen, daß dieser Menschentyp, ursprünglich aus Nordafrika kommt, wahrscheinlich aus dem Nahen und Mittleren Osten einwanderte, wo ähnliche Funde auf bis zu 100 000 Jahre datiert wurden.

Es ist aber auch denkbar, daß es sich lediglich um eine genetische Difussion handelt, die bereits bestehende Veränderungstendenzen beschleunigte und die sich in dieser Form räumlich vollzog, ohne daß eine Wanderung notwendig war. Denkbar ist auch eine allgemeine multiregional unterschiedlich rasche genetische Veränderung von atavistischeren zu progessiveren Skelettmerkmalen (H.Müller-Beck, 141).

Vor etwa 40 000 Jahren erscheint in Europa der moderne Mensch, der nach seinem Fundort auch Crô-Magnon-Mensch genannt wird und als Stammvater des heutigen Menschen gilt. Crô-Magnon-Menschen und →Neandertaler lebten etwa 10 000 Jahre zeitgleich in Europa, bis der Neandertaler abrupt verschwand. Die Besiedlung Westeuropas war offenbar vor 30 000 Jahren abgeschlossen, denn ab dieser Zeit finden sich nur noch Skelettreste des modernen Menschentyps. Der Crô-Magnon-Mensch ist zwar noch ein Mensch der Altsteinzeit, aber mit ihm beginnt ein neuer Abschnitt: das →Jungpaläolithikum.

Es scheint, daß man in West- und Osteuropa 2 Typen (auch Rassen genannt) unterscheiden kann: den Crô-Magnon-Typ und den Combe-Capelle-Typ. Beide waren im Durchschnitt größer als die früheren Menschenformen. Die Schädelkapazität entsprach mit etwa 1 500 Kubikzentimetern der des heutigen Menschen, ebenso das Gebiß und die Größe von ca. 1,80 m, allerdings war er kräftiger gebaut. Die charakteristischen Brauenwülste des *Homo erectus* und des Neandertalers fehlen.

Der Crô-Magnon-Typ ist von hohem Wuchs und derb-knochig. Der lange, breite Schädel mit kräftigen Muskelansätzen hat deutliche Überaugenbögen, ein rechteckig-breites Gesicht, niedrige rechteckig-breite Augenhöhlen; der Unterkiefer ist kräftig, besitzt ein gut entwickeltes Kinndreieck und auswärtsgebogene Unterkieferwinkel.

Der Combe-Capelle-Typ besitzt einen zierlichen Knochenbau. Der lange, schmale und hohe Schädel zeigt schwächere Muskelansätze, eine weniger betonte Überaugenregion und ein schmales, hohes Gesicht, hohe, gerundete Augenhöhlen und einen weniger kräftigen Unterkiefer mit schwächer betontem Kinndreieck und wenig ausladenden Unterkieferwinkeln.

Sowohl der Crô-Magnon-Typ als auch der Combe-Capelle-Typ sind unter den frühen und auch unter den späteren Funden des *Homo sapiens sapiens* in Europa vertreten. Es scheint, daß der Crô-Magnon-Typ im westlichen Europa und der Combe-Capelle-Typ häufiger im östlichen Europa vorkommt. Daneben gibt es zahlreiche Varianten, innerhalb derer der Crô-Magnon-Typ und der Combe-Capelle-Typ offenbar Extremvarianten darstellen.

Dieser Menschentyp ist wahrscheinlich aus dem Nahen und Mittleren Osten eingewandert und kommt ursprünglich aus Nordafrika, wo ähnliche Funde auf etwa 100 000 Jahre datiert werden. Neueinwanderer nach Europa hätten dort ein erheblich unwirtlicheres Klima als in ihrer afrikanischen Heimat vorgefunden, aber sie paßten sich nach und nach an: ihre Hautfarbe hellte sich rasch auf, um die Absorption der schwachen nördlichen Sonneneinstrahlung zu erleichtern, die für die

Produktion des Vitamin D erforderlich ist.

Diese frühen Jetztmenschen lebten in Zelten, auf Höhlenvorplätzen und unter Abris, nicht aber dauerhaft in Höhlen, obwohl diese für sie wichtig waren, wie die späteren Malereien zeigen. Sie waren noch ausschließlich →Sammler und Jäger. Das begleitende Geräteinventar der namensgebenden Fundstätte war das des →Aurignacien.

Eine evolutionäre Kontinuität am Ort, für die die europäischen Geräteentwicklungen von der Mittleren zur Jüngeren Altsteinzeit sprechen könnten, ist ebenfalls ohne weitreichende Neueinwanderungen möglich und ließe zudem genügend Zeit zur genetisch kontinuierlichen Ablösung von *Homo sapiens neanderthalensis* zu *Homo sapiens sapiens* auch in Europa, wie sie ja auf jeden Fall auch in Afrika und Westasien, allenfalls früher, erfolgt sein muß (H.Müller-Beck, 141).

Doch mit ihnen beginnt die Zeit neuer Werkzeuge: lange schmale Klingen aus Feuerstein (→Klingenabschlag-Technik) und neue Geräte aus Knochen (→Knochengeräte), Geweih oder Elfenbein wie →Geschoßspitzen, →Pfrieme und →Spateln, die bald den Stein weitgehend verdrängen und ersetzen.

Cromlechs
→Megalith-Kultur

Cross-over-electrophoresis-Methode

Mit dieser Technik kann an Hand von geringen Blutmengen auf Steinprojektilen und -geräten nachgewiesen werden, welche Tiere im Paläolithikum gejagt wurden. Das Blut der Jagdbeute ist in feinste Haarrisse der steinernen Objekte eingedrungen und durch Nachschärfen der Kanten sogar noch beständiger in diesen winzigen Spalten konserviert worden. So wurde an der größten gekehlten →Clovis-Spitze menschliches Blut am vermuteten Griffende gefunden; wahrscheinlich hat sich der Besitzer selbst an der Hand verletzt (Schulze-Thulin, 181, 171).

Datierung
→ Chronologie

Datierungsbezeichnungen
v. Chr.: vor Christus (vor Christi Geburt). Beginn unserer Zeitrechnung. Die Jahre vor Christus werden rückwärts gezählt, also 1 vor Christus, 2 vor Christus und so fort, die Jahre nach Christus vorwärts, also 1 nach Christus, 2 nach Christus und so fort. Das Jahr 0 existiert bei dieser Zählweise nicht, bei der Zeitwende springt die Jahreszahl von 1 vor Christus gleich auf 1 nach Christus. Zum Beispiel regierte der erste römische Kaiser Augustus von 31 v. Chr. bis 14 n.Chr. nicht 45 Jahre sondern 44 Jahre.

v.h.: vor heute. Daten, die mit der → Radiokarbonmethode bestimmt wurden, werden üblicherweise nicht als „Daten v. Chr.", sondern als „vor heute" angegeben, wobei das Jahr 1950 den Bezugspunkt bildet.

BP: before present: vor unserer Zeit, vor 1950, dem standardisierten Bezugsjahr der Radiokarbon-Methode.

v.u.Z.: vor unserer Zeitrechnung (v. Chr.).

v.d.Zw.: vor der Zeitwende (v. Chr.).

A.D. (a.D.): anno Domini, im Jahr des Herrn (n.Chr.).

A.C.: after Christ (n.Chr.).

B.C.: before Christ (v. Chr.).

cal. BC: kalibriert v. Chr. (→ Kalibration)

Ma: Megajahr = Jahrmillionen

ka: Kilojahre = Jahrtausende

Dauerfrostboden
(Permafrostboden)
Bei einer durchschnittlichen Jahrestemperatur unter 0° Celsius friert der Boden in immer größerer Tiefe und taut während der Sommer nur oberflächlich bis etwa 1,50 m Tiefe auf. In Dauerfrostgebieten konnte die Frosttiefe mehrere 100 m betragen. Mit dem Ende des Permafrosts veränderte sich auch die Vegetation. Die Böden wurden durchlässiger. Nährstoffe wurden durch das Wasser abgeführt und von der sich bildenden, die Tundra ablösenden Baumflora aufgenommen.

Dechsel
→ Beil
(auch Dachsbeil, Breitbeil, Querbeil oder → Schuhleistenkeil genannt)
Kleines, oft einhändig geführtes Beil zur Holzbearbeitung. Damit konnte man Bäume fällen, Bauholz für Häuser oder Palisaden bearbeiten oder Baumstämme für Einbäume aushöhlen. Sie leistete im → spanabhebenden Verfahren etwa das, was man später mit dem Hobel machte.
Die Herstellung ist die gleiche wie bei Beilen und unterscheidet sich nur durch die asymmetrische Schneide und Querschäftung und gleicht den heutigen Zimmermannsbeilen. Die Befestigung der Dechselklinge auf oder unter einen Knieholm bezeichnet man als ober- und unterständige Schäftung. Sie bestimmt die Verwendung als Beil/Hacke oder als hobelartiges Schlaggerät. Früheste Dechseln stammen aus dem Neolithikum vor mehr als 5000 Jahren und sind in Mitteleuropa für die → Linienbandkeramische Kultur typisch.

Dendrochronologie

(gr. dendron: Baum; chronos: Zeit;
logos: Wort/Lehre)
Zeitbestimmung aufgrund der Jahresringe lebender, abgestorbener oder fossiler Bäume. In der Archäologie geht es um die Bestimmung vorgeschichtlicher Kulturschichten auf Grund der jährlichen Wachstumsringe der darin gefundenen fossilen Bäume oder Sträucher. Klimatische Änderungen beeinflussen das Wachstum und damit die Dicke der Wachstumsringe; so können Jahresringe in Bäumen abgezählt werden. Gleichzeitig gewachsene Bäume einer Art und einer Klimazone können auf Grund ihres „Steckbriefes", nämlich auf Grund übereinstimmender Jahresringfolgen, von allen anderen Bäumen herausgefunden und vom Alter her genau bestimmt werden. Jahresringkalender umfassen inzwischen etwa 10 000 Jahre.
Die Dendrochronologie dient auch als Eichung und Korrektur der C-14-Datierung (→ Radiokarbonmethode C-14). Für die letzten 10 000 Jahre ist diese Kalibration gesichert, und es zeigt sich, daß ein C-14-Alter von z. B. 10 000 B.P. (= vor 1950) einem tatsächlichen Alter von 10 000 Jahren v. Chr. (in Sonnenjahren) entspricht. Die C-14-Jahre sind also um 2 000 Jahre zu jung.

Depotfund

(auch Hort-, Schatz- und Verwahrfund)
Bodenfund, Aufbewahrungsort archäologischen Materials, der aus irgendeinem Grund (Gefahr, Handelslager) vergraben und später nicht mehr geborgen wurde. Die ältesten Funde stammen aus der Altsteinzeit. Im Neolithikum enthalten die Depots Fertigerzeugnisse oder Halbfabrikate: Feuersteinklingen, Steinbeile und -äxte sowie Keramik. Die meisten und umfangreichsten Funde stammen aus der → Bronzezeit: Schmuck, Waffen, Werkzeuge, Gebrauchsgegenstände, Halbfabrikate, Metallbarren oder Metallabfälle. Bei Depotfunden unterschiedlichen Alters erfolgt die zeitliche Einordnung nach den jüngsten Stücken. Das Gesamtgewicht, meist wenige Kilogramm, kann in Extremfällen 1 000 kg und mehr betragen.

Votivdepot

(Opferablage)
Depotfunde mit Waffen, Schmuck oder Keramik, bisweilen mit Überresten geopferter Tiere oder Menschen, als Opfergaben an heiligen Orten, Mooren, Gewässern oder Behausungen. Im Gegensatz zu den Hortfunden bestand von vornherein nicht die Absicht einer Wiederverwendung. In Berlin-Steglitz wurde z. B. in einem hohlen Eichenstamm eines versiegten bronzezeitlichen Brunnens, ein Votivdepot von über 1 000 kleinen tassenartigen Gefäßen gefunden, die Honig, Getreide, Lindenblüten, Weidenkätzchen und Würzkräuter als Opfergaben an die Götter enthielten. Eine Opfergabe könnte das bronzezeitliche Brotimitat aus dem Ipweger Moor (Wesermarsch) gewesen sein, das neben einem → Moorweg gefunden wurde. Es bestand aus Hirsekörnern, Gerstenkornresten mit Spelzen und vor allem aus Bienenwachs.

Diluvium

veraltete Bezeichnung für Pleistozän (→ Eiszeit).

Dinkel

(ahdt.: dinchel)
Vorkommen in Vorderasien und
seit dem Neolithikum in Europa.
Dinkel ist eine Weizenform, bei
der die Spelzen (Hülsen) sich bei
der Reife nicht vom Korn lösen
und der mit oder ohne Granne
vorkommt. Dinkel ist anspruchs-
loser als Weizen, winterhart und
noch in hohen Lagen anbaubar.
Zum Dinkel zählen auch 2 andere
Weizenformen: Emmer und Einkorn. Bei allen 3 Sorten müssen
vor dem Mahlen die Spelzen
entfernt werden. Die unreifen
Früchte des Dinkels nennt man
Grünkern.

distal

Vom Schlagpunkt oder charakteristischen Bezugspunkt weggerichtet
(→Abschläge).

Dolch

(lat.: dolo)
Kurze, meist zweischneidige Stoßwaffe mit Griff. Ob die frühen
→Chopping Tools und die späteren →Faustkeile des Altpaläolithikums bereits als Stoßwaffen eingesetzt wurden, kann nicht belegt
werden. Im Mittelpaläolithikum
können die →Moustérienspitzen,
deren retuschierte Kanten schwerere Verletzungen verursachen als
glatte Schneiden, sehr gut dafür
geeignet gewesen sein. Im Jungpaläolithikum tauchen geschäftete
steinerne Spitzen auf, die man als
Dolche bezeichnen kann; auch
spitze Knochengeräte waren für
diesen Zweck geeignet. Aus dieser
Zeit stammt ein guterhaltener geschnitzter Dolch mit 2 Schneiden
und Griff, der in →Predmost in
Mähren gefunden wurde. Die

Mammutjäger von Pavlov (→Pav-
lovien) schufen solche Waffen aus
Geweih und Elfenbein. Hier wurde
ein Dolch aus einem dünnen Stoßzahn von etwa 56 cm Länge und
2,5 cm Durchmesser gefunden.
Auch die langen, zugespitzten oder
mit schmaler Schneide versehenen
Geweihenden eignen sich als Dolche ebenso wie in Knochenspitzen
eingesetzte Feuersteinspitzen des
Magdalénien. Aus →Kongemose
(Dänemark) stammen verzierte
Knochendolche mit 2 gegenüberliegenden Reihen eingekitteter
Feuersteinsplitter, die am Gürtel
getragen wurden. In der →Dolch-
zeit von 2300–1600 v. Chr. erfuhr
der Feuersteindolch als sogenann-
ter →Fischschwanzdolch seine
höchste Vollendung.
Im Laufe der Zeit hat sich der
Dolch vom spitzen Stoßinstrument
zum zweischneidigen Gerät mit
der zusätzlichen Funktion als
→Messer entwickelt und wurde
damit zu einem vielseitig ver-
wendbaren Gerät des Jägers. Mit
dem Ende der Steinzeit entstanden
die Metalldolche. Während der
→Megalithzeit ging man von einfachen Kupferformen zu Bronze-
dolchen über, bei denen der Griff
aus organischem Material wie
Holz, Knochen und Horn durch
Nieten befestigt war. In der
→Aunjetitzer Kultur erhält der
Dolch einen Griff aus Metall.
Als →Dolchstab bezeichnet man
einen Bronzedolch, der durch
Nieten an einem langen Schaft befestigt wird, so daß das Ganze zu
einer Art Hellebarde wird. Die
weitere Entwicklung führte zum
Bronzeschwert als Stich- und später als Hiebwaffe. Solche langen
Waffen konnten aus Feuerstein

nicht hergestellt werden und zeigen die Grenzen des Feuersteinhandwerkers auf. Mit dem Einsetzen von Feuersteinklingen in lange Holzstäbe versuchte man die Bronzeschwerter nachzuahmen.

Dolchaxt
→ Dolchstab

Dolchstab
(Dolchaxt, Stabdolch)
Vorkommen seit dem Neolithikum, zuerst aus Stein, später aus Kupfer und Bronze.
Verbreitung: Westeuropa, Mittelmeergebiet, Ägypten, China.
Dolchstäbe unterscheiden sich vom Dolch durch den Schaft aus Holz oder Metall, an dem rechtwinkelig die Dolchklinge (ähnlich einer Axt) befestigt ist. Sie stellen den Versuch dar, eine Stichwaffe (Dolch) mit einer Hiebwaffe (Beil) zu kombinieren. Auch die Bedeutung als Rangabzeichen oder als Kultgerät erscheint möglich. Zahlreiche Dolchstäbe sind innerhalb von Felsbildern bis über 2000 m Höhe rund um den → Mont Bego in den ligurischen Alpen abgebildet. Sie stammen aus dem Übergang der Jungsteinzeit zur Kupferzeit (→ Aeneolithikum).

Dolchzeit
2300–1600 v. Chr.
(benannt nach den zahlreichen Funden von Feuersteindolchen)
Verbreitung: Raum Hamburg, Schleswig-Holstein, Dänemark.
In diesem Raum ist die Dolchzeit Nachfolgerin der → Einzelgrabkultur und beschließt im nördlichen Europa die Steinzeit, die bei den südlichen, südwestlichen und südöstlichen Zeitgenossen mit dem

Übergang zur Kupferverarbeitung allmählich zu Ende ging.
Wohnstätten sind kaum erhalten, und die wenigen aufgefundenen Wohnplätze scheinen mit der Wirtschaftsform zusammenzuhängen; wandernde Hirten mit recht unentwickeltem Ackerbau verweilen selten lang genug an einem Ort, um dicke Wohnplatzschichten entstehen zu lassen. In Dänemark, südlich von Ålborg bei Gug, wurde der Hausrest eines Feuersteinhandwerkers freigelegt. Der Grundriß betrug 4 x 2 m und besaß einen leicht in den Untergrund abgetieften Fußboden, der auf allen 4 Seiten von Pfostenlöchern umgeben war. Gewisse Erdstreifen wurden als vergangene Gras- oder Heidesoden vom Dach oder den Wänden gedeutet. Im Inneren fand man 2 runde, eingetiefte, zum Teil mit Steinen ausgelegte Feuerstellen und einen flachen Stein, dem offensichtlichen Sitz des Feuersteinhandwerkers, denn um ihn herum lag eine besonders dicke Schicht von Feuersteinabschlägen. Eine Feuersteinspeerspitze, mit der Spitze nach unten, war in eines der Pfostenlöcher am Pfosten entlang hineingesteckt worden und war vielleicht ein Hausopfer.
Ernährungsgrundlage waren Ackerbau und Viehzucht und vermutlich auch Jagd und Fischfang. Die wenigen gefundenen, groben und unverzierten Tongefäße, die als Grabbeigaben mitgegeben wurden, bestanden aus einer kleinen Tasse mit leicht bauchigem Profil und einem geradwandigem Becher mit geschwungenem Profil und eingezogener Fußpartie.
Im Geräteinventar tritt der Feuersteindolch als charakteristische

Waffe an die Stelle der →Streit-
axt der →Einzelgrab-Kultur. Die
Dolchform entwickelte sich vom
frühen lanzettenförmigen Dolch
mit angedeutetem Griff, der eher
einer Speer- oder Lanzenspitze ähnelt, zum lanzettenförmigen Dolch
mit schmalem vierkantigen Griff
und zum Dolch mit breitem, flachen Feuersteinblatt mit Parallelretusche und dem stark ausgeprägten fischschwanzähnlichem Griff,
der zum Ende der Dolchzeit nur
noch schwach ausgebildet ist. Unter dem Einfluß der metallenen
Vorbilder, evtl. der frühbronze-
zeitlichen →Aunjetitzer Kultur,
entstanden in höchster Vollendung
die →Fischschwanzdolche mit der
Parallelretusche, die in gleichmäßigen, parallel geführten langen
und schrägen Schlägen, die ganze
Oberfläche wie gemustert erscheinen läßt. Zu einem Feuersteindolch
aus Wiepenkathen, im Kreis Stade
in Niedersachsen, mit einer Länge
von 19,8 cm, gehört eine Leder-
scheide aus Schafleder, die im Inneren an den beiden Knickstellen
zum Schutz gegen die scharfen
Schneiden des Dolches verstärkt
war. Mit Lederstreifen wurde der
Dolch am Gürtel befestigt. Das
Griffende war in einem mit Woll-
stoff gefütterten Holzgriff eingelassen. Neben den Feuersteindolchen gibt es noch Speer- und
Pfeilspitzen, dicknackige und
breitschneidige Beile, Sägen, Stichel und breite flache Feuerstein-
blätter (sogenannte Speisemesser)
mit Knochenschäftungen, Klingenmesser, Schaber u.a. Es erscheinen
noch einfache Streitäxte der Einzelgrab-Kultur, oft mit gebogenen
Seiten und abgerundetem Nacken
in schweren Ausführungen, die

wohl mehr Arbeitsgeräte darstellten.
Als Schmuck dienten durchbohrte
Tierzähne, Perlen aus Bärenkral-
len, verzierte kleine Zylinder aus
Knochen (Nadelbehälter), stabförmige Anhänger aus Kieselschiefer,
verschiedene Nadelformen aus
Knochen und einige aus Bronze
mit kugelförmigem Kopf, seltener
Bernsteinschmuck. Bernsteinknöpfe besitzen eine V-Bohrung; aus
Bronze und Gold gibt es kleine
Schmuckstücke, die aus einem
dünnen Draht hergestellt wurden.
Wichtigste Fundstellen der Dolchzeit für Feuersteindolche sind Gräber. Hügelgräber der →Einzel-
grab-Kultur mit Bodengrab, Obergrab und Oberstgrab wurden wei-
terbenutzt, indem man noch ein
Grab aufsetzte und es mit dicken
Steinpackungen schützte. Diese
Steinpackungen sind 2 x 3 m, aber
auch bis zu 4 x 5 m lang, weisen
eine Stärke bis zu 2 Metern auf
und geben den Steinpackungsgrä-
bern ihren Namen. Diese Form des
Grabes wurde allgemein üblich
und auch dort angewandt, wo ein
Grab nicht auf einem älteren Hügel
errichtet wurde. Eine weitere
Grabform stellen die geschlossenen Steinkisten verschiedener Größe aus gespaltenen Steinplatten,
vereinzelt auch aus Findlingen dar;
sie werden daher →Steinkisten-
gräber und die Zeit auch als
„Steinkistenzeit" bezeichnet. Steinkisten besitzen auf der südlichen
Schmalseite oft eine runde Öffnung, das sogenannte →„Seelenloch". Eine Großform der Steinkistengräber war für Kollektivbestattungen bestimmt. Steinkisten
für die ausgestreckte Bestattung
und kleine Steinkisten von ca.

0,6–1 m für Hockerbestattung bilden, oft zu Gruppen zusammenliegend, Friedhöfe. →Brandbestattungen sind in allen Gebieten nur vereinzelt nachweisbar. Baumsärge sind so gut wie nie erhalten, aber einige muldenförmig eingetiefte Steinlager weisen darauf hin. Am Ende der Dolchzeit erfolgen auch Nachbestattungen in den Stein- und Ganggräbern der vorhergehenden Kultur.
→Grabbeigaben sind statt der Streitaxt nun der Feuersteindolch, einzelne oder in Bündeln bis zu einem Dutzend zusammengefaßte Feuersteinpfeilspitzen, Feuersteinbeile, Feuerschlagsteine, Pfeilschaftglätter und Schaber, als Tongefäße Becher und Tassen, Schmuckanhänger, seltener Bernsteinperlen und vielleicht auch Grabopfer, als welcher der Fund eines verbrannten Vogelknochens gedeutet wird.

Dolmen
→Megalith-Kultur

Dolmengöttin
Eingravierte, nicht eindeutig idendifizierte anthropomorphe Darstellungen einer wahrscheinlich weiblichen Todes- und zugleich auch Fruchtbarkeitsgottheit, oftmals mit Halsschmuck an Tragsteinen in Dolmen, Grabkammern, auf Stelen und Menhiren der westeuropäischen →Megalith-Kultur der Jungsteinzeit.

Dolni Vestonice
→Unterwisternitz

Domestikation
(lat.: der Zustand der Haustiere und Kulturpflanzen gegenüber wildlebenden Arten)

Domestizieren heißt, pflanzliche und tierische Wildformen zu nutzen und als Kulturpflanzen und Haustiere zur Nutzung durch den Menschen zu züchten. Wildformen zeigen noch nicht die für die Kulturpflanzen und Haustiere kennzeichnenden Eigenschaften: Wildgetreide z. B. liefert nicht die hohen Erträge der Kultursorten, Wildschafe haben keine Wolle und Rinder geben nur wenig Milch.
Die Domestikation von Pflanzen und Tieren begann in der Übergangszeit von der mittleren Steinzeit zur Jungsteinzeit, wobei Kulturpflanzen etwas älter als Haustiere sind. Es gilt als gesichert, daß die Domestikation an verschiedenen Stellen und unabhängig voneinander im Vorderen Orient, in Asien und Zentralamerika stattfand.
Die Domestikation von Wildpflanzen läßt sich zwischen 7 600 und 6 000 v. Chr. in →Abu Hureyra unweit von Aleppo in Syrien nachweisen. Im Zagros-Gebirge im Irak wurden um 7 000 v. Chr. Gerste, Einhorn und Emmer sowie mehrere großsamige einjährige Hülsenfrüchte angebaut.
Die Domestikation von Tieren war erst möglich, nachdem die Menschen seßhaft waren und Pflanzen für die Tierhaltung erübrigen konnten. Als erstes Haustier wurde der Hund um 14 000 v. Chr. domestiziert, es folgten Schafe, Ziegen und Schweine um 7 000 v. Chr., Rinder um 6 500 v. Chr., Pferde um 3 000 v. Chr. und das Haushuhn um 2 000 v. Chr.

Bei einem Vergleich mütterlich vererbter DNA von 27 Rudeln und 67 Hunderassen entdeckten amerikanische und schwedische Forscher, daß die Domestikation des Wolfs schon vor mehr als 100 000 Jahren begann. Die Daten sprechen außerdem dafür, daß Isegrim sich mehrmals und in verschiedenen Regionen dem Menschen anschloß. Die extreme Rassenvielfalt der Hunde, so die Wissenschaftler, kam indes nicht nur durch künstliche Zuchtauswahl zustande, Schäferhund, Pudel oder Pekinese konnten nur entstehen, weil sich der Hund immer wieder mit wilden Wölfen kreuzte. Aus Knochenfunden schloß man bisher auf ein Alter des Hundes von 14 000 Jahren (Focus, Nr. 25, 16.06.97, 174).

Andere Forscher sehen auf der Basis anderer DNA-Studien ausschließlich den Schakal als Vorfahren der heutigen Hundearten und -rassen. Tatsächlich ist der kleinere Schakal im Verhalten dem Wolf sehr ähnlich und zudem noch eher als wenig aggressiver Abfallnutzer an Menschen zu gewöhnen. Nach den Funden ist eher anzunehmen, daß sich Hunde sowohl von Wölfen wie Schakalen ableiten lassen (H. Müller-Beck, 141).

Obwohl das Schwein im Nahen Osten domestiziert wurde, gilt es dort heute als Symbol für alles Übel. Der Anthropologe Marvin Harris hat eine ebenso einfache wie verblüffende Lösung parat. Schweine lieben Schatten und gedeihen prächtig in Wäldern mit Wasserläufen. Im Laufe der Zeit verschwanden im Nahen Osten die Wälder durch Abholzung und Verbiß von Schafen und Ziegen. Ohne Schatten kann ein Schwein in heißen Ländern nicht existieren, sie können nicht schwitzen und sterben bei direktem Sonnenlicht und Temperaturen über 37 Grad. Zur Abkühlung brauchen sie Feuchtigkeit, die sie im Schlamm und notfalls im eigenen Kot und Urin finden, was ihnen – bei unsachgemäßer Haltung – den Ruf der Unsauberkeit eintrug. Zwischen 7 000

und 2 000 v. Chr. stieg die Bevölkerung im Vorderen Orient auf das Sechzigfache an, und die Schweinehaltung, mit Verfütterung von Weizen, wurde zu kostspielig. Damit wurde das Schwein zum Nahrungskonkurrenten des Menschen. Anders als Rinder kann man Schweine weder melken noch als Zugtiere einsetzen, obwohl ihr Fleisch als Leckerbissen galt. Um die Menschen erst gar nicht in Versuchung zu führen, verbot man das Schweinefleisch und belegte es mit einem göttlichen Tabu. So kam es, daß in weiten Teilen des Nahen Ostens das Essen von Schweinefleisch eine Sünde ist. Ausgenommen sind ein paar Enklaven, wo die ökologischen Bedingungen für Schweinezucht günstig sind. Entsprechend konnte dort der Islam keinen Fuß fassen. Die Schranke liegt also zwischen den bewaldeten Regionen, die für Schweinehaltung geeignet sind, und Gegenden, wo Sonne und Hitze die Haltung zu einem riskanten und aufwendigen Unternehmen machten (Harris, in: 211, 176–177).

Donauländische Kultur
Bezeichnung der aus Südosteuropa kommenden →Linienbandkeramischen Kultur und der aus ihr erwachsenen →Stichbandkeramischen Kultur, die sich beide entlang der Donau in Mittel- und Westeuropa ausgebreitet haben.

Doppeläxte
→Amazonenäxte

dorsal
(lat. dorsum: Rücken)
Bei Silexabschlägen die Gratseite, die schon zuvor nach Ausweis der

Negative Abschläge lieferte, oder auch Außenrinde des Kernes im Gegensatz zu →Ventral (lat.: Bauchseite), bei Silexabschlägen die Bulbusseite (→Bulbus) mit den →Wallner-Linien.

Nach S. Unser: (203, 130), der vom Kern ausgeht, müßte die richtige Anwendung der Bezeichnungen umgekehrt sein, da die Bauchseite – Ventralseite (Gratseite) – vorne und die Dorsalseite (Rückseite) demnach die Bulbusseite, die dem Kern zugewandte Seite, sei.

Dreiperiodensystem

Bereits 1738 hatte Goguet die Vermutung ausgesprochen, daß es in der prähistorischen Technologie 3 Entwicklungsstufen gegeben habe: Stein-, Bronze- und Eisenzeit. Diese Mutmaßung fand aber keine einhellige Zustimmung, da alles, was den Christentum voausging, nur auf Schätzungen beruhte. Gabriel de Mortillet begründete seine Chronologie auf die typologische Entwicklung der Objekte und auf Tierknochen, die in den gleichen Schichten wie die Steinartefakte gefunden wurden. Er unterschied hauptsächlich zwischen dem Acheuléen und dem Moustérien, denen er eine Phase mit ersten Knochenwerkzeugen zuordnete, etwa dem heutigen Jungpaläolithikum entsprechend.

Erst die beiden Dänen Christian Jürgensen Thomsen (1789–1865) und Jens Jakob Asmussen Worsaac (1821–1895) verhalfen dem Dreiperiodensystem zur allgemeinen Anerkennung. Thomsen ordnete als Verwalter des Nationalmuseums in Kopenhagen systematisch die Antiquitätensammlung, indem er rigoros für alle Museumsobjekte die Dreiteilung: Stein, Bronze oder Eisen einführte. Sein Gehilfe Worsaac wurde sein Nachfolger und Direktor des Nationalmuseums. Er bewies empirisch die stratigraphische Abfolge (→Stratigraphie) der 3 Zeitalter an Hand von Ausgrabungen in Hügelgräbern und Torfmooren und baute das System Thomsens weiter aus. Ausgrabungen in anderen Ländern bestätigten das Dreiperiodensystem. Damit wurde die Hypothese zur erwiesenen Tatsache.

Der französische Vorgeschichtsforscher Gabriel de Mortillet (1821–1898) schuf dann die noch heute übliche Terminologie mit den verschiedenen Stufen der Altsteinzeit (→Steinzeit). Der schwedische Vorgeschichtsforscher Oscar Montelius (1843–1921) unterteilte das europäische →Neolithikum und die →Bronzezeit aufgrund der Gerätetypen in weitere Untergruppen, die er später durch Übergangsphasen wie →Mesolithikum, →Chalkolithikum und →Kupferzeit ergänzte. Heute sind noch weitere Differenzierungen hinzugekommen, die zeigen, daß z.B. gleiche Formengruppen nicht zeitgleich sein müssen, sondern durch Kulturverbreitung ein chronologisches Gefälle vorliegen kann (vgl. z.B. die Ausbreitung des Neolithikums).

Druckstab

(Retoucheur)

Druckstäbe wurden zum Abdrükken von Grundformen oder Druckretuschen verwendet und besitzen im Gegensatz zu Zwischenstücken oder Meißeln keine Schlagnarben am anderen Ende. Spärliche Funde

aus dem Solutréen weisen auf
Druckstäbe hin, mit Sicherheit sind
sie aber im Mesolithikum nachge-
wiesen. Als Material wurde Stein,
Geweih, Knochen, Elfenbein und
Hartholz verwendet.

Drucktechnik
Zur Erzielung einer Grundform
oder Formung von Flächen und
Kanten durch →Retusche werden
Absplisse entfernt, indem mit
einem →Druckstab (Retoucheur)
Druck auf einen bestimmten
Punkt des Werkstücks ausgeübt
wird.

Dryas
Botanische Zeitbestimmung nach
der Silberwurz Dryas. Bezeichnung für die eiszeitliche Tundrenzeit (→Tundra)

Älteste Dryas	17 000 – 15 000 v. h.
Ältere Dryas	14 000 – 13 700 v. h.
Jüngere Dryas	12 700 – 12 000 v. h.

Die Silberwurz ist, neben Zwerg-
birke, Polarweide und anderen
meist zwergwüchsigen Formen,
die charakteristische Pflanze der
fast baumlosen Tundra Nord- und
Mitteleuropas, vor allem während
der beiden ersten Dryasphasen, die
von der wärmeren Böllingzeit
(→Bölling), die sich nur noch
schwer von der ursprünglich nach
der zweiten Dryasphase angesetzten Allerödzeit (→Alleröd) trennen läßt, unterbrochen wurde. Sie
folgte dem zurückweichenden Inlandeis am Ende der Eiszeit. Die
Hochsommertemperaturen betru-
gen vermutlich 8° Celsius. Es
herrschte ein mild subarktisches
Klima mit einem eis- und schnee-
freien Sommer von etwa 3 Mona-
ten. Das charakteristische Tier der
→Tundra war das Ren.

Dryopithecinen
(gr.: Baumaffen)
12 000 000 – 8 000 000 Jahre v. h.
Funde in Afrika, West- und Südeuropa. Chinesische Funde (Dryopithecus keiyuannemensis) sind
bei der Einordnung in die Gruppe
der Dryopithecinen umstritten, genauso wie die Einordnung als gemeinsamer Vorfahr der rezenten
Hominoidea (→Evolution: Primaten).

Dryopithecus-Muster
Spezifische Kronenstruktur der
Dryopithecinen (Baumaffen) im
Tertiär von stammesgeschichtli-
cher Bedeutung, bei der die unte-
ren →Molaren 5 Höcker und eine
Y-förmige Furche aufweisen. Es
dient als bedeutendes Merkmal der
Molaren der Hominoidea (→Evo-
lution: Primaten).

Duvensee-Gruppe
→Maglemose-Kultur
7 000 – 5 800 v. Chr.
(benannt nach dem Fundort Du-
venseer Moor, Kreis Herzogtum
Lauenburg, Schleswig-Holstein)
Verbreitung: Norddeutschland
Die Duvensee-Gruppe fiel weitge-
hend in das →Boreal mit der
„Festlandzeit" zwischen England
bis nach Nordfinnland. Für die
Zeitspanne von 7 000 – 6 000 Jahren
v. Chr. bezeichnet man die Magle-
mose-Kultur in Norddeutschland
als Duvensee-Gruppe. Fundorte
sind, außer Duvensee, noch Hohen
Viecheln, Flesenow, Wustrow
(Mecklenburg) und Friesack
(Brandenburg).
Siedlungen wurden häufig an hö-
hergelegenen Ufern von Seen,
Flüssen oder Bächen errichtet.
Damit war die Trinkwasserversor-

gung gesichert, und es gab gute Jagdmöglichkeiten auf die zur Tränke kommenden Tiere. Die Jäger hatten kurze Anmarschwege. Der sandige Boden wurde durch die Sonne schnell erwärmt und trocknete nach Regenfällen ebenso rasch ab. Die Fußböden der Hütten waren gegen Kälte und Feuchtigkeit mit Holz, Schilf, Birken- und Rindenstückchen belegt, die Wände bestanden vermutlich aus Holzstangen, die man in den Boden steckte, mit Zweigen untereinander verband und mit Moos abdichtete. Das Dach wurde mit Fellen abgedeckt. Funde von Baumschwämmen, die als →Zunder dienten, weisen auf Feuererzeugung durch Pyrit hin.

Gejagt wurden Auerochsen, Rothirsche, Elche, Rehe, Wildpferde, Wildschweine, gelegentlich Braunbären und Wölfe sowie verschiedene Kleintiere. Der →Fischfang erfolgte mit Angelhaken, Reusen und Stellnetzen. Angelhaken waren mit einer Länge von 8–15 Zentimetern verhältnismäßig groß und eigneten sich daher nur für den Fang großer Fische wie Hecht und Wels. Netze wurden aus Fasern von Baumrinden geflochten oder geknüpft und mit steinernen Netzsenkern beschwert. Als Netzschwimmer dienten Baumrindenstücke. Baumbast verarbeitete man zu Zwirnen, Schnüren und Strikken.

Im Gegensatz zu den Rentierjägergruppen des Jungpaläolithikums lebten die Menschen der Duvensee-Gruppe bereits längere Zeit an einem Ort, da ihr Jagdwild standortreu war. Für die Jagd auf Großwild wurden Stoßlanzen und Wurfspeere mit hölzernen oder

knöchernen Spitzen, vor allem aber Pfeile mit Feuersteinspitzen verwendet, oder das Wild wurde in Fallgruben (→Fallen) getrieben. Beim Anschleichen an das Wild trugen die Jäger manchmal Hirschgeweihmasken als Verkleidung. Diese Masken wurden vermutlich auch von →Schamanen bei kultischen Tänzen oder Zeremonien vor das Gesicht gebunden. Wahrscheinlich haftete noch das Hirschfell an der Maske. Eigens geschaffene Öffnungen für die Augen sorgten für gute Sicht, und durch ovale Löcher an den Seiten konnte eine Schnur zum Befestigen gezogen werden. Dazu paßt ein Fragment, das als Flöte gedeutet wird. Andere Stücke aus Holz von Haselnußsträuchern dienten als Pfeifen zur Vogeljagd. Reste von hölzernen Paddeln beweisen indirekt die Existenz von →Wasserfahrzeugen wie Flößen und Einbäumen.

Bei den Ausgrabungen wurden zahlreiche Werkzeuge aus Stein, Knochen, Geweih oder Tierzähnen gefunden. Typisch sind vor allem die →Kern- und →Scheibenbeile, die in weiter südlich verbreiteten Kulturstufen nicht vorkommen. Eigenartigerweise sind die frühesten Kernbeile der Duvensee-Gruppe besser gearbeitet und graziler als die der jüngeren →Ertebølle-Kultur. Daneben gab es Pickel, Schaber, Kernschaber und mikrolithische Geräte; es fehlen aber trapezförmige Pfeilspitzen. Stichel sind selten, Schleifsteine dürften zur Herstellung von Geweih- und Knochengeräten gedient haben.

Aufsehen erregte ein Vogelknochenspan mit spitzem Ende und

Widerhaken, der einer heutigen Häkelnadel ähnelt. Spitzen für die Wurfspeere bestanden zumeist aus Fußknochen vom Rothirsch, Reh und ganz selten aus Rippenknochen. Knochenspitzen haben z.T. eine gezähnte Seite. Die Spitzen wurden mit Birkenteer, Bast oder einer Mischung aus beiden am Holzschaft befestigt. Aus Elchgeweih gab es schaufelartige Werkzeuge zum Graben und Geweihhacken und Geweihäxte (→Hakken; →Äxte). Aus den Hauern von Wildschweinen stellte man Werkzeuge her, die wohl zum Schaben oder Glätten bei der Fellbearbeitung dienten.

Kunstwerke geben Szenen aus dem Alltag wieder, z.B. ein aus Winkeln bestehendes Ornament, das an zeltartige Behausungen auf einem Rastplatz erinnert, oder ein eingravierter Tänzer auf einer Geweihaxt. Manchmal sind Geräte aber auch nur durch eingeritzte oder eingeschnittene lineare Muster und Gruppen von Strichen verziert.

Early-Stone-Age

2 500 000–100 000 v.h.
Englische Bezeichnung für den ältesten Abschnitt der Steinzeit in Afrika mit → Oldowan und → Acheuléen.

Einbaum

→ Wasserfahrzeuge
Durch Dechseln oder Feuer ausgehöhlte Baumstämme als Beförderungsmittel auf Binnengewässern.

Einzelgrab-Kultur

2 800–2 300 v. Chr.
(benannt nach den charakteristischen Einzelbestattungen unter Erdhügeln)
Verbreitung: Norddeutschland, Holland, Dänemark, Südschweden, Südnorwegen und in Gebieten der → Schnurkeramischen Kulturen (→ Kurgan-Kultur).
Die Einzelgrab-Kultur stellt den nördlichsten Zweig der Schnurkeramischen Kultur dar und wird ihr auf Grund der Keramik, Streitäxte, Grabform und Bestattungsweise zugeordnet. Sie steht in einem Zusammenhang mit der → Kurgan-Kultur. In den nordwesteuropäischen Ländern wird sie auch teilweise → Streitaxtkultur genannt, in Schweden und Norwegen dagegen Bootaxtkultur, weil die Axt von der Seite her gesehen eine bootsartige Form zeigt. Die → Streitäxte (→ Hammeräxte, → Bootäxte, → Amazonenäxte) sind teilweise den Kupferäxten nachempfunden, und zwar so genau, daß sogar die Gußnaht in Stein erscheint.
Die wenigen Siedlungsspuren zei-

gen nur, daß diese Menschen ihre Häuser in → Pfostenbauweise errichteten. Es gibt Hinweise auf Ackerbau. Haustiere waren Rinder, Schweine, Schafe, Ziegen, Hunde und wahrscheinlich Pferde. Die Wagen (→ Rad und Wagen) wurden von Rindern gezogen.
Im keramischen Formenbestand gibt es neben Gemeinsamkeiten auch landschaftliche Sonderbildungen. Gegenüber der mitteleuropäischen Schnurkeramik fällt die Seltenheit von Amphoren auf. Typische Tongefäße sind schlanke Becher mit abgesetztem Boden und geschweiftem Oberteil, die meist mit Schnureindrücken, Fischgräten- oder Tannenzweigmustern verziert wurden, sowie aus der Spätphase Riesenbecher mit 30–50 Zentimetern Höhe, mit bis zu 2 cm Wandstärke und einer kleinen Standfläche. Sie dienten vermutlich als Vorratsgefäße. Verzierungen entstanden durch Fingernageleindrücke.
Neben den Streitäxten gibt es scheibenförmige Keulenköpfe (→ Keulen) mit breitovalem oder spitzovalem Querschnitt, dicknackige Feuersteinbeile und -meißel, die nur behauen oder mehr oder weniger flächig überschliffen wurden, Klingenmesser, Pfeilspitzen und Pfeilschneiden. In Horbach, im Main-Kinzig-Kreis in Hessen, wurde ein überschliffener Dolchstab aus → Le Grand-Pressigne-Feuerstein gefunden, ein Import von der mittleren Loire über 650 km.
Die Bestattung erfolgte als Einzelbestattung in einem Schachtgrab im Boden, dem Untergrab. Darauf legte man weitere Gräber auf ebenem Boden an und schüttete die

Bodengräber mit Sand oder Erde zu. Gräber, die danach angelegt wurden, nennt man Obergrab, aber noch höher gelegene Oberstgrab. Die runden Hügel haben einen Durchmesser von 8–15 Metern und selten mehr als 1 m Höhe (sie sind nicht mit den Gräbern der →Megalith-Kultur zu verwechseln, in denen auch Nachbestattungen stattfanden). Daneben gibt es auch vereinzelt Flachgräber. Die Bestattungen sind häufig von einer rechteckigen Bohlensetzung mit Eckpfosten und Balkenabdeckung (ohne Holzboden) geschützt. Tote ruhten in einem →Baum- oder Holzbohlensarg. Bestattungsform war die rechtsseitige „liegende Hockerlage" bei Männern, bei Frauen die linksseitige. In Schweden und Norwegen gab es die ersten →Brandbestattungen.

Grabbeigaben bei den Männern bestanden aus Streitaxt (Lage vor Gesicht oder Schulter), Beil, Meißel, Messer (meist am Becken), selten Pfeile, einem Becher am Kopf- oder Fußende, dazu gelegentlich 2 große Bernsteinscheiben mit Mittelloch, vielleicht die Endstücke eines Gürtels. Frauen wurden Feuersteinmesser und ein Tongefäß mitgegeben und oft Hunderte von Bernsteinperlen, die den Kopf, das Handgelenk oder den Hals schmückten.

Nachfolgerin der Einzelgrab-Kultur ist in Schleswig-Holstein und in Dänemark die →Dolchzeit.

Eisenzeit

Eisen wurde bereits während der Kupferzeit verarbeitet, spielte aber als Werkstoff keine nennenswerte Rolle. Belegt ist die Verarbeitung von Eisen und Meteoreisen unter anderem in Ägypten, Mesopotamien und Anatolien.

Auf die →Bronzezeit folgte das letzte urgeschichtliche Zeitalter, in dem Eisen vorwiegendes Rohmaterial für Werkzeuge, Geräte und Waffen war. Die Hethiter (2000–1200 v.Chr.) waren das erste Volk, von dem bekannt ist, daß sie Eisenmetallurgie betrieben und weiterentwickelten, aber als streng gehütetes Geheimnis bewahrten. Nach dem Zusammenbruch des Hethiterreiches um 1200 v.Chr. breitete sich die Kenntnis der Eisenverarbeitung rasch im westlichen Eurasien aus und verdrängte die Bronze, die allerdings weiterhin besonders für Schmuck, Kessel, dekorative Beschläge und andere Dinge des täglichen Lebens verwendet wurde. Die Datierungen für den Beginn der Eisenzeit sind regional verschieden: z.B. im östlichen Anatolien allgemein um 1200 v.Chr., wobei eine der frühesten Eisenwaffen, die je gefunden wurde, ein eiserner Dolch mit Goldgriff aus Alac Hüyük (Anatolien) um 2500 v.Chr. datiert wird. In Skandinavien beginnt die Eisenzeit erst nach 750 v.Chr.

In Mitteleuropa werden die Jahrhunderte vor Christi Geburt als vorrömische Eisenzeit bezeichnet, nach einem typischen Fundort in Österreich auch Hallstattzeit, während die nachchristliche oder jüngere vorrömische Eisenzeit nach einem Fundort in der Schweiz auch Latènezeit genannt wird.

Eiszeit

Pleistozän (gr. pleistos: meist; kainos/cän: neu)
2 000 000–12 000 Jahre v.h.

Von einer Eiszeit spricht man, wenn es so kalt wurde, daß die Gletscher sich großflächig auszubreiten begannen. Die Eiszeitalter dauerten zwischen 10000 und 10 Mio. Jahren, die letzte und jüngste Eiszeit wird als Pleistozän bezeichnet.

Der Begriff Pleistozän wird durch die Verteilung der marinen Mollusken (Weichtiere: Schnecken, Muscheln), die prinzipiell den heutigen entsprechen, geprägt. Da die Mollusken bestimmte Wassertemperaturen bevorzugen, weist ihr Auftreten auf entsprechende Klimazonen hin. Mit Beginn des Eiszeitalters, vor 2 Mio. Jahren, kehrte sich das Magnetfeld der Erde erneut um. Aus dem damaligen Nordpol wurde der heutige Südpol und aus dem Südpol der heutige Nordpol. Längere und kürzere Perioden der Vereisung sind ein natürlicher Teil unserer Erdgeschichte.

Die neuere Gliederung wird heute international vereinfacht angegeben:

Altpleistozän   2 000 000 –800 000 v.h.
Mittelpleistozän   800 000 –130 000 v.h.
Jungpleistozän   130 000 –12 000 v.h.

Die ältere deutschsprachige war:

Ältestpleistozän 2 000 000 –1 500 000 v.h.
Altpleistozän   1 500 000 – 400 000 v.h.
Mittelpleistozän   400 000 –130 000 v.h.
Jungpleistozän   130 000 –12 000 v.h.

Das Pleistozän wurde durch mindestens 5 große Kältezeiten (Glaziale; → Glazialzeit), die von Warmzeiten (→ Interglaziale) unterbrochen wurden, geprägt (eine kürzere kältere Phase während einer Warmzeit nennt man Stadial). In dieser Zeit drangen Eismassen nach Süden vor und bedeckten weite Teile Nordeuropas, Asiens und Nordamerikas in Form von riesigen Gletschern (1–3 km dick). Auch in den Hochgebirgen, südlich der Vereisungsgrenze, in den Alpen, Karpaten und im Himalaja türmten sich Gletscher auf. Diese Eismassen veränderten das Klima auf der gesamten Welt radikal. Der Meeresspiegel sank durch die Eisbildung stark, und die Auswirkungen waren noch in Äquatornähe zu spüren, wo sich die Niederschlagsmengen drastisch verringerten. In den Glazialen lagen die Temperaturen in den gemäßigten Breiten um 5°–13° Celsius niedriger und in den Interglazialen geringfügig höher als heute.

Vor etwa 20 000 Jahren erreichte das Eis seine größte Ausdehnung und war bis zu 3 000 m dick. Insgesamt war etwa 33% der Festlandsfläche (55 Mill. km^2), heute 10% (15 Mill. km^2), vergletschert, das Meer lag 100–200 m tiefer und war von großen Landbrücken durchzogen.

Um 15 000 v.h. stiegen die Temperaturen wieder an, und das schmelzende Eis überflutete die Landbrücken. Aber um 10 500 v.h. kam es zu einem neuerlichen kurzen Kälteeinbruch, der aber bereits um 10 000 v.h. endete und damit die Grenze zwischen → Pleistozän und → Holozän (Jetztzeit) markiert.

Die wandernden Gletscher hobelten auf ihrem Weg nach Süden die Berge ab. Sie führten gewaltige Gesteins- und Schuttmengen mit sich, die bei ihrem Rückzug als Höhenzüge liegen blieben. So stammen z. B. die Granitfindlinge in der norddeutschen Tiefebene aus Finnland.

Die Erdgeschichte wird in 4 große Abschnitte gegliedert: Primär (Erdurzeit), Sekundär (Erdaltertum), Tertiär (Erdmittelalter) und Quartär (→Erdneuzeit). Das Quartär ist der jüngste Abschnitt der Erdgeschichte, seine Gliederung in Pleistozän und Holozän beruht auf dem Wechsel von Warm- und Kaltzeiten.

Im Alpenraum galt bisher die klassische Gliederung des Quartärs mit mindestens 5 Glazialen, die grundlegend revidiert wurde, ohne daß allerdings schon die neue Gliederung definitiv akzeptiert ist. In Norddeutschland sind es 3 klassische Glaziale: Elster, Saale und Weichsel, deren Korrelation ebenfalls unklar ist. Das klassische Schema war:

Donau-Glazial	1 700 000 – 1 380 000 v.h.
Donau-Günz-Interglazial	1 380 000 – 1 200 000 v.h.
Günz-Glazial	1 200 000 – 820 000 v.h.
Günz-Mindel-Interglazial	820 000 – 440 000 v.h.
Mindel Glazial (Elster)	440 000 – 320 000 v.h.
Mindel-Riß-Interglazial (Holstein)	320 000 – 180 000 v.h.
Riß-Glazial (Saale)	180 000 – 120 000 v.h.
Riß-Würm-Interglazial (Eem)	120 000 – 70 000 v.h.
Würm-Glazial (Weichsel)	70 000 – 10 000 v.h.
Nacheiszeit (Holozän)	10 000 v.h. bis heute

Entsprechende Klimaphasen sind gleichzeitig in Südeuropa, Nordwesteuropa und England belegt, haben dort aber andere Bezeichnungen. Im davorliegenden Pliozän (5–2 Mio. Jahre v.h.) beginnt die Entwicklung des Menschen (→Evolution des Menschen) vom *Australopithecus*, zum *Homo habilis*, *Homo erectus* und *Homo sapiens sapiens*. Es ist wahrscheinlich, daß häufige klimatische Veränderungen während der Eiszeiten zumindestens teilweise die Ursache für eine erhöhte Artenbildung bei den Hominiden war. Die Prähistorie gliedert das Pleistozän nach Kulturstufen des Menschen in Alt-, Mittel- und Jungsteinzeit (→Steinzeit).

Eiszeithypothesen

Es gibt verschiedene Erklärungsversuche für das Zustandekommen der Eiszeiten, z.B.: Änderungen der geographischen Breitenlage eines Gebietes durch Kontinentaldrift, wechselnde Neigung der Erdachse, Änderung des Oberflächenreliefs, Veränderung der Durchlässigkeit der Atmosphäre oder des interstellaren Raumes für Sonnenlicht, Schwankungen der Sonneneinstrahlung, Abkühlung der Erde, Veränderung der Ozeane und Meeresströme, Umkehrung des Erdmagnetfeldes, Meteoriteneinschläge u.a.

Elektron

Legierung aus Gold und Silber, meist im Verhältnis 4:1, die zu Schmuck und kleineren Gefäßen verarbeitet wurde.

Elfenbein

Als Elfenbein werden die Zähne von Elefanten (Mammuts), Walroß, Narwal und die Eckzähne von Fluß- oder Nilpferden bezeichnet. In den Kälteperioden der Altsteinzeit von 35 000–12 000 Jahren v.h. wurde das Mammutelfenbein verarbeitet. Die Zerlegungstechnik ist die gleiche wie bei Geweih oder Knochen: Spalt- und →Spantechnik. Vermutlich wurde das Elfenbein vor der Verarbeitung künstlich gestreckt. Eine Lanze aus →Sungir (östlich von Moskau) war 2,5 m lang. Geräte sind nur vereinzelt bekannt: →Geschoßspitzen, →Pfrieme, →Nähnadeln. Im Aurignacien gab es figürliche Elfenbeinschnitzereien (Tier- und Tier-Mensch-Figuren), während im Magdalénien nur in Rentiergeweih eingeritzte Tierzeichnungen vorkamen.

empirisch
Praktische oder wissenschaftliche Erfahrung durch Beobachtung und Experiment im Unterschied zur →Theorie.

endemisch
(gr.: einheimisch) einheimisch, ortsgebunden, auf begrenztem Raum vorkommend.

Engobe
(frz.: Beguß) Feine, tonhaltige Masse (Tonschlämme) mit der Keramikrohlinge vor dem Brennen überzogen (engobiert) werden, um dem Gefäß eine andere Tönung zu geben, die Oberfläche zu glätten und die Wasserundurchlässigkeit zu erhöhen. Die Engobe ist keine Glasur.

Eolith (Geofakt)
(gr. eos: Morgenröte; lithos: Stein) Man vermutete bei den ersten Eolithenfunden Mitte des 19. Jahrhunderts, daß es Werkzeuge des frühen Menschen aus dem „Morgen der Menschheitsentwicklung" seien. Heute weiß man, daß es Feuersteine mit natürlichen Ab-

splitterungen sind, die an vorgeschichtliche Werkzeuge erinnern. Selbst die Merkmale einer intentionellen Bearbeitung wie Schlagbuckel, Schlagfläche, Schlagnarbe und Retusche (→Abschläge) sind durch Naturkräfte entstanden. Solche Eindrücke können durch Rollung und Gegeneinanderschlagen in schnellfließenden Gewässern oder Meeresbrandung, Erd- oder Eisdruck, Wind-, Temperatur- und Feuchtigkeitsänderungen entstehen. Solches trifft sogar für den →Glanz zu, der durch Gebrauch an Artefakten erkennbar ist.

„Der Feuerstein" so sagt Wiegers 1940, „ist unter den Mineralien der große Betrüger. Wegen seiner ganz bestimmten physikalischen Eigenschaften reagiert er auf natürlichen Druck und natürliche Pressung ganz ähnlich wie auf künstlichen Druck und künstliche Pressung durch den Menschen. Er neigt zum Verfall in scheibenförmige, klingenförmige oder spitzförmige Splitter". Diesem Druck und dieser Pressung aber war der Feuerstein während der letzten Eiszeit öfter ausgesetzt (Honoré, 92, 127).

Bei den ersten Eolithenfunden waren die meisten Wissenschaftler überzeugt, daß Eolithen, die in den Schichten der ersten Hälfte des Tertiärs (vor ca. 25 Mio. Jahren) gefunden wurden, menschliche Steinwerkzeuge waren. Anderer Einschätzung waren nur wenige junge Wissenschaftler (Marcellin Boule, Henri Breuil, Hugo Obermaier u.a.). Zwanzig Jahre lang hat Boule, Professor und Direktor des Instituts Paléontologie Humaine in Paris, gegen diese Beurteilung gekämpft, ehe er 1905 das entscheidende Experiment unternahm. Er füllte eine Kreidemühle mit Feuersteinen und Wasser und ließ sie 2

Tage laufen. Das Ergebnis war eine Sensation. Er fand nicht nur massenhaft Eolithen, sondern sogar alle Merkmale, die am Feuerstein nur durch menschliche Bearbeitung entstehen sollten. Er fand sogar Werkzeugtypen des Magdalénien und hauchdünne Klingen. Damit war die Existenz von Eolithen bewiesen (Honoré, 92, 132–133). Heute sieht man diesen Versuch etwas kritischer, denn die

rotierenden Eisenzinken der Mühlen kamen entgegen allen Beteuerungen bei der Berührung mit dem in Wasser wirbelnden Feuersteinen der Wirkung eines intentionell geführten Schlages sehr nahe. Schwerlich konnten sie daher typische Verhältnisse in Bach- oder Flußbetten charakterisieren. Seinerzeit trugen aber gerade diese Versuche sehr viel zur Verwirrung der Gemüter bei und lähmten die Suche nach echten menschlichen Kulturen, vor allem in Flußablagerungen (Langbein, 118, 10).

Eolithen werden auch Geofakte genannt.

Diese Bezeichnung ist wegen der parallelen Wortbildung zu „Artefakt" vorzuziehen. Eine Unterscheidung zwischen Geofakten und Artefakten ist nicht in allen Fällen möglich und oft von individuellen, persönlichen Erfahrungen und der Kenntnis der Ablagerungsbedingungen abhängig. Sie kann sogar bei demselben Bearbeiter variieren (Albrecht u.a. 1984, 68, zit. nach Hahn, 82, 45).

Geofakte sehen zum Teil so aus, als könnten Menschen daran gearbeitet haben, sie lassen sich auch zum Schaben, Schneiden u.a. verwenden, können aber auch durch natürliche Einwirkungen entstanden sein.

Doch es gibt Kriterien, etwa die Wiederholung einer ausgeprägten Form. Die Natur schafft niemals die selben Formen nebeneinander.

„Findet man also dasselbe Werkzeug wiederholt – je komplizierter es ist, desto überzeugender – so kann man schließen, daß Menschen es herstellten" (Honoré, 90, 129). Auch die

Schlagfläche ist ein wesentliches Kennzeichen dafür, daß der Stein von Menschen bearbeitet wurde. Bei natürlichem Druck ist nämlich die Schlagfläche nicht eben und auch von ganz unregelmäßiger Gestalt (Honoré, 92, 117).

Trotzdem eignen sich Geofakte als vollwertige Werkzeuge und wurden auch sicher von den Frühmenschen als Schaber oder Messer benutzt.

Erdneuzeit

Quartär und Tertiär sind die vierte und dritte Abteilung einer eigenen Erdgeschichtsgliederung.

Quartär:

Holozän	10 000 Jahre bis heute
Pleistozän	2–0,01 Mio. Jahre

Tertiär:

Pliozän	5–2 Mio. Jahre
Miozän	25–5 Mio. Jahre
Oligozän	37–25 Mio. Jahre
Eozän	58–37 Mio. Jahre
Paläozän	65–58 Mio. Jahre

Erdwerke

→Befestigungen mit Graben und Wall, wie sie durch den ausgehobenen und aufgeworfenen Boden entstanden, und →Palisaden. Die Anlagen kommen seit dem frühen Mesolithikum vor und sind vor allem für die →Linienbandkeramische Kultur typisch. Die Gräben konnten bis zu 10 m breit und 3 m tief sein.

Ab 4 800 v. Chr. wurden in Zentraleuropa →Rondelle gebaut, kreisförmige Ringe von 40–200 m

Durchmesser, und mit Erdwerken umgeben. Sie werden als Kult-, Bestattungs-, Versammlungsplätze, Fluchtburgen, Viehpferche oder Viehmärkte angesehen, also Funktionen, die sie im Laufe der Zeit vermutlich alle einmal dargestellt haben. Häufig vorkommende 4 Toranlagen, die nach den 4 Haupthimmelsrichtungen ausgerichtet sind, weisen auf die religiöse Bedeutung solcher Rondelle hin. Um 3500–2400 v. Chr. wurde ganz Europa mit solchen Erdwerken verschiedenster Art überzogen. Es waren die ersten Großbauten Mitteleuropas und vermutliche Vorbilder für Stonhenge (England), das zuerst aus Holzpfählen und erst später aus Stein errichtet wurde.

Erntemesser
→ Sichel
Im Gegensatz zu den Sicheln handelt es sich hier um gerade Holz- oder Knochenstücke mit hintereinander eingesetzten Feuersteinklingen zum Schneiden getreideartiger Gräser, Getreide oder Schilf. Erntemesser benutzte man bereits vor Beginn des Neolithikums.

Erosion
(lat.: Ausnagung)
Abtragungen der Erdoberfläche auch durch Wind, Wasser und Eis, auch z. B. bei Artefakten oder Felsbildern.

Ertebølle-Ellerbek-Kultur
5000–4300 v. Chr.
(benannt nach den Fundorten → Ertebølle in Nordjütland und Ellerbek an der Kieler Förde in Schleswig-Holstein)
Verbreitung: Dänemark, Südschweden, Schleswig-Holstein, Mecklenburg, im nördlichen Niedersachsen.

Die Ertebølle- und Ertebølle-Ellerbek-Kultur weisen gleiches Geräteinventar auf, nur mit dem Unterschied, daß die erste mehr an die Küsten gebunden ist und die andere mehr das Binnenland einnimmt. Die Mitglieder der einen ernähren sich vorwiegend von der Fischerei und Molluskensammeln und die anderen von der Jagd. Eine lokale Gruppe der Ertebølle-Ellerbek-Kultur auf Rügen wird nach dem Fundort Lietzow „Lietzow-Kultur" bezeichnet; hier fand man viele Siedlungen aus der Zeit, als Rügen noch ein Teil des Festlandes war. Durch das Absinken des Untergrundes (um 4000 v. Chr.) liegen heute zahlreiche Siedlungen dieser Kultur auf dem Meeresboden.

Ertebølle-Kultur
5200–2000 v. Chr.
(benannt nach dem Fundort bei dem Dorf Ertebølle am Limfjord in Nordjütland, Dänemark. → Ertebølle-Ellerbek-Kultur)
Verbreitung: Dänemark, Südschweden, Schleswig-Holstein, Mecklenburg, im nördlichen Niedersachsen.
In der Zeit des → Boreals erfolgte in der atlantischen Phase ein Meeresanstieg (bzw. eher eine Landsenkung), der Teile des Nordseelandes und erhebliche Gebiete Dänemarks im Meer versinken ließ. Aus dem Ancylus-See (um 7400 v. Chr.) wurde das Litorina-Meer (um 6200 v. Chr.), benannt nach der Meeresschnecke Litorina litoria, das dann etwa um 4000 v. Chr. in seiner Form der heutigen Ostsee entspricht. Die Landverbindung zwischen Jütland, den däni-

schen Inseln und Südschweden war zerrissen (→Nacheiszeit). Muschelabfallhaufen (Køkkenmøddinger = Küchenabfallhaufen) dieser Zeit waren bis zu 200 m lang, 3–20 m breit und etwa 1,50–2 m hoch. Sie bestehen vorwiegend aus Schalen von Austern, Herzmuscheln, Miesmuscheln, Strandschnecken (Litorina litoria) und anderen Resten. Schon in kleineren Muschelabfallhaufen hat man etwa 20 Mio. Austernschalen berechnet, ohne die anderen Muscheln und Schnecken einzubeziehen. Diese Muschelabfallhaufen markieren bereits Plätze der →Kongemose-Kultur (6 000–5 200 v. Chr.) und waren für die Ertebølle-Kultur typisch. Die Masse dieser umfangreichen Muschelhaufen ist der besonderen Eigenschaft der Krustentiere zuzuschreiben. Das was fortgeworfen wird, nimmt mehr Platz weg, als das, was man ißt. Ein Rothirsch z. B. liefert etwa ebenso viele Kilojoules wie 50 000 Austern, jedoch nehmen seine Überreste, selbst wenn sie vollständig erhalten bleiben, nur einen Bruchteil des Raumes ein, den die Austerschalen benötigen würden. Dennoch bildeten die Krustentiere wahrscheinlich einen kleineren Anteil der menschlichen Nahrung, als die riesige Masse der Schalen vermuten läßt.

Für Forscher bilden die Muschelhaufen eine Quelle von Informationen. Zum einen sind sie auf Grund ihrer Masse und ihres berechenbaren Vorkommens entlang des alten Küstenverlaufs leicht zu finden, zum anderen bildet das Kalzium der Schalen eine nichtsaure Umgebung für alle organischen Gegenstände, die dadurch erhalten bleiben. Knochen von Schwänen, Gänsen und Enten, die überwiegend Wintergäste gewesen sein müssen, weisen nicht auf saisonale Stationen, sondern auf die ganzjährige Besiedlung, wie bei den meisten Plätzen der „Festlandszeit", hin. Sogar Kochstellen und Gräber können innerhalb des Muschelhaufens erhalten bleiben, wenn sie auf den Abfallresten gebaut wurden, als dieser größer wurde. Auf Grund dieser konservierenden Eigenschaften vermitteln die Muschelhaufen einen umfassenden Einblick in einen Fundort, der normalerweise bei anderen Bodenverhältnissen nur aus einer mehreren Zentimeter starken Holzkohlenschicht und einigen Feuersteinen bestanden hätte. Außerdem wurden zahlreiche Steingeräte gefunden: Klingen, Schaber, Scheiben- und Kernbeile, Pfeilspitzen, Querschneider und Hirschgeweihäxte. Auch Tongefäße mit spitzem Boden wurden gefunden.

Die Ertebølle-Kultur kann als direkte Weiterentwicklung der →Kongemose-Kultur mit ähnlichen Wirtschafts- und Besiedlungsformen angesehen werden. Das Jagen mit Pfeil und Bogen herrschte immer noch vor, vor allem im Winter, während in den wärmeren Zeiten Fische oder Meeressäugetiere schon Hauptnahrungsmittel waren. Durch Kontakte mit Bauerngruppen ist jedoch ihre Endphase durch die Einführung von Keramik und Haustierhaltung gekennzeichnet. Anders als die saisonalen Lager der Maglemoseleute ließen sich die Menschen der Ertebølle-Kultur meist ganzjährig nieder. Die Hütten waren nur wenige Meter groß, vermutlich aus einem Gerüst von Baumstämmen errichtet und mit Schilf abgedeckt. Manchmal bildeten mehrere Hütten kleine Dörfer. Angesichts des meist reichhaltigen Nahrungsangebots bestand für sie keine Notwendigkeit mehr, ihr Lager zu verlegen, und weil sich das Meeresniveau seitdem nur wenig veränderte, blieben die Muschelschichten – anders als viele Indizien der Maglemose-Zeit – erhalten.

In Dänemark und Schweden legte man Friedhöfe frei, die meist in Küstengebieten lagen. Dies führte einige Archäologen zu der Vermutung, daß die Friedhöfe ein Mittel darstellen, um Territorien für sich zu beanspruchen. Die Gegenwart ihrer toten Vorfahren in einem solchen Friedhof könnte einen solchen Anspruch legitimieren und zugleich die Verbundenheit mit dem Land verstärken. Diese Tatsache spricht auch für Dauerwohnplätze. Die Menschen im Landesinneren, die keinen Zugang zu den Nahrungsplätzen am Meer hatten, waren gezwungen, häufiger umzuziehen als die Bewohner an der Küste, und hatten daher weniger emotionelle Bindungen an ein abgegrenztes Gebiet. Daher findet man Friedhöfe nur selten außerhalb des Küstenbereichs und wenn, dann nur an Stellen, die damals ein reiches und für lange Zeit berechenbares Nahrungsangebot hatten.

Für Menschenopfer bei kultischen Handlungen geben Funde aus Dyrholmen im östlichen Jütland (Dänemark) Hinweise. Dort fand man menschliche Skelettreste mit zahlreichen Schnittspuren, die vom Entfernen des Fleisches mit Hilfe von Feuersteinmessern herrühren, und zertrümmerte Röhrenknochen, aus denen man das Mark entnahm und verzehrt hat (→Kannibalismus).

Ein wichtiger Zug ist die Einheitlichkeit des Geräteinventars (→Inventar) im ganzen Land, lokale Abstufungen wie in der „Festlandszeit" (→Nacheiszeit) sind in der Ertebølle-Kultur unbekannt. Im Flintinventar ist anfangs das Kernbeil dominierend, es bekommt nun eine langovale Form oder einen rhombischen Querschnitt, später das Scheibenbeil (Spalter). Aus Großklingen werden verschiedene Geräte hergestellt: Stichel, Schaber, Messer, Bohrer, Säge, pfriemartige „Muschelöffner" und querschneidige Pfeilspitzen in Trapezform, aber nicht aus →Mikrolithen, da diese in der Ertebølle-Kultur nicht mehr vorkommen. Aus Flintkernen wurden außer dem Beil auch Meißel, Spitzwaffen und Blockschaber hergestellt.

Es gibt verschiedene Geräte aus Felsgestein: Beile aus Granit, Porphyr oder Grünstein mit schräg geschliffener Schneide. Weichere und zähere Gesteinsarten erfordern eine andere Bearbeitungstechnik als Feuerstein, sie werden durch →Picken der ganzen Oberfläche geformt, meist nur im Schneidenteil, sonst aber auch ganz geschliffen; und schließlich gibt es primitive Beile aus einem Geröllstein von passender Form, in den eine Schneide hineingeschliffen wurde, und Keulenköpfe mit doppelkonischer Durchbohrung. Allgemein werden schwerere Formen bevorzugt, was darauf hinweist, daß zunehmend Holz bearbeitet wird. Geräte aus Geweih und Knochen haben nicht mehr die Bedeutung und den Typenreichtum der vorhergehenden Periode. Schaftbeile sind fast ausschließlich aus Rothirschgeweih und nur noch mit schräggeschnittener Schneide. Geweihbeile mit eingesetzter Klinge sind außer Gebrauch gekommen, es gab aber weiterhin noch Druckstäbe, Dolche, Pfrieme, lange Spitzhauen, Schäfte und Harpunen. Rehgehörn wurde für Wurfspieße und Widerhaken benutzt. Aus Knochen waren Löffel, Dolche, sogenannte Erteb\o{}lle-Kämme, Pfeilspitzen, Pfrieme, Angelhaken, Ringe und Perlen.

Geweihbeile und Geweihstiele aus Gräbern waren oft verziert. Es ist bezeichnend, daß besondere Motive und Fundformen nur innerhalb begrenzter Zonen vorkommen; diese Zonen spiegeln vielleicht Stammesgebiete wieder.

Eingeritzte, -gebohrte oder -gestachelte Ornamente waren geometrisch und oft mit Pech oder anderen Farbstoffen ausgefüllt, so daß sie sich gegen die weißgelben Knochen oder den Bernstein abheben. Der Großteil der Motive war für die gesamte Erteb\o{}llezeit charakteristisch, aber manchmal waren ganz bestimmte Ornamente beliebt: z.B. die kurzen Zickzacklinie der Maglemosezeit oder die für die Erteb\o{}llezeit typischen Netzmotive. Nur ausnahmsweise findet man Tiere und Menschen abgebildet – und dann bis zur Unkenntlichkeit stilisiert. Völlig neu und einzigartig sind die erst heute bekannten und reich verzierten Gegenstände aus Holz (z.B. einige Paddel mit verzierten Oberflächen).

Für das Fischen wurden hauptsächlich Angelhaken, Netze und Reusen benutzt. Die zahllosen Reste von Gräten im Abfall bezeugen die Bedeutung des Fischfangs, große Harpunen die Meeresfischerei. Zum Fischfang in den Binnengewässern benutzte man auch sogenannte →Aalstecher. Aus dieser Zeit sind auch die ältesten Boote erhalten. Einbäume aus Lindenholz hatten eine Länge von etwa 10 Metern, waren 0,65 m breit und besaßen 3 cm starke Wände. Sie boten 6–8 Personen Platz (→Wasserfahrzeuge).

Die Sammler und Jäger dieser Zeit waren recht hochgewachsene, robuste Menschen, die den heutigen Europäern vergleichbar waren und anders aussahen als die kleineren Bauern der nachfolgenden Zeit. Das spricht vielleicht auch für ein besseres Nahrungsangebot dieser mesolithischen Zeit.

Wichtigstes neues Element der späten Erteb\o{}lle-Kultur ist jedoch die Keramik, die aus gemagertem Ton in Spiral-Wulst-Technik (→Keramik) hergestellt wurde und 2 Grundformen aufweist: spitzbödige Töpfe, bis 45 cm hoch, mit leicht ausbiegendem verzierten Rand (Fingertupfen, Fingernagelabdrücke als Verzierungselemente) und ovale Schalen mit rundlichem Boden, die als Tranlampen gedeutet werden. In Tybrind Vig befanden sich in einigen Gefäßen verkohlte Nahrungsreste, die als ein Gemisch aus Gras und Fisch bestimmt werden konnten. Spitzbödige Tongefäße (Kruken) konnte man gut zwischen Steine über ein Feuer stellen, die Spitze sorgte für einen sicheren Halt. Beide Formen sind vermutlich aus südlichen Bauernkulturen übernommen worden, die sich damals langsam im europäischen Tiefland verbreiteten.

Die Wohnplätze haben sich in Anzahl und Umfang weiter vermehrt; die Besiedlung ist dichter und offenbar dauerhafter geworden. Demzufolge verkleinerten sich die Territorien – alles Anzeichen einer intensiveren Nutzung der Ressourcen.

Um 4000 v. Chr. wandelte sich die Kultur vollständig. Mit einem Schlag verschwanden die Jäger und Fischer, und schon kurze Zeit danach kann man neue Siedlungstypen und Geräteformen feststellen. Der Ackerbau mit Getreide beschränkte sich wahrscheinlich nur auf kleine Beete in einer Art Hausgarten, der vielleicht von Frauen mit Hilfe eines Holzspatens bestellt wurde. Ob nun die Träger der Ertebølle-Kultur aus noch unbekannten Gründen die neue Wirtschaftsform des Ackerbaus und der Tierhaltung einführten, die mit Einwanderern ins Land kam, oder erst die nachfolgende →Trichterbecherkultur den Wechsel vom Jäger zum Bauern vollzog, ist noch nicht geklärt.

Träger der Trichterbecher-Kultur waren Ackerbauern und Viehzüchter, und vieles spricht dafür, daß für den Vorgang der Neolithisierung Nordeuropas die Trichterbecher-Kultur eine entscheidende Rolle spielte.

Evolution

Stammesgeschichtliche Entwicklung der Lebewesen von älteren zu jüngeren Formen, die dabei aufeinander aufbauen und sowohl komplexer, als auch wieder einfacher werden können. Die äußerst „erfolgreichen" Bakterien als früheste bekannte Lebewesen existieren heute noch. Auch der Mensch wäre ohne seine symbiotischen Darmbakterien nicht lebensfähig.

Die Evolution wird als fundamentaler Vorgang allen Lebens verstanden. Der Mensch ist aber nicht das Ziel der Schöpfung, vielmehr ist der „*Homo sapiens* ... das intelligenteste, gefährlichste und hilfsbereiteste Tier, das jemals existiert hat, aber wir müssen begreifen, daß wir nicht das Ziel der 3 Milliarden Jahre während Evolution auf der Erde sind" (Johanson & Blake, 102, 112).

Primaten

(lat. die Ersten)

In der Säugetierordnung gehören die Primaten zu den Unterordnungen Prosimiae (Halbaffen) und Simiae (Affen). Der Mensch wird hier als Gattung der Simiae systematisch eingeordnet.

Die Evolution der Säugetiere ist stammesgeschichtlich offenbar von den Synapsiden mit den 2 Ausgangsformen der Pelycosaurier und Therapsiden ableitbar. Die Therapsiden sind säugetierähnliche Reptilien. Sie näherten sich in ihrem Körperbau durch Aufrichtung der Extremitäten, Differenzierung des Gebisses u.a. Merkmale dem der Säuger; vielleicht waren sie bereits warmblütig. Aus ihnen müssen sich die Säugetiere im mittleren Perm (270 Mio. Jahre) bis zur mittleren Trias (230 Mio. Jahre) herausentwickelt haben. Während der Zeit der Dinosaurier, also etwa vor 225–75 Mio. Jahren, hatten sie das Eierlegen aufgegeben und brachten nun, versteckt vor den großen Sauriern, lebende Junge zur Welt. Es entwickelten sich die ersten echten Ursäuger, die nach der Geburt noch mehr oder weniger lang mit Milch ernährt wurden, meist baumbewohnende Tiere von geringer Spezialisierung, Insektenfresser (Insektivoren), die sich allerdings nicht nur von Insekten ernährten, sondern auch kleine Würmer, Weichtiere, Früchte, Nüsse und Sprößlinge fraßen. Aus diesen maus- bis rattengroßen Tieren leiteten sich vor etwa 75 Mio. Jahren die Spitzhörnchen ab, die als frühe Form der Primaten gelten und ungefähr so aussahen wie heutige Spitzhörnchen, die auch als ihre unmittelbaren Nachfahren gelten (andere noch lebende Abkömmlinge der frühen Insektenfresser sind Spitzmäuse, Maulwürfe und Igel). Alle Primaten zeichnen sich durch 5 bewegliche Finger und Zehen mit Krallen aus, haben aber meist Plattnägel zum Schutz ihrer tastsensiblen Spitzen und Schlüsselbeine. Viele Primaten können Daumen und Zehen weit voneinander spreizen, die Augen befinden sich nicht seitlich am Kopf, sondern frontal nebeneinander und sind so nach vorne gerichtet, daß sich die Sehwinkel überschneiden. Dadurch entsteht ein räumliches Abbild aller Objekte. Außerdem sehen höher entwickelte Primaten farbig. Die Verlegung der Augen an die Vorderseite des Kopfes und die Rückbildung des Geruchsinns führten zu einer kürzeren Schnauze und zu einer Reduzierung der Zahl der Zähne.

Vor etwa 66 Mio. Jahren starben die Dinosaurier aus und die Dominanz der Reptilien unter den Wirbeltieren fand ein Ende. An deren Stelle begann die Blüte der Säugetiere. Man nimmt an, daß sie schon während der Kreidezeit bessere Gehirne und einen besseren Geruchs- und Gehörsinn besaßen, was sie befähigte, in Nischen gegen die übermächtigen Saurier zu überleben „und so übernahmen sie die Rolle der Schlaufüchse, die die meisten bis heute weiterspielen" (Gould, 77, 171). Vielleicht besaßen sie auch angeborene Feindbilder in bezug auf die Gestalten der allesbeherrschenden Saurier.

Die angeborenen Feindbilder der Ursäuger können sich nur auf die Gestalten der übermächtigen Dinosaurier bezogen haben. Über die Ahnenreihe, die uns Menschen mit den Ursäugern verbindet, scheinen solche Bilder auch noch in die tieferen Regionen unseres Gehirns gelangt zu sein. Denn die Drachen der Mythen gleichen den großen Dinosauriern und den Flugsauriern der Kreidezeit. Sie haben in der heutigen Welt keine Vorlage mehr und können auch nicht etwa durch prähistorische Funde von Saurierknochen angeregt worden sein. (Dolezol, 47, 198).

Die Frühgeschichte der Menschenaffen läßt sich rund 32 Mio. Jahre verfolgen, beginnend mit den Funden aus der Provinz Fayum in Ägypten, wo man die Überreste von 6 Primatengattungen entdeckte: Parapithecus, Oligopithecus, Propliopithecus, Quatrania, Apidium und Aegyptopithecus. Das Gebiß des Oligopithecus besteht nur noch aus 32 Zähnen, wobei die Mahlzähne (→Molaren) das für die Affen charakteristische vierhöckrige Muster zeigen. Molaren mit 5 Höckern haben heute nur noch Menschenaffen und Menschen. Schätzungen des Körpergewichts reichen von 300 g für die kleinste Gattung Quatrania und 4–6 kg für die größte Gattung

Aegyptopithecus. Sämtliche Primaten des Fayum lebten wie ihre heutigen Nachfolger in den oberen Baumetagen. Diese frühen Primaten sind nicht die Vorfahren des Menschen, sondern eher Urformen aller lebenden Primaten, einschließlich des Menschen. Vom Aegytopithecus wird die Stammlinie zu den Menschenaffen und zum Menschen abgeleitet.

Aus dem Miozän zwischen 23–14 Mio. Jahren stammen die Funde des Proconsul in Kenia und Uganda, der als ein Nachfahre des Aegyptophitecus angesehen wird. Die anatomischen Verhältnisse weisen auf eine Mischung primitiv äffischer und menschenaffenähnlicher Elemente in der Fortbewegungsweise bzw. auf eine Kombination von vierbeinigem Laufen und Springen sowie senkrechtem Klettern und Schwinghangeln hin. Er wird als ferner Vorfahre der Menschenaffen und der Hominiden betrachtet. Er hatte eine Schädelkapazität bis 150 cm^3, ein relativ kurzes Maul, untere Molaren mit 5 Höckern in Y-Form (Dryopithecus-Muster). Das →Dryopithecus-Muster ist ein den Pongiden und den Hominiden gemeinsames Merkmal, das vor der Trennung der beiden Linien erworben wurde. Vor 17 Mio. Jahren gelangte die *Proconsul*-Gruppe nach Europa und Asien und wurde zu den Ahnen der Dryopithecinen.

Dryopithecinen (gr. dryus: Baum; phiteko: Affe) zählen zu den Menschenaffen. Sie haben das sogenannte Y-5-Muster oder Dryopithecus-Muster mit der charakteristischen fünften Spitze bei den Backenzähnen (3 Höcker an den Außen- und 2 an den Innenseiten),

die auch heute noch Menschenaffen und Menschen besitzen. Sie lebten etwa vor 12–8 Mio. Jahren.

In Spanien wurde ein Skelett des Menschenaffen Dryopithecus gefunden, das 9,6 Mio. Jahre alt ist. Sein Knochenbau und sein Alter beweisen, daß Menschen nicht – wie bislang angenommen – von schimpansenähnlichen Gattungen abstammen, sondern beide gemeinsame Vorfahren haben. ... Der Dryopithecus ist in seinem Körperbau dem Menschen ähnlicher als dem Schimpansen. ... Die Primatenforscher folgern, daß sich sowohl der Mensch als auch der Schimpanse aus einer Form weiterentwickelt haben, die nur kurz vor dem Zeitalter des Dryopithecus gelebt hat („Die Welt", 4. 10. 97)

Der Ramapithecus lebte vor 18–14 Mio. Jahren an vielen Orten Europas und Asiens und besitzt einige Ähnlichkeit mit den Hominiden: Verkürzung des Gesichts, verkleinerte Schneide- und Eckzähne, Fehlen der äffischen Platte im Unterkiefer; er wird heute der Gattung der Sivapithecus zugeordnet.

Die Sivapithecus-Gruppe lebte in dem Zeitraum vor 16–5,5 Mio. Jahren. Sie zeigt die weiteste Verbreitung. Fundstätten gibt es in Afrika, Europa und Asien. Diese Hominoidae zeichnen sich durch eine viel größere Formenvielfalt aus, als die Proconsul- und Dryopithecus-Gruppe. Die Fortbewegungsweise kann als menschenähnlich beschrieben werden. Die Klassifikation der Taxa der Sivapithecus-Gruppe ist uneinheitlich und kontrovers. Wegen ihrer kräftigen Kiefer und ihren Zähnen mit dicker Schmelzschicht faßte man sie zu einer Gruppe zusammen, sie bilden aber keine natürliche Gruppe. Sie können in die direkte Vorfahrenschaft der rezenten Menschenaffen und des Menschen gestellt werden.

Aus dem Zeitraum zwischen 12–5 Mio. Jahren v.h. liegen praktisch keine hominoiden Funde vor. Es ist somit nicht möglich, einen Stammbaum auf der Basis von Fossilfunden zu rekonstruieren, der einen zweifelsfreien Anschluß an die frühesten sicheren Hominoiden gestatten könnte.

Die ersten Hominiden tauchen recht unvermittelt vor ca. 5,5 Mio. Jahren auf: die Gattung der Australopithecinen, deren letzte Vertreter vor etwa einer Mio. Jahren ausstarben. Mit dem *Homo rudolfensis* (2,5 Mio. Jahren) und dem *Homo habilis* (2,1 Mio. Jahren) tauchen erstmals Vertreter der Gattung Homo auf.

Stammbäume

Die evolutionäre Taxonomie hat keine theoretischen Konzepte und Grundlagen für die Erstellung von Stammbäumen und für die Rekonstruktion phylogenetischer Beziehungen erarbeitet, sondern verläßt sich im großen und ganzen auf die subjektive Bewertung von anatomischen und morphologischen Merkmalen rezenter und fossiler Taxa. Derartig konstruierte Stammbäume enthalten sehr häufig die ganz persönlichen Ansichten eines Autors und sind nicht unbedingt Ergebnis einer stringenten [zwingenden], auf einem theoretischen Konzept fußenden Analyse. ... Unabhängig vom gewählten Verfahren zur Erstellung von Stammbäumen sollte man sich allerdings immer darüber im klaren sein, daß Stammbäume nur Hypothesen und niemals bewiesene Fakten sind (Henke/Rothe, 86, 59),

wobei aber jegliche Form unbegründeter und nicht überprüfbarer Spekulationen ausgeschlossen sind.

Einordnung des Menschen in die Taxonomie

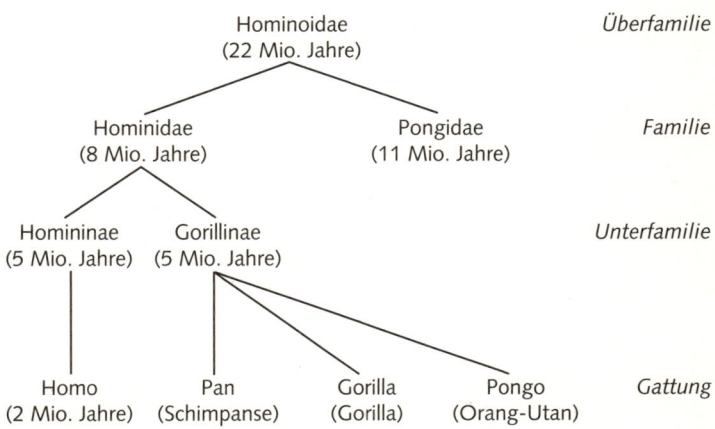

Stammbaum nach R. Lewin: „Spuren der Menschwerdung" (125, 40)

Stammbaum-Hypothese

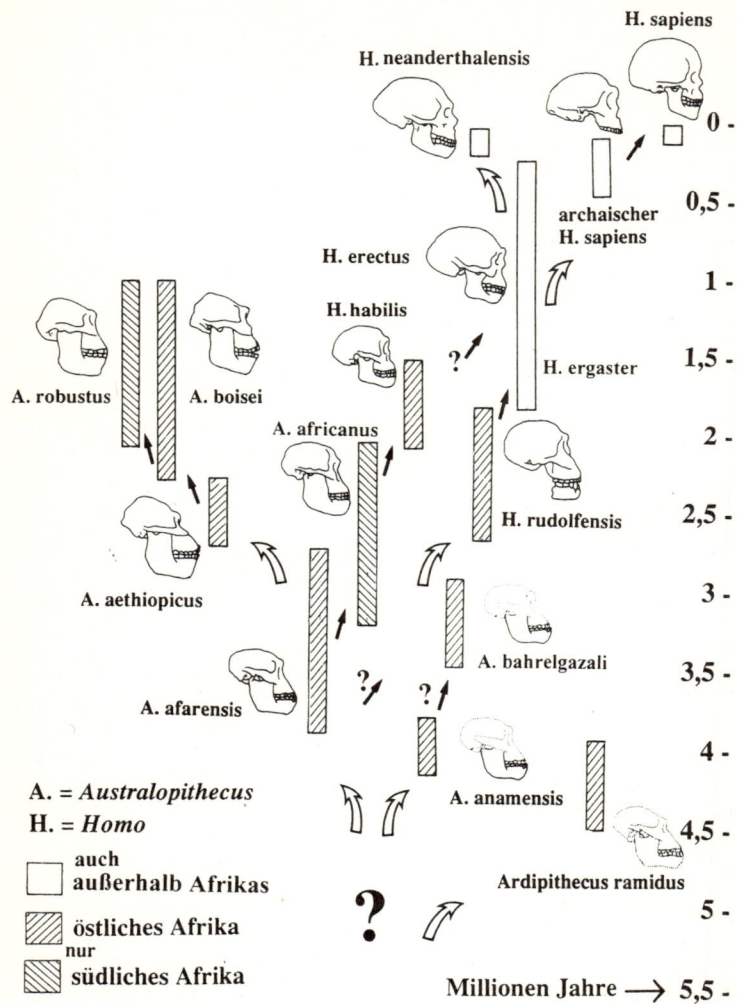

Stammbaum-Hypothese von Professor Friedemann Schrenk (Darmstadt) zur Evolution des Menschen unter Berücksichtigung klima- und biogeographischer Überlegungen aufgrund der gegenwärtigen Fundlage; die Abbildung wurde mit freundlicher Erlaubnis von Herrn Schrenk aus seinem Buch *Die Frühzeit des Menschen. Der Weg zum Homo sapiens*, München ²1998, S. 122, übernommen.

Hominoidea
(lat.: Menschenähnliche)
Überfamilie der Ordnung der Primaten, in der man 2 Familien bzw. die Menschenaffen (Pongidae) und die Menschen (Hominidae), zusammenfaßt. Zu den Hominoidea zählen die Primaten wie Aegyptopithecus, *Proconsul*-Gruppe, Dryopithecus-Gruppe, Sivapithecus-Gruppe. R. Martin (1990) berechnete auf Grund der Anzahl der Homonoidenfossilien, daß in den vergangenen 35 Mio. Jahren insgesamt 84 Hominoidenarten existierten, von denen bislang wohl nur die Hälfte dokumentiert ist. Ähnliche Einschätzungen gelten auch für die Hominidae.

Der Schweizer Johannes Hürzeler entdeckte 1958 im damals noch aktiven Kohlenbergwerk bei Baccinello in der Toscana in Italien über 200 Fossilien des *Oreopithecus bambolii* und auch ein fast vollständiges Skelett aus der Zeit vor etwa 8–10 Mio. Jahren. Hürzeler stufte den Fund in die Gruppe der Hominidae ein und stieß damit auf allgemeine Ablehnung. Schließlich resignierte Hürzeler und gab seine Sammlung einem englischen Forscher, mit dem er zusammen eine Monographie über die Fundstücke abfassen wollte, die aber nicht zustande kam. Nach Hürzelers Tod 1995 wurde die Sammlung vom Naturhistorischen Museum in Basel an das Ehepaar Meike Köhler und Moyà Solà, beide am Paläontologischen Institut in Sabadell bei Barcelona, ausgeliehen. Ihre sensationelle Erkenntnis: Die Wirbel und andere Knochen stammen von einem Affen, der schon vor 8 Mio. Jahren, lange vor allen Menschen und Menschenartigen,

ein Zweibeiner war. Damit war nicht der Mensch, sondern der *Oreopithecus bambulii* der erste dauerhaft aufrecht gehende Primat der Erde.

Das heutige Mittelmeer, wie auch das Schwarze Meer, Kaspische Meer und Aralsee sind Reste des Tethysmeeres, das von Südeuropa bis Südostasien reichte. Teile der Toscana und Sardiniens waren kleine Inseln in diesem Ozean und ohne Raubtiere. Dies erklärt, warum die Affen die sicheren Bäume verließen, zumal das Nahrungsangebot auf Inseln begrenzt war und es ein Evolutionsvorteil ist, wenn man auf dem Boden mit zwei Beinen geht (→ Aufrechter Gang). So stellte sich der Affe, obwohl zum Klettern fähig, auf zwei Beine (Meister, 136, 100–107).

Hominidae
(lat.: Menschenartige)
So bezeichnet man die Familie der Menschenartigen. Die Hominiden bestehen aus der Unterfamilie Hominae und Gorillinae. Die Geschichte der Menschenaffen läßt sich rund 30 Mio. Jahre verfolgen. Vor etwa 8–5 Mio. Jahren erfolgte im Tier-Mensch-Übergangsfeld die Trennung von den Ahnen der Schimpansen und Gorillas zu den Homininae mit der Gattung Australopithecus (→ Evolution des Menschen) und Homo. Zu ihnen gehört der heutige Mensch, sowie alle ausgestorbenen Menschenformen und Vormenschenformen. Merkmale der Hominidae sind der aufrechte Gang und menschliche Körperformen, das Gehirn war jedoch noch klein. Schwestergruppe der Hominidae sind die Pongidae (Menschenaffen).

Homininae
(lat.: Menschen)
Bezeichnung für die Unterfamilie
Homo, Homo erectus, Neandertaler und die heutigen Menschen.

Homo
(lat.: Mensch)
Die noch einzig lebende Gattung
der Homininae, alle anderen sind
ausgestorben.

Evolution des Menschen

50 Million Jahre liefen die Affen auf 4
Beinen, dann begannen unsere Vorfahren aufrecht zu gehen, was sie langsamer und verletzbarer machte – absolut verrückt. Doch sie überlebten. Und
später, als der allgemeine Trend der
anderen Primaten zur Pflanzenkost
ging, begannen sie, Fleisch und Knochenmark zu essen und dabei mit
Raubtieren zu konkurrieren. Wieder eine neue Richtung (Johanson, 100).

Deshalb bezeichnet Donald Johanson die Hominiden gern als die
„risikofreudigen Primaten", eine
Eigenschaft, die noch heute in uns
steckt. Über die entscheidenden
Ursachen zur Entwicklung des
Menschen gibt es unterschiedliche
Meinungen: Gehirngröße, Werkzeugherstellung, aufrechter Gang
oder Sozialverhalten.

Für die Evolution der Menschen war die
wichtigste Voraussetzung das verhältnismäßig große Gehirn der Menschenartigen, das seine Wurzeln im Baumleben, in der Greifhand und im räumlichen Sehen hat, aber wesentlich verursacht wurde durch zunehmend komplexere Sozialstrukturen und Verständigungsmuster. Ursache und Wirkung
sind hierbei kaum zu trennen. Auf dieser Voraussetzung beruht der „Erfolg"
der Menschenahnen bei der Besiedlung
der im Miozän entstehenden Savanne
in Afrika (Schmitt, 176, 171).

Die folgenden Stammbaumkonstruktionen bestehen auf dem gegenwärtigen Kenntnisstand. Fossilienfunde sind rar. Der Paläontologe Friedemann Schrenk spottet
sogar: „Es gibt eben mehr Hominidenforscher als Hominidenfunde,
... Da schlägt man sich um jeden
Zahn" (Schrenk, 178, 222). Daher
kann jeder neue Fossilfund zu anderen Modellen führen. Dies ist inzwischen schon geschehen (*Homo
erectus, Homo antecessor*).

Archaisches Paläolithikum
Tier-Mensch-Übergangsfeld (Afrika)

Für die Trennung der zum Menschen führenden Entwicklungslinien wird angenommen, daß sich
der Gibbon vor etwa 12 Mio. Jahren, der Orang-Utan vor 11–10
Mio. Jahren, die Australopithecinen vor 8–5 Mio. Jahren, der
Schimpanse und Gorilla vor 6–5
Mio. Jahren und die Menschen vor
5 Mio. Jahren vom gemeinsamen
Stamm abgespalten haben (→Primaten).

Entstehung der Gattung Australopithecus
8 000 000 – 4 400 000 v.h.

Australopithecinen
400 000 – 1 000 000 v.h.

Australopithecus ramidus (Kenya)
4 400 000 v.h.

Australopithecus anamensis
(Kenya)
4 200 000 – 3 800 000 v.h.

Australopithecus bahrelgazali
(Tschad)
3 500 000 – 3 200 000 v.h.

Australopithecus afarensis (Lucy)
(Tanzania, Äthiopien)
3 700 000 – 2 900 000 v.h.

Australopithecus africanus
(Südafrika)
3 000 000–2 000 000 v.h.

Australopithecus aethiopicus
(Äthiopien, Kenya)
2 500 000–2 000 000 v.h.

Australopithecus robustus
(Südafrika)
1 900 000–1 300 000 v.h.

Australopithecus boisei
(Tanzania, Kenya, Äthiopien,
Malawi)
2 400 000–1 100 000 v.h.

Paläolithikum

Homo rudolfensis (Urmensch)
2 500 000–1 800 000 v.h.

Homo habilis (Urmensch)
2 100 000–1 500 000 v.h.

Homo erectus (Frühmensch)
2 100 000–40 000 v.h.

Homo antecessor (?)
1 000 000–780 000 v.h.

Europa

Homo erectus in Europa:
1 500 000–400 000 v.h.

Homo antecessor (?)
780 000 v.h.

Homo erectus heidelbergensis
600 000 v.h.

Übergangszeit vom
Homo erectus zum *Homo sapiens
neanderthalensis:*
400 000–200 000 v.h.

Die Übergangsform ist umstritten.
Je nach Auslegungsweise wird sie
„alternativ als *H. erectus*, als archaischer *H. sapiens* oder als *H.
heidelbergensis* klassifiziert" (Hen-
ke/Rothe, 86, 396). Auch der *Homo steinheimensis* kann als Übergangsform zwischen *Homo erectus*
und *Homo sapiens* angesehen werden.

Homo steinheimensis
300 000 v.h.

Neandertaler
400 000–30 000 v.h.

Klassischer Neandertaler
125 000–30 000 v.h.

Homo sapiens
130 000 v.h.

Homo sapiens sapiens
(Neumensch)
40 000 v.h.

Australopithecinen
(lat.-gr.: Südaffen)
Mit den Australopithecinen, deren
Funde bisher nur auf Ost-, West-
(Tschad) und Südafrika beschränkt
sind, begann vor 10–5 Mio. Jahren
die Entwicklung der Hominiden
(Menschenartigen), die Trennung
von den Ahnen der Schimpansen
und Gorillas, und fand ihren Abschluß vor mehr als 4 Mio. Jahren.
In diesem Zeitraum fand auch vermutlich die Wandlung vom Vier-
zum Zweibeiner statt (→Aufrech-
ter Gang). Es waren aufrechtgehende Menschenaffen mit einem
kleinen Gehirn, einer durchschnittlichen Körpergröße von 1,30 m
und ca. 40 kg Gewicht, aber ihr
aufrechter Gang unterschied sich
ganz offensichtlich von dem des
heutigen Menschen. Es läßt sich
nicht ausschließen, daß sie noch
teilweise baumlebend waren und
Kletterfähigkeiten zum Aufsuchen
von Schlafplätzen und zur Nah-
rungssuche in den Bäumen bewahrt hatten.
Die Arten der Australopithecinen
unterscheiden sich nach Schädel-
größe und -form, Zähnen, Körperbau u.a., besonders durch ihre zunehmende Anpassung an harte
pflanzliche Nahrung, wie Samen,

Nüsse und Wurzeln. Immer größer wurde die Mahlfläche ihrer Bakkenzähne, die in immer massigeren Kiefern saßen und von kräftigen Kaumuskeln bewegt wurden.

Im Gegensatz zu den Australopithcinen ist die Entwicklung der Frühmenschen, die mit dem *Homo habilis* beginnt, vor allem durch eine starke Vergrößerung des Gehirns und damit auch des Schädels insgesamt gekennzeichnet, während sich der Kauapparat gleichzeitig verkleinerte. Deshalb reichen auch hier oft schon Kieferfragmente für eine genauere Klassifikation aus (Bräuer, 25),

während die Unterschiede im Körperskelett nur gering sind, weil der aufrechte Gang allen Hominiden gemeinsam ist.

Ob diese jedoch zum *Homo* und damit zum heutigen Menschen führte, ist umstritten. Eine andere These besagt, daß die Evolution der *Homo*-Linie parallel zu jener vom *Australopithecus* aus einer gemeinsamen Ahnenform vor mindestens 5 Mio. Jahren einsetzte. Für eine Zeit lang lebten Australopithecinen neben *Homo habilis* und *Homo erectus*, bevor sie vor etwa einer Mio. Jahren ausstarben, der *Homo* überlebte. Bisher wurden keine einwandfrei als Australopithecinen erkannten Fossilien außerhalb Afrikas gefunden.

Mit der aufrechten Körperhaltung wurden die Hände frei zum Tragen des Nachwuchses, Sammeln von Nahrung, Einsatz der Waffen. Das größere Gehirn entstand erst, nach dem sich die Veränderung der Körperhaltung vollzogen hatte, und veränderte auch die Schädelform: Es entstand die Stirn, der Kiefer rückte immer weiter unter den Schädel, die Kiefer wurden mit den bogenförmigen Zahnreihen leichter und kürzer und die stark vorspringende Schnauze verschwand. Die Verwendung primitiver Steinwerkzeuge wird nicht allgemein anerkannt. Die Australopithecinen waren hauptsächlich Vegetarier. Vor etwa einer Mio. Jahren starben die Australopithecinen aus, und zurück blieb *Homo* als der letzte Hominide.

Möglicherweise muß die Geschichte unserer Gehirnentwicklung völlig neu geschrieben werden, wie Anthropologen der State University of New York in Albany im Fachmagazin „Science" berichten.

Messungen im Computertomographen ergaben, daß die Hirnvolumina einiger *Australopithecus*-Vormenschen deutlich geringer sind als angegeben. Die Art *Australopithecus africanus* dagegen erreichte bereits die Hirngröße des späteren *Homo habilis*. Damit, folgern die Forscher, fand der Übergang zu mutmaßlich leistungsfähigeren Gehirnen früher statt und unter anderen Bedingungen als bisher angenommen („Focus" Nr. 25, 15. 6.1998, 174).

(Die folgenden Angaben über Körpergewicht und Körpergröße sind Durchschnittswerte und beziehen sich auf männliche und weibliche Individuen)

Ardipithecus ramidus
(In der Sprache des Afar-Volkes bedeutet Ardi: Boden; gr. pithecos: Affe; lat. ramus: Ast)
Von einem Wissenschaftsteam (Time White, Universität California; Gen Swa, Universität Tokyo; Berhane Astaw, Kultusministerium Äthiopien) wurden in Aramis, im äthiopischen Awash-Becken, 4,4 Mio. Jahre alte Knochenteile von 17 Individuen gefunden, die zu

keinem der bekannten Menschenaffen oder Hominiden paßten. Ursprünglich als *Australopithecus
ramidus* bezeichnet, erkennt man
ihn heute als Vertreter einer neuen
Hominiden-Gattung an und bezeichnet ihn als *Ardiphitecus ramidus*. Der *Ardipithecus ramidus*
lebte zwar noch im Wald, ging
aber bereits auf zwei Beinen und
kommt dem langherbeigesehnten
„missing link", dem vermutlichen
Bindeglied zwischen Menschenaffe und Mensch, sehr nahe und
befindet sich daher an der Basis
unseres Stammbaumes. Er „stellt
somit funktionell ein erstes Bindeglied zwischen der kletternden
Fortbewegung der Menschenaffen
und dem dauernden aufrechten
Gang   des   Menschen   dar"
(Schrenk, 179, 32). Eine andere
Meinung vertreten Joachim Herrmann und Herbert Ullrich (89,
619):

In heutiger Zeit spielt die Frage nach
dem missing link in der paläanthropolo-
gischen Forschung keinerlei Rolle mehr,
da sich einerseits gezeigt hat, daß die
seinerzeit erwartete Zwischenform niemals gefunden werden kann, weil sie in
dieser Form nicht existiert hat, zum anderen in der Evolution der Hominiden
zwischen den einzelnen Fundgruppen
noch zahlreiche Lücken bestehen, so
daß noch viele missing-links gefunden
werden könnten.

Größe ca. 1,20 m. Hirnvolumen
nicht bekannt.

Australopithecinen-
Stammgruppe

Australopithecus anamensis
(Südaffe vom See. „Anam" be-
deutet See in der Sprache der
Turkanas)
Älteste bekannte Art der Gattung
Australopithecus. Sie lebte in dem

Zeitraum zwischen 4,2 und 3,8
Mio. Jahren in der Region des
Turkana-Sees in Nordkenia. Ihre
Schädelmerkmale sind urtümlicher
als die der späteren Australopithecinen, aber sie ähneln dem *Australopithecus afarensis* doch mehr
als dem früheren *Australopithecus
ramidus* und stellen daher eine
anatomische Übergangsform dar.
An ihrem fossilen Schienbein läßt
sich erkennen, daß diese Art auf
zwei Beinen ging. Auf Grund ihrer
Konstitution und den fehlenden
Werkzeugfunden kann man annehmen, daß ihr Sozialverhalten
den Schutz gegenüber der Umwelt
bildete.
Größe 1,20 m; Gewicht: 35–55 kg.

Australopithecus bahrelgazali
(arab. bahrelgazali: Gazellenfluß)

Bis 1995 war es eine feste Lehrmei-
nung, daß Australopithecinen nur im
Nordosten, Osten und Süden Afrikas
lebten. Die von Yves Coppens propa-
gierte *East Side Story* nimmt auf den
Einfluß der Entstehung des afrikanischen Rifts auf das Klima und die Vegetation und somit auf den Lebensraum
der Hominiden Bezug. Daher verur-
sachte der Fund eines Australopitheci-
nen-Fragments durch ein französisches
Team unter Leitung von Michel Brunet
1995 im Tschad (Bahr el gazal) ..., ca
2 500 km westlich des Afrikanischen
Rifts, einen wissenschaftlichen Schock.
Die Funde wurden 1996 von Brunet
und Kollegen als neue Art *Australopithecus bahrelgazali* (arabisch für Gazellenfluß) von *Australopithecus afarensis* und *Australopithecus anamensis*,
den beiden anderen frühen Australopithecinen-Arten, abgetrennt. Durch
diese Funde ... bewahrheitet sich auch
eine alte Weisheit der Paläontologie:
Fehlende Fossilien bedeuten nicht, daß
entsprechende Lebewesen nicht vorhanden waren, sondern belegen oft
nur, daß ihre Überreste seither nicht

entdeckt wurden (Schrenk, 179, 41–42).

Bisherige spärliche Funde bestehen aus einem Kieferfragment und einem Einzelzahn.

Australopithecus afarensis
(lat.: südlicher Affe aus Afar; benannt nach der Region Afar im Hadarbecken in Äthiopien)
Fragmente aus Lothagam in Kenia werden auf 5,6 Mio. Jahre geschätzt, Funde in Laetoli in Tanzania auf ca. 3,6 Mio. Jahre (hier wurden auch Fußabdrücke gefunden, →Laetoli) und in Hadar (Lucy) auf 2,9–3,5 Mio. Jahre. Lucy zeigt eine Kombination menschenaffenähnlicher und menschlicher Kennzeichen. Ihre Anatomie (Körperform menschlich, Kopf affenähnlich) steht zwischen dem Menschenaffen und den Menschen. Die Fortbewegung war wohl vorwiegend aufrecht in einer Art Watschelgang. Die Abspreizung des großen Zehs ist gegenüber den Menschenaffen nur noch schwach sichtbar, der Fuß zum Greifen nicht mehr geeignet. Ebenfalls in Hadar wurde eine Knochensammlung von insgesamt 13 Individuen (von Kindern bis zu alten Erwachsenen) gefunden. Der plötzliche Tod einer ganzen Gruppe wird als „erste Familie" gedeutet. Aus dem Australopithecus afarensis entwickelten sich vor etwa 2,5 Mio. Jahren sowohl der Homo rudolfensis als auch die robusten Australopithecinen. Keine →Steinwerkzeuge.
Hirnvolumen: 400–500 cm³ (unwesentlich mehr als beim Schimpansen: 300–400 cm³); Größe 1–1,50 m; Gewicht: 29–45 kg; vorwiegend Pflanzenkost.

Die grazilen Australopithecinen

Australopithecus africanus
(lat.: südlicher Affe von Afrika)
Der Australopithecus africanus kommt nur im südlichen Afrika vor, im östlichen und nördlichen Bereich ist der Australopithecus afarensis verbreitet. Fundstätten in Südafrika: Makapansgat (3,5 Mio. Jahre), Sterkfontein (2,5 Mio. Jahre; „Mrs. Ples"), Taung (2,3 Mio. Jahre; „Kind von Taung").
Australopithecus africanus lebte eine Zeitlang sowohl mit Australopithecus robustus als auch mit Homo habilis und Homo erectus und starb vor etwa 2 Mio. Jahren aus. In der Anatomie unterscheidet er sich nur wenig vom Australopithecus afarensis, und auch der Gang hat sich kaum geändert. In einigen Fundstätten sind bearbeitete Abschläge entdeckt worden. Es ist durchaus möglich, daß den Australopithecus africanus Kiesel, Steine und Knochen zu Verteidigungszwecken oder für die Nahrungsbeschaffung verwendete oder Kieselsteine grob bearbeitete.
Raymond Dart bringt künstlich gebrochene, geformte Tierknochen und bearbeitete Zähne mit dem Australopithecus africanus in Verbindung und schlug für diese Bezeichnung „osteodontokeratische Industrien" vor (Knochen-, Zahn-, Horngeräte). Heute wird diese Ansicht überwiegend abgelehnt. Neue Forschungsergebnisse führen diese Ansammlung von Knochen und Zähnen auf Reste von Hyänenmahlzeiten zurück. Demnach ist der Australopithecus africanus nicht der angenommene Jäger und „Killeraffe", sondern selber der Gejagte gewesen.

Hirnvolumen 400–500 cm³; Größe 1,15–1,38 m; Gewicht: 30–41 kg; Allesfresser.

Die robusten Australopithecinen
Die 3 robusten Australopithecinen-Arten *aethiopicus, boisei* und *robustus* zählen zu einem ausgestorbenen Seitenzweig des Hominidenstammbaums, dessen Abspaltung vor ca. 2,5 Mio. Jahren erfolgte und deren gemeinsamer Vorfahre der *Australopithecus afarensis* ist. Die eine Linie führte zum *Homo sapiens*, die andere zu den robusten Australopithecinen, die vor etwa 1 Mio. Jahren ausstarben. Sie waren auf harte Pflanzennahrung ausgerichtet und waren der wachsenden Konkurrenz spezialisierter Großsäuger wie zum Beispiel Schweinen und Antilopen und den durch Werkzeuge unterstützten Allesfressern der Gattung *Homo* nicht gewachsen.

Australopithecus aethiopicus
Es sind nur spärliche Funde vorhanden: Lomekwi in Kenia (2,6–2,3 Mio. Jahre) und Omo in Äthiopien (3,1–1,8 Mio. Jahre). Am bekanntesten ist der „Schwarze Schädel", der westlich des Turkana-Sees in Nordkenia in 2,5 Mio. Jahre alten Ablagerungen gefunden wurde.
Hirnvolumen: 410 cm³; Größe und Gewicht sind nicht sicher bekannt; spezialisierter Pflanzenfresser.

Australopithecus boisei
(benannt nach Charles Boise, der die Ausgrabungen unterstützte, auch als „Nußknackermann" bezeichnet)
Eine weitere robuste Form mit ähnlichem „Nußknackergebiß" wurde

von M. und L. Leakey in Olduvai (Tanzania) gefunden (Spitzname: „lieber Junge"). Er lebte zwischen 2,5 und 1,4 Mio. Jahren und wurde zunächst *Zinjanthropus* oder „Mensch von Zinj" genannt. Zinj ist das arabische Wort für Ostafrika. Viele Wissenschaftler sehen in ihm eine besondere Art des *Australopithecus* und nennen ihn daher *Australopithecus boisei*. Ein Oberkieferfragment aus Malema am Lake Malawi, im südlichsten Abschnitt des ostafrikanischen Grabens, ist etwa zwischen 2,5 und 2,4 Mio. Jahre alt.
Hirnvolumen: 410–530 cm³; Größe 1,24–1,37 m; Gewicht 34–49 kg; spezialisierter Pflanzenfresser.

Australopithecus robustus
(lat.: robuster südlicher Menschenaffe)
Erste Funde stammen aus Südafrika bzw. aus Kromdraai vor 1,2 Mio. Jahren und Swartkrans vor 2 Mio. Jahren. Der *Australopithecus robustus* starb vor etwa einer Mio. Jahren aus. Die Robustheit zeigt sich in einem gewaltigen Kauapparat, der mit der vierfachen Kraft eines heutigen Menschen zubeißen konnte und hauptsächlich für zähe Knollen, Wurzeln und Samen geeignet war. Die Kaumuskulatur setzte (ähnlich wie bei den heutigen Gorillas) an einem Knochenkamm auf der Scheitelmitte an. Nach Randall Susmann (State University of New York in Stony Brook) dürften die robusten Australopithecinen genügend Fingerfertigkeit gehabt haben, um →Steinwerkzeuge herzustellen, eine Fähigkeit, die man meistens nur der Gattung *Homo* zuschreibt. Funde von Knochenfragmenten in

Swartkrans zeigen Abnutzungsspuren und wurden nicht nur einmal, sondern mehrmals benutzt. Zwar handelt es sich nicht um speziell hergestellte Werkzeuge, doch wurden sie offensichtlich als persönliches Eigentum über einen längeren Zeitraum zum Ausgraben von Knollen und Wurzeln benutzt. Hirnvolumen 530 cm³; Größe 1,30–1,50 m; Gewicht 32–40 kg; spezialisierter Pflanzenfresser.

Homo rudolfensis

(benannt nach dem früheren Rudolfsee, Nordkenia, heute Turkanasee, nach dem Volk der Turkana, das an seinem Westufer lebt) Wie die robusten Australopithecinen stammt auch der *Homo rudolfensis* vom *Australopithecus afarensis* ab.

Voraussetzung für die Entstehung einer neuen Art ist die räumliche Abtrennung einer Teilpopulation der ursprünglichen Art. Die geographische Isolation führt dazu, daß sich bei der Teilpopulation die für den neuen Lebensraum günstigen Merkmale genetisch durchsetzen können. (Schrenk, 179, 71).

Der *Homo rudolfensis* paßte sich den neuen klimatischen Gegebenheiten an. Er stellte sich auf eine gemischte Ernährungsweise ein, und mit der beginnenden Werkzeugkultur nutzte er andere Nahrungsquellen. Mit seinen →Steinwerkzeugen konnte er harte Pflanzennahrung öffnen oder zerkleinern, mit scharfkantigen Abschlägen erbeutete Kadaver zerlegen und damit völlig neue Nahrungsquellen erschließen. Funde von Friedemann Schrenk am Malawisee (2,5–1,8 Mio. Jahre) sind nach Meinung des Finders menschenähnlicher als die sonstigen *Homo habilis*-Funde. Fossilienfunde in Omo (Äthiopien) werden auf 2,3–2,2 Mio. Jahre und solche aus Koobi Fora (Kenia) noch älter datiert. Wenn also tatsächlich 2 *Homo*-Arten gleichzeitig in Afrika lebten, dann ist es wahrscheinlich, daß nur eine davon über den *Homo ergaster* („Handwerker"), die frühe afrikanische Form des *Homo erectus*, zum archaischen *Homo sapiens* und *Homo sapiens sapiens* führte. Sein Gehirn war größer als die aller anderen der Australopithecinen. Bisher gibt es nur spärliche Funde. Hirnvolumen: 600–800 cm³; Größe 1,55 m; Gewicht 30–37 kg; gemischte Kost.

Homo habilis

(„geschickter", zum Werkzeuggebrauch befähigter Mensch) Der *Homo habilis* ist ein Nachfahre des *Australopithecus africanus*. In →Olduvai Gorge (Tanzania) werden Funde, auf ein Alter von 2,1–1,5 Mio. Jahre beziffert. Er starb vor etwa 1,5 Mio. Jahren aus. Der *Homo habilis* ist zwar nicht mehr Menschenaffe – er konnte offenbar immer noch gut in den Bäumen klettern –, aber auch noch nicht Mensch, doch die Evolution des Menschen beginnt bei ihm. Morphologisch steht er als Affenmensch zwischen dem *Australopithecus* und dem *Homo erectus* und weist darüber hinaus ein größeres Hirnvolumen als seine Vorgänger auf. Über die verwandtschaftlichen Beziehungen des *Homo habilis* zu den Australopithecinen gibt es mehrere Theorien, z.B.: Nach Richard Leaky haben Australopithecinen und *Homo* vor mindestens 5 Mio. Jahren begonnen, sich getrennt zu entwickeln. Als Ausgangspunkt nimmt Leaky eine ramapithecusähnliche Form an, aus der auch die Australopithecinen hervorgegangen sind.

Für D. C. Johanson u.a. Wissenschaftler stammen *Homo habilis*, *Australopithecus boisei* und *Australopithecus africanus* vom *Australopithecus afarensis* ab. Auf *Austrapithecus afarensis* wären dann die anderen Australopithecusformen zurückführbar.

Nach der Theorie des Darmstädter Paläontologen Friedemann Schrenk sei der *Homo habilis* nur ein Versuch des *Australopithecus* gewesen, sich zum Menschen zu erheben: Der eigentliche Ahn des *Homo sapiens* sei der *Homo rudolfensis*.

Der *Homo habilis* weist bereits wesentliche Eigenschaften des Menschen in elementarer Form auf: Die Herstellung von →Steinwerkzeugen, nicht nur die Gerätebenutzung wie sie auch bei Tieren vorkommt, zeigt eine Zielgerichtetheit und Planmäßigkeit, wie sie nur beim Menschen anzutreffen ist. Er führt ein soziales Leben, das sich in der Sorge für den Nachwuchs, in der Jagd und der damit verbundenen Nahrungsteilung ausdrückt. Die wesentlichsten Unterscheidungsmerkmale zwischen *Australopithecus* und *Homo habilis* sind, neben verschiedenen anatomischen Merkmalen (z.B. Bekken, Oberschenkelknochen) das Gesicht, welches unter der Nase statt der Schnauze den Mund und am Unterkiefer ein Kinn ausbildet, das nur der *Homo* aufweist, sowie das Hirnvolumen, das mit einem Maximalwert von 752 cm³ bereits

in den unteren Bereich des *Homo erectus* reicht. Es wird angenommen, daß er eine symbolische Sprachform artikulieren konnte. Auf ihn geht die Geröllgeräte-Kultur des →Oldowan zurück. In den gleichen Fundschichten wurden bearbeitete Kieselsteine (Chopper, Chopping Tools, Sphäroide, Diskoide, Schaber) gefunden. Die Herstellung der Steingeräte sagt viel über die geistigen Fähigkeiten aus. Jeder Abschlag mußte im voraus bedacht werden, stellte ein gelöstes Problem dar und führte am Ende zur Herstellung des gewünschten Werkzeuges. Bestimmte Geräteformen mußten nicht jedesmal neu entwickelt werden, sondern waren geistig jederzeit abrufbar. Die Kenntnisse des Herstellungsprozesses konnten an andere Gruppenmitglieder und an nachfolgende Generationen weitergegeben werden. Mikroskopische Spuren an den Rändern der →Steinwerkzeuge belegen den Gebrauch zum Schneiden von Fleisch, Pflanzen und Holz.

Die Nutzung des →Feuers scheint bekannt gewesen zu sein und wird im Zusammenhang mit der Natur gesehen, wenn es z.B. durch Blitzeinschläge entsteht.

Hirnvolumen: 500–752 cm³; Größe ca.1,45 m; Gewicht ca. 50 kg; gemischte Kost.

Homo antecessor
(lat.: der Mensch, der vorausgeht)
In Nordspanien, bei Burgos in der Karst-Höhle von Gran Dolina, wo der Bau einer Eisenbahntrasse die gesamte Sedimentabfolge zutage gebracht hatte, wurden 1997 versteinerte Überreste von 6 Individuen im jugendlichen Alter ge-

funden. Die Ausgräber Antonio Rosas, José Maria Bermudez de Castro und Mitarbeiter vom Naturwissenschaftlichen Nationalmuseum in Madrid deuten die Funde mit einem Alter von 780 000 Jahren als neuesten Sproß der Hominidenfamilie und nennen ihn *Homo antecessor* (Vorgänger). Er ist damit der älteste Europäer und nach Meinung seiner Entdecker der letzte gemeinsame Vorfahre vom modernem Menschen und Neandertaler. So ist die Nasenpartie des *Homo antecessor* kaum von der des wesentlich jüngeren *Homo sapiens* zu unterscheiden, während Zähne und Überaugenpartien noch deutlich ursprünglichere Züge trugen. „Diese Kombination", so Rosas, „ist absolut einzigartig im Fossilbefund". Nach Meinung der spanischen Forscher hat der *Homo erectus* europäischen Boden nie betreten, sondern hat sich nur nach Asien ausgebreitet, während aus dem *Homo antecessor* der *Homo sapiens* und der *Homo heidelbergensis* hervorgingen. Aus letzterem spaltete sich dann etwa vor 150 000 Jahren der *Homo neanderthalensis* ab (Siefer, 183). Andere Forscher stehen dieser Auffassung skeptisch gegenüber und stufen die Funde eher als Relikte des späten *Homo erectus* ein. Die Begründung: das Schädelfragment eines Elfjährigen zeige mit seinen alten und neuen Merkmalen möglicherweise nur den anatomischen Wandel in der Pubertät.
Nach Meinung seiner Entdecker gelangte der *Homo antecessor* vor etwa einer Mio. Jahren von Afrika nach Nordspanien und entwickelte sich über den *Homo heidelbergensis* zum *Homo neanderthalensis*.

Seine afrikanischen Nachfahren entwickelten sich dann zum *Homo sapiens*. Der *Homo erectus* (*Homo ergaster*) habe europäischen Boden nie betreten, sondern konnte sich nur nach Asien ausbreiten.

Homo erectus (Frühmensch)
(lat. erectus: aufgerichtet, der aufgerichtete Mensch)
Der Begriff ist heute unlogisch, da bereits die Australopithecinen aufrecht gehen konnten. Nach dem Aussterben der Australopithecinen blieb nur ein Hominide übrig: der *Homo erectus*, der in Afrika als *Homo ergaster* („Handwerker") bezeichnet wird. Er verließ als erster Hominide vor über 2 Mio. Jahren erstmalig Afrika und breitete sich schnell in Asien und Europa aus. Mit ihm endet die affenartige Vergangenheit des Menschen als Urmensch. Er ist der Beginn einer eigenständigen menschlichen Zukunft.

Früher Homo erectus
(Homo ergaster)
(gr. ergaster: Arbeiter)
2 100 000–1 500 000 Jahre
Funde in Koobi Fora in Kenia: 1,8–1,7 Mio. Jahre; Java: 1,8–1,6 Mio. Jahre; China: Die meisten Funde sind etwa 600 000–300 000 Jahre, nur Reste in der Höhle Longgubo bei Wushan und aus Yuanmou in der Provinz Yunnan sind vielleicht 1,5 Mio. Jahre alt oder älter. Zwei kürzlich gefundene Hominidenzähne sollen ca. 1,9 Mio. Jahre alt sein. Das vollständigste je gefundene Skelett eines *Homo erectus* wurde in der Nähe des Nariokotome Sandflusses am Westufer des Turkana-Sees

in Kenia entdeckt und auf etwa 1,6 Mio. Jahre datiert. Der etwa 12 Jahre alte Jugendliche maß zu Lebzeiten etwa 1,70 m, wog 47 kg und wäre im Erwachsenenalter schätzungsweise 1,82 m groß geworden. Dies widerspricht der allgemeinen Annahme, daß der Mensch im Laufe seiner Entwicklung größer geworden sei; es scheint, daß wir unsere jetzige allgemeine Größe schon in dieser Zeit erreicht haben. In Europa stammen die ältesten Funde, mehrere Schädel und Langknochenfragmente, aus der Region Orce in Andalusien in Südspanien. Sie weisen ein Alter von 1,8–1,6 Mio. Jahren auf. Sie lassen sich vielleicht auf den *Homo ergaster* oder *Homo rudolfensis* zurückführen und belegen eine frühe Auswanderung aus Afrika. In Dmanisi in Georgien wurde ein Unterkiefer gefunden, dessen Zugehörigkeit zum *Homo erectus* und dessen Alter von 1,6 Mio. Jahren noch nicht allseits anerkannt werden. Hirnvolumen: 700–800 cm^3.

Später afrikanischer und asiatischer Homo erectus
1 500 000–40 000 Jahre
Olduvai: 1,2 Mio.–500 000 Jahre; in Äthiopien im Gebiet des Omo-Flusses: 1,2 Mio. Jahre; in Yayo im Tschad: 800 000–700 000 Jahre; in Ternifine in Algerien: 700 000 Jahre; in China sind die meisten Fundstellen zwischen 600 000 und 300 000 Jahre alt. Bisher war man der Ansicht, daß der *Homo erectus* vor etwa 200 000 Jahren ausgestorben ist. Henry Schwarz und Jack Rinck von der McMaster-Universität in der kanadischen Provinz Ontario untersuchten Tierzähne, die man vor mehr als 60

Jahren auf der indonesischen Insel Java zusammen mit 12 kiefernlosen *Homo-erectus*-Skeletten gefunden hat.

Sooft sie ihre Bestimmung mit den modernsten Methoden auch wiederholten, das Ergebnis zeigte immer 53 000–27 000 Jahre an. Zu dieser Zeit aber lebte längst *Homo sapiens sapiens* auf Java. Gleich drei verschiedene Menschentypen müßten demnach auf dem Höhepunkt der letzten Eiszeit die Erde bevölkert haben. Denn weiter nördlich jagte ja auch noch *Homo sapiens neanderthalensis*, der Neandertaler, seiner Beute nach. Die gängige Theorie, *Homo sapiens* wäre nach seiner Entstehung aus Afrika eingewandert und hätte weltweit *Homo erectus* verdrängt und ausgerottet, ist mit diesem Ergebnis jedenfalls erst einmal vom Tisch („Die Welt", 22. 2. 97).

Europäischer Homo erectus
800 000–300 000 Jahre
Es ist umstritten, ob die Funde des →*Homo antecessor* von →Gran Dolina zum *Homo erectus* oder zu einem neuen Sproß der Hominidenfamilie gehören; mehrere der Funde haben ein Alter von 780 000 Jahren. Spuren des *Homo erectus*, aber ohne fossile Menschenreste, sind etwa 1 Mio. Jahre alt (z. B. Geröllgeräte in →Kärlich bei Koblenz). In Soleihac werden Abschläge und →Pebble Tools auf 900 000 Jahre datiert. In Vallonnet (beide in Südfrankreich) wird sogar eine Datierung von 1–1,8 Mio. Jahren behauptet. Der Unterkiefer von →Mauer ist 600 000 Jahre und Funde von →Bilzingsleben 370 000 Jahre alt. Der *Homo erectus* führt mit einer Seitenlinie zum archaischen *Homo sapiens*, dieser dann wiederum zum *Homo sapiens sapiens*.

Mit dem Auftauchen des *Homo erectus* ergaben sich wichtige Neuerungen: die Ausbreitung über 3 Kontinente, die Erfindung des tropfenförmigen Acheuléen-Faustkeils (der allerdings in Ostasien fast völlig fehlt; das wird damit erklärt, daß der *Homo ergaster* vor Erfindung des Faustkeils Afrika verlassen habe und Hominidenarten mehrmals Afrika verlassen hätten), des Handbeils, die einander sehr ähnliche Herstellung von Werkzeugen und das erstmalige Auftreten systematisch durchgeführter Jagd. Es gibt Hinweise auf Wohn- und Arbeitsplätze, Schutz des Körpers durch Tierfelle und die Zähmung des Feuers. Wahrscheinlich gab es eine Arbeitsteilung, wobei den Männern die Jagd und den Frauen Aufgaben in der Nähe des Lagers zufielen wie z. B. das Aufziehen der Kinder und das Sammeln pflanzlicher Nahrung.

Der *Homo erectus* hatte bereits weitgehend die für uns heute gewohnten menschlichen Körperformen, besaß jedoch eine fliehende Stirn, eine flache Schädelwölbung und größere Zähne. Das Gehirn vergrößerte sich gegenüber dem *Homo habilis*, saß aber gegenüber dem des modernen Menschen eher hinter und nicht über dem großen Gesichtsschädel. Die Gesamtkörpergröße nahm zu. Erste anatomische Hinweise auf den Beginn einer sprachlichen Kommunikation.

Mit der Auswanderung aus Afrika in die kälteren und dunkleren Regionen Europas und Asiens wurde die Haut heller, weil dann die Sonne in die Haut eindringen und zur Produktion von Vitamin D beitragen konnte. Auch die schützende Fettschicht und die Schweißdrüsen paßten sich den neuen klimatischen Verhältnissen an.

Tierknochenfunde in →Bilzingsleben und in →Vértesszöllös (Ungarn) zeigen eingeritzte Striche, Bündel von parallelen oder aufgefächerten Linien und Halbkreisbögen, die ein abstraktes Denken voraussetzen. Dies sind, wie es Dietrich Mania sagt, „älteste optisch wirksame Darstellungen eines menschlichen Gedankens".

Der Urgeschichtler Hansjürgen Müller-Beck geht davon aus, „daß mit Sicherheit bereits vor 400 000 Jahren der Schritt zum Menschen vollzogen war – und zwar zu einem Menschen, der sich in seinen Möglichkeiten von uns nicht mehr grundsätzlich abhebt" (Müller-Beck, in 113, 40).

Hirnvolumen 750–1 250 cm³; Größe ca. 1,65 m; Gewicht ca. 53–65 kg.

Homo sapiens neanderthalensis in Europa
(der weise Mensch aus dem Neandertal)

Benannt nach dem Fundplatz in der Höhle „Feldhofer Kirche" im →Neandertal bei Düsseldorf, wo J. C. Fuhlrott Skelett- und Knochenreste barg; keine Datierung. Da fast alle Neandertaler-Funde aus Abris oder Höhlen stammen, stufte man ihn anfangs als Höhlenbewohner ein. Tatsächlich hielt er sich aber nur kurzfristig dort auf und wohnte, zumal diese Voraussetzungen nicht überall gegeben waren, in Hütten oder Zelten. Im übrigen führten die Neandertaler wohl innerhalb gewisser Gebiete ein Nomadendasein.

Ante-Neandertaler
400 000–200 000 Jahre

Die frühen Menschen des Mittelpleistozän in Europa waren Vorfahren des *Homo sapiens neanderthalensis*, die mit dem *Homo steinheimensis* zum erstenmal auftraten und anatomisch wie eine Mischung aus Neandertalern und modernen Menschen wirken. Je jünger die Funde werden, desto stärker nehmen die Merkmale des Neandertalers zu, bis sie sich über den frühen Neandertaler zum klassischen Neandertaler entwickelten, der nicht mehr der Vorläufer des modernen Menschen ist.

Früher Neandertaler
200 000–90 000 Jahre

In →Krapina, nördlich von Zagreb in Kroatien, wurden Knochen-, Schädel- und Kieferreste sowie Zähne von etwa 70 Individuen aus der Zeit vor 100 000 Jahren gefunden.

Klassischer Neandertaler in Europa und im Nahen Osten
90 000–30 000 Jahre

Aus dem *Homo erectus* entwickelte sich langsam der archaische *Homo sapiens* mit einer Seitenlinie zum *Homo neanderthalensis* und „klassischen" Neandertaler.

Die Wurzeln des Neandertalers lassen sich mehr als 400 000 Jahre zurückverfolgen, wobei aber der „klassische" Neandertaler sich erst vor 90 000 Jahren aus dem frühen Neandertaler in Europa entwickelte und auf Eurasien und Nordafrika beschränkt blieb. Der Neandertaler trägt einige Züge, die an den *Homo erectus* erinnern, ist aber in der Entwicklung des Gehirns deutlich weiter. Er ist der erste, der den heutigen Volumendurchschnitt erreicht und z.T. sogar übertrifft, so daß er dem archaischen *Homo sapiens* zugeordnet wird. Die körperlichen Merkmale des Neandertalers sind unverwechselbar: Die Individuen waren groß und robust, mit sehr massiven Röhrenknochen, muskulösem Körperbau, Überaugenwülsten und fliehendem Kinn. Er konnte vermutlich sprechen, der Fund eines Neandertaler-Zungenbeins in der →Kebara-Höhle (Israel), das dem entsprechenden Knochen heutiger Menschen gleicht, weist darauf hin. Daraus ist mindestens zu schließen, daß der Neandertaler eine Fülle von Lauten produzieren konnte, die zur menschlichen Sprache gehören. Die Neandertaler werden heute überwiegend als ein an die Kälte angepaßter Seitenzweig der Menschheit angesehen, besaßen aber ein relativ hohes kulturelles Niveau. Ihre in →Kernsteintechnik hergestellten Geräte fallen in das →Acheuléen, prägen das →Levalloisien, →Moustérien, →Micoquien und →Atérien. Sie fertigten komplizierte Werkzeuge und Waffen aus verschiedenen Materialien (Stein, Holz, Knochen) an; F. Bordes teilt das gesamte Gerätespektrum in der Moustérien-Epoche in 60 systematisch produzierte Werkzeugkategorien ein.

Neandertaler waren vermutlich die ersten Menschen, die ihre Toten begruben (→Bestattungen). Sie bestatteten ihre Toten mit Blumen, rotem →Ocker und mit Beigaben von Nahrungsmitteln, Waffen oder Gebrauchsgegenständen. Es gibt auch Hinweise, daß körperlich Behinderte soziale Fürsorge genossen. Das berühmteste Beispiel ist das Skelett eines Mannes aus der →Shanidar-Höhle in Kurdistan im Nordirak mit mehrfachen Verletzungen. Sein Kopf war so beschädigt, daß er auf einem Auge blind sein mußte. Ein Arm war verkrüppelt, eine Hand fehlte. Sein linkes Bein wies mehrere verheilte Knochenbrüche und Knochenveränderungen auf. Der Mann war offensichtlich so behindert, daß er nur mit Hilfe anderer in seiner Gruppe überleben konnte.

Wenige Neandertaler wurden älter als 40 Jahre. Ihre →Zähne weisen, neben Veränderungen des Zahnschmelzes, wie sie als Folge bei schweren Erkrankungen von Kindern zur Zeit ihres Zahnwachstums auftreten, extreme Abnutzungen auf, weil sie vermutlich als Werkzeug zum Weichkauen von Häuten benutzt wurden.

Vielleicht tritt auch erstmalig eine eigenständige Kunst in Erscheinung, denn an verschiedenen Moustérien-Fundplätzen fand man rote, gelbe und schwarze Farbstücke mit Abreibspuren oder in Form von zugespitzten Stiften. Farben konnten auch bei bestimmten Anlässen als Schminke dienen, denn →Rötel bietet alle Farbtöne von Gelb bis Dunkelrot und Ocker-Gelb, Braun oder Rot. Auch die Formen und Proportionen der Acheuléen-Faustkeile sowie die Beachtung attraktiver Fossileinschlüsse bei der Auswahl der zu bearbeitenden →Steinwerkzeuge dokumentieren einen Sinn für Ästhetik.

Ein ungelöstes Problem ist das Verschwinden des Neandertalers. Es gibt keine stichhaltigen Argumente, daß der *Homo sapiens sapiens* den Neandertaler ausgerottet hätte, denn sie müssen in Europa mindestens 10 000 Jahre nebeneinander gelebt haben.

Im Nahen Osten wanderte der moderne Mensch vor ungefähr 100 000 Jahren ein. Kurze Zeit später kam von Norden auch der Neandertaler; sie lebten also fast 50 000 Jahre im selben Gebiet. Je stärker sich die modernen Menschen vermehrten, desto mehr drängten sie die Neandertaler in ungünstige Randgebiete. Deren Leben wurde dadurch noch schwieriger, ihre Zahl nahm weiter ab, bis sie schließlich ganz ausstarben. Für den *Homo sapiens sapiens* wurde berechnet, daß eine lediglich um 2 Prozent geringere Mortalitätsrate gegenüber dem Neandertaler ausgereicht hätte, um letzteren in rund 30 Generationen (etwa ein Jahrtausend) zum Aussterben zu verurteilen.

Nach Fossilienfunden zu urteilen verschwanden die Neandertaler vor 45 000 Jahren von Osten nach Westen. Die letzten Spuren sind in Südspanien, Zaffarraya und in Figueira Brava in Portugal etwa 31 000 Jahre alt. Teilweise vermischten sie sich wohl auch. Auf diese Weise werden einige fossile Funde Osteuropas gedeutet, die 30 000 Jahre zurückreichen, moderner Art sind, aber trotzdem einige Merkmale des Neandertalers aufweisen. Genetische Untersuchungen an fossilem Material belegen aber, daß der moderne Mensch nicht von den Neandertalern abstammen kann (→Out-of-Africa-Modell).

Hirnvolumen: 1 200–1 750 cm³; Größe ca. 1,60 m; Gewicht ca. 75 kg; vegetarische und tierische Nahrung (Fleisch, Fett).

Homo sapiens
(der weise Mensch)

Alle Menschen gehören zur Spezies des *Homo sapiens* („weiser Mensch"), der einzig heute lebenden Art aus der Familie Hominidae. Die Hominidae oder Hominiden sind eine Gruppe aufrecht gehender Primaten mit einem relativ großen Gehirn. ... Alle Menschen sind also Hominiden, aber nicht alle Hominiden kann man als Menschen bezeichnen. Alle Menschen sind auch Primaten.

Besondere Eigenschaften des Menschen sind seine ausgedehnte Kindheit, seine genetische Einheitlichkeit trotz unterschiedlichen Körperbaus, unterschiedlicher Haut- und Haarfarbe, der Werkzeuggebrauch, die Kommunikation durch gesprochene oder geschriebene Sprache, die Fähigkeit zur Anpassung an unterschiedliche Umwelt-, Klima- und Temperaturbedingungen und die soziale Bereitschaft, als Allesfresser Nahrung mit anderen zu teilen (Johanson/Blake 102, 18–19).
Die Entwicklung des Menschen in Afrika kann in 3 Entwicklungsstufen unterteilt werden:
600 000–200 000 Jahre: Aus dem *Homo erectus* entwickelte sich langsam der frühe archaische *Homo sapiens* mit Seitenlinie zum *Homo neanderthalensis* und „klassischem" Neandertaler.
200 000–100 000 Jahre. Aus einer Gruppe des archaischen *Homo sapiens* entwickelt sich der späte *Homo sapiens*, der sich kaum noch vom modernen Menschen unterscheidet. Bei seiner weltweiten Ausbreitung aus Afrika vor ca. 100 000 Jahren verdrängte er alle anderen Menschenformen (den *Homo erectus*, den archaischen

Homo sapiens und den Neandertaler), auf die er in Afrika, Asien oder Europa traf (→ „Out-of-Africa"-Modell).
Der heutige *Homo sapiens sapiens* soll sich dann vor etwa 200 000 Jahren aus einer Gruppe des archaischen *Homo sapiens* in Afrika (südlich der Sahara) entwickelt haben. Nach der „Multiregionalen Hypothese" (→ Kandelaber-Modell) könnten sich regionale Populationen des *Homo erectus* unabhängig voneinander zum *Homo sapiens* entwickelt und sich teilweise miteinander vermischt haben.
Im Nahen Osten tauchte dieser vor etwa 100 000 Jahren, in Australien vor 50–60 000 Jahren und in Europa vor 40 000 Jahren auf. In Europa weist der *Homo sapiens* bereits eine gewisse Typenvarietät auf, z. B. als → Crô-Magnon-Mensch (Ort in der Dordogne, Frankreich) oder als „Mensch von Combe-Capelle" (Ortschaft in der Dordogne, Frankreich).
Hirnvolumen: 1100–1400 cm^3, Größe ca. 1,60 m.

Homo sapiens sapiens
(eine Unterart des Jetztmenschen)

Die menschlichen Formen, die sich vor 35 000 bis vor 10 000 Jahren entwickelten, kündigen in ihrer Mehrartigkeit bereits den modernen Menschen an. Sie werden mit *Homo sapiens sapiens* beschrieben, d. h. als Unterarten von *Homo sapiens* betrachtet (Facchini, 56, 128).

Mit dem *Homo sapiens sapiens* setzte eine Art „schöpferische Explosion" ein. Die Werkzeugpalette wurde verbessert und erweitert, →Pfeil und Bogen wurden erfunden, Großwild wurde systematisch gejagt (→Jagd) und die ersten Kunstwerke (→Höhlenbilder, →Kunst) entstanden.

Unsere nächsten Vorfahren und engsten Verwandten – der *Homo erectus*, die Neandertaler und andere – besaßen, wie ihre Werkzeuge und sonstigen Artefakte belegen, hochgradige geistige Fähigkeiten. Aber nur der *Homo sapiens* beweist unmittelbar jenes abstrakte Denken, einschließlich numerischer und ästhetischer Formen, das wir als spezifisch menschlich ansehen. Alle Hinweise auf eiszeitliche Formen des Rechnens, Kalenderstöcke und Zählbehälter, gehören zum *Homo sapiens*. Die ganze Eiszeit-Kunst – die Höhlenmalereien, die Venusstatuen, die Pferdekopfschnitzereien, die Rentier-, Flachreliefs – war ein Werk unserer Art. Nach den jetzt vorliegenden Beweisen kannte der Neandertaler keine darstellende Kunst (Gould, 78, 361–362).

Die Evolution des Menschen ist noch nicht zu Ende. Aus biologischer Sicht, fußend auf der Evolutionstheorie, vermag heute niemand zu sagen, wie die weitere Entwicklung des Menschen fortschreiten und wohin sie führen wird.

Hirnvolumen: 1 200–1 700 cm^3; Größe ca. 1,60–1,85m.

Exkarnation

(lat. caro: Fleisch)

Aussetzung der Toten, bis das Fleisch von den Knochen abfällt oder durch Tiere abgenagt wird. Die gereinigten Skelette können dann in →Ossuarien oder wie in →Çatal Hüyük unter den Plattformen der Wohnhäuser beigesetzt werden.

Fäden

Im Paläolithikum werden dicke Schnüre und dünne Fäden aus Sehnen, gedrehten und evtl. längsgeteilten Därmen sowie Lederriemen gebräuchlich gewesen sein, während zumindest im Mesolithikum diverse vegetabilische Naturstoffe (z. B. Bast, Nesseln) zur Verfügung standen. Aus zerfaserten Sehnen gedrehte Fäden hatten eine Stärke von kaum 0,5 Millimeter (Feustel, 61, 175).

Fallen

Jäger des Altpaläolithikums benutzten Sümpfe oder flache Teiche, im Winter wohl auch Schneewehen oder zugewehte Schluchten als natürliche Fallen. Beweise für eine Fallenjagd gibt es aus dieser Zeit nicht. Aber die Knochen von zahllosen Kleintieren wie Hasen, Schneehühner, Füchsen und Mardern in den Ablagerungen der Feuerstellen lassen die häufige Ausübung der Fallenjagd vermuten, denn diese Tiere können bestimmt nicht alle mit Stöcken oder Steinwürfen erlegt worden sein. Knochenfunde von Mauer zeigen, daß 31% der Elefantenknochen von Jungtieren stammen: die Vermutung liegt nahe, daß man sie in Fanggruben erlegt hat.

In französischen und spanischen Höhlenmalereien brechen Mammute offenbar in eine aus Holzstangen konstruierte Fallgrube oder Gitter und werden vor, hinter oder sogar über Pferde, Bisons oder andere Wildtiere gemalt, womit zumindest die Absicht erkennbar wird, die Tiere als Beute zu fassen.

In der Tschechei wurden 25 000 Jahre alte Spuren von Netzabdrücken im weichen Ton gefunden, der durch Feuer gehärtet, die Abdrücke konserviert hat. Das Netz mit 4 mm großen Maschen wurde aus Nessel- oder Hanfgarnen von 0,31–1,15 mm Stärke mit dem Weberknoten geknüpft. Damit ließ sich Kleinwild problemlos fangen (US-Wissenschaftsmagazin „Science" nach „Die Welt", 13. 11. 97).

Im Mesolithikum wurde mit dem Aussterben des eiszeitlichen Großwildes, die Fallenjagd auf Wisent, Auerochsen und kleinere Wildarten üblich. Das ersparte dem Jäger das Pirschen und den Ansitz. Biber, Fischotter, Dachse und Füchse wurden mit Netzen gefangen, auch der Vogelfang mit Netzen wurde üblich. Im Nahen Osten wurden Gazellenherden in sich verengende Mauertrichter getrieben, wo sie auf einem Schlachtplatz oder in Gruben getötet wurden (→ Jagd).

Im Neolithikum und bis in die geschichtliche Zeit hinein, wurden Gruben zum Fang von Wildschwein oder Bär und Wolf angelegt.

Fangsteine

10 000–6 000 v. Chr. (Jägerzeit)
Verbreitung: im gesamten Sahararaum.

Oval bis eiförmig zugerichte Steine mit einem Gewicht von 10–80 kg und einer tiefen umlaufenden Kerbe, die als Halt für eine Seilschlinge aus Pflanzenfasern diente und in Bodennähe zwischen 2 Fangsteinen aufgespannt wurde.

Geriet ein Tier mit dem Bein in einne solche Schlinge, war es im Laufen stark behindert, konnte gefangen und getötet werden. Aber auch das schonende Einfangen von Wildtieren zum Zweck der Haltung war möglich. Beide Fangarten sind auf Felsbildern aus dieser Zeit dargestellt (→Nordafrika. Messak Sataffet, Messak Mellet).

Faustkeilblätter

Typische Geräte des →Micoquien mit wenig gewölbter retuschierter Oberfläche und flacher Unterseite (beidseitig retuschiert und im Längsschnitt gleichbleibend dünn), die aus →Abschlägen hergestellt wurden.

Faustkeile

(coup de poing, biface, Chopping Tools, Zweiseiter)
Vor etwa 1,5 Mio. Jahren entstand in Afrika mit dem →Acheuléen die erste faustkeilführende Kultur. Sie ersetzte aber das vorausgehende →Oldowan nicht sofort, sondern begleitete es über 500 000 Jahre, bis es schließlich dominierte. Man fand in Ostasien sogar Werkzeuge des Oldowantyps, die nur 200 000 Jahre alt sind. Der Wandel von den Geröllgeräten zu den Faustkeilen des Acheuléens fällt in etwa mit dem Erscheinen des *Homo erectus* zusammen, der in Afrika und Europa erst vor etwa 200 000 Jahren nach und nach verdrängt wurde. Das typische Gerät – neben Geröllwerkzeugen und Abschlaggeräten – ist der in →Kernsteintechnik hergestellte Faustkeil. In Europa fallen die ältesten Faustkeile in das Prä-Acheuléen und werden auf 800 000 Jahre datiert, obwohl ein vereinzeltes Stein-

werkzeug in Sandalja in Nordjugoslawien 1,3 Mio. Jahre alt ist, in Vallonet bei Monte Carlo 900 000 Jahre alte Werkzeuge gefunden wurden und Fundobjekte aus Südspanien vielleicht noch älter sind.

Faustkeile sind typische Werkzeuge des älteren und mittleren Paläolithikums, genetische Nachfolger der →Chopping Tools. Indem die →Retusche um das ganze Geröllstück herum geführt wurde, entstand der →Proto-Faustkeil und mit der Weiterführung der Retusche auf der Ober- und Unterseite der Faustkeil. Die Schneide der Haugeräte wurde immer mehr zur Spitze verlängert, das Werkzeug bekam Birnenform mit mittlerer Verdickung und ein immer gleichmäßigeres Aussehen. Das erste standardisierte Werkzeug war geboren, wurde über Hunderttausende von Jahren hergestellt und wurde erst im Moustérien allmählich von →Blattspitzen abgelöst. Faustkeile werden in →Kernsteintechnik hergestellt, d.h. aus dem Kern eines Gesteins und später auch aus dicken Abschlägen. Ähnliche Formen wie partiell retuschierte oder sogar einseitige Stücke wie →Halbkeile, →Breitkeile oder →Keilmesser, die aus einem Abschlag hergestellt werden, zählen zu den Faustkeilen. Gewöhnlich sind sie aus Feuerstein, Quarzit o.ä. Material. Bei ihrer Herstellung fallen 50–60 größere Abschläge und mehrere 1 000 Absplisse an. Faustkeile wurden ausschließlich auf dem Steinamboß und mit dem Schlagstein bearbeitet. Hinsichtlich des Umrisses sind offenbar keine feste Regeln zu erkennen, deshalb ist nicht so sehr die Form, sondern die Bearbeitungweise für diese ältesten dicken Faustkeile typisch.

Was ist das Entscheidende an einem Faustkeil, der so dauerhaft war, daß er 1 Million Jahre überdauern konnte? Zunächst hat er eine Längsachse, wie ein Boot, dann ist er zu dieser Achse symmetrisch, ebenfalls wie ein Boot; drittens besitzt er zwei gegenüberliegende konvexe Seiten, etwa wie eine Nußschale. Beide Hälften sind ringsum scharf bearbeitet. Der Faustkeil stellt eine wichtige kulturelle Errungenschaft dar, denn trotz seiner Einfachheit vereinigt er verschiedenartige Ideen in sich (Gowlett, 79, 62).

Weitere Werkzeuge: Spaltkeile (→Cleaver), grobe Kernwerkzeuge, Dreikantkeile (→Trieder) und verschiedene Formen von Abschlaggeräten. Die Abschläge sind zum größten Teil Stücke, die aus der Herstellung von Faustkeilen stammen. Es gibt aber auch bearbeitete, oft in Werkzeuge umgeänderte →Abschläge (Schaber, Bohrer, Messer, gekerbte und gezähnte Geräte).

Eine Neuerung war der Einsatz weicher Schlagwerkzeuge (Knochen, Geweih, Holz), die eine bessere Formgebung ermöglichten. Der Formenreichtum wird größer: es entstehen mandelförmige, längliche (Limandes = Seezunge), ovale, zugespitzte und herzförmige Faustkeile. Auch die ersten Werkzeugschäftungen (Verbindungen zwischen Steinwerkzeugen und einem Stiel aus Holz oder Geweih, →Schäftungen) werden hergestellt.

Das Acheuléen umfaßt eine große Zeitspanne: Die ersten Faustkeile wurden vor 1,5 Mio. Jahren hergestellt; die letzten waren noch vor 200 000 Jahren in Gebrauch. Trotz-

dem gab es neue Entwicklungen. Während dieser Zeit bildete sich der *Homo sapiens* (→Evolution des Menschen) heraus und die technischen Fertigkeiten wurden verbessert. Am Ende des Acheuléens, also vor etwa 200 000 Jahren, kam eine neue Technik auf, die man nach ihrem Fundort Levallois-Perret bei Paris →Levallois-Technik nennt. Die Bezeichnung Levallois-Kultur ist nicht zutreffend, da es sich um eine besondere Bearbeitungstechnik handelt.

Nach dieser Methode erhielt der als Rohstück dienende Silexknollen eine gewölbte Schlagfläche in Form einer Schildkröte (den übriggebliebenen Kern nennt man Schildkern), von der dann durch einen bestimmten Schlag die vorbestimmte Form mit umlaufenden scharfen Kanten abgeschlagen wurde. Die Kanten blieben unretuschiert oder wurden zu besonderen Zwecken bearbeitet. Am Ende des Acheuléens wurde der Kern so vorgeformt, daß dann mit einem einzigen Schlag, parallel zur gewölbten Schlagfläche, ein Faustkeil abgeschlagen wurde. Das →Acheuléen setzt sich zu Beginn des Würm-Glazials (70 000–10 000 Jahre) in der Form des →Micoquien und Moustérien mit Acheuléen-Tradition fort. Ihre volle Entfaltung erreichte diese Technik im →Moustérien.

Faustkeile werden allgemein als Universalwerkzeuge betrachtet, die zum Schlagen, Schneiden, Sägen, Schaben, Graben oder Bohren benutzt werden konnten. Mikroskopische Untersuchungen der Gebrauchsspuren lassen annehmen, daß mit ihnen eine Vielfalt von

Materialien bearbeitet wurden: Zum Schneiden von Fleisch und Zerlegen der Jagdbeute; Faustkeile mit Knochenglanz sind zum Durchtrennen von Gelenken und Zerspalten von Knochen verwendet worden doch wurden auch Holz und Pflanzen bearbeitet. Es ist noch strittig, ob Faustkeile nur mit der bloßen Hand geführt wurden oder ob weniger massive Stücke, wie sie in späterer Zeit auftraten, bereits geschäftet waren. Faustkeile Afrikas unterscheiden sich in Herstellung und Form nicht von den europäischen. Lediglich im Rohstoff liegt ein Unterschied, da die meisten Faustkeile Afrikas nicht aus Feuerstein, sondern aus Felsgestein gearbeitet sind.

Faustkeile in verschiedenen Technokomplexen
Altpaläolithikum

Mehr als 2,5 Mio. Jahre alte Faustkeile haben amerikanische Forscher in Äthiopien gefunden. „Es sind die ältesten bisher bekanntgewordenen Steinwerkzeuge," schreiben die Paläontologen in dem Wissenschaftsmagazin „Nature". „Ihre Herstellung zeigt bereits eine ausgefeilte Technik, die noch mehr als eine Million Jahre später angewandt wurde." Demnach haben menschliche Wesen schon 200 000 Jahre früher als bislang angenommen →Steinwerkzeuge benutzt. Als älteste derartige Steine galten bisher 2,3 Mio. Jahre alte Funde aus Äthiopien und Kenia. Da in unmittelbarer Nähe der nun gefundenen Faustkeile am äthiopischen Fluß Gona keine Knochenreste entdeckt wurden, ist unklar, welcher Urmenschentyp sie geschaffen hat. („Die Welt", 23. 1.

97). Im Proto-Acheuléen (→Abbevillien), →Acheuléen und →Micoquien stellen Faustkeile die kennzeichnende Geräteform dar. Die ältesten europäischen Faustkeile sind etwa 800 000 Jahre jünger als die afrikanischen Funde in der Olduvai-Schlucht.

Proto-Acheuléen
(Abbevillien – Early Acheulean)
1 500 000–600 000 v.h.
(benannt nach dem Ort St. →Acheul bei Amiens, Frankreich, früher →Abbevillien (→Chelleen) genannt, nach den ersten Funden bei der Stadt Abbeville in NW-Frankreich).
Die ältesten dort gefundenen Geröllgeräte und Abschläge in Europa sind etwa 1,2 Mio. Jahre alt. Es sind verhältnismäßig roh behauene, grobe und plumpe Artefakte. Sie wurden durch Zuschlagen mit einem Steinhammer auf einem Amboßstein gewonnen, haben eine zickzackförmige Schneide und oftmals eine stehengelassene Knollenrinde (→Rinde). Ziel war, mit wenigen Hieben eine scharfe Kantenschneide zu erzielen. Sie stellen eine erste Weiterentwicklung der Oldowan-Geräte dar. Das Proto-Acheuléen in Afrika wird heute oft auch als Early Acheulean bezeichnet.

Clactonien
700 000–300 000 v.h.
(benannt nach dem Ort Clacton-on-Sea in SO-England)
Nicht Kerngeräte, sondern Trümmerstück-Abschläge bestimmen das Bild. Bei den in Clactontechnik (→Amboßtechnik) erzielten großen Abschlägen kommen meist keine Faustkeile vor, und wenn, dann erst in einem fortgeschritte-

nem jüngerem Altpaläolithikum.
Dabei wurden die Trümmerstücke
an einer Kante retuschiert, um die
Effektivität zu erhöhen, jedoch
nicht, um einen normierten Typ zu
schaffen.

Acheuléen
600 000–100 000 v.h.

Diese Faustkeile stellen eine Weiterentwicklung des Proto-Acheuléen (Abbevillien) dar und sind in
einem frühen Stadium (früher
→ Chelleen) noch plump und roh,
später flach und feiner bis zu sorgfältig bearbeiteten, geometrischen
Typen. Die Kanten sind geradlinig
zugeschlagen. Es gibt zahlreiche
Formen: mandelförmige, längliche
(Limandes = Seezunge), ovale,
zugespitzte und herzförmige
Faustkeile. Hauptunterschied in
der Bearbeitungstechnik zwischen
Acheuléen-Faustkeilen und Abbe-
villien-Faustkeilen besteht darin,
daß erstere ausschließlich mit dem
Schlagstein bearbeitet wurden,
während bei letzteren außerdem
ein Schlagstock (→ Schlegel) verwendet wurde, mit dem man fei-
nere Formen herausarbeiten konnte. Es ist aber sehr schwierig, diese
unterschiedlichen Bearbeitungstechniken zu trennen.

Micoquien
200 000–50 000 v. Chr.

(benannt nach dem ehemaligen
Abri von La Micoque, Dordogne,
Frankreich)
In West-, Mittel- und Osteuropa
tritt eine morphologisch eigenständige, vom klassischen Acheuléen
unterscheidbare Faustkeilindustrie
auf, die auch als → Facies der Mittleren Altsteinzeit angesehen wird.
Sie ist mit dem synchronen
→ Moustérien und Pre-Mostérien
eng verzahnt. Es wurden Faustkeile (Micoquienkeile) mit geraden
oder eingezogenen Seiten in mittlerer Größe (9–15 cm) gefunden,
die nicht selten an der breiten Basis ein Stück Rinde (Cortex) aufweisen, und Kleinformate (6–9
cm) mit dickem Griff, der gut in
der Hand liegt, mit sehr feiner lan-
zenähnlicher Spitze, die sich meist
seitlich der Mittelachse befindet.
Häufig wurde eine Längskante
besser ausgearbeitet, während die
ihr gegenüberliegende nachlässiger
retuschiert wurde. Die Oberseite
ist stark gewölbt, die Unterseite
flach. Es gibt → Keilmesser bzw.
Faustkeile mit einem unbearbeiteten Rücken und → Faustkeilblätter.
Flache breite Keile, wurden aus
Abschlägen gewonnen. Die Faustkeiltypen wurden mit der Zeit
durch beidflächig bearbeitete
→ Blattspitzen ersetzt.

Moustérien / Pre-Moustérien
200 000–35 000 v.h.

Faustkeile schließen an die typischen Formen und Techniken des
Altpaläolithikums an und begleiten
das Moustérien in seiner gesamten
Dauer mit spezieller Moustérien-
Ausprägung; sie sind z.T. dem
Homo neanderthalensis zuzuschreiben. Mit dem allmählichen
Übergang zu den → Blattspitzen
erlischt die lange Faustkeiltradition.

Fayence
(benannt nach der italienischen
Stadt Faenza)
→ Perlen, Töpfereierzeugnisse,
Wandfließen oder Reliefformstei-
ne, die mit einer undurchsichtigen
Glasglasur überzogen wurden. Die

Die Technik war in Babylonien, Persien und Ägypten bekannt.

Fazies

(lat. facies: äußere Beschaffenheit)
Der durch Ort und Umstände bedingte Charakter stratigraphischer (→Stratigraphie) Einheiten in bezug auf Gesteinsbeschaffenheit und Fossilierung, der die Gesamtheit aller primären Merkmale einer geologischen Ablagerung darstellt. Die Hervorhebung bestimmter Teilbereiche erfolgt durch Wortkombinationen wie Litho- (Gestein-), glaziale- (eiszeitliche) Fazies u.a.

Federmesser

→Federmesser-Gruppe
Der Name beruht darauf, daß diese Messer den modernen Federmessern ähneln, mit denen man Schreibfedern spitzt.
Aus Feuerstein hergestelltes kleines Messer mit bogenförmiger Randbearbeitung. Kanten wurden durch Drucksteine (→Druckstab) bearbeitet. Federmesser wurden in hölzerne Griffe oder Schäfte eingeklemmt und dienten vermutlich zum größten Teil als seitliche Einsätze in Holzschäften und auch als Pfeilspitzen.

Federmesser-Gruppen

10000–8700 v.Chr.
(benannt nach dem →Federmesser, das diese Gruppe benutzte)
Verbreitung: In den Flachländern Nordwestdeutschlands, in Rheinland-Pfalz, Hessen, Nordrhein-Westfalen, Berlin, Sachsen-Anhalt, Holland und Belgien.
Mit dem zurückgehenden Eis, also vor etwa 13000 Jahren, wanderten Federmesser-Gruppen in die eisfreien Gebiete Dänemarks und Südschwedens ein, wenn auch oft nur für kurze Zeit. Die Federmesser-Gruppe ist die Nachfolgerin der →Hamburger Kultur und wird allgemein in 3 Gruppen eingeteilt: in die →Tjonger-Gruppe (die an das englische →Cresswellien anknüpft), die →Rissener Gruppe und die →Wehlener Gruppe. Die Rissener Gruppe wird nach dem Fundort Hamburg-Rissen benannt und breitete sich im Nordwesten und Südwesten Deutschlands, im Nordosten Hollands und im Rheinland aus. Die Wehlener Gruppe, nach Wehlen in der Lüneburger Heide benannt, befand sich in Schleswig-Holstein und im Nordosten Niedersachsens. Nördlich dieser beiden Federmesser Gruppen, bzw. in Dänemark, lag die Bromme-Lyngby-Gruppe, die sich unter anderem durch größere Stielspitzen auszeichnete. Die sehr seltenen Skelettreste, die im Rheinland (Weißenthurm, Krs. Mayen-Koblenz) unter einer 7m mächtigen Bimsschicht eines Vulkanauswurfs gefunden wurden, wurden schon bei ihrer Entdeckung achtlos behandelt und teilweise zerstört und gingen später ganz verloren. Diese Skelettfunde blieben die einzigen direkten Belege für die Federmesser-Gruppe in Deutschland, von denen man aber weiß, daß sie aus den Menschen des Magdalénien hervorgingen, die mit der beginnenden Wärmezeit ihre alten Wohnplätze in Spanien und Frankreich verließen, dem Ren nach Norden folgten und dort auch blieben.
Die meist geringe Größe der Freilandlagerplätze von maximal 15 Metern Durchmesser deutet darauf

hin, daß diese Sammler und Jäger überwiegend in kleinen Gruppen von höchstens 10–15 Menschen zusammenlebten. Die Siedlungsreste lassen Grundrisse von Windschirmen, Zelten oder Hütten erkennen. Feuerstellen mit verbrannten Knochen lassen vermuten, daß diese als Heizmaterial verwendet wurden. Mit → Kochsteinen wurden in Gruben Suppen zum Sieden gebracht. Die Federmesser-Leute legten ihre Siedlungen in manchen Gegenden vorzugsweise in den Dünen an, da hier der Schnee wegen der ungehinderten Sonneneinstrahlung rasch schmolz und Niederschläge im sandigen Boden versickerten. Zahlreiche Plätze wurden öfters aufgesucht, so z. B. der Stellmoor-Hügel 75 und der Stellmoor-Teich etwa 20 mal. Wie die Menschen des Magdalénien lebten auch die Federmesser-Leute mit den domestizierten Nachfahren des Wolfes zusammen.

Jäger der Federmesser-Gruppe jagten mit → Pfeil und Bogen, die in dieser Zeit zum erstenmal in Deutschland auftraten. Darauf weisen die seltenen Funde eines Pfeilschaftglätters aus grobkörnigem Sandstein und Pfeilspitzen hin. Pfeilspitzen waren bis zu 4 cm lang, in der Mitte maximal 1 cm breit und wiesen scharfe Schneiden und Spitzen auf. Von Holzschäften oder Bögen hat man bisher keine Funde gemacht.

→ Steinwerkzeuge entsprechen dem späten Magdalénien, sind meist aus Feuerstein, aber auch aus anderen Steinarten hergestellt, z. B. aus Quarzit, Chalzedon, Kieselschiefer und Radiolarit. Werkzeugformen sind: kurze Schaber (zur Fell- oder Lederbearbeitung), Stein-

einsätze: sog. Rückenmesser, darunter die Spezialform des Federmessers, die in hölzerne Griffe oder Schäfte eingesetzt wurden oder als Pfeilspitzen und Stichel dienten.

Aus zugehauenen Rengeweihstangen wurden Fellschaber, Schäfte mit Kerben und Löchern und einteilige Beile mit senkrecht- oder querstehender Schneide, die als Jagdwaffen und Wühlgeräte dienten, hergestellt. Aus Knochen waren Schaber, Glätter, Pfrieme, Harpunen und Schwirrgeräte, die an einer Schnur kreisend einen Ton erzeugen.

Bisher ist nur ein einziges Kunstwerk der Federmesser-Leute bekannt geworden. Es handelt sich um einen Pfeilschaftglätter aus Sandstein mit stark schematisierten Frauengestalten, die vermutlich eine Tanzszene darstellen. Eine Bernsteinfigur wurde in Bruchstükken gefunden.

In Norddeutschland löste die → Ahrensburger-Kultur die Federmesser-Gruppen ab.

Federsee

Vor etwa 20 000 Jahren entstand durch Gletschermoränen und vom Gletscherwasser gespeist ein See zwischen Alb und Bodensee. Er lag zwischen den Städten Riedlingen, Biberach und Bad Schussenried im südöstlichen Baden-Württemberg Das Federseebecken ist etwa 50 km^2 groß; über neun Zehntel dieser Fläche waren einst vom Wasser bedeckt, heute ist es nur noch ein Zehntel. Er hat eine durchschnittliche Tiefe von 0, 90– 2, 80 m.

Um 17 000 v. Chr. veränderte sich durch Klimaänderung die Tundralandschaft, und der Wald kehrte allmählich zurück. Bis zur Zeitwende schrumpfte der See mangels ausreichender Zuflüsse und verlandete durch die Sumpfbildung aus pflanzlichen Abfallstoffen. Dieser Vorgang wurde immer wieder durch Überschwemmungen unterbrochen, die große Flächen für Jahrzehnte unter Wasser setzten, bevor eine neue Verlandung einsetzte. In dieser Zeit bildeten sich an seinen Rändern Niedermoore und auch Hochmoore (→Moor). Die Reste verlassener Siedlungen wurden bald durch die wuchernde Vegetation überzogen und verschwanden unter einer bis zu 1,20 m dicken Torfschicht.

Wenige Jahrtausende nach dem Rückgang des Rheingletschers in die Alpen hielten sich Menschen am Federsee auf. Im Mesolithikum waren es →Sammler und Jäger, dann die Siedler der →Seeufersiedlungen der Jungsteinzeit und Bronzezeit. Erst um 500 n.Chr. endete die etwa 14 000 Jahre alte Besiedlung des Federsees.

Feldbegehung

Systematisches Absuchen von Feldern nach archäologischen Spuren, Wohnplätzen und Steinartefakten. Nach Rust soll man sich bei der Suche weitgehend von Empfindungen leiten lassen.

Auf besten Erfolg wird man immer an den Plätzen rechnen dürfen, die einem zusagen, auf denen man selbst ein Zelt aufschlagen oder während einer Wanderung rasten würde. Vorspringende Landzungen, auffällige Erhöhungen oder Inseln sind in dieser Hinsicht immer sehr verlockend. Eine Häufung von Flintwerkzeugen auf kleinem Platz besagt, daß wir einen Lagerplatz aus der Steinzeit aufgefunden haben ... Solche Lagerplätze kann man durch ganz systematisches Absuchen von Feldern auffinden. Rust schreibt: „Die beste Zeit für die *Feldbegehung* liegt zwischen dem Spätherbst und dem Frühling. Wenn im Herbst die Frucht von den Feldern abgeerntet, der Boden gepflügt und gut abgeregnet ist, dann ist es Zeit, hinauszuziehen. Man soll jedoch einen fündigen Acker nicht planlos absuchen, sondern daran denken, daß man zur Lösung wissenschaftlicher Aufgaben beiträgt und danach handeln ... In einer Ackerfurche geht man über das Feld, in einer anderen 1 m daneben, zurück und so fort. Dann in Meterabständen quer zur ersten Richtung. So erfaßt man alle Stücke, die manchmal nur wenig aus dem Erdreich herausragen, und so kann man einwandfrei feststellen, wo sie sich häufen. Durch die angeführte Methode der Feldbegehung sind fast sämtliche steinzeitlichen Wohnplätze innerhalb des im Diluvium aufgeschütteten Moränengebietes in Nordeuropa entdeckt worden". Kommt man dann von einer solchen Wanderung heim, werden alle Fundstücke abgewaschen und mit einer Bezeichnung versehen, am besten einer Nummer, die man auf einer Landkarte des betreffenden Gebietes einzeichnet (Honoré, 92, 137–138).

Felsbilder

→Australische Felsbilder,
→Chinesische Felsbilder,
→Nordafrikanische Felsbilder,
→Skandinavische Felsbilder,
→Türkische Felsbilder (Latmos),
→Val Camonica,
→Mont Bego (Alpen).

Die Felsbildkunst besteht aus Malereien (→Höhlenbilder) oder Gravierungen an Höhlenwänden, →Abris und Felsen im Freien und stellt das mit Abstand größte Archiv der Menschheit über ihre eigene Geschichte dar. Die meisten Felsbilder sind in Gebieten konzentriert, die heute Wüsten oder

Halbwüsten sind oder in Grenz- oder Randgebieten mit schwierigen Lebensbedingungen und einer dünnen Bevölkerungsdichte liegen. Ihre Herstellung beginnt mit dem *Homo sapiens* im Übergang vom Mittelpaläolithikum zum Jungpaläolithikum und endet im allgemeinen mit der →Schrift. Es ist aber nicht bekannt, wo die Felsbilder entstanden sind und in welcher Zeitspanne sie sich vom Ursprungsgebiet ausgebreitet haben.

Die Entdeckung von paläolithischen Kunststätten vor etwa 100 Jahren wie Altamira in Spanien und Lascaux in Frankreich erweckte den Eindruck, daß es außerhalb dieses geographischen Raumes keine Felsbildkunst gäbe, eine Einstellung, die sich erst in den 50er Jahren änderte, denn Felsbilder gibt es in allen Erdteilen. Von Südfrankreich und Nordspanien, vom westlichen Mittelmeer durch die gesamte Sahara und Ostafrika bis nach Südafrika zieht sich eine Bildergalerie auf Felswänden. Nach Norden breiten sich die Felsbilder über Skandinavien, Sibirien und Nordamerika aus. Auch in Kalifornien, Südamerika, Indien, Vorder- und Ostasien sowie Australien gibt es sie.

Abgesehen von einigen wenigen bekannten heiligen Orten in gut zugänglichen Gebieten ist dieses Erbe weitgehend unbekannt. Unsere heutige Kultur hat es noch nicht wiederentdeckt ... Doch die Wiederentdeckung hat bereits begonnen. Schon jetzt können die Archive über zwanzig Millionen Darstellungen dokumentieren. Es ist ein Erbe der gesamten Menschheit und zugleich für jeden Menschen ein grandioser Reichtum, der nun wieder Teil des Bewußtseins und der kulturellen Überlieferung aller wird (Anati, 7, 9–10).

Die Menge dieser Bilder ist kaum überschaubar. Im Gebiet von Bhimbetka bei Bhopal in Indien wurden etwa 2000 kleine Bilderhöhlen gezählt. Die Anzahl der Gravierungen wurde auf mehr als eine Mio. geschätzt. Die reale Zahl ist sicher erheblich größer, da nur gut sichtbare Figuren gezählt und noch nicht alle Höhlen entdeckt wurden. In Lesotho, im Gebiet der Drakensberge in Südafrika sind 500 Bilderhöhlen katalogisiert; die geschätzte Zahl der Bilder liegt etwa bei einer Million: aber es gibt 5000 Höhlen in diesem Gebiet. In Algerien, im Tassili-n-Ajjer gibt es noch einige nicht abgegrenzte Gebiete mit mehr als 500 Stätten, die mindestens 500000 Figuren umfassen (→Nordafrikanische Felsbilder).

Die ältesten Bilder befinden sich in Australien: „neuentdeckte Felszeichnungen ... sind möglicherweise weit über 100000 Jahre alt" (Schrenk, 178, 222). Eine Nachprüfung ergab aber ein wesentlich jüngeres Alter (→Australische Felsbilder). Felsbilder in Afrika, bzw. in Tanzania werden auf etwa 40000 Jahre geschätzt, in Asien auf ca. 35000 Jahre, in Europa auf 34000 Jahre, in Südamerika auf 30000 Jahre und in Nordafrika und China auf etwa 12000 Jahre. Alle Datierungen erfolgten mit der C-14-Methode.

In Europa gibt es etwa 300 Fundorte von Fels- und Höhlenbildern, vor allem in Frankreich (150), Spanien (128) und Italien (21) mit einem Alter von 31000–12000 Jahren, in Skandinavien bis 750 v. Chr. und in den Alpen bis zu Zeitwende und danach (→Val Camonica, →Mont Bego).

Das Ende der eiszeitlichen Höhlenkunst am Ende des Paläolithikums, hervorgerufen durch die veränderten Umweltbedingungen, findet seinen Fortgang in den Felsbildern vom Mesolithikum bis in die geschichtliche Zeit hinein. Felsbilder kommen weiterhin in allen Teilen der Welt vor, in China sogar bis 900 und 1600 n.Chr. Im Neolithikum Europas, also in dem Zeitraum etwa 5000–2000 v.Chr., gab es, abgesehen von den skandinavischen Felsbildern oder denen im Val Camonica, keine realistischen Darstellungen von Jägern und Wild mehr. Auf Steinen und Felswänden, vor allem der → Megalith-Kultur, erschienen Spiralen, Schlangenlinien, Schälchen, Ringe, Zickzackmuster, Rauten und geometrische Motive wie Kreise und Bögen. Realistische Darstellungen wie Beile oder Schiffe bilden die Ausnahme.

Jüngere Forschungen zeigen, daß auf der ganzen Welt eine typologische Ähnlichkeit der Felsbilder hinsichtlich der Themenwahl und des Stils besteht. Emmanuel Anati betrachtet die Felsbildkunst nicht nur als eine Art „ersten Schritt in Richtung Schrift" – etliche der ersten Schriften benutzen gewisse Piktogramme und Ideogramme der Felsbilder –, er stellt fest, daß diese „Schrift" überall die gleiche ist. Sie gebraucht die gleichen Grundzeichen in allen 5 Erdteilen und läßt daher auf einen einzigen Ursprung schließen. Allerdings gibt es keinen Zusammenhang zwischen Bild und gesprochenem Wort. Es geht nur um die Vermittlung eines Inhalts, das Lautliche spielt dabei überhaupt keine Rolle.

Bei der Wahl der Orte, an denen man Felsbilder schuf, bei der Wahl der Farben, der Thematik, beim wiederholenden Gebrauch von Zeichen und Symbolen bestehen so zahlreiche Ähnlichkeiten, daß man daraus auf die Existenz eines symbolischen Systems schließen kann, das sich in einer Universalsprache nicht nur hinsichtlich der Logik und den künstlerischen Äußerungen ausdrückte: auch die gesprochene Sprache muß Universalregeln befolgt haben. Daher ist anzunehmen, daß beim fossilen *Homo sapiens* eine Weltsprache bestand, aus der sich in der Folgezeit alle gesprochenen Sprachen des modernen Menschen entwickeln sollten (Anati, 6, 5).

Nach Emmanuel Anati (7, 26) gibt es 4 Hauptkategorien der Felskunst, wobei es aber Zwischenstufen und Gruppen mit verschiedener Charakteristik innerhalb jeder Kategorie gibt:

A. Primitive Jäger: Kunst der Jägerkulturen, die den Gebrauch von Pfeil und Bogen noch nicht kennen.
B. Höhere Jäger: Kunst der Jägerkulturen mit Kenntnis von Pfeil und Bogen.
C. Hirten und Viehzüchter: Kunst der Völker, deren wichtigste dargestellte Ökonomie die Viehzucht ist.
D. Komplexe Ökonomie: Kunst der Völker mit verschiedenen Wirtschaftssystemen, wozu bereits Ackerbau gehört.

Die Zeichengruppen der Felsbilder bestehen aus:
• Piktogrammen (Bilderzeichen), in denen wir menschliche oder tierische Formen erkennen oder wirkliche oder vermeintliche Gegenstände zu erkennen glauben.
• Ideogrammen (Begriffszeichen), also sich wiederholende und zusammenfassende Zeichen, die bisweilen als Pfeile, Stäbchen, Bäumchenmuster, Phalluszei-

chen, Vulvazeichen, Scheiben u.ä. gedeutet werden. Sie gehen über die bloße Abbildung eines Gegenstandes hinaus, sie symbolisieren das Vorbild.

- Psychogrammen, in denen weder Zeichen noch Symbole erkennbar sind und die auch keine solchen darzustellen scheinen. Es sind die am schwersten verständlichen Zeichen, die vielleicht Empfindungen wie Wärme oder Kälte, Licht oder Finsternis, Leben oder Tod, Liebe oder Haß ausdrücken. Sie

deuten an, setzen voraus, signalisieren, ohne genauestens zu spezifizieren. Sie beziehen sich auf angeborenes, intuitives Wissen, ohne bestimmte Inhalte zu umreißen (und damit einzuengen). Wörter dagegen beziehen sich auf engumgrenzte, präzis definierte Begriffe und sind statisch (McMann, 135, 148).

Sehr selten kommen Landschaften, Pflanzen und Portraits von Personen vor. Als Landschaften kann man die Darstellung von Hüttengruppen mit Szenen aus dem Alltagsleben der Hirten in der Sahara, Umrisse von Viehpferchen und große Fallen für die Gazellenjagd auf der Sinai-Halbinsel bezeichnen. In anderen Gebieten finden sich Grundrisse von Dörfern, Wohnstätten und Lagern. Im Tassili n' Ajjer, in der algerischen Sahara, ist auf einer Felswand eine menschliche Figur gemalt, „der Abessinier von Jabbaren", der einem heute vorkommenden Menschentyp gleicht, der von Osten her gekommen zu sein scheint.

Hilfsmittel

Pigmentstifte, Farbpulver, Paletten, Reibschalen, Stößel und Mörser,

Gravierwerkzeuge (Abschläge, Klingen). Zum Farbauftrag gab es vermutlich Pinsel aus Roßhaar und Pflanzenfasern, Tupfer aus Fell oder Mähnenbüscheln sowie Röhrchen als Farbzerstäuber.

Techniken

Im Verlauf der 25 000 Jahre paläolithischer Kunst ist kein wie auch immer gearteter „technischer Fortschritt" festzustellen: Alle künstlerischen Verfahrensweisen – durch das Auftragen (Malerei) beziehungsweise Abtragen (Gravierung und Skulptur) von Materie oder durch die Veränderung eines formbaren Materials (mit Fingern gezogene Linien und Modellierung) – scheinen den ersten Schöpfern der Bildwerke von Anfang an bekannt gewesen zu sein (Lorblanchet, 128, 67).

Malerei

Gemalt wurde mit Pigmentfarben, vor allem roten →Ocker (→Hämatit), schwarzen Farben (Holzkohle), gelben und braunen Farben aus einer Mischung mit Limonit (Brauneisenstein), Hämatit und Manganoxyd. Der Auftrag erfolgte entweder in Linien oder flächig.

Strichzeichnung

Am häufigsten wurden rote und schwarze Strichzeichnungen mit der gefärbten Fingerspitze, mit einem Pinsel, Ocker- oder Kohlestift hergestellt.

Silhouetten

Silhouetten bestehen aus flächig aufgetragener Farbe, die das dargestellte Motiv, z.B. Tierfiguren, einheitlich ausfüllt. Die Farbverteilung erfolgt durch das „Versprühen" mit dem Mund oder einem Röhrchen. Auch das Verwischen der Farbe mit den Fingern wurde angewendet und ergab abgestufte Schattierungen.

Gravierung

Für die Gravur gibt es 3 Methoden: Ritzen, Picken und Schleifen.

Sie entsteht durch das Abtragen von Materie mittels eines Feuersteinwerkzeuges (Klinge, Abschlag Stichel, Schaber), die Felsoberfläche wird zerstört und läßt die tiefer gelegenen Felspartien als helle Striche hervortreten. Mehrere unterschiedlich tiefe Gravierungen können bei entsprechender Steinzusammensetzung auch verschiedene Farbtöne hervorrufen. Die kräftigsten Linien erreichen 6–7 cm Tiefe.

Das Picken (→Pick-Technik) als Aneinanderreihung von Vertiefungen kommt seltener vor. Diese Technik dient der Vorbereitung zum Glätten und Schleifen von Bildflächen, bei älteren Bildern auch zum Auffrischen, wenn ihr Aussehen durch Patinabildung verblaßt war. In anderen Fällen wurde zunächst der Hintergrund des gesamten Bildes abgeschabt und dann erst die Gravierung auf dem vorbereiteten Bereich durchgeführt.

Beim →Schleifen wird die Vorzeichnung des Bildes geritzt oder gepickt. Häufig sind die Reste solcher Vorarbeit am Rande geschliffener Linien sichtbar. Die weitere Bearbeitung erfolgte mit einem weichen Werkzeug (evtl. Holz) oder auch mit Stücken des anstehenden Rohmaterials unter Hinzufügung von Wasser, bei der eine U- oder V-förmige Rille entsteht.

In der Sahara finden sich kleine Felsbilder, die mit einer scharfen Spitze in Feuerstein eingeritzt sind. Man kann Feuerstein mit der Kante eines härteren Feuersteins oberflächlich ritzen, es ist aber nicht bekannt, mit welchen Werkzeugen man die tiefe und flüssige Linienführung erreichte (Lutz/Lutz, 130, 37–38/70).

Relief

Durch Abschläge des Kalkfelsens um ein Bildmotiv herum, durch Hämmern, Picken und Sticheln wurden Reliefs bis zu 10 cm Höhe aus dem Fels herausgearbeitet. Diese oft sehr qualitätvollen Werke erforderten eine lange Arbeitszeit; sie wurden im Tageslicht an den Wänden von →Abris und in den Eingangsbereichen der Höhlen ausgeführt.

Modellierung

In einigen Höhlen wurde der Lehm am Boden und an den Wänden durch Herauskratzen mit den Fingern oder Feuersteingeräten zu Tierdarstellungen geformt.

Felsgestein

Begriff in der Archäologie zur Unterscheidung zu Feuerstein wie: Basalt, Diabas, Diorit, Gneis, Tonschiefer, Jade u. a.

Femur

(lat.: Oberschenkel)
Stärkster Röhrenknochen des menschlichen Körpers: Schaft am oberen Ende mit winklig abgesetztem Schenkelhals und kugeliger Gelenkfläche. Am unteren Schaftende befinden sich 2 Gelenkhöcker, die die obere Gelenkfläche für das Kniegelenk bilden.

Fenster

Die ersten →Behausungen waren wohl fensterlos; einzige Licht- und Luftquelle waren der Eingang und der Luftabzug. In den neolithischen Wohnungen gab es außer

Eingängen schlitzartige Lichtöffnungen. In Persepolis im Iran fand man in der Lehmmauer eines 6000 Jahre alten Hauses Fenster. In Nordeuropa sind aus dem Neolithikum und der Bronzezeit ladenartige Fensterverschlüsse bekannt. Auch Urnen verschiedener Herkunft weisen als Verzierung Häuser mit Fenstern auf (→Hausurnen).

Fettlampe
→Lampe

Feuer

Frühmenschen hüteten wahrscheinlich bereits vor 1,5 Mio. Jahren Feuer. Darauf weisen mehr als 40 Stücke gebrannten Lehms von einer →Feuerstelle bei Chesowanja in Kenia (Afrika) hin. Die Klumpen lagen bei Steinsetzungen, wie sie für Feuerstellen aus jüngeren Perioden bekannt sind. Magnetische Messungen am gebrannten Lehm zeigen eine Brenntemperatur von 400–600 Grad, die für ein Lagerfeuer normal ist. Das läßt vermuten, daß man das auf natürliche Weise durch Blitzschläge oder Waldbrände entfachte Feuer zu hüten wußte.

Warum ist also die Frage des ersten Feuers so umstritten? Ein Argument ist, daß die Feuerbenutzung einen beträchtlichen geistigen Fortschritt über die Steingeräteherstellung bedeutete und daher erst in einem späteren Stadium erwartet werden sollte. Vertreter dieser Ansicht lassen keine älteren Möglichkeiten zu als die tatsächlich nachgewiesene bei den tatsächlich nachgewiesene bei den frühen Menschen nur die Steinbearbeitung beherrscht haben und nicht auch die Holzbearbeitung – auch wenn Holz nie erhalten ist? Vergleicht man die beiden Handlungsabläufe, so ähneln

sich die Gedankenprozesse und praktischen Voraussetzungen sehr – es sind im Grunde dieselben Schritte. Die benötigten Materialien müssen in der Absicht gewählt und gesammelt werden, eine in der Zukunft liegende Handlung auszuführen, wie etwa eine Mahlzeit zu kochen oder ein Tier zu schlachten. Wenn die Benutzung des Feuers tatsächlich bis ins frühe Pleistozän zurückgeht (vor 2 Millionen Jahren), können wir davon ausgehen, daß unsere frühesten Vorfahren tatsächlich schon in ihren grundlegenden Charakterzügen menschlich waren (Gowlett, 79, 57).

Älteste gesicherte Belege für eine menschliche Feuerbenutzung gehen bis in das →Altpaläolithikum zurück und stammen zumeist aus →Abri- bzw. Höhlenstationen. Im →Mittel- und →Jungpaläolithikum werden die Belege für den Feuergebrauch zunehmend zahlreicher. Vermutlich wurde anfangs das Feuer zwar bewahrt, aber noch nicht erzeugt. Die Menschen kamen wahrscheinlich lange Zeit nur in den Besitz des Feuers, wenn Vulkanausbrüche und Blitze Bäume und Sträucher in Brand setzten oder Erdöl, Erdgas und Kohlenflöze unter besonders günstigen Umständen sich selbst entzündeten. In einem fortgeschritteneren Stadium, nach Entwicklung materialgerechter Steinbearbeitungstechniken, etwa bei der Bearbeitung von silikatreichen „Feuersteinen" im Älteren Acheuléen, wurde dann das Feuer bewußt erzeugt. Das Feuer von Chesowanja kann, aber muß nicht, intentionell erzeugt worden sein. Schwefelkiesknollen, die in Moustérien-Stationen gefunden wurden, lassen es wahrscheinlich erscheinen, daß man sie zum Feuerschlagen benutzte. Als Brennmaterial dienten Holzstücke, Tierknochen und Kohle, an den Stellen, wo sie an der Oberfläche lagen.

Die größte Feuerstelle wurde in →Zhoukoudian (China) gefunden. Sie befand sich in einer Höhle, die dem Peking-Menschen (*Homo erectus*) vor etwa 720000 Jahren offenbar als Behausung diente und die eine Aschenschicht von über 6 Metern Höhe aufwies. Vermutlich wurde das Feuer gehütet, d. h. ständig in Gang gehalten, da es nicht erzeugt werden konnte. Dies erklärt auch die entstandene Aschenschicht, die bei ständiger Feuerhaltung nicht beseitigt wurde.

Die älteste Feuerstelle in Europa ist über 1 Mio. Jahre alt und wurde in der Höhle Sandalja bei Pula (Istrien) mit angekohlten Tierknochen und Holzkohlestückchen gefunden. Bei weiteren Feuerstellen in Europa kann bereits die künstliche Erzeugung des Feuers angenommen werden: Escale in Frankreich vor 750000 Jahren, →Torralba in Spanien vor 400000 Jahren, →Schöningen in Deutschland (Niedersachsen) vor 400000 Jahren und →Bilzingsleben in Deutschland (Thüringen), wo vor kleinen Hütten Holzkohle, Gerölle sowie Steinplatten mit Brandrissen gefunden wurden, die etwa 370000 Jahre alt sind, und →Vértesszöllös in Ungarn vor 300000 Jahren. Der Wärme des Lagerfeuers verdanken wir eigentlich die Tatsache, daß Europa und die nördlichen Teile Asiens ständig besiedelt waren. Bevor der Mensch das Feuer kannte, zeigte er sich in diesen Gebieten nur in den wärmeren Perioden, während jede länger anhaltende Kaltperiode der Eiszeiten ihn in den wärmeren Süden abdrängte.

Mit dem Feuer erlangte der Mensch zum ersten Mal die Herrschaft über eine Naturkraft und trennte sich damit endgültig vom Tierreich. Das Lagerfeuer bot nicht nur Schutz vor wilden Tieren, es verlängerte auch den Tag durch Beleuchtung und half den Menschen, dunkle Höhlen zu bewohnen. Es gab Wärme, aufgeschichtete Gerölle über der Glut gaben nachts gespeicherte Wärme nach und nach ab, es diente zum Braten, Kochen und Räuchern von Fleisch, oder dazu Spitzen von Holzspeeren zu härten, Pech als Schäftungsmittel für Pfeilspitzen zu gewinnen, um das Feuer herum noch andere Arbeiten auszuführen, und war damit Mittelpunkt jeder Gemeinschaft. Das förderte den Erfahrungsaustausch, die Entwicklung der Technik, der Sprache, das abstrakte Denken, es bildeten sich schneller Traditionen heraus, und der soziale Zusammenhalt wurde gestärkt.

Im Jungpaläolithikum hat man für Treibjagden (→Jagd) mit Sicherheit Feuer eingesetzt, in Form von Fackeln oder durch Entfachung von Steppenbränden, um die Tiere in die gewünschte Richtung zu treiben. In Spanien (→Torralba) wurden die Knochen von 30 Elefanten, Nashörnern und Überreste von zahlreichen anderen Tieren gefunden, die vor 400000 Jahren vermutlich durch Feuerbrände in ein Moor gejagt und dort erlegt wurden. Mit Feuerlegungen nahm der Mensch wissentlich oder unbeabsichtigt auch Veränderungen seiner natürlichen Umwelt vor.

Schüsselartige →Lampen mit Fett und Docht und Fackeln (Kienspäne) dienten der Beleuchtung.

Im →Mesolithikum wurden Einbäume mit Hilfe des Feuers ausgehöhlt. Noch nicht geklärt ist die Rolle des Feuers im mittel- und jungpaläolithischen Bestattungsritual. Erste →Brandbestattungen finden sich ab dem Mesolithikum.

Feuererzeugung
Für das künstliche Erzeugen von Feuer während des Paläolithikums/Mesolithikums gibt es 2 grundsätzliche Methoden: die Erzeugung von Hitze durch Reibung zweier Hölzer und das Herstellen von Funken durch Aneinanderschlagen von Feuerstein und Pyrit oder Schwefelkies. Man unterscheidet also Schlagfeuerzeuge und Reibfeuerzeuge.

Schlagfeuerzeuge
Aneinanderschlagen von Flint, Pyrit u.ä. in Verbindung mit Feuerschwämmen (→Zunder). Schlägt man Feuerstein und Pyrit gegeneinander, entsteht an der Berührungsstelle für kurze Zeit eine hohe Temperatur. Die winzigen, durch den Schlag abgetrennten Steinsplitter bringen als lang glühende Funken den Zunder zum Glimmen. Das Aneinanderschlagen von 2 Feuersteinen liefert keine brauchbaren Funken, denn diese sind zu kurzlebig. Erst bei der Verwendung von Feuerstein und eisenhaltigen Mineralien wie Pyrit entstehen Funken, die durch chemische Reaktion während des Abschlagens lang genug glühen, um sie auf einer geeigneten Unterlage aufzufangen.

Reibfeuerzeuge
• Feuerbohren: Ein harter Stab, der senkrecht in ein weicheres Stück Holz gesetzt wird, wird mit der Hand oder einem Holzbogen (Fiedel) gedreht, bis das entstehende Holzmehl glimmt.
• Feuerhobel: Ein Holz wird quer auf dem unterliegenden Stück mit großem Druck hin und her gerieben. Das entstehende Holzmehl beginnt nach einiger Zeit zu glimmen und kann mit Zunder zum Feuer entfacht werden.
• Feuersägen: Ein kantiges Stück hartes Holz wird quer auf einem Brett (Stab) mit einer Spalte, die locker mit Zunder gefüllt ist, hin und her gezogen. Glühender Holzstaub fällt auf den Zunder, bis er brennt.
• Feuerpflügen: Auf dem passiven Stab wird in einer längs verlaufenden Rinne ein Stab kräftig hin und her gerieben; in kurzer Zeit (ca. 1 Minute) kann ohne Verwendung von Zunder eine Flamme entstehen.

Feuerstein
(engl.: flint; franz.: silex; angloamerik.: chert)
Flint ist der germanische Name für Splitter, dessen Eigenschaft, Funken zu schlagen, frühzeitig genutzt wurde. Flint bezog sich später auf Stein und Kiesel und steht in Beziehung zum Wort Fliese, dem Bodenbelag, der in älterer Zeit oftmals aus Kieseln bestand und heute noch „Steinplatte" bedeutet. Der Begriff Feuerstein entstand aus der Erfahrung, daß man aus bestimmten Steinsorten Feuer schlagen kann.
Mit dem Aufkommen des Gewehres mit Steinschloß (Flint) entstand der Name „Flinte". Silex ist die französische Bezeichnung für

Hornstein (Zitiert aus Weißgerber, 209,9). Sie geht auf die chemische Zusammensetzung des Steines zurück, während Chert die anglo-amerikanische Bezeichnung für Hornstein ist, der organischen wie anorganischen Ursprungs sein kann (Weißgerber, 209, 9).

Feuerstein ist die Bezeichnung für plattige oder knollige, nicht kristallinische Kieselgesteine des Jura und der oberen Kreide aus dem Zeitraum von ca. 180–70 Mio. Jahren, an der Ostsee, in Nordfrankreich und Südostengland entstanden. Durch die Gletscher wurde der Feuerstein bis weit nach Mitteleuropa transportiert. Feuerstein besteht aus fast reiner Kieselsäure. Er entstand im Kreidemeer aus verkieselten Schwämmen. Die Kieselsäure füllte alle Hohlräume aus und lagerte sich schalenförmig um oft winzige Tiere ab. Schwämme verkieselten aber auch unter Beibehaltung ihrer Lebensgestalt, und daher sind zahlreiche Feuersteinknollen, z.B. röhren- oder geweihsprossenförmige, noch als Schwämme zu erkennen. Es konnte auch vorkommen, daß der Schwämmerasen keine Einzelknollen bildete, sondern die ganze Masse zu einer dicken Platte aus Feuerstein, zum besten Feuerstein erstarrte, den die Steinzeittechniker kannten.

Die Kieselsäure selber, die diese Schwämme einlagerten, stammte einmal aus den Kieselalgen und dann auch aus den Kieselschwämmen, die oft mit ganzen Büscheln von kleinen und großen Nadeln im Boden verankert sind. Diese Nadeln sind klar und durchsichtig, sie bestehen aus reinstem Glas. Die Kieselsäure, angezogen von der toten organischen Substanz und eingelagert, wurde dann, genau wie Wasserglas, das man trocknen läßt, zu einem der härtesten Steine der Welt, zu Feuerstein [nur Topas, Korund und Diamant sind härter]. Feuerstein ist also Glas (Honoré, 93, 9–14).

Typisch für Feuerstein sind häufige Fossileinschlüsse (Bryozoen, Echiniden, Bivalven, Belemniten, Foraminiferen) und die weiße →Rinde, die sich durch Wasserverlust bzw. die Umwandlung von Opal zu Chalzedon als Patina bildet. Nach Buurman & Plas 1971 ist dies der einzige wirkliche Unterschied zu Hornstein (Weißgerber, 209, 9). Die Farbskala reicht von weiß bis grau über rötlich, grün, braun und gelb bis schwarz. Der Bruch ist muschelig und scharfkantig.

Feuerstein stellt einen der wichtigsten Rohstoffe für die Herstellung von Steingeräten und Werkzeugen seit dem Altpaläolithikum, vor allem aber im Jungpaläolithikum, Mesolithikum und Neolithikum dar.

Kieselgesteine bestehen mineralogisch im wesentlichen aus Quarz, Chalzedon und Opal, die alle 3 die chemische Formel SiO_2 mit verschiedenem Wassergehalt haben und mehr als 90% Kieselsäure besitzen. Ähnlich wie Kieselgesteine spalten sich auch vulkanische Gesteine wie z.B. →Obsidian.

Unterteilung der Kieselsäuregruppe nach Joachim Hahn (82, 13):

kristalline Ausbildung
Grobe Kristallstruktur mit
6 Flächen
Quarz SiO_2
Quarzit Gangquarz
Bergkristall

kryptokristalline Ausbildung
Sehr kleine Kristalle mit submi-
kroskopischen Zwischenräumen,
die dadurch Kapillarwirkung auf-
weisen und somit nicht mehr kri-
stallin wirken
Chalzedon SiO_2.aq
Chalzedon Achat
Jaspis
Karneol
Feuerstein
Hornstein
Radiolarit

amorphe Ausbildung
Opale enthalten wasserhaltige,
amorphe Kieselsäure, es fand keine Kristallbildung statt. Bei ihnen
handelt es sich um eine Art erhär-
tetes Gel.
Opal SiO_2.nH_2O

Kieselsinter
(entsteht durch Ausscheidung an
heißen Quellen oder in deren Nähe)
quarzitischer Sandstein
(durch Kieselsäure verfestigter
Sand)

Tertiärquarzit
Quarzreicher Sandstein mit kiese-
ligem Bindemittel und mindestens
85% Quarz oder quarzitischen
Bruchstücken.

Feuersteinbergbau
35 000 v. Chr.
(West-, Mittel-, Nord- und Osteuropa)
Der erste Feuerstein-Tiefbau, etwa
2 m tiefe Gruben, kann auf der
Fundstelle Nazlet Khater 4
(Ägypten) belegt werden, der nach
→Radiokarbon-Daten auf 35 000–
30 000 Jahre v.h. datiert wird. Der
älteste Feuersteinabbau in Europa
ist seit dem Spätpaläolithikum in
Polen etwa ab 13 000 v. Chr.

(→Swiderien) belegt, wo man in
Gruben bis auf die feuersteinfüh-
renden Schichten gegraben hat.
Unweit von →Askola in Südfinnland wurde um 7 500 v. Chr. Feuerstein in einem Steinbruch abgebaut.

Der erste Tiefbau in Deutschland und
zugleich das bisher größte Revier in
Mitteleuropa ist durch die Grabung
1984–1987 in Arnhofen [Fränkische
Alb] bekannt geworden. ... Insgesamt
sind in Arnhofen mindestens 8 000
Schächte angelegt und rund 90 Tonnen
Feuerstein gewonnen worden, möglicherweise auch mehr als das Doppelte.
... Der typische Arnhofer Feuerstein,
graugebändert mit rötlichen Streifen,
taucht in den Siedlungen des 5. Jahr-
tausends v. Chr. vom Mittelrhein bis
zum Bodensee, von Böhmen bis
Österreich auf (Rieckhoff, 167, 148).

Im ausgehenden Mesolithikum
nahm der Feuersteinbergbau zu,
jedoch wurde der Großteil der
Gewinnungsplätze in der Jungsteinzeit angelegt.
Die Bauern der Jungsteinzeit kultivierten das Land und verwendeten
dabei Feuersteingeräte. Schließlich
reichte der frei liegende Feuerstein
nicht mehr aus, um den Bedarf zu
decken, und es entwickelte sich ein
regelrechter Bergbau. Aus den
Sammlern, die freiliegende Feuersteine suchten, wurden Bergleute.
Das Bergwerk von Rijckholf
bei Maastricht in Holland (3 000
v. Chr.) weist rund 5 000 Schächte
auf:

Aus der Zahl und Größe der Stollen ergibt sich, daß hier im Laufe der Zeit
rund 41 250 Kubikmeter Feuerstein-
Knollen gefördert wurden. Daraus ließen sich ungefähr 153 Millionen Äxte
fertigen. Nimmt man an, daß das Bergwerk fünfhundert Jahre lang genutzt
wurde, so müssen täglich im Durchschnitt eintausendfünfhundert [850!]

Äxte hergestellt worden sein, sofern die Bergleute und die Handwerker im „Grand Atelier" während des ganzen Jahres tätig waren. ... Als Werkzeuge benutzten die Bergleute vermutlich die Äxte, die ihre Kollegen über Tage im „Grand Atelier" anfertigten. Hohlräume, die wir im Abraumkalk fanden, lassen darauf schließen, daß die steinernen Axtkörper an ungefähr achtzig Zentimeter langen Holzgriffen befestigt waren. Bemerkenswert ist die einheitliche Gestalt der Axtkörper ...: Sie waren zwischen 15 und 18 Zentimeter hoch, fünf Zentimeter breit und 3,5 Zentimeter dick ... Nach unseren Schätzungen „verbrauchte" ein Bergmann fünf Äxte, um einen Kubikmeter Kalk abzuräumen. Stumpf gewordene Äxte mußten unter Tage mit einem Schlagstein neu geschärft werden. Als Material für die Schlagsteine diente eine besonders harte Form des Kalks. Schlagsteine fanden wir meist zusammen mit zehn bis zwanzig Axtkörpern in „Axt-Depots" in der Nähe eines Schachts. Daß hier auch die Äxte geschärft wurden, sahen wir an den zahlreichen Feuerstein-Schuppen, die an verschiedenen Stellen lagen.

Unter den mehr als fünfzehntausend Werkzeugen, die wir fanden, machten abgenutzte oder zerbrochene Äxte den größten Teil aus. Insgesamt müßte das Bergwerk zweieinhalb Millionen Äxte enthalten, wenn der von uns ausgegrabene Bereich repräsentativ ist. Das bedeutet, daß weniger als zwei Prozent des gewonnenen Feuersteins in den Abbau des Materials investiert werden mußten oder daß pro Schacht 250 Äxte „verbraucht" wurden (Bosch, 20).

Vereinzelt wurden auch Geweihhauen (→Gezähe) gefunden, ihre kleine Anzahl zeigt aber, daß sie nur selten benutzt wurden, weil Kalk härter ist als Geweih. Das Absatzgebiet für den Feuerstein hatte einen Durchmesser von 400 Kilometern.

Um Feuerstein zu erhalten, kann man Feuersteinknollen oder -platten von der Oberfläche auflesen oder durch Bergbau gewinnen. Unter Bergbau versteht man alle planmäßigen Arbeiten zur Aufsuchung, Gewinnung, Förderung und Aufbereitung des in Lagerstätten gefundenen Feuersteins. Er war überall dort möglich, wo feuersteinführende Schichten nahe an die Oberfläche kamen. Der Bedarf von großen Mengen konnte nur durch bergmännische Verfahren gestillt werden, wobei zwischen Tagebau und Tiefbau unterschieden wird.

Tagebau

• Einfaches Auflesen von Feuersteinknollen oder Feuersteinplatten an der Oberfläche, das eher eine Vorstufe des Tagebaus ist.

• Als Gräberei bezeichnet man den Abbau von Feuerstein, der dicht unter der Oberfläche liegt. Der Abbau erfolgte nach Abdecken der dünnen Deckschicht, wenn die Vertiefung etwa knietief war und eine Grundfläche von etwa 2 m^2 aufwies, die ein Mensch zum Arbeiten benötigt. Auf diese Weise wurden vor allem die flinthaltigen Strandwälle Dänemarks ausgenutzt.

• Beim Kuhlenbau wurden runde oder viereckige, etwa mannstiefe enge Löcher bis auf die Feuersteinablagerung geteuft (ausgehoben). Die Grundfläche des Aushubs betrug etwa 4 Quadratmeter. Bei Schichten mit geringer Standfestigkeit konnte die Grube trichterfömig abgeböscht sein. So konnte ein 12 m tiefer Schacht an der Tagesoberfläche einen Durchmesser von 12 Metern und an der Sohle von 3 m haben.

• Der Pingenbau (Pinge = trichterförmige Vertiefung) wird wie beim Kuhlenbau auf die führende Feuersteinschicht geführt, nach Ausbeutung der Sohle wird jedoch die Tagesöffnung geweitet, um die Gewinnung des Feuersteins fortsetzen zu können. Der ursprüngliche Querschnitt von etwa 4 Quadratmetern Fläche konnte sich zu einer grabenartigen Pinge von 10 Metern und mehr entwickeln und bekam den Charakter eines Steinbruchs.

Tiefbau
Beim Tiefbau auf Feuerstein unterscheidet man 2 Verfahren, den Duckelbau und den Weitungsbau.

Duckelbau
Das einfachere und häufiger anzutreffende Verfahren besteht darin, einen Schacht bis zur Feuersteinschicht abzuteufen und an der Sohle strahlenförmig zu erweitern. Diese Weitungen sind oft unregelmäßig und sehr klein, können aber auch mehrere Meter lang sein. Aufgegebene Hohlräume wurden mit Abraummaterial aufgefüllt: man sparte den Abtransport und verringerte die Einsturzgefahr.

Weitungsbau
Dies ist ein weiterentwickeltes Tiefbauverfahren mit mehreren Schächten und einem komplizierten Höhlenraumsystem, das eine weite Ausdehnung des Grubenfeldes erlaubt. Vom Schacht aus wurden Strecken (von denen aus abgebaut wurde) mit einer Breite von 0,60–1 m und durchschnittlich 80 Zentimeter Höhe im Niveau der Feuersteinschicht nach allen Richtungen getrieben und diese an den Stößen (Wänden) ausgeweitet. Es gibt keinen Hinweis auf einen Schachtausbau mittels Schalung. Die Tiefe der Schächte betrug im Durchschnitt 5–6 m und reichte nur selten bis 16 m. Der Querschnitt von 0,5–1 m war meist rund. Die Fahrt (Zugang der Bergleute in den Schacht) konnte durch einfaches Klettern, evtl. durch zusätzliches Festhalten an einem Seil, durch einen Steigbaum, eine Leiter (nur bis ca. 5 m Tiefe) oder Seilfahrt erfolgen.

Förderung
Die Förderung unterscheidet die söhlige (auf der Sohle) und die seigere (senkrechte) Förderung. Man muß annehmen, daß die söhlige Förderung durch Gefäße erfolgte: hölzerne Tröge, Körbe, Textil- und Ledersäcke. Große Flintknollen wurden geschoben, gezogen oder gerollt. Die seigere Förderung kennt verschiedene Verfahren: Tragen mit Gefäßen über Stufen, Rampen oder Leitern, die zureichende Förderung über Arbeitsbühnen und die Seilförderung.

Verarbeitung
Bei einigen Bergwerken wurden Schlagplätze mit Feuersteingeräten gefunden, die auf eine Weiterverarbeitung des geförderten Rohmaterials hinweisen, sei es zu Halbfabrikaten oder zu fertigen Werkstücken.

Feuerstellen
Die einfachste Form einer Feuerstelle ist das Entzünden eines Feuers auf dem Boden, dort, wo man

gerade zum Übernachten haltgemacht hat.

Durch einen flachen, von hinten abgestützten Stein wurde im sibirischen →Malta (Irkusk-Gebiet) eine Feuergrube gegen den Wind geschützt. Sie stammt aus dem jüngeren Paläolithikum. Die Feuerstellen zeltartiger Hütten befanden sich oft in einer flach ausgehobenen Grube, die evtl. mit Steinen umgeben war.

→Hütten, in denen überwintert wurde, besaßen meist eine Feuerstelle, deren Boden ganz mit Steinen ausgelegt (gepflastert) und mit lückenlos stehenden flachen Steinen umgeben war. In →Kostjenki am Don baute man in die mit Steinen ausgelegten Gruben Kanäle ein, die zum besseren Brennen des Heizmaterials Frischluft zuführten. In →Unterwisternitz (Dolní Véstonice) in Mähren wurde eine Herdstelle (→Herd) entdeckt, die von einem niedrigen ringförmigen Wall umgeben und von einem Gewölbe aus gebrannter Tonerde überdeckt war. Das Feuer in der etwa 40 cm hohen Kuppel mußte eine große Hitze ausgestrahlt haben, denn darin gefundene Tierfiguren aus Ton weisen auf einen Brennofen hin.

Im Neolithikum wurden in den Häusern Herdstellen und →Backöfen errichtet.

Figurinen

(lat.-ital.-frz.: kleine Gestalt, Figürchen)

Dabei handelt es sich um vollplastische männliche oder weibliche Götter- und Menschendarstellungen aus Holz, Knochen, Elfenbein oder Ton. Sie sind etwa 5–20 cm, in Einzelfällen auch 30 cm hoch und kommen seit dem Jungpaläolithikum besonders im Gravettien und Magdalénien vor (→Plastiken).

Fischfang

Fischereigeräte sind seit dem Altpaläolithikum bekannt. Der älteste Fischfang ist in der Stadt Katanda am Fluß Seemliki im Rift Valley in Zaire belegt. Hier wurden neben Harpunen auch Fischgräten und Gräten von einem 2 m langen Wels gefunden, die auf 90 000 Jahre datiert sind. Das zeigt, daß die Menschen von Katanda während der Laichzeit häufig und systematisch Fische gefangen haben, und „daß systematisches Fischen eine ziemlich alte Fähigkeit des Menschen ist und keine Technik, die er erst vor relativ kurzer Zeit erworben hat" (Stringer/McKie, 197, 19).

Fischfang läßt sich im Mittelpaläolithikum nur selten nachweisen. In einer Höhle im Kaukasus machten Lachsreste etwa 75 Prozent der rund 22 000 geborgenen Knochen aus. Die Anhäufung an einer Feuerstelle läßt auf menschliche Tätigkeit schließen.

Im Jungpaläolithikum, also vor etwa 35 000–10 000 Jahren, wurden Abbildungen von Fischen an den Wänden von französischen Höhlen und auf Kleinkunstwerken angefertigt. Es gab Fischereigeräte aus Knochen und Horn. Neben Forellen und Hechten wurden häufig Lachse gefangen, und zwar dann, wenn sie in Massen die Flüsse zum Laichen aufwärtszogen. Sie konnten mit den Händen gefangen, mit Geräten erschlagen oder mit Fischspeeren und Fischgabeln bzw. mit Netzen gefangen werden.

Im Mesolithikum erhielt der Fischfang durch die Erwärmung der
Gewässer eine größere Bedeutung.
Die Geräte umfaßten mehrzinkige
→Fischspeere, →Harpunen, Angelruten, →Netze, →Reusen und
Fischzäune. An den Küsten wurde
auch Meeresfischerei auf Hering
und Dorsch betrieben. Auch die
Jagd auf Meeressäuger nahm deutlich zu. Die großen →Angelhaken
mit einer Länge von 8–15 Zentimetern eigneten sich nur für große
Fische wie Hechte und Welse.
Stellnetze wurden an Holzstangen
befestigt, als →Netzschwimmer
dienten Baumrindenstücke sowie
Steine als →Netzsenker. Die ältesten erhaltenen Reusen sind konisch geflochtene Weidenkörbe,
die etwa 4 m lang mit einem
Durchmesser von 90 Zentimetern
sind und aus der Zeit von 7000–
6000 v.Chr stammen.
Im Neolithikum erfolgte der Fang
auch häufig von →Wasserfahr-
zeugen aus.

Fischgabeln
Zwei-, drei- oder mehrfach ge-
zähnte Spitzen, die an einem
Schaft festgebunden sind. Die
Fischgabel wird in den Rücken des
Fisches gestoßen (→Aalstecher).

Fischschwanzdolch
Blattförmiger Feuersteindolch mit
fischschwanzähnlichem Griff als
Nachahmung bronzener Vorbilder
aus der →Dolchzeit.

Fischspeere (Stabharpune)
Speere mit einer Geschoßspitze
aus Geweih, Knochen oder Elfenbein (im Gegensatz zu den mehrzinkigen →Fischgabeln), die wie
→Harpunen Widerhaken besitzen.

Flächengrabung
(→Archäologie)
Großflächige Untersuchung einer
Fundstätte über sämtliche Schichten bis möglichst auf den gewachsenen Boden. Wichtig sind die archäologischen Funde in derselben
horizontalen Ebene.

Fladenbrot
Dünnes, flaches →Brot, das aus
ungesäuertem Teig auf heißen Unterlagen gebacken wurde, keinen
→Backofen benötigte und seit dem
frühen Neolithikum bekannt ist.

Flechtwerk
Innerhalb einer Balkenkonstruk-
tion werden Reisig, Weiden- oder
Haselnußruten um senkrechte Stäbe gewunden (daher Wand) und
mit Lehm verputzt. Die Technik
ähnelt der Korbflechterei und wurde bereits um 6000 v.Chr. bei
Häusern in Griechenland (Nea Nikomedeia, Makedonien) angewendet (→Behausungen).

Flint
→Feuerstein

Flöten
Flöten haben im Gegensatz zu
→Pfeifen mehrere Öffnungen und
können sowohl senkrecht wie
waagerecht gespielt werden. Sie
wurden aus Zehengliedern vom
Ren und Reh, meist jedoch aus
Knochen von Kleinsäugern oder
größeren Vögeln hergestellt. Wurden bei solchen Knochen die Ge-
lenkenden entfernt, so blieb eine
Röhre übrig, die dann glattgeschliffen und mit mehreren Öffnungen in unterschiedlicher Anordnung versehen wurde (→Mu-
sikinstrumente).

Als älteste Flöte gilt das Bruchstück eines Oberschenkelknochens eines Bären, der mindestens 45 000 Jahre alt ist und in Slowenien gefunden wurde. Sie wird jedoch auch als Zufallsprodukt angesehen. Der kanadische Musikwissenschaftler Bob Fink kam jedenfalls zu dem Schluß, daß sich allein mit dem erhaltenen Bruchstück der Knochenflöte 4 Töne spielen lassen, und zwar f, g und a als Ganztonschritt, ein unbekannter Grundton und die dazugehörige Oktave, die der Spieler durch mehr Druck erzeugt. Fink hält es für wahrscheinlich, daß die Flöte ursprünglich noch 2 Löcher mehr besaß und alle 7 Töne der diatonischen Tonleiter hervorbringen konnte. Die Steinzeitflöte wäre damit ein weiterer Beleg für die Ansicht, daß das Empfinden von Harmonie und Dissonanz im Gehirn selbst verankert ist und durch die Kultur nur wenig verändert werden kann („Die Welt", 3.5.97). Eine zweifelsfrei identifizierte Flöte aus einem Schwanenknochen stammt aus dem an die 40 000 Jahre alten Aurignacien des Geissenklösterle bei Blaubeuren.

Fluchtburgen
→ Befestigungen

Fluortest
Knochen nehmen im Laufe der Zeit Fluor-Ionen auf, deren Menge durch örtliche Gegebenheiten schwanken kann, daher ist nur eine relative, aber keine absolute Datierung möglich (→Chronologie). Man kann aber aus der Höhe des Fluorgehalts schließen, welche Knochen an einer Fundstelle jünger oder älter sind. Der Fluortest dient vorwiegend der Bestätigung des →Kollagentests. Mit Hilfe dieses Testes wurde z.B. die Fälschung von →Piltdown aufgedeckt.

Folsom
(benannt nach der gleichnamigen Fundstelle in New Mexiko in Nordamerika)
10 800–10 000 v. Chr.
In Folsom wurden die Überreste von 23 ausgestorbenen Bisons und jene charakteristischen Feuersteinspitzen gefunden, die man als Folsom Spitzen bezeichnet. Zusammen mit den älteren Clovisspitzen (→Nordamerikanische Spitzen) bilden sie die Leitformen der nordamerikanischen Großwildjäger. In der bekanntesten Fundstelle in Lindenmeier in Colorado wurden auch Folsom-Spitzen ohne Kehlung sowie verschiedene Schaberformen und ein →Chopper gefunden.

Font-Rôbert-Spitze
(benannt nach der Höhlenstation von Font-Rôbert, Dép. Corrisè, Frankreich)
→Stielspitzen des Gravettien, die ein breites, beidseitig retuschiertes Blatt und einen langen, symmetrischen Mittelstiel aufweisen, der fast ebenso lang wie das Blatt ist. Sie dienten vermutlich als Pfeilköpfe und könnten aus den →Kerbspitzen hervorgegangen sein.

Fosna-Komsa-Kultur
(auch „Finn-Kultur" genannt)
Fosna 9 000–2 000 v. Chr.
Komsa 8 000–3 000 v. Chr.
(Fosna, benannt nach dem Ort am Ausgang des Trondheimfjords, Norwegen. Komsa, benannt nach

dem Komsaberg im Stadtgebiet von Alta in Nordnorwegen)
Vorkommen: Fosna: Norwegische Westküste zwischen Bergen und Trondheim und zwischen Norwegen und Schweden, vom inneren Teil des Oslofjords bis Halland. Komsa: In Finnmarken vom Altafjord im Westen bis zur Halbinsel Kola im Osten.

Die Fosna- und die →Komsa-Kultur sind eine der ältesten Kulturen im nördlichen Skandinavien. Jäger, die nach Skandinavien vorgedrungen waren, wanderten vermutlich über den damals trockenen Teil der westlichen Ostsee entlang der eisfreien Gebiete Westskandinaviens weiter nach Norden und erreichten um 6000 v.Chr. den Polarkreis. Im hohen Norden gelang es verstreuten Gruppen von Rentierjägern aus den Tundrasteppen Osteuropas, die eisfreien Küsten der Kola-Halbinsel und des Nordlandes zu erreichen. Sie sind die Begründer der Komsa-Kultur. Beide Kulturen zeigen ein großes Beharrungsvermögen und reichen noch bis in das Neolithikum hinein.

Warum ist aber die Fosna-Kultur über 2 Strecken mit je 500–600 Kilometern so kräftig unterbrochen? Der südliche Bruch kann so erklärt werden, daß das Meer in der Festlandsperiode des Spät- und Postglazials so weit zurückgedrängt wurde, daß die Wohnplätze nun auf dem Meeresboden liegen. Beim nördlichen Bruch liegen andere Plätze, möglicherweise von der Vegetation verdeckt, auf den Sohlen der Fjordtäler und sind noch nicht entdeckt worden.

Die Menschen lebten in offenen Küstenwohnplätzen; obwohl sie das Rentier im südlichen und nördlichen Norwegen jagten, lebten sie hauptsächlich von Meerestieren, also von Fischen, Robben, Walen und Seevögeln.

Flint- und Felssteingeräte beider Kulturen weisen große Ähnlichkeiten auf, deren Ursprung vielleicht auf die Ahrensburger-Kultur zurückgeht, die alle Gerätetypen der Fosna-Kultur mit Ausnahme des Flintbeiles aufweist. Das Geräteinventar ist aus Flintkernsteinen, Scheiben und Klingen oder aus einem anderen harten Material hergestellt und umfaßt Kernbeile und -äxte, Scheibenbeile, Kern- und Scheibenschaber, Kanten- und Mittelstichel, Pfeilspitzen mit retuschiertem Stiel (Stielspitzen), Querpfeilspitzen (Querschneider), Mikrolithen (besonders lanzettenförmige), sowie Klingenmesser und Klingenschaber. Seltenere Formen sind Bohrer und makrolithische Spitzen (→Lyngby-Spitzen). Aus Knochen und Elchgeweih sind Harpunen und Angelhaken.

Auch ein Teil der Felsbildkunst Nordeuropas wird mit dieser Kultur in Zusammenhang gebracht (→Skandinavische Felsbilder).

Fossilien
(lat. fossilis: ausgegraben)
Erhaltene und versteinerte Überreste von Tieren oder Pflanzen aus früheren Epochen der Erdgeschichte sowie entsprechende Reste des Menschen aus seiner stammesgeschichtlichen Vergangenheit. Es können auch Rückstände menschlicher, tierischer oder pflanzlicher Aktivitäten sein, z.B. Fußabdrücke oder Wurzelnarben. Die Fossilisation ist der Austausch von organischen Mate-

rialien gegen Mineralien und erlaubt eine relative Datierung (→Chronologie).

„In jedem Fossil sind eine Fülle von Informationen über die Evolutionsgeschichte, physische Organisation und Lebensweise seiner Herkunftspopulation offen oder verschlüsselt gespeichert. Im Idealfall können sämtliche Informationen über die sorgfältige Analyse aller an der Fossilierung des betreffenden Organismus beteiligten taphonomischen Prozesse abgerufen werden (engl. working back method)" (Henke/Rothe, 86, 15).

Ursachen fossiler Belege sind Massensterben (z. B. durch Vulkanausbrüche, Überschwemmungen, Seuchen) und der Tod eines Individuums infolge Altersschwäche, Krankheit, Unfall oder Gewalteinwirkung. Pflanzen und Tiere verwesen nach ihrem Tod, wenn sie nicht in irgendeiner Weise konserviert werden:

• Durch Luftabschluß: Solche Verhältnisse liegen überall dort vor, wo viel →Sediment abgelagert wird, also auf dem Grund von Seen, in Flußtälern, Höhlen, unter Vulkanasche oder im Erdreich. Auch im Bernstein erfolgen solche Konservierungen.

• In einem sauren Milieu erhalten sich Pflanzen, während sich z. B. Tierknochen schnell zersetzen. Deshalb findet man an solchen Stellen häufig Ansammlungen von Blättern, Früchten und Samen der einstigen Pflanzen.

• In einem neutralen oder alkalischen Milieu werden Pflanzen schlecht, Tierknochen aber gut konserviert. Der Mineralaustausch, der die Umwandlung organischen Gewebes in anorganische Fossilien kennzeichnet,

wird begünstigt. Deshalb findet man zum Beispiel in sumpfigem Gelände hauptsächlich pflanzliche Fossilien, während die meisten Fossilien in Kalksteinhöhlen von Tieren stammen. Im hochalkalischen Milieu können sogar weiche Körperteile erhalten werden. So hat man Millionen Jahre alte Ansammlungen von Algen gefunden, ebenso ganze Körper von Insekten oder die Haut von Wirbeltieren.

Fruchtbarer Halbmond

Damit wird der Landschaftsbogen bezeichnet, der sich vom Eingang des Persischen Golfes über den Nordrand der syrischen Wüste bis nach Palästina und zur Grenze Ägyptens hinzieht. Er umfaßt die heutigen Länder Iran, Irak, Türkei, Syrien, Libanon, Jordanien und Israel.

Der Name rührt daher, daß diese Gebiete fruchtbares Land mit einem höheren Regenfall oder bewässerbares Land besitzen. Die landschaftlichen Höhenunterschiede bedeuteten zugleich eine große Variationsbreite der Pflanzenarten, die dem lokalen Klima angepaßt waren. Hier tauchten auch früh Formen der →Domestikation auf (→Natufien). In Palästina ernteten die →Wildbeuter bereits vor 13 000 v. Chr. gelegentlich wildwachsendes Getreide zur Ergänzung ihrer Nahrung.

In diesem Gebiet begann vor etwa 11 000 Jahren v. Chr. die →Neolithische Revolution (→Neolithikum), der Übergang vom Wildbeutertum mit Jagen und Sammeln zur Seßhaftigkeit mit Ackerbau und Viehzucht. Um 8000 v. Chr. wurde Getreide angebaut, und etwa 1000 Jahre später die ersten Nutztiere domestiziert. Die in diesen Ländern Nahrung produzierenden Kulturen waren die Begründer der späteren westlichen Zivilisationen. Aber auch in anderen Teilen der Erde kam es zu erfolgreichen Spezialisierungen: Im Fernen Osten: Reis, Getreide und Knollen und in der neuen Welt: Paprika, Kürbis und Mais.

Im „Fruchtbaren Halbmond" existierten die Wildformen von Getreide in geschlossenen Verbänden als natürliche Vorkommen: Einkorn, Emmer und Gerste, Gemüsearten wie Linsen und Bohnen. Gleiches gilt für die Ausgangsformen erster Haustiere: Wildrinder, -schafe, -ziegen, -schweine. Hier waren daher alle Voraussetzungen für die Domestikation von Pflanzen- und Tierarten gegeben. Alle domestizierten Pflanzen unterscheiden sich von ihren Wildpflanzenvorfahren durch größere Fruchtstände und Körner sowie festere Grannen, die verhindern, daß die Körner vor dem Dreschen herausfallen. In →Abu Hureyra am Euphrat in Syrien östlich von Aleppo wurden pflanzliche Reste in Massen geborgen: Nicht weniger als 157 Pflanzenarten wurden verzehrt, obwohl die Jagd auf Wildrinder, Schafe, Onager (eine Art Wildesel), insbesondere aber auf Gazellen noch eine bedeutende Rolle spielte (→Jagd). Erst um 7500 v.Chr. geht die Zahl der gefundenen Gazellenknochen plötzlich zurück. An ihre Stelle treten Schaf- und Ziegenknochen.

Aufgrund der gesicherten Ernährung stieg die Bevölkerungszahl, und der entstehende Bevölkerungsdruck zwang einen Teil der Bevölkerung, bzw. vorwiegend die junge Generation, sich neue Siedlungsgebiete zu erschließen. Auch nachlassende Niederschläge, die zu einer Vergrößerung der Steppe beitrugen, sowie die übermäßige Ausnutzung der Nahrungsquellen durch Viehhaltung und Ackerbau zwangen zur Aufgabe der Siedlungen. Das bedeutet, daß das Neolithikum von Anfang an mit Kolonisation verbunden war.

Um 7000 v.Chr. wurden in Griechenland, also erstmals auf europäischem Boden, zahlreiche Bauerndörfer gegründet. Von dieser Bewegung wurde bald darauf auch Südosteuropa (Bulgarien, Rumänien, Jugoslawien) erreicht. Von hier aus siedelte eine Gruppe entlang der Mittelmeerküste bis Spanien, während die andere vom unteren Donaugebiet zu den fruchtbaren Lößböden der Ukraine, nach Tschechien, Österreich, Deutschland, Nordschweiz, Holland und dem Pariser Becken zog. Die letztere Gruppe wird wegen ihrer typischen Bandmuster auf Keramik Linienband- oder Bandkeramiker-Kultur (→Linienbandkeramische Kultur) genannt. Die Mitglieder der Gruppe gelten in weiten Teilen Mitteleuropas als die ersten Ackerbauern, Viehzüchter und Keramiker.

Fund

Bezeichnung für alle nicht ortsgebundenen materiellen Hinterlassenschaften des Menschen. Sie können als Lagerplatz-, Siedlungs-, Grab-, Hort- und Einzelfunde unterschieden werden (→Befund). Mehrere gleichzeitig niedergelegte Funde bilden einen →geschlossenen Fund, der für Aussagen zur

→Chronologie von Bedeutung sein kann.

Fundanalyse
(→Archäologie)
Wissenschaftliche Auswertung des Fundmaterials. Alle Einzelfunde einer Schicht sind durch typologischen und kunstgeschichtlichen Vergleich, durch Materialanalyse und →Datierung genau zu erfassen.

Furchengrabstock
→Grabstock

Fürstengrab
(Spätes Neolithikum bis Eisenzeit und später)
Bezeichnung für ein Grab mit einer außergewöhnlichen Grabeinrichtung, einer exponierten Lage oder einer reichhaltigen Ausstattung, die auf die Bestattung eines Angehörigen einer führenden Schicht hinweisen. In einer späteren Phase sind →Grabbeigaben von Wagen, Pferdegeschirr und Tieropfern anzutreffen (→Hügelgräber, →Aunjetitzer Kultur).

Fußspuren
Die ältesten Fußspuren stammen von 3 Hominiden (*Australopithecus afarensis?*), sind etwa 3,5–3,8 Mio. Jahre alt (→Aufrechter Gang) und wurden in →Laetoli in Tanzania gefunden. Ein 24 cm langer Fußabdruck des *Homo erectus* in →Terra Amata ist etwa 400 000 Jahre alt, ebenso alt wie ein Fußabdruck in Bilzingsleben. Die älteste bekannte Fußspur des *Homo sapiens* ist etwa 120 000 Jahre alt und wurde in den Dünen der Lagebaan-Lagunen bei Kapstadt in Süd-Afrika entdeckt. Sie stammt vermutlich von einer etwa 1,50–1,70 m großen Frau. Ihre Fußabdrücke im nassen Sand müssen rasch getrocknet und danach von lockerem, trockenem Sand überdeckt worden sein, bevor er erneut naß wurde. Nur so konnten die Fußabdrücke bis heute konserviert werden („bild der wissenschaft" 3. März 1998, 12). Möglicherweise sind neu entdeckte Fußabdrücke des *Homo sapiens* im Sandstein an der südafrikanischen Küste doppelt so alt. Eine endgültige Bestätigung steht aber noch aus, da die Fußspuren bisher nur mit geologischen Methoden bestimmt wurden („Mannheimer Morgen", 9. 7. 98). In der Bilderhöhle Niaux (Pyrenäen) wurden über 500 Fußabdrücke von vermutlich tanzenden Kindern aus dem Magdalénien gefunden.

Gagat

(benannt nach der Stadt Gagai und dem Fluß Gagas in Kleinasien)
Dichte, homogene, bituminöse und schwarz glänzende Kohlenart, die aus in Feuchtschlamm eingebettetem Holz entsteht. Aus Gagat wurden im Jungpaläolithikum Schmuckstücke gearbeitet; er läßt sich wie Bernstein leicht bearbeiten.

Galeriegräber
→Megalith-Kultur

Ganggräber
→Megalith-Kultur

Ganggrabkunst
→Megalith-Kultur

Gargas

(Hautes-Pyrénées, in den franz. Pyrenäen)
In der Höhle fand man die Schädelbestattung von 6 Bisons, zahlreiche Tierdarstellungen, rote und schwarze Handabdrücke, z.T. mit verstümmelten Fingern (→Handabdrücke), sowie Fingerzeichnungen eines Bisons und von Mäandern im Lehm. Im vorderen Teil der Höhle finden sich Wohnspuren, die teilweise in das späte Paläolithikum gehören: →Chatelperronien, →Aurignacien, →Gravettien.

Gaterslebener Gruppe

4 400–4 200 v. Chr.
(benannt nach den Funden eines Gräberfeldes vom Karnickelberg bei Gatersleben im Kreis Aschersleben in Sachsen-Anhalt)

Verbreitung: mittleres und nördliches Saalegebiet, hauptsächlich zwischen Harz und Saalemündung. Die Gaterslebener Gruppe gilt als ein Ableger der hauptsächlich in Ungarn, Österreich und in der Tschechoslowakei verbreiteten →Lengyel-Kultur, folgt auf die →Rössener Kultur und geht der die Kupferzeit einleitenden →Baalberger Kultur voraus.
Siedlungsspuren bestehen meist nur aus Gruben mit Keramikresten. Es ist eine fast gänzlich unverzierte, grautönige, meist profilierte Keramik: dreigliedrige, becherartige Gefäße mit flachem Boden, Knubben und Henkelösen, Bauchknicktöpfe, konische Näpfe, Schalen, Fußschalen, Amphoren mit 2–8 Henkeln und langovale Wannen.
Aus Feuerstein sind Klingengeräte, aus Felsgestein Querbeile und schlanke Äxte von schuhleistenförmiger Gestalt. Aus Knochen sind Pfrieme und Spangen, aus Hirschgeweih Ringe und Geweihäxte.
Bestattungen erfolgten als →Brandbestattung oder in Gräbern als schwache Hocklage mit Beigaben von Tongefäßen, Stein- und Knochengeräten oder Schmuck. Bei der Körperbestattung legte man Wert darauf, daß der Kopf südlich und die Füße nördlich lagen.
Im Ortsteil Rössen von Leuna im Kreis Merseburg in Sachsen-Anhalt fand man Körperbestattungen der Rössner Kultur neben Brandbestattungen der Gaterslebener Gruppe. Dieses Nebeneinander der Rössener Kultur und der Gaterslebener Brandbestattung hat dazu geführt, daß die Gaterslebener Brandbestattung zunächst irrtümlich der Rössener Kultur und später der

→ Jordansmühler-Gruppe zugeordnet wurde.

Gebrauchsspuren
Durch wiederholten Gebrauch entstandene Spuren wie: Aussplitterungen, Verrundungen, → Glanz, Glättungen, Schrammen, Schlagnarben, Schnitt-, Schleif- und Abriebspuren.

Geflecht
Verkreuzung von Flechtmaterialien (Weidenruten, Binsen, Schilf, Gräser, Birkenrinde, Bast, Lederstreifen u. a.) mit Hilfe eines → Pfriems zu Körben, Gefäßen, Taschen, Reusen, Sandalen, → Flechtwerk (bei Häusern Gefachfüllung mit Lehmverputz), lehmverputzten Backofenkuppeln (→ Backöfen), Zäunen, Faschinen u.a. Geflechte sind seit dem Mesolithikum bekannt.

Geofakt (→ Eolith)
Durch natürliche Einwirkung verändertes Gestein, das leicht mit einem → Artefakt verwechselt werden kann.

Geräte
(mhdt. Hausrat)
In der Archäologie ist diese Bezeichnung nicht eindeutig. Sie bezieht sich wahlweise auf Werkzeuge, Waffen, Waffenteile oder sonstige Gegenstände und wird in diesem Sinn oft als übergeordneter Begriff gebraucht (→ Werkzeuge).

Gerätebestand
→ Inventar

Gerben
(ahd. garawen: zubereiten, machen)
Haltbarmachen von Tierhäuten mit Lösungen von Gerbstoffen. Im Mittelpaläolithikum wurden durch die Fettgerbung (Sämischgerbung) unter Zusatz von Urin Lederhäute für Zeltabdeckungen und Kleidung hergestellt. Dazu benötigte man → Nähnadeln. Auch die Räucherung von Fellen diente der Erhaltung.

Geröllgeräte (Pebble Tools)
Sammelbegriff für alle Kerngeräte, die aus mehr oder weniger rundlichen Geröllsteinen so gefertigt sind, daß ein größeres Stück oder mehrere kleinere Stücke weggeschlagen wurden. Dadurch entstand eine scharfe Kante, die natürliche Oberfläche blieb aber zu einem großen Teil erhalten und bildete weitgehend den Handgriff. Diese Geräte werden mit dem *Homo rudolfensis*, *Homo habilis* und *Homo erectus* (→ Evolution des Menschen) verbunden, können aber auch von Australopithecinen gefertigt worden sein. (→ Chopper, → Chopping Tools, → Oldowan). Geröllgeräte kommen auch in weit jüngeren Kulturen zur Verrichtung gröberer Arbeiten vor. Geröllgeräte und dabei anfallende Abschläge eröffneten durch ihren Einsatz neue technische Möglichkeiten und ermöglichten die bessere Nutzung von verfügbaren Nahrungsmitteln und Rohstoffen.

Geschlechtsdimorphismus
(gr. dimorphos: zweigestaltig)
In Größe oder Gestalt deutlich unterschiedliche Ausbildung der Geschlechter innerhalb einer klar definierbaren Tier- oder Menschenart. Die Ursachen dafür liegen bei Primaten in der Sozialstruktur, wo

etwa bei Pavianen oder Gorillas ein ständiger intensiver und zugleich hierarchischer Wettbewerb um die Sozialpartnerinnen besteht. Dieser ist bei Gibbons z.B. weit geringer und mit einem weniger ausgeprägten Geschlechtsdimorphismus verbunden. Diese Geschlechtsunterschiede können sich u.a. durch größeren Körperbau und höheres Gewicht bei männlichen Individuen ausdrücken. Ursachen können im Sozialgefüge der Primaten liegen, da größere und stärkere Männchen eher Erfolg im Kampf um das brünstige Weibchen haben. Geschlechtsdimorphismus war bei den ältesten Hominiden und Australopithecinen generell vorhanden, während er beim *Homo erectus* nur noch schwach ausgeprägt ist. Das soll weitgehend auf einer Größenzunahme des Weibchens, vielleicht auch auf einer bedeutenden Verringerung des Konkurrenzkampfes beruhen. Beim heutigen Menschen ist der Geschlechtsdimorphismus kaum noch vorhanden.

Geschlossener Fund

Gegenstände, die zur gleichen Zeit in die Erde gelangt sind und bei denen ein sicherer zeitlicher Zusammenhang besteht, bezeichnet man als „geschlossenen Fund" (→Fund), z.B. das Inventar eines Lagerplatzes, einer Siedlung oder eines Grabes.

Geschoßspitzen

Verbreitung in den meisten Teilen Europas seit dem späten Mittelpaläolithikum vor etwa 60 000 Jahren, vorzugsweise aber ab dem →Jungpaläolithikum.
Auf Grund der Härte der verwen-

deten Materialien sind von allen Bestandteilen steinzeitlicher Jagdwaffen die Geschoßspitzen am häufigsten erhalten geblieben. Aus Stein, Knochen, Elfenbein und Geweih dienten sie als Aufsätze für Lanzen-, Speer- und Pfeilschäfte (→Schaft; →Schäftungen). Steinerne Spitzen aus dem Altpaläolithikum, z.T. mit stielartiger Einziehung beider Kanten, werden als Speer- oder Lanzenspitzen gedeutet. Mögliche Geschoßspitzen aus Stein sind →Blattspitzen, →Kerbspitzen, →Gravettespitzen, →Stielspitzen, →Seitenklingen und →Mikrolithen.
Geschoßspitzen aus Elfenbein oder Geweih haben eine gestreckte Form mit einer Spitze und sind allseitig bearbeitet. Übergänge bestehen zu →Pfriemen, die aber allseitig bearbeitet sind. Es gibt Geschoßspitzen mit massiver Basis (→„Lautscher" Spitzen), mit gespaltener Basis (→Aurignacien-Spitzen) und solche mit einfach und doppelt abgeschrägter Basis. Geschoßspitzen mit gespaltener Basis wurden zusammengedrückt, im ausgehöhlten Schaft eingesetzt und mit Birkenteer oder Lederriemen oder mit beiden befestigt. Die Spaltung der zähelastischen Geweihspitze ergab eine Federwirkung und sorgte so für einen besseren Halt. Bei abgeschrägter Basis wurde die Haftung zwischen Basis und Schaft verstärkt. Auf das Magdalénien beschränkt waren die Wurfspieße mit einer →Harpune aus Rengeweih als Geschoßspitze.
Aus Elfenbein geschnitzte zylindrische Stücke waren, nach dem Durchmesser zu urteilen, bis zu 1 m lang. Diese Längen waren nur zu erreichen, wenn die ursprüng-

lich gebogenen Elfenbein- oder Geweihstäbe durch Wässern oder Hitze biegsam gemacht und geradegebogen wurden (evtl. mit →Lochstäben). Nach dem Trocknen blieb die Streckung erhalten.

Geweih

Bei den Geweihen handelt es sich um eine Knochensubstanz, die von einem Fortsatz des Stirnbeines (Rosenstock) der männlichen hirschartigen Tiere (→Cerviden: Rothirsch, Reh, Elch, Rentier) gebildet wird. Bei den Rentieren trägt auch das weibliche Tier ein Geweih. Das Geweih wird jedes Jahr abgeworfen und sofort ein neues gebildet. Geweihe sind hauptsächlich aus 2 Bestandteilen aufgebaut: aus der äußeren harten Kompakta und der inneren großporigen Spongiosa. Erst im Laufe der Zeit (Herbst – Winter) kommt es zur Verknöcherung und zu der nötigen Härte für die Geräteherstellung. Dennoch zeichnen sich Geweihe, obwohl sie auch aus knöcherner Substanz bestehen, durch größere Elastizität aus. Gewöhnlich werden zur Verarbeitung aufgelesene Abwurfstangen genommen. Geweih hat gegenüber den Knochen eine doppelt so hohe Dämpfung und eignet sich daher für Gegenstände, die großen Druck und Schlag aushalten müssen, wie etwa Hacken oder das Zwischenfutter bei Beilen.

Geweihbeil

Die abgeschrägte Seitensprosse bildet die Schneide und verläuft quer zum Geweihschaft (→Beile).

Geweihgeräte

Geweihgeräte kommen seit dem Mittelpaläolithikum vor, allgemein aber seit dem Jungpaläolithikum.

Geweihe werden durch die →Spantechnik (Ritzen zweier parallel verlaufender Linien und Ausschneiden oder Ausheben des Spanes), durch Steinbeile oder (im Neolithikum) mit einer sandbehafteten nassen Schnur oder einem sandbehafteten Lederriemen zerlegt.

Geräte sind: →Hacken, →Pickel, Hämmer (→Gezähe), →Lyngbybeil, →Äxte, →Zwischenfutter für Beile, →Lochstäbe, →Geschoßspitzen für Lanzen, →Speere, →Harpunen, →Pfrieme, →Nähnadeln, →Druckstäbe, →Angelhaken, →Zwischenstücke, →Meißel, →Beilklingen, sowie →Speerschleuder-Hakenenden. Durch Zerschlagen von Rentiergeweihen gewann man Splitterstücke, aus denen man Werkzeuge oder Waffen herstellte. Seit dem Aurignacien wurden auch Kleinkunstwerke aus Geweih hergestellt.

Geweihhammer

Schaft mit kürzerem Eissprossenrest und geradem Ende, das durch Gebrauch abgerundet wird. Verwendung: zum Klopfen von Fleisch und Haut, als →Schlegel für Meißel bei der Knochenspaltung oder beim Feuersteinabbau (→Gezähe). Evtl. auch Verwendung als Schlagwaffe bei der Jagd.

Geweihpickel

Die Geweihstange bildet den Schaft und die natürliche Spitze bildet die Zacke. Pickel eignen sich zum Wühlen und Hacken und wurden vor allem im neolithischen Bergbau eingesetzt (→Gezähe).

Gezähe

(von zauen: vonstatten gehen) Gezähe nennt man die Werkzeuge des Bergmanns. Im Neolithikum bestanden sie aus Hirschgeweih, Knochen, Feuerstein oder Geröllen. Damit wurden im Bergbau offene Gruben oder Schächte mit Strecken angelegt und der Flint vom Muttergestein gelöst (→Feuersteinbergbau).

Geweihgezähe
Um handliche Geräte zu erhalten, zerlegten die Bergleute die Geweihe (meist Abwurfstangen) durch Sägen oder Hacken. So entstanden aus den einzelnen Geweihteilen Werkzeuge für verschiedene Tätigkeiten: Geweihhacke, -pickel, -hammer, -schaber, -keil, -hebel, -brechstange, →Zwischenstücke („punch"), Tüllenbeile und -äxte. Das Schulterblatt des Hirsches wurde als Schaufel benutzt.

Steingezähe
Diese bestehen aus Geröllen, Gesteinen des Abraums und Feuerstein, z. B.: Kerbschlägel und Rillenschlägel (Kerbe und Rille dienen der →Schäftung), Feuersteinbeile, -äxte und -hämmer, →Klopfsteinen und Abschlagschaber.

Glanz
Entsteht durch Benutzung an Geräten. So kann z. B. bei Beilklingen am Nackenende Glanz durch die Scheuerung in der →Schäftung entstehen. Damit unterscheidet sich der Glanz von der →Patina, die ein chemischer Prozeß ist und der intentionellen →Politur.

Sichelglanz
Durch Schneiden von Gras, Schilf oder Getreide mit Hilfe von →Sicheln oder Erntemessern entsteht an den Schneiden der geschäfteten Feuersteinklingen durch die in den Pflanzen enthaltene Kieselsäure der typische Sichelglanz (bei nachgestellten Versuchen nach bereits 90 Minuten). Die Lage des Sichelglanzes läßt Rückschlüsse auf die Art der →Schäftung zu. Gerade Schäftung wurde (vermutlich) für Getreide, gebogene für Schilf und Gras verwendet.

„Fleischglanz"
Bei der Zerlegung der Jagdbeute, durch Fleischschneiden und bei der Bearbeitung der Knochen entsteht an den Schnittkanten der Werkzeuge Glanz.

Holzglanz
Bei Flintschabern, die zum Glätten von Holz verwendet wurden, entsteht auf der Kante ein Glanz.

Knochenglanz
Glanz entsteht an →Pfriemen (Ahlen), →Nähnadeln und →Glättern. Dünne bis mitteldicke Häute und Leder lassen sich mit spitzen Pfriemen relativ einfach durchbohren. Dabei wird die Oberfläche poliert und weist schließlich einen intensiven Glanz auf. Auch Handflächenreibung und Schweiß hinterlassen an der Griffstelle des Werkzeuges einen Glanz. Glätter sind längliche Objekte und werden als Werkzeuge zum Lösen des Fells vom Tierkadaver angesehen. Glanz, der am Ende, aber auch häufig an den Kanten und Flächen des Werkzeuges auftritt, läßt eine Funktion als →Glätter annehmen.

Fettglanz
Durch →Tempern (gezielte Hitzeeinwirkung bei Feuerstein) wird eine Verbesserung der Schlageigenschaften erzielt. Bei Hitzeeinwirkung verschmelzen die kristallinen

linen Quarzschuppen und -nadeln, und es kommt zu einem Wasserverlust. Dabei entsteht Fettglanz und evtl. eine Farbveränderung.

Wasserglanz
Feuersteine in Flußbetten können auf mechanischem Weg durch Politur einen Glanz bekommen.

Glanzpatina
Bei Feuerstein werden durch bestimmte Lösungen die Oberflächen eingeebnet und erhalten dadurch einen Glanz (→Patina: Wüstenlack).

Glanz durch Sand und Wind (Windschliff)
Auch feiner Sand poliert den Feuerstein, während grober Sand die Oberfläche zernarbt.

Glätter
Längliche Werkzeuge aus Knochen (Rippen), Geweih oder Elfenbein mit parallelen Kanten, konvexer Ober- oder Unterseite, oft verziert und mit abgerundetem Ende. Sie wurden zum Abhäuten bei der Fell- und Lederzubereitung eingesetzt. Seit dem Altpaläolithikum bekannt, treten sie besonders häufig im Jungpaläolithikum (Aurignacien) und seltener im Neolithikum auf. Im Spätneolithikum/Bronzezeit fanden sich auch Auflieger mit rundlicher und glatter Oberfläche, auf denen Häute/Leder mit einem flachrunden Glättstein behandelt wurden.

Glazialzeit
(lat. glacies: Eis. →Eiszeit)
Abschnitt der Erdgeschichte, in dem auf Grund eines allgemeinen Temperaturrückgangs sich die Eiskappen der Pole sowie die Gletscher der Gebirge ausdehnten und große Gebiete bedeckten, weite Gebiete blieben jedoch eisfrei und bewohnbar (Gegensatz: →Interglazial oder Warmzeit).

Spätglazial
Auf Grund von Pollenanalysen und stratigraphischen Daten lassen sich im Spätglazial 2 Wärmezeiten in Europa erkennen, →Bölling und →Alleröd. Getrennt werden sie durch eine neue Kaltzeit, der älteren Dryas und der jüngeren Dryas mit Gletschervorstößen.
Bölling ist ein schwacher, nicht allzu stark ausgeprägter Wärmeanstieg (→Interstadial) in der Dryaszeit, der diesen Abschnitt in die Älteste Dryas- und Ältere Dryaszeit aufteilt.

Älteste Dryas	17 000–15 000 v.h.
Bölling-Interstadial	15 000–14 000 v.h.
Ältere Dryas	14 000–13 700 v.h.
Alleröd-Interstadial	13 700–12 700 v.h.
Jüngere Dryas	12 700–12 000 v.h.

Postglazial
Klimaschwankungen des Spät- und Postglazials beeinflußten Flora und Fauna. Die Pflanzenwelt veränderte sich von Tundraformen mit Kiefern-Birken-Wald zu einem immer höher und dichter werdenden Eichen- und Buchenwald. In der Tierwelt verschwindet das Ren, und typische Waldtiere wie Hirsch, Reh und Wildschwein werden heimisch.

Präboreal	10 300–9 000 v.h.
Boreal	9 000–7 500 v.h.
Atlantikum	7 500–5 100 v.h.
Subboreal	5 100–2 800 v.h.
Subatlantikum	2 800 v.h.

Gletscher
(lat. glacies: Eis; wallis. glacer:
Gletscher)
Gletscher sind Eisströme in Hochgebirgen und Polargebieten, die
durch Anhäufung von nicht ab-
tauenden Schneemassen entstehen
und sich allmählich talwärts bewegen, wo sie abschmelzen. Der
Schnee wird zunächst zu Firn
(Umwandlung des frisch gefalle-
nen Schnees in Gletschereis) und
später zum Gletschereis. Dies, in
vielen Sommer- und Winter-
schichten übereinandergelagerte
Eis bewegt sich als zähflüssige
Masse unter dem Zug der Schwer-
kraft abwärts. Einen Eisrückgang
gibt es nicht, der Gletscher nimmt
nur durch Abschmelzung an der
Oberfläche und von unten durch
zirkulierendes Schmelzwasser ab.
Die Gletscher des Pleistozäns
schoben sich von Norden nach Süden mit einer Geschwindigkeit von
etwa 50 Metern im Jahr vor. Von
Skandinavien nach Mitteldeutschland dauerte die Bewegung etwa
50 000 Jahre. Gleichzeitig schoben
sich die alpinen Gletscher vor.
Im Hochglazial vor etwa 20 000–
18 000 Jahren näherten sich die
skandinavischen und alpinen Gletscher bis auf eine Distanz von 600
Kilometern aneinander an. Das
Meer lag zu jener Zeit 120 m tiefer
als heute. Teile der jetzigen konti-
nentalen Schelfgebiete waren trok-
kenes Land, und viele Gebiete, in
denen sich heute Meeresarme befinden, besaßen ausgedehnte Landbrücken (z. B. der Ärmelkanal).
Der Boden gefror sogar in eisfrei-
en Gebieten über das ganze Jahr
mehrere Meter tief und taute im
Sommer nur an der Oberfläche auf.
Der größte Teil Europas, der nicht
unmittelbar vom Eis bedeckt war,
bildete eine Öde, eine dem Wind
und der Kälte preisgegebene Landschaft, in der nur Tundren- und
Steppenpflanzen wuchsen und wo
nur die extreme Kälte vertragenden
→Mammute und Fellnashörner
weideten.
Die gewaltige Eiswand (1–3 km
hoch) hobelte auf ihrem Weg nach
Süden das Gebirgsland von Skandinavien und Norddeutschland zu
einer ebenen Fläche. In Skandinavien wurden wohl 500–600 m von
den Bergen abgehobelt und der
Gesteinsschutt in ganz Nordeuropa
abgelagert. In Deutschland sind
diese Schichten 50–80 m, stellenweise bis zu 500 m hoch. Die wandernden Gletscher schoben riesige
Erd- und Schuttwälle vor sich her,
die bei ihrem Rückzug als Höhenzüge liegenblieben oder große
Sandflächen bildeten (Mark Brandenburg). Die Moränen (Schuttwälle) enthalten vielfach Geofakte
(→Eolithen) mit „Abschlägen"
und „Retuschen", die leicht mit
→Artefakten verwechselt werden
können.

Glockenbecher-Kultur
2 500–2 200 v. Chr.
(benannt nach den weitmundigen,
meist gelbroten, außen hochpo-
lierten Tongefäßen mit S-Profil in
Gestalt einer umgestülpten Glocke,
die vom Rand des Bodens in horizontalen Bereichen in Kamm- oder
Stempeltechnik verziert sind)
Verbreitung: von Portugal im Westen bis Ungarn im Osten, von Italien im Süden bis England im Norden, außer den genannten Ländern
in Spanien, Frankreich, Holland,
Deutschland, Schweiz, Österreich,
Tschechoslowakei und Polen.

Die Herkunft der Glockenbecher-Kultur ist unbekannt. Es scheint, daß ihre Ausbreitung entlang großer Wasserstraßen erfolgte, und von der Donau um Budapest über Rhein und Rhône nach Norden und Süden sich ausbreitete. Kurze Zeit existierte sie neben den →Schnurkeramischen Kulturen. Die seltenen Nachweise von Hausgrundrissen zeigen quadratische Wohngebäude, bei denen das Dach durch einen Mittelpfosten gestützt wurde, und rechteckige Häuser mit 3 Pfostenreihen. Die Häuser waren nicht sehr groß, ca. 5 x 6,50 m. In Spanien, bei Pedro de Ouro in der Provinz Estremadura, gab es eine mit Mauern und Türmen befestigte Siedlung auf einem von 3 Seiten steil abfallenden Geländesporn.

Abdrücke von Getreide auf Tongefäßen und Tierknochen von Haustieren, auch Pferden, bezeugen eine seßhafte Lebensweise, obwohl Feldbau- und Erntegerätefunde fehlen.

Kennzeichnend für diese Kultur ist die im mitteleuropäischen Verbreitungsgebiet überraschende Einförmigkeit der Keramik. Hauptformen sind die glockenförmig geschweiften, selten gehenkelten Becher mit typischem Dekor: breiten, horizontal-parallelen Umlaufzonen, weißen →Inkrustationen und eingestochenen, gestempelten Pünktchen, Zickzacklinien, Winkelmustern, Kreuzschraffierungen und anderen linearen Zierfiguren im rhythmischen Wechsel. Häufig tauchen auch Schnurverzierungen auf; ebenso weitmundige Töpfe mit mehr oder weniger deutlich abgesetztem Hals und 4 breiten Henkeln, stets mit einem Standboden und einer Verzierung am Hals

und an der Schulter, flache Schalen mit Henkeln oder Schnurösen sowie Warzennäpfe, Henkelkrüge, Seiher, Löffel, Deckel und →Spinnwirtel. Typisch für die Keramik ist der gelbrot gebrannte und außen hochpolierte Ton mit horizontaler Kamm- oder Stempeltechnik.

Bei den Feuersteinwerkzeugen kommen u.a. Beilklingen, Klingen, Messer, Pfeilspitzen und Feuersteindolche aus →Le Grand-Pressigny-Feuerstein vor. Seltener sind Felsgesteinbeile und -äxte, vereinzelt auch mit ovalem Schaftloch. →Armschutzplatten aus Stein, die im gesamten Verbreitungsgebiet der Glockenbecher-Kultur auftreten, bilden schmale, konvexe Platten mit 2, 4 oder 6 Löchern zur Armbefestigung. 5 Jadebeile aus einem Depot aus Mainz-Gonsenheim in Rheinland-Pfalz weisen keine Gebrauchsspuren auf und eigneten sich auch nicht als Werkzeug. Der Gebrauch von Pfeil und Bogen kann auf die Jagd, aber auch auf Krieger deuten.

Aus Knochen sind Doppelpfrieme, ein Dolch und eine Knochenaxt, aus Kupfer Dolche und Schmuck. Gußformen zeigen, daß Kupfer selber gegossen und verarbeitet wurde.

Typischer Schmuck sind die konischen Beinknöpfe mit V-Loch, Bernsteinknöpfe sowie Bernstein- und Knochenketten, beinerne gekerbte Stäbchen oder Nadeln und Gürtelhaken, Anhänger aus Tierzähnen, kupferne Ohr- und Lokkenringe. Solche Ringe aus Gold und Silber waren offensichtlich vornehmen Männern vorbehalten. Als Kunstwerk gilt die in Fragmenten gefundene überlebensgroße menschengestaltige Stele aus dem Gräberfeld Petit-Chasseur in Sitten im Kanton Wallis in der Schweiz. Auf ihr sind unter anderem Teile der Kleidung, des Schmucks und der Bewaffnung zu erkennen.

→Bestattungen erfolgten in Einzelflachgräbern, seltener in Steinkistengräbern, Gräbern unter Steinplatten oder in Gruben mit Holzeinbauten. Auch vereinzelte Nachbestattungen in Megalithgräbern und Grabhügeln kommen vor. Bei Nachbestattungen auf schnurkeramischen Gräberfeldern überschneiden sich die betreffenden Gräber nicht, man nahm Rücksicht aufeinander. Das zeigt, daß offensichtlich eine kontinuierliche Friedhofsbelegung erfolgte. Beisetzungsform war die rechts- oder linksseitige Hockerlage, in der Regel in Nord-Süd-Richtung, wobei linke Hocker mit dem Kopf nach Norden, rechte nach Süden liegen, so daß der Blick immer nach Osten gerichtet ist. Bei Brandgräbern des jüngeren Abschnitts wurde die Asche entweder in einer Urne unter einem übergestülpten Glockenbecher aufbewahrt oder in eine Grabgrube geschüttet.

Als Grabbeigabe diente ein einzelner Glockenbecher, mitunter zusätzlich eine Schale und nur selten mehrere Schalen. Diese Gefäße wurden nicht vor dem Toten, sondern hinter seinem Rücken niedergelegt; Beile wurden nicht beigegeben. In Männergräbern fanden sich häufig Pfeilspitzen und Klingen aus Feuerstein, Armschutzplatten, Knochen- und Geweihgeräte sowie kleine Kupferdolche; in Frauengräbern meist Schmuck aus unterschiedlichen Materialien.

Auch junge Rinder wurden als →Tieropfer beigegeben.

Gold

Die ältesten Goldfunde stammen aus dem 8. Jahrhundert v. Chr. im Nahen Osten. Gewonnen wurde es durch Auswaschen goldhaltiger Flußschwemmsande oder durch Bergbau, indem das mit Goldadern durchsetzte Gestein gebrochen wurde. Anschließend wurde das Gestein in →Mörsern oder →Reibmühlen fein zerkleinert. Im Wasser wurden dann die feinen Goldpartikel ausgeschwemmt (ca. 80 g Gold je Tonne). Die letzten Verunreinigungen entfernte man beim Einschmelzen. Begehrt war das Gold wegen seines schönen Aussehens, weil es nicht oxydiert und sich leicht verarbeiten ließ. Es konnte kalt gehämmert und so geformt werden. Vielerorts wurde es noch vor dem Kupfer verarbeitet.

Während Gold zunächst nicht als sonderlich wertvoll galt, änderte sich das im Laufe der Zeit. Um den eigenen Wohlstand und Standesunterschied deutlich zu machen, wurde Gold zum Prestigeobjekt. In Westeuropa tauchten erstmalig in den Gräbern der →Megalith-Kultur kleine Goldperlen auf. Später wurden auch Schüsseln, Vasen und Siebe aus Gold hergestellt.

Goldberg III-Gruppe

3 500–2 800 v. Chr.
(benannt nach dem dritten auf dem Goldberg entdeckten Dorf bei Riesbürg im Ostalbkreis)
Verbreitung: Im Nördlinger Ries (Bayern), Oberschwaben (Baden-Württemberg)
In der Höhensiedlung gibt es in stratigraphischer Folge Funde der

→Rössener Kultur, →Michelsberger Kultur, →Altheimer Kultur und der endneolithischen Goldberg III-Gruppe. Ein Teil der Prähistoriker betrachtet diese Gruppe als eigenständige Kulturstufe, andere rechnen sie zusammen mit einigen anderen Gruppen der →Chamer Gruppe zu. Die Siedlung Goldberg III umfaßte mehr als 50 fast quadratische Häuser, die teilweise in annähernd kreisförmigen Gruppen angeordnet waren. Bis zu 4 m tiefe Gruben mit steil nach unten enger werdenden Wänden werden als Keller gedeutet. Sie wurden während der Besiedlungsdauer mit vielerlei Gegenständen gefüllt. Auch Skelettreste fand man darin, vor allem Schädelfragmente von Kindern.

Reste von Wagenrädern weisen auf zwei- oder vierrädrige Karren hin, deren Räder mit einem viereckigen Loch fest auf der Achse saßen (→Rad und Wagen).

Werkzeuge waren unter anderem lange Klingen und Sicheln aus Feuerstein, rechteckige und trapezförmige Beilklingen aus Felsgestein, die häufig in Hirschgeweih gefaßt waren, und →Streitäxte (Knaufhammeräxte). Die systematische Verwendung von Hirschgeweih als Rohstoff erreichte in dieser Kulturstufe einen Höhepunkt; außerdem gab es zahlreiche verschiedene Knochengeräte.

Bei den unsicher zu datierenden menschlichen Skelettresten handelt es sich vermutlich nicht um →Bestattungen, sondern um achtlos hingeworfene Überreste.

Gönnersdorf

(Kreis Neuwied, Mittelrhein, Rheinland-Pfalz)
10 500 v. Chr.

Freilandsiedlung aus dem Magdalénien am Nordausgang des Neuwieder Beckens, am damals seeartig breiten Rhein. Beim Ausbruch des Laacher-See-Vulkans um 9 080 v. Chr. wurde das Fundplatzgelände mit einer Bimsschicht überdeckt und versiegelt. Dies führte zu einer ungewöhnlich vollständigen Überlieferung der Siedlungsreste.

Es wurden die Grundrisse von 7 Behausungen entdeckt. 3 davon waren →Pfostenbauten bzw. Winterhütten (→Behausungen) mit einem Durchmesser von 6–8 Metern. 3 kleinere Stangenzelte mit einem Durchmesser von 2,50 Metern und ein großes Stangenzelt mit etwa 5 Metern Durchmesser dienten wohl als Sommerzelte. Unbestimmt ist, ob die Zelte zur gleichen Zeit errichtet und bewohnt waren. Die Pfostenbauten besaßen einen gravierten Schieferboden, der vermutlich noch mit Fellen belegt wurde. Die Feuerstelle befand sich in einer Grube, in der ein Glutfeuer unterhalten wurde, das die Hitze besser bewahrte als ein Flammfeuer und weniger Brennmaterial erforderte. Brauchte man große Hitze, mußte nur die Asche von der Glut entfernt werden. Ein Mammutoberschenkelknochen, der ursprünglich senkrecht neben der Feuerstelle gestanden hatte, wird als Teil einer drehbaren Grillvorrichtung gedeutet. Trümmer von →Kochsteinen weisen auf Kochen in ausgekleideten Gruben hin. Eine ausgehöhlte Schieferplatte diente als →Lampe. Ein Teil der →Steinwerkzeuge ist aus Feuerstein, dessen nächstes Vorkommen in etwa 120 km Luftlinie bei Krefeld und Duisburg liegen.

Reichlich vorhandene rote Farbspuren von →Hämatit weisen auf Körperbemalung oder farbliche Gestaltung von Gegenständen hin. Kunstwerke zeigen die grauschwarzen Schieferplatten, die als Fußböden dienten, und zwar Gravierungen von etwa 200 (davon mindestes 77 Mammute) Tieren und 400 Frauen. Vermutlich wurden die Platten mehrfach mit Hämatit überzogen und dann erst graviert. Bei den realistischen Tiergravierungen überwiegen Wildpferd und Mammut, seltener wurden Fellnashörner und Hirsche abgebildet. Nur je einmal sind Elch, Auerochse, Wisent, Wolf und Höhlenlöwe dargestellt. Andere Motive zeigen Fische, Wasservögel und Robben. Letztere lassen sich sogar als Bartrobbe und Ringelrobbe unterscheiden. Sicherlich wanderten die Robben damals, den großen Flüssen folgend, ins Inland. Da sie als Jagdbeutereste in Gönnersdorf nicht belegt sind, bleibt offen, ob sie bis ins Mittelrheingebiet vordrangen. Die Frauendarstellungen wurden stets nach einem einheitlichen Schema gestaltet: Profilansicht mit nur einem Arm und einer Brust sowie mit auffällig betontem Gesäß; der Kopf ist niemals zu sehen, die Füße fehlen fast immer. Einige Gravierungen zeigen offenbar Tanzszenen (→Tanz), eine wahrscheinlich einen Rundtanz nackter Tänzerinnen, wobei sogar eine Tänzerin ein Kind auf einer Rükkentrage trägt. Nur einige Gestalten werden als Männer gedeutet, sie haben behaarte Beine, fratzenartige Gesichter, große Augen und vorspringende Mund- und Nasenpartien.

Gravierungen einer Vulva mit eingeführtem Penis, eingravierte Kreise, Ovale und Dreiecke, häufig mit einem Strich versehen, sind vermutlich eine abstrakte Version der Vereinigung von Mann und Frau.

→Statuetten aus Elfenbein und Geweih haben manchmal ausgearbeitete Brüste, meist aber einen stabförmigen Oberkörper. Sie wurden in Gruben gefunden, in denen sie besser geschützt waren. Während die Gönnersdorfer Schiefergravuren schnell und mühelos (ähnlich den Schiefertafeln bei Schulanfängern) anzufertigen und nur eine zeitlang sichtbar waren, machte die Herstellung von Statuetten Arbeit. Die Stücke hatten eine dauerhafte Bildwirkung. Diese Statuetten sind nach ihrer Verbreitung kein Bestandteil des Magdalénien, sondern weisen auf eine Verbindung zur Mammutjägerkultur in der Ukraine hin. So belegen die Statuetten einen Kontakt zwischen dem Magdalénien und der →Mezin- und Mezhirich-Kultur und damit Verbindungen zwischen West-, Mittel- und Osteuropa nördlich der europäischen Hochgebirge (→Plastiken).

Grab

Bestimmte Art der Beerdigung eines Toten, die auch die Entwicklung der menschlichen Gesellschaft widerspiegelt. Erst vor etwa 40 000–20 000 Jahren erfolgte der Übergang der Bestattung von einfachen Gruben zu sorgfältig angelegten Gräbern. Seitdem es üblich wurde, den Toten →Grabbeigaben mitzugeben, stellen Gräber wichtige Quellen der materiellen Kultur der entsprechenden Zeit dar (→Bestattungen, →Kurgan-Kultur, →Einzelgrabkultur, →Hügelgräber). Nach Art der Bestattung und den Grabbeigaben kann man Gräber in arme, normale, reiche und →„Fürstengräber" mit besonders reichhaltiger Ausstattung einteilen.

Grabbeigaben
Dem Toten mitgegebene Gegenstände aus persönlichem Besitz, Abschiedsgeschenke, Gegenstände des Opferkults und Opfergaben für die Götter. Die Sitte hat sich durch alle Zeiten und in fast allen Kulturen mehr oder weniger stark ausgeprägt erhalten; in Europa endete sie im allgemeinen mit dem Übergang zum Christentum im 7. Jahrhundert. Grabbeigaben stellen die wichtigsten archäologischen Zeugnisse dar, weil alle dem Toten mitgegebenen Gegenstände im selben Moment in die Erde gelangten. Auch die Lage der Beigaben sagt etwas über ihren Wert aus. So sind z. B. Gegenstände, die über oder in der Nähe des Kopfes oder der Geschlechtsteile liegen, oft mit einem besondern Wert behaftet.

Grabstock
Der Grabstock war wahrscheinlich schon ein wichtiges Gerät des →Oldowan, wurde aber bisher wegen der besonderen Erhaltungsbedingungen für Holz, das nach Ausweis der Steinabschläge damals bereits bearbeitet wurde (→Geröllgeräte), im Gegensatz zu erhaltenen →Lanzen oder →Speeren nicht gefunden. Für die Jungsteinzeit ist es ein charakteristisches Gerät. Mit ihm wurde der Boden aufgelockert, damit die Getreidekörner besser keimen konn-

ten. Man kann ihn deshalb als erstes Ackergerät ansehen (→Pflug). Grabstöcke sind wie →Wühlstöcke angespitzt, aber im Gegensatz zu letzteren wird eine durchlochte runde Steinscheibe (→Keulen) auf den Stock geschoben und mit einem Holzkeil festgeklemmt. Die weitere Entwicklung war ein gewinkelter Grabstock, der eine gewisse Hebelwirkung hatte und deshalb auch als Furchengrabstock bezeichnet werden kann, zu einem mehrzinkigen Gerät, eine Vorform des Spatens. In Südafrika zeigen steinzeitliche Felsbilder Frauen, die vermutlich einen Grabstock jeweils mit einem durchlochten Stein (→Grabstockbeschwerer) tragen.

Grabstockbeschwerer
Runde durchlochte Steinscheibe, die auf den →Grabstock geschoben und festgeklemmt die Hebelwirkung beim Bodenauflockern verstärkt.

Grabungsmethoden
→Flächengrabung, →Sondagen, →Suchschnitte.

Gradualismus
→Artenentstehung.

Gran Dolina
Karsthöhle bei Burgos in Nordspanien mit Funden des 780 000 Jahre alten *Homo antecessor* (→Evolution des Menschen: *Homo antecessor)* mit Spuren von →Kannibalismus.

Gravette-Spitzen
Schmale, lamellenartige spitze Geräte aus Feuerstein mit einer Kantenretusche. Verwendung als →Geschoßspitzen.

Gravettien
26 000–19 000 Jahre v. Chr.
(benannt nach dem Fundort der
Halbhöhle La Gravette, Dép. Dordogne, Frankreich)
Verbreitung: In den Lößsteppen
West- bis Osteuropas. Als Sonderformen des Gravettiens gelten das
obere →Périgordien im südwestlichen Frankreich, das →Pavlovien
(Pollau) in Tschechien und das
→Kostjenki in Rußland.
In Westeuropa überlagert das Gravettien unmittelbar das →Au-
rignacien und hat mit diesem viel
gemeinsam: Höhlensiedlungen,
Mal- und Zeichenkunst, Mehrfar-
bigkeit der →Felsbilder und Re-
liefdarstellungen. In den Höhlen
Frankreichs und Italiens kam der
Brauch auf, menschliche →Hand-
abdrücke in Farbe abzubilden.
Typisch für das Gravettien ist das
Aufkommen künstlerischer Aus-
drucksformen, besonders in der
Gestalt von kleinen →„Venusfiguren", (z. B. Willendorf), dick-
leibigen weiblichen Figuren mit
ihren übertrieben dargestellten
schwellenden Brüsten und Hüften.
Die Figuren waren aus Stein, Knochen, Mammutelfenbein oder fos-
siliertem Holz, die vermutlich in
enger Beziehung zur Wohnstelle
standen.
Daneben gibt es zahlreiche realistische Tierfiguren aus Ton: Mammut, Wildpferd, Höhlenbär, Ren,
Bison, Nashorn, Löwe und seltener
Wolf und Vogelfiguren (→Unter-
wisternitz). Schmuckketten mit
kleinen durchbohrten Schnecken-
gehäusen, Tierzähnen, Knochen,
Perlen aus fossilem Holz oder Elfenbein wurden gerne getragen.
Neu gegenüber vorausgegangenen
Kulturstufen sind Armringe aus El-

fenbein und abstrakte Verzierungen auf Speeren.
Die Feuersteinindustrie besteht
überwiegend aus verschiedenarti-
gem Klingengerät (weist aber örtlich doch beträchtliche Unterschiede auf: z. B. Prêdmosti,
Kostjenki, Pavlov): Klingenendschaber, Stichel (Zwillings- und
Eckstichel), Bohrer, Meißel, Messer, Mikrosägen, Pfeil- und Kerbspitzen mit steiler Retusche. Leitform ist die →Gravette-Spitze. Die
große Menge an Sticheln, Bohrern
und eigentümlich gebogenen Zinken weist darauf hin, daß die
→Werkzeuge zur Erzeugung und
Bearbeitung der →Geräte aus anderen Rohstoffen, hauptsächlich
Knochen und Geweih, dienten.
Knochengeräte sind zahlreich:
→Pfrieme, →Speerspitzen (mit
gegabelter Basis oder mit „Blutrinne"), →Glätter und →Loch-
stäbe. Charakteristisch sind vor
allem →Nähnadeln mit Öhr und
einfache →Nadeln aus Mammutelfenbein.
Mit →Lanzen und →Speeren
wurden vor allem →Mammute,
→Rentiere und →Wildpferde,
gelegentlich Höhlenbären, Wölfe
und Eisfüchse erlegt.
Als Wohnstätten dienten runde
oder ovale, mit Fellen abgedeckte
zeltartige Unterkünfte. Es gab aber
auch sehr aufwendig gebaute Häuser wie z. B. in →Kostjenki, die
21 m lang und 5,50 m breit waren
und im Inneren 10 Feuerstellen besaßen. Als Heizmaterial dienten,
neben dem knappen Holz, Mammutknochen oder auch Kohle, wo
sie zu Tage trat.
Funde von Schmuckmuschelscha-
len vom Atlantischen Ozean und
Mittelmeer sowie →Bernstein von

der Ostsee lassen auf Fernhandel schließen.

Aufgrund der Anordnung von Schmuck bei Bestattungen und bildhaften Darstellungen kann auf eine Kleidung aus zusammengenähten Tierhäuten mit mittellangen Jacken, engen Hosen und Schlupfschuhen geschlossen werden.

Gravierung

Im engeren Sinne bezeichnet die Gravur das Einschneiden einer Zeichnung in Stein (→ Felsbilder). Dieser Vorgang wird aber auch auf Knochen, Elfenbein, Geweih, Bernstein u. a. Materialien übertragen.

Grimaldien

(benannt nach der Fürstengrotte bei Grimaldi, Italien, nahe der französischen Grenze)

Die dortigen Funde stammen aus dem → Moustérien, → Aurignacien und → Gravettien. Skelettfunde sind vom Typ des → Crô-Magnon-Menschen.

Ein Schädel zeigte Ockerspuren. Bei den Skeletten wurden verschiedene Schmuckstücke gefunden. 4 übereinanderliegende Reihen durchlochter Nassaschnecken waren vermutlich auf einem Kopfband aufgenäht. Ein Halsschmuck bestand aus 2 oberen Reihen Fischwirbeln und einer unteren Reihe Nassaschnecken; dazwischen sind Hundezähne eingeschoben.

Aus dem Aurignacien wurde eine Schicht mit für diese Zeit typischen Werkzeugen freigelegt. Es sind aus Geröllstücken gearbeitete → Kiel- und → Nasenschaber, Schaber aus retuschierten Klingen, Stichel u. a. Die Spitzen aus organischem Material haben eine gespaltene Basis (→ Aurignac-Spitzen). Die Funde aus dem Moustérien umfassen über 2 000 Geräte: → Handspitzen, → Schaber und Breitklingen (→ Klinge).

Kleinkunstwerke wie Frauenfigürchen aus → Steatit stammen aus ungewissen Schichtablagerungen und lassen sich, wie die Werke der Felskunst, vermutlich dem Gravettien zuordnen.

Grimaldi-Höhlen

(benannt nach dem Fürsten von Monaco, der die Ausgrabungen förderte)

Der Höhlenkomplex (9 Höhlen) liegt bei Ventimiglia, dicht an der Rivera an der westitalienischen Küste, nahe der französischen Grenze bei Barma Grande (→ Grimaldien).

Grimes Graves

(bei Weeting, Norfolk, Ostengland)

In diesem Gebiet wurden etwa 250 neolithische Bergwerksschächte entdeckt, die als Pingenbau (→ Feuersteinbergbau) bis in eine Tiefe von 12–13 Metern auf die Feuersteinschicht reichen. Von dort sind dann Stollen nach allen Seiten geführt worden, die aber so niedrig waren, daß man nur kriechend arbeiten konnte.

An Werkzeugen wurden Knochen- und Geweihhacken, Knochen- und Geweihmeißel sowie -schlegel, Geröllhämmer sowie Feuersteinbeile gefunden. Brandflecke in den Gängen und Steinlampen (→ Lampe) weisen auf Beleuchtung hin. An einigen Arbeitsplätzen wurde der Feuerstein sofort zu Geräten verarbeitet.

Großgartacher Gruppe
4 800–4 600 v. Chr.
(benannt nach Funden aus der
Siedlung von Großgartach, Kreis
Heilbronn in Baden-Württemberg)
Verbreitung: In Teilen von Baden-
Württemberg (Neckar, Hegau),
Bayern (Nördlinger Ries, Unterfranken), Rheinland-Pfalz (Pfalz,
Rheinhessen), Hessen (Mainmün-
dungsgebiet, Wetterau, Nordhes-
sen), Nordrhein-Westfalen und Elsaß (Schwerpunkte Elsaß und
Neckargebiet).
Die Großgartacher Gruppe, →Ober-
lauterbacher Gruppe und die
→Hinkelstein-Gruppe sind zeitgleiche und verwandte Erscheinungen der →Stichbandke-
ramischen Kultur (4 900–4 500
v. Chr.). Die Großgartacher Gruppe
wird als Vorläufer der →Rössener
Kultur (4 600–4 300 v. Chr.) betrachtet (ältere Bezeichnung:
Frührössen).
Gewohnt wurde in Einzelgehöften
oder in unbefestigten oder mit
Graben, Wall und Palisaden befestigten Dörfern. Vermutlich waren
die Innenwände der Häuser farbig
ausgeschmückt, wie Lehmbrocken
mit geglätteter Oberfläche und
bunte Zickzackmuster aus Großgartach zeigen. Häuser waren in
→Pfostenbauweise errichtet, Wände bestanden aus →Flechtwerk mit
Lehmverputz, und das Dach war
mit Schilf oder anderem Material
abgedeckt. Eine Neuerung im
Hausbau ist die Umwandlung des
linienbandkeramischen Rechteck-
Langhauses mit seiner inneren
Dreibereichsgliederung in das mit-
telneolithische „Trapez"-Langhaus
ohne Pfostenreihen im Inneren.
Die Hauptlast des Daches wurde
von den Außenwänden, also dicht

an dicht gesetzten Rundpfosten
oder Spaltbohlen getragen. Das Innere ist in gleichlange Jochab-
schnitte unterteilt. Die Häuser sind
meist zwischen 20–35 m lang, in
Einzelfällen auch über 40 m.
Die Wirtschaftsweise entspricht
wahrscheinlich der →Linienband-
keramischen Kultur, wie häufige
→Grabbeigaben von Mahlsteinen
zeigen. Die →Jagd wurde gelegentlich ausgeübt; für diese und
für kämpferische Auseinandersetzungen standen →Pfeil und Bogen
zur Verfügung.
Keramische Leitformen sind
Bauchknickgefäße in Form von
Knickwandtöpfen und -bechern,
Fußbecher, steilwandige Becher,
„Vierzipfelschalen", Flaschen,
Siebgefäße, langovale Wannen,
Füßchenschalen, Tonlöffel mit
Tüllengriff. Als Sonderform taucht
ein taschenförmiges Gefäß, das einer in Ton nachgeahmten Lederta-
sche mit 2 zipfelförmigen Spitzen
an den Schmalseiten ähnelt. Das
Gefäß hatte keinen Standboden,
dafür jedoch eine Aufhängevor-
richtung an den Schmalseiten zum
Tragen am Körper, wie Abnutzungsspuren zeigen. Ähnliche Gefäße kommen auch in anderen
jungsteinzeitlichen Kulturen vor.
Verzierungen: Doppelstich, Schnitte und Ritzungen, die girlanden-
artig um das Gefäß angeordnet
sind. Motive: Reihen geschwunge-
ner, schraffierter Dreiecke („Winkelbänder"), Girlandenbänder oder
Bänder mit Tannenzweig-, Fisch-
gräten- oder ungeordneten Strich-
mustern, z.T. mit weißen →Inkru-
stationen, die auf den dunklen
Tonflächen kontrastieren.
Das Geräteinventar entspricht
weitgehend der →Hinkelstein-

Gruppe und Rössener Kultur. Aus Felsgestein sind →Schuhleistenkeile und Flachbeile zur Holzbearbeitung sowie Werkzeuge aus Feuerstein und Knochen.

→Bestattungen erfolgten meist unverbrannt, einzeln oder in Gruppen in Rückenlage. In einigen Fällen waren die Beine leicht zum Körper hin angezogen. Grabbeigaben: Keramik, Äxte, Mahlsteine, Pfeilschaftglätter, Hirschhornschaber, Eberhauerschmuck, Schmuckketten aus über 100 zylindrischen Kalksteinperlen, die über der rechten Schulter und auf der rechten Brust lagen. Diese →Perlen wurden aus Stalaktiten gewonnen: ein Hinweis auf Höhlenbegehungen.

Grotte
Natürlich oder künstlich gebildete gewölbte Höhle von meist geringer Tiefe.

Grübchenkeramik Kultur
(auch „Grubenkeramik" oder auf Grund der zahlreichen Funde auf Siedlungsplätzen auch „Wohnplatzkultur" genannt)
ca. 3 000–2 300 v. Chr. (z.T. bis 1 000 v. Chr.)
Benannt nach den Grübcheneindrücken (aber auch Kamm-, Meißel- und anderen Eindrücken) auf keramischen Gefäßen mit spitzem oder auch flachem Boden. Etwa zeitgleich mit der →Trichterbecher- und →Einzelgrab-Kultur.
Verbreitung: südliches Norwegen, südliches und östliches Schweden, nördliches Jütland, auf Öland und Gotland, in Finnland, der baltischen Küstenregion, Osteuropa, weiter im Süden bis zum Mitteldnjepr- und Dongebiet und im Osten über den Ural hinaus.

In diesen Gebieten überlebten mesolithische Traditionen neben den ersten Bauern bis in das 3. Jahrtausend v. Chr. hinein. Diese Menschen verzierten ihre Tongefäße mit Kammstrichen und Grübchen, betrieben aber keine Landwirtschaft. Die Verzierung, allgemein horizontal verlaufend, entsteht meist durch einen kammförmig gezähnten Stempel und abwechselnden Grübchenreihen, die zunächst rund und später rautenförmig sind. Während der Zeit der Kamm- und Grübchenkeramik entwickelten sich 3 verschiedene Stilstufen.
Die zumeist in Küstennähe oder nahe an fischreichen Binnengewässern liegenden Wohnplätze weisen auf eine mesolithisch lebende Bevölkerung hin, die weiterhin von der Jagd auf Land- und Wassertiere lebte. Angelhaken, Harpunen und Abdrücke von unterschiedlich grobmaschigen Netzen in Ton und Gräten in Speiseresten zeigen die Bedeutung des →Fischfangs. Knochenreste von Bär, Elch, Wildschwein, Biber und Hase sowie von Vögeln belegen die →Jagd. Die Jäger übernahmen die neolithische Keramikherstellung, Kampftechniken und vereinzelt auch den →Steinschliff, Steingeräte und Kupferschmuckstücke. Trotz regionaler Besonderheiten, z.T. durch die unterschiedlich vorhandenen natürlichen Werkstoffe bedingt, bestehen innerhalb dieses riesigen Raumes kulturelle Gemeinsamkeiten.

Gruben
In der →Altsteinzeit wurde in Gruben gekocht, die mit Pferdemägen, Rentierblasen oder Leder

ausgekleidet wurden. Erhitzte Steine (→Kochsteine) brachten das Wasser zum Sieden.

In der →Jungsteinzeit wurden Wände und Böden der Häuser (→Behausungen) vielfach mit einem Lehmputz versehen, der aus Gruben in der Nähe der Häuser entnommen wurde und der auch zur Herstellung von Tongefäßen (→Keramik) diente. Diese Gruben wurden zur Entsorgung von Abfällen, für mißlungene oder zerbrochene Tongefäße und manchmal auch als →Grab benutzt. Gruben mit gebrannter Lehmverkleidung dienten bei den →Linienbandkeramischen Kulturen der Vorratshaltung. Eine Grube der →Michelsberger Kultur besaß eine →Flechtwerkwand mit →Lehmverputz. Es ist anzunehmen, daß Gruben auch zur Ledergerbung (→Gerben) angelegt wurden.

Grubenhütten

→Behausungen, deren Boden unter Erdniveau lag, um einen besseren Schutz gegen Wind und Kälte zu bieten. Die Form der Wohngrube stammt aus dem →Jungpaläolithikum.

Aus dem →Aurignacien stammt der Grundriß einer Grube von etwa 2,50 m Durchmesser, die ca. 1,70 m tief in den Boden eingelassen und mit einem Dach aus Reisig oder Tierfellen bedeckt war. Ein schräger Zugang mit 3 Pfostenlöchern läßt auf dessen pultförmige Überdachung schließen.

In →Timonovka in der Ukraine gab es rechteckige Gruben von 6–10,50 m Länge, 3–3,50 m Breite und 2,50–3 m Tiefe. Die senkrechten Wände wiesen Spuren einer Holzverkleidung auf; die Bedachung bestand wahrscheinlich aus horizontalen Baumstämmen mit einer Erdaufschüttung. Von außen führte ein rampenartiger Zugang von ca. einem Meter Breite und 2,50 m Länge in die unterirdischen Räume, die Herdstellen besaßen.

Gudenå-Gruppe

8 000–4 000 v. Chr.

(benannt nach dem Fundort in der Gegend von Tørring, bei den Quellen der Gudenå, Jütland, Dänemark)

Verbreitung: Jütland und Seeland

In Jütland und Seeland erscheint mit mehreren 100 Fundstätten auf Wohnplätzen sowohl des Präboreals (z.B. Klosterlund) als auch des →Boreals ein Klingenhandwerk mit ausgesprochen gleichartigem Gepräge, das als Gudenå-Gruppe zusammengefaßt wird. Es handelt sich hier nicht um eine selbständige Kultur, sondern eher um eine Gruppe innerhalb der →Maglemose-Kultur.

Die Gudenåleute lebten fast ausschließlich in Binnenlandsiedlungen an Auen und Seen. Im Gegensatz zu den oftmals flachen, sumpfigen Torfinseln der Maglemose-Kultur bevorzugten die Gudenåleute flache, sandige Bänke, die ebenmäßig schräg oder in Terassen zum Wasser abfielen. Wohnungsfunde wurden nicht gemacht, wohl aber sind Herdstellen, bzw. bis zu 0,50 m tiefe Gruben mit Resten des Herdfeuers bekannt. Ein großer Nachteil ist allen Gudenåplätzen eigen: die Kalkarmut des Bodens ließ außer Flint- und Felsgesteingeräten alle anderen Gegenstände vollständig verschwinden.

Das Klingenhandwerk geht auf

→Klosterlund zurück. Schwerpunkt sind die aus großen Klingen gefertigten Geräte: Messer Stichel, Schaber, Bohrer, trapez- oder rhombenförmige und querschneidige Pfeilspitzen, die in größerer Ausführung auch als Wurfspeerspitzen gedient haben könnten. Das in →Kernsteintechnik hergestellte Beil tritt als Quer- (→Dechsel), Geradbeil und asymmetrisches Schiefbeil auf, das schlank und spitz zugeschlagen das Gegenstück zu den Hirschgeweih- und Knochenspitzwaffen der Maglemose-Kultur bildet.

Von den Gegenständen aus Knochen, Geweih und Holz kann man annehmen, daß sie der Maglemose-Kultur entsprechen.

Hacken

Werkzeuge, bei denen die breite Schneide quer zum Schaftloch steht.

Geweihhacken
(→ Geweihgeräte)
Sie sind vor allem ein typischer Gerätetyp des Mesolithikums, die entweder aus Hirsch- oder Elchgeweih hergestellt wurden und je nach Verwendungszweck unterschiedliche Ausführungen hatten:

- Im Gabelungsbereich der Geweihkrone bildete das längere, unbearbeitete Ende den Schaft und das kürzere wurde schneidenartig zugeschliffen. Schlagspuren an der Arbeitskante deuten auf die Verwendung als → Schlegel für die → Retuschen an Feuersteingeräten hin.
- Die Sprossen der Geweihschaufel wurden entfernt und das Stangenstück erhielt ein Schaftloch für den Holzschaft. Ein Endstück wurde scharf zugeschliffen, das andere Ende konnte, auch mit einer → Tülle versehen, eine Klinge aus Stein, Horn oder Knochen erhalten. Verwendung zur Holzbearbeitung oder/und als Waffe.
- Ein Stangenabschnitt wird an einem Ende zu einer Schneide zugeschliffen. Vermutlich wurde das Gerät auf den Zapfen eines Knieholms gesteckt und als Hacke zur Bodenbearbeitung verwendet.

Knochenhacken
Aus dem Mesolithikum stammen etwa 30 cm lange Knochenhacken mit einer Durchbohrung für den Holzschaft. Aus den Beinknochen von Auerochse und Elch wurden Hackenklingen hergestellt.

Steinhacken
In Niznie Veretie I in Nordrußland wurden 5 Feuersteinhacken mit breiten Arbeitskanten, abgerundeten Seiten und einem stielartigen Griff gefunden. Die Fundstelle wird auf 7050–6520 v. Chr. datiert. Ähnliche Geräte stammen aus dem Neolithikum Osteuropas und dem ostmediterranen Raum. Trotz dieser Funde sind Hackenblätter aus Stein selten. Vermutlich wurden die → Schuhleistenkeile des Neolithikums neben der Holzbearbeitung auch als Hacken verwendet.

Hadar
(Hadartal in Äthiopien)
Der berühmteste Fund ist das zu einem Drittel vollständige Skelett des *Australopithecus afarensis*, Spitzname „Lucy", der auf 2,9–3,5 Mio. Jahre datiert wird (→ Evolution des Menschen). Wegen der offensichtlichen weiblichen Merkmale des Beckens, gab man diesem neuen Hominiden den Namen „Lucy" nach dem Beatles-Song „Lucy in the Sky with Diamonds", der im Ausgrabungslager häufig gehört wurde. Die Existenz des *Australopithecus afarensis* ist auch in dem etwa 2 000 km entfernt liegenden → Laetoli belegt. Es wurden Reste von ca. 65 Individuen gefunden.
Die Steinartefakte wie Chopper u. a. sind jünger, entsprechen der → Oldowan-Tradition, sind etwa 2,6 Mio. Jahre alt und stehen nicht in Verbindung mit dem *Australopithecus afarensis*.

Hakenpflug
→ Pflug

Halbkeile
Aus einem → Abschlag und nicht
aus einem Kernstein (→ Kerne)
hergestellte kleine → Faustkeile
des → Micoquien, die sich von den
→ Handspitzen hauptsächlich
durch ihre dicke Basis und einseitige Wölbung unterscheiden.

Hallstattzeit
→ Eisenzeit

Hämatit
Hämatit ist ein rotes Eisenoxyd.
Auf einer → Reibschale zerrieben
ergibt es ein rotes Pulver, aus dem
man durch Verrühren mit Wasser
oder Fett eine intensiv rot färbende
Paste herstellen kann. Durch Erhitzen von Hämatit kann man den
Farbton verändern. Verwendung:
als Körper- und Wandfarbe und
bei → Bestattungen.

Hamburger Kultur
(auch Hamburgium und Hambur-
gien genannt)
13 000–10 000 v. Chr.
(benannt nach Hamburg, weil im
nicht weit entfernt liegenden Ort
→ Meiendorf bei Ahrensburg im
Kreis Stormarn in Schleswig Holstein besonders viele Fundstellen
dieser Stufe entdeckt wurden)
Verbreitung: Südjütland, Norddeutschland, Schleswig-Holstein,
nördliches Niedersachsen, Nordrhein-Westfalen, nicht jedoch in
Süddeutschland. Die Kulturstufe
war auch in den Niederlanden
verbreitet. In Osteuropa entsprach
sie dem → Swidérien und weist
gerätekundliche Parallelen mit
dem → Creswellien (England) und

den → Tjonger-Gruppen (Holland)
auf.
Die Hamburger Kultur ist eine
arktische Jägerkultur des → Jungpaläolithikums. Die Herkunft dieser Rentierjäger ist unbekannt; die
Annahme, daß sie aus dem Osten
stammen, konnte noch nicht bewiesen werden. Da von den Angehörigen dieser Kultur bisher keine
Skelettreste oder Bestattungen entdeckt wurden, ist über ihr Aussehen, ihre Körpergröße und ihre
Krankheiten nichts bekannt. Sicher
ist nur, daß sie wie ihre zeitgleichen südlichen Nachbarn, die
→ Magdalénien-Leute, zu den eiszeitlichen Jetztmenschen, dem
Homo sapiens sapiens gehörten.
Die Hamburger Kultur wurde später von der → Federmesser-Gruppe
abgelöst und ging in anderen Kulturen auf. Die anerkannten frühesten Funde der Eiszeit in Dänemark gehören zur Hamburger
Kultur.
Bisher noch nicht allseitig anerkannte Spuren in Dänemark stammen aus der Zeit vor der letzten
Eiszeit und sind etwa 120 000–
70 000 Jahre alt. Es handelt sich
um zahlreiche behauene Steinwerkzeuge, die den → Faustkeilen
des Acheuléen ähneln und von
dem dänischen Konsul und Fabri-
kanten Eli Jepsen an den Steilhän-
gen der dänischen Küsten und an
denen des Großen Belts gefunden
wurden (Honoré, 92, 169–170).
Auch die Knochenfunde des Geologen Hartz bei Hollerup, Laugaa,
in Ostjütland zeigen Bearbeitungsspuren. Die Knochen waren gespalten, um an das begehrte
Knochenmark zu gelangen. Datiert
wird auf das Ende der letzten Zwischeneiszeit oder den Beginn der

Würmkaltzeit vor etwa 70 000 Jahren (Honoré, 92, 192). Der damalige Amateurausgräber Erik Westerby fand bei Harebjerg in Westjütland im tiefen Sand und östlich von Esbjerg in Mooren Werkzeuge des →Acheuléen oder →Moustérien. Sie stammen aus der letzten Zwischeneiszeit oder dem Beginn der letzten Eiszeit vor etwa 70 000 Jahren (Honoré, 92, 193).

Die Erstbesiedlung Skandinaviens durch den Menschen hat möglicherweise wesentlich früher stattgefunden, als bisher angenommen wurde. In einer kleinen Höhle im südwestlichen Finnland wurden jetzt Steinwerkzeuge und Feuerspuren (des Neanderthalers) gefunden, die etwa 70 000 Jahre alt sein sollen. Nach herkömmlicher Auffassung wurde dieser Teil Skandinaviens erst vor 10 000 Jahren – am Ende der letzten Eiszeit – vom Menschen betreten. Der Nachweis alter Siedlungsspuren in Nordeuropa ist äußerst schwierig, da die Gletscher der Eiszeit nahezu alle Spuren beseitigt haben („Die Welt", 22. 10. 97).

Besonders viele Winterlager der Hamburger Kultur wurden im →Ahrensburger Tunneltal (Kreis Stormagen) entdeckt. Es waren →Zelte, die mit gegerbten Rentierfellen bespannt waren, einen Durchmesser von etwa 2,50–5 m haben konnten, über Wohngruben oder Mulden errichtet waren und auch Feuerstellen aufwiesen. Sturmfest gemacht wurden diese Zelte mit schweren Steinen, an denen man lederne Haltetaue befestigte, die vom First des Zeltes herunterhingen; auf den Rand des Zeltes wurde Sand geschüttet. Der Fußboden wurde mit Zweigen von Zwergbirken, -weiden, Moosen und darüber gelegten Rentierfellen abgedeckt.

Die →Kleidung bestand aus gegerbten Rentierfellen und ähnelte vermutlich der Eskimokleidung mit Überwurfjacke und Kapuze, enger Fellhose und ledernen Schuhen.

Das Steininventar besteht fast ausschließlich aus Feuerstein und wird zu den Klingenindustrien der jüngeren Altsteinzeit gerechnet: Schaber mit feiner Retusche, Buchtschaber, gestielte Pfeilspitzen, Stichel, Zinken, Bohrer und vor allem →Hamburger-Spitzen. Außerdem kommen einige große Feuersteingeräte und Schleifsteine (zum Bearbeiten von Nadeln, Speerspitzen und Pfeilschäften) vor, dagegen nur wenige oder keine Kleinklingen mit Rücken. Beile, Äxte und →Mikrolithen fehlen ganz im Werkzeug- und Waffeninventar.

Aus Rengeweih und Knochen waren einseitige Harpunen- und Speerspitzen, →Riemenschneider, die allerdings Klingen aus Feuerstein besaßen, Nadeln mit Öhr, Knochenkeile und Messer aus Ren- oder Pferderippen. Es wurde auch eine Jagdpfeife (→Pfeifen) aus Renfußknochen gefunden. Geweihe wurden mit und ohne geschärften Schlagstein quer getrennt, um Stücke in gewünschter Länge zu erhalten. Mit Hilfe von Knochenmeißeln wurden diese Stücke gespalten, um mit weiteren Werkzeugen Geräte herzustellen. Mit Stichel, Zinken und Meißel wurde die →Spantechnik angewendet.

Der Gebrauch von →Pfeil und Bogen konnte bei Stellmoor durch den Fund eines Renwirbels, in welchem eine abgebrochene →Kerbspitze steckte, nachgewiesen werden. Bei der Jagd auf Rentiere wurden →Harpunen mit etwa 2 m langem Holzschaft verwendet. Die gezackte Harpunenspitze saß lose im ausgehöhlten Holzschaft, an ihrem Ende war ein langer Lederriemen befestigt, der beim gelungenen Treffer eine Verbindung zum Jäger herstellte.

In Teichen wurden in der Nähe von Lagerplätzen zweijährige weibliche Rentiere durch große Steine im Brust- und Bauchbereich beschwert und versenkt. Es handelt sich vermutlich nicht um Vorratshaltung, sondern um Opferungen. Es waren nicht Teile eines erbeuteten Einzeltieres, sondern wahrscheinlich wurde ein ganzes Tier als Teil der Gesamtbeute einer Rentierjagd-Saison geopfert.

Diese Jägerkultur brachte nur wenige Kunstwerke hervor. Es wurden solche aus Stein, Knochen und Rentiergeweih angefertigt. Auffällig ist das Fehlen der bei den zeitgleichen Magdalénien-Leuten beliebten Schmuckschnecke. Meist stellte man Tiere dar, ganz selten auch den Menschen. Zu den besonderen Funden zählt eine gravierte Bernsteinscheibe. Die Funde beschränken sich auf wenige Exemplare.

Nachfolger der Hamburger Kultur waren von 10700–10000 v. Chr. die →Lyngby-Kultur, von 10000–8700 v. Chr. die →Federmesser-Gruppen und im nördlichen Schleswig-Holstein von etwa 9700–9000 v. Chr. die →Bromme Kultur.

Hamburger Spitzen
Feuerstein-Kerbspitzen mit schiefer Abschrägung, die vermutlich als Pfeilspitzen verwendet wurden.

Hammer
(ahdt. hamar: Stein, Werkzeug aus Stein)

Geschäfteter und später durchbohrter Stein. Während das Beil stets eine Schneide besitzt, hat der Hammer eine Schlagfläche. Die ältesten geschäfteten Hämmer stammen vom Ende des Jungpaläolithikums. Eine Sonderform stellen die →Hammeräxte dar, die in der Jungsteinzeit bei der →Aichbühler Gruppe auftauchen. Sie haben eine Doppelfunktion, besitzen eine Schneide und eine flache Schlagfläche.

Hammeräxte
Die Hammeräxte haben eine Doppelform, das eine Ende bildet die Schneide, das andere die flache Schlagfläche. Sie bestehen aus Felsgestein und tauchen zum erstenmal in der →Aichbühler Gruppe in Oberschwaben zwischen 4200 und 4000 v. Chr. auf.

In der →Einzelgrab-Kultur (2800–2300 v. Chr.) werden sie auch →Streitäxte und im skandinavischen Raum →Bootäxte genannt. Eine Sonderform sind die sogenannten →Amazonenäxte, es sind Streitäxte mit stark geschweiften halbmondförmigen Schneiden. Hammeräxte kommen in vielen Kulturgruppen Europas vor. Sie sind aus Diabas, Porphyr oder Granit hergestellt. Sie unterscheiden sich durch die Verbreiterung in Höhe des Schaftloches (die rund, vierkantig oder geknickt sein kann), durch die mehr oder weniger heruntergezogenen Schneiden und Nacken, die Nackenform (die rund, knopf- oder schneidenförmig abgerundet ist), die symmetrische oder asymmetrische Form und die

gerade oder konvexe Oberseite.
Hammeräxte der → Schnurkeramischen Kultur, meist mit einer gerundeten Schneide, bestanden aus
Kupfer.

Handabdrücke

Diese kommen im gesamten Bereich der Höhlen- und Felsbilder
weltweit vor. Sie erscheinen als
Abdrücke im Lehm, auf dem hellen Untergrund einer Felswand
oder seltener, gemalt, als solche
von Männern, Frauen und Kindern,
und zwar einzeln oder in Gruppen.
Wird die Handfläche mit Farbe bestrichen und auf die Wand gedrückt, ist der Abdruck positiv,
wird die Farbe um die gespreizten
Finger herum getupft, gestäubt
oder gesprüht, ist er negativ. In der
Höhle → Gargas, in den französischen Pyrenäen, wurden etwa 150
rote und schwarze Hände, zum
Teil mit verstümmelten Fingern
abgebildet. In → Çatal Hüyük,
Türkei, (7000–4900 v. Chr.) wurden rote und schwarze Hände als
positiver Abdruck in einigen Räumen auf die Wände gebracht.
Paul G. Bahn weist darauf hin, daß
die Handabdrücke

wahrscheinlich aus dem Moustérien,
der Epoche der Neandertaler, stammen
und so wesentlich älter sind als alle
Motive der uns bekannten Eiszeitkunst.
Als Beweis führt er die Grotte von Une-
sca (nahe Gargas) an, in der sich nur
archäologische Fundstücke der älteren
Moustérien-Phase befanden und die
wohl nie von Cromagnon-Höhlenma-
lern besucht wurde. Allerdings griffen
die Cromagnon gerade das Handmotiv
gern auf (Braem, 23, 97).

Für die Deutung der verstümmelten Hände gibt es einige Erklärungsversuche:

• Rituelle Selbstverstümmelung,
z. B. beim Tod eines nahen Verwandten oder aus religiösen Motiven. In der Höhle Maltravieso
(Portugal) wurden klare Anzeichen von systematischer Finger-
amputation, vor allem an Händen
von Frauen und Kindern, vorgefunden.
• Vortäuschung von Fingeropfern,
indem beim Besprühen mit Farbe
der Handrücken als Schablone an
die Wand gehalten und einzelne
Finger abgewinkelt wurden.
• Eine Art Zeichensprache, da „ab-
geknickte" Finger sehr häufig in
der Nähe von Bisondarstellungen
auftreten, selten dagegen bei
Wildpferden.
• Nach Meinung von Louis-René
Nougier, unterstützt von einigen
Medizinern, weisen die Verstüm-
melungen auf saubere Amputa-
tionen hin. Danach ist die Gar-
gas-Höhle

eine Schutzhöhle – eine Vorzeitklinik,
in der von erfahrenen Medizinmän-
nern oder -frauen die in einem sehr
strengen Winter erfrorenen Finger-
glieder behandelt wurden. Ihre Aufgabe: die Blutungen stillen, die
Schmerzen lindern, die Wunden der
Glieder, die abfallen, vernarben lassen, die Stummel in den weichen
Lehm hineinpressen, die verletzten
Hände mit linderndem Lehm einrei-
ben und die Resultate der Behandlung dann an den Wänden vorzei-
gen, mit dem heiligen Blut-Ocker der
großen Erdmutter besprüht (Braem,
23, 99).

handaxe
engl.: → Faustkeil

Handel
Es ist anzunehmen, daß bereits
in der Altsteinzeit Rohstoffe,

Werkzeuge oder Geräte gelegentlich getauscht worden sind und auch eine Vermittlung technischen Wissens erfolgte. Funde von Feuerstein, Bernstein, Muscheln u.a. in Gebieten, welche über solche Vorkommen nicht verfügen, können auf einen Tauschhandel hinweisen. In der jungpaläolithischen Mammutknochen-Behausung bei der Stadt →Mezin an der Desna, Ukraine, stammen fossile Muscheln aus Meeresablagerungen aus 600–800 Kilometern Entfernung von dieser Wohnstätte und Bernstein aus einer 150 km entfernten Ablagerung nahe Kiew.

Der →Feuersteinbergbau im Mesolithikum und erst recht im Neolithikum diente auch dem Export, der Nachfrage und Handelsbeziehungen voraussetzt. Da die Feuersteine der verschiedenen Fundorte sich meist durch Farbe, Struktur und eingeschlossene Fossilien unterscheiden, lassen sich die Absatzgebiete an Hand der dort hergestellten Feuersteinartefakte bestimmen. So ist z.B. der Feuerstein von →Le Grand Pressigny (Dep. Indre-et-Loire, Frankreich) in der Bretagne, der Schweiz, in Holland, Belgien und Deutschland nachgewiesen. Das Feuersteinbergwerk von →Rijckholt bei Maastrich in Holland, in dem nach Schätzungen das Material zur Herstellung von Millionen Werkzeugen gefördert wurde, diente mit rund 500 Schächten zur Versorgung des gestiegenen Werkzeugbedarfs der jungsteinzeitlichen Bauern in einem Umkreis von etwa 400 Kilometern. Skandinavischer Feuerstein gelangte bis weit nach Mitteleuropa hinein; in England wurde das gleiche Material über 600 und mehr Kilometer gehandelt.

→Bernstein taucht zwar vereinzelt im Paläolithikum auf, verbreiteter aber um 4800 v.Chr. in der →Megalith-Kultur Jütlands und später, im Übergang zur Bronzezeit, verbreitete sich der baltische Bernstein in ganz Europa. In Griechenland gefundene →Bernsteinschieber fanden sich fast ausnahmslos in Gräbern hochgestellter Persönlichkeiten und stammen z.T. aus →Wessex oder Deutschland.

Im frühen Neolithikum des Vorderen Orients bildeten sich mit den ersten Städten (→Çatal Hüyük) auch handwerkliche Produktion, soziale Schichten und Handelsverbindungen. Später gab es bereits Handelswege, die vom Mittelmeer weit in den Norden führten. Dies gilt z.B. für die im Mittelmeer vorkommende →Spondylusmuschel. Die aus den elfenbeinartigen Schalen geschnitzten Schmucksachen (Perlen, Anhänger, Armringe) finden sich in allen jungsteinzeitlichen Kulturen Süd-, Mittel- und Westeuropas.

Mit dem Auftreten von Metall (Kupfer, Bronze und Eisen) begann ein Handel mit Roh-, Halb- und Fertigfabrikaten, der mit der Zeit von Händlern organisiert wurde, von Spezialisten also, die nicht für die Produktion, sondern für den Vertrieb von Gütern zuständig waren, mit dem Handel einen Gewinn erzielten und davon leben konnten. Das Problem des Tauschhandels ist der vergleichende Wertmaßstab, der von den Handelspartnern anerkannt werden muß. Über den Gegenwert der gelieferten Ware kann spekuliert werden. Sicher waren es

Erzeugnisse, deren Herstellung handwerkliches Geschick und beträchtlichen Zeitaufwand erforderte. Zahlreiche →Depotfunde sind sicher, aus welchen Gründen auch immer, auch von reisenden Händlern angelegt worden. Die aufwendig gebauten und reich ausgestatteten sogenannten „Fürstengräber" der →Aunjetitzer Kultur lassen auf die Bestattung von wohlhabenden Personen schließen, die vielleicht durch Handel von Kupfererzeugnissen oder Kontrolle des Salzhandels zu Wohlstand gekommen waren. Durch entsprechende Analyseverfahren konnten die Archäologen die Güterwege in Europa zum großen Teil nachvollziehen. Auch die bronzezeitliche Töpferei Griechenlands exportierte ihre Erzeugnisse nach Italien, Sardinien und Spanien. Schiffswracks mit versunkener Töpferware belegen solche Transporte.

Handspitze
Sie wird auch Moustérien-Spitze genannt und ist ein flaches, meist länglich-schlankes oder breitgedrungenes, aus einem Abschlag mit flachem, oft dreieckigem Querschnitt hergestelltes, meist nur einseitig retuschiertes Gerät mit einer Spitze, im Gegensatz zu den zweiseitig bearbeiteten →Faustkeilen. Beide Seiten der Spitze sind leicht konkav eingezogen. Die Handspitze eignet sich zum Stechen, Bohren, Schneiden und Schaben. Sie ist besonders in Europa verbreitet und wird noch dem →Neandertaler zugeordnet.

Harpune
(ursprünglich Bezeichnung für einen Wurfspeer für den Walfang)

Die ältesten Harpunen wurden in der Stadt Katanda am Ufer des Semliki-Flußes im afrikanischen Rift Valley in Zaire gefunden. Es sind ausgefeilte Harpunen aus Knochen mit einem noch umstrittenen und indirekt abgeleitetem Alter von etwa 90 000 Jahren. Wäre dieses Datum sicher, so ergäbe sich als weitere Folgerung:

„Bis dahin hatte man geglaubt, daß die Cromagnon-Menschen 50 000 Jahre später die ersten gewesen seien, die eine so feine Schnitztechnik entwickelten. Doch diese weitaus ältere Gruppe von *Homo sapiens*, ... verfügte über ebenso großes handwerkliches Geschick" (Stringer/McKie, 197, 18–19).

Etwa vor 15 000 Jahren wurden in Europa die ersten ablösbaren Harpunenspitzen mit Widerhaken konstruiert und stellen mit den seit mindestens 18 000 Jahren nachweisbaren →Speerschleudern, die wahrscheinlich weit älter sind, in ihrer Dreigliederung – ablösbare Spitze mit Widerhaken, Schaft und Speerschleuder – den Höhepunkt jungpaläolithischer Jagderfindungen dar.
Harpunen sind langgestreckte Objekte aus Geweihspänen oder Knochen, mit Widerhaken. Harpunen sind strenggenommen nur solche Wurf- und Stoßinstrumente, deren gezähntes Kopfstück sich vom Schaft ablöst, nachdem es in den Tierleib eingedrungen ist und deren Widerhaken das Lösen aus der Beute verhindern. Das Kopfstück bleibt jedoch entweder durch eine kurze Schnur (Riemen) weiterhin mit dem Schaft oder mittels eines langen Riemens unmittelbar mit dem Jäger verbunden. Harpunen haben im Stiel eine querlaufende Nute oder sind durchlocht, um die

Schnur sicher zu befestigen. Ist der Drehpunkt asymmetrisch zur Längsachse, dann stellt sich die Harpune infolge des Zuges der Schnur mehr oder weniger quer und wirkt wie ein großer Anker, der selbst bei starker Belastung in der Wunde bleibt.

Eine Sonderform ist die Harpunenspitze für Wurflanzen, die auf das →Magdalénien beschränkt bleibt. Unklar ist, ob sich diese aus Rengeweih hergestellte Harpune beim Auftreffen löste oder weiterhin mit dem Schaft verbunden war.

Spätpaläolithische, mesolithische und neolithische Harpunen (Widerhakenspitzen) sind vorwiegend aus Hirschgeweih bzw. aus langen Spänen (→Spantechnik), die mit Steinwerkzeugen bearbeitet wurden, hergestellt. Sie wurden verwendet für den →Fischfang, die Seehundjagd und die Jagd auf Landtiere. Man unterscheidet ein-, zwei- oder dreireihige Harpunen je nachdem, auf wieviel Seiten sich Widerhaken befinden.

Häuser

Bauten mit Dach und Wand als selbständige tektonische Elemente im Gegensatz zu →Hütten (→Behausungen).

Haustiere

→Domestikation

Hausurnen

Vorkommen in Europa: Mittelitalien, nördlich der Alpen vom Harzer Vorland bis Mecklenburg, Pomerellen und z.T. in Schweden während der Bronzezeit.

Kleine Nachbildungen von Wohnhäusern und Wirtschaftsgebäuden aus Ton. Daneben gibt es Tür- und Fensterurnen, deren Hauscharakter durch eine rechteckige Öffnung ausgedrückt wird. Pfahlhausurnen sind rechteckige Hausurnen auf Pfählen (→Ossuarien).

Havelländische Kultur

3 200–2 800 v. Chr.
(benannt nach den ersten Funden im Havelland)

Verbreitung: Havelland, Gebiet zwischen Mittelelbe und unterer Oder

Von den ehemaligen Siedlungen wurden nur Keramikreste, Geräte und Gräber gefunden. Ernährungsgrundlage war Ackerbau und Viehzucht. Es wurden verschiedene Getreidearten geerntet. Haustiere waren Rinder, Schweine, Schafe, Hunde und vermutlich Pferde.

Tongefäße waren vor allem Henkeltassen, zweihenkelige Amphoren, Tonnengefäße, weitmündige Näpfe und Tontrommeln (→Musikinstrumente. Die tief eingestochene Ornamentik besteht aus Kreuz-, Bogen- und Winkelstich, die zumeist zu waagerechten Bändern geordnet ist.

An Werkzeugen gibt es Klingen aus Feuerstein und Felsgestein, doppelschneidige Äxte (→Amazonenäxte) und steinerne Pfeilspitzen sowie Geräte aus Knochen und Geweih.

Schmuckstücke bestehen aus →Bernstein, Ketten meist aus durchbohrten Eckzähnen von Hunden, knöchernen →Perlen in Knebel- oder Doppelaxtform und seltener aus →Bernstein. Durchbohrte Tierzähne dienten als Zierstücke auf der Kleidung. Nur wenige Funde sind aus →Kupfer: Kupferblechröhrchen, gelochte Kupferblechstreifen und Kupferarmringe.

→Bestattungen erfolgten in einfachen Erdgräbern, die manchmal als Friedhöfe angelegt wurden. Neben der üblichen Körperbestattung in gestreckter Lage gab es auch die →Brandbestattung. Zahlreiche Funde von Tonscherben, Bruchstücke von Feuersteingeräten, Beilen und Doppeläxten sowie über die Fläche verteilten Leichenbrandsplittern lassen auf Opferzeremonien am Grab schließen. Rinderopfer (→Tierbestattungen) dienten vielleicht als Speisebeigabe.

Heidelberger Mensch

(*Homo erectus heidelbergensis*)
600000–650000 v.h.
1907 entdeckte O. Schoetensack unter fossilen Tierknochen aus der Kiesgrube bei →Mauer in der Nähe von Heidelberg einen Unterkiefer des *Homo erectus* in 24 m Tiefe, der den Namen *Homo erectus heidelbergensis* erhielt. Es ist der erste Fund eines *Homo erectus* in Europa und galt lange Zeit als ältester Europäer. Funde in →Gran Dolina (→Evolution des Menschen: *Homo antecessor*), werden aber auf 780000 Jahre datiert.
Schon in den zwanziger Jahren entdeckte G. Hormuth in der Grube Feuersteinabschläge, die eventuell dem Heidelberger Menschen zuzuordnen sind, der auf etwa 600000–700000 Jahre v.h. datiert wird. In den fünfziger Jahren entdeckte A. Rust im Grubenbereich weitere Abschlagserien und angeschlagene Gerölle, die bis dahin übersehen worden waren, weil sie nicht aus dem erwarteten Feuerstein, sondern aus Porphyr, Granit, Quarzit und Sandstein sowie in der

frühen Form des Acheuléens hergestellt waren: →Geröllgeräte und →Schaber. Er bezeichnete sie als „Heidelberger Kultur". Ähnliche Geräte wurden auch in Morsum (Sylt), in Altona bei Hamburg und etwas jüngere und feiner geformte in Eidelsted bei Hamburg gefunden. Die Werkzeuge werden aber nicht von allen Forschern anerkannt, weil sie, ebenso, wie die Funde von Hormuth, in ihrer Befundlage undokumentierbar blieben und zudem statistisch nicht sicher von im Neckar zerschlagenen Geröllen, die in den Sanden in Massen und oft mit sehr hohen Gewichten auftreten, zu trennen sind (→Eolithen).
Der Unterkiefer beweist, daß der frühe Mensch seine Zähne nicht mehr zum Reißen und Beißen gebrauchte. Das verzehrte Fleisch mußte vielmehr gebraten oder zumindest erhitzt worden sein. An den Gelenkfortsätzen wurden Spuren von Arthritis festgestellt; Parodontose entblößte die Zahnhälse (→Krankheiten/Verletzungen).

herbivor

(lat. herba: Gras, Kraut; vorare: fressen, verschlingen)
von pflanzlicher Nahrung lebend (→carnivor, →omnivor). Herbivoren: Tiere die sich überwiegend oder ausschließlich von Pflanzen ernähren.

Herd

Offene, mit Steinen ausgekleidete Feuerstelle, ursprünglich die einzige zum Kochen und der Erwärmung dienende gemeinsame Wärmequelle, die meist im Haus untergebracht war, aber auch vor der Türe sein konnte (besonders in warmen Ländern). In der Regel bildete der Herd den Mittelpunkt des Hauptraumes, später wurde er an einer Wand oder in der Ecke und schließlich in einer abgesonderten Küche eingerichtet. Von der primitiven Herdgrube entwickelte sich der Herd über den Steinring und eine niedrige Aufmauerung bis zur Höhe eines Tisches.

Der eingefaßte Herd ist eng mit den Wohnbauten verbunden. Die ersten →Häuser wurden im Mesolithikum in Palästina vor etwa 9000 v. Chr. von Menschen der Natuf-Kultur errichtet (benannt nach dem Wadi-an-Natuf in Israel, →Natufien). In Jericho und später auch in →Çatal Hüyük (Türkei) gab es bereits viereckige, quadratische, runde oder ovale Herdstellen, die entweder nur mit Steinen umstellt waren oder aus einem Steinpflaster bzw. aus einem Sockel aus Lehmziegeln bestanden.

Hiatus
(lat.: Kluft)
Schichtlücke in der Ablagerung durch tektonische Vorgänge.

Hinkelstein-Gruppe
4900–4800 v. Chr.
(benannt nach dem Fund eines Gräberfeldes im „Gewann Hinkelstein" in Monsheim im Kreis Alzey-Worms. Der Name „Hinkelstein" bezieht sich auf einen „Hünenstein", mißverstanden als „Hühnerstein" und mundartlich als „Hinkelstein" bezeichnet, nach dem die Kultur benannt wurde)
Verbreitung: In Teilen von Baden-Württemberg, Rheinland-Pfalz und Hessen. Als Kerngebiete gelten Mittel- und Unterlauf des Neckars und das Gebiet in Rheinhessen

zwischen Ludwigshafen und Nahe.

Die Hinkelstein-Gruppe gilt als örtliche Gruppe der Stichbandkeramiker (→Stichbandkeramische Kultur) und stellt die ältere Phase dieser Gruppe dar. Über die Wohnweise und die Hausformen ist wenig bekannt, vermutlich haben sie aber ähnlich gebaut und gewohnt wie die Stichbandkeramiker. Als Ackerbauern und Viehzüchter hatte die →Jagd keine große Bedeutung mehr.

Wie bei den Stichbandkeramikern und der →Oberlauterbacher Gruppe gab es Tonfiguren in Menschengestalt. Tongefäße wurden bei niedrigen Temperaturen gebrannt, wirken dadurch dunkler als diejenigen der Linienbandkeramiker, machen häufig einen brüchigen, weniger haltbaren Eindruck und bestehen oft aus sandigem und unreinem Ton. Formen: hohe Kumpfgefäße (Töpfe), schrägwandige Fußgefäße und steilwandige Becher. Verzierungen: Winkel- und Zweigmuster, umlaufende Rauten, Dreiecke und Randbänder in Einstech- oder Ritztechnik.

Steingeräte wurden aus Amphibolit, Basalt und gebänderten Feuerstein hergestellt, umfassen →Schuhleistenkeile, Klingen, Schaber und Pfeilspitzen.

Als Schmuck gibt es Hals-, Armund Beinketten aus Muscheln, Schneckenschalen und durchbohrten Eber- und Hirschzähnen, Armund Beinreifen, Anhänger und roten Farbstoff zum Schminken.

Bestattungen erfolgten in flachen Erdgräbern meist in gestreckter Rückenlage mit ausgestreckten Armen und Beinen. Damit und durch reichere →Grabbeigaben unterscheiden sich die →Bestattungen der Hinkelstein-Gruppe von ihren Vorgängern, die eine Hockerstellung bevorzugten. Typische Grabbeigaben in Männergräbern sind Schuhleistenkeile, Feuersteingeräte, Klopfsteine und Rotmineralien zur Bemalung, in Frauengräbern Mahlsteine mit Läufern, Hals- und Armschmuck.

Interessant ist eine kleine Gräbergruppe in Ditzingen im Kreis Böblingen mit 5 Bestattungen, bei denen ein Teil der Bestatteten anatomische Merkmale der Hinkelstein-Gruppe, die übrigen aber solche der →Großgartacher Gruppe aufweisen. Das läßt auf eine enge Verbindung der beiden Gruppen schließen.

Hohen Viecheln

6 500–5 500 v. Chr.

(Krs. Wismar in Mecklenburg, am Nordwestufer des Schweriner Sees)

Der Wohnplatz gehört zu den bedeutendsten mesolithischen Fundstellen Nordeuropas. In den nahezu ungestörten Schichten wurde reiches Fundmaterial aus der →Maglemose-Kultur geborgen. Zu den umfangreichen Feuersteingeräten zählen Kern- und Scheibenbeile mit Querschäftung und Zwischenfutter, Kernsteinschaber, Mikrolithen und Stichel. Auch zahlreiche Knochen-, Geweih- und Holzgeräte sowie aus Rinde oder Bast gefertigte Objekte wurden gefunden. Aus Rothirschschädeln wurden Masken hergestellt.

Auf Knochen- und Geweihgeräten finden sich eingeritzte Linien, Linien mit angesetzten Kerben, Zickzackmuster, Winkel, Kerbschnitte, parallele Kurzstriche, Grübchen

und andere Elemente, die zu mehr oder weniger geometrischen Mustern kombiniert wurden.

Ernährungsgrundlage war die →Jagd, vor allem auf Hirsch, Reh und Wildschwein, dazu u. a. Auerochse, Elch, Braunbär, Wildpferd, Hase, Biber und Fischotter. Auch größere Vögel der Gewässerregion wurden gejagt. Jagdwaffen waren Speer sowie Pfeil und Bogen. Auch der →Fischfang spielte eine gewisse Rolle. Fischfanggeräte waren der →Fischspeer, →Angel und →Netz. Das Einsammeln pflanzlicher Nahrung wie Früchte, eßbare Pflanzenteile und Kleingetier ergänzte den Speiseplan.

Höheres Jägertum

Damit bezeichnet man die →Wildbeuter des Jungpaläolithikums, die sich durch reicheren Kulturbesitz wie hochentwickelte Jagdwaffen, Jagdtechniken, künstlerische Erzeugnisse, feste Behausungen u. a. hervorheben.

Höhlen

Jeder natürlich entstandene größere Hohlraum im Gestein. Eine Höhle kann mit der Gesteinsbildung, durch Auswitterung oder Wassereinwirkung entstehen. Besonders im Kalkgestein, also im über Jahrmillionen durch Ablagerungen entstandenen Meeresboden, bildeten sich durch tektonische Erhebungen zahllose Risse, Klüfte und Fugen, in die Wasser eindrang, sie verbreitete und vergrößerte. Das versickerte Wasser trifft in der Tiefe auf wasserunlösliche Gesteinsschichten und tritt als Karstquelle aus. Die höher gelegenen Kanäle und Hohlräume werden allmählich frei von Wasser und bilden die Höhlen und Höhlensysteme (→Karst). Die Höhlen und Halbhöhlen (→Abris) wurden von Menschen erst im ausgehenden →Altpaläolithikum neben den selbsterrichteten →Behausungen im Freien benutzt. Davor wurden sie nur von Tieren, hauptsächlich Bären und großen Raubkatzen aufgesucht. Man kann vermuten, daß der Mensch anfänglich aus Angst vor der Dunkelheit der Höhlen und den darin hausenden Raubtieren diese Orte mied. Daran änderte auch nichts der gelegentliche kurzfristige Aufenthalt im vorderen Bereich.

Die dauernde Inbesitznahme der Höhlen am Ende des Altpaläolithikums und die Möglichkeit, sie wirksam gegen tierische Konkurrenten zu verteidigen, ist nicht so sehr von der freien Verfügbarkeit des Feuers, als vielmehr von einer geänderten Bewußtseinsbildung abhängig, die sich durch das soziale Zusammenleben entwickelte. Nun konnte man die Höhlen zu eigenem Nutzen verändern. In der vorhergehenden Zeit hatte der Mensch diese psychische Bereitschaft nicht bzw. er paßte sich noch weitgehend den natürlichen Umweltverhältnissen an. Im →Mittelpaläolithikum wurden auch große Höhlen besiedelt, die mehrere 100 Meter oder sogar einige Kilometer in den Berg reichen. Meist beschränkte man sich auf den vorderen Teil mit Feuerstellen, Sitzsteinen und Steinunterlagen für die Steingeräteschläger. Von den Eingängen hatte man auch zumeist einen Blick auf Täler, um nach Jagdbeute Ausschau zu halten.

Wandgravierungen und -malereien weit im Höhleninneren und auch in den als Lagerplatz benutzten vorderen Teilen lassen auf religiöse Handlungen schließen. Den Höhepunkt bildeten vor etwa 12000 Jahren die kunstvollen farbigen →Höhlenbilder von Altamira, Lascaux u.a. Höhlen (→Felsbilder).

Im →Neolithikum wurden Höhlen nur noch in seltenen Fällen regelmäßig bewohnt, dies geschah nur bei besonders großen und geeigneten Höhlen. In der Kölyuk-Höhle bei Borsod in Ungarn wurden neben 2 Feuerstellen 177 Pfostenlöcher gefunden, die von hölzernen Einbauten stammen, die, an beiden Seiten der Höhlenwand angelehnt, in der Mitte einen etwa 0,80–1,20 m breiten Gang frei ließen. Ansonsten wurden Höhlen nur noch gelegentlich als Unterschlupf aufgesucht.

Die Hinterlassenschaften von Mensch und Tier wurden nach jedem Aufenthalt allmählich durch eingewehten Sand oder Lößstaub (→Sediment), abgesprengten Kalkschutt oder herabgestürzte Felsbrocken bedeckt. Die mit der Zeit auf mehrere Meter angewachsenen →Kulturschichten mit ihren →Inventaren bieten heute eine verläßliche Grundlage für eine archäologische →Chronologie.

Höhlenbilder

(→Felsbilder)

Höhlen boten nicht nur Schutz- und Lagerplätze, sie waren auch Orte religiöser Handlungen.

Daß die Felsbilder an und über den bewohnten Plätzen nicht als dekorativer ‚Zimmerschmuck‘ im Sinne römischer oder moderner Wandbilder aufzufassen sind, sondern ihnen dieselbe religiöse

Bedeutung zu eigen war, die für die Bilder in unbewohnten Höhleninneren vorauszusetzen ist, dürfte klar sein (Müller-Karpe, 145, 97–98).

In Europa sind etwa 300 Fundorte mit paläolithischer Wandkunst bekannt; neue Entdeckungen kommen ständig hinzu. Ihr Alter reicht von etwa 30000–8000 v. Chr. Die ältesten Höhlenbilder sind zum Teil jedoch schon von so hoher Qualität, daß angenommen werden muß, daß die Anfänge dieser Kunst viel weiter zurückreichen. In Frankreich befinden sich etwa 150 Fundplätze, in Spanien 125, in Portugal 3, in Italien 21, in Rußland 2 (Kapova und Ignatierka, beide im Ural) und je ein Fundplatz in Rumänien (Cuciulat) und Serbien. Letzterer liegt nahe der Grenze zu Bulgarien und wurde von Archäologen 1997 entdeckt. An den Wänden dieser kleinen Höhle haben die Vorzeitmenschen mit Kohle 1 Pferd, 3 Speere und eine unklare Figur gezeichnet. Das Alter wird auf 20000–40000 Jahre geschätzt. In Mitteleuropa fehlen Höhlenmalereien gänzlich, wenn man von einigen roten Punktreihen auf Kalksteinstücken von der oberen Klause (bei Neuessing im Altmühltal, Kreis Kehlheim, Bayern) absieht. Die meisten der bekannten Höhlenbilder stammen aus der Zeit des →Solutréen (21000–16000 Jahre v.h.).

„Bei der bildnerischen Ausgestaltung der Höhlen beschränkten sich die Jungpaläolithiker zunächst auf den mehr oder weniger hellen Eingangsbereich. Erst vor etwa 25 000 Jahren begannen sie, weit in das Innere der Höhlen vorzudringen. Dabei hatten sie häufig schwierige, ja äußerst gefährliche Strecken mit Schächten, Höhlenbächen und -seen zu überwinden. Um sich in den oft ausgedehnten und vielmals verzweigenden, nicht selten mehrere Etagen umfassenden Höhlensystemen zurechtzufinden, mußten sie ein gutes Orientierungsvermögen und als wichtigste technische Hilfsmittel Fackeln und Fettlampen ... besitzen. Tatsächlich fanden sich verkohlte Reste von Fackeln und zahlreiche, etwa handgroße Steine mit einer Mulde, die den Tranlampen der rezenten Inuit gleichen. Um Felsbilder an nahezu unzugänglichen Höhlenpartien anbringen zu können, war ein noch größerer technischer Aufwand notwendig. Aus mühsam gefällten Baumstämmen mußten, nachdem sie durch oft recht schwierige Höhlensysteme transportiert. worden waren, mittels Lederriemen oder ähnlichem Material Gerüste errichtet werden" (Leroi-Gourhan/Allain, 89, 453, 123).

Bilder und Ritzzeichnungen lagen manchmal bis zu 2 km von den Eingängen entfernt in den Höhlen, und es ist vorstellbar, daß die Künstler, versorgt mit Brennstoff- und Nahrungsmittelvorräten, mehrere Tage an diesen weit entfernten Stellen blieben.

1627 machte der norwegische Lehrer Peder Alfson Aufzeichnungen von Felsbilderkunst in Bohuslaan in Schweden. Der Franzose Brouillet fand 1834 in einer Höhle Knochenstücke mit eingravierten Hirschkühen. Sie wurden zuerst den „Kelten" zugeordnet, waren aber doch Anstoß zu weiteren Höhlenforschungen. Noch vor Ende des 19. Jahrhunderts wurden Hunderte von Kunstwerken gefunden, die aber heute chronologisch schwer eingeordnet werden können, da bei der Bergung dieser Funde die meisten der dafür erforderlichen Anhaltspunkte zerstört wurden. Zwischen den Jahren 1860 und 1870 setzte sich die allgemeine Ansicht durch, daß die

Schöpfer der Darstellungen von Mammuts, Ren und Wildpferden zur Zeit dieser Tiere gelebt haben. Die Bedeutung der Höhlenbilder wurde erst später erkannt.

Alle Autoren berichten von dem wissenschaftlichen Mißgeschick des Macelino de Sautuola, der 1879 die später so berühmte Höhle von Altamíra in der Provinz Santander freilegte. ... Seine fünfjährige Tochter Maria, die an den zahlreichen Feuersteingeräten im Lehmboden der Höhle weniger Interesse fand als ihr Vater, entdeckte die Malereien auf der Decke. Obwohl sich ihr Vater noch so bemühte, die wissenschaftliche Welt vom hohen Alter dieser Fresken zu überzeugen, stieß er auf totale Verständnislosigkeit. Sogar jene Fachleute, die die gravierten Bisons auf den Knochenstücken von Lozère und den Pyrenäen entdeckt hatten, lehnten es ab, in den Bisons auf der Decke von Altamira etwas anderes zu sehen als die spielerischen Kritzeleien eines Kuhhirten oder sogar Fälschungen (Leroi-Gourhan, 123, 26).

Doch weitere Entdeckungen zwischen 1883 und 1901 in Frankreich überzeugten schließlich die wissenschaftliche Welt.

Damals begann Abbé Breuil sein Lebenswerk, das bis zu seinem Tod im Jahr 1961 eine gewaltige Menge von Zeichnungen und Veröffentlichungen der meisten entdeckten Kunstwerke umfaßte. Sein Scharfblick, seine technische Fertigkeit und seine große Gewissenhaftigkeit bei der Abzeichnung der oft nur schwer entzifferbaren Darstellungen sind um so höher zu werten, als der Großteil der Kunstwerke heute nur mehr durch diese Zeichnungen bekannt ist (Leroi-Gourhan, 123, 26).

Breuil versuchte auch, in den Denkmälerbestand eine chronische Ordnung zu bringen. Er unterschied 4 →jungpaläolithische Stilstufen und eine solche des Epipaläolithikums, wobei für jede –

außer der letzteren – Gravierungen und Malereien namhaft gemacht wurden.

Die im Jahre 1940 erfolgte Entdeckung von Lascaux lieferte eine Fülle von Darstellungen, die erstmals mit Hilfe der Fotographie aufgenommen werden konnten. Seit dieser Zeit ist die prähistorische Kunst allgemein bekannt (Leroi-Gourhan, 123, 26).

Die Höhlenkunst endete mit der Eiszeit vor etwa 10 000 Jahren, obwohl in Cogul in Ostspanien nacheiszeitliche Malereien unter einem →Abri gefunden wurden. Neben verschiedenen Tieren sind auch vermutlich tanzende Frauen dargestellt. Mit dem Verschwinden des Ren aus den bisherigen Gebieten beginnt auch ein Rückschritt in der Kunst. Sie beschränkt sich in Nordeuropa, Sibirien, im gesamten alpenländischen Raum und in Afrika auf →Felsbilder. In den Alpen lassen sie sich bis weit in die römische Zeit hinein nachweisen (z. B. →Val Camonica). In den frühen neolithischen Siedlungen des Vorderen Orients, wie z. B. in →Çatal Hüyük, erhielten die Wohnungen oder Tempel Wandmalereien. Hauptträger der Kunst im Neolithikum ist jedoch die →Keramik, die durch Form, Gravur, Applikation, Bemalung oder Inkrustation gestaltet wurde.

Holozän

8 000 v. Chr. bis heute
(gr. holos: gänzlich; kainos: neu)
Die Zeit der „gänzlich neuen Lebewesen", und der nacheiszeitlichen Verteilung der in marinen Ablagerungen enthaltenen Mollusken, die mit Beginn dieses Zeitraumes auftauchen, umfaßt den Abschnitt vom Ende der letzten

→Eiszeit bis zur Gegenwart (→Nacheiszeit). Als Beginn gilt das Abschmelzen des Innlandeises in Mittelschweden und das Ende der Jüngeren Dryaszeit (→Dryas) in Norddeutschland bzw., bei einer Festlegung auf die Eicheneinwanderung in Mitteleuropa, der Beginn des paläobotanisch definierten →Boreals. Die von der Holozän-Kommission der INQUA (Internationale Quartärvereinigung) vorgeschlagene Festlegung auf 10 000 C-14 Jahre vor heute (= 1950!) wäre wegen der betonten Abstraktion sinnvoller und von Einzelereignissen in Zeit und Raum unabhängiger. Noch deutlicher wäre die Festlegung auf 8 000 oder 10 000 echte Erdjahre vor Christi Geburt. Zwischen diesen Daten liegen jedenfalls alle Ereignisse, die bisher für die Definition der Holozän-Untergrenze vorgeschlagen wurden.

Nach der Eiszeit bildeten sich im Laufe der Jahrtausende die heutigen Florengebiete der Erde heraus. Im wesentlichen lassen sich im Norden und Süden je eine Polarzone, eine gemäßigte sowie eine subtropische Zone unterscheiden. Beiderseits des Äquators erstreckt sich das tropische Florengebiet.

Holz

Neben Knochen und Stein gehört Holz zu den wichtigsten Werkstoffen der Steinzeit, die der Mensch benötigte, um →Werkzeuge, Waffen oder →Geräte herzustellen. Möglicherweise waren Dornenzweige die ältesten Verteidigungsmittel gegen Raubtiere. Beobachtungen zeigen, daß selbst Löwen von Dornen derart abgeschreckt werden, daß sie sogar auf darunter liegendes Fleisch verzichten. Die Massai in Ostafrika blockieren den Zugang zu Wasserstellen mit Dornenbüschen, um Tiere fernzuhalten. Vielleicht wurde Holz noch vor Stein benutzt, aber Holzfunde sind selten, weil sich Holz nur unter bestimmten Bedingungen, nämlich bei absoluter Trockenheit, unter Wasser oder in Mooren oder Sümpfen erhält.

Die ältesten Funde sind Holzreste und Baumstämme, die auf →Behausungen hinweisen sowie Bruchstücke, die als Lanzenreste gedeutet werden können, aus dem etwa 440 000 Jahre alten Siedlungsplatz in →Kärlich, die →Speere von Schöningen bei Braunschweig und feuergehärtete Spitzen aus →Torralba/Ambrona mit maximal 400 000 Jahren und die wahrscheinlich noch um einiges ältere →Lanze von Clacton-on-Sea in Ostengland. Holzgegenstände vom Freilandfundplatz →Kalambofalls (verkohlte Baumstämme, Rindenstücke, angespitzte Stöcke, eine Keule) sind etwa 200 000 Jahre und eine Lanze von Lehringen an der Aller 125 000 Jahre alt (→Lanzen).

Die meisten Holzfunde stammen aus der →Mittel- und →Jungsteinzeit: Paddel, Einbäume, Stangen, Pfähle für den Hausbau, Pflüge, Räder, Schäfte, Hausgeräte und Särge.

Holzteer
→Klebstoff

Hominidae
(Menschenartige)
→ Evolution: Primaten

Homininae
(Menschen)
→Evolution: Primaten

Hominisation
Stammesgeschichtlicher Prozeß der
Menschwerdung
(→Evolution des Menschen)

Hominoidea
(Menschenähnliche)
→Evolution: Primaten

Homo
(Mensch)
→Evolution: Primaten

Horgener Kultur
3300–2800 v. Chr.
(benannt nach der Ufersiedlung
Horgen-Scheller am Zürichsee in
der Schweiz)
Verbreitung: Schweiz, Bodensee,
→Federsee und andere Gebiete in
Baden-Württemberg.
Dörfer der Horgener Menschen lagen vorzugsweise an Seeufern,
teilweise auch entfernt davon bzw.
in Höhenlagen. Lebensgrundlage
war Ackerbau und Viehzucht, die
→Jagd wurde nur noch gelegentlich ausgeübt. Haustiere waren
Rinder, Schafe, Ziegen, Schweine
und Hunde. Der Fund eines 35,2
cm langen Modells eines Einbaums zeigt, daß man →Wasser-
fahrzeuge kannte. Es ist aus
Eschenholz geschnitzt und diente
wohl als Spielzeug.
Tongefäße wirken grob und besitzen häufig durchlochte Ränder.
Verzierungen stellen menschliche
Gesichter oder Figuren als Punkt-
reihung dar. Ebenso gibt es symbolische Zeichen, die an Tannenzweige und sonnenartige Halb-
kreise erinnern.
Eine Besonderheit sind tonnenar-
tige Gefäße aus hohlen Baumstük-
ken, die einen Boden aus Rinde
oder Leder erhielten. Aus Holz
sind Schüsseln, Löffel, Beilschäfte,
aus Eichenholz Hacken mit feuergehärteten Schneiden.
Zu den Steingeräten zählen unter
anderem geschliffene Steinbeile,
vorwiegend mit →Zwischenfutter
aus Hirschgeweih, Steinäxte, Feuersteinmesser mit Griffen, die, mit
Birkenpech befestigt, aus Birkenrinde oder einem Textilstück bestanden. Auf dem Werkplatz eines
Horgener Steinschleifers fand man
über 1000 →Schleifsteine mit
teilweise starken Schleifspuren auf
allen Seiten.
Auffallend sind die →Sägen aus
Kalkstein, Gneis, Schiefer oder
Sandstein, die bis zu 18 cm lang
sind. Die →Jagd erfolgte mit Pfeil
und Bogen und Harpunen aus
Hirschgeweih. Als Seltenheit gibt
es kupferne Flachbeile und eine
Dolchklinge. Dieses Material
wurde aus unbekannten Gründen
abgelehnt, obwohl die vorher-
gehende →Pfyner Kultur selbst
Kupfergeräte herstellte. Die jüngeren Dolche sind dagegen aus
→Bronze.
Als Schmuck wurden Tierzähne,
Perlen sowie Anhänger aus Stein
oder Hirschgeweih getragen. Ein
verzierter Holzkamm diente wohl
als Steckkamm für die Haare.
Eindeutig zu erkennende Grabanlagen wurden nicht gefunden, wohl
aber Reste von zerstörten Megalithgräbern mit einem →Seelen-
loch sowie Kollektivbestattungen,
die der Horgener Kultur angehören
könnten.

Horizont

(gr. horizein: begrenzen)
In der →Stratigraphie eine bestimmte, durch Steinartefakte oder Fossilgehalt ausgezeichnete Schicht, die einen zeitlichen Horizont bildet, gleichzeitig entstanden ist und oft nach Leitformen benannt wird, z. B. Klingenhorizont.

Horn

→Boviden (Hornträger) sind im Gegensatz zu →Cerviden (Geweihträger) horntragende Tiere: z. B. Wisent, Ur, Steinbock, Gemse. Das Horn besteht aus einem Hornzapfen und einer Hornscheide. Der knöcherne Zapfen setzt das Stirnbein fort. Die Hornscheide ist wie Haare, Hufe, Klauen, Krallen hauptsächlich aus Keratin zusammengesetzt. „Hirschhorn" ist also eine falsche Bezeichnung, da sie sich auf die knochenartige Substanz der geweihtragende Tiere bezieht.

Hornstaader Gruppe

4100–3900 v. Chr.
(benannt nach den Funden der Siedlung Hornstaad-Hörnle I auf der Halbinsel Hori im Kreis Konstanz am Bodensee)
Verbreitung: Bodensee
Auf Hörnle sind in der Flachwasserzone 5 Siedlungsplätze bekannt. Einer davon, Hörnle I, wird seit 1983 großflächig ausgegraben. Im älteren der 2 übereinanderliegenden Dörfer haben sich nach einem Siedlungsbrand im Brandschutt die angekohlten Reste noch an ihren ursprünglichen Plätzen befunden. Bisher wurden 17 Hausgrundrisse der ersten Phase aufgedeckt, wobei die ganze Siedlung auf etwa 30–40 Gebäude geschätzt wird, deren Giebelseiten zum Wasser standen. Hörnle I gehört zu den ältesten Uferrand- oder Pfahlbausiedlungen am Bodensee (→Seeufersiedlungen). Die Siedlung war nicht befestigt.

Die Bewohner waren in erster Linie Ackerbauern und Viehzüchter, aber der Anteil der →Jagd und des →Fischfangs bei der Ernährung war noch beträchtlich. Etwa ein Drittel der dort geborgenen Tierknochen stammen von Wildtieren und Fischen. Die Felder lagen auf nicht vom Hochwasser bedrohten Flächen, die mit dem →Grabstock bearbeitet wurden. Haustiere waren vor allem Rinder und seltener Schweine, die zur Fütterung vermutlich in den Wald getrieben wurden. Die Ernährung war vielseitig: Grützbrei, Suppen, Fladenbrot, Fische aus dem Bodensee, Fleisch von erlegten Tieren und geschlachteten Haustieren, wildwachsende, eßbare Beeren, Kräuter und Samen.

Die →Keramik ähnelt der →Schussenrieder Gruppe, der →Phyner Kultur und der Lutzengüetle Kultur. Es sind meist unverzierte Geräte mit dünnen Wänden und flachen Böden, die in Wulsttechnik oder aus Tonlappen aufgebaut und bei Temperaturen um 600° Celsius gebrannt wurden.
Zum Geräteinventar gehören Werkzeuge aus Stein: Schaber, Messer, Bohrer, Beile, Pfeilspitzen, Sicheleinsätze, Mahlsteine und Netzsenker. Aus Holz sind keulenförmige Dreschgeräte und aus Rinde runde Schachteln mit eingenähtem Boden. Aus den Mittelhand- oder Mittelfußknochen von Tieren wurden Meißel und Spitzen hergestellt, aus Geweih Hacken. Birken-

pechklumpen (→Klebstoff) dienten als →Schäftungsmittel für Sicheleinsätze und Pfeilspitzen sowie vermutlich als „vorzeitliches Kaugummi", wie die Zahnabdrücke vermuten lassen.

Gewebe aus Flachs wurde zu Kleidungsstücken und Fischernetzen verarbeitet. Dabei wurde sowohl der bewegliche Pfahlbauknoten wie auch der noch heute gebräuchliche Filetknoten angewandt. Tönerne Webgewichte weisen auf einfache Webstühle hin. Schnüre aus Bast, Binsen oder Rindenstreifen ergaben Geflechte, Matten oder Körbe.

Als Schmuck gab es Röhrenperlen aus Kalkstein und rotem Gestein, die vermutlich auch als Handelsware oder Zahlungsmittel dienten, durchbohrte Schlehenkerne und Flußmuscheln sowie Bruchstücke von Meeresschnecken. Eine Kupferschale von 56 g gilt als ältester Kupferfund in Deutschland und wurde vielleicht aus Südosteuropa importiert, wo man ähnliche Formen kennt.

Hornstein

Süddeutsche Bezeichnung für Feuersteine, vor allem der Jura-Formation, deren braune oder graue Färbung, leichter Wachsglanz und gelegentliche Streifung an Rinderhorn erinnern. Im Gegensatz zu →Feuerstein kommt Hornstein häufig in Platten vor, ist aber teilweise homogener als jener und läßt sich sehr gut verarbeiten.

Hortfunde
→Depotfunde

Hügelgräber
(lat.: →Tumulus, türk.-russ.: →Kurgan)

Gräber mit einem länglichen oder runden Hügel aus aufgeworfener Erde oder geschichteten Steinen, die in verschiedenen Kulturen vorkommen: →Megalith-Kultur (4800–2800 v.Chr.), →Kurgan-Kultur (4000–1600 v.Chr.), →Schnurkeramische Kultur (2800–2400 v.Chr.), →Einzelgrab-Kultur (2800–2300 v.Chr.), Hügelgräber-Kultur (1600–1200 v.Chr).

Hügelgräber sind die typische Grabform der späten →Jungsteinzeit und →Bronzezeit im mitteleuropäischen Raum. Die Grabhügel enthielten oft mehrere übereinanderliegende Gräber mit einem Durchmesser von 8–15 Metern, einer Höhe von meist 1–2 Metern und waren von einem Steinkranz umgeben. Besonders reich ausgestattete Gräber werden als →„Fürstengräber" bezeichnet. Die Bestattung erfolgte meist in Hockerlage: Männer auf der rechten Seite mit dem Kopf im Westen, Frauen auf der linken Seite mit dem Kopf im Osten. In einigen Gräbern fanden sich hölzerne →Totenhäuser.

In der Gesellschaft hatten anscheinend die Männer das Sagen ... Denn anders ließe es sich kaum erklären, warum unter hohem Arbeitsaufwand und sicherlich als Gemeinschaftsunternehmen fast alle Grabhügel für jeweils einen Mann errichtet worden seien. Zudem lagen fast sämtliche Männer im Zentrum und auf dem Grund des Grabhügels, während die Frauen und Kinder meist am Rande bestattet wurden (Feustel, in 162, 168).

Im westlichen Ostseegebiet liegen die Hügel oft in Gruppen zusammen auf Anhöhen, vielleicht um den Anspruch auf ein bestimmtes Territorium zu zeigen. Etwa um 1250 v.Chr. werden die Toten immer häufiger verbrannt und ihre Asche in einer →Urne auf Friedhöfen beigesetzt (→Urnenfelder-Kultur).

Hund
→Domestikation

Hünengrab
→Megalith-Kultur

Hütten
(→Behausungen)
Unter einer Hütte versteht man ein ohne senkrechte Wände auf den Erdboden oder die Erdgrube gesetztes Dachhaus (→Grubenhütten), im Unterschied zum Haus mit Wänden und deutlich abgesetztem Dach.
Für das →Altpaläolithikum wurden bisher nur künstliche Steinkreise gefunden, die als Reste von →Behausungen gedeutet werden. Auf Grund von Erfahrungen bei rezenten Naturvölkern können aber auch einfachere Formen angenommen werden. Die älteste Hütte Europas ist etwa 600000 Jahre alt und wurde in Przletice (Prag-Ost) gefunden. Die Hütten in →Terra Amata bei Nizza haben ein Alter von etwa 500000 Jahren, in →Bilzingsleben 370000 Jahre.
Im →Mittelpaläolithikum bauten Mammutjäger Hütten aus Knochen, vermutlich in Verbindung mit Stangen und Fellen. Diese hatten Feuerstellen im Inneren. In der Lazaret-Höhle in Frankreich wurde ein Hüttengrundriß von etwa 35 Quadratmeter Größe gefunden. Er besitzt 2 Feuerstellen und reicht als Unterkunft für ungefähr 10 Personen. Eine einfache Dachhütte, aus an die Felswand schräg gestellten Stangen mit Wi-

derlager, die mit Fellen abgedeckt wurde, befand sich unter dem Abri von →La Ferrassie.
Im →Jungpaläolithikum tauchten →Grubenhütten (Wohngruben) auf. Sie reichen von tief in den Erdboden eingegrabenen Gruben bis zu ebenerdigen Hütten. Sie enthalten meist Herdstellen und regelmäßig angeordnete Pfostenlöcher, die auf einen festen Oberbau und auf gleiche Konstruktionsmerkmale hinweisen. Es wird angenommen, daß die Hütten zeltartige oder zelthüttenartige Formen aufwiesen.
Im Laufe des Neolithikums gibt es mit den ersten Bauernkulturen um 10500 v.Chr. feste Wohnhäuser in →Pfostenbauweise. Auch Dachhütten werden noch errichtet, wie z.B. in der ungarischen Kölyuh-Höhle, wo sie an beiden Seiten der Höhle durch einen Gang getrennt wurden (→Höhlen).

Hüttenlehm
Lehmreste, die als Wandstücke, Wandverputz oder Estrich gefunden werden und Tünche oder Bemalungen aufweisen können. Oftmals werden die aus →Flechtwerk bestehenden Hauswände mit →Lehm verputzt. Brannte das Haus ab, wurde dieser Verputz ziegelartig hart und die Abdrücke des Flechtwerks blieben auf der Innenseite erhalten. Diese Bruchstücke von Hüttenlehm sind bei Ausgrabungen häufig der einzige Hinweis auf die einst errichteten Häuser.

Hypothese
(gr.: Unterstellung)
Zunächst unbewiesene Annahmen mit dem Ziel, sie durch Beweise zu

bestätigen oder durch wissenschaftliche Gegenbeweise zu widerlegen. Viele heute anerkannte →Theorien waren zunächst Hypothesen.

Ibéromaurusien

17000–8000 v. Chr.

(die Bezeichnung geht auf die Zeit zurück, in der man der Meinung war, daß diese Kultur sich über Mauretanien und Spanien zugleich erstreckte)

Das Ibéromaurusien ist die Nachfolgekultur des →Atérien in Nordafrika.

Verbreitung: Vermutlich wanderten verschiedene Gruppen in Wellen von Kleinasien in den nördlich der Sahara liegenden Lebensraum ein. Erste Besiedlungsinseln gab es im Nildelta vor 19000 Jahren. Funde weisen darauf hin, daß sich ein crô-magnoider Menschentypus von Osten her entlang der Mittelmeerküste bis zu den marokkanischen Atlantikregionen ausbreitete und diese etwa vor 16000 Jahren erreichte. Beim späteren Verschwinden setzten letzte Reste dieser Bevölkerung auf die Kanarischen Inseln über.

In der Steinbearbeitung gab es neue Techniken mit einer starken Tendenz zur Miniaturisierung. Es sind Geräte, die aus Klingen gewonnen werden und als Spitzen von Pfeilen oder anderen Projektilen Verwendung fanden. Mit größeren Stücken wurden vermutlich Häute geschabt. Das Herausschlagen eines Mikrostichels (→Mikrolithentechnik) aus einer Klinge mit abgestumpftem Rücken führt zu einer „dreiseitigen" Spitze. Daneben gibt es Klingen mit abgeschlagenem linken Rand und einer Spitze sowie mikrolithische Formen. Man fand →Mahlsteine, mit denen Grassamen zerrieben wurden, und durchlochte Steine für →Grab- oder →Wühlstöcke. An Knochenwerkzeugen gab es Pfrieme, Geschoßspitzen, Glätter zur Lederbearbeitung und Messer.

Die Menschen dieser Kultur waren immer noch hauptsächlich →Sammler und Jäger. Trotz ihrer Wohnstätten in →Höhlen und →Abris wird eine nomadisierende Lebensweise nicht ausgeschlossen. Bisher fehlen Funde, die auf eine →Kunst hinweisen.

Um 8000 v. Chr. folgten dem Ibéromaurusien lokal verschiedenartige Kulturen, von denen das →Capsien die bedeutendste ist.

Initiation

(lat.: Einweihung)

Einführung von Jugendlichen bei Eintritt der Geschlechtsreife als vollberechtigte Mitglieder in die Gemeinschaft der Erwachsenen durch Vermittlung des Wissens über die geheimnisvollen Zusammenhänge in der Natur, die Schöpfung und das Zusammenleben des Menschen. Oft sind die Initiationsriten mit Mutproben verbunden.

Inkrustation

(lat.: Überkrustung, Einlagen)

Bezeichnung für die farbigen, oft aber auch weißlichen (kalkhaltigen) Einlagen bei Verzierungen oder Mustern in der Töpferei und das Überziehen der Oberfläche mit einem sich durch Farbe und Glanz vom Untergrund abhebenden Stoff auf kaltem oder heißem Weg. Das krustenbildende Material füllt die vertieften Ornamente der Oberflächen aus. Das Inkrustationsverfahren auf kaltem Weg ist seit der Jungsteinzeit bekannt.

Eine Inkrustation ist auch die chemische Ausscheidung, wie sie z.B. beim Wüstenlack (→Patina) bzw. bei Steingeräten der Sahara stattfindet.

in situ
(lat.: in der natürlichen Lage)
In der Archäologie bezieht sich dieser Begriff auf Funde (Artefakte, Knochen u. a.), die sich nach abgeschlossener Einbettung über Zeiten hinweg in gleicher, ungestörter Lage befinden, die weder durch Menschen oder Tiere, noch durch geologische oder sonstige Einflüsse eine Änderung erfahren haben. Für den Archäologen ist ein Fund „in situ" für eine genaue archäologische →Datierung von größter Bedeutung.

Intention
Bei Artefakten sind dies Veränderungen, die durch den Mensch bewußt herbeigeführt wurden und nicht zufällig durch natürliche Vorgänge entstanden sind. Ein intentioneller Vorgang ist z.B. die formgebende →Retusche oder die Herstellung von Geräten aus Stein, Holz, Horn oder anderen Materialien.

Interglazial
(Zwischeneiszeit)
Wärmeperiode zwischen 2 Kaltzeiten (→Glazialzeit). Sie ist mit starkem Eisrückgang, Meeresspiegelanstieg sowie einem Vorstoßen der Pflanzenwelt verbunden.

Interstadial
Dem →Interglazial vergleichbare Wärmezeit, die jedoch von kurzer Dauer ist (einige Jahrtausende) und nicht zwischen 2 Kaltzeiten, sondern innerhalb einer Kaltzeit mit Stillstand oder vorübergehenden Rückzugsphasen (Abschmelzen) des Eises liegt.

Inventar
Bezeichnung für den gesamten Gerätebestand einschließlich der dazugehörigen Rohmaterialien, Werkzeuge, Waffen, Werkstücke und Abfallprodukte einer Fundstelle. Oft ist das Inventar durch bestimmte Formen (z.B. Schaberinventar) oder →Leitformen (z.B. Blattspitzen; Solutréen) gekennzeichnet.

Istállóskö
(Höhle im Bükkgebirge, Prov. Heves, Ungarn)
Die Höhlenstation enthielt Steingeräte und Knochenspeerspitzen aus dem Aurignacien. Die untere Schicht enthielt etwa 50 Exemplare mit gespaltener Basis, die obere nur solche mit massiver Basis (→Lautscher Spitzen). Die mit Steinen eingefaßte Feuerstelle von 3 x 4 Metern enthielt außer Holzkohle zahlreiche Tierknochen, zu 80% von jungen Höhlenbären, auf Grund der vorgefundenen Penisknochen etwa 2000 Tiere. Eine Besonderheit ist eine 45000 Jahre alte, 12 cm lange Knochenflöte (→Musikinstrumente).

Jabrudien

Benannt nach dem Dorf Jabrud im syrischen Antilibanon. In der Nähe liegen 3 →Abris in 1 400 m Höhe, die von 1930–1933 von A. Rust ausgegraben wurden (Lebensläufe). Zahlreiche Steingeräte (→Winkelschaber) aus dem Alt- und Mittelpaläolithikum wurden gefunden, deren Kulturfolge der in den Karmelhöhlen (→Karmel) entspricht, z.T. mit faustkeilfreien Gerätegruppen. Vermutlich wurden die Abris nur kurzzeitig als Sommerlagerplatz benutzt. Abri I: Länge 35 m, mittlere Eintiefung 6 m, 25 Kulturschichten in Schuttablagerungen von 11 Metern Höhe. Abri II: Länge 20 m, Tiefe bis zu 8 m, 10 Kulturschichten in Schuttablagerungen von 3 Metern Höhe. Abri III: 10 Kulturschichten von 3,50 Metern Höhe.

Jagd

Kurz- oder langfristig geplantes Erlegen von Landtieren, Vögeln und Meeressäugern.

• Bei →Australopithecinen als Aufrechtgängern bereits mit hoher Wahrscheinlichkeit, eventuell schon unter Einsatz kombinierter →Grabstock/→Lanzen angenommen (H. Müller-Beck 1998). Sie wurde wohl erst mit der Zeit zur Prestigeangelegenheit der erwachsenen Männer im Rahmen der Sozialkonkurrenz. Häufig wird wenigstens das Werfen von Steinen, Stöcken oder Knochen den Australopithecinen zugeordnet, die diese Gegenstände bei Gefahr oder bei der Jagd auf flüchtendes kleineres Wild benutzten.

Homo habilis lebte offenbar in kleineren Hordenverbänden, und neben dem Sammeln dürfte die gemeinsame Jagd auf kleinere Tiere zum Lebensunterhalt beigetragen haben. ... Aus Olduvai und East Turkana sind einige Zerlegungsplätze von Großwild bekannt, ... auf denen Steingeräte zwischen den zum Teil noch in anatomischem Zusammenhang befindlichen Knochen vorkamen. Einige Knochen wiesen eindeutig Schnittmarken auf ... Großwildjagd ist jedoch kaum anzunehmen; offenbar stammen die zerteilten Kadaver (Elefant, Nashorn, Rinderartige u.a. Tiere) aus Raubtierrissen oder von verendetem Wild (Herrmann/Ullrich, 89, 194).

• Die Geräteherstellung zum Zerlegen des Wildes, die zahlreich gefundenen Zerlegungsplätze und die Hinweise auf Gruppentätigkeit lassen jedoch die Jagd beim *Homo habilis* als wahrscheinlich erscheinen.

• Beim *Homo erectus* ist die Jagd auf Grund der Überreste erbeuteter Tiere auf Rastplätzen eindeutig nachgewiesen. Es ist durchaus möglich, daß er Großtiere in moorige Stellen trieb, wo sie wehrlos waren, oder in einen Abgrund jagte. In der Höhle Sándalja I in Istrien sind Jagdbeutereste von Wildpferden, Nashörnern, Wildschweinen, Hirschen und Wildrindern gefunden worden, die vor etwa 1 Mio. Jahren vermutlich mit Holzlanzen erlegt wurden. In Isernia La Pineta in Italien wurden Reste von großen, von Menschen erjagten Säugetieren wie Altelefant, Nashorn, Bison, Nilpferd, Bär und

Hirsch sowie zahlreiche →Chopper in verschiedenen Größen gefunden. Das Alter wird auf 730 000 Jahre geschätzt. In →Torralba in Spanien hat man Knochen von zahlreichen Tieren zusammen mit Feuerspuren in einem alten Sumpf gefunden. Sie stammen von einer Elefantentreibjagd vor 400 000 Jahren. Die Jäger hatten die Fallenjagd im Sumpf und Feuertreibjagd miteinander verbunden. Auch die Knochenfunde in →Bilzingsleben (370 000 Jahre) zeigen eine Vielfalt erlegter Tierarten: Elefanten, Nashörner, Wildpferde, Auerochsen, Bären, Höhlenlöwen, Rothirsche, Wildschweine, Biber, Wolf, Fuchs, Wildkatze, kleine Säuger und große Vögel. Damit war der *Homo erectus* vor allem ein Großwildjäger und die Jagd bereits eine wesentliche Grundlage der Ernährung. Wie die Jagd im Einzelnen ablief, muß offenbleiben. Vielleicht entstand in dieser Zeit die Zuteilung der Pflichten: Jagd für Männer und Sammeln für Frauen und Kinder, wie sie im Paläolithikum charakteristisch wurde. Die Jagdmethoden sind nicht bekannt, man kann aber annehmen, daß entsprechende Jagdwaffen wie Stoßlanze und Speer vorhanden waren. Die Holzlanze von Clacton-on-Sea (→Lanzen) und die 5 Speere von Schöningen (→Speere) mit einem Alter von etwa 400 000 Jahren sind Hinweise dafür.

• In Olorgesailie (Kenia) wurden aus dem Mittelpleistozän etwa 400 000 Jahre alte Primatenknochen vor allem von einer jetzt ausgestorbenen Pavianart gefunden. Schneide- und Schlagspuren an den Knochen legen nahe, daß die Paviane wegen ihres Fleisches gejagt und geschlachtet wurden. Spuren an den Knochen lassen vermuten, daß Faustkeile zum Schlachten benutzt wurden.

• Bei den Neandertalern des →Mittelpaläolithikums bildete die Jagd und das Sammeln weiterhin die Grundlage des Lebensunterhalts. Mit Lanzen wurden große Tiere wie Wisente und Elefanten und in Gebirgsgegenden der Höhlenbär gejagt. In Il'skuja im Kubanbecken fanden sich an einer Raststätte Reste von 2 400 Wisenten. Man kann mit Sicherheit annehmen, daß bei dieser spezialisierten Jagd Treibjagden stattfanden und Tierfallen benutzt wurden. Die Lanze, deren Stoßspitze im Feuer gehärtet wurde, erhielt nun als zusammengesetzte Waffe eine steinerne Spitze. Das Erlegen schneller Tiere ist ohne Fernwaffen wie Wurf- und Schleuderwaffen kaum vorstellbar, obwohl es keine Hinweise auf Pfeil und Bogen gibt. – Die Insel Jersey, die heute etwa 25 km vor der Küste der Normandie liegt, war zur Saale-Eiszeit (180 000–120 000 v.h.) festes Land und bildete eine Erhöhung in der Tiefebene. Die Steilküste von La Cotte de St. Brelade lag einst weiter landeinwärts. Hier haben mindestens zweimal die Neandertaljäger Mammut- und Rhinozerosherden über die 50 m hohen Klippen in den Tod getrieben.

• Im →Jungpaläolithikum erfindet der *Homo sapiens sapiens* →Pfeil und Bogen und die

→Speerschleuder. Beide Geräte sind Fernwaffen und revolutionieren die Jagdmethoden. Fallen und Schlingen sind weitere Neuerungen. Mit →Harpunenspitzen wurde das Ren gejagt. Die Lanzen und Speere hatten eingesetzte →Geschoßspitzen aus zugespitzten Rippen oder Knochen (→Lautscher-, →Aurignac-Spitzen). Damit wurde auch ein besonders gefährliches Wild wie der Auerochse erlegt. In Amvrosieka in der Ukraine wurden vor etwa 30 000 Jahren 1 000 Auerochsen mit Speeren erlegt, was nur in Jagdgruppen möglich war. Mit der allmählichen Abnahme und dem Aussterben von Mammut und Nashorn gewann die Jagd auf Ren, Wildpferd, Hasen und Vögel und später auch auf den Rothirsch zunehmend an Bedeutung. Der Gebrauch von Schlingen, Schwerkraft-, Tret- und anderen Fallen, Wildzäunen sowie die Anwendung von →Bolas und Lassos ist zwar wahrscheinlich, läßt sich aber nicht sicher nachweisen; auch Treibjagden können nur vermutet werden. „Die 10 000–17 000 Jahre alte Zeichnung des Zauberers in der Höhle von Les Trois-Frères im französischen Pyrenäenvorland" ist ein „Mischwesen zwischen Mensch und Tier", dessen Hirschgeweihmaske und Fell als Verkleidung und Tarnung bei der Jagd gedeutet werden. (Spreth, 190, 187–189).

• Im Mesolithikum des Nahen Ostens vor etwa 11 000 Jahren ist die Gazellenjagd in Syrien, bzw. im Tell →Abu Hureya am Euphrat gut belegt. Eintausend Jahre nach der Kultivierung von Pflanzen war die Jagd immer noch die wesentlichste Ernährungsgrundlage. Es wurden aber keine Einzeltiere erlegt, sondern es fanden Massenschlachtungen statt. Die Voraussetzungen waren dafür in Abu Hureyra gegeben: ein offenes Gelände mit großen Herden sowie eine genügende Anzahl von Jägern, die Tiere über Land in die errichteten Fallen trieben. Diese Fanganlagen waren nach der Wüste oder Steppe hin offene Mauertrichter, die meist an kleinen Wadis lagen, durch die die Gazellenherden ihren Weg nahmen. Die Jäger trieben die Tiere in die Trichter hinein, wo sie dann von den seitlichen Mauern immer enger zusammengedrängt auf den sich öffnenden Schlachtplatz rannten. Hier wurden sie mit Pfeil und Bogen erlegt oder übersprangen die Umfriedungsmauer an niedrigen Stellen und stürzten in dahinter verborgene Fallgruben. Die verletzten Gazellen konnten nun schnell getötet werden. – Im Übergang zur Jungsteinzeit vor etwa 7 000 Jahren v. Chr. sank plötzlich die Bedeutung der Gazellenjagd. Die Gründe dafür waren, daß nicht nur die Bewohner von Abu Hureyra Gazellen jagten; auch an anderen Orten in Syrien und Jordanien wurden riesige Anlagen errichtet, die sich über Dutzende von Kilometern weit in die Ebenen streckten und die Herden auf ihren Wanderungen entscheidend dezimierten. Die nicht mehr ausreichende Jagdbeute führte dann zur →Domestikation von Schafen und Ziegen.

• Im →Mesolithikum Europas bzw. mit dem Ende der Eiszeit war die Zeit der gewaltigen Großwildjagden auf baumloser Tundra vorbei. Es galt, Methoden zu finden, die scheuen Waldtiere zu erbeuten. Hirsch und Reh, Wildschwein und Elch wurden nun gejagt, in zunehmendem Maße auch Kleintiere wie Fuchs, Dachs, Wildkatze, Marder, Vielfraß und Hasen. Auch Vögeln aller Art wurde verstärkt nachgestellt; an den Küsten wurden im Sommer Fische gefangen, Delphine und Tümmler erlegt, im Winter im Landesinneren Wildschweine und Rothirsche. Die zahlreich verzehrten Muscheln bildeten einen anderen, aber nicht sehr großen Teil der Nahrung (→Ertebølle, →Capsien). Als Waffen dienten vor allem mikrolithenbewehrte Pfeile und Harpunen. Aber auch die Fallenjagd dürfte häufig angewendet worden sein. Beim Anlegen von Fallgruben hatten die Jäger nun nicht mehr mit dem gefrorenen Boden zu kämpfen. Als Jagdwaffen dienten vor allem Pfeil und Bogen. Speer und Lanze wurden zwar zurückgedrängt, behielten dennoch eine gewisse Bedeutung. Auch der →Hund dürfte bei der Jagd eingesetzt worden sein. Gegen Ende der Eiszeit verschwand das →Wildpferd, das offenes Land bevorzugte, weitgehend aus Europa.

• Im →Neolithikum verlor die Jagd mit der Zunahme einer intensiven Ackerbau- und Viehwirtschaft an Bedeutung, wurde aber weiterhin ausgeübt. In welchem Umfang sie einen Beitrag zur Deckung des Nahrungsbedarfs beisteuerte, muß offengelassen werden. Auch eine Schutzjagd für die Getreidelagen kann nur angenommen werden. In Nord- und Nordosteuropa überlebte die mesolithische Lebensform überall dort, wo sich die Landwirtschaft nicht durchsetzen konnte, und bestand auch später zum Teil neben den Bauern bis ins 3. Jahrtausend v.h. hinein.

Jagdamulett

Eine mit einem Wildpferdkopf gravierte, etwa 19 cm² große Bernsteinscheibe aus →Meiendorf wird als Jagdamulett gedeutet. In die weiche Bernsteinoberfläche hatten die Jäger Tiermotive eingraviert. Nach erfolgreicher Jagd schliffen sie die Darstellung ab und ritzten für die Jagd auf das nächste Tier ein neues Bild ein. Ähnliche Stükke sind auch in Jütland gefunden worden.

Javamensch

(Pithecanthropus: Affenmensch)
Von Nordafrika gelangte der *Homo erectus* über den Nahen Osten nach China und Java. Die ältesten Fossilien werden auf etwa 1,8 Mio. Jahre, die jüngsten auf 53 000–27 000 Jahre datiert (→Evolution des Menschen). Aufschlußreich sind die unterschiedlich entwikkelten Schädelformen mit zunehmender Hirngröße. So umfaßt der älteste Schädelfund (700 000 Jahre) 750 cm³, andere 800–900 cm³ und bedeutend jüngere Schädel (400 000–100 000 Jahre) 1 255 cm³. Es wurden vielleicht nur deshalb wenige Steinwerkzeuge gefunden, weil der Fundort der →Fossilien

nicht identisch ist mit dem Ort, wo diese Menschen lebten und ihre Werkzeuge herstellten.

Jericho

(arab.: Eriha)
Etwa 15 km nordwestlich der Mündung des Flusses Jordan in das Tote Meer an einer wasserreichen Quelle (Ain As Sultan) und wichtigen Ost-West-Straße gelegen.
Die ältesten Siedlungsreste stammen aus der Zeit von 10 000–8 000 v. Chr., sie werden dem →Natufien zugeschrieben. Während die ersten Bewohner wahrscheinlich als Halbnomaden in →Zelten oder →Hütten lebten, wurden um 8 000 v. Chr. runde →Häuser – in einer späteren Phase rechteckige Häuser – errichtet und der Ort mit einer Befestigungsanlage umgeben. Diese bestand aus einem Graben mit massiver Steinmauer und runden Steintürmen, von denen einer mit einem Durchmesser von 8,30 m und knapp 8 m Höhe erhalten ist.
Die Bewohner trieben Handel mit Jägern und Sammlern, die in nomadisierenden Gruppen lebten, und betrieben Ackerbau. Auch die Salz-, Bitumen- und Schwefelvorkommen am Toten Meer dürften zum wirtschaftlichen Aufschwung beigetragen haben. Zwischen 5 500–4 500 v. Chr. und 1 550–1 400 v. Chr. war die Stadt unbewohnt.

Jordansmühler Gruppe

4 300–3 900 v. Chr.
(benannt nach dem niederschlesischen Fundort bei Jordansmühl, Polen)
Verbreitung: Hauptsächlich in Schlesien, Böhmen und Mähren, teilweise in Sachsen und Sachsen-Anhalt.
Die Siedlungen sind wenig erforscht. In der Keramik wurden neue Gefäßformen geschaffen, die bisher in der mitteldeutschen Jungsteinzeit nicht vorkamen: ein- und zweihenkelige, unverzierte und verzierte Krüge, Fußschalen mit Fuß und doppelkonische Näpfe. Daneben gibt es tönerne Kunstwerke in der Form von Menschen- und Tierfiguren.
Die Jordansmühler Menschen gehören in Mitteleuropa mit zu den ersten Siedlern, die aus einheimischen Kupferfunden in großer Zahl Gegenstände und Schmuck herstellten, wie: Spiralröllchen, Brillenspiralen, Blechanhänger mit einem eingerollten Ende, Armspiralen und Fingerringe. Mahlsteine aus Sandstein und Läufer weisen auf das Mahlen von Getreidekörnern hin. Weitere Geräte wurden aus Stein, Knochen und Horn hergestellt. Aus Feuerstein waren Einsätze für Erntemesser und Pfeilspitzen. Tote wurden in Hockerlage bestattet, seltener in Brandgräbern (→Brandbestattung). Teilweise wurden Gräber mit Steinen eingefaßt. →Grabbeigaben bestanden aus verschiedenen Tongefäßen, Feuersteinklingen, Knochengeräten und Schmuckstücken.
Tiergräber (→Tierbestattungen) weisen auf Opferhandlungen hin. In Wulfen (Kreis Köthen, Sachsen-Anhalt) hatte man 12 stark schematisierte menschliche Tonfiguren kreisförmig um einen großen Stein aufgestellt und ihnen die Köpfe und Gliedmaßen abgeschlagen. Ähnliche Handlungen gab es bei den →Linienbandkeramikern und →Stichbandkeramikern.

Jungfernhöhle

(auf dem Schloßberg bei Tiefen-
ellern im Kreis Bamberg, Bayern)
In der neolithischen Kulthöhle
fand sich ein wirres Durcheinander
von Tonscherben, Steingeräten,
Rötelstückchen, Holzkohlenresten
sowie Menschen- und Tierknochen, wobei die ältesten Funde aus
der jüngeren Linienbandkeramischen Kultur stammen. Insgesamt
wurden Skeletteile von 38 Personen geborgen, die mit einer einzigen Ausnahme von Frauen, Jugendlichen und Kindern, darunter
5 Kleinkindern im Alter von bis zu
etwa einem Jahr, stammten. Die
menschlichen Überreste sind wie
Abfall durch die kleine Höhlenöff-
nung und auch durch einen engen
Kamin im Höhlendach geworfen
worden, wo sie dann auf dem
schräg verlaufenden Höhlenboden
aufgeprallt sind.
An den Skelettresten konnten zahlreiche Manipulationen festgestellt
werden: An den Kiefern fehlten
insgesamt 500 Vorderzähne, von
denen nur 21 in der Höhle gefunden werden konnten. Aus dem Zustand der Zahnfächer schloß man,
daß die Zähne unmittelbar vor oder
nach dem Tode herausgerissen
wurden. Vermutlich wurden sie,
wie andernorts Funde zeigen, als
Anhänger für Halsketten benutzt.
Schädeldächer, Hirnkapseln und
größere Röhrenknochen zeigen
Verletzungsspuren. Gleichartige
Beschädigungen weisen auf gezielte Öffnungen hin. Auch Brandspuren zeigen einzelne Menschen-
und Tierknochen. Diese Befunde
deuten darauf hin, daß die Menschen im Rahmen eines kannibalischen Rituals (→Kannibalismus)
getötet worden sind.

Jungpaläolithikum

(Jüngere Altsteinzeit)
36000–8000 v. Chr.
Verbreitung: Europa, Vorderasien,
Nord- und Westafrika.
In diese Zeit fällt die Besiedlung
Australiens und Amerikas. Das
Jungpaläolithikum wird im zeitli-
chen Sinne gebraucht und umfaßt
das →Châtelperronien, →Auri-
gnacien, →Gravettien, →Magda-
lénien, die →Hamburger Kultur,
→Federmesser-Gruppen, →Ah-
rensburger- und →Bromme Kultur
(→Steinzeit). In diesem letzten
Abschnitt des Paläolithikums setzt
eine neue Kulturentwicklung ein,
die sowohl in bezug auf die Technokomplexe als auch die Kunst als
Höhepunkt der Altsteinzeit gilt.
Die Neandertalgruppen werden
vom *Homo sapiens* abgelöst. Die
Steinbearbeitung erfährt durch die
→Klingenabschlag-Technik ihre
wichtigste Ausprägung, wobei man
mehr mit Druck als mit harten
Schlägen arbeitete. Anschließend
wurden die Klingen zu Speer- und
Pfeilspitzen, Stichel, Bohrern,
Messern, Schabern und Sägen
weiterbearbeitet. Aber der Stein
war bei der Geräteherstellung nicht
mehr das wichtigste Rohmaterial.
Neben den langen und schmalen
Feuersteinklingen tauchen neue
Geräte aus Knochen, Geweih,
Horn und Elfenbein auf, die mit
verschiedenen Techniken hergestellt (→Span-, →Säge-, Schleif-,
Poliertechnik, →Steinschliff) zu
sauberen und gleichmäßigen For-
men führen.
→Zusammengesetzte Geräte und
Waffen, →Speere und →Har-
punen, →Pfeil und Bogen, die Erfindung der →Speerschleuder, die
Verwendung von →Mikrolithen in

den Jagdwaffen, Fallen, Gruben und Schlingen verbesserten die Jagdmethoden und Jagderfolge. Angelgeräte aus Knochen und Horn wurden zum →Fischfang verwendet. Alles überragend ist aber die Erfindung der →Kunst. Mit dem *Homo sapiens* entstehen bedeutende Kunstwerke: →Felsbilder, →Höhlenbilder und →Plastiken. Die ältesten Plastiken und Bilder sind etwa 35000 Jahre alt, stammen aus dem →Aurignacien und lassen ältere Wurzeln vermuten. Ihren Höhepunkt erreicht die Höhlenmalerei vor etwa 15000 Jahren im →Magdalénien und endet mit dem →Pleistozän vor etwa 10000 Jahren. Die Tradition der Felsbilder wurde aber vor allem in Skandinavien und im alpenländischen Raum bis über die Zeitwende hinaus fortgeführt.

Auffällig ist die weite Verbreitung persönlicher Schmuckstücke wie: durchlochte →Perlen aus Knochen, Mammutelfenbein, fossiles Holz (→Gagat), Stein und →Bernstein sowie durchlochte Schmuckschnecken. Die damals lebenden Menschen sind die ersten Schöpfer der Halsketten, Ohrringe, Armringe und des Körperschmucks. Die vielen Gräber des →Crô-Magnon-Menschen beweisen, daß Tote bestattet wurden und →Grabbeigaben erhielten.

Die eisfreien Gebiete in Europa während dieser Zeit waren mit fruchtbaren →Tundren und Steppen bedeckt. Der Kälte angepaßte Tiere wie →Wildpferd, Saigaantilope, Hirsch und Moschusochse, aber auch →Mammut und Wollnashorn fanden hier ideale Lebensbedingungen. Hauptjagdtier ist aber das →Ren, das auf immer denselben Wanderrouten zwischen Sommer- und Winterweide hin und her zog.

Um 11000 v. Chr. setzte ein langsamer Erwärmungsprozeß ein. Die Eisdecken schmolzen ab und weltweit stieg der Meeresspiegel an (→Eiszeit). Die veränderten Klima- und Umweltbedingungen um 8000 v. Chr. kennzeichnen in ganz Europa das Ende des Jungpaläolithikums und den Beginn des →Mesolithikums. Tundren und Steppen verwandelten sich von Süden nach Norden fortschreitend in dicht bewaldete Landschaften. Mit den Eismassen verschwanden auch die großen Tiere, die Fleischspender seit hunderttausenden von Jahren. Die Zeit der gewaltigen Großwildjagden in den baumlosen Tundren war vorbei. Für die Jagd im Wald und für den →Fischfang wurden von den Jägergruppen neue Strategien und Taktiken sowie neue Methoden entwickelt. Damit unterscheidet sich der Jäger der Mittelsteinzeit deutlich von den Jägern der Altsteinzeit.

Jungsteinzeit
→Neolithikum

Kalambofalls

(an der Südspitze des Tanganjika-Sees in der Nordprovinz Sambia auf der Grenze zu Tanzania)
Der Freilandfundplatz liegt am Rande eines pleistozänen Sees. Ursprünglich war diese Fundstelle auf 60000 Jahren geschätzt worden, neuere Untersuchungen ergaben ein Alter von 200000 Jahren für die älteste Fundschicht; die jüngste Fundschicht reicht bis in die Eisenzeit.
Es fanden sich außergewöhnlich große Mengen an organischem Material, die völlig vom Wasser umschlossen waren und sich auf diese Weise im später gebildeten Torf erhielten. Holzfunde umfassen verkohlte Baumstämme, Rindenstükke, die vielleicht zu Behältnissen gehörten, angespitzte Stöcke zum Wühlen und eine 40 cm lange hölzerne Keule mit ovalem Kopf.
→ Steinwerkzeuge, Faustkeile und Abschläge stammen aus der Altsteinzeit. Da aber keiner der Faustkeile eine Spur von hölzerner Befestigung hat, müssen sie wohl in der Hand gehalten worden sein. Schwere acheuléen-artige Kerngeräte haben ein Alter von 45000–30000 Jahren.
Neben den Werkplätzen der Steingerätehersteller werden kreuz und quer liegende Äste und Zweige als Unterlagen von → Behausungen gedeutet.

Kalibration

Verfahren der → Archäologie, Fundstücken eine absolute Datierung zu geben (→ Chronologie).

Die Datierung organischen Materials mit Hilfe der → Radiokarbonmethode läßt auf Grund möglicher Fehlerquellen (Ungleichmäßigkeit der C 14-Strahlung, verunreinigtes Testmaterial, Fremdstrahlung) lediglich die Festlegung oberer und unterer Grenzwerte zu. Die Abweichung des Resultats läßt sich weitgehend mit Hilfe der → Dendrochronologie und der → Warven korrigieren, d. h. die Datierung wird „kalibriert" und dies kenntlich gemacht, z. B.: kalibriert 3900 v. Chr. (engl.: 3 900, cal. BC).

Kalium-Argon-Methode

Wenn ein Vulkan ausbricht, speit er geschmolzene Lava aus, in der kaliumhaltige Mineralien vorkommen. Das radioaktive Kalium (K40) zersetzt sich in das Edelgas Argon (Ar40) und gelangt in die Atmosphäre. Beim Abkühlen der Lava bilden sich Kristalle, in denen sich das Argon, das anschließend gebildet wird, fängt. Aus dem Verhältnis zwischen vorhandenem Kalium und dem Zerfallsprodukt Argon läßt sich errechnen, wann die Lava sich abkühlte. Die Halbwertszeit des Kalium 40 beträgt 1,3 Milliarden Jahre, das bedeutet, nach 1,3 Milliarden Jahren ist nur noch die Hälfte des ursprünglichen Bestandes vorhanden, nach 2,6 Milliarden Jahren nur noch ein Viertel usw. Mit dieser Methode lassen sich sowohl extrem alte wie auch junge Vulkanablagerungen bestimmen (→ Archäologie).

Kammergräber

→ Megalith-Kultur

Kamm- und Grübchenkeramik

→ Grübchenkeramik Kultur

Kandelaber-Modell

Nach diesem Modell stammt der heutige Mensch vom *Homo erectus* ab, der in Afrika, Europa und Asien lebte. Charakteristische Merkmale der Menschen in diesen Ländern haben sich über einen langen Zeitraum herausgebildet, und zwar ungefähr dort, wo sie auch heute leben. Innerhalb dieser weitgestreuten Populationen entwickelte sich der *Homo erectus* über einen archaischen *Homo sapiens* zum modernen Menschen. Dieser Auffassung steht das →Out-of-Africa-Modell, auch „Eva"-Theorie genannt, gegenüber.

Kannibalismus

(span. canibales: benannt nach dem Stammesnamen der Kariben) Der rituelle Kannibalismus, d.h. der mehr oder weniger symbolische Verzehr von menschlichen Körperteilen, war in vielen Kulturen der Welt bei vielen Gelegenheiten verbreitet. Er ist vermutlich vorwiegend durch Zauber- und Seelenglauben bedingt. Kraft und Mut des Verzehrten sollten auf den Verzehrer übergehen. Notkannibalismus ist relativ selten. Heute als pathologisch definierter Genußkannibalismus ist in der Vergangenheit nur über Schriftquellen erfaßbar. Der Begriff „Kannibalismus" wurde im Zuge der europäischen Kolonisationsrechtfertigungen zu einem abwertenden, „unchristlich" undifferenzierten Propagandabegriff und ist daher bis heute emotional stark vorbelastet. Kriterien sind mögliche Schnittspuren, vorhandene oder fehlende nahrhafte Knochen, Brandspuren und andere Zeichen der Zubereitung.

Vor 30 Jahren hielt die Mehrheit der Wissenschaftler verdächtige Kratzer an den Knochen für Spuren von Begräbnisritualen. Der Verdacht auf Kannibalismus wurde strikt abgelehnt. Jetzt wandelt sich die Meinung der Gelehrten. „Vielleicht waren wir früher zu naiv" meint Tim White von der University of California in Berkeley in dem US-Wissenschaftsmagazin „Science". Der Anthropologe gehörte zunächst zu den schärfsten Gegnern der Kannibalismus-Theorie, heute ist er einer ihrer Verfechter. Mühsame Detailarbeiten an Tausenden von Knochen haben den Wissenschaftler überzeugt. Christy Turner von der Arizona State University war 1970 einer der ersten, der Knochenfunde in Indianersiedlungen für die Überreste einer kannibalischen Mahlzeit hielt. Er stürzte sich in die Arbeit, um zu beweisen, daß Leichen, die für ein Begräbnisritual vorbereitet wurden, andere Spuren an den Knochen aufweisen als verspeiste Menschen. „Es ist uns kein Ritual bekannt, bei dem der Körper auseinandergenommen, der Kopf geröstet und die Reste beiseite gelegt werden", sagte Turner, nachdem er 15 000 Knochenreste untersucht hat.

Dasselbe verdächtige Bild zeigt sich bei genauerem Hinsehen auf vielen prähistorischen Knochen – auf den ältesten, 800 000 Jahre alten sechs Menschenschädeln aus einer spanischen Höhle [Gran Dolina] ebenso wie auf 100 000 Jahre alten Neandertalerknochen aus Kroatien [Krapina]. Die jüngsten Funde stammen aus Indianersiedlungen des 17. Jahrhunderts („Die Welt", 9. 8. 97).

In →Gran Dolina wurden an Knochen des *Homo antecessors* unter dem Rasterelektronenmikroskop V-förmig vertiefte Schnittspuren entdeckt, wie sie durch Benutzung von Steinwerkzeugen entstehen. Sie zeigen, daß Fleisch von den Knochen getrennt wurde.

In →Bilzingsleben wurden zwei oder drei 370 000 Jahre alte Schädel zerschlagen und größere Reste

an bestimmten Stellen niedergelegt. Auch bei dem etwa 300 000
Jahre alten Urmenschen von
→ Steinheim kann eine Schädelöffnung zur Entnahme des Hirns
stattgefunden haben.

Ein Rastplatz des Pekingmenschen
in → Zhoukoudian (China) er-
brachte längs geöffnete Extremi-
tätenknochen und aufgebrochene
Schädel, um das Knochenmark
und das Gehirn zu entnehmen.
Gleiches gilt für die 300 000 Jahre
alten Schädel des *Homo erectus*
mit intentionelle Öffnungen in
Ngandong (Java). Aus beiden Befunden kann auf Kannibalismus
geschlossen werden, der auf einen
offenbar (kultischen?) Verzehr von
Menschenfleisch, Gehirn und
Knochenmark ausgerichtet gewesen sein soll.

In der Höhle von → Krapina wurden Reste von mehr als 24 Individuen aus dem → Moustérien gefunden, deren Knochen teilweise
Brandspuren zeigen und etwa
10 000 Jahre alt sind. Von ihnen
besitzen etwa 30 Prozent aller postkranialen Reste und etwa 15 Prozent der
Schädelbruchstücke Schnittmarken, die
vielfach in größerer Anzahl und in annähernd parallelem Verlauf vorhanden
sind ... Sie lassen erkennen, daß die
Weichteile absichtlich und gewaltsam
von den Knochen abgetrennt worden
sind. Auch Kratzspuren konnten an den
Knochen festgestellt werden, allerdings
weitaus seltener als in jungpaläolithischer Zeit (Herrmann/Ullrich, 89, 328).

Zahlreiche Knochen wurden längs
aufgeschlagen, um an das Knochenmark zu gelangen. Ebenso
gibt es Hinweise auf eine gewaltsame Öffnung der Schädelbasis,
um das Gehirn zu entnehmen und
zu verzehren. „Karl Garjanovice-
Kramberger, der Entdecker von

Krapina, hatte wahrscheinlich
recht, als er 1918 schrieb: ‚Diese
Menschen haben ihre Stammesge-
nossen gegessen, und mehr noch,
sie haben die hohlen Knochen aufgebrochen und das Mark herausge-
saugt‘" (in 102, 93).

Diese Manipulationen mögen teilweise
mit kannibalischen Riten verbunden
gewesen sein, in erster Linie dürften sie
aber bestimmten Totenritualen gedient
haben (Hermann/Ullrich, 89, 328).

In der jungsteinzeitlichen Höhle
bei Fontbrégoua (Frankreich) fand
man 6 000 Jahre alte zerbrochene
Knochen von mindestens 13 Menschen, die auf 3 große Haufen geworfen worden waren.

Zehn weitere Haufen enthielten Knochen von Hausschafen und Wildtieren,
die genauso zerlegt waren und ähnliche
Schnittspuren trugen wie die Menschenknochen. Die Knochen der verzehrten Tiere und die Menschenknochen wurden also gleich behandelt ...
und es spricht alles dafür, daß abgeschnittenes menschliches Fleisch und
Knochenmark gegessen wurde (Johan-
son/Blake, 102, 93).

Aus den → Linienbandkeramischen Kulturen gibt es zahlreiche
Funde, die auf gewaltsame Tötung
vor allem von Frauen, Kindern und
Jugendlichen hinweisen. Zum Teil
zeigen die menschlichen Knochen
Feuerspuren. In der → Istállóskö-
Höhle wurden aus der → Bükker-
Kultur neben Geräten und Tierknochen menschliche Knochen
von insgesamt 25 Individuen gefunden, 75% davon unter 16–18
Jahren. Die Schädel sind nur
bruchstückhaft erhalten und die
Knochen vielfach angebrannt.

In späteren Zeiten treten wohl an
die Stelle der Menschenopfer Er-
satzopfer wie solche von Tieren
oder menschlichen Figuren.

Kärlich
(im Kreis Mayen-Koblenz, Mittelrhein, Rheinland-Pfalz)
In der Tongrube bei Kärlich wurde 1980 ein Geröllwerkzeug aus Quarzit entdeckt, dem Gerhard Bosinski und der Finder Konrad Würges ein Alter von einer Mio. Jahren zuschreiben. Der Fund ist daher der älteste Nachweis des *Homo erectus* in Deutschland.

Aus der Zeit vor 440000 Jahren fand man einen Lagerplatz mit Holzresten, die in Packungen schindelförmig übereinander lagen, sowie Stämme von über 4 m Länge mit einem Durchmesser von über 30 cm, die auf Behausungen hinweisen. Der Siedlungsplatz hatte inmitten eines nicht mehr aktiven Vulkans gelegen, befand sich am Ufer des ehemaligen Vulkansees, in dessen Uferrand man Reste von Wasserpflanzen und Holzbruchstücke fand, die vielleicht Lanzenreste sind. An Werkzeugen wurden Faustkeile, Spaltkeile und große Schaber aus Quarz und Quarzit aus den Schottern des nahen Rheins gefunden. Ein 15 kg schweres Quarzitgeröll wurde wahrscheinlich als →Amboß verwendet.

Der *Homo erectus* von Kärlich jagte Wildpferde, Wildrinder und Wildschweine, deren zerschlagene Knochen gefunden wurden. Unklar ist, ob der etwa 2 m lange Stoßzahn eines Waldelefanten als Jagdbeute angesehen werden kann. Zahlreiche Haselnußschalen weisen auf Sammeltätigkeit hin.

Karmel
(bis zu 550 m hohes und 20 km langes Kalkgebirge in Nordpalästina, südlich von Haifa, Israel)

In der →Kebara-Höhle fand man das Grab eines →Neandertalers, der vor 60000 Jahren bestattet wurde.

In den 3 Höhlen Mugharet es-Skhul (Ziegenhöhle), Mugharet et-Tabun (Backofenhöhle) und Mugharet el-Wad (Höhle am Wadi) reichen die prähistorischen Schichten vom →Natufium bis zum →Acheuléen. In den Höhlen es-Skhul und et-Tabun fand man mehr als 40000 Jahre alte Skelettfunde, die man dem frühen *Homo sapiens sapiens* zuordnet, dessen wesentlich modernerer Schädel hier allerdings ausgeprägte Augenbrauenwülste zeigt. In der Höhle Mugharet es-Skhul befanden sich 10 mehr oder weniger gut erhaltene Skelette in mittelpaläolithischen Schichten, die bestattet worden sind.

In der el-Wad-Höhle ist das →Natufium besonders gut belegt. Es gibt Hinweise auf die Ernte wilder Getreideformen und das Zerreiben der geernteten Samenkörner. Ergänzend wurde ein Sichelgriff aus Knochen mit der Abbildung eines Junghirsches gefunden.

Karst
Gebiete mit chemisch angreifbaren Gesteinen, vor allem Kalk- und Gipsgesteine. Das in den Steinen versinkende Oberflächenwasser löst die Gesteine (Lösungsverwitterung), bildet Hohlräume, Höhlensysteme und unterirdische Wasserläufe, die als Karstquelle zutage treten (→Höhlen). Karstquellen führen zur Versinterung ihrer Umgebung. Die dabei eingeschlossenen menschlichen und tierischen Skelette, Artefakte und organi-

schen Stoffe sind Gegenstand archäologischer Untersuchungen (z. B. →Bilzingsleben).

Katakombengräber
→Kurgan-Kultur

Kebara-Höhle
(am westlichen Steilhang des →Karmel-Gebirges in Nordpalästina, südlich von Haifa, Israel)
Der bedeutendste Fund in dieser Höhle ist die Bestattung eines erwachsenen männlichen →Neandertalers in einer ausgehobenen Grube vor etwa 60000 Jahren, im archäologischen Zusammenhang mit Artefakten des →Moustérien. Der Kiefer hatte noch das Zungenbein, ein U-förmiger Knochen des Kehlkopfskelettes, der auch bei uns heutigen Menschen vorhanden ist und auf eine →Sprache schließen läßt. Nach Ofer Bar-Yosef und Bernard Vandermeersch (12) müssen die Ahnen der Kebara-Neandertaler aus Europa gekommen sein. Der Grund der Wanderung könnte das arktische Klima in Europa zwischen 115000 und 65000 Jahren gewesen sein, das selbst die Kälte gewohnten Neandertaler in den Nahen Osten vertrieb, wo sie bereits auf den anatomisch modernen Menschen stießen.

Keilmesser
(Faustkeilschaber)
Vorkommen in Westeuropa, vorzugsweise aber in Mittel- und Osteuropa. Im ausgehenden Alt- und Mittelpaläolithikum, typisch für das →Micocquien.
Faustkeilformen mit einer schneidenden Kante: Die gegenüberliegende Kante ist stumpf oder stumpf behauen. Meist aus Ab-schlägen oder Trümmerstücken hergestellt, weitgehend flächenhaft retuschiert, mit langer Schneide, einem verdicktem Handgriff und einem geraden oder geknickten Rücken. Keilmesser haben faustkeilähnlichen Charakter und unterscheiden sich von diesen durch geringere Größe. Nach G. Bosinski (22) kommen folgende Formen vor:
Bocksteinmesser haben einen dreieckigen Umriß, einen geraden Rücken und eine gerade Schneide, die zusammen einen spitzen Winkel bilden.
→Pradnikmesser weisen einen geknickten Rücken auf, der im Basisbereich stumpf, im abgeknickten jedoch scharf ist. Die Schneide ist oft durch einen Schneidenschlag, ähnlich einem Sichelschlag, an- bzw. nachgeschärft.
Keilmesser vom Typ Klausennische sind nur im Schneiden- und Spitzenbereich beidseitig retuschiert und haben einen im Basisbereich stumpfen Rücken. (Hahn, 82, 193).
Nach der Fundstelle in Frankreich werden sie „Micoquien-Messer", in Osteuropa „Pradnik-Messer" genannt.

Keilschrift
→Schrift

Keramik
(gr. keramos: Ton, das daraus Verfertigte)
Erster vom Menschen künstlich hergestellter Werkstoff und Oberbegriff für die aus nichtmetallischen, anorganischen Stoffgemischen bestehenden Erzeugnisse, meist aus Ton und Lehm, die bei hohen Temperaturen gebrannt

wurden. Ton ist ein Verwitterungsprodukt tonerdehaltiger Silikate, die durch Wasserzusatz leicht formbar sind und durch Brand fest werden. Das Ergebnis dieser Fertigung sind Tonwaren, Terrakotta, Steinzeug, Porzellan und Steingut. Keramische Erzeugnisse treten erstmals im Jungpaläolithikum vor 30000 Jahren in →Unterwisternitz (Dolni Vestonice) und im →Pavlovien als gebrannte Tonfiguren, nicht aber als Gefäßformen auf.

Tongefäße erlaubten es den Menschen, Nahrungsmittel leichter und besser zu kochen und länger aufzubewahren. Gefäße mit Ösen an den Außenwänden deuten auf Hängebehälter hin, um die Vorräte vor Nagern und Ungeziefer zu schützen. Auf Grund der Verzierung und der zunehmenden Formenvielfalt der Gefäße lassen sich die Keramikerzeugnisse nach Kulturen oder Gruppen einordnen.

Am Anfang stand zweifellos die Verwendung von naturgegebenen Hohlformen, also Hohlknochen, gefäßartigen Pflanzen (z. B. Kürbis, Bambus). Sodann erfolgte die handwerkliche Herstellung von Gefäßen aus Holz, Geflechten und Häuten. C. Schuchardt ... versucht, die neolithische Keramik Europas (streng genommen Mittel- und Südosteuropas) auf drei Grundtypen zurückzuführen, auf den geflochtenen Korb, auf den Kürbis und auf das Ledergefäß (Hildebrandt, 90, 150).

Keramische Gebrauchserzeugnisse entstehen in größerem Umfang ab 8000 v. Chr. im Vorderen Orient mit dem Aufkommen bäuerlicher Kulturen, sie zählen zu den wichtigsten archäologischen →Leitformen. Im späten Mesolithikum (5600 v. Chr.) treten in Südskandinavien Keramikgefäße auf. Zur →Ertebølle-Kultur in Dänemark (5200–4000 v. Chr.) gehören 2 Typen von Gefäßen: spitzbödige Krüge und ovale Schüsseln. Exemplare beider Typen wurden in Tybrind Vig geborgen. In einigen Gefäßen fanden sich verkohlte Nahrungsreste, die als ein Gemisch aus Gras und Fisch bestimmt werden konnten.

Herstellungstechniken:

• Aushöhltechnik: Die älteste Keramik wurde ohne Töpferscheibe hergestellt. Ein großer Tonballen, wie er aus der Fundstelle kam, wurde durch Bearbeiten mit den Händen und vielleicht unter Zuhilfenahme eines Steines in die gewünschte Form gebracht.

• Als andere Methode wurden geflochtene Körbe mit Ton ausgekleidet und ergaben die entsprechende Gefäßform.

• Lappentechnik: durch Klopfen, Streichen und Walzen mit einem runden Holz wurden Tonlappen hergestellt, aus denen zunächst ein Gefäßboden gebildet wurde. Durch anschließendes Hochstellen geeigneter Lappenteile entstanden die Gefäßwände.

• Spiralwulst-Technik: auf dem Rand einer vorgeformten Bodenplatte werden ausgerollte Tonwülste spiralförmig übereinandergelegt und dann zu glatten Wänden verstrichen. Mit dieser Technik lassen sich auch übergroße Vorratsgefäße herstellen. Bei der Spiralwulst-Technik mußte der Former mit den ausgerollten Strängen um das Gefäß herumgehen. Deshalb bedient man sich einfacher Formplatten aus Stein, Holz oder Ton. Legte man eine zentrierte Vertiefung

an, unter die ein kleiner Kiesel-
stein gelegt wurde, oder gab man
der Formplatte eine leicht konvexe Krümmung, wurde sie zur
Vorstufe der Töpferscheibe. Nun
konnte die Formplatte gedreht
werden und erleichterte und beschleunigte die Arbeit. Allerdings fehlt den Formplatten gegenüber der Töpferscheibe die
Zentrierung und eine feststehende Achse, die eine höhere und
gleichmäßigere Drehung erlaubt.
Die Erfindung dieser ersten
primitiven Handdrehscheibe erfolgte etwa vor 4000 v.Chr. in
Mesopotamien.
• Um 3700 v.Chr. in →Uruk
(heute Warak) hergestellte Keramik ist wahrscheinlich auf der
handbetriebenen Töpferscheibe
hergestellt worden. – Die Töpferscheibe mit Fußantrieb taucht
erst im Mittelalter (11.–12. Jahrhundert) auf. Dabei wurde ein
Tonkegel auf der Töpferscheibe
zentriert und in schneller Folge
zumeist kleine Gefäße frei gedreht und bei rotierender Scheibe
mit einer Schnur oder Draht abgetrennt: Dabei entstehen die typischen Abschneidespuren am
Gefäßboden.
Gebrannt wurden die Keramikerzeugnisse anfangs im offenen Feuer bei etwa 800° Celsius. Auf einer
Brennstoffunterlage aus Holz wurde die getrocknete Rohkeramik
aufgeschichtet und mit trockenem
Gras abgedeckt. Aber bereits in
→Unterwisternitz (Dolni Vestonice) wurde eine 30000 Jahre alte
backofenartige Feuerstelle mit Ton-
figürchen (aber keine Gebrauchskeramik) gefunden. Um 4000
v.Chr. wurden spezielle Töpfer-
öfen entwickelt, bei denen die

Rohware weder mit dem Brennstoff noch mit der Flamme in Berührung kommt.

Dekortechnik
Schlicker
Schon die frühesten Keramiker erkannten, daß verschiedene Ton-
vorkommen auch unterschiedliche
Färbungen nach dem Brennen
zeigten und bemalten daher ihre
Gefäße mit verschiedenfarbigen
Schlickern. Um solche Schlicker
zu erhalten, wurden geeignete To-
ne in reichlich Wasser aufgerührt,
die man dann längere Zeit absetzen
ließ. Der obere Teil der Schlämme
wurde abgeschöpft und soweit getrocknet, bis eine gut auftragbare
Farbe entstand. Die Farbpalette
reicht von Grauweiß über gelbli-
che, ziegelrote und braune Töne
bis zum Schwarz.

Plastische Verzierungen
Auch plastische Verzierungen verändern die Tonoberfläche. Dies
kann durch Ritzen, Gravieren und
Aufgarnieren einfacher Ornamente
und durch Stempelverzierungen
geschehen. Die in die Oberfläche
gestochenen Löcher und eingeritzten Linien wurden auch durch
→Inkrustationen ausgelegt.

Politur
Die Politur mit Hilfe von hartem
Holz oder Stein verbessert nicht
nur das Aussehen, sondern auch
die Wasserundurchlässigkeit durch
Gefügeverdichtung.

Engobe
Um die Durchlässigkeit des Gefäßes zu mindern, wurde auf die Außenseite eine Schicht aus feinerem
und somit dichteren Ton aufgetragen.

Am Ende des Neolithikums haben die verschiedenen Völkerstämme Formen und Dekore mit typischer Eigenart entwickelt. In Europa lassen sich nach den vorhandenen Erzeugnissen sogar Völkerbewegungen nachweisen. Dabei unterscheidet man:

Kammkeramik
Mit einem kammartigen Werkzeug wurden parallele Linien eingeritzt (→Grübchenkeramik Kultur).

Schnurkeramik
Geflochtene Schnüre wurden mit einem Holz in den frischen Ton eingedrückt, die dann im Feuer ausbrannten und ihren Abdruck hinterließen (→Schnurkeramische Kulturen).

Bandkeramik
Bänderartige Verzierungen (→Linienbandkeramische Kultur).

Glockenbecher Keramik
Typische sind die glockenförmig geschweiften Gefäße, Verzierungen und →Inkrustationen (→Glockenbecher-Kultur).

Kugelamphorenkeramik
Amphoren mit kugeligem Unterteil und mit einem oder mehreren Henkeln (→Kugelamphoren-Kultur)

Baukeramik
Lehmziegel wurden nur luft- bzw. sonnengetrocknet und zählen daher nicht zur Keramik. Die ältesten gebrannten Ziegelsteine stammen aus Knossos (Kreta) und sind etwa 7000 Jahre alt. In →Uruk (heute Warak, Irak) wurden um 4100 v. Chr. gebrannte konische Tonstifte, deren Basis verschieden gefärbt wurde, als Wandverzierung in eine etwa 10 cm dicke Lehm-

schicht eingedrückt. Das dahinterliegende Mauerwerk besteht aus ungebrannten Lehmziegeln. Um 3000 v. Chr. kommt in Ägypten die Glasurtechnik für Gefäße und Ziegel auf.
Kanalisations- und Wasserleitungsrohre stammen aus Syrien (3300 v. Chr.) und aus Mesopotamien um 2500 v. Chr. Es handelte sich um Rohre zum Auskleiden von Sickerschächten mit 60–90 Zentimetern Durchmesser und 20–55 Zentimetern Höhe. Diese Rohrstücke wurden bis zu elfmal übereinandergeschichtet und erreichten eine Tiefe von 7,50 m.

Kerbbruchtechnik
(Kerbtechnik)
Die durch die →Klingenabschlag-Technik gewonnenen Klingen wurden durch die →Kerbbruchtechnik weiter zu geometrischen Mikrolithen verarbeitet.

Eine Klinge legte man mit der abgeschlagenen, flachen Unterseite (Ventralfläche) nach oben auf einen steinernen Amboß mit Grat. Nun konnte man ein Ende spitz auslaufend zuschlagen. Mit senkrecht von oben geführten Schlägen legte man anschließend eine Kerbe an. Sobald die Schläge die Auflagefläche auf dem Amboß trafen und leicht darüber hinausgingen, wurde die Schlagwirkung in Richtung des Amboßgrates verlängert. Der Amboß warf die Wucht des Schlages zurück, und die Klinge zerbrach genau auf dem Grat. Auf der einen Seite erhielt man ein Abfallstück, den Kerbrest oder Mikrostichel, auf der anderen Seite den gewünschten Mikrolithen (Müller-Beck, 138, 372).

Kerbholz
Stäbe aus Holz oder Knochen mit eingeschnitzten Kerben. Seit

37000 v. Chr. dienten Kerben sowie Kieselsteine als einfache Hilfsmittel zum Zählen, vielleicht auch
von Tagen.

Kerbrest
Geometrische Mikrolithen werden
aus Klingen durch die →Kerb-
bruchtechnik hergestellt. Beim
Bruch an der gekerbten Stelle auf
einer Amboßkante entsteht der ge-
plante Mikrolith und als Abfallstück der Kerbrest, der auch als
Mikrostichel bezeichnet wird.

Kerbschnitt
Keilförmige Vertiefungen in glatte,
ungebrannte Tonoberflächen mittels Holz oder Knochen, um eine
Musterung und Wirkung durch
Licht und Schatten zu erzielen. Die
gegeneinander geführten Einschnitte können eine →Inkrusta-
tion erhalten. Dieses Verfahren
wurde im Neolithikum und in der
Bronzezeit auf Tongefäßen und
später auf Holz angewendet.

Kerbspitzen
Flächenretuschierte →Blatt- und
Kerbspitzen sind die Leitformen
des mittleren →Jungpaläolithi-
kums in Westeuropa, wobei die
Solutréenspitzen feiner als im Aurignacien gearbeitet sind.
Kerbspitzen gleichen typologisch
den →Blattspitzen, unterscheiden
sich aber von diesen durch die
asymmetrische Basis, von der an
einer Längskante eine kräftig her-
ausgeschlagene Kerbe ausgeht.
Der katalanische Typ in Ostspanien hat sogar eine beidseitige
Kerbung mit einem symmetrischen
Mittelstiel.
Die Kerbspitzen sind größtenteils
als Speerspitzen zu deuten: viele

quer gebrochene Spitzen mit vor-
handener Basis deuten darauf hin.
Aber auch eine Funktion als
→Dolch, →Messer zum Glätten
von hölzernen Pfeilschäften oder
→Riemenschneider ist möglich.

Kernbeile
Mittel- bis Jungsteinzeit (→Beile)
Die wichtigste Erfindung des Mesolithikums war das geschäftete
Kernbeil. Es gab 2 Herstellungstechniken. Von einem Geröllstück
(→Kerne) schlug man nur soviel
ab, wie nötig war, um ein Beil zu
formen, das durch eine Retusche
eine Schneide bekam. Oder man
schlug aus der Scheibe eines
Feuersteinknollens oder Trümmer-
stücks mit scharfer Kante das
→Scheibenbeil. Kernbeile mit geschliffener Schneide hatten eine
größere Stabilität und konnten
oftmals nachgeschärft werden.
In der Jungsteinzeit wurde der
→Steinschliff z.T. auf die gesamte
Oberfläche ausgedehnt. Damit war
zwar keine technische Verbesserung verbunden, wohl aber wurde das Schönheitsempfinden angesprochen. Beile können auch wie
eine Axt in einer →Tülle geschäftet werden, jedoch mit dem Unterschied, daß das Loch für den
Schaft sich in der Tülle und nicht
in der Klinge befindet. Weitere
Kerngeräte sind: →Dechseln,
→Walzenbeile, →Äxte, →Hacken
und →Pickel.

Kerne
• Geröllsteine, die mit einem oder
  mehreren Abschlägen zur Kern-
  steingewinnung vorbereitet wurden.
• Vollkerne, also der innere Teil
  eines Steins, der durch Abschlä-

ge geformt z. B. einen →Faust-
keil oder ein →Beil ergab.

- Abbaukerne, von denen bereits
Zielabschläge gewonnen wurden, weitere Zielabschläge aber
möglich wären (Verwechslungen
mit Vollkernen sind möglich).
- Restkerne, von denen auf Grund
ihrer geringen Größe keine
brauchbaren Zielabschläge mehr
gewonnen werden konnten
(→Klingenabschlag-Technik).

Kernschaber

Auch Block- oder Kielschaber genannt, besteht aus einem dicken
Abschlag oder Trümmerstück und
hat eine Dicke, die etwa die Hälfte
der Breite beträgt, sowie am Kopfende eine steile Retusche. Vermutlich hat sich der Kernschaber
aus dem Restkern von Klingenabschlägen (→Kerne) entwickelt,
und zwar zuerst als Weiterverwendung und später in planmäßiger
Herstellung (→Schaber).

Kernsteintechnik

Von einem Rohstein oder Platten-
silex werden durch Schlag oder
Druck so viele →Absplisse entfernt, bis ein Werkzeug entsteht.
Ziel ist entweder ein Kernstein-
werkzeug oder die →Abschläge,
wobei noch weitere Arbeitsgänge
erfolgen können. Kernsteinwerk-
zeuge sind z. B. Geröllgeräte,
Faustkeile, Beile, Äxte, Meißel,
Keulen, Felsgesteinhauen, Mahlsteine und z.T. frühe Blattspitzen.
Abschläge werden direkt oder mit
→Retusche als Schaber, Messer
u. ä. benutzt. Geräte, die in Kernsteintechnik hergestellt werden,
kommen zu allen Zeiten vor, von
den Geröllgeräten in Hader (ca. 2,6

Mio. Jahre) bis zu den Beilen und
Äxten des Neolithikums und der
Bronzezeit.
→Kerne (Nuklei) fallen bei der
→Klingenabschlagtechnik an und
werden zum Teil als →Kernscha-
ber oder Klopfsteine (→Schlag-
steine) weiterverwendet.

Keulen

Frühe Mittelsteinzeit bis Jungsteinzeit
Durchbohrte rundliche, kugelige,
scheibenförmige, flache rechtek-
kige geschäftete Steinköpfe.
Runde Keulenköpfe aus Stein sind
die Nachfolger der länglichen
Schlagkeulen aus Holz und erscheinen in 2 Formen: als runde
flache diskusförmige Scheibe, die
um das Mittelloch herum erhöht
ist, und in einer plumpen Form,
länglich knollenförmig, mit einer
Einschnürung um die Mitte herum
zur Befestigung des Schaftes. Die
Durchlochung erfolgte durch trich-
terförmiges Picken oder Vollbohrung und seit dem Neolithikum
auch als Hohlbohrung (→Bohr-
technik).
Im Maglemosien gab es einen Typ,
der sich vermutlich aus dem
→Walzenbeil entwickelt hat. Diese Keulen haben einen flachen
Zapfen, oft mit einem Loch oder
Einkerbung zum Festbinden versehen. Das stumpfe Nackenende des
Walzenbeiles, verdickt hervorge-
hoben, bildet die Schlagfläche.
Vielleicht war es auch ein Mehr-
zweckgerät mit Schneide am flachen Zapfen; der Nacken könnte
als Hammer oder Keule verwendet
worden sein.
In Frankreich wurde aus dem
→Campignien ein Keulenkopf aus
Feuerstein gefunden, der offen-

sichtlich die Imitation eines Fels-
steingerätes ist. Seltener sind Holz-
keulen mit einem Griffende und
Geweihkeulen, bei denen alle
Stangen vollständig entfernt sind.
Es ist nicht ausgeschlossen, daß
bereits die → Australopithecinen
die langen Unterschenkel der An-
tilopen als Gelegenheitswaffe von
einem verendeten Wild benutzten.
In → Kalambofalls (Sambia) wur-
den zahlreiche Holzfunde gemacht,
unter anderen eine hölzerne Keule.
Das Alter des Holzartefakts beträgt
200 000 Jahre.
Vermutlich dienten die Keulen als
Waffe und zum Töten von Tieren.
Ähnliche Formen wie die runden
Keulenköpfe verwendeten die
Sammler und Jäger als Gewichte
(→ Grabstockbeschwerer) für
→ Grabstöcke.

Kielschaber
→ Kernschaber

Kieselschiefer
Dichtgefügtes hartes Gestein, das
durch starken Druck und Temperatur aus Radiolarienschlamm
entsteht. Radiolarien sind frei
schwimmende einzellige Tiere, die
vom Bruchteil eines Millimeters
bis vereinzelt zu 3 Millimetern
groß sind, die ausschließlich im
Meer leben.
Kieselschiefer haben ein dichtes
Gefüge, brechen scharfkantig und
muschelig und dienen zur Herstellung von Steingeräten. Farbe:
grau, bräunlich, grün und rötlich.

Klausennische und Klausen-
höhlen
(bei Essing im Altmühltal im Kreis
Kelkheim, Bayern)
Aus der Klausennische stammen
Funde, die eher dem → Micoquien

entsprechen, das in der Regel noch
als Produkt der Neandertaler angesehen wird: → Azilienkiesel und
Tonscherben der → Oberlauterbacher Gruppe.
Die Klausenhöhlen bestehen aus
einer Gruppe von 3 übereinanderliegenden Höhlen mit Funden aus
dem mit dem Micoquien synchronen → Moustérien mit Blattspitzen-
einschlägen und → Magdalénien.
Bedeutsam sind das Skelett eines
Homo sapiens aus dem Magdalénien mit starker Rötelumhüllung
in einem anscheinend künstlich
erweiterten Höhlenspalt, eine eingeritzte Zeichnung eines Wildpfer-
des (unvollständig erhalten) und
ein verzierter → Lochstab.

Klebstoff

Holzteer
Teergewinnung aus verschiedenen
Holzarten wie Birke, Kiefer u.a. ist
seit dem Paläolithikum bekannt.
Die Verbrennung von harzreichen
Hölzern bei gedrosselter Luftzu-
fuhr läßt Holzkohlenteer heraus-
schmelzen. Die Verklebung von
Klingeneinsätzen bei → Schäftungen, z.B. bei Speeren, Pfeilen und
Messern, hielt selbst starken Bean-
spruchungen stand. In Königsaue
in Sachsen-Anhalt wurde Holzteer
als Schäftungsmittel gefunden, der
auf 55 000 Jahre v.h. datiert wurde.
Aber auch Birkensaft und Kiefern-
harz wurden zum Festkitten genommen.

Harz
Baumharze wurden direkt oder erwärmt als Klebstoff benutzt.

Leim
Unmittelbar in der Nähe des Ber-
ges von Sodom, am Westufer des

Toten Meeres, wurde in einem Felsen am Wadi des Nachal Chemar, eine Höhle mit einem Vorrat schwarzer Substanz entdeckt, von der die Forscher zunächst annahmen, es sei Asphalt. Chemische Analysen ergaben aber Kollagen (ein Eiweiß, daß sich in Knochen, Bindegewebe, Sehnen und Knorpel befindet). Eine Strukturanalyse des Fundmaterials unter dem Elektronenmikroskop läßt vermuten, daß es aus Tierhaut gewonnen war. Unklar blieb jedoch, auf welche Weise der Klebstoff hergestellt wurde. Verwendet wurde der Klebstoff als Schutzschicht auf Seilkörben, bestickten Stoffen sowie als Dekoration auf Schädeln Verstorbener. Als Schäftungsmittel diente er zum Verbinden verschiedener Geräte und Werkzeuge. Das Alter des Klebstoffes wird auf mehr als 8 000 Jahre datiert („Die Welt", 19.11.97).

Bitumen
Dieses Material wurde in Mesopotamien vor 7 000 Jahren als Bindemittel bei Bauwerken und später bei Mosaiken als Klebstoff verwendet.

Kleidung
Die Hominiden, bis zum *Homo ergaster* und *Homo erectus*, bewohnten tropische und subtropische Zonen, hatten zunächst eine dichte Körperbehaarung und benötigten keine Kleidung.
Seit der Besiedlung gemäßigter und kalter Klimazonen in Asien und Europa vor über 800 000 Jahren durch den *Homo erectus* gibt es Hinweise auf →Behausungen, →Feuerstellen und indirekt auf Felle zum Schutz des Körpers.

Wenn auch solche Bekleidungsreste bisher nicht gefunden wurden, so lassen doch Steingeräte wie Faustkeile, Schaber, Abschläge und Pfrieme solche Vermutungen zu. Mit diesen Werkzeugen konnte ein Fell vom Tierkörper gezogen, Fett- und Unterhautgewebe entfernt, die Tierhaut weicher, geschmeidiger und haltbarer gemacht werden, sei es beiderseits gegerbt (Fettgerbung) oder als Fell. Anschließend konnten die so vorbereiteten Häute oder Felle dem gewünschten Verwendungszweck entsprechend zugeschnitten werden. Mit dem →Pfriem konnten die Häute perforiert und mit Sehnen oder ähnlichem Material zusammengebunden werden, um Höhleneingänge oder Behausungen abzudecken und Schlafdecken oder Tragtaschen herzustellen.
Spätestens seit dem →Jungpaläolithikum kann mit Sicherheit auf Kleidung geschlossen werden. Pfrieme und die neu hinzukommenden →Nähnadeln sind deutliche Hinweise auf eine Kleidung. Mit ihnen konnten warme Unterkleidung, wetterfeste Oberbekleidung, Fellschuhe und Mützen sowie →Zelte aus Ren- und Pferdefellen oder Abdeckungen für Hütten genäht werden. Auf Kunstwerken des →Aurignacien erscheinen Menschendarstellungen, nach denen die Sammler und Jäger im Sommer unter anderem einen Lendenschurz getragen haben (Geißenklösterlehöhle, 30 000 v. Chr.). Etwa 26 000 Jahre alte winzige Tonbruchstücke aus →Pavlov zeigen Abdrücke von Geweben und Knoten, die Fangnetze gewesen sein können. Dies ist ein Zeichen für die Herstellung von Textilien.

In →Sungir (23 000 v. Chr.) trug der Tote eine Kleidung aus Pelz und Leder, einen hemdartigen Rock, Hosen mit langen Beinen, Fellschuhe und eine Fellmütze. Zwischen den Tierbildern von Lascaox (20 000 v. Chr.) erscheinen geflochtene, gewebte oder zusammengenähte Matten, Tücher oder dgl., die vermuten lassen, daß ähnliche auch bei der Bekleidung bekannt waren. Schleif-, Reib- und Glättsteine aus →Predmost (18 000 v. Chr.) mit jeweils abgeschrägtem Ende, das durch Gebrauch gerundet und geglättet wurde, können der Lederzurichtung gedient haben. Statuetten aus Buret und →Malta (Sibirien 15 000 v. Chr.) weisen durch Kerbreihen und Querstriche eine Musterung auf, die als Kleidung gedeutet werden kann, wie sie etwa noch heute bei Eskimos üblich ist.

Mit dem →Neolithikum und der Entwicklung der Landwirtschaft und Viehhaltung, gab es auch bei der Kleidung Neuerungen. Leinen und andere pflanzliche Fasern wurden nicht mehr nur geflochten, sondern zu Stoffen gewebt. Aus →Çatal Hüyük (7 000–4 900 v.Chr.) stammen gewebte Textilien. Nachdem im Nahen Osten Schafe domestiziert wurden, webte man auch Stoffe aus Wolle. Es dauerte jedoch noch einige Zeit, bis die gewebte Kleidung die Pelze und Felle verdrängte.

Klinge

(dt.: „klingen")
Klingen sind die →Leitformen der Steinindustrien des →Jungpaläolithikums und werden als Grundform vieler Werkzeuge, bis hin zu den Schneideeinsätzen an Arbeits-kanten verwendet. Klingen treten auch gelegentlich schon im →Alt- und →Mittelpaläolithikum auf. Sie sind aber erst ab der Kultur des →Aurignaciens, die von modernen Menschenformen geprägt wird, mit typisch spezialisierten Klingenkernen verbunden, von denen sich nach genauer Präparation größere Serien von Klingen ablösen ließen. In Europa sind sie mit der Kultur des Aurignacien und dem Auftauchen des modernen Menschen verbunden. Der Begriff Klinge bezieht sich ursprünglich auf den scharf geschliffenen metallischen Teil einer Hieb- und Stichwaffe oder eines Messers. In der Archäologie hat er eine zweifache Bedeutung:

• Klingen als Abschläge von einem zylindrischen Steinkern sind mindestens doppelt so lang wie breit, mit annähernd parallelen Kanten, meist Halbfabrikate, die durch →Retusche zu weiteren Werkzeugen wie Rückenmesser, Schaber, Stichel und Bohrer oder in zusammengesetzten Geräten als Messer, Speer- und Pfeilspitzen oder Sicheleinsätze verwendet wurden.

• Als Einsätze von Beilen, Äxten, Hacken, Sicheln und Erntemessern aus Stein, Knochen, Geweih und Metall (Kupfer, Bronze, Eisen) bezeichnet man sie als Klingen. Ihr Merkmal ist eine scharfe Schneide. Die Axt- und Hackenklingen sind immer aus Kernsteinen; Beilklingen können auch aus Abschlägen (→Scheibenbeil) hergestellt werden.

Klingenabschlag-Technik

Diese Technik erreichte während des →Jungpaläolithikums im

→Aurignacien, →Gravettien und →Magdalénien ihren Höhepunkt. Ausgangsmaterial für den →Abschlag ist ein Rohstück oder eine rundlich-längliche Feuersteinknolle, deren Spitze gekappt wird, um eine ebene Schlagfläche zu erhalten. Mit dem →Schlagstein wird dann in Abschlagrichtung ein Leitgrat angelegt, von dem die erste Klinge abgeschlagen wird. Die beiden rechts und links entstehenden Grate erlauben das Abschlagen weiterer Klingen ringsum, bis keine weiteren Abschläge mehr möglich sind und der Restkern (→Kernschaber) übrigbleibt. Damit war die serienmäßige Anfertigung parallelseitiger und langschmaliger Klingen möglich.

Wurde der Feuersteinknollen an beiden Enden gekappt, erhielt man einen Zylinder mit 2 Schlagflächen, von denen abwechselnd die Klingen abgeschlagen wurden. Die Klingen sind dann weniger gekrümmt und die Kerne werden besser ausgenutzt. Bei beiden Verfahren besaß die erste Reihe der rund um den Kern abgeschlagenen Klingen auf der Außenseite noch die rauhe →Rinde des Feuersteinknollens, auf der Innenseite zeigt sich die glatte Spaltfläche. Die zweite Reihe hatte dann auf beiden Seiten glatte Flächen, und zwar auf der Vorderseite Facetten des ersten Abschlages und auf der Rückseite die Spaltfläche des neuen Abschlags. Zuletzt blieb der Kernstein übrig. Dünne Klingen mit einem Grat haben einen dreieckigen, dickere und breitere Exemplare mit mehreren Graten einen trapezähnlichen oder vieleckigen Querschnitt. Eine spezielle Vorbereitung des Klingenkerns erfolgte bei der Herstellung der →livre de beurre.

Der Klingenabschlag kann in verschiedenen Techniken erfolgen:
- Direkter Abschlag mit einem Schlagstein oder →Schlegel aus Knochen oder Geweih.
- Indirekter Abschlag mit einem →Zwischenstück aus Knochen, Geweih oder Stein, das in einem spitzen Winkel von ca. 75 Grad auf die Stelle der Schlagfläche gesetzt wird, an der Schlag treffen soll. Ein kräftiger Schlag auf das Ende des Zwischenstücks sprengt die Klinge ab.
- Indirektes Loslösen auf dem Spitzamboß (→Amboß), der in einem Holzstück befestigt wird. Der Kernstein wird mit der äußeren Kante der Schlagfläche auf die Kante des Spitzambosses gelegt und durch einen kräftigen Schlag auf den Kernstein die Klinge gelöst.
- Zur Herstellung dünner Klingen wurde der kleine Spitzamboß in eine Hebelstange eingesetzt und auf den Kernstein gedrückt. Als Widerlager für die Hebelstange konnte eine Baumöffnung dienen.

Die gewonnenen Klingen waren meist Halbfabrikate, die zu weiteren Werkzeugen verarbeitet wurden etwa zu Schabern, Sticheln, Messern, Kerbspitzen, Mikrolithen u.a.

Klopfsteine
→Schlagsteine

Klosterlund
8000–7000 v. Chr.
(benannt nach den Funden bei dem Hof Klosterlund, Mitteljütland, Dänemark. In der Nähe weitere Funde in Moselund)

Verbreitung: nur Jütland

Klimatisch handelt es sich um die späte Präborealzeit (frühe Wärmezeit; → Boreal) mit lichten, von Kiefern durchsetzten Birkenwäldern, die allmählich die arktische Flora der → Tundra verdrängte. Es war noch Festlandszeit. Damals bildete Dänemark ein großes zusammenhängendes Gebiet und war mit Schweden und England landfest verbunden. Die Fauna änderte sich. Nun wurden bevorzugt Waldtiere wie Rothirsch, Reh, Wildschwein, aber auch Auerochsen, Waldwisente u.a. Tiere gejagt. Repräsentative archäologische Zeugnisse der Präborealzeit sind die Wohnplatzfunde von → Star Carr (Yorkshire), → Klosterlund (Jütland), Pinneberg (Holstein) und → Hohen Viecheln (Mecklenburg). In Mitteljütland ließen sich für kurze Zeit eine Anzahl Menschen auf einer niedrigen Sandterrasse nieder, die zu einem See hin schräg abfiel. Der Wohnplatz lag etwa an der Grenze zwischen Moränenland und Heideflächen in der Nähe des heutigen Hofes Klosterlund. Von den Geräten hat der kalkarme Boden nur Flint- und Felsgeräte erhalten, von Knochen, Geweih oder Holz ist nichts erhalten geblieben.

Bei den Flintgeräten sind zuerst die Beile zu nennen, die entweder primitiv durch vollständiges Behauen eines Feuersteins (→ Kernsteintechnik) planmäßig als Kern- und Spitzbeil oder aus einem Abschlag als → Scheibenbeil hergestellt wurden. Im übrigen ist Klosterlund eine Klingenkultur (→ Klingenabschlag-Technik): Kernschaber, Klingenschaber (ohne Bearbeitung der Längskanten, die meisten mit gebogener und retuschierter Schneide), Abschlagmesser (Klingen mit einer stumpf zugehauenen Längsseite als Rücken, während die andere Seite scharf ausgearbeitet ist), Kantenstichel (Eckstichel), Mittelstichel, Bohrer (oft schlank mit Bearbeitung der Längskanten), Speer- und Pfeilspitzen mit wenig ausgeprägten Stielen (gegenüber den Ahrensburger Stielspitzen in degenerierter Gestalt), fast ausschließlich lanzettenförmig und selten als schiefe Dreiecke. Auch einfache Mikrolithen kommen vor. Zum Abschlagen der Klingen wurde ein → Schlagstein aus Quarzit benutzt. Die Klosterlundgruppe wird von einigen Forschern als Vorläufer der → Maglemose-Kultur angesehen und wurde von den südlicheren Ahrensburger Spätmagdalénienleuten beeinflußt.

Knaufhammeraxt

Verbreitung: → Trichterbecherkultur

→ Streitaxt aus Felsgestein mit knaufartigem Nacken und Verbreiterung des Blattes um die Schaftlochung, geschliffen, auch mit mehreckigem Querschnitt nach kupfernen Vorbildern.

Knieholme

Schäfte aus Astgabeln, Astabzweigungen, Stamm-Ast-Ansatzstücken oder Stamm-Wurzel-Ansatzstücken (Astabzweigungen aus dem Bereich des Wurzelansatzes) zum Schäften von → Dechseln (→ Schäftungen).

Knochen

Seit dem Paläolithikum, vor allem ab dem Aurignacien, werden die zäh elastischen und formbaren Knochen zur Waffen-, Geräte- und Schmuckherstellung verwendet (→Knochengeräte). Knochen bestehen zu einem Drittel aus organischer Substanz (Ossein) und zu zwei Dritteln aus anorganischen Bestandteilen (vor allem aus Kalziumphosphat), die den Knochen Zug-, Druckfestigkeit und eine gewisse Elastizität verleihen. Außen liegt die feste Kompakta und im Inneren die schwammähnliche →Spongiosa. Größere Knochen enthalten im Inneren die Markhöhle, die an den Enden in die vielen kleinen Räume der Spongiosa übergeht. Verwendet werden meist Tierknochen, Menschenknochen meist nur zufällig. Knochen sind nicht nur innerhalb eines Tieres, sondern auch von Tierart zu Tierart verschieden aufgebaut und setzen daher bei der Bearbeitung anatomische Kenntnisse voraus. Die Knochen der verschiedenen Tierarten sind durch die Gestalt der Knochen und den inneren Aufbau voneinander abgrenzbar.

Spuren an Knochen zeigen unter dem Mikroskop, ob sie von Menschen oder Tieren verursacht wurden. V-förmige Einschnitte stammen von Steingeräten; sie sind schmaler als Nagespuren. Schlagspuren hinterlassen größere Markierungen. Außerdem können sie Rückschlüsse geben auf Ernährungszustand, →Krankheiten/Verletzungen, →Kannibalismus, Todesursache, auf den →aufrechten Gang und mit der DNA-Extraktion aus den Knochenzellen das Geschlecht, die Zuordnung von Skeletteilen bei gestörter Fundsituation, die Verwandtschaft zwischen den Bestatteten, Infektionskrankheiten und erblich bedingte Krankheiten.

Sie wurden verwendet für: Werkzeuge, Geräte, Waffen (→Knochengeräte), Bau- und Brennmaterial (→Meshiritsch), Kunstwerke (→Venusfiguren), Schmuck (→Perlen), →Musikinstrumente, Amulette, rituelle Handlungen, Leim (→Klebstoff). Das Knochenmark diente der Ernährung.

Knochenbearbeitung

Knochen, Geweihe und Holz waren für die Menschen des →Pleistozäns wichtige Rohstoffe. Eine intensivere Verwendung dieser Materialien läßt sich im Altpaläolithikum eher voraussetzen als tatsächlich nachweisen. Lediglich eine Knochenspitze von Swartkrans (Südafrika), etwa 2 Mio. Jahre alt, aus Holz z.B. die zugespitzten →Lanzen von Clacton-on-Sea und die →Speere von Schöningen mit etwa 400000 und einige Knochengeräte, z.B. aus →Bilzingsleben mit 370000 Jahren ergänzen das sonst rein lithische Inventar. Seit dem →Mittelpaläolithikum finden sich neben den Steingeräten Knochenspitzen (→Spitzen). Im →Jungpaläolithikum gab es bereits verschiedene Techniken:

• Zertrümmern der Knochen. Nachteil zur Bearbeitung: die Stücke zerspringen nicht immer in der gewünschten Form.

• Spalten von Langknochen mit Hilfe von Keilen. Zu diesem Zweck hat man die Kompakta an einer Stelle angeritzt und mit einem dort eingesetzten Keil auseinandergetrieben.

• Trennen der →Metapodien (Mittelfußknochen) bei Paarhufern

entlang der Verwachsungsrille mit Feuersteinklingen.

* →Spantechnik: mit Stichel und Zinken wird ein Span als Halbfabrikat gewonnen und mit Feuersteinabschlägen in die gewünschte Form geschnitzt. Diese Technik wurde aber bei Knochen selten angewendet. →Nähnadeln wurden auf Sandsteinunterlagen geschliffen (→Schleifsteine).
* Gezähnte Feuersteinwerkzeuge (→Sägen) eigneten sich zum Querschneiden von Knochen.

Es wird vermutet, daß die Knochen zur leichteren Bearbeitung aufgeweicht und mit Hilfe von Feuersteinbohrern (→Bohrer) oder durch →Picken durchlocht wurden.

Im →Neolithikum konnten die Knochen (Geweih) gezielt mit dem Steinbeil zugerichtet werden. Neu ist die Zerlegung mittels Schnur. Dabei wird eine mit Sand behaftete nasse Schnur oder ein nasser Lederriemen solange an einer Stelle hin und her gezogen, bis das Werkstück durchgeschliffen ist.

Knochengeräte

Eine kurze stabile Knochenspitze stammt bereits aus dem mittelpaläolithischen →Inventar von Salzgitter-Lebenstedt, das Fragment einer stabilen Spitze vom →Lautscher Typ aus dem →Mittelpaläolithikum des Geissenklösterle bei Blaubeuren vor mehr als 50 000 Jahren.

Im →Magdalénien, also in der Zeit der Rentierjäger, treten die Steinwerkzeuge zu Gunsten der Knochen-, Geweih- und Elfenbeinwerkzeuge zurück. Aus Knochen sind: →Geschoßspitzen, →Harpunen, →Pfrieme, →Beitel, →Nadeln,

→Nähnadeln, Nadelbüchsen, Hohlbohrer (→Bohrer), →Meißel, Hohlmeißel, →Glätter, Querangeln (eine Sonderform des →Angelhakens), →Angelhaken, Dechselklingen (→Dechsel), →Druckstäbe, →Hacken, →Dolche, →Keulen, Beilklingen (→Klingen), →Schwirrgeräte, →Pfeifen und →Flöten. Aus Rippen wurden Knochenmesser und →Glätter sowie aus Tierschulterblättern Schaufeln hergestellt. In Rhede (Kreis Borken, Nordrhein-Westfalen) wurde sogar ein Faustkeil gefunden, der aus dem Oberschenkel eines Mammuts gefertigt wurde und der dem Moustérien zugeordnet wird. Seit dem →Aurignacien gibt es auch Kleinkunstwerke aus Knochen und Schmuck. Die zunehmende Zahl von Knochengeräten kann am Mangel an festen und gutgewachsenem Holz liegen.

Die Behauptung von R. Dart, daß bereits die Australopithecinen (→Evolution des Menschen: *Australopithecus africanus)* eine Knochen-Geräte-Kultur (→Osteodontokeratische Kultur: Knochen-, Zahn-, Horn-Kultur) besaßen, die vor dem Auftauchen der altpaläolithischen Steingeräte-Kultur existiert habe, ist umstritten und wird heute weitgehend abgelehnt. Angebliche Bearbeitungsspuren werden als Raubtierverbiß und durch mechanische und chemische Einwirkungen erklärt. Trotzdem wurden für die späteren robusten Australopithecinen in Swartkrans (Südafrika) knöcherne Grabwerkzeuge nachgewiesen.

Tierknochen, die als Hammer, Druckstab, Amboß, Schneideunterlagen usw. gebraucht wurden, finden sich zwar beim *Homo erectus*, jedoch keine Knochengeräte, die als standardisierte Spitzen, Pfrieme, Bohrer, Schaber, Meißel o.ä. geformt wurden. Diese treten erst seit dem →Jungpaläolithikum vor etwa 38000 Jahren auf, insbesondere aber erst seit dem →Aurignacien.

Köcher
Dies sind längliche Behälter aus Leder, Fell, Holz oder Stoff zum Aufbewahren und Tragen von Pfeilen für den Bogen. Die Verwendung von Köchern ist seit dem →Neolithikum nachgewiesen, ist aber vermutlich früher anzusetzen.

Kochsteine
Bereits im →Paläolithikum ist das Kochen mit Geröllsteinen bekannt. Da es noch keine Keramik- oder Metalltöpfe gab, wurde in kleinen, mit Leder, Pferdemägen oder Rentierblasen ausgekleideten Gruben gekocht. Die unbehandelten Häute mit der anhaftenden Fettschicht waren wasserdicht. Eine Mulde im Boden genügte, um das Fell hineinzulegen, mit Steinen am Rand zu beschweren und es mit Wasser, Fleisch, Pflanzen und anderen Zutaten zu füllen. Dann erhitzte man die Steine im Holzfeuer, wo sie eine Temperatur von über 500° Celsius erreichten, und warf sie dann mit Hilfe einer Astgabel, einem Schulterblatt o. dgl. in die Grube und brachte so das Wasser in kürzester Zeit zum Kochen (Tauchsieder-Effekt).
Noch nicht gelöst ist das Problem der Verwendung großer Travertinblöcke in →Bilzingsleben, die durch intensive Hitzeeinwirkung scherbig zerfallen sind.

Jede Arbeitsstelle ist mit mindestens einem solchen einst erhitzten Block verbunden. Da keine Feuerstelle nachgewiesen werden konnte, müssen diese Blöcke im erhitzten, wie Experimente zeigen, wahrscheinlich rotglühenden Zustand hierher getragen worden sein. Es stellt sich die Frage, welcher speziellen Technologie diese Blöcke und somit die Arbeitsplätze gedient haben (Mania, 133, 49).

Im 11000 Jahre alten Magdalénienlager in Pincevent (Département Seine-et-Marne) wurden isolierte Herdstellen entdeckt, bei denen keine Spuren darauf hindeuten, daß sie als Kochstellen dienten. A. Leroi-Gourhan vermutet, daß die paläolithischen Jäger sich in kleinen Zelten in einem Dampfbad von den Strapazen des Tages erholten (Ruspoli, 171, 76).

Kökkenmøddinger
(dän.: Küchenabfallhaufen)
Bezeichnung in Dänemark für die Abfallhaufen aus Austern- und Muschelschalen, durchsetzt mit Abschlägen und Geräten aus Stein, die von der Küstenbevölkerung ab 6000 v.Chr. aufgehäuft wurden. Diese Kultur, die von der Mittelsteinzeit zur Jungsteinzeit überleitet, wird nach dem Fundort in Jütland →Ertebølle genannt. Ähnliche Muschelhaufen gibt es im →Capsien (Nordafrika); sie kommen auch an den Küsten anderer Länder vor.

Kollagentest
Kollagen ist ein Eiweiß, das sich im Bindegewebe, in Sehnen, Haut, Knochen und Knorpeln ansammelt, durch Gerbsäure widerstandsfähig gegen Fäulnis wird und sich nur sehr langsam zersetzt. Aus den

Anteilen von Kollagen läßt sich daher feststellen, in welcher relativen →Chronologie die Knochen an einer Fundstelle zueinander stehen. Meist wird der Kollagentest durch den →Fluortest und die →Radiokarbon-Methode ergänzt.

Kommandostäbe
→Lochstäbe

Komsa-Kultur
8 000–3 000 v. Chr.
(benannt nach dem Komsahügel im Stadtgebiet von Alta in Nordnorwegen, Finnmark, wo die ersten Funde dieser Kultur gemacht wurden)
Die Komsa-Kultur hat mesolithischen Charakter und war von der Finnmark in Norwegen bis zur Halbinsel Kola in Rußland verbreitet. Sie entspringt wahrscheinlich den Stielspitzengruppen Nordeuropas (→Fosna-Komsa-Kultur).

Kongemose-Kultur
6 000–5 200 v. Chr.
(benannt nach dem mittleren Bekken des großen Åmoors auf Westseeland in Dänemark, das Kongemose = Königsmoor genannt wird)
Verbreitung: örtliche Funde auf Seeland.
Diesem recht eigenartigen Wohnplatzfund, dessen Gerätekreis sich weder ganz der →Maglemose-Kultur noch der →Gudenå-Gruppe anpaßt, schließen sich noch andere Wohnplätze an. Die besondere, allen Funden gemeinsame Prägung berechtigt dazu, sie unter dem Namen „Kongemose-Kultur" zusammenzufassen. Als Ursprungskultur kann die →Ahrensburger-Kultur mit einer ähnlichen handwerklichen Technik angesehen werden.
In technischer Hinsicht hat diese Kultur eine eigentümliche Vorliebe für Großflint mit auffallend kräftigen und großen und schönen Klingen. Das weitere Flintinventar umfaßt aus →Klingen hergestellte rhombische Pfeilspitzen, Eck- und Mittelstichel sowie Klingenschaber, Kernsteine mit Handgriff, die als Schaber benutzt wurden, kleine runde Schaber, Mikroklingen und Dreiecksmikrolithen; es gab jedoch keine richtigen Scheibenbeile. Bei den Kerngeräten gibt es breite Schiefbeile, viele Block-, Hobel- oder Kielschaber und schwere Spitzhauen aus Flint, aber keine Bohrer. Aus Grünstein bestand das Bruchstück eines geschliffenen →Walzenbeiles. Es wurden auch ein paar Keulenköpfe mit doppelkonischem Schaftloch gefunden.
Aus Knochen und Hirschgeweih fand man flache, spitze Pfrieme aus den Zwischenfußknochen vom Reh, runde Röhrenknochenpfrieme, Schlagstöcke, Beile aus Hirschgeweih und ein →Schwirrgerät mit einem Loch am Ende. Bei den Knochen- und Hirschgeweihgeräten bevorzugte man es offenbar, sie eher zu brechen als zu schneiden. Bemerkenswert sind schön verzierte Dolche aus Knochen, die auf beiden Seiten mit Längsrillen versehen waren, in die je eine Reihe feiner Feuersteinsplitter mit scharfen Schneiden eingekittet wurde. Grabfunde zeigen, daß diese Dolche als persönliche Waffe des Jägers am Gürtel getragen wurden. Aus Holz war das Stück eines Paddels, Pfähle und Stöcke.

Die Funde fallen in die späte →Borealzeit, in der sich Klima und Küstenlinie verändern. Die Erwärmung schmolz die letzten Eisreste, die noch Nordamerika bedeckten. Als Folgeerscheinung stieg die Oberfläche der Weltmeere rasch an, so daß große Landgebiete vom Meer überspült wurden. Dänemark erhielt seinen heutigen geographischen Charakter mit der Halbinsel Jütland und verschiedenen Inseln.

Jagd, Fischfang und Sammeln bestimmten weiterhin die Lebensform. Außerdem gab es die Wirtschaftsform der Küstensiedlungen mit Jagd auf dem Meer und Nutzung der Molluskenfauna (Austern, Muscheln).

Der Wald blieb in Mittel- und Westjütland weiterhin licht und offen, während er sich in den östlichen Landesteilen zum dichten Urwald mit Eiche, Ulme, Linde, Esche und Erle entwickelte. Fichte, Birke und Hasel wurden auf weniger fruchtbare Gebiete, feuchte Niederungen und Uferstreifen abgedrängt.

Im dichten Wald vermehrte sich das Wildschwein und bildete neben dem Hirsch die weitverbreiteste Tierart jener Epoche. Elch und Auerochse verschwanden auf den Inseln, lebten jedoch in Jütland weiter. Die Fischbestände waren groß, und an den Küsten ergänzte man die Jagd durch Meeresfischerei. Robben, kleine Tümmler und Wale waren hier die bevorzugten Fangtiere. Austern und Muscheln hatten einen erheblichen Anteil an der Ernährung.

Die Menschen auf dem Kongemoseplatz haben ihre Abfälle in den damaligen nördlich angrenzenden See geworfen, deren Reste man heute im Torf in einem halbkreisförmigen, bis etwa 50 m breiten Saum verfolgen kann. Der Kongemosefund ist ein zeitlich reiner Fund, d. h., niemand hat vorher oder nachher dort gewohnt. Das bedeutet aber nicht, daß er kulturell rein ist. Dinge wie z. B. Mikrolithen und feine Ornamentik weisen auf die benachbarte →Maglemose-Kultur hin. In einer späteren Periode wird die Kongemose-Kultur als „Ältere Küstenkultur" bezeichnet. In dieser Zeit wuchsen die Siedlungen und wurden ganzjährig bewohnt. Hausreste sind nicht bekannt, aber es wurden kreisrund gepflasterte Herde gefunden und – als etwas Neues – auch Bestattungen mit heute noch erhaltenen Skeletten, die es erlauben, das ehemalige Aussehen der Menschen und ihre Lebensbedingungen zu rekonstruieren. Die Skelette zeugen von gesunden und gut gewachsenen Individuen ohne Spuren von Mangelkrankheiten. Dagegen waren rheumatische Leiden üblich, auch der Zahnverschleiß war hoch – vermutlich als Folgeerscheinung grober Nahrung und der Gewohnheit, die Zähne zum Kauen von Tierfellen zu verwenden, um die Felle weich zu machen. Mehrere männliche Skelette weisen deutliche Spuren von Gewaltanwendung auf (z. B. Schädelverletzungen; →Krankheiten/ Verletzungen). Solche Befunde sind im Zusammenhang mit größeren und dauerhafteren Siedlungen, vielleicht als territoriale Streitigkeiten zu deuten, die durch den Bevölkerungszuwachs in dieser Periode hervorgerufen wurden. Aus dieser Zeit stammen auch die ältesten Muschelhaufen (→Kökken-møddinger = Küchenabfallhaufen). Üblich werden sie aber erst gegen Ende der nachfolgenden →Erte-bølle-Kultur.

Die Ornamentik zeigt 2 wesens-verschiedene Richtungen: Die eine zeigt den typischen Maglemosestil mit feinen eingeritzten Mustern auf blankpoliertem Grund (u.a. zeltar-tige Dreiecksmotive), die andere ist von gröberer Art mit kräftigen eingeschnittenen Scharten, die gruppenweise an der Längskante des Knochens angebracht sind. Es scheint, daß sorgfältig eingekerbte Verzierungen mit Harz ausgefüllt wurden, um das Muster deutlicher hervortreten zu lassen. Auch dieses Verfahren ist von der Maglemose-Kultur her bekannt.

Erwachsene Männer erreichten ei-ne Größe von etwa 1,70 m, Frauen etwa 1,55 m. Eine Verwandtschaft mit der Crô-Magnon-Rasse ist be-sonders bei den Frauen erkennbar, deren Gesichtszüge im Vergleich zu den heutigen Frauen relativ grob sind. Die Lebenserwartung betrug maximal 40–60 Jahre. Viele Frauen sind jedoch bereits mit et-wa 14–20 Jahren, vermutlich im Zusammenhang mit Geburt und Kindbett, gestorben.

Konglomerat

Grobkörniges, durch kalkhaltiges, toniges oder eisenschüssiges Bin-demittel verkittetes Sedimentge-stein, der →Breccie ähnlich. Im Gegensatz dazu sind aber die ein-zelnen Bestandteile nicht eckig, sondern rund. Es handelt sich also um verfestigten Schotter oder Ge-röll, jedoch nicht um verfestigten Schutt. Beton ist ein künstlich her-gestelltes Konglomerat.

Konservierung

(lat.: haltbar machen)

Darunter versteht man in der Ar-chäologie die Erhaltung der Fund-gegenstände durch entsprechende Schutzmaßnahmen, wie z.B. die Entfernung von schädlichen Sub-stanzen.

Holzkonservierung

Holz kann sich in festem, brüchi-gem, verkohltem, völlig zerfalle-nem oder gar aufgelöstem Zustand befinden. Nasses Holz muß oft über Jahre ausgetrocknet werden, damit es keine Trockenrisse be-kommt oder zu Staub zerfällt. Kleine Holzstücke werden gefrier-getrocknet, morsches Holz wird durch bestimmte Kunststoffe gefe-stigt. Holz in völlig aufgelöstem Zustand kann sich durch Boden-verfärbungen, Hohlräume oder Abdrücke zu erkennen geben. Die Spuren werden durch Ausgießen mit Gips oder flüssigem Kunststoff gesichert, um später das Holzob-jekt rekonstruieren zu können.

Elfenbeinkonservierung

Elfenbein zerfällt bei der Bergung durch allzu rasche Austrocknung leicht in Millimeter große Partikel, die dann in mühseliger Kleinarbeit wieder zusammengesetzt werden müssen. Elfenbeinartefakte werden daher sofort nach der Bergung in feuchte Watte gepackt und einem langsamen Trocknungsprozeß un-terworfen.

Skelettkonservierung

Menschliche Skelette werden häu-fig in schlecht erhaltenem Zustand vorgefunden: brüchig, in winzige Teile zerfallen, oft sogar pulveri-siert. Nach Zeichnung und fotogra-fischer Ablichtung werden solche

Skelettreste mit Paraffin übergossen und zusammen mit dem umgebenden Erdreich ins Labor gebracht. Dort wird der Block mit Gips verstärkt, das Paraffin wird herausgeschmolzen. Anschließend werden die Knochenfragmente gereinigt und konserviert.

Konservierungsmethoden in der Altsteinzeit

Für solche Methoden gibt es keine Beweise, man kann aber annehmen, daß Fleisch durch Trocknen, Räuchern oder Ablegen in eiskaltes Wasser konserviert wurde. Aus der neolithischen →Cortaillod-Kultur sind verschiedene Sorten Getreidebrei bekannt, die getrocknet und gebacken eine etwa bis zu 8 cm große Trockenmasse ergaben, die bei Bedarf dem heißen Kochwasser zugegeben wurde.

Koprolithe
fossilierte Kothaufen

Kortex
(lat. cortex: →Rinde)

Kostjenki
(auch Kostenki)
(benannt nach dem Dorf Kostjenki am Donufer in der Nähe der Stadt Waronesch, Rußland)
Verbreitung: Westrußland
Kostjenki ist eine Sonderform des →Gravettien. In Osteuropa bezeichnet man in der Regel die chronologische Folge nicht nach den westeuropäischen Kulturen, sondern gliedert das →Jungpaläolithikum auf Grund typologischen Inhalts in einige Stufen, die nach bedeutenden Fundorten benannt sind. Kostjenki ist eine Freilandstation, die von großen Gruppen längere Zeit bewohnt wurde und mit 5 Schichten dokumentiert ist.
In Kostjenki kam es zur Durchdringung von 2 Gruppen mit unterschiedlicher materieller Kultur. Eine aurignacienartige Industrie mit häufiger Flächenretuschierung geht anscheinend aus älteren heimischen Wurzeln hervor, wogegen die andere einen Gravettien-Charakter aufweist. Bisher wurden über 25 Lößfundstellen freigelegt, unter anderem auch ein Wohnplatz mit verschiedenen Gruben, von denen eine etwa 40 m lang, 15–17 m breit war und im Inneren 8 Herdstellen in Abständen von etwa 2 m besaß. Aus Knochen sind verzierte Geräte, Mensch- (→„Venusfigur") und Tierplastiken, letztere auch aus Elfenbein und Ton.

Kostjenki-Messer
(benannt nach dem Fundort →Kostjenki)
Klingenabschlag mit Leitgraten und einer konvexen Endretusche, deren einfache Abschrägung von der ventralen zur dorsalen Seite verläuft. Die gebogene Klinge ist begradigt und kann eine retuschierte Seitenkante besitzen.

Kragenflaschen
Verbreitung: Mittel- und Nordwesteuropa. Mittel- und Nordwestdeutschland
(→Trichterbecher- und →Walternienburg-Bernburger-Kultur, →Wartberg-Gruppe), Dänemark (keramische B-Gruppe), Niederlande, Frankreich (vor allem in der Bretagne), Polen, Böhmen und Mähren.
Kleine, kugelige, flaschenartige Gefäße mit flachem Boden, schmalem Hals und ringartiger

Halskrause etwas unterhalb der Mitte des Halses. Da der enge Hals keine Reinigung des Innenraums zuließ, werden die Flaschen kaum als Trinkgefäße gedient haben. Der Fund einer mit Schwefel gefüllten Kragenflasche aus der Siedlung Gellenerdreich (Oldenburg, Niedersachsen) weist auf eine Verwendung als Medizinfläschchen hin. Schwefel wurde noch im Altertum als Medizin bei Krankheiten und zum Räuchern bei kultischen Handlungen benutzt. Der ehemals flüssige Inhalt anderer Kragenflaschen bestand aus pflanzlichen Ölen. Mit einem Stöpsel verschlossen, konnten die Kragenflaschen auch zur Aufbewahrung anderer kostbarer Flüssigkeiten dienen.

Vorbild für die Kragenflaschen könnten in Ton umgesetzte Tierblasen mit Versteifung sein, wie waagerechte und senkrechte Rippen oder Ritzlinien auf der Wandung deutlich machen.

kranial
(gr. kranion: Schädel)
am Schädel gelegen, den Schädel betreffend (→postkranial).

Kranium
Kompletter Schädel aus Hirnschale, Gesicht, Gaumen, Unterkiefer und Zähnen (→Postkranium).

Krankheiten/Verletzungen
Menschliche Überreste sind „biologische Urkunden", die Aufschluß über Alter, Geschlecht, Lebensbedingungen, Krankheiten, Verletzungen, Todesursache u.a. geben können.

Bereits bei den Australopithecinen vor 2,5 Mio. Jahren (→Evolution des Menschen) lassen sich Krankheiten feststellen. Im Oberkiefer des *Australopithecus africanus* aus Sterkfontein (Mrs. Ples) in Südafrika wurde ein abnormales Wachstum mit Metastasen (Akromegalie) festgestellt. Ein *Australopithecus robustus* (vor 1 Mio. Jahren) hatte eine Hüftgelenkausrenkung, ein anderer Muskelentzündung, die zu Knochenwucherungen führte.

Auch an den Skeletten des *Homo erectus* lassen sich körperliche Schädigungen nachweisen. Ein gutartiger Tumor ließ sich an einem 1,5 Mio. Jahre alten Unterkiefer aus Kanam in Kenia feststellen. Andere Veränderungen traten durch zu reichlichen Verzehr von rohem Fleisch auf (Hypervitaminose). Der *Homo heidelbergensis* hatte Arthritis und Parodontose. Am 700 000 Jahre alten Unterkiefer eines etwa zwölfjährigen Kindes aus Sangirn auf Java wurde die gute Verheilung eines Unterkieferbruchs festgestellt, so daß auf eine gewisse Behandlung und zeitweise Ruhestellung des Kiefers sowie besondere Nahrungszubereitung während dieser Zeit geschlossen werden muß.

Einen Armbruch hatte der 70 000 Jahre alte Neandertaler aus Neandertal bei Düsseldorf, dessen Arm zwar heilte, aber verkürzt blieb. In der →Shanidar-Höhle im Irak weist das Skelett eines Neandertalers zahlreiche verheilte Brüche am Schädel und an den Knochen auf. Trotzdem erreichte er ein hohes Alter, was nur durch Hilfe und Versorgung durch seine Angehörigen möglich war. Abnutzungserscheinungen an den Gelenken waren meist weit verbreitet, wobei besonders das Kiefergelenk anfällig war. Da das Kiefergelenk oft im jugendlichen Alter erkrankte, kann beim Kauen auf einen erheblichen Kraftaufwand geschlossen werden, wie er bei zäher und ungekochter Nahrung, beim Abnagen von Knochen, Knacken der Nüsse oder Zerkauen von Wurzeln erforderlich war. Auch die Benutzung der Zähne zur Bearbeitung von Häuten oder Fellen trug zum Verschleiß bei. An dem Schädelfragment eines etwa 20–30 Jahre alten Neandertalers aus Warendorf bei Münster in Westfalen wurde eine Hirnhautentzündung als Todesursache festgestellt.

Die jungpaläolithischen, 32 000 Jahre alten Skelettreste aus der Vogelherdhöhle bei Stetten (Baden-Württemberg) stammen von einem 40–50 Jahre alten Mann, dessen Backenzähne so weit abgeschliffen waren, daß sie zum Fehlbiß mit Schmerzen im Kiefergelenk führten. Ein anderer, etwa 20 Jahre alter Mann hatte im Schädelbereich eine leichte Vorwölbung der Schädeldecke, die von Geschwülsten (Meningeom oder Zysten) stammte. Der Schädel einer 50–60 Jahre alten Frau aus Binsdorf bei Speyer (Rheinland-Pfalz) war asymmetrisch geformt. Sie hatte ein schiefes Gesicht und ihre Zähne waren übermäßig abgekaut.

Auch an den Skelettresten des →Mesolithikums in Europa lassen sich zahlreiche Krankheiten erkennen, die manchmal auch zum Tode führten: Kiefer-, Gebiß- und Zahnkrankheiten mit Geschwulsten, Fehlbiß in Form von ausschließlich einseitigem Kauen und extremer Abschliff der Schneide- und Backenzähne durch harte Nahrung oder Benutzung als Werkzeug. Aus Taforalt (Marokko) stammt die älteste um 10 000 v. Chr. durchgeführte →Trepanation.

Die Bauern und Viehzüchter der →Jungsteinzeit litten unter zahlreichen Erkrankungen, die zum Teil den heutigen Zivilisationskrankheiten entsprechen: Zahnstein, Fisteln, Abzesse, Parodontose, Arthritis, krankhafte Veränderungen der Wirbelsäule sowie Mangel an Vitaminen und Spurenelementen, die zu Blutarmut, Rachitis, Skorbut, Knochenerweichung (Osteoporose), Knochenverhärtung (Osteosklerose) und zu ineinandergewachsenen Hals- und Lendenwirbeln führten. Karies kam selten vor, weil kleine Herde durch den frühen Abschliff der Zähne überwiegend schon vor der Ausbreitung beseitigt wurden. Armbrüche wurden gerichtet und geschient, so daß der Arm gut verheilte und wieder voll gebrauchsfähig war. Auch verheilte Finger- und Zehenbrüche sowie ein geheilter Oberschenkelbruch weisen auf medizinische Versorgung hin.

In der →Megalith-Kultur (4 800–2 800 v. Chr.) wird zum erstenmal die →Trepanation in Europa angewendet, die in der →Schnurkeramischen Kultur (2 800–2 400 v. Chr.) besonders häufig vorkommt.

Krapina

(Bez. Krapina, 42 km nördlich von Zagreb, Kroatien)
Die Halbhöhle liegt am rechten Ufer des Krapinica-Baches. Die erste Grabung wurde von K. Gorjanovic-Kramberger in den Jahren 1895–1905 durchgeführt. In den

bis zu 8 m dicken Ablagerungen aus dem →Mittelpaläolithikum wurden mehrere übereinanderliegende Feuerstellen und etwa 100 Feuersteingeräte aus dem →Moustérien (ca. 100 000 Jahre) gefunden. Es überwiegen Schaber; handspitzartige Geräte sind selten. Zusammen mit angebrannten Tierknochen fanden sich etwa 677 wirr durcheinander liegende menschliche Knochen und Schädelreste, die etwa 25–28 Individuen zugeordnet werden konnten. Die Zahl wird durch die verstreut liegenden Kiefer und Zähne noch auf etwa 70 Individuen erhöht. Erstaunlich ist, daß vom Kleinkind bis zum Erwachsenen alle Altersstufen vertreten waren. Erstmals stand der Wissenschaft so etwas wie eine biologische Population fossiler Menschen zur Verfügung. Es fanden sich Brandspuren und andere Merkmale an Teilen menschlicher Knochen. Fast alle Röhrenknochen waren der Länge nach vermutlich zur Markentnahme gespalten, Schädel waren seitlich eingeschlagen und viele fleischreiche Knochenanteile fehlten, während dünne Skeletteile ohne viel Mark wie z. B. das Wadenbein erhalten blieben. All dies weist auf →Kannibalismus hin. Aber auch die Vermutung, daß die Menschenknochen zu regelrechten →Bestattungen gehörten, diese aber von Tieren zerstört wurden, erscheint möglich. Die Brandspuren an Knochen können auch damit erklärt werden, daß die Toten auf noch glühende Herdfeuer gebettet wurden oder, daß an der betreffenden Stelle erneut Feuer entzündet wurden. Beachtenswert sind die Skelettreste, die verglichen mit dem frühen Neandertaler mehr sapienstümliche Merkmale aufweisen.

Kratzer
(→Schaber)
Der Begriff „Kratzer" wird in der Fachliteratur widersprüchlich verwendet. Er kann zum Schaber werden, der Schaber wird zum Kratzer, das gleiche gilt für die angenommenen Funktionen. Auch der Große Brockhaus ist in seinen Aussagen widersprüchlich. Unter dem Stichwort „Kratzer" ist ein Begriff aus der Oberflächentechnik mit zufälliger (!) riefenähnlicher Beschädigung einer technischen Oberfläche zu finden, und als „Schaber" wird ein Werkzeug zum Abnehmen feinster Späne bezeichnet, der sich vom „Kratzer" nur durch eine breitere Arbeitskante unterscheidet. Demnach hat der „Kratzer" eine schabende Funktion, und nur seine äußere Form mit einer schmalen Arbeitskante läßt ihn zum „Kratzer" werden. Schaben erfolgt im →spanabhebenden Verfahren ziehend flächig, und gezogen wird immer, und zwar unabhängig davon, ob die Schabekante breit, schmal oder spitz ist. Zinken und Stichel werden gezogen und sind als spezielle Schaberformen anzusehen. Man sollte daher den Begriff „Kratzer" ganz fallen lassen und die eindeutige Bezeichnung →Schaber verwenden. Bereits Stefan Unser hat auf diesen Mißstand hingewiesen (203, 116–117). Das Dilemma kann allenfalls mit der von F. Bordes vorgeschlagenen geometrisch definierten Steingerätemorphologie gelöst werden, die von wechselnden Funktionen unabhängig ist. Hier ist der Kratzer (grattoir,

end-scraper) durch eine mehr oder
weniger bogenförmige Retusche
am schmaleren Ende eines Abschlages oder einer Klinge bestimmt (Müller-Beck, 141).

Kryoturbation
(gr. kryos: Eis, Kälte; lat. turbatio:
Verwirrung)
Bodenbewegung, die im Bereich
des Frostbodens bei wechselndem
Frost in der oberen Bodenschicht
vor sich geht und zu Beschädigungen an Artefakten führen kann.
Dadurch ausgelöste Kantenbeschädigungen werden als Kryoretusche
bezeichnet.

Kugelamphoren-Kultur
3 100–2 700 v. Chr.
(benannt nach den charakteristischen Gefäßen, die als Kugelam-
phoren bezeichnet werden)
Verbreitung: östliche Gruppe vom
mittleren Dnepr bis nach Polen
und in das ehemalige Ostpreußen,
die westliche Gruppe in Mitteldeutschland, Brandenburg, Mecklenburg, in Teilen von Schleswig-
Holstein und Niedersachsen.
Gewohnt wurde in Einzelgehöften
und in nicht übermäßig großen
Siedlungen. Mit Gräben, Wällen
und Palisaden befestigte Höhensiedlungen, wie sie aus Böhmen
bekannt sind, waren in der westlichen Gruppe offenbar nicht üblich.
Für die Wahl des Siedlungsplatzes
waren Hanglage und Wassernähe
ausschlaggebend. Die Bauweise
der Häuser war nicht einheitlich.
Es gab die →Pfostenbauweise, zumeist in rechteckiger Form, Block-
häuser ohne Pfosten und ebenerdige Gebäude von bis zu 20 Metern
Länge. In der Nähe des Hauses lag
stets eine →Grube.

Ernährungsgrundlage war Acker-
bau mit Emmer und Gerste und die
Haustierhaltung, hauptsächlich von
Rindern, aber auch Schweine,
Schafe und Hunde wurden gehalten. Pferde wurden bisher nur in
Polen nachgewiesen. Vermutlich
wurde der von Rindern gezogene
→Hakenpflug benutzt, wie der
Fund einer kleinen Plastik, die ein
Rindergespann darstellt, vermuten
läßt.
Hauptform der Keramik waren die
Amphoren mit einem kugeligen
Unterteil, einem mehr oder weniger zylindrisch geformten Hals und
einem oder mehreren Henkeln an
der Schulter, die rundbödigen mit
etwa 50 Prozent Anteil und flach-
bödigen Töpfe und Schüsseln mit
etwa 25 Prozent. Wegen des gewölbten Bodens konnten die Ku-
gelamphoren nicht abgestellt werden, sondern wurden als Vorratsgefäße mit durchgezogenen Schnüren an den Henkeln aufgehängt.
Neben diesen Gefäßen gab es noch
Krüge, Topfdeckel und Gefäße mit
waagerechten Reihen von Knubben und Trommeln.
In der älteren Phase wurde die Keramik durch verschiedene Stempel
mit ganzflächigen Mustern verziert, die man vor dem Brennen
in den weichen Ton eindrückte.
Hauptmotive waren mit der Spitze
nach unten weisende Dreiecke,
Rhomben, Rechteck-, Halbkreis-
und Kreismuster, Zickzackmuster,
Tannenzweige, flächenfüllende
Punktmuster und an der Gefäß-
schulter überwiegend Fransenmu-
ster. In einigen Fällen konnten
weiße →Inkrustationen nachgewiesen werden. Der untere Teil der
Gefäße blieb stets ornamentfrei. In
der jüngeren Phase wurde zuneh-

mend sowohl die Kombination von Stempel- und Schnureindruck als auch nur das reine Schnurornament oder hängende Bögen als weiteres Ziermotiv üblich.

Aus Feuerstein waren geschliffene Beilklingen, Dechselklingen, Äxte, schmale Meißel, Messer, Abschläge und seltener Pfeilspitzen. Aus Felsgestein gab es Äxte, Spaltgeräte, Schleuderkugeln und Schleifsteine, aus Knochen Pfrieme, Spitzen, Messer und Dolche sowie aus Hirschgeweih Äxte. Aus Kupfer wurde nur ein Pfriem gefunden. Besondere Beachtung verdient der Fund eines hölzernen Schildes in Niedereichstätt.

Schmuck wurde wenig getragen. Zu den Schmuckgegenständen gehören aus Knochen geschnitzte Gürtelhaken und Gürtelplatten, kleine und zum Teil röhrenförmige Perlen und Knöpfe mit V-Bohrung aus Bernstein, sowie scheibenförmige Anhänger mit zentraler Bohrung in Form verschiedener Beiltypen, durchbohrte Muscheln, Tierzähne und vereinzelt Kupferperlen und -röllchen. Am Austausch von Bernstein und an der Produkten des Feuersteinbergbaus waren die Gruppen der Kugelamphoren-Kultur wesentlich beteiligt.

Bestattungen wurden noch indirekt von der →Megalith-Kultur beeinflußt. So wurden die Toten oftmals in den Megalithgräbern der vorhergehenden Kulturen bestattet. Die eigenen Gräber bestanden aus ovalen, rechteckigen oder runden Erdgrabhügeln.

In Einzelfällen waren sie bis 30 m lang, waren jedoch meist nur kleine →Steinkistengräber und flache Erdgräber, die oftmals mit Steinen bedeckt waren. Einzel-

gräber herrschten vor, es gab aber auch Gruppenbestattungen. Die Toten sind in Hockerstellung in Rechts- oder Linkslage beigesetzt worden.

Grabbeigaben bestanden aus Keramikgefäßen, Schmuck, Steingeräten und Fleischnahrung, die vor allem durch Schweineknochen belegt ist. Oftmals wurden auch Rinder geopfert und mit ins Grab gelegt. Es gab aber auch eigene Rinderbestattungen (→Tierbestattungen).

Kultur

(lat. cultura: Anbau, Pflege)

Der Begriff der Kultur als in Raum und Zeit tradierte Einheit von bestimmbaren Verhaltensformen wird in der Regel bisher meist nur den Menschen zugebilligt, wird aber auch neuerdings bisweilen im gleichen Sinn auch in das Tierreich übertragen (speziell beim Sozialverhalten in Primatengruppen über Generationen hinweg). Beim Menschen kann sie unter anderem als „die Summe der Bestrebungen einer Gemeinschaft, die Grundbedürfnisse der menschlichen Natur nach Nahrung, Kleidung, Obdach, Schutz, Fürsorge und Zusammenhalt unter Meisterung der natürlichen Umwelt zu befriedigen und untereinander auszugleichen" (45, 693) angesehen werden. Oder allgemein ausgedrückt: Die Kultur ist „die Gesamtheit aller Äußerungen und Verhaltensweisen des Menschen einschließlich der Erzeugnisse seines Schaffens" (Beinhauer, 206, 267).

In der Archäologie zeigt sich die Kultur in den uns überkommenen →Kulturschichten, den →Leitformen und dem →Inventar, in verschiedene Kulturstufen eingeteilt, angefangen von der Oldowankultur bis zu den Kulturen des Neolithikums (→Steinzeit) und später. Dabei stellt das Steininventar auf Grund des Erhaltungspotentials zwar einen wesentlichen Teil, aber nicht den alleinigen Zustand von Kulturen dar. Solange noch unklar ist, ob eine neu erkannte Kultur vorliegt, spricht man von einer Gruppe. Doch sind sich die Prähistoriker in der Anwendung der Kriterien nicht immer einig. Von einer Hochkultur pflegt man zu sprechen, wenn eine →Schrift gefunden wurde (z.B. 3500 v.Chr. bei den Sumerern in →Uruk).

Kulturschicht

Durch Besiedlung eines bestimmten Platzes entstandene Schicht mit →Artefakten (Werkzeuge, Geräte, Waffen, Siedlungs- und Feuerstellen, Nahrungsrückstände u.a.). Mehrere solcher Schichten bilden eine stratigraphische (→Stratigraphie) und chronologische (→Chronologie) Folge.

Kümmerkeramik

Bezeichnung einer Keramik, die im Verlauf der →Bronzezeit in einigen Gegenden starke Qualitätseinbußen zeigt. Der Grund dafür liegt vermutlich in der stärkeren Hinwendung zu Bronzeerzeugnissen.

Kumpf

Ein mehr oder weniger geschlossener Tontopf in Gestalt einer Dreiviertel- oder Dreifünftel-Hohlkugel. Auch tiefe Schüsseln oder Näpfe werden als Kümpfe bezeichnet. Der Kumpf ist eine keramische Urform. Vielleicht wurde der dünne Tonmantel um eine organische Substanz (z.B. einen Kürbis) geformt, die beim Brennen zerfiel. Das würde die fehlende Standfläche der ältesten Kümpfe erklären, ebenso wie ihren engen Mundsaum, durch den das gleichmäßige feine Ausglätten der Innenwandung nicht möglich gewesen wäre.

Kunda-Kultur

9 500–5 000 v.Chr.
(benannt nach dem Hauptfundort, der Stadt Kunda in Estland)
Verbreitung: Nordosteuropa
Viele Erscheinungen der Kunda-Kultur sind mit der →Maglemose-Kultur verwandt. Beide Gruppen kamen in der Ancylus-Zeit (→Nacheiszeit) vor, in der noch eine breite Landverbindung von Südschweden über den dänischen Bereich, die deutsche Ostseeküste bis zum Ostbaltikum verlief und kulturelle Kontakte bestanden.
Im Steingeräteinventar führte das weitgehende Fehlen von qualitätvollem Feuerstein zur Verarbeitung weniger geeigneter Gesteinsarten wie Quarz und Schiefer. Das hat die Einführung der Mikrosticheltechnik vermutlich verhindert, wenn auch kleine Steineinsätze in Speerspitzen und Dolchen aus Geweih und Knochen vorkommen. Steingeräte umfassen Stichel, Schaber, Klingen, Messer, Stielspitzen von Swiderien-Art, Querschneider, Meißel, Schleifsteine sowie Steinbeile in Kern- und Scheibentechnik mit zumeist geschliffenen Partien, um das leichte Ausbrechen bei Rohlingen aus Eruptivgestein zu verhindern.
Geweih- und Knochengeräte sind durch Moorfunde zahlreich belegt,

viele dienten dem →Fischfang. Es handelt sich um glatte, gezähnte oder mit Steineinsätzen versehene Speerspitzen, kegelförmige Pfeilspitzen, Elchgeweihbeile, die typologisch den Steinbeilen entsprechen, Tüllenbeile, Geweihäxte, durchweg quer geschäftet mit Tüllen, Eispickel, Meißel und Pfrieme. Ritzmuster kommen auf Geweih- und Knochengeräten, Bernsteinknöpfen und Kammkeramik vor.

Typische Grabformen sind Flachgräber mit oder ohne Steinschutz. Vereinzelt erfolgten Nachbestattungen in Megalithkammern und in Grabhügeln (→Bestattungen). Die Beisetzungsform war die rechts- und linksseitige Hockerlage in Ost-West-Richtung mit Blick nach Norden oder Süden. Die →Grabbeigaben bestanden aus Gefäßen, wobei 3 oder 4 üblich waren, Bernsteinperlen und schließlich Beigaben von Schweineknochen, besonders Unterkiefer und Zähne sowie ganzen Rindern.

Vermutlich liegt der Ursprung dieser Kultur im osteuropäischen Paläolithikum.

Kunst

Die Kunst ist seit Urzeiten eine der wichtigsten Ausdrucksweisen des Menschen. Im steinzeitlichen Kontext werden praktisch alle Bildwerke und Ornamente mit oft unbekanntem oder nicht rekonstruierbarem Inhalt dem Bereich der Kunst zugeordnet. Ihre Funktion war mit Sicherheit äußerst vielfältig, wie ethnohistorische Analogien erkennen lassen. Vom technologischen Gesichtspunkt der Geräteherstellung her unterscheidet man mehrere Entwicklungssta-

dien, die in ihrer Gesamtheit →Steinzeit genannt und die in Altsteinzeit (Paläolithikum), Mittelteinzeit (Mesolithikum) und Jungsteinzeit (Neolithikum) unterteilt werden.

Die eigentliche Kunstepoche Europas umfaßt die Kunst der Eiszeit (→Höhlenbilder, →Felsbilder). Sie beginnt mit dem ausgehenden Paläolithikum im frühen →Aurignacien (→Chatelperronien) vor 35 000 v. Chr., setzt sich über das →Gravettien und →Solutréen fort und endet mit dem →Magdalénien um 9 500 v. Chr.

Die ganze Eiszeit-Kunst – die Höhlenmalereien, die Venusstatuen, die Pferdekopfschnitzereien, die Rentier-Flachreliefs – war ein Werk unserer Art. Nach dem jetzt vorliegenden Beweisen kannte der Neandertaler keine darstellende Kunst (Gould, 78, 362).

Trotzdem wird man dem Neandertaler ein künstlerisches Verständnis nicht absprechen können, wie neuere Untersuchungen zeigen. Demnach sind durchbohrte Zähne und Elfenbeinringe aus der Grotte du Renne bei Arcy-sur-Cure (Frankreich), die zusammen mit 45 000 Jahre alten Neandertaler-Knochen gefunden worden waren, Werke des Neandertalers. Sie wurden den modernen Menschen zugeschrieben. Beweise sind Herstellungsspuren in der Fundschicht und stilistische Unterschiede zu Erzeugnissen des *Homo sapiens sapiens* (Spektrum: 10/98, 24; Current Anthropology: 10/98, 1). Nach Francesco d' Erricos vom Institut für Vorgeschichte und Geologie des Quartärs in Talence bei Bordeaux „haben sich auch die Neandertaler im Jungpaläolithikum kulturell weiter entwickelt". Sollte dieser Schmuck, der am Körper getragen wurde, einen sozialen Status anzeigen, müßte eine Hierarchie bestanden haben, in der auch Symbolik verstanden wurde.

Wenn also die Neandertaler aus der Grotte du Renne Chiffren für soziale Rollen entwickelten und reflektieren konnten, war deren Kultur wohl nicht weniger entwickelt als die unserer Vorfahren. ...

Das wirft neue Fragen auf: „Brachte die Begegnung der beiden Menschenarten einen kulturellen Schub auf beiden Seiten ..., oder waren es gar unsere Vorfahren, die vom Neandertaler lernten, und nicht umgekehrt?" (GEO 1. 1. 99, 178).

Auch die wesentlich älteren umstrittenen Funde von →Battenberg werden von K. E. Kocher dem Neandertaler oder dem *Homo erectus* zugeordnet.

Durch die israelische Archäologin Noama Goren-Inbar wurde 1981 auf den Golanhöhen (Berekhat Ram) eine „Proto-Plastik" gefunden. Der kastaniengroße Brocken aus Lavagestein lag zusammen mit zahlreichen Werkzeugen in einer 230 000 Jahre alten Schicht aus der Zeit des *Homo erectus* oder des frühen *Homo sapiens.* Dieser Steinbrocken ähnelt einer Frauenfigur mit Kopf, Armen und Brüsten. Furchen oder Rillen sollen eine körperliche Gliederung andeuten. Der amerikanische Paläokunst-Forscher Alexander Marshack vermutet, „daß schon die Menschen des älteren Paläolithikums in Naturobjekte Figuren ‚hineinsahen' und diese durch gestalterische Modifikationen gezielt ‚herausmodellierten'" (in 70, 178).

Ähnlich verfuhren die Menschen des Magdalénien, die erkannten, daß der Umriß des Zungenbeins vom Pferd einem Pferd im Profil gleicht (contours découpés). Es bedurfte nur einiger gravierter Linien auf beiden Seiten, um weitere anatomische Details hinzuzufügen (Clottes, 38, 9).

Der „Lateinerberg", heute Stránská skálá, am östlichen Stadtrand von Brünn ist ein Jurakalkfelsen von einer Fläche von 1 x 2 Kilometern und einer Höhe von etwa 150 Metern. Der Forscher Alexander Marshack aus New York behauptet, daß einige Funde vom Stránská-Felsen die ältesten Spuren von menschlichen manuellen und geistigen Tätigkeiten aufweisen. Es handelt sich um Knochen- und Steinfaustkeile sowie Elefantenwirbel mit eingeritzten Linienbündeln [7 Tage?], die zweifellos vom *Homo erectus* stammen, der dort vor etwa 500 000–700 000 Jahren lebte. „Nach Ansicht vieler Forscher stellen diese Ritzungen eine ausgewogene symmetrische Komposition und die älteste Gravur der Welt dar. Vergleichbare Funde des *Homo erectus* in Bilzingsleben (Thüringen) [Battenberg?], Frankreich und auf den Golanhöhen scheinen diese Annahme zu bestätigen" (Miroslav Ksica, Brünn, in Kult-Ur-Notizen, Nr. 23, Oktober 1998, hg. v. Harald Braem).

Nach Bohuslav Klima (in 139, 41) bestand die älteste Kunst nicht um ihrer selbst willen, sondern erfüllte eine bestimmte Funktion in frühen religiösen Vorstellungen. Da nicht jeder in der Lage war, solche Objekte herzustellen, muß es „Individuen gegeben haben, die den Rang von Künstlern hatten und zugleich die Deutungen unerklärlicher Phänomene ebenso kannten wie die Riten" (→Schamane).

Die künstlerischen Darstellungen (geritzt, gemalt oder als Zeichen) lassen sich bei den Gebrauchsgegenständen in 3 Kategorien einteilen:

Kurzlebige Gegenstände, z.B. Geschoßspitzen, die entweder verloren gingen oder zerbrachen.

Gegenstände langer Verwendungsdauer, z.B. Lochstäbe, Speerschleudern, Spateln, halbrunde Stäbe. Schmuckgegenstände: wie Anhänger und Scheiben.

Religiöse Kunst: Statuetten (Tier-, Frauen- und seltener männliche Statuetten), Figuren auf mobilen Gegenständen (Knochen, Geweih) und Darstellungen auf Felswänden, verzierten Steinblöcken und -platten, (Tiere, schematisierte Figuren, Frauen und Männer, primäre Geschlechtsmerkmale).

Das Ende der Eiszeit bringt einen Klimawechsel, damit auch veränderte Lebensbedingungen für die Tundra-Jäger und das Ende der Höhlenkunst, während die Felsbildkunst (→Felsbilder) weiterbesteht, in der →Megalith-Kultur (4800–2800 v.Chr.) nochmals mit eingeritzten Steinzeichnungen in großer Vielfalt an Bedeutung gewinnt und erst in geschichtlicher Zeit endet.

Mit der Erfindung der →Keramik um 8000 v.Chr. im Vorderen Orient entstanden neue Möglichkeiten künstlerischen Ausdrucks. Neben Stein- und Tonfiguren sind es die Formen der Tongefäße mit ihrem angepaßten Dekorstil und abstrakten Mustern in verschiedenen Techniken.

Kupfer

Reines Kupfer tritt meist als kleine nuggetähnliche Klümpchen in Flüssen auf. Es ist sehr hart und kann nur durch Ausglühen verarbeitet werden. Die Verarbeitung von Kupfer erfolgte im Vorderen Orient im 8. Jahrtausend v.Chr. Mit der zunehmenden Bedeutung des Kupfers reichten die Funde aus Flüssen nicht mehr aus. Im Vorderen Orient, auf dem Balkan (Rudna Glara) und in Bulgarien (Aibunar) begann man um 4500 v. Chr. mit dem Abbau von Erzlagern durch Bergbau. Allein in Aibunar sind etwa 30000 Tonnen Kupfererze abgebaut und das Rohkupfer über 1500 km bis zur unteren Wolga gehandelt worden. Die wichtigsten Zentren dieser und der folgenden Zeit waren die Sinaihalbinsel, Syrien, Palästina, Kleinasien, das Kaukasusgebiet und der Iran, in denen die hochwertigen Erze Cuprit, Malachit und Azurit abgebaut wurden. In Europa geschah dies vor allem in den Ostalpen, aber auch in Cornwall (England), in der Bretagne (Frankreich) und in Portugal. Durch Ausschmelzen bei ca. 800° Celsius in einem einfachen Brennofen, in dem schichtweise Kupfererz und Brennmaterial (meist Holzkohle) eingefüllt wurden, wurde aus den Erzen das Kupfer gewonnen.

Es handelt sich um das erste Gebrauchsmetall für Waffen, Geräte und Schmuck. Kupferfunde im nördlichen und östlichen Europa stammen mangels natürlicher Metallvorkommen, aus Importen. Im Vorderen Orient fällt die früheste Verarbeitung von Kupfer mit der ersten Keramikherstellung zusammen. Tatsächlich haben Kupfergegewinnung und Keramikherstellung ein wesentliches Element gemeinsam: In beiden Fällen entsteht aus einem Naturstoff (Erz, Ton) durch Erhitzen mit Feuer ein neues Produkt (Kupfer, Keramik). Doch fand die Kupferverarbeitung nicht die schnelle Verbreitung wie die →Keramik, in Europa erst um 4000 v.Chr.

Kupferzeit

Mitteleuropa: 4000–2200 v.Chr.
(abgeleitet von lat. cuprum bzw. aes cyprium: zyprisches Erz.)
Urgeschichtliches Zeitalter zwischen →Neolithikum und →Bronzezeit (→Aeneolithikum, →Chalkolithikum) mit der ersten Verwendung des →Kupfers, jedoch ohne Kenntnis seiner Weiterverarbeitung zu →Bronze und noch bei mehr oder weniger neolithischem Gerätebestand. In Vorderasien wurde Kupfer bereits um 8000 v.Chr. zu Geräten und Perlen verarbeitet. Im südöstlichen Europa wurden ab 4300 v.Chr. Kupfergeräte und Schmuck hergestellt.
In Mitteleuropa, vor allem in den deutschsprachigen Ländern, läßt man die Kupferzeit vor 4000 v.Chr. beginnen und um 2200 v.Chr. mit dem Beginn der Bronzezeit ausklingen. Sie wird aber heute meist in die Jungsteinzeit mit einbezogen. Kulturen und Gruppen sind: →Jordansmühler-Gruppe, →Baalberger Kultur, →Michelsberger Kultur, →Pfyner Kultur, →Altheimer Kultur, →Cortaillod-Kultur, →Walternienburg-Bernburger-Kultur, →Schnurkeramische Kulturen, →Kugelamphoren-Kultur, →Glockenbecher-Kultur und die →Aunjetitzer Kultur.

Kurgan-Kultur

(türk.-slaw. Kurgan: Grabhügel)
4000–1600 v.Chr.
(benannt nach der Bestattungsform der Grabhügel, Hügelgräber).
Bezeichnung für eine eurasische Hügelgräber-Kultur. Der Begriff „Kurgan" bezieht sich auf die östliche Herkunft der Hügelgräber, während die →Einzelgrab-Kultur in Nordwesteuropa verbreitet war und ursprünglich nur im unteren Wolgabecken und in den westsibirischen Steppen vorkam. Von dort breitete sich die Kurgan-Kultur um 2500 v.Chr. über die Küstengebiete des Schwarzen Meeres bis zum Balkan, zur Ägäis, nach Mitteleuropa, über das Baltikum und Nordeuropa sowie nach Mittelrußland aus. Der größere Teil Europas und Teilgebiete des Nahen Ostens sind von dieser Kultur beeinflußt worden. Wirtschaftliche Grundlage war die Herdenhaltung und der Ackerbau.
Die Bestattung erfolgte in einer Grube unter einem Erd- oder Steinhügel mit einem Durchmesser von 10–35 Metern und einer Höhe von 2–2,80 Metern, der oft von einem Steinkreis umgeben war. Meist diente das eingetiefte oder ebenerdige Grab der Bestattung eines Mannes, aber auch Nachbestattungen und Mehrfachbestattungen von Erwachsenen und Kindern kommen vor. Allgemein unterscheiden sie sich aber durch die Einzelbestattung und die geringe Größe von den Gräbern der →Okkergrabkultur. →Grabbeigaben waren anfangs spärlich oder fehlten ganz. Die reichere Ausstattung von Kindergräbern bildet die Ausnahme. Im nordkaukasischen Kurgan von Tri Brata wurden einem

Toten ein Holzwagen, Keramik und ein tönernes Wagenmodell beigegeben. Rinder- und Schafknochen weisen auf Speisezugaben hin. Hölzerne Innenkonstruktionen wurden während der Beisetzung absichtlich verbrannt. An Stelle von Holzsärgen kommen auch Steinkisten als Nachahmung rechteckiger Häuser mit kleiner Vorhalle vor.

Laetoli

Das Gebiet liegt in Tanzania, umfaßt etwa 70 km² und liegt zwischen dem Eyasisee im Süden und der Olduvai-Schlucht im Norden. Ungefähr 20 km östlich liegt der Vulkan Sadiman, in dessen vulkanischen Aschenablagerungen 3,5–3,8 Mio. Jahre alte Knochenreste des *Australopithecus afarensis* und eine Reihe von Fußabdrücken von 2 Erwachsenen und einem Kind (?) gefunden wurden. Die → Fußspuren laufen im Abstand von 25 Zentimetern parallel zu den anderen und sind 1–3 cm tief. Die Gruppe wanderte durch den frischen Tuff (Vulkanasche) nach Norden, wobei der kleinere Hominid in die gleichen Fußspuren eines Erwachsenen trat; an einer Stelle wich das Kind zur Seite aus und wandte sich nach links. Die Fußspuren ließen sich über 50 m weit verfolgen. Sie zeigen, daß die Hominiden aufrecht gingen (→ Aufrechter Gang) und die Fußabdrücke eindeutig menschlich sind, denn sie haben nicht mehr den abstehenden großen Zeh der Affen, dafür aber einen nach vorne weisenden großen Zeh, die gerundete Ferse, den hochgewölbten Spann und Ballen. Auch die genau ablesbare Schrittlänge und die Gewichtsverlagerung sind ebenfalls menschlich. Es sind vermutlich Fußspuren des *Australopithecus afarensis* (→ Evolution des Menschen).

Gleichzeitig erhaltene, zahlreiche Fährten von Wirbeltieren (Hasen, Wildkatzen, Perlhühner, Giraffen, Nashörner, Pferde, Wildschweine, Elefanten, Paviane und sogar Kriechspuren von Insekten) sowie fossile Tierknochen geben einen guten Einblick in die damalige Tierwelt, mit der der frühe Mensch lebte.

Für die Erhaltung der Fußspuren und Fährten sorgten chemische Vorgänge im Tuff und im Regenwasser (an einigen Stellen sind die Eindrücke von Regentropfen erhalten). Die Asche war beim Betreten ein wenig feucht, erlangte durch Austrocknung eine zementähnliche Härte und wurde durch weitere Vulkanausbrüche zugedeckt und geschützt.

La Ferrassie

(bei Le Bugue, Dep. Dordogne, Frankreich)

Unter dem → Abri sind zahlreiche Kulturschichten mit Gerätefunden des → Micoquien, → Moustérien, → Aurignacien und → Gravettien. In der Moustérien-Schicht fanden sich 6 menschliche Skelette: 1 männliches, 1 weibliches und 4 von Kindern. Dies sind die frühesten → Bestattungen von → Neandertalern in Europa. Eine Steinreihe im Abstand von 4,50 Metern von der Felswand scheint das Widerlager einer Dachhütte zu sein, deren Stangen gegen die Felswand gelehnt und mit Fellen abgedeckt wurden. In den Ablagerungen unter dem Abri wurden Felsstücke mit Gravierungen und Reste von Malereien aus dem Aurignacien gefunden, die sich ursprünglich an der Felswand befanden.

Lagerplätze

Die ältesten Spuren von Lagerplätzen sind etwa 2 Mio. Jahre alt. Im → Hadargebiet (Äthiopien) zeigt die stratigraphische Lage, daß Hominiden über Jahrmillionen am Seeufer lebten. Am →Turkanasee in Kenia

lagen derartige Rastplätze auf dem Grund der in den Sommermonaten ausgetrockneten Flußtäler. Der glatte, vegetationslose Untergrund aus feinem Schwemmaterial eignete sich gut zum Verweilen, während die Galerien von Schirmakazien Schatten spendeten. Über das ausgetrocknete Flußtal waren zudem schnell der See sowie die wildreiche Seeuferzone zu erreichen. Stachelschweine, Schweine, Gazellen, Wasserbüffel und pferdeartige Tiere waren größtenteils zerlegt an die Lagerstelle geschafft, verteilt und verzehrt worden. (Herrmann/Ullrich, 89, 200).

Von den Zerlegungsplätzen sind offenbar die Tierteile wie Schenkel, Kopf-, Schulterteile und Rippenstücke zu den Lagerplätzen gebracht worden. Das fast vollständige Fehlen von Elefantenknochen kann damit im Zusammenhang stehen, daß auf Grund der Schwere der Knochen nur das abgetrennte Fleisch transportiert wurde. Lager- und Zerlegungsplätze des *Homo habilis* für Großwild (Elefant, Nashorn, rinderartige u. a. Tiere) wurden in der Olduvai-Schlucht (→Olduvai Gorge) und in Ost-Turkana entdeckt. Das Großwild wurde vermutlich nicht erlegt, sondern stammte von Raubtierbissen oder verendete. Die Zerlegung von Großwild mit Hilfe von →Steinwerkzeugen ist etwa seit 1,9 Mio. Jahren üblich, wie Funde nachweisen. Eine kreisförmige Aufschüttung von Steinen in →Olduvai Gorge (Bett I) wird als Teil eines Windschirmes oder einer Einfriedung gedeutet. Etwa 1,5–1,9 Mio. Jahre alt sind Rast- und Lagerplätze des →Pekingmenschen.

Aus dem älteren →Paläolithikum gibt es kaum Hinweise über Lage und Herrichtung menschlicher Lagerplätze. Funde, die in der Nähe von Flußufern gemacht wurden, können damit zusammenhängen, daß die Menschen sich bevorzugt in der Nähe von Gewässern aufhielten, wo sich günstige Jagdmöglichkeiten boten.

Der älteste Lagerplatz aus dem Protoacheuléen (ca. 680 000 Jahre) wurde in Miesenheim I, im Mittelrheingebiet (Rheinland-Pfalz) am östlichen Ufer der Nette, einem Nebenfluß des Rheins, entdeckt. Er wurde nach einem Vulkanausbruch durch einen Basaltlavastrom, nicht weit von einem früheren See, bedeckt. Es wurden Knochen von Waldelefant, Nashorn, Wildpferd, Hirsch und Reh gefunden, die aber meist keine Schnitt- oder Schlagspuren, aber Merkmale der Beutezerlegung aufweisen. Die →Steinwerkzeuge wurden aus einfachen Abschlägen gewonnen und stammen von Gesteinen aus der Umgebung: man ließ sie beim Weiterziehen liegen.

Ein weiterer Lagerplatz, der etwa 440 000 Jahre alt ist, wurde in →Kärlich im Kreis Mayen-Koblenz (Rheinland-Pfalz) gefunden. Der Lagerplatz lag inmitten eines nicht mehr aktiven Vulkans am Ufer eines kleinen Gewässers. Holzbruchstücke können Teile einer Behausung gewesen sein. Die Steinwerkzeuge umfassen große Schaber, Spalt- und Faustkeile sowie einen 15 kg schweren Amboßstein.

Zu den ältesten Lagerplätzen des Jungacheuléens gehören mit 350 000 Jahren Ariendorf bei Bad Hönningen sowie der Platz auf dem Vulkan Schweinskopf im Mittelrheingebiet (Rheinland-Pfalz) mit Jagdbeuteresten und Steinwerkzeugen. Der bedeutendste Lagerplatz aber liegt nahe der Ortschaft → Bilzingsleben am Rand der Mittelgebirge zwischen Harz und Thüringerwald aus der Zeit vor fast 370 000 Jahren. Der Fundort lag auf der Uferterrasse eines Sees, in den ein Bach mündete. Die Funde umfassen:

• Knöcherne Reste des Menschen mit mehreren Schädeln und Backenzähnen.

• Bewegliche Objekte wie Steinartefakte, Knochen, Geweih, Elfenbein, Holz und Speiseabfälle in Form zerschlagener Knochen und gesammelter Nahrung.

• Ortsgebundene Objekte wie Strukturen von Wohnbauten, Feuerstellen und Werkplätzen.

• Künstlerische Erzeugnisse wie Gravierungen auf Knochen und Steinen.

• Indizien für die ehemalige natürliche Umwelt mit tierischen, pflanzlichen, geologischen und klimatischen Merkmalen.

Besonders aufschlußreich sind die Werkplätze von Bilzingsleben. Örtlich eng abgegrenzte Bereiche zeigen Spuren der Zertrümmerung von Steinen und Knochen, der Bearbeitung von Geweih-, Knochen-, Elfenbein- und Steinartefakten und speziell der Holzbearbeitung. Hinter den Behausungen werden auch Zerlegungsplätze für die Jagdbeute vermutet. Aus den Umweltverhältnissen wird geschlossen, daß die Besiedlung der Uferfläche von einer vielleicht 30 Personen großen *Homo erectus*-Gruppe erfolgte, die sich in einer kurzen, mehrere Jahre umfassenden Periode dort aufhielt.

Erst aus dem → Mittel- und vor allem dem → Jungpaläolithikum liegen Fundbeobachtungen von Freilandlagerplätzen vor. Allgemein liegen sie in der Nähe zum Wasser, vor allem zu einem Fluß. Dabei wird eine windgeschützte Stelle auf einem Hochufer bevorzugt. Aber auch in feuchten Flußniederungen gibt es Lagerplätze, und selbst Flußinseln wurden aufgesucht.

Aus dem Mittelpaläolithikum (200 000–35 000 Jahre) stammen Lagerplätze von einer Gruppe Neandertalern im Mittelrheingebiet in den Kratern erloschener Vulkane (Plaidter, Hummerich, Schweinskopf, Tönchesberg, Wannen), die die Umgebung bis zu 150 Metern überragten. Die Funde bestehen aus Jagdbeuteresten und → Steinwerkzeugen. Die Vulkankrater boten den Bewohnern einige Vorteile: Das Vulkangestein speicherte die Sonnenwärme und gab sie in den kühlen Nachtstunden langsam wieder ab. Man war vor Wind geschützt und konnte leichter als im Flachland das Feuer hüten. An der tiefsten Stelle des Kraters sammelte sich das Regenwasser und sicherte die Trinkwasserversorgung. Vom Rande der Vulkane aus konnte das Jagdwild besser beobachtet werden und schließlich war man hier vor Raubtieren und menschlichen Feinden sicherer. Neandertaler des → Micoquien und → Moustérien hielten sich häufig in → Höhlen und → Abris auf, vermutlich aber genauso oft auf Freilandplätzen, nur sind von diesen durch spätere landwirtschaftliche Nutzung wenige erhalten geblieben. Die Vulkankrater im Mittelrheingebiet wurden auch später als Lagerplätze benutzt. In der Folgezeit spielen auf den Rast- und Siedlungsplätzen →Hütten und →Zelte eine größere Rolle, waren aber immer auf die Lebensweise der →Sammler und Jäger abgestimmt, die sich in relativ kurzen Zeitabständen zu neuen Lagerplätzen begaben oder nur saisonweise an einem Ort blieben. Mit dem Beginn des →Neolithikums endete die umherziehende Lebensweise, die Menschen wurden seßhaft und wohnten in dauerhaften →Behausungen.

Lagozza-Kultur
3900–3400 v. Chr.
(benannt nach einer Ufersiedlung in der Nähe von Mailand, Norditalien)
Verbreitung: Von Languedoc (Provence) über Ligurien bis in die Lombardei und die Emilia, mit Ausläufern bis Pisa und Ripoli, Molfetta und die Gegend südlich von Bari.
Neolithische Siedlungsplätze gibt es in Höhlen, im Freiland und an Uferrändern (→Seeufersiedlungen). Zur Wirtschaftsgrundlage gehört der Anbau von Weizen und Gerste.
Die einfarbige Keramik, zumeist aus schwarz oder gelegentlich auch aus rot poliertem feintonigem Material, ist meist ohne Verzierung, ohne Henkel und wird charakterisiert durch mehrfach durchbohrte Leisten, sog. „Panflöten"- oder „Patronengürtel"-Ösen. Ebenso gibt es Bandknickschalen und Kielvasen, eine flache Schüssel, aus der sich doppelkegelige, unten runde Gefäße entwickelten. Gelegentliche Verzierungen nach Chassey-Art (→Chasséen) verschwanden bald.

An Steingeräten gibt es große spitznackige Beile aus Feuerstein und stellenweise noch Mikrolithik (→Mikrolithen) mit Trapezen und Dreieckquerschneidern, rhombischen und dreieckigen, zum Teil gestielten →Pfeilspitzen.
Aus Knochen sind Kämme, Anhänger und vereinzelt Harpunen, aus Ton Webgewichte und Spinnwirtel.

Lamellen
So werden kleine Klingen unter 10 mm Breite genannt, die von kleinen, schlanken Kernen (→Klingenabschlag-Technik) abgespalten wurden und besonders häufig im →Mesolithikum vorkommen.

Lampe
Steinlampen gibt es seit dem Jungpaläolithikum, in der späteren Ertebølle-Kultur sind es Tonlampen.
Die rationellste Verwertung von Fett als Brennstoff zum Leuchten und Heizen erfolgt in Fettlampen. Es handelt sich dabei um etwa handgroße Steine mit einer natürlichen Ausbuchtung oder einer durch →Picken hergestellten künstlichen Vertiefung, in der Talg oder Fett mit einem Docht aus Haarfasern, Flechten, Moosbüscheln oder leichten und dünnen Hölzern verbrannt wurde. Gebrauchsspuren zeigen durch die Verbrennung des Dochtes schwarzen Ruß oder durch Hitzeeinwirkung bei Kalkstein eine Ockerfärbung. Farbreste weisen auch auf die Verwendung als Palette hin. Versuche ergaben,

daß jeder Docht ungefähr soviel Leuchtkraft wie eine Kerze entwickelt, das entspricht zwei oder drei Kerzen pro Lampe. Bringt man mehrere Lampen in die Nähe der Malereien, kann man bequem ein relativ großes Wandfeld ausleuchten, vor allem wenn der Fels, wie in Lascaux, hell oder weiß ist (Ruspoli, 171, 30).

Meist verwendete man Sandstein, einen anderen weichen Stein oder sogar Knochen mit einer Vertiefung. In der Höhle von Lascaux (Dordogne, Frankreich) wurden etwa 170 Steinlampen gefunden. Die schönste bisher gefundene Fettlampe besitzt einen langen, verzierten Stiel zum Tragen. Neben der Fettlampe diente auch der Kienspan und die Fackel zur Beleuchtung.

Lanzen
(→Speere)
Lanzen sind Nahkampfwaffen und werden meist gestoßen, nicht geworfen. Ihr Schwerpunkt liegt im vorderen Drittel des Schaftes. Der älteste Nachweis einer Lanze ist eine Spitze aus Clacton-on-Sea, Ostengland, mit einem Alter von gut 400000 Jahren, die in die Zeit des *Homo erectus* fällt. Sie wurde aus dem Zweig eines Erlenbaumes mit einem Durchmesser von 4 Zentimetern gefertigt und ist 40 cm lang.

Auch die etwa maximal 400000 Jahre alten konischen Holzbruchstücke mit z.T. feuergehärteten Spitzen, die in →Torralba/Ambrona gefunden wurden, werden als Lanzenstücke gedeutet.

Eine vollständige Lanze des Neandertalers wurde in →Lehringen an der Aller (Niedersachsen) gefunden. Sie steckte zwischen den Rippen eines etwa 45 Jahre alten Waldelefantenbullen. Der Schaft bestand aus einem dünnen, vollständig entrindeten und nach Ent-

fernen von etwa 40 Astansätzen glattgeschabten Eibenholzstämmchen, wobei die sorgfältig zugeformte feuergehärtete Spitze am dünneren Ende lag. Dieses konstruktionstechnische Merkmal spricht eindeutig für eine Stoßlanze und gegen einen Wurfspeer. Die in mehrere Teilstücken zerbrochene Lanze ist jetzt 2,44 m lang und nahe dem hinteren Ende etwa 2 cm dick. Die Schaftverrundungen deuten auf eine längere Verwendung hin. Zeitlich wird die Lanze in das frühe Jungpleistozän vor 125000 Jahren eingeordnet.

Jungpaläolithische Wurflanzen besaßen eine harpunenartig gezähnte Spitze, die ein Herausrutschen aus dem getroffenen Tierkörper verhinderte. Sie wurden vermutlich mit einer →Speerschleuder geworfen. Eric Trinkaus von der Universität New Mexico untersuchte mit einem Kollegen, wie sich die Urmenschen bei der Jagd verletzten. Wie heutige Rodeo-Reiter prellten, stauchten oder quetschten sie sich besonders an Kopf, Oberkörper und Arm. Trinkaus schloß daraus, daß der Neandertaler das Wild mit Lanzen im Nahkampf zu erledigen pflegte.

La Quina
(Altpaläolithischer Lagerplatz im Dep. Charente, Frankreich)
Dort gab es Funde von Steingeräten verschiedener Kulturen. Aus dem →Moustérien stammen Steingeräte, die mit einer bestimmten Abschlagtechnik (→Quina-Technik) hergestellt wurden (→Abschlagtechniken). Ein vereinzelt gefundener Schädel eines jugendlichen Neandertalers fällt durch fehlende Überaugenwülste auf.

La-Quina-Technik
(benannt nach dem Abri La Quina,
nordwestlich von le Moustier,
Frankreich)
Werkzeugfunde stammen aus dem
→Moustérien und werden auf etwa 34 000 Jahre v.h. datiert. Mit
dem Schneidenamboß (→Am-
boßtechnik) und →Meißel wurden
längliche Feuersteinknollen in
Scheiben zerlegt und zu weiteren
Werkzeugen wie Schaber, Bohrer,
Messer, Spitze u.a. verarbeitet.
Für die Zerlegungstechniken werden längliche Feuersteinknollen
von 10–15 Zentimetern Länge ausgewählt.
1. „Wurstscheiben/Salami" - Abschläge. Entfernen der Kappe,
anschließend von der Rinden-
seite parallele Abschläge, die
zur Herstellung von Schabern
führen.
2. Entfernen der Kappe, jedoch
schräger Schlag; der Abschlag
trägt ein Drittel →Rinde, der eine scharfe Kante gegenüberliegt.
Je nach Umriß der Abschläge
entstehen verschiedene Grundformen.
3. Entfernen der Kappe, dann Abschläge parallel zur Längsachse,
die Messer ergeben, auf deren
Rücken die Rinde sichtbar ist.
Die übrigbleibenden Restkerne
sind unförmig, selten diskoid und
bis zur letzten Abschlagmöglich-
keit abgebaut.

lateral
(lat.: seitlich)
Seitliche Lage der Kanten bei Abschlägen (→Abschläge).

Late Stone Age
40 000–10 000 v. Chr.
In Afrika ungefähr zeitgleich mit
dem →Jungpaläolithikum und zum
Teil mit dem →Mesolithikum Europas.

Läufer
Meist rundliche, kugelige, ovale,
ei- oder wurstförmige Steine von
etwa Handgröße, die mit dem
Unterlieger →Mahlsteine oder
→Reibschalen bilden; oftmalige
Weiterverwendung als →Schlag-
stein, in länglicher Form als Stößel.

Lautscher Spitzen
(benannt nach dem Fundort in
der Fürst-Johannes-Tropfsteinhöh-
le von Lautsch, heute Mladece,
Tschechien)
Verbreitung in Ost-, Mittel- und
Westeuropa, typisch im →Olche-
wienien. Vorkommen vereinzelt
schon im Mittelpaläolithikum
(Große Grotte bei Blaubeuren),
allgemein im Jungpaläolithikum,
besonders aber im →Aurignacien,
belegt.
Lautscher Spitzen sind →Ge-
schoßspitzen für Speere oder Lanzen aus Knochen, Elfenbein oder
Geweih mit massiver Basis und
sind bis zu 45 cm lang. Im Gegensatz zu den →Aurignacien-Spitzen
haben sie keine gespaltene Basis.
Der Querschnitt ist meist flachoval
oder fast rechteckig. Die →Schäf-
tung erfolgte direkt in das Stirn-
ende des →Schaftes durch Ein-
stecken in ein Loch (→Tülle) und
Fixierung durch Teer oder/und Lederstreifen, oder die Spitzen wurden seitlich an den Schaft gebunden. Die kleineren, meist nur wenige Zentimeter langen Knochenspitzen sind am ehesten als
→Pfeilspitzen verwendbar. Das
würde bedeuten, daß bereits vor
mehr als 30 000 Jahren →Pfeil und
Bogen erfunden wurden.

Herstellungsprozeß der Spitzen: Hacken des Rohmaterials auf die gewünschte Länge, wobei auch die Basispartie schräg zugehauen wurde. Durch Schnitzen, Schaben und Schleifen wurde das Halbfabrikat in die endgültige Form gebracht. Lautscher Spitzen waren nur relativ kurze Zeit gebräuchlich. Sie wichen im →Mesolithikum den komplizierter werdenden Spitzen, die mit separaten Widerhaken bestückt waren, einteilig gezähnte Spitzen hatten oder speziellen Zwecken, wie die →Fisch- und Vogelspeere, dienten.

Le Grand Pressigny

(Dep. Indre-et Loire, Frankreich) Abbaustätte eines charakteristischen Feuersteins zur Herstellung von →Steingeräten.

Der bergmännisch gewonnene Feuerstein von Le Grand Pressigny (→Feuersteinbergbau) war von besonders guter Qualität und wurde zur Zeit der →Glockenbecher Kultur um 2 000 v. Chr. ein begehrter Exportartikel. Die als →„Livre de beurre" bekannten gelben Klingenkerne erlaubten die Herstellung besonders langer Klingen. Die →Klingen und →Dolche wurden in die Bretagne, die Schweiz, nach Deutschland, Belgien und Holland geliefert.

Neben den „livres de beurre" gibt es auch Kernsteine („modèle court et large"), die sich durch ihre rundliche Form deutlich von den langen und schmalen Großklingen-Kernsteinen absetzen. Reste von Bulbusregionen, Ventral- und Schlagflächen deuten auf große, direkt und hart geschlagene →Abschläge hin, wie sie bei der ersten Präparation der fladenförmigen Feuersteinknollen anfallen; auch die Verwendung von Trümmerstücken ist belegt. Die Länge der vorliegenden 6 Kernsteine liegt zwischen 12 und 16,5 cm Länge, 10,5–20 Zentimetern Breite und 2,8–6 Zentimetern Dicke. Die Grundform läßt offensichtlich keine Herstellung dolchartiger Geräteformen zu, sondern ergab kurze, breite Klingen bzw. klingenförmige Abschläge.

Weitere klingenförmige Abschläge mit halbrunden, retuschierten Enden werden zum Teil als →Sägen (→Sägeklinge) und Allzweckmesser gedeutet. Letztere Hypothese wird durch zahlreiche Funde geschäfteter Exemplare gestützt, deren Griffe Durchbohrungen zum Befestigen einer Schnur aufweisen, die anscheinend am Gürtel befestigt wurde.

Lehm

Auch Leimen, Leim genannt. Durch chemische Gesteinsverwitterung erzeugter, gelblicher bis bräunlicher, kalkarmer bis kalkfreier, durch überwiegend von Quarzsand, Eisen und sonstigen Mineralien verunreinigter →Ton. Lehm ist weniger plastisch als Ton, rauher und magerer, deshalb wurde zur Erhöhung der Festigkeit oft kurzgeschnittenes Stroh o.ä. zugegeben. Durch Einstampfen in hölzerne Formen und Trocknen an der Luft, wurden Lehmziegel hergestellt. Auch Fußböden und Wände erhielten oft eine Lehmauflage (→Behausungen). Lehm ist ein alter Baustoff. Die ältesten aus Lehmziegeln erbauten Häuser wurden um 9 000 v. Chr. in Mlaff'at im Iran gebaut, und auch die ersten neolithischen Siedlungen und

Städte wurden aus Lehmziegeln errichtet (z. B. →Çatal Hüyük).

Lehringen

(im Kreis Verden an der Aller in Niedersachsen)
Mergelgrube im Uferbereich eines ehemaligen Sees, in der 1948 das vollständige Skelett eines etwa 45jährigen Waldelefanten mit einer etwa 2,24 m langen →Lanze zwischen den Rippen gefunden wurde, die etwa 125 000 Jahre alt ist.
Um den Elefanten lagen 27 Feuersteingeräte: meist einfache Breitklingen, z.T. mit präparierter Schlagfläche in →Levallois-Technik, dazu ein dicker Bogenschaber mit Steilretusche an der Bogenkante, z.T. mit →Glanz, der durch Fleisch- und Knochenzerlegung entstanden ist. Die Funde zeigen ein erlegtes Jagdtier, die bei der Zerlegung benutzten Werkzeuge und einen der seltenen überlieferten Schlachtplätze. Die am See vermuteten Lagerplätze wurden bisher noch nicht gefunden.

Leitformen

Charakteristische →Artefakte, die nur in bestimmten Kulturen oder Industrien vorkommen und auch zur relativen Datierung (→Chronologie) herangezogen werden, ebenso wie →Leitfossilien, die nur in bestimmten Schichten oder Formationen vorkommen (→Stratigraphie). Auch das →Dreiperiodensystem (Stein-, Bronze- und Eisenzeit) beruht auf archäologischen Leitformen. Oft geben sie den Namen für Kulturen wie →Geröllgeräte-, →Faustkeil-, →Streitaxt- oder →Schnurkerami-sche Kultur oder für Werkzeug-Industrien wie das →Levalloisien.

Leitfossil

Bestimmte →Horizonte mit charakteristischen →Fossilien, deren geologisches Alter eine relative geologische →Datierung gestattet, und damit evtl. auch der in ihnen enthaltenen archäologischen Funde.

Lengyel-Kultur

4 900–4 400 v. Chr.
(benannt nach dem westungarischen Fundort Lengyel im Komitat Tolna, wo ein Friedhof mit 90 Gräbern freigelegt wurde)
Verbreitung: Westungarn bis zur westlichen Südslowakei und Polen, von Niederösterreich bis nach Böhmen und Mähren. Parallel zu ihr verläuft die →Rössener Kultur.
Die Bevölkerung lebte in →Grubenhütten, Einzelgehöften, in unbefestigten und befestigten Dörfern mit Graben, Wall und Palisaden sowie in Höhensiedlungen.
Die →Häuser waren im Durchschnitt 4 m breit und 6–8 m lang, die großen Häuser fast 40 m lang, mehrere Meter breit und im Inneren durch Trennwände unterteilt.
Wie die Häuser der Lengyel-Kultur aussahen, zeigt das vollständig erhaltene Tonmodell eines Gebäudes aus Strelice in der Tschechoslowakei. Der Eingang lag an einer Schmalseite, der Fußboden war weiß gestrichen, die Wände mit →Lehm verputzt und vermutlich bemalt.
Wirtschaftsweise: Getreideanbau mit Emmer, Einkorn, Zwergweizen und Roggen. Haustiere: Rinder, Schafe, Ziegen, Schweine und Hunde.

Keramik bestand hauptsächlich aus Fußschalen mit auffällig langem Fuß und pilzförmiger Schüssel, amphorenartigen Vasen ohne Henkel und kleineren Amphoren mit 2 Henkeln und Töpfen mit eingezogenem Rand. Die Keramik wird in 3 Phasen eingeteilt:

• Polychrome Phase, vor allem Rot und Gelb, daneben Weiß, Schwarz und Rosa, die letztere Farbe ist die älteste.

• Die bichrome Phase zeigt eine rote Grundierung und weiße Bemalung.

• Die Phase, in der es keine Bemalung gab.

Aus →Ton wurden zahlreiche kleine Menschen- und Tierfiguren hergestellt und teilweise bemalt. Die Menschenfiguren tragen meist weibliche Züge, Kopf und Gesicht wirken häufig unbeholfen und die Brüste werden durch 2 kleine spitze Hügel angedeutet. Von den Armen sind oft nur Stummel erhalten, Hüften und Oberschenkel wurden betont, und die Haarfrisur durch Ritzlinien angedeutet. Der Oberkörper wurde zuweilen rot oder gelb bemalt.

Zur Zeit der Lengyel-Kultur wurde der gestiegene Bedarf an Feuerstein zur Werkzeugherstellung durch den →Feuersteinbergbau gedeckt. Dies geschah sowohl im Tage- wie im Untertagebau. Aus Feuerstein hat man Klingen und Pfeilspitzen hergestellt, aus Felsgestein Beilklingen und Mahlsteine. In der Spätzeit wurde auch →Kupfer verarbeitet (→Chalkolithikum). Aus Knochen waren Pfrieme und Glätter, aus Hirschgeweih Hacken und Hämmer.

Schmuck wurde aus →Spondylus-Muscheln, →Obsidian und →Kupfer hergestellt; daneben gab es noch Kalkstein- und Tonperlen (→Perlen).

Die →Bestattung erfolgte meist unverbrannt mit zum Körper angezogenen Beinen und selten in gestreckter Lage. Bei →Brandbestattungen wurden die Reste auf den Boden geschüttet oder in →Urnen aufbewahrt. →Grabbeigaben waren meist Tongefäße, Feuerstein-, Felsgestein- und Knochengeräte, Mahlsteine und Schmuck, doch gab es auch Speisebeigaben.

Levallois-Technik

(benannt nach der Fundstelle Levallois-Perret, heute ein Stadtteil von Paris, Frankreich)

Zu den technischen Verbesserungen innerhalb des →Acheuléen gehört die Einführung der die Abschlagverfahren rationalisierenden Levalloistechnik neben der gleichzeitigen Verfeinerung der Faustkeilproduktion. Es handelt sich um eine typische →Abschlagtechnik, die aus der einfacheren und schon im →Oldowan auftretenden →Clacton-Technik entwickelt wurde. Sie entstand beiläufig als Folge der Abbauweise, z.B. aus einer Knollenkappe oder auch aus einem anderen Rohstück. Vermutlich hat man auch zweigeteilte Knollen von geringer Höhe, möglicherweise auch normal gekappte Knollen und selbst auch Trümmerstücke in Schildkernmanier abgebaut, wenn Bedarf auf Breitabschläge bestand. Hernach wurde der Schildkern ganz einfach weggeworfen, er taugte nichts mehr (Unser, 203, 96).

Diese Levallois-Technik wurde immer mehr verfeinert, hatte ihren Höhepunkt im →Moustérien und hielt sich bis zum Ende der →Eiszeit. Hergestellt wurden Faustkeile, Klingen, Spitzen und Schaber. Ausgangspunkt dieser neuen Technik ist nicht mehr der rohe Stein, sondern der vorbereitete Kernstein. Je nach einem rundlichen oder länglichen Umriß der Oberfläche, erhielt man kurze oder gestreckte Abschläge. Die einzelnen Phasen:

• Der Schnittpunkt zweier konvexer Oberflächen bestimmt eine Ebene (Grundebene), von der aus durch umlaufende Abschläge eine gewölbte Abbaufläche entsteht, die einem Schildkrötenpanzer ähnelt (deshalb auch Schildkern-Technik). Die Fläche unterhalb der Grundebene bleibt unbehandelt. Sie sollte aus Spannungsgründen beim Abschlag etwa 3–4 mal massiger als die Oberseite sein, von der der Abschlag gelöst wird.

• Jeder Abschlag erfolgt parallel zu dieser Ebene. Die Abschläge weisen stets einige Facetten der schildkrötenartigen Oberfläche auf. Keine Bruchfläche der Abschläge überschreitet diese Grundebene.

• Ist die Wölbung ganz verwertet, wird eine neue Grundebene tiefer angelegt. Jede Abspaltung erfolgt wieder parallel zu dieser Ebene.

• Wird auf einer Seite des vorbereiteten Kernes eine Schlagfläche angelegt, kann durch einen einzigen kräftigen Schlag die ganze schildkrötenartige Oberfläche gelöst werden. Die →Ventralseite ist dann völlig eben, während die Oberseite die Facetten trägt. Für den nächsten Abschlag wird die Oberfläche wieder zugerichtet. Der Ab-

schlagsvorgang wiederholt sich, bis der Kern erschöpft ist. Das ist der Fall, wenn der Kern zu dünn ist und die Gefahr des Durchschlagens von der Oberseite zur Unterseite besteht.

• In der Spätphase wurden anstatt diskoider längliche Kerne zubereitet und dadurch klingenförmige Halbprodukte gewonnen.

Linienbandkeramische Kultur

5 800–4 500 v. Chr.

(benannt nach den mit linearen Bandmustern verzierten Tongefäßen, auch Bandkeramische Kultur, Bandkeramik oder Linearkeramik genannt)

Verbreitung: Von Nordungarn bis Nordfrankreich, Südbelgien und den südlichen Niederlanden, in der Slowakei und Tschechien, im nördlichen Österreich, im mittleren und südlichen Polen sowie in Mittel- und Süddeutschland bis hinauf zum südlichen Rand der Norddeutschen Tiefebene (bis etwa auf die Höhe von Hannover). Spuren dieser Kultur finden sich auch nördlich der Karpaten bis zur Ukraine und bis nach Moldawien. Um 4 500 v. Chr. erstreckte sich diese Kultur über ein riesiges, 2 000 km breites Gebiet zwischen Ärmelkanal und Schwarzem Meer. Sie wurde durch zahlreiche Regionalkulturen des Mittel- und Endneolithikums abgelöst.

Die Linienbandkeramische Kultur ist die älteste vollneolithische Kultur Mitteleuropas. Die Verbreitung der sich wandelnden Formen von Bandkeramik weist darauf hin, daß die bäuerlichen Gemeinschaften in mehreren Phasen westwärts zogen. Der Anlaß dieser Wanderung ist noch nicht erforscht; vielleicht könnte die starke Bevölkerungszunahme dazu geführt haben, bisher weitgehend unbewohnte Gebiete zu erschließen, oder es gab eine schnelle Änderung der mesolithischen →Sammler und Jäger durch Berührung mit der neuen Kultur. Es wird aber auch die Annahme vertreten, daß es eine Einwanderung aus Südosteuropa nicht gegeben habe, sondern daß im günstigen Klima der →Nacheiszeit die einheimischen mesolithischen Jäger zu ersten Bauern der Linienbandkeramischen Kultur wurden.

Neuere Untersuchungen (Sielmann, 184) belegen die Einwanderungsthese von Osteuropa nach Norden und Westen anhand kammerartiger Siedlungen, dichte Ansammlungen von Dörfern, die die Grundeinheiten der Besiedlungen bildeten. Einige bestanden bis Christi Geburt. Die Einheitlichkeit der bandkeramischen Dörfer zeigt, daß sich der →Ackerbau in Europa durch Einwanderung und nicht einfach durch neue Ideen ausgebreitet hat. Von etwa 5500 v.Chr. an haben sich die Gruppen der Bandkeramiker aus ihren Ursprungsgebieten in den Karpaten nach Norden und Westen ausgebreitet und gegen 4500 v.Chr. das Pariser Becken erreicht. Die Linienbandkeramiker siedelten vorzugsweise auf →Lößböden oder Schwemmlandzonen der Flüsse, entlang der Talauen in einer Zusammenballung. Deshalb liegt nicht der Begriff eines linearen Siedlungsmusters, sondern einer Kammer oder Zelle nahe. Die Talgründe waren mit reichem dunklem Boden bedeckt, zur Zeit der Besiedlung grünten ausgedehnte

Wiesen. Hier betrieben die bandkeramischen Bauern nicht, wie in einem früheren Modell angenommen wird, Brandrodungsbau, vielmehr haben sie eine Art Gartenbau gepflegt und einzelne Flächen viele Jahre hindurch bewirtschaftet. Einige Dörfer waren nachweislich 500 und mehr Jahre bewohnt.

Siedlungen bestanden aus Langhäusern mit Wohn-, Speicher- und Stallteil. Neben den →Häusern befanden sich meist Vorratsgruben (→Gruben), deren (oftmals mehrmalige) Lehmverkleidung vor der Benutzung gebrannt wurde, um die eingelagerten Lebensmittel trocken zu halten. Die rechteckigen, in →Pfostenbauweise errichteten Häuser waren in der Regel 20–25 m lang, es gab aber auch Bauten von bis zu 45 Metern, die zwischen 5–8 m breit waren. Im Südosten befand sich der Speicherraum, in der Mitte wohnte man, und am anderen Ende befanden sich entweder Ställe oder Schlafräume. Das alte Fußbodenniveau wurde bei den ersten Ausgrabungen fast nie erfaßt, daher fehlen zumeist →Herde, Öfen und andere Inneneinrichtungen. Öfen haben einen hufeisenförmigen Grundriß, eine Kuppel aus gebranntem Lehm und als Boden oft eine Steinpflasterung mit Lehmestrich. Bewohnt wurden die Häuser von Familien mit 5–7 Personen. Diese Langhäuser waren das Vorbild späterer Bauernhäuser in Europa. Neben den Großbauten gab es auch kleinere Häuser ohne Speicherteil und solche, die nur aus dem Mittelteil, d.h. aus dem zentralen Wohnbereich bestanden. Das Vorhandensein unterschiedlicher Haustypen könnte ein Hinweis auf gesellschaftliche Differenzierung sein. Es gab Dörfer mit bis zu 40 Häusern, die manchmal auch von Gräben, Wällen und →Palisaden (→Befestigungen) umgeben waren. Umzäunungen einzelner Hausgrundstücke weisen weniger auf ein Schutzbedürfnis hin, als vielmehr auf Eigentumsabgrenzungen oder eine Verwendung als Tiergatter. Eine andere Siedlungsform stellt die lineare Siedlung mit einzeln stehenden Langhäusern als Einzelgehöften dar. Die Abstände zwischen den Einzelhöfen betragen manchmal weniger als 50, manchmal aber auch mehr als 100 m. Auch waren die Häuser innerhalb dieser langgezogenen Siedlungen unterschiedlich groß. Befestigte Höhensiedlungen sind in dieser Kultur nicht bekannt.

Angebaut wurde Getreide, die Weizenarten Emmer und Einkorn, Gerste und Hülsenfrüchte sowie die Öllieferanten Mohn und Flachs. Gehalten wurden Rind, Schwein, Schaf und Ziege. Fast alle genannten Anbaupflanzen und Nutztierarten, vielleicht mit Ausnahme von Rind und Schwein, stammen aus dem Vorderen Orient. Die Jagd wurde nur gelegentlich ausgeübt.

Übliche rundbödige Gefäßformen sind der Kumpf, die Schale, die Flasche, die großen unverzierten Vorrats- und Transportgefäße sowie Eß- und Trinkgeschirre. Der Ton der Feinkeramik ist außerordentlich fein geschlämmt, die Oberfläche gut geglättet, oft poliert, und der Brand ist fest und gleichmäßig. Verzierungen der Feinkeramik bestehen aus eingeritzten, gerillten, gestochenen, gestempelten und reliefartigen Mustern, Linien oder Linienbändern, die dieser Kultur ihren Namen gaben. Häufige Motive sind Spiralen, Wellen- und Bogenmuster mit verschiedenen Zwickelfüllungen, Mäander, Winkelmuster, Zickzackreihen, gerade Linien, kurze Striche, Kerben, Grübchen oder Kreuze. Daneben gibt es Dreiecksreihen, Doppelaxtsowie Flügelmotive. Schalen zeigen mitunter kreuzförmige Innenmuster. Weiße und rote Farbreste sind auf Mustern sichtbar. Viele der bandartigen Verzierungen liegen erhaben auf der Oberfläche der Gefäße auf. Die Töpfer haben sie entweder beim Formen herausgearbeitet, als feine Tonröllchen auf das Gefäß aufgedrückt oder mit mehrzinkigen Geräten gezogen. Eingeritzte symbolische Zeichen stellen Ideogramme (→Felsbilder) dar, die über die Bilderschrift hinausgehen und als eine Vorform auf dem Weg zur Herausbildung der Schrift angesehen werden können. Häufig besitzen die Gefäße Knubben und vertikal oder horizontal gelochte Schnurrösen.

Die zahlreichen Kunstwerke sind ausnahmslos auf →Ton angebracht oder aus Ton geformt und stellen Menschen oder Tiere dar.

→Steingeräte umfassen jetzt auch geschliffene Großgeräte aus Felsgestein (Basalt, Amphibolit) wie Steinbeile und Steinäxte und vor allem die sogenannten →Schuhleistenkeile mit einem D-förmigen Querschnitt als Miniaturausführung und einer Länge von bis zu 25 Zentimetern. Diese Schuhleistenkeile dienten der Holzbearbeitung und, beilartig geschäftet, auch als Waffe. Steinkeulen mit

Mittelloch stellen wahrscheinlich Waffen dar, bei denen erstmals die Technik des Durchbohrens (→Bohrtechnik) angewandt wurde. Dies geschah lange bevor es üblich wurde, Steinbeile zu Äxten zu durchbohren. Unter den lithischen Kleingeräten aus Feuerstein, Hornstein, Quarzit, seltener aus Jaspis, Kieselschiefer oder Radiolarit stehen →Messerklingen und →Schaber an erster Stelle. Außerdem gibt es →Sicheln und →Erntemesser, →Bohrer und →Pfeilspitzen in vielen Variationen, teils schlank, dreieckig und symmetrisch mit gerader oder eingezogener Basis, teils breiter und mit gewölbten Seiten, teils asymmetrisch, d. h. kerbspitzenartig, ausnahmsweise auch mit einem mittleren Schäftungsstiel versehen, in der Regel mit gerader, vereinzelt auch mit gezähnter Schneide. →Mikrolithen von Tardenoisien-Charakter weisen auf eine gewisse Gleichzeitigkeit beider Kulturen hin. Üblich sind auch →Mahlsteine mit Läufer und →Reibsteine und →Klopfsteine oder →Reibschalen zum Zerreiben von roter Farbe. Aus Tierknochen waren →Pfrieme, →Spitzen, →Meißel und spatelartige Geräte.
Als Schmuck dienten Halsketten aus zylindrischen, tonnenförmigen oder konischen Perlen aus Ton und Kalkstein sowie durchbohrten Tierzähnen; Armringe waren oft aus Spondylusmuscheln, wobei die abgeschnittenen Ränder der großen Muschelschalen als Armreifen verwendet und paarweise getragen wurden. Der seltene Fund eines Bernsteinanhängers wurde in Hükkelhofen bei Erklenz am Niederrhein in einem 13 m tiefen holz-

verschalten Brunnen gemacht und konnte auf Grund dendrochronologischer Bestimmung (→Dendrochronologie) auf 5 100 v. Chr. datiert werden.
In den Siedlungsgebieten fand man neben einigen Siedlungen kleine Gräberfelder mit Einzelbestattungen (→Einzelgrab-Kultur), gewöhnlich in seitlicher Hockerlage in einfachen Erdgruben. In einigen Gräbern gab es als Grabbeigabe Keramik, Steinwerkzeuge und einfachen Schmuck. In verschiedenen Höhlen Süddeutschlands zeigen Funde menschlicher Knochen, überwiegend von Jugendlichen, Spuren gewaltsamer Tötung und Feuerspuren auf, die im Zusammenhang mit Opferriten oder →Kannibalismus stehen können.

Litorina-Meer
(benannt nach der Strandschnecke Litorina littorea)
Um 5 000 v. Chr. kam es zu einer erneuten Verbindung des Baltischen Beckens mit der Nordsee. Aus dem Ancylus-See wird das salzige Litorina-Meer, die dritte Entwicklungsstufe der Ostsee (→Nacheiszeit).

Livre de beurre
(franz.: das Pfund Butter)
Endphase des →Neolithikums bis in die frühe →Bronzezeit.
Die für diese Zeit typischen Klingenkerne wurden im vorigen Jahrhundert auf vielen Feldern um →Le Grand Pressigny gefunden und wegen der Ähnlichkeit ihrer Form als Butterpfunde bezeichnet. Die Qualität dieser Feuersteine erlaubte die Herstellung besonders langer Klingen mit einer Länge von bis zu 35 Zentimetern. Die

spezialisierte Herstellung langer Klingen ist ein typisches Merkmal der industriellen Massenproduktion von Le Grand Pressigny, die als Exportartikel in ganz Europa vertrieben wurden. Typische Kennzeichen dieser Klingenkerne sind der symmetrische, bootsförmige Grundriß und die gewellte Seitenkante. Der Feuerstein weist im Gebiet von Le Grand Pressigny außer Knollen auch Platten auf, die leicht zu gewinnen, bis zu 1 m lang, oft ebenso breit, 10–20 cm dick waren und etwa 25–50 kg wogen. Die Herstellung erfolgte in mehreren Schritten:

• Am Fundort wurden von der Platte Rohstücke in gewünschter Größe abgeschlagen, wobei die Hauptebene der Feuersteinplatte berücksichtigt wurde, um gleichlaufende Klingen mit gleichen physikalischen Eigenschaften zu erhalten. Große Rohstücke konnten eine Länge von 35–40 Zentimetern, eine Breite von 14–16 Zentimetern und eine Dicke von 9–11 Zentimetern haben; das entspricht einem Gewicht von 6–8 kg.

• Zunächst wurden am Rohkern quer zur Längsrichtung verlaufende Negative (Abschläge) angebracht. Sie sollen später das seitliche Auslaufen der Klingen verhindern und stehen in direktem Zusammenhang mit der beabsichtigten Längs- und Querwölbung der später zu erwartenden Klinge.

• Nach diesen Vorbereitungen des Klingenkerns konnte mit dem Abbau der Klingen begonnen werden. Der Schlagpunkt mußte in der Achse der zukünftigen Klinge liegen und allseitig min-

destens 5 mm herausprofiliert sein. Der Abschlag erfolgte nicht in der Technik des direkten harten Abschlags, sondern mit einem Zwischenstück. Die so gewonnenen Klingen können eine Länge von 25–35 cm erreichen, sind zwischen 4 und 5,6 cm breit und wiegen zwischen 100 und 250 g.

• Ist die erste Klinge geschlagen, muß der neue Schlagpunkt um eine halbe Klingenbreite seitlich verschoben werden, damit er wieder genau auf die neue Kante der nächsten Klinge ausgerichtet ist. Für die meisten Klingen erfolgt eine neue Zurichtung zu einem frischen, allerdings etwas leichteren und kürzeren Rohkern.

Es gibt 3 Klingentypen:
• ganzseitig mit querlaufenden Negativen bedeckt,
• halbseitig, links oder rechts, mit querlaufenden Negativen bedeckt und
• mit vollständig glatter Oberseite. (Kelterborn, 106).

Lochstäbe
(auch „Kommandostäbe" genannt) Verbreitung: während des Jungpaläolithikums in West-, Mittel- und Osteuropa. Geweihstange eines Ren oder Hirsches, die bei einer Gabelung abgeschnitten und mit einer Durchbohrung, meist an einem Ende im verdicktem Bereich, versehen wurde. Die Oberfläche kann geglättet sein. Lochstäbe aus Elfenbein haben einen kleineren Durchmesser und sind gewöhnlich geschnitzt. Über den Verwendungszweck sind schon viele Behauptungen aufge-

stellt worden (z. B. „Kommando-
stab" für die angenommene Funktion u.a.). Es spricht aber viel dafür, daß es ein Werkzeug ist, das
als Hebel →Schäfte von Speeren
und Pfeilen aus gekrümmten Geweihstangen und Holz über Feuer
oder Wasserdampf geradebiegt
oder das benutzt wird, um Riemen
aus Rohhaut durch Einölen und
Dehnen elastisch zu machen.
Speerfunde mit geringem Durchmesser und beiliegendem Lochstab
mit entsprechender Bohrung weisen auf diesen Verwendungszweck
hin, andererseits gibt es zahlreiche
Lochstäbe ohne Gebrauchsspuren,
die also keinem praktischen Zweck
gedient haben. Nach Franz Eppel
könnte der Lochstab auch als
Maulknebel gedient haben, wie sie
heute noch von Bauern oder Vieh-
händlern verwendet werden, um
widerspenstige Tiere ruhig festhalten zu können. Durch die Bohrung des Stabes läuft eine Schnur,
die durch das Maul oder um die
Oberlippe des Tieres gezogen wird
und die sich beim Drehen des Stabes verengt. Der dadurch verur-
sachte Schmerz macht das Tier ge-
fügig beim Führen, Melken oder
Scheren. Solche Knebel werden
noch heute bei Pferden, von Lap-
pen bei Rentieren und von Bedui-
nen bei Kamelen angewandt. Für
diese Deutung spricht:

1. Größe und Form der meisten paläolithischen Lochstäbe stimmen
   mit den heute noch verwendeten
   Maulknebeln überein.
2. Gegenüber Holz hatte der Ge-
   weihknochen den Vorteil der
   größeren Härte und geringeren
   Spaltungsgefahr.
3. Die Stelle an der Astgabel bietet
   nicht nur den besten Platz für

das Bohrloch, sondern beim
drehenden Verwinden des Kne-
bels auch die größte Festigkeit
gegen alle Richtungen der
Druck- und Zugbeanspruchung.
4. Ursprünglich scharf gebohrte
   Lochkanäle sind durch den häufigen Gebrauch bei vielen Maulknebeln an den Rändern etwas
   ausgebrochen, und zwar genau
   dort, wo die zusammengezogene
   Schlaufe angreift.
5. Überwiegende Wildpferde- und
   Rentierzeichnungen auf diesen
   Fundstücken zeigen, daß das
   Gerät zu jenem Wild in enger
   Beziehung gestanden haben
   muß. Für die Bilder wäre somit
   ein funktionaler Sinn erwiesen.
6. Auffallenderweise sind häufig
   nur die Tierköpfe abgebildet, wobei manche rätselvolle Schlei-
   fen- und Schlingen"ornamente"
   am Maul tatsächlich die Knebe-
   lung darstellen, zumindest aber
   andeuten könnten (Eppel, 52,
   31–33).

Der Lochstab als Maulknebel wäre
also ein Beweis für die ersten
Anfänge einer primitiven Tierhaltung im Magdalénien (16 000–
9 500 v. Chr.).
Viele Lochstäbe sind mit geome-
trischen- oder Tierdarstellungen
verziert: Mammut, Pferd, Fisch,
Hirsch, Ren, Steinbock, Hirschkuh
oder Bison. Diese Figuren entsprechen in der Art ihrer Darstellung
den Bildern auf den Höhlenwänden und sind vermutlich aus dem
gleichen Grund angebracht worden. Der Griff konnte die Form eines Phallus haben. Der Lochstab
ist neben der →Speerschleuder das
typische Gerät der magdalénien-
zeitlichen Kunst. Ein Lochstab aus
Mammutknochen wurde auch in

der Clovis-Station Murray Springs in Arizona gefunden (→Nord-amerikanische Spitzen).

Löß

Mergeliger, poröser und leicht zerreibbarer Sand. Er entstand in der →Eiszeit durch feinste Zermahlung des Gesteins, wurde als feines Pulver vom Wasser aufgenommen, abgelagert und trocknete aus. Die Fallwinde, die große Mengen an Sand und Staub aus den Ablagerungen vor dem Eis und aus den durch den →Permafrost flachen, breiten Flußtälern aufwirbelten, ließen den Sand, weil er schwerer als Ton und Staub ist, nur über kurze Distanzen verwehen und warfen ihn zu Dünen auf. Den gelblichen, leichteren und feineren Staub wehte der Wind weiter weg. Er sank in den zwischen den Senken der Gebirgsstränge liegenden →Tundren und Kältesteppen als Löß nieder und wurde dort von arktischen Kräutern und Gräsern festgehalten. Aufgrund der in ihm enthaltenen vielfältigen Mineralstoffe ist er ein fruchtbarer Boden, den sich die Pflanzen nach dem Ende der Eiszeit nutzbar machen konnten. Die Lößböden enthalten keine Steine und waren auch deshalb bei den ersten Ackerbauern ein gesuchter Boden.

Luftbildarchäologie

Sie zeichnet oberirdische Auswirkungen von Störungen unter der Erdoberfläche auf, die von früherer menschlicher Aktivität herrühren. Es gibt 3 Arten von Auswirkungen bzw. Merkmalen, die es ermöglichen, archäologische Stätten zu erkennen:

1. Schattenmerkmale zeigen bei schräg einfallendem Sonnenlicht durch kaum merkliche Unebenheiten Reste von Bauten, Wällen oder Gräben.
2. Vegetationsmerkmale weisen durch unterschiedlichen Bewuchs auf unterirdische Kulturreste hin.
3. Bodenmerkmale deuten durch Verfärbung der Erdoberfläche auf unterirdische Kulturreste hin.

Zu Beginn der Luftbildarchäologie stand die Schwarz-Weiß-Aufnahme und später die Farbfotografie. Heute wird auch mit Falschfarben und Infrarot-Fotografie gearbeitet, die selbst dort etwas entdecken, wo das normale Kameraauge versagt (→Archäologie).

Lyngbybeil

Mesolithisches Geweihbeil (→Beile)

Lyngby-Kultur

10 700–10 000 v. Chr.
(benannt nach dem Fundort Nørre-Lyngby, an der Küste Nordwestjütlands, Dänemark)
In der jüngeren →Dryaszeit von 12 700–12 000 v.h. sind keine geschlossenen Wohnplätze in Dänemark, nur verstreute Einzelfunde bekannt, von denen sich auch nur die →Stielspitze (→Lyngby-Spitze) aus Feuerstein von Nørre Lyngby geologisch datieren läßt. Auch das in unmittelbarer Nähe gefundene Rentierbeil (Lyngbybeil, →Beil) befand sich nicht in ungestörter Lage. Inwieweit die Lyngby-Kultur mit der →Ahrensburger-Kultur mit ähnlichen Stielspitzen und Rentierbeilen in Zu-

sammenhang steht, ist noch nicht
geklärt.

Lyngby-Spitze
→Lyngby-Kultur. In Nørre Lyngby an der Küste von Nordwest-
jütland wurde eine grobe, breite
und 7 cm lange Feuersteinspitze
mit einem an beiden Seiten bearbeiteten Stiel gefunden. Der Fund-
gegenstand lag in der jüngeren
→Dryasschicht. Ähnlich Spitzen,
die eine Länge von 11–17 cm aufweisen und sicher Speerspitzen
darstellen (→Stielspitzen). wurden
verstreut im ganzen Land gefunden.

Magdalénien

(benannt nach dem Abri La Magdaleine, Dordogne, Frankreich)
Südwestfrankreich/Nordspanien:
14 000–9 500 v. Chr.
Mitteleuropa: 13 000–9 500 v. Chr.
Verbreitung: vor allem in Südfrankreich, Nordspanien und Mitteleuropa. In Deutschland: Baden-Württemberg, Bayern, Rheinland-Pfalz u.a., nicht jedoch in weiten Teilen Norddeutschlands. Als Sondergruppe des Magdalénien gelten das →Creswellien in England und das →Swidérien in Polen und Ungarn.
In Südfrankreich, Nordspanien, der Schweiz und Bayern geht das Magdalénien in das →Azilien über.
Das Magdalénien ist die letzte jungpaläolithische Stufe und zugleich die letzte und höchste Entwicklung der Kulturen der Altsteinzeit (→Steinzeit). Die Menschen waren in erster Linie Großwildjäger und jagten zumeist geweihtragende Tiere, insbesondere das →Ren; an manchen Orten stammten ca. 99% aller gefundenen Tierknochen von dieser Art. Das Ren liefert dem Menschen alles, was er benötigt: Fett und Fleisch, Nähmaterial aus Sehnen und Därmen, Kleidung und Zelte aus der Haut, Knochen und Geweih für Waffen, Werkzeuge und Kleinkunst. Sogar der pflanzliche Mageninhalt konnte genutzt werden. Mit dem Verschwinden des Ren am Ende der →Eiszeit um 9 000 v. Chr. endet auch die Höhlenkunst des Magdalénien, während die Tradition der →Felsbilder weiterhin besteht.

Das Nordseebecken lag in dieser Zeit etwa bis zur Doggerbank trocken. Es gab Moore, Wälder und viele Wildtiere. Neben dem Ren gab es noch große Wildpferdherden. →Mammute und Fellnashörner starben in dieser Zeit aus.
Die →Steinwerkzeuge der Anfangszeit sind eigenartig und roh und bestehen oft mehr aus →Abschlägen als aus →Klingen. Spätere Geräte erinnern an das →Gravettien, das vielleicht als Vorläufer angesehen werden kann. Als Sondertyp von →Stichel taucht ein →Zinken mit seitlich abgebogener Spitze der sogenannte →„Papageienschnabel" auf, der allerdings außerhalb Südwestfrankreichs kaum vorkommt. Mit ihm wurden im →Spanverfahren aus dem Rengeweih lange Späne gelöst, aus denen man Spitzen und Harpunen herstellen konnte. →Leitformen sind kleine Schaber aus Abschlägen mit Retusche und zahlreiche Bohrer, auch in Sternform, die mehrere Bohrenden aufweisen. Geometrische →Mikrolithen sind häufig. Steinmörser sind aus Felsgestein, Quarz oder Granit. Neu ist die Talglampe (→Lampe) in Form eines ausgehöhlten Steins. Der Feuerstein tritt an Bedeutung zurück, da fast alle Geräte und Waffen aus Rengeweih bestehen.
Geräte aus Knochen und Geweih sind weit entwickelt. Erfunden wurden die →Speerschleuder mit der Speerspitze aus Knochen oder Geweih, die in den eigentlichen Speer eingesetzt wurde, sowie eine Art →Bumerang oder Wurfholz. Leitformen sind verschiedene →Speer- und Lanzenspitzen

(→Geschoßspitzen), →Lochstäbe, →Speerschleudern, →Nähnadeln mit Öhr und Nähkästchen aus Röhrenknochen zum Aufbewahren von Nadeln u.a., Pfeilspitzen, Glättgeräte und Meißel. Geweihharpunen fanden Verwendung, die ein oder 2 Reihen Widerhaken besitzen, wovon einige eine Lochbohrung oder einen vorstehenden Zapfen am Ende aufweisen, um eine Schnur zum Zurückholen zu befestigen. Neu sind zusammengesetzte Speerspitzen aus halbrunden Stäben (→Speere).

Die frühesten Bilder sind älter als 30 000 Jahre und fallen ins →Aurignacien. Soweit bekannt ist, hat sich der Neandertaler nicht künstlerisch betätigt. Das Bild als Mittel des Ausdrucks gehört ausschließlich zum modernen Menschen, also dem *Homo sapiens sapiens* in der Gestalt des →Crô-Magnon-Menschen (→Kunst). Noch im Aurignacien wurden die Flächen der Tiere ein- oder zweifarbig angelegt, während im →Solutréen eine Art künstlerischer Schaffenspause folgte, um im →Magdalénien den Höhepunkt der Höhlenmalerei (→Höhlenbilder) zu erreichen. Wieder stehen am Anfang Strichzeichnungen. Die Fläche wurde jetzt oft durch Ausmalen, Schraffieren oder durch rote und schwarze Tupfer betont. Gegen Ende erreichten die Bilder als mehrfarbige Wandgemälde höchste Aussagekraft, wobei vorhandene Felsformen die plastische Darstellung verstärken. Zur Kolorierung wurden neben Blut, Pflanzensäfte vor allem Farberden wie →Ocker (gelb, rot, braun) und Manganoxid (dunkelbraun bis schwarz) aber auch Mineralien wie →Hämatit und Limonit (orangefarben, rot und braun) sowie Holzkohle verwendet. Farbbehälter aus Muscheln oder Knochen sind selten.

Besonders schöne →Plastiken wurden aus Knochen, Elfenbein oder Geweih hergestellt, wobei die Motive von realistischen Darstellungen von Rentier, Pferd, Steinbock und Mammut bis zu den detaillierten Abbildungen von Fischen, Vögeln, Seehunden und seltener schematisch und einfach ausgeführten menschlichen Figuren reichen. Flache Knochenstücke zeigen Konturen verschiedener Tiere. Auffallend ist die große Vorliebe für Schmuck. Üblich sind Halsketten, Ohrringe, Armringe und Körperschmuck mit Farben. Die Menge an Schmuck, die in den Höhlen und Siedlungsplätzen gefunden wurde, ist so außerordentlich groß, daß man von einer Sucht nach Schmuck sprechen kann. Perlen wurden aus verschiedenen Materialien hergestellt (u.a. Fischgratwirbel, Tierzähne). Besonders beliebt waren die Schmuckmuscheln vom Mittelmeer und Atlantik, die auf Tauschhandel hinweisen. Die durchbohrten Muscheln nähte man als Besatz auf die Kleidung oder man trug sie als Bestandteile von Halsketten. Beliebte Anhänger waren durchbohrte Eckzähne vom Bären, Löwen, Luchs, Hund, Pferd, Rind, Steinbock und Ren.

Die ersten →Musikinstrumente wurden gebaut: →Pfeifen (möglicherweise als Jagdpfeife verwendet), →Flöten und →Schwirrgeräte. Auf ihren dem →Ren folgenden Sommerwanderungen nach Norden waren die Menschen gezwungen, ohne Höhlen auszukommen, da es solche im Norden nicht gab. So erfanden sie, wie ihre Zeitgenossen, die dauernd im →Löß lebten, das →Zelt aus Rentierhäuten. Auch das „naturkundliche Museum" wurde erfunden, denn anders kann man die in vielen Höhlen gefundenen Sammlungen von Mineralien kaum bezeichnen: vom Achat und Bergkristall, vom Amethyst und Bernstein bis zum Gagat und vielen anderen. Hinzu kamen →Fossilien aus dem →Tertiär und der Kreidezeit, einige davon sogar durchbohrt.

Maglemose-Kultur

8 300–6 000 v. Chr.

(benannt nach dem Fundort Maglemose = das große Moor, bei Mullerup, Westküste der Insel Seeland, Dänemark)
Verbreitung: Nordeuropa, Ostengland, das heute überflutete südliche Nordseegebiet, Südschweden, Norddeutschland, Polen, Baltikum, Nordrußland – wo sie oft als →Kunda-Kultur bezeichnet wird – und über den Ural hinaus. In Deutschland unterteilt man die Maglemose-Kultur in die →Duvensee-Gruppe und →Oldesloer Gruppe.
Im Gegensatz zum vorausgehenden präborealen →Klosterlund fällt die Maglemose-Kultur in die boreale Zeit (9 000–7 500 v. Chr.). Typische Fundkomplexe des →Boreals stammen von Maglemose, Holmgard, Ulkestrup, Lyng, Öregarde, Svaerdborg, →Kongemose (alle in Dänemark), →Duvensee (Schleswig-Holstein), Haltern (Nordrhein-Westfalen), →Hohen Viecheln (Mecklenburg), Broxbourne (England) und Stån-

genäs (Schweden). Sie sind nicht nur auf das Festland und die Inseln beschränkt, sondern sind auch in Gebieten zu vermuten, die heute vom Meer bedeckt sind. Diese weite Verbreitung und das beträchtliche Beharrungsvermögen des Maglemosiums machen es verständlich, daß sich Unterschiede und Sondergruppen herauskristallisierten. Besonders deutlich ist dies etwa, wenn man dänische Fundstellen wie Mullerup oder Svaerdborg auf Seeland mit →Star Carr in Yorkshire (Ostengland) oder mit →Kunda (Estland) vergleicht.
Das Geräteinventar hat in der Frühstufe noch große Ähnlichkeit mit den dürftigen Geräten von →Klosterlund, ist aber in der Mikrolithentechnik etwas besser. Zu den Feuersteingeräten gehören die ersten grobgeschlagenen →Kernbeile, →Scheibenbeile (Spalter), →Klingen, →Bohrer, →Stichel, Block-, Rund- und Klingenschaber (→Schaber) sowie deren Abfallprodukte bei der Mikrolithenherstellung (→Mikrolithentechnik) wie Mikrostichel und schräge und querschneidige Pfeilspitzen (→Querschneider).
Geschliffene Felssteingeräte (Grünstein) sind selten. Ab und zu treten geschliffene →Walzenbeile und →Keulenköpfe mit sanduhrförmiger Durchlochung auf. Ausnahmsweise auch geschliffene Schaftlochäxte z.T. mit schräg geschliffener Querschneide (→Dechsel) aus Gneis oder Diorit. Reste von →Schäftungen und →Gebrauchsspuren bezeugen, daß die Kern- und Scheibenbeile der Holzbearbeitung dienten. Die Verwendung schwerer Steingeräte zur Holzbearbeitung stellt eine techni-

sche Neuerung dar, die mit dem →Campignien verwandt ist und Auswirkungen eines südlichen Einflusses zeigt. Zahlreich sind die Geräte aus Geweih und Knochen: Geweihbeile (→Beile) mit schräg geschliffener Schneide (wobei das Geweih die Schneide bildet) oder mit Steineinsatz sowie Speerspitzen mit Widerhaken und →Harpunen in 3 Hauptformen: die 1. besitzt eine gleichmäßig gezähnte Seite, die 2. weist einen oder einige kräftige Widerhaken auf einer oder 2 Seiten an der Spitze auf und die 3. ist durch Flinteinsätze gekennzeichnet, die in seitlichen Schlitzen mit Birken- oder Kiefernteer so dicht nebeneinander eingesetzt sind, daß sie zusammen eine Längsschneide bilden und von Vorsprüngen unterbrochen als Widerhaken wirken. Weitere Geräte sind Meißel, Keulen, Dolche, Messer, Knochenspitzen (Pfrieme), Glätter, Angelhaken (auch mit Widerhaken) und Nadeln zum Netzknüpfen und Nähen. Die örtlichen Varianten der Maglemose-Kultur unterscheiden sich bei der Auswahl der Geweih- und Knochenmaterialien.

In →Star Carr wurden die gezähnten Spitzen so gut wie ausschließlich aus Hirschgeweih, in Maglemose und in Hohen Viecheln aber aus Knochen geschnitzt. Die Beile in Star Carr bestehen durchweg aus Elchgeweih, in Maglemose aus Hirschgeweih und in Hohen Viecheln zumeist aus Knochen. In →Star Carr wurde zur Gewinnung von Spänen aus Geweih die →Spantechnik wie bei der Hamburger Gruppe angewandt, nicht aber bei den dänischen Fundplätzen.

Durch die Lage vieler Maglemose-Wohnplätze im →Moor, haben sich vergleichsweise viele Holzgeräte erhalten. Bögen bestanden aus Ulmenholz (etwa 1,60–1,80 m lang), Pfeile, auch Bolzenpfeile (→Pfeilspitzen), aus Kiefernholz mit→Mikrolithen, ebenso →Schäfte und →Schwirrhölzer. In Maglemose fand man das älteste Boot mit Paddeln aus Holz, in Perth (am Firth of Forth, England) einen Einbaum aus Holz (→Wasserfahrzeuge) und im Ostbaltikum einen Kufenschlitten.

In Dänemark und Deutschland wurden mehrere Lagerplätze ausgegraben, in denen noch Überreste von Hüttenböden erhalten sind, die aus ineinandergeflochtenen Rindenstreifen und gespaltenen Birken- und Kieferstämmen bestanden. Die →Hütten selbst hatten entweder einen rechteckigen oder trapezförmigen Grundriß und eine Grundfläche von 2,5 x 2,5 oder 4 x 6 Metern. Dächer und Wände bestanden wahrscheinlich aus Birkenreisig. In Duvensee (Lauenburg) befanden sich zwischen einem Bodenbelag aus Reisig, Birken- und Kiefernrinde Millionen von Haselnußschalen. 5 solcher Teppiche lagen übereinander. In →Star Carr in England wurden dicht nebeneinandergelegte, fest umwickelte Rollen aus Birkenrinde verwendet. All diese Methoden hielten die Fußkälte sicher ab. Der Hund ist als Haustier belegt und wurde vielleicht auch zum Schlittenziehen eingesetzt.

Die Wirtschaftsgrundlage bildeten, außer der Sammlertätigkeit, die Jagd (Elch, Hirsch, Reh, Auerochse, Wildschwein, Vögel u. a.) und der →Fischfang.

Künstlerische Darstellungen erscheinen als Verzierung auf Knochen- und Geweihgegenständen, als Ritzungen und Einkerbungen geometrischer und figürlicher Art; aus Bernstein sind Tierplastiken und durchbohrte Schmuckscheiben, deren Oberflächen oft durch Strich- oder Punktmuster gestaltet wurden. Ein rechteckiger Bernstein-Anhänger aus Singalgaard auf Seeland in Dänemark zeigt das Problem der Aufhängung. Immer wieder brachen die doppelkonisch gebohrten Löcher aus, da sie zu nahe am Rand angebracht waren, erst ein viertes Loch hat gehalten, ein fünftes wurde nicht vollendet. Auf diesem Anhänger sind in großer Abstraktion 5 Menschenfiguren graviert, die nur am angedeuteten Kopf, den Stummelfüßen und den Ärmchen zu erkennen sind.

Keramik wurde nicht nachgewiesen, doch gibt es ein Vorstadium mit Funden aus luftgetrockneten, ungebrannten und ungemagerten →Scherben.

Mahlsteine
(auch Reibmühlen genannt)
Grundsätzlich besteht ein Mahlstein aus 2 Teilen: dem Unterlieger (Mahlstein) und dem Läufer. Der Unterlieger weist eine mehr oder weniger starke Mulde auf. Läufer sind oft handgroß, rundlich, kugelig, ei- oder wurstförmig. Eine regionale Sonderform der Ostsahara sind die Reibsteine vom Typ „Gilf" mit einem gewölbten Handgriff, einer umlaufenden Rille und einer seitlich hochziehenden, asymmetrischen Reibfläche. Narbenfelder auf den Schmalseiten der Läufer lassen darauf schließen, daß auch Nüsse oder andere hartschalige Früchte aufgeschlagen wurden.

Größere Mahlsteine sind ruhende Objekte, auf denen ein Läufer mit der Hand hin- und herbewegt wird. Arbeitsspuren laufen überwiegend in einer Richtung, teilweise auch konzentrisch und beweisen, daß eine kreisende Bewegung stattfand. Glockenförmige Läufer Nordafrikas zeigen, daß bei diesem Reibgerätetypus in der zum Körper des Benutzers hinführenden Bewegungsphase mit stärkerem Druck gearbeitet wurde, hier also ein Quetschvorgang stattfand, während bei der Gegenbewegung hauptsächlich das Mahlgut neu geordnet wurde. Die Arbeit führte zu einem feinen Schliff bzw. zu einer polierte Oberfläche, die deswegen häufig aufgerauht werden mußte.

Da Mahlsteine relativ große Objekte sind, werden sie, sind sie einmal unbrauchbar für die primäre Verwendung, häufig weiter in anderen Funktionen benutzt. Die Läufer konnten auch als Hammer und Amboß dienen.

Mahlsteine werden gewöhnlich aus Sandstein, Basaltlava oder einem anderen harten Stein hergestellt. Die ältesten Mahlsteine stammen aus dem Nildelta bei Tushka, etwa 200 km flußaufwärts von Assuan, und sind etwa 14500 Jahre alt. Mahlsteine gelten als typisches Gerät der →Jungsteinzeit, bilden jedoch nicht unbedingt den Beweis dafür, daß →Ackerbau betrieben wurde, denn sie können auch dazu gedient haben, wilde, eßbare Körner, Wurzeln und Farben zu zermahlen. Sie lassen sich z.B. in der →Maglemose- und →Kunda-Kultur finden, die mit Sicherheit keinen Pflanzenanbau kannten.

Versuche ergaben, daß man nach etwa 3 Stunden Arbeit ca. 3 kg Mehl gewinnen konnte. Das Mehl war mit Gesteinsabrieb vermischt, was den baldigen Verfall der Schneide- und Backenzähne förderte. Aus dem Mehl stellte man einen Grützbrei her.

Es ist schwer, eine Unterscheidung zwischen Mahlsteinen und →Reibschalen zu finden, da beide für gleiche Arbeitsvorgänge geeignet sind. Da Reibschalen aber wesentlich älter und kleiner sind, kann man annehmen, daß sie vorwiegend anderen Zwecken und nicht der Mehlgewinnung dienten.

Malta

(Jungpaläolithischer Lagerplatz am linken Belaja-Ufer, 85 km von Irkutsk in Ost-Sibirien)

Auf dem etwa 20000 Jahre alten Lagerplatz wurden 5 →Behausungen gefunden. Die besterhaltene hatte einen rechteckigen Grundriß von 4 x 3 m mit einem kurzen Gang. Im Inneren bildeten 3 Steinplatten einen →Herd. In den Behausungen wurden 30 menschliche Elfenbeinplastiken, ein Anhänger mit einer Mammutzeichnung, eine rundplastische Fischfigur und mehrere Figuren mit langem Hals und schmalem Kopf als Anhänger gefunden. Letztere werden als fliegende Vögel oder, da einige der Vögel weibliche Merkmale tragen, als Vogelgottheit gedeutet.

Elfenbeinfiguren sind durchweg stehend schlank oder üppiger dargestellt, wobei vielleicht die schlankeren Männer darstellen. Eine Figur weist eine Musterung auf, die als Wiedergabe einer →Kleidung gedeutet werden kann. Diese sibirischen Figuren sind die östlichsten Beispiele der weitverbreiteten Venus-Tradition, die sich über eine Entfernung von beinahe 8000 Kilometern bis zur Atlantikküste erstreckte (→Venusfiguren). Die Großwildjäger des eiszeitlichen Eurasien müssen also intensive Kontakte untereinander gehabt haben. An Steingeräten wurden Speerspitzen, Schaber und Meißel sowie Geräte aus Knochen, Geweih und Elfenbein gefunden.

Außerhalb der Behausungen wurde der Werkplatz eines Elfenbeinschnitzers festgestellt. Die Freilandfeuerplätze besaßen einen Windschutz aus Steinplatten. Die Jagdtierknochen gehören zu mindestens 9 Mammuts, 11 Nashörnern, 407 Rentieren, 2 Wildpferden und einem Wisent.

Ein Kindergrab befand sich in einer künstlich eingetieften Grube von 1,15 x 0,68 m, die mit Steinplatten abgedeckt war. →Grabbeigaben bestanden aus Elfenbeinschmuck, Feuerstein- und Knochengeräten. Ein elfenbeinerner Reif um die Stirn dürfte zu einer Kopfbedeckung gehört haben; eine Halskette bestand aus 120 flachen und 6 achterförmigen Perlen; eine auf der Leibmitte gelegene Knochenplatte gehörte vielleicht zu einem Gürtel; ein vogelförmiger Anhänger und ein Armring vervollständigten den Schmuck des Kindes.

Mammut

(der Name Mammut kann aus dem Estnischen kommen, wo maa = Erde und mutt = Maulwurf bedeutet. Damit bezieht sich „maa-mutt" auf eiszeitliche Knochenfunde, die in Estland häufig sind. Nach einer anderen Erklärung stammt der

Name aus dem Tatarischen, wo „Mamma" die Erde bedeutet)

Aus den jungtertiären (→Erdneuzeit) Mastodonten entwickelten sich während des →Pliozäns in Afrika die ersten Elefanten. Von diesen Südelefanten führt eine direkte Entwicklungslinie über die Steppenelefanten zu den kältelebenden Wollhaarmammuts. Vor etwa 3–2,5 Mio. Jahren erschienen die ersten Mammuts in Europa; die letzten starben vor etwa 4000–3500 Jahren aus.

Das Mammut ist eine ausgestorbene Art der Elefanten, war aber größer als die heutigen Elefanten und besaß bis zu 4 m lange, zuweilen fast kreisförmig gebogene Stoßzähne, die jeweils etwa 150 kg schwer waren. Das dichte Fell bestand aus 20–25 cm langen rötlichbraunen Wollhaaren, aus denen bis zu 50 cm lange Grannenhaare hervortraten. Mit dem dicken Fell, der etwa 3 cm dicken Haut und einer starken Fettschicht war das Mammut hervorragend der Kälte angepaßt. Die Tiere ernährten sich hauptsächlich von Gräsern, Kräutern und Zwergsträuchern der Steppe und kamen im gesamten eisfreien Teil der nördlichen Erdhalbkugel vor. Über die Behringstraße, die während der Kaltzeiten infolge des gesunkenen Meeresspiegels eine Landbrücke zwischen Sibirien und Alaska bildete, wanderten die Mammuts in den nordamerikanischen Kontinent ein (→Nordamerikanische Spitzen). Mammuts traten in Herden auf und waren ein bevorzugtes Jagdtier eiszeitlicher Jäger. Mit einem erlegten Mammut konnte sich eine Gruppe von 40 Personen etwa einen Monat lang mit Fleisch versorgen.

Am Ende der Eiszeit, also vor 12000 Jahren, vollzog sich innerhalb weniger Jahrhunderte ein Klimawechsel, der zum Verschwinden des Mammuts führen sollte. Das Auftauen des →Dauerfrostbodens und reichliche Niederschläge führten zum Vordringen des Waldes. Die Gräser und Zwergsträucher der →Tundren wurden in den hohen Norden zurückgedrängt. Mitteleuropa und weite Bereiche West- und Nordwestasiens wurden Waldland. Für die Mammuts und andere Großtiere, wie z. B. das Wollnashorn und Wildpferde, bedeutete dies den Entzug ihrer Nahrungsgrundlage. Sie waren darauf eingerichtet, ihre Nahrung am Boden abzugrasen und nicht von den Bäumen zu holen. Das Ende des Permafrostes machte die Böden durchlässiger, Nährstoffe wurden durch das Wasser abgeführt, die Nährstoffproduktion verlagerte sich weitgehend in den Kronenbereich der Bäume und fehlte dem Land. Hinzu kam, daß die Mammuts mit ihrem feinen, wollartigen Fell auf trockene Kälte eingestellt waren. Ihrer Haut fehlten die Talgdrüsen, bei Nässe wurden die fettfreien Haare naß und verloren ihre Isolationswirkung. Das läßt sich bei den im sibirischen Eisboden gefundenen Mammuts belegen. Warmfronten mit Regen durchnäßten die Tiere bis auf die Haut; eine folgende Kaltfront ließ die Tiere erstarren und im morastigen Boden versinken, wo sie von unten durch den Permafrostboden und den Temperatursturz von oben schnell gefroren. Nachfolgender Schnee bedeckte die Körper und konservierte sie.

1993 entdeckte man auf der kleinen Wrangel-Insel im Nördlichen

Eismeer, 200 km vom ostsibiri-
schen Festland entfernt, Mammut-
reste, die nur 4000–3500 Jahre alt
sind. Damit hat das Mammut 6000
Jahre länger gelebt, als bisher angenommen wurde. Die eigentliche
Sensation lag aber in der Größe: Es
waren Zwergmammuts mit einer
Schulterhöhe von 1,80 m gegenüber einer Normalgröße von 3,50 m.
Vor etwa 12000 Jahren kamen
normalgroße Mammuts über das
Eis auf die Insel. Aber bereits vor
7000 Jahren war der Verzwer-
gungsprozeß abgeschlossen. Die
kurze Dauer der Veränderung von
nur 5000 Jahren ist insofern überraschend, als man früher davon
ausgegangen ist, daß die Entstehung neuer Arten Jahrmillionen
benötigt. Ausgelöst wurde diese
Entwicklung durch das Fehlen des
einzigen Feindes, des Menschen.
Die Population stieg an: Bei gleichem Nahrungsangebot auf der
Insel kam es zur Verkleinerung,
denn kleine Tiere brauchen weniger Nahrung. Es sieht so aus, als
ob der Mensch am Aussterben dieser Tiere nicht beteiligt war, denn
sie starben bereits 500 Jahre vor
der Ankunft des Menschen auf der
Insel aus. Als Grund kann eine
Klimaveränderung und die damit
verbundene andere Vegetation vermutet werden, die diesen Tieren
keine Lebensmöglichkeit mehr
ließ. (Engesser/Oldrich/Pavel, 51,
58–66). Eine ähnliche Entwicklung
nahmen die Waldelefanten, die
sich während der Kaltzeiten im
→Pleistozän auf die Mittelmeerinseln Kreta, Zypern, Malta und Sizilien zurückzogen. Beim Ansteigen des Meeresspiegels in Warmzeiten wurden sie auf den Inseln
isoliert und entwickelten sich zu
Zwergelefanten mit einer Schulterhöhe von einem Meter.

matur
(lat. maturus: reif)
Altersstufe beim Menschen von
40–60 Jahren (→adult).

Mauer
600000–500000 v.h.
(Kiesgrube Grafenrain in Mauer
bei Heidelberg)
In 24 m Tiefe wurde 1907 in
sandigen Flußablagerungen ein
menschlicher Unterkiefer gefunden: der bisher älteste bekannte
Mensch in Europa (*Homo erectus
heidelbergensis,* →Heidelberger
Mensch), sofern man den in seiner
extrem hohen Datierung unbestä-
tigten Fund eines Unterkiefers aus
Dmanisi in Georgien mit 1,8 Mio.
Jahren und die Funde von →Gran
Dolina (→Evolution des Menschen: *Homo antecessor*) mit
780000 Jahren, die einer Unterart
des *Homo erectus* zugeordnet werden, ausklammert. Seine Zuordnung zum *Homo erectus* wird nicht
allgemein anerkannt. In denselben
Schichten der Sandgrube, in denen
der Kiefer konserviert blieb,
fanden sich auch eine Reihe
von →Steinwerkzeugen, die dem
→Acheuléen zugeordnet werden
und eine gewisse Ähnlichkeit mit
den afrikanischen →Pebble Tools
besitzen. Es handelt sich um Geröllgeräte, Abschläge und Schaber
aus Porphyrit und Phorphyr, Granit, Quarzit, Feuerstein oder Sandstein. Ihre genaue Fundlage ist in
keinem Fall dokumentiert, so daß
die Zuordnung zum Unterkiefer
unsicher bleibt, obwohl feststeht,
daß der *Homo heidelbergensis*
Artefakte hergestellt und benutzt

hat. Sie sind aber bereits mehr bearbeitet und spezialisiert als die älteren Pebble Tools. Einige Geräte weisen nämlich da, wo sie in die Hand passen sollen, vor allem an der Auflagestelle des Daumens, Schutzretuschen (→Retusche) auf. Diese Werkzeuge sind beim Fund des Kiefers übersehen worden, weil man vielleicht nur nach Feuersteingeräten gesucht hatte. Alfred Rust fand dann die Werkzeuge des *Homo heidelbergensis.* Diese waren zum größten Teil aus Buntsandstein geschlagen, der am Ort zur Verfügung stand. Von einigen Forschern werden sie als →Eolithen betrachtet.

Mauern

(Weinberghöhlen bei Mauern im Kreis Neuburg-Schrobenhausen unweit des Altmühltales, Bayern)
Es handelt sich um 4 nebeneinanderliegende Höhlen. Über einer Schicht aus dem Moustérien wurde eine jüngere Schicht mit Blattspitzen und einflächig bearbeiteten Steinwerkzeugen (Schaber) gefunden. Neben der vermutlich gefälschten, rot eingefärbten, doppeltgeschlechtlichen Kalksteinfigur, die „Rote von Mauern" (Höhe 7,2 cm; →Venusfiguren) fanden sich Funde der →Linienbandkeramischen Kultur.

Megalith-Kultur

(gr. megas: groß; lithos: Stein; volkstümlich: Hünengrab)
Westeuropa 4800–2800 v.Chr.
Verbreitung: Europa, Nord- und Westafrika, Vorderer Orient, Indien, Vorder- und Ostasien, Südsee, Amerika.
Die Megalith-Kultur besteht aus Steinsetzungen, Großgräbern und Kultanlagen der →Jungsteinzeit.
Die ältesten Steingräber kennt man aus der Bretagne und Normandie in Frankreich seit 4800 v.Chr., sie sind etwa 2000 Jahre älter als die ägyptischen Pyramiden. Um 4500 v.Chr. wurden auf der iberischen Halbinsel die ersten Großsteingräber errichtet, später auch in Irland, England, Schottland, Norddeutschland, Holland und Südskandinavien.
In Europa erreichte die MegalithKultur um 3000 v.Chr. ihren Höhepunkt und endete etwa um 2500 v.Chr. mit den →Steinkistengräbern der →Glockenbecher-Kultur.
„Megalith-Kultur" ist ein Sammelbegriff für verschiedene archäologische und ethnologische Kulturgruppen. Es gibt kein MegalithenVolk mit gemeinsamer Kultur, gleicher Tradition und Lebensart, sondern ein gemeinsames megalithisches Brauchtum bei vielen Völkern und Stämmen.
Deshalb weisen die Anlagen auch eine Vielfalt baulicher Variationen (Dolmen, Grabhügel, Steinkreise, Steinreihen, Menhire) auf. Dies gilt auch für die Anlagen und Bauweisen der Grabkammern und ihrer Zugänge. Das Grundprinzip der Bauweise besteht aus senkrecht stehenden Steinen mit waagerecht daraufliegenden flachen Decksteinen, die eine Kammer bilden.
Sie dienten vermutlich verschiedenen Zwecken: als Bestattungsorte, Kultanlagen, Opferplätze, Observatorien oder, nach Meinung des englischen Prähistorikers Colin Renfrew, als territoriale Kennzeichnung und Abgrenzung eines Siedlungsgebietes.

Nach I. Hodder liegt

Ihre ideologische Funktion ... in der Identitätsstiftung. Der Bezug auf das weithin sichtbare Ahnengrab erlaubt es den Dorfbewohnern, ihre Rechte auf Land und andere natürliche Ressourcen gegenüber potentiell rivalisierenden Gruppen zu legimentieren: man war ,schon immer da'.

Die weltweite Verbreitung der Megalith-Kultur macht es wahrscheinlich, daß ihr ein geschlossenes, religiöses System zugrunde liegt.

Es scheint, daß die Erbauer der Megalithen bestimmte Regionen am Meer bevorzugten, daß sie aber nicht zögerten, auch tief ins Landesinnere einzudringen (Nordafrika, Palästina). So sind auch die 3 schönsten Gräber Frankreichs mehr als 120 km vom Meer entfernt; trotzdem nimmt man an, daß die Megalith-Kultur von Seefahrern verbreitet wurde. Eine Sonderstellung nehmen die →Talayots auf den Balearen und die →Nuraghen auf Sardinien ein, die in der Regel keinen grabmäßigen Charakter aufweisen. Man unterscheidet:

Dolmen
(kelt. tol: Tisch; men: Stein)

Urdolme
Dies sind einfache Kammergräber mit 2 senkrecht aufgerichteten Tragsteinen und einem horizontal aufgelegten Deckstein. Diese Konstruktion bezeichnet man als Joch. Die lichte Weite betrug maximal 2,50 x 1 m. Sie besaßen entweder überhaupt keinen Zugang oder einen Einstieg an einer der beiden Schmalseiten. Der Boden wurde mit faustgroßen Steinen gepflastert, die Lücken mit kleingeschlagenen Steinen ausgefüllt und

Sand darüber gestreut. Häufig wurden sie mit runden oder länglichen Erdhügeln („Hünenbetten") bedeckt. In der Regel wurde nur ein Toter beigesetzt.

Erweiterte Dolme
Bei ihnen bestanden die Längswände zumeist aus 2 Tragsteinen, auf denen 2 Decksteine ruhten. Damit besaßen sie 2 Joche mit einer Gesamtlänge von etwa 2,50 m und 1,50 m Breite. Der Grundriß konnte aber auch rund, rechteckig oder trapezförmig sein und wurde mit einem einzigen mächtigen Deckstein bedeckt.

Großdolme
Sie hatten 3 Joche und wurden mit Hügeln bedeckt.

Galeriegräber
(auch Steinkammergräber genannt)
Die kleinsten Kammern bestehen aus 3 Jochen, die größten besaßen jedoch bis zu 18 Joche. Sie bestehen nur aus einem langen Gang und sind oft in den Untergrund eingetieft und sogar in Gestein eingehauen. Das Galeriegrab von Essé im Dep. Ille-et-Vilaine in Frankreich ist eines der schönsten. Es ist über 18 m lang, innen etwa 4 m breit und fast vollständig im Urzustand erhalten. 26 seitliche Tragsteine tragen 8 Decksteine zwischen 20–30 Tonnen Gewicht, der größte wiegt 45 Tonnen. Das Grab war nie zugedeckt und zeigte sich zu allen Zeiten den Menschen so, wie es heute ist. Bei Bournand im Dep. Vienne in Frankreich weist der Dolmen „pierre Folle" die größten Decksteine auf. Der Dolmen ist 20 m lang und die Kammer von 16 x 5,40 m wird von 3 riesigen Tafeln abgedeckt, deren

größte mit 8 m Breite über 110 Tonnen wiegt.

Über die Funktion der Großsteingräber gibt es unterschiedliche Auffassungen. Sie sollen über Generationen hinweg zur Bestattung von Toten gedient haben. Andere betrachten die Großgräber als Beinhäuser, in denen nur die Skelette aufbewahrt wurden. Es wird schließlich angenommen, daß sie als tempelartige Anlagen einem Ahnenkult oder als Wohnung der darin Bestatteten dienten.

Steinkistengräber

Die jüngste Form megalithischer Bauten: Es handelt sich um in den Boden eingetiefte Gräber aus flachen Steinplatten mit seitlichen Trag- und waagerechten Decksteinen oder mit Holzbalkendecke. Neben Kollektivbestattungen dienten sie meist als Einzelgrab.

Der einfachste Typ ist eine einzige langgestreckte Kammer, deren Eingang sich auch an der Seite befinden kann. Der andere Kammertyp hat 2 unterschiedliche große Kammern, deren Zwischenwand durch einen oder mehrere quergestellte Tragsteine oder eine Steinplatte mit rundem →Seelenloch gebildet wird.

Quadratische Steinkistengräber mit 4 Wandplatten und einer Deckplatte haben eine Seitenlänge von einem Meter. Oft besaßen Steinkistengräber an einer der beiden Schmalseiten eine runde Öffnung.

Steinkistengräber gab es, neben anderen Grabformen, in verschiedenen Kulturen Europas bis zum Ende der →Kupferzeit, bzw. der →Dolchzeit in Nordeuropa. Mit ihnen enden die Ausläufer der Megalithtradition.

Meiendorf

(bei Ahrensburg im Kreis Stormarn in Schleswig Holstein)

Hier wurde von A. Rust (→Lebensläufe) 1933/34 ein altsteinzeitliches Rentierjägerlager der →Hamburger Kultur, 25 m vom Ufer eines ehemaligen Sees entfernt, ausgegraben.

Die Kulturschicht fand sich rund 2 Meter unter der heutigen Oberfläche, nur wenig über warw[v]igen Schmelzwasserabsätzen, woraus zu schließen ist, daß der im Rückgang begriffene Eisrand während der Entstehungszeit der Kulturschicht nur wenige Kilometer entfernt war (Gripp, 80). (→Ahrensburger Tunneltal).

Die Feuersteinfunde bestehen aus 39 Kernsteinen, z.T. mit Schabergebrauchsspuren, 246 Klingenschabern, 212 Zinken, 283 Sticheln, 70 Hamburger Kerbspitzen, 94 Klingen mit Hohlretusche und 245 unretuschierten Klingen. Es gibt Bohrer, breite Klingen; Mikrolithen und Hochschaber sind sehr selten. Eine Klinge ist ausnahmsweise überschliffen (→Steinschliff).

Nahe dem durch Feuersteine gezeichneten Wohn- und Werkplatz, scheint am Rande des Sees der Fleischzubereitungsplatz gelegen zu haben, von dem aus Knochen in den See geworfen wurden. Es wurden 111 Renstangen, oft mit Bearbeitungsspuren, gefunden. Aus Rengeweih sind Pfrieme, Pfeilspitzen, eine einreihige Harpune und 3 Griffe zum Einsetzen von Feuersteinklingen (eine Klinge war noch geschäftet, 2 Griffe waren verziert). Die →Kerbspitzen dienten teilweise als Messerklingen. Eingeritzte Darstellungen finden sich auf einer Bernsteinscheibe (ein Wildpferdkopf) und auf 2 Sandsteinen (ein Raubtier und ein Wildpferdkopf) und möglicherweise eine Fischdarstellung auf einer bearbeiteten Renschaufel. Bei der Bernsteinscheibe könnte es sich um ein →Jagdamulett handeln.

Als Fleischnahrung diente zu fast 100% das →Ren. Pferde, Vielfraß, Fuchs, Schneehase, Kranich, Schwan und Schneehuhn spielen eine verschwindend geringe Rolle. Die markhaltigen Knochen sind durchweg aufgeschlagen. Der Lagerplatz war nur in der kurzen arktischen Sommerzeit (Juni bis September) belegt: ob nur einmal oder mehrmals im Verlauf aufeinander folgender Jahre, konnte nicht geklärt werden.

Einschüsse von Pfeilen fand man in den Knochen von Schneehuhn und Kranich. Der Einschuß im Schulterblatt eines Rens stammt vermutlich von einer Harpune. Die Versenkung eines zweijährigen weiblichen Rens mit Geweih und einem über 8 kg schweren Stein im Brustkorb deuten auf eine →Opfergabe hin, ebenso wie große Fleischstücke (erkennbar aus dem im anatomischen Verband befindlichen Knochen).

Meißel

Lange, schmale Werkzeuge mit kurzer Schneide aus Stein oder Feuerstein, deren Breite und Dicke etwa gleich groß und die etwa bis 15 cm lang sind. Der Umriß ist gewöhnlich rechteckig, kann aber auch rund bis quadratisch sein. In den Bearbeitungsarten gibt es keinen Unterschied zwischen Meißel und →Beil.

Der Begriff „Meißel" ist in Anleh-

nung an die moderne Terminologie als formveränderndes Werkzeug zu verstehen, auf das mit einem Schlaginstrument geschlagen wird. Es steht im Gegensatz zum Beil oder zur →Axt, bei denen die erforderliche Kraft durch Schwung erzielt wird. Meißel wurden vermutlich vorwiegend in der →Levallois-Technik und der →Klingen-Abschlagtechnik eingesetzt. Hierbei kann der Meißel punktgenau angesetzt und der Arbeitserfolg mit hoher Wahrscheinlichkeit vorausbestimmt werden. Auch läßt sich der Meißel mit kräftigeren oder schwächeren Schlägen in den Arbeitsgegenstand hineintreiben, wodurch eine Keilwirkung entsteht (z.B. beim Spalten von Knochen oder Geweihen). Der Hohlmeißel ist zur Schneide konkav gewölbt und dient zur Aushöhlung bei Holzarbeiten.

Neben den Steinmeißeln gibt es auch Geweih- und Knochenmeißel, die unter anderem auch als Hebel bei der →Spanherstellung dienten. Als →Beitel hatten sie eine ähnliche Funktion wie moderne Stemmeisen. Als →Schlegel eignen sich Steine, Hölzer, Knochen u.ä. Meißel sind seit dem ausgehenden →Paläolithikum bekannt, haben aber die größte Verbreitung im →Neolithikum. Der älteste geschliffene Meißel aus Knochen wurde in Prézletice in der ehemaligen Tschechoslowakei gefunden: Er stammt aus dem Altpaläolithikum und ist ca. 700 000 Jahre alt.

Menhire

(kelt. men: Stein; hir: lang)
Der Ausdruck ist eine keltische Bezeichnung für Steine von oft beträchtlicher Höhe (bis 20 m hoch)

mit kultischer Bedeutung, die einzeln oder in Gruppen (Reihen) zum Teil neben oder auf den Gräbern errichtet worden sind. Im west- und norddeutschen Raum nennt man sie „Hinkelsteine", eine Umwandlung aus dem Begriff „Hünenstein". Ein noch heute stehender Menhir in der Bretagne weist eine Höhe von 9,50 m auf und wiegt 150 Tonnen. An der bretonischen Küste in Locmariaquer im Dep. Morbihan ist ein gestürzter Menhir in 4 Teile zerbrochen, noch 20 m lang (ursprünglich 23 m) und 350 Tonnen schwer. Über den Zweck der Menhire gibt es zahlreiche Vermutungen, aber keine schlüssigen Belege. Vielleicht waren es religiöse Motive, die zur Errichtung der großen Monolithen führten. Im allgemeinen zeigen Menhire keine bildnerische Gestaltung. Weisen sie dennoch in Reliefarbeit schematisch wiedergegebene Gesichtszüge oder andere Merkmale auf, spricht man von Menhir-Statuen.

Wodurch grenzt sich der Menhir vom Findling ab? Zunächst ist er ein einfacher, vertikal in die Erde gesteckter Stein, dessen Höhe allgemein größer ist als die anderen Flächenausmaße. Sodann steht er oft an einer Stelle, an der der Findling nicht stände: auf einer Wiese, inmitten eines Feldes oder einer Heide. Man gewinnt so den Eindruck, daß er bewußt an einen bestimmten Ort transportiert wurde. Auch unter Findlingen sind keine Menhire aufgestellt. Meist sind es rohe Steine, große Menhire können aber auch behauen sein. Die meisten Menhire stammen aus dem späten Neolithikum.

Beim Transport der Menhire und anderer großer Steine wurden einfache technische Hilfsmittel wie Hebel (Brechstangen, Hebebäume), abgeschrägte Rampen, Schlitten, Rollen sowie menschliche und tierische Muskelkraft zum Ziehen, Tragen und Bewegen eingesetzt (McMann, 135, 28).

Cromlechs

(bret. crom: krumm; lech: Stein)
Einzelstehende Steine und Steinsäulen (Menhire), die von Steinen meist kreisförmig umgeben sind, die aber auch viereckig, rechteckig, elliptisch oder anders geformt sein können. Schiffsförmige Cromlechs kommen nur in Skandinavien vor. Ihre Erbauung wird den Wikingern zugeschrieben, sie stehen aber nur in Megalith-Gebieten. Das größte kreisförmige Cromlech der Welt liegt in Avebury in Südengland und bedeckt eine Fläche von 11 Hektar. Stonehenge (bei Salisbury, Südengland) entwickelte sich über mehrere Stufen von etwa 3300–1800 v. Chr. zur heute noch sichtbaren Anlage. Ein äußerer Kreis wird von 30 riesigen Monolithen, verbunden mit waagrecht liegenden Steinquadern, gebildet. Im Inneren steht ein kleinerer Kreis von ähnlichem Aussehen. Das Zentrum bildet ein hufeisenförmiger Komplex, der den sogenannten „Altarstein" umrahmt. In Crucuno bei Erdeven im Dép. Morbihan in Frankreich befindet sich ein rechteckiger Cromlech von 34,20 m Länge und 25,70 m Breite, der mit 22 stehenden Menhiren zwischen 2–3 m Höhe fast vollständig erhalten ist; es fehlen nicht mehr als 3 oder 4 Menhire. Vermutlich dienten die Cromlechs zur Bestimmung der Sonnenwenden.

Steinreihen
(frz.: Alignements)
In fast regelmäßigen Abständen angeordnete Menhire, die eine oder mehrere fast parallele Reihen bilden. Sie variieren sowohl in der Anzahl, als auch in der Höhe und Länge beträchtlich. Die vollständigsten, längsten und eindrucksvollsten Steinreihen sind in Carnac im Dep. Morbihan in Frankreich. Etwa 3000 Monolithen von 0,50 m bis fast 4 m Höhe bilden 3 aufeinanderfolgende Steinreihen von fast 4 km Länge. Die Bedeutung solcher Anlagen ist unbekannt, eins scheint sicher: Es liegt kein Nutzwert in diesen Anlagen, vielleicht waren es Kultstätten.

Nach einer Theorie von Daniel Glyn (74) entstand die Megalith-Kultur in 3 Abschnitten:

In der ersten Phase bauten die Menschen der Jungsteinzeit Häuser aus Holz und (kleinen) Steinen. Im zweiten Abschnitt errichtete man auch Häuser für die Toten aus Holz, Grassoden und nichtmegalithischen Steinen. In der dritten Phase entwickelte sich in verschiedenen Gebieten Europas die megalithische Bauweise.

Auch für die Steinkreise gibt es eine ähnliche Erklärung: In den Wäldern gab es kreisförmige Lichtungen, auf denen religiöse oder weltliche Versammlungen abgehalten wurden.

Durch Bodennutzung und Viehhaltung verschwanden die Wälder allmählich. Deshalb mußten künstliche Lichtungen angelegt werden, die durch Holzpfähle im Kreis markiert wurden. In einer späteren Phase wurden die Holzpfähle durch Steine ersetzt.

Ganggrabkunst
Der Formenumfang der Ganggrabkunst besteht zum größten Teil aus zusammenhängenden Gruppen abstrakter, geometrischer Motive: Kreise und Bögen, Rauten, Zickzackmuster, Schlangenlinien, Spiralmotive, Näpfchen, Schälchen und Ringe. Sie stellen vielleicht die erste bedeutende Kunst seit der Eiszeit dar (→ Felsbilder).

Menschenaffen
Unsere engsten lebenden Verwandten sind die Menschenaffen: Bonobos, Schimpansen, Gorillas und Orang-Utans. Molekulargenetische Untersuchungen haben ergeben, daß uns Bonobos und Schimpansen am nächsten stehen und, daß sich die Entwicklungslinien vor etwa 5–8 Mio. Jahren trennten (→ Evolution: Primaten).

Menschwerdung
Körperliche, geistige und soziale Entwicklung des Menschen, die im „Tier-Mensch-Übergangsfeld" vor etwa 5 Mio. Jahren begann und über mehrere Entwicklungsstufen zum heutigen *Homo sapiens sapiens* führte (→ Evolution des Menschen).

Meshiritsch
(auch Mezhirich. Fundort am Dnjepr, südöstlich von Kiew, Ukraine)
13000 v. Chr.
Auf dem Freilandlagerplatz wurden 5 → Hütten mit einem Durchmesser von 4–7 Metern aus Mammutknochen gebaut, wobei die Basis einer Hütte aus Unterkiefern, einer anderen überwiegend aus lan-

gen Röhrenknochen bestand. Den leichteren Oberbau bildeten sorgfältig ineinandergesteckte Knochen, und den Abschluß zusammengefügte Stoßzähne. Der rundliche Bau wurde wahrscheinlich mit Häuten und Grassoden bedeckt.

Für jede Hütte wurden zwischen 150 und 650 Knochen verbraucht – insgesamt 97 Schädel, 109 Unterkiefer, 92 Stoßzähne sowie einige hundert andere große Knochen. Die größte Hütte bestand aus 20 Tonnen Knochen, darunter 46 Schädel, 95 Unterkiefer und 40 Stoßzähne. Ein einziger Schädel wiegt 100 kg, und ein Stoßzahn kann bis zu 200 kg schwer sein. Die meisten Teile des Mammuts wurden verbraucht, und in verschiedenen Hütten fand man Knochen desselben Individuums. Vermutlich stammten die Knochen aus einem natürlichen „Friedhof" der Umgebung (Fletcher, 67, 135).

Die Hütten bedeckten eine Bodenfläche von 8–24 m²; man kann annehmen, daß sich in der Siedlung 30–60 Menschen gleichzeitig aufhielten. Jede Hütte besaß einen →Herd, der mit Knochen beheizt wurde. Auch außerhalb der Behausungen befanden sich Feuerstellen und Arbeitsplätze zur Herstellung von Feuerstein- und Knochengeräten sowie Vorratsgruben für Fleisch und Knochen.
In einer der Hütten wurde ein mit rotem Ocker bemalter Mammutschädel entdeckt: Vielleicht diente er als Trommel (→Musikinstrumente). Eine →Gravierung auf einem Stück Mammut-Elfenbein könnte Hütten der Siedlung darstellen und möglicherweise die älteste bekannte Landkarte sein (jüngere Darstellungen befinden sich in →Val Camonica).

Mesolithikum
(gr. mesos: mittel, mitten; lithos: Stein)
8 000–4 000 v. Chr.
Als Mittlere Steinzeit bezeichnet man den Zeitraum zwischen dem Ende der Eiszeit und dem Entstehen einer vorwiegend landwirtschaftlichen Wirtschaftsweise.
Es handelt sich um die Epoche zwischen →Altsteinzeit (Paläolithikum) und →Jungsteinzeit (Neolithikum, →Steinzeit). Die Abgrenzung nach hinten beruht auf einem geologischen Einschnitt, dem Ende der →Eiszeit, während die Trennung nach vorne kulturhistorisch durch die →Neolithische Revolution, den Übergang zur bäuerlichen Wirtschaftsweise begrenzt wird. In dieser Zeit beginnen sich die heutigen Menschenrassen herauszubilden (Europide, Mongolide, Negride). Weite Gebiete, die vorher mit Eis bedeckt waren (Nordeuropa, Nordsibirien, Alaska), wurden besiedelt. Wirtschaftlich und kulturgeschichtlich ist die Mittelsteinzeit der Ausklang der Altsteinzeit; die Lebensweise hat sich kaum verändert, der Mensch ist weiterhin vorwiegend →Sammler und Jäger, aber der wirtschaftliche Wandlungsprozeß führt allmählich zu den jungsteinzeitlichen Ackerbauern und Viehzüchtern; trotzdem ist es eine eigene Epoche mit beträchtlichen, regionalen Unterschieden.
Das Mesolithikum ist durch eine Reihe von Umweltveränderungen geprägt, die auf das Ende der letzten Kaltzeit folgten. Es sind vor allem 2 Prozesse, die das Verhältnis von Land und Wasser in den nördlichen Regionen veränderten: die Hebung der Landmassen, die

zuvor durch das Gewicht des Eises nach unten gedrückt worden waren und das Ansteigen des Meeresspiegels durch das schmelzende Eis. So sind heute in Nordeuropa nacheiszeitliche Küstenlinien zu erkennen, die 250 m über dem derzeitigen Meeresspiegel liegen. Die ehemals weiten Landgebiete der Nordsee wurden überschwemmt: England wird zur Insel (→Nacheiszeit).

Das nacheiszeitliche Klima des Mesolithikums zog auch Veränderungen der Pflanzen- und Tierwelt nach sich. Die →Tundra entwickelte sich über verschiedene Klimastufen zum Wald. In der Fauna starben Wollnashorn, →Mammut und Riesenhirsch aus, und die Rentierherden wurden nun in die eisfreien Gebiete des hohen Nordens abgedrängt. Dafür erscheinen Tiere, wie Rot- und Rehwild, Wildschweine, Auerochsen und Elche, die keine Wandergewohnheiten aufweisen. Die Meeresfauna war artenreicher als im vorausgegangenen →Glazial.

Die Mobilität nimmt aber in den Waldgebieten und an den nahrungsreichen Seen und Küsten deutlich ab: Es kommt zu saisonal anhaltender Siedlungsstabilität (Musil 1970, in 17, 346). Die Bildung erster fester Dorfanlagen setzt ein. Die Siedlungen lagen hauptsächlich an Fluß- und Seeufern und bestanden aus Gruppen von leichten →Hütten oder →Zelten. →Fischfang wurde mit Stellnetzen (die aus Fasern von Baumrinden geknüpft und mit steinernen Netzsenkern beschwert waren, wobei Baumrindenstückchen als →Netzschwimmer dienten), mit →Reusen (aus Haselger-

ten mit aufgeschlitzten Weidenzweigen quer verflochten) und mit →Angelhaken aus Stein und Knochen betrieben. In Meeresnähe sind Siedlungsstellen oft durch mächtige Muschelhaufen gekennzeichnet (→Kökkenmøddinger). Fischfang wurde an der Küste und in den Binnengewässern verstärkt betrieben. Es muß auch meerestüchtige Boote gegeben haben, denn es wurden viele weit vor der Küste liegende Inseln besiedelt (z. B. Hebriden, Mittelmeerinseln). In Westschweden wurden Reste eines Lengfisches gefunden, der am Meeresboden lebt und nur mit Booten gefangen werden konnte. Einbäume und Schlitten erleichterten den Verkehr. Neben der →Jagd mit Pfeil und Bogen, Lanze und Speer wurden nun →Fallen eingesetzt, in denen auch Großwild gefangen wurde. Die Toten wurden meist in den Siedlungen oder in Höhlen bestattet. Im Unterschied zur Altsteinzeit finden sich bereits größere Bestattungsplätze.

Die bildende Kunst zeigt in den meisten Gebieten einen Rückschritt. Bilder, die sich mit der jungpaläolithischen Kunst messen können, finden sich als farbige →Felsbilder in Afrika, Ost-Spanien und Skandinavien. In der Kleinkunst sind nur vereinzelte Tierzeichnungen anzutreffen. Bemerkenswert sind die mit schriftähnlichen Zeichen bemalten Kiesel des →Azilien und geometrische Ornamente der →Maglemose-Kultur. Als Schmuck dienten durchbohrte Schneidezähne vom Wildschwein, Auerochsen und Rothirsch oder Eckzähne vom Wolf, Fuchs und Fischotter sowie Eck- oder Backenzähne vom Menschen.

Wie zuvor schon in der →Altsteinzeit handelt es sich auch in der →Mittelsteinzeit in der Hauptsache um Technokomplexe und nicht um umfassende bekannte Kulturen. Die mittelsteinzeitlichen Geräte, Werkzeuge und Waffen unterscheiden sich nur durch Vereinfachung und Verflachung der Formen von denen der Altsteinzeit. Unter den Flintgeräten sind →Mikrolithen vorherrschend, die als Bewehrung in die Jagdwaffen (→Speere, →Pfeile, →Harpunen) eingesetzt wurden.

Wichtigste Waffe sind Bogen und Pfeile aus Holz. Dazu kommen →Hacke und →Beil als neue Erfindungen, aus Geweihstangen (Lyngbyhacken und -beil) oder mit Feuerstein →Kernbeil und →Spalter.

Der →Steinschliff wird allgemein noch nicht angewendet, aber die →Pick-Technik tritt sowohl bei der Flächenbearbeitung wie auch beim Durchlochen von Hauen und Keulenköpfen stärker in Erscheinung. Tongefäße werden erst in der Schlußphase hergestellt.

Insgesamt setzte sich die aneignende Wirtschaftsform der →Wildbeuter in der Nacheiszeit fort, aber der Umfang der genutzten Nahrungsquellen wurde breiter und vielfältiger als in den vorhergehenden Epochen.

In Vorderasien begann die →Domestikation von Tieren und Pflanzen und leitete damit das →Neolithikum ein. In wirtschaftlicher Hinsicht kann das Mesolithikum als Anfangsperiode einer allseitigen Ausbeutung der Natur durch den Menschen bezeichnet werden.

Messak Sattafet, Messak Mellet

Ab 10 000 v. Chr.

(der schwarze und weiße Messak)

Felsbilder in den beiden Gebirgen im südlichen Fezza in Libyen, unweit der algerischen Grenze.

Die Gebirge bilden eine mehrere 100 km lange, halbmondförmig von NO nach SW verlaufende flache Tafel ohne besondere Erhebungen oder Gipfel mit mehr oder weniger tief eingeschnittenen Schluchten im östlichen Teil. Heute sind die trockenen Gebirge unbewohnt. Zehntausende von →Felsbildern und Artefaktfunde weisen aber auf eine frühere Besiedlung und entsprechend ein anderes Klima hin. Die Felsbilder mit Malereien und Gravuren umfassen die 5 Perioden der Sahara: Bubalus-, Rundkopf-, Rinder-, Pferde- und Kamelzeit (→Nordafrikanische Felsbilder).

Messer

Hauptmerkmal eines Messers ist die scharfe, oftmals etwas gezähnte Schneide. Daher können alle Geräte, die über diese schneidende Eigenschaft verfügen, als Messer verwendet werden. Als Material eignen sich Gestein, Feuerstein, Obsidian, Knochen, Muscheln u. ä. Messer können →Schäftungen aus Holz, Knochen, Geweih oder einfache Umwicklungen zur besseren Schnittführung bzw. als Handschutz haben.

Bereits die →Chopper und →Chopping Tools des →Oldowan als Universalwerkzeuge und deren →Abschläge waren zum Schneiden geeignet, ebenso wie die späteren →Faustkeile des →Micoquien, →Moustérien und die nachfolgenden →Blattspitzen des →Solutréen. Eine Lorbeerblattspitze aus dem Solutréen von Badegoute war in einem Kieferstück geschäftet.

Im →Jungpaläolithikum treten Messer, zumeist aus Klingenabschlägen (→Klinge), in zahlreichen Formen auf, z. B.: →Rückenmesser (mit einer gegenüberliegenden retuschierten Rückenkante als Schutzretusche), Rechteckmesser (mit einer oder mehreren Schneiden), parallelseitige Messer (mit 2 oder 3 Schneiden bei retuschierter Kopfbasis), allseitig retuschierte Messer (mit 4 Schneiden), →Federmesser (mit bogenförmiger Schneide), Segmentmesser (bei denen nur ein Teil der gebogenen Schneide retuschiert ist), →Pradnikmesser (Messer mit geknicktem Rücken, der im vorderen Drittel zur Spitze abknickt und die retuschierte Schneide bildet), →Abri-Audi-Spitzen (Halbmondmesser mit halbrunder Schneide) und →Châtelperronspitzen (schmale, halbmondförmig gestreckte Klingen).

Im →Mesolithikum wurden →Stiel- und →Kerbspitzen vermutlich als Messer geschäftet und wie Abschläge auch als →Riemenschneider verwendet.

Im →Neolithikum wurden Abschläge (klingen-, schaber- und blattspitzenartige Feuersteinartefakte, mit sehr dünner Schneide) mit einer Längskante in den ausgeschnittenen Schlitz von Holzgriffen geschäftet und mit →Pech verklebt. Mit Messern ließ sich u.a. Holz schneiden, schaben und Fleisch von den Knochen lösen.

Metapodien
(Mittelfußknochen)
Metapodien von Auerochsen, Waldwisenten und Rothirschen dienten als Rohmaterial für Tüllenbeile (→Beile). Bei →Pfriemen bildete das stumpfe Ende des Gelenks den Griff. Wurde das Gelenkende entfernt, so blieb eine Röhre übrig, die dann glatt geschliffen und mit mehreren Öffnungen versehen eine →Flöte ergab.

Mezin
(Jungpaläolithischer Lagerplatz bei Mezin, am rechten Desna Ufer bei Novgorod in der Ukraine)
Es wurden die Überreste von eingetieften Winterhütten mit einem Fundament aus Erde, Steinen und Mammutknochen gefunden. Die Dächer wurden durch kegelförmige Stangengerüste gebildet, im Inneren gab es eine →Feuerstelle. Es gibt Funde von zahlreichen Stein- und Knochengeräten, u.a. →Nähnadeln mit Öhr, aus Elfenbein offene Armbänder mit Muster und Schnurlöchern am Ende, Plättchen mit geometrischer Musterung und 20 ornamentbedeckte Figuren von schwer deutbarer Form, die teils als Vögel, hockende Tiere oder stilisierte Frauen mit stark ausgeprägtem Gesäßteil gedeutet werden. Ein Schulterblatt und 2 Unterkiefer von Mammuts waren flächenfüllend mit 1 cm breiten roten Streifen in Form von Zickzack- und Mäandermustern bedeckt. Bei genauerer Untersuchung der Knochen fand man Abnutzungsspuren, die auf eine Verwendung als Schlaginstrumente hinweisen. Daneben wurden noch andere Instrumente und auch →Flöten und →Pfeifen entdeckt (→Musikinstrumente). Unter dem Jagdwild befanden sich 108 Mammuts, 80 Rene, 56 Pferde, 17 Moschusochsen und 3 Nashörner.

Michelsberger Kultur
4300–3500 v. Chr.
(benannt nach dem Michelsberg im Ortsteil Untergrombach von Bruchsal bei Karlsruhe, Nordbaden)
Verbreitung: Baden Württemberg, Saarland, Rheinland-Pfalz, Hessen Ostthüringen, mittleres Saalegebiet mit Einflüssen nach Böhmen und Österreich, in die Schweiz, Nordrhein-Westfalen, das südliche Holland, Belgien und Nordostfrankreich. Sie löste in einigen Gebieten die →Rössener Kultur ab.
Siedlungen der Michelsberger Kultur befinden sich im Flachland und auf Höhen oftmals in schwer zugänglicher Lage und sind durch ausgedehnte und aufwendige Befestigungsanlagen mit Gräben, Wällen, Palisaden und Tordurchlässen gesichert. In Teilen Süddeutschlands und der Schweiz sind die Wohnplätze Uferrandsiedlungen. Da innerhalb der Michelsberger →Erdwerke nur selten Siedlungsspuren entdeckt wurden, dienten sie vielleicht nur als Fluchtburgen für die Menschen und ihre Tiere. In den Siedlungen fanden sich Vorratsgruben für Getreide. In Mainz-Hechelsheim in Rheinland-Pfalz hatte eine dieser →Gruben einen Durchmesser von 1,50 Metern, reichte 1,50 m tief in den Boden und besaß eine Flechtwerkwand mit Lehmverputz.
Die Michelsberger Ackerbauern pflanzten Getreide an. Darauf verweisen unter anderem Abdrücke von Getreidekörnern in Tongefäßen, Häcksel im Hüttenlehm sowie zahlreiche Mahlsteinfunde. Haustiere waren vor allem Rinder und Schweine, aber auch Ziegen, Schafe und Hunde. Die Jagd wurde

noch ausgeübt, spielte aber nur noch eine geringe Rolle.
Steingeräte waren aus Feuerstein und Felsgestein: kleine trapezförmige oder dreieckige Beilklingen, die mit oder ohne →Zwischenfutter geschäftet wurden, Äxte, Mahlsteine, Läufer und flächig retuschierte Pfeilspitzen. Daneben gab es Geräte aus Knochen und Horn. In Belgien (→Spiennes) und in Holland (→Rijckholt) wurde →Feuersteinbergbau betrieben. Kupferbeile kommen vor.
Tonwaren zeigen einen großen Formenreichtum, sind aber arm an Verzierungen, nicht ganz einheitlich und können an jeder Fundstätte Besonderheiten aufweisen. Typische Tongefäße sind Vorrats- und amphorenförmige Gefäße, die oft mit Ösenkranz zum Aufhängen und Tragen versehen wurden, Tulpenbecher, doppelkonische Becher, Schöpflöffel, tellerförmige Scheiben, Flaschen, Henkelkrüge und konische Schalen. Viele Tongefäße haben kugelförmige Böden ohne Standfläche und mußten daher an Schnüren aufgehängt werden. Tellerförmige Scheiben, nach dem vermuteten Verwendungszweck →„Backteller" genannt, kommen auch in anderen neolithischen Kulturen (→Trichterbecher- oder →Kugelamphoren-Kultur) vor und werden auch als Eßteller, Gefäßdeckel oder Untersetzer zum Formen von Tongefäßen gedeutet. Tongefäße wurden überwiegend in der Wulsttechnik (→Keramik) aufgebaut, kleinere Schalen wurden auch aus einem Tonklumpen geformt. Großkeramik bewarf man mit Tonschlick, um die Oberfläche aufzurauhen. Die Randwülste wurden mit Fin-

gertupfen verziert. Weitere Verzierungen waren horizontale Tupfen- und Strichreihen, Leisten und Nageleindrücke. In seltenen Fällen erfolgte auch eine Bemalung.

Als Schmuck wurden unter anderem durchbohrte Tierzähne, zylindrische, längsdurchlochte Tonperlen und Muschelschalen an Halsketten getragen. Kunstwerke sind nicht bekannt.

Die Bestattungsarten waren unterschiedlich. Die Verstorbenen wurden unverbrannt, verbrannt, vollständig oder unvollständig in Gruben, Gräben, Gräbern oder in Höhlen beigesetzt. →Grabbeigaben wie Eß- und Trinkgeschirre und auch getötete Tiere als Nahrung, weisen auf den Glauben an ein Weiterleben im Jenseits hin. Häufig nur fragmentarisch erhaltene Skelette werden als Menschenopfer und ritueller →Kannibalismus gedeutet.

Micoquien

200 000–50 000 Jahre v. Chr.
(benannt nach dem ehmaligen Abri La Micoque bei Les Eyzies-de-Tayace, Dordogne, Frankreich)
Verbreitung: Frankreich, Spanien, Deutschland (nicht Norddeutschland), Belgien, Schweiz, Österreich, Polen, Rußland bis zum Schwarzen Meer, Türkei, Nordafrika.

Das gegenüber dem →Moustérien oft eindeutig abtrennbare andersartige Inventar wird in Nordfrankreich und Mitteleuropa als „Micoquien" bezeichnet, bildet aber mit diesem innerhalb des →Mittelpaläolithikums eine in sich verzahnte Einheit.

Der Fundort bzw. der ehemalige Abri aus Kalkstein verwitterte im Laufe der Jahrzehntausende, bröckelte ab und ist heute eine sanfte schräge Halde, die mit Kieseln, Erde, Feuersteinwerkzeugen und Tierknochen vermischt durch die niederschlagsreiche Periode der Zwischeneiszeit eine betonartige Masse bildet. Auf diesem schwierigen Gelände mußte jeder Knochen und jedes Werkzeug einzeln herausgemeißelt werden. Die unglaublichen Mengen an Knochen, vor allem Pferdeknochen, zeigen, daß die Menschen Pferdejäger waren. Knochen von Hirsch, Rind, Bär und Elefant waren seltener. Die Tierfunde zeigen an, daß die Landschaft eine Steppe mit sterbenden Wäldern war, als das Eis der letzten Warmzeit (Riß-Würm-Interglazial) langsam nach Süden wanderte. Die nahende letzte →Eiszeit ließ die Menschen →Abris und die Eingänge von Höhlen aufsuchen.

Fast alle Höhlenwohnungen der Micoquien-Neandertaler lagen im Fluß-, Bach- oder Seitental eines Gewässers, das die Trinkwasserversorgung sicherte und die →Jagd auf die zur Tränke kommenden Tiere ermöglichte. Außerdem fand man in Fluß- und Bachschottern Kiesel (→Feuerstein) als Rohmaterial für die Steinwerkzeuge. Da die Funde aus Höhlen überwiegen, hatte man früher angenommen, daß die Neandertaler ausschließlich in Höhlen hausten. Neue Ausgrabungen zeigen aber, daß es vermutlich mehr Siedlungen in Freilandstationen als in Höhlen gegeben hat. Nur sind diese schwerer zu finden. Als Heizmaterial wurden auch Knochenbruchstücke und Fett verwendet.

Das Steininventar zeigt abermals

eine Weiterentwicklung altpaläolithischer Techniken und Formen, wobei die Flächenretusche bei →Blattspitzen eine zuvor unbekannte Perfektion erreichte. Es umfaßt diskoide, konkave, konvexe, gezahnte, gekerbte und beidflächig retuschierte →Schaber, →Kernschaber und doppelte Kernschaber, spitze →Bohrer und derartig kleine Geräte, daß diese schon als →Mikrolithen bezeichnet werden müssen. Die kleinen →Faustkeile des →Acheuléens mit verdicktem Knauf und dünn ausgezogener Spitze, stark gewölbter Ober- und Unterseite und feinzähniger Schneide wurden als →Micoquienkeil zum Leitwerkzeug des Micoquien. Typisch sind auch: →Faustkeilblätter, →Halbkeile mit einseitiger Wölbung; →Keil-messer.

Mit dem allmählichen Übergang der Faustkeiltypen des Micoquien zu beidflächig bearbeiteten →Blattspitzen erlischt die lange Faustkeiltradition.

Im Gegensatz zu den Neandertalern des Moustérien liegen von den zur selben Zeit lebenden Neandertalern des Micoquien keine Bestattungsfunde vor, sei es, weil sie noch nicht gefunden wurden oder weil es keine Bestattungen gab.

Micoquien-Keil

Dieser besitzt einen dicken, gut in der Hand liegenden Griffteil; die betont herausgearbeitete Spitzenpartie befindet sich meist seitlich der Mittelachse. Häufig wurde eine Längskante bevorzugt zurechtgeschlagen, während die gegenüberliegende Seite nur nachlässig retuschiert wurde. Ein Harzrest mit dem Negativabdruck eines Stein-werkzeuges und schwachen Abdrücken von Fingerlinien beweist, daß manche Werkzeuge mit organischem Material geschäftet (→Schäftungen) waren.

Micoquien-Messer

Faustkeilmesser mit einer schneidenden Kante (→Keilmesser)

Middle Stone Age

200000–40000 v.h.

Die Mittelsteinzeit in Afrika entspricht ungefähr zeitgleich zum Teil den mittelpaläolithischen und den jungpaläolithischen Kulturen Europas.

Migration

Dauerhafte Abwanderung oder dauerhafte Einwanderung einzelner Tiere oder einer Population in eine andere Population der gleichen Art.

Mikrolithen

(gr. mikros: klein; lithos: Stein)
Kleine, knapp 1 cm breite und bis etwa 3 cm lange, bearbeitete →Abschläge aus Feuerstein, Quarz oder Obsidian.

Bereits im →Alt- und →Mittelpaläolithikum hergestellt, in großer Menge aber charakteristisch für das →Mesolithikum, werden sie noch im →Neolithikum verwendet. In Südafrika treten Mikrolithen vor 40000 Jahren, in Südrußland vor 25000 Jahren und in Norddeutschland vor 13000 Jahren auf. Die Technik wurde besonders durch das nordafrikanische →Capsien bekannt. In Frankreich werden sie →Tardenoisien (nach dem Fundort La Fèrren-Tardenois) bezeichnet. Da die Verbreitung außerordentlich weit ist, wobei allerdings regionale Unterschiede bestehen, schlägt H. Müller-Karpe „Tardenoisien als Sammelbezeichnung für die westeuropäische geometrische Mikrolithik" vor. Die Vielfalt ist groß und umfaßt sowohl geometrische wie auch nichtgeometrische Formen. Typische Artefaktformen sind Dreiecke, Segmente, Trapeze und kurze Klingen.

Mikrolithen legten die Erfindung →zusammengesetzter Geräte, Werkzeuge und von →Pfeil und Bogen nahe. Sie dienten als scharfe Einsätze in die Holzschäftung von →Harpunen, →Speeren und →Lanzen (z.T. mit seitlichen Widerhaken), als Pfeilköpfe und Sägezähne. Im →Neolithikum wurden auf diese Weise →Sicheln und →Messer hergestellt. Dabei wurde mit dem Stichel eine tiefe Längsrinne geschabt, in der man die mikrolithischen Klingen hintereinander einsetzte, so daß sie eine zusammenhängende lange Schneide bildeten, die dann mit Baumharz befestigt wurde.

Die Blütezeit der Mikrolithen im Mesolithikum kann ihre Ursache in den großen Waldgebieten haben, die sich bildeten, bis schließlich nur noch die Ränder von Flüssen und Seen, Sumpfzonen, höhere Gebirgslagen und Meeresküsten frei blieben, die die Bewegungsfreiheit der Menschen einengten und sie zwang, mit den vorhandenen Rohstoffen sparsamer umzugehen.

Mikrolithentechnik

Herstellungstechnik ist die →Klingenabschlag-Technik, Kerb- oder →Kerbbruchtechnik. An den Klingen wurden seitliche Einkerbungen angebracht, so daß das Werkstück in mehrere Teile durch Schlag zerbrochen werden konnte, wobei das mittlere Stück schon weitgehend die gewünschte Form hatte. Die beiden Endpartien, die mehr oder weniger die Form winziger →Stichel haben, werden als „Mikrostichel" bezeichnet; besser ist aber der Ausdruck „Kerbrest" (→Kerbbruchtechnik), da es sich um ein Abfallprodukt handelt. Evtl. wurden die bei der Klingenzerlegung entstandenen Bruchkanten retuschiert. Bestimmt wurden auch kleine Mikrolithen einfacher hergestellt, besonders wenn schon eine Bruchkante vorlag oder die Form die Kerbtechnik nicht erforderte.

Miozän

Erdgeschichtliches Zeitalter zwischen 24–5 Mio. Jahren und zweitjüngste Abteilung des Tertiärs (→Erdneuzeit). In Nordamerika, Europa und Asien dehnten sich weite Steppengebiete aus, auf denen sich Huftiere entwickelten, die sich von Hartgräsern ernährten und in Herden lebten. In Afrika, Asien und Europa lebten neben den großen Menschenaffen noch andere Affengattungen. Rüsseltiere bildeten zahlreiche Arten und erste →Mammuts tauchten auf sowie am Ende des Miozän die Gattung Australopithekus (→Evolution des Menschen).

Missing link

(engl.: fehlendes Glied)
Mit dem Schlagwort wird die noch fehlende Übergangsform zwischen Mensch und Affe bezeichnet. Die Australopithecinen (→Evolution des Menschen: *Ardipithecus ramidus*) zählen bereits zu den Homi-

niden. Auf Grund biochemischer Analysen speziell der Ähnlichkeiten bei den Proteinen nimmt man heute an, daß sich die Hominiden vor 6–10 Mio. Jahren von den Affen abgespalten haben.

Mittelpaläolithikum

(Mittlere Altsteinzeit; →Steinzeit) 200 000–50 000 oder 35 000 Jahre v. Chr., je nach Region
Das Mittelpaläolithikum unterscheidet sich durch die Dominanz der Abschlaggeräte mit vorherrschender Rand- und Flächenretusche vom →Altpaläolithikum, steht mit diesem aber durch archaische Abschlag- und Kerngeräte und mit dem →Jungpaläolithikum durch Klingen und Klingengeräte sowie Blattspitzen in Verbindung. Zu Beginn des Mittelpaläolithikums wurden die →Kerne sorgfältiger vorbereitet; die Schlaggeräte bestanden häufiger aus organischen Materialien wie →Holz, →Knochen und →Geweih. (Siehe: →Micoquien, →Moustérien, →Blattspitzen-Gruppe, →Szeletin, →Atérien, →Iberomarusien, →Capsien). Träger der mittelpaläolithischen Kulturen war im westlichen Teil der Alten Welt der Neandertaler.

Modell

Ein hypothetisches Muster (→Hypothese) oder eine Vorstellung. In der Archäologie werden zahlreiche Modelle verwendet, z. B. Artenentstehungs-, Evolutions- („Out-of-Africa"-), Migrations-, Jäger- und Sammler-Modell, u.a.

Modifikation

In der Archäologie: gezielte Veränderung einer Grundform durch →Abschläge oder →Retusche zu einem →Werkzeug oder →Gerät, die Umwandlung eines Werkzeuges oder Gerätes in ein anderes, z. B. vom Geröllstein (→Kerne) in einen →Faustkeil, vom Kernstein in einen →Schaber, von einer →Klinge in einen →Stichel; oder die Änderung einer Funktion, z. B. vom →Reibstein zu einem →Schlagstein.
In der Biologie handelt es sich um eine umweltbedingte Gestaltänderung von Organismen, die sich innerhalb der Grenze des Erbgutes bewegt. Sie selbst ist nicht erblich.

Molaren

(lat. molare: mahlen)
Dies sind mehrwurzelige hintere, „echte" Backenzähne bei Säugetieren, die vermutlich zeitlebens dem Milchgebiß angehören und keine Nachfolger bekommen. Prämolaren: Vorderbackenzähne, die Vorgänger im Milchgebiß haben (→Zähne).

Molodóva

(Freilandstation am Dnestr, Ukraine)
Gerätefunde umfassen mehrere Kulturstufen: →Moustérien, →Gravettien, →Magdalénien und solche aus dem frühen →Mesolithikum.
Eine ovale Setzung großer Mammutknochen aus dem →Mittelpaläolithikum wird als Stütze einer Hüttenkonstruktion betrachtet. Der äußere Durchmesser beträgt 10 x 7 m und der Innenraum 8 x 5 m. Eine Reihe von Knochen weist auf eine Raumteilung hin, wobei jede Raumhälfte einen Eingang aufweist. Solche Bauten waren im nachfolgenden →Jungpaläolithikum in den →Tundren Osteuropas

weit verbreitet. Außerdem wurden über 27 000 Feuersteingeräte wie →Handspitzen, Schaber in verschiedenen Formen, Disken und Abschläge in →Lavallois-Technik, Horn- und Knochengegenstände, wie Messergriffe und →Lochstäbe, sowie eine anthropomorphe Gestalt aus Blutstein mit 9,8 Zentimetern Höhe und eine Knochenflöte, jedoch keine Faustkeile gefunden. Das Jagdwild bestand aus Mammut, Rentier, Wildpferd, Wollnashorn und dem braunen Bär.

Monolith
(gr.: „ein Stein")
Aus einem einzigen Block bestehender Stein: Menhir, Obelisk (→Megalith-Kultur).

Mont Bego
(franz. Seealpen, Vallée des Merveilles, Onde di Roccia, bei Bordishera an der franz.-ital. Grenze, ca. 30 km von der Rivieraküste entfernt)
Die Entstehung der →Felsbilder rings um das Mont-Bego-Massiv, meist bis in über 2 000 m Höhe, wird auf die Zeit um 2 000–1 600 v. Chr. datiert. Es sind zwischen 50 000 und 100 000 Einzelmotive, bei denen das Rind eine besondere Rolle spielt. Daneben sind Menschen, Waffen, Werkzeuge, Pflüge, verschiedenartige Linienzeichnungen und Sonnensymbole graviert. Auffällig ist die Stilisierung der Rinder, die oftmals nur aus einem Hornbogen und einem darunter angesetzten Strich bestehen. Varianten sind quadratische, längliche, kreisrunde oder ovale Körper mit gezackten, gewellten oder anders gebogenen Hörnern. Aus der Menge dieser Bilder ragt der „Sorcier", der sogenannte Zauberer von Mont des Merveilles heraus.

Moor
(norddt. auch Bruch, Fehn, Fenn, Lohe, Luch; süddt. auch Filz, Mies, Ried)
Dauerhaft durchfeuchtetes Gelände mit schwammigem Boden aus abgestorbenen pflanzlichen Substanzen, Entstehung in der →Nacheiszeit nach 10 000 v. Chr. Durch Wasserüberschuß und dadurch entstehenden Luftabschluß wurden abgestorbene Pflanzen nicht mehr zersetzt und gingen in Torf über. Moore bildeten in verschiedenen Landschaften große Siedlungs- und verkehrsfeindliche Flächen.

Hochmoore
Durch erhöhte Niederschlagsmengen entstanden, haben Hochmoore keine direkte Verbindung zum Grundwasser und werden von Torfmoosen gebildet, die die Oberfläche der Moore allmählich aufwölben. Stirbt die Moosdecke ab, wird sie zur Torfschicht, auf der wiederum Moose wachsen. Hochmoore halten das Wasser wie ein Schwamm fest und geben es nur langsam als Rinnsale ab. Die Mooroberfläche kann nur an wenigen tragfähigen Stellen, die am Bewuchs erkennbar sind, betreten werden. Der niedrige ph-Wert (3–4), der hohe Gehalt an Huminsäure und das damit verbundene nährstoffarme Milieu sind günstige Konservierungsvoraussetzungen für organische Substanzen.

Niedermoore
Torfbildung meist durch verlandete Seen oder feuchte Senken.

Hat sich der Seegrund durch Faulschlamm soweit gehoben, daß vom Rand des Gewässers aus höhere Wasserpflanzen (z.B. Schilf, Großseggen) nach der Mitte vordringen können, kommt es zur Ablagerung von nährstoffreichen Torfen ohne Aufwölbung der Mooroberfläche (Flachmoore).

Durch die größere mikrobiologische Aktivität laufen Zersetzungsprozesse schneller als in Hochmooren ab: Daher sind organische Funde sehr selten.

Für die Archäologie bilden Moore wichtige Fundstätten, weil dort organisches Material über Jahrtausende hinweg erhalten bleibt und datiert werden kann (→ Dendrochronologie, → Pollenanalyse, → Radiokarbon-Methode).

Moorleichen

Fundorte: Nordwest-Deutschland, Dänemark, Baltikum, Holland, Irland. Zeitlich werden sie in die späte Bronze- oder Eisenzeit eingeordnet.

Menschliche Leichen, die in Mooren gefunden wurden. Infolge des Luftabschlusses und der chemischen Einwirkung des Moores blieben die Toten mumienhaft konserviert und geben Rückschlüsse auf „ihre Größe, ihren Körperbau, Spuren der Körperpflege, Wunden, verheilte Knochenbrüche, körperliche Fehler, Erkrankungen, die Zusammensetzung ihrer Nahrung, Farbe und Schnitt der Haare und sogar ihren Ernährungszustand" (Fansa, in 192, 18). Gut erhaltene Textilreste geben Aufschluß über die → Kleidung jener Zeit.

Über die Ursachen der Versenkung im Moor gibt es verschiedene Vermutungen: Menschenopfer, Hinrichtung von Rechtsbrechern oder Unglücksfälle.

Moorwege

In den europäischen Mooren wurden von der → Jungsteinzeit bis in die → Bronzezeit hinein und später verschiedene Holzkonstruktionen zum Wege- und Straßenbau verwendet. Allein in Irland sind bisher an die 1000 Moorwege gefunden worden, weitere harren ihrer Entdeckung.

Moorwege erfüllten vielfältige Aufgaben, z.B. trockene, höher gelegene Böden im Moor zu erreichen, Moore zu überqueren, um weite Wegstrecken über festes Land zu anderen Siedlungsplätzen zu vermeiden; oder sie bildeten Teilstrecken eines Fernverkehrsweges. In unruhigen Zeiten boten Moore Schutz gegen Feinde. Um eine tragende Fläche zu erhalten, wurden verschiedene Holzkonstruktionen entwickelt: diese sind leicht und vergrößern die tragende Fläche.

Es wurden verschiedene Holzarten verwendet: Kiefer, Erle, Birke, Eiche, Ulme, Hasel. Die Wege wurden mit der Zeit von den Mooren überwachsen und versanken im Untergrund.

Reisigwege

Älteste Wege mit dünnen, längsgelegten Ästen und Reisig, die als schmale Fußwege im Moor dienten und noch in historischer Zeit vorkommen.

Wege aus Flechtmatten

Zur Bronzezeit gab es Moorwege, deren Lauffläche aus Flechtmatten gebildet wurde, mit einer Breite

von 1–1,20 m und einer Länge von
2–5 Metern. Sie bestanden meist
aus dünnen Hasel- oder Birkenru-
ten.

Bohlenwege
Gespaltene Bohlen, später auch
dünne Baumstämme oder Knüppel
bilden den Weg. Zur Fixierung
konnten beide Seiten der Bohle eine Durchlochung erhalten, durch
die Pflöcke in den Untergrund getrieben wurden. Oder längs liegende Stangen bildeten einen Unterbau für die aufgelegten Bohlen.
Diese Bohlenwege konnten mit
→ Wagen befahren werden, waren
bis zu 4 m breit und verliefen in
gerader Richtung, weil die Vorder-
achsen der ersten Fahrzeuge nicht
schwenkbar waren. Erst ab der
→ Bronzezeit besaß man lenkbare
Wagen: Die Wege konnten
schmaler gebaut werden (ca. 2,50
m). In England (Brue Valley in
Somerset Levels) stammt ein
Bohlenweg aus der Zeit vor etwa
3 900 v. Chr. Der Holzverbrauch
für solche Bohlenwege war beträchtlich. Für einen Bohlenweg
im Großen Moor am Dümmer
(zweitgrößter See Niedersachsens)
liegt folgende Berechnung vor:
„Für 1 km Wegtrasse hat man
demnach etwa 1 025 Erlen gefällt;
bei einer angenommenen Weglän-
ge von 2,5 km liegt der Holzbedarf
bei rund 2 500 Bäumen, die in
nächster Nähe eingeschlagen und
auf das Moor transportiert werden
mußten" (Meurers-Balke, 137,
142).
Funde bei Moorwegen umfassen
Wagenteile, die nach Achs- oder
Wagenbrüchen am Unfallort verblieben oder zum Aufquellen ins
Wasser gelegt wurden, um einen
besseren Sitz zu erhalten. Diese
Funde ermöglichen es, die ältesten
europäischen Wagen zu rekonstruieren. Wie das Holz, so wurden
auch → Moorleichen gut konserviert.

Morphologie
(gr. morphe: Gestalt)
Wissenschaft von der Gestalt und
dem Bau des Menschen, der Tiere,
Pflanzen und den geologischen
Einheiten. In der Archäologie wird
damit die Bestimmung der charakteristischen Formengemeinschaf-
ten bezeichnet, die als Grundlage
zur Festsetzung der einzelnen
Kulturen oder Entwicklungsstufen
dienen.

Mörser
Starke Steingefäße oder Platten mit
einer kugeligen Bodenhöhlung, in
denen harte Stoffe mit einem
Steinstößel (keulenförmiger Stab)
zerrieben und zerstoßen werden.
Sie sind aus Kalkstein, Sandstein
oder ähnlichen Materialien hergestellt.
Die ältesten Mörser wurden in
Südägypten im Wadi Kubbaniya
gefunden. Es sind tiefe, tassenför-
mige Mörser mit einem Alter von
17 000–18 000 Jahren. Im → Natu-
fium (10 000–6 000 v. Chr.) gab es
→ Mörser aus Kalkstein mit gepickten oder teilweise überschlif-
fenen Stößeln. In Mitteleuropa
kommen sie seit dem Ende des
→ Jungpaläolithikums vor.
Verwendung: Zum Zerkleinern
von Mineralien, Farbstoffen, Samen, Wildgetreide und Getreide.

Moustérien
(vom Ort Le Moustier, im Tal der
Vézère, Dordogne, Frankreich)

Europa: 200 000–35 000 Jahre v. Chr.

Verbreitung: Europa, am Mittelmeergebiet, Nordafrika, Mittlerer Osten, Zentralasien.

Der Fundplatz Le Moustier wurde namensgebend für diese Kultur, deren Ursprungsland nicht bekannt ist. Mit dem Namen „Moustérien" beschreibt die Archäologie eine Grundähnlichkeit der Steingeräte, geht aber nicht davon aus, daß alle Mitglieder der Kultur dieselbe Sprache, dieselben Geräte oder dieselbe Lebensweise hatten. Eine gegenüber dem Moustérien eigenständige, ebenfalls aus dem →Acheuléen entwickelte Steingeräteindustrie wird in Europa als →Micoquien bezeichnet. Sie stellt eine deutlich unterschiedliche, am ehesten anwendungsbedingte →Fazies innerhalb des →Mittelpaläolithikums dar. Das ursprüngliche, vor 125 000 v.h. datierende Pre-Moustérien wird jetzt in der Regel als (frühes) Moustérien bezeichnet.

Der Fundort ist ein Komplex von →Abris und →Höhlen, in denen man zahlreiche Steingeräte und das →Grab eines Neandertalers gefunden hat. Als Träger dieser Kultur gilt allgemein der Neandertaler. Das Moustérien hat sich aus dem Acheuléen so langsam entwickelt, daß eine Reihe von Werkzeugen der ersten Moustérien-Kulturen noch die des Acheuléen, des →Clactonien und des Levalloisien sind. Das belegt das lange Nachleben oder das gelegentliche Wiederaufleben der uralten Geröllindustrien.

Industrien des Moustérien sind über das Gebiet der ganzen alten Welt verbreitet und haben oft ausgeprägte regionale Eigenschaften. Gemeinsames Kennzeichen ist die technische und typologische Entwicklung, die aber noch stark in der Tradition des vorangehenden Acheuléens steht. In dem langen Zeitraum der Moustérien-Kultur, die auch mit dem Auftreten des frühen *Homo sapiens* (→Crô-Magnon-Mensch) in Zusammenhang steht, hat es natürlich Weiterentwicklungen gegeben. Wenn dies auch

artefaktmorphologisch eine generelle chronologische Untergliederung des Mittelpaläolithikums vorzunehmen erlaubt, so bedeutet dies freilich nicht, daß die Kultur dieses zweifellos mehrere Jahrtausende dauernden Zeitalters sich tatsächlich nicht gewandelt und entwickelt habe. Die uns einzig in großer Menge zu Gebote stehenden Steingeräte stellen eben einen überaus geringen und zudem nicht sehr entwicklungsfähigen und chronologisch empfindlichen Ausschnitt des gesamten Kulturbesitzes dar (Müller-Karpe, 147, 47).

→Faustkeile lehnen sich anfangs an die typischen Formen und Techniken des →Altpaläolithikums an, bis in der Steinbearbeitung eine neue Technik erfunden wurde. Das Grundprinzip der Moustérien-Technologie beruht im wesentlichen auf einer Verfeinerung und Fortentwicklung der →Levallois-Technik. Das zeigt sich in der Materialausbeute. Aus 0,45 kg Flint wurde im Altpaläolithikum nur bis zu 20,3 cm Abschlagkante gewonnen, im Moustérien aber aus der gleichen Materialmenge bereits 10,20 m. Die Moustériengeräte basieren hauptsächlich auf 4–7 cm langen Flint-Abschlägen, die durch →Retuschen (mit weichen →Druckstäben) zu Spezialwerkzeugen weiterverarbeitet werden. Faustkeile werden aus Kernsteinen (→Kerne) in den typischen Formen und Techniken des Altpaläolithikums und später aus →Abschlägen als Miniaturfaustkeile hergestellt, die allmählich durch flache und längliche →Handspitzen ersetzt werden, welche die lange Faustkeiltradition beenden.

Das typische Moustérien hat je nach Fundort mehr oder weniger Geräte in →Levallois-Technik. Die Handspitze (Moustérien-Spitze) ist gut entwickelt und sorgfältig hergestellt. Es gibt wenige oder keine →Messer mit Rücken. Gekerbte und gezähnte Geräte haben einen geringen Anteil.

Das Moustérien vom Typ Quina fertigt Werkzeuge aus Kernsteinen, häufig mit langer, gebogener (Bogenschaber oder „Halbmondmesser") bzw. gerader Schneide (Geradschaber) oder mit 2 winklig zueinanderstehenden (Winkelschaber), ausnahmsweise sogar mit 3 Schneiden (Dreifachschaber). Nicht selten weisen →Schaber auch Spitzen auf, so daß Übergänge zu den Handspitzen entstehen. Auch 2 gegenüberliegende Spitzen kommen vor (Doppelspitzen). Die Oberfläche ist mitunter flächig retuschiert. Bekannt sind Schaber mit gerundeten Ecken oder mit einer umlaufenden Schneidekante. →Buchtschaber besitzen am Ende oder an den Seiten eine geschärfte Einbuchtung, die sich nur auf dem (neuen) kleinen Spitzamboß (→Amboßtechnik) mit kleinem Hämmerchen herstellen ließ (→Quina-Technik). Sie wurden zum Runden oder Glätten von Holzschäften und →Flechtwerk

verwendet. Schaber hatten allgemein eine Länge von 5–17 Zentimetern. Die in La Quina gefundenen Steinkugeln werden als →Bolasteine gedeutet, die in Lederbeutel eingenäht und mit einem Lederriemen geschleudert wurden. Ferassi-Typ: Diese besondere Gruppe zeichnet sich durch gezähnte Schneiden und größere Häufigkeit von Levallois-Geräten und die Eigenart aus, große Knochen von Pferden und Bisons zu Werkzeugen zu verarbeiten.

Gejagt wurde mit Lanzen und Speeren, deren Spitzen im Feuer gehärtet wurden oder die gelegentlich auch →Geschoßspitzen aus Stein, Knochen oder Geweih erhielten. Sicher wurden auch Tiere in natürliche oder künstliche →Fallen getrieben, wo sie leicht erlegt werden konnten. Jagdwild waren u.a. Mammuts, Fellnashörner, Wisente, Wildpferde, Wildesel, Rentiere und Hirsche.

Neandertaler waren die ersten, die ihre Toten bestatteten und dies mit religiösen Vorstellungen verbanden: Speisereste, das Besprengen der Gräber mit rotem Ocker und vermutete Blumenbeigaben weisen darauf hin. In →La Ferrassie fand man auch den ältesten bekannten Friedhof (ca. 60 000 Jahre) mit einem Grab, das mit einer Steinplatte mit Vertiefungen (Näpfchen), etwa in Größe von Fingerkuppen, abgedeckt war, sowie weitere 5 Gräber (→Bestattungen).

Das Ende des →Mittelpaläolithikums und damit auch das Ende des Moustérien erfolgte allmählich mit dem Übergang zur Klingenindustrie (→Klingenabschlag-Technik) und zu den →Knochengeräten des *Homo sapiens*.

Moustérien-Spitze
(→ Handspitze)
Flache, meist nur einseitig retuschierte Spitze mit leicht konkav
eingezogenen Seiten.

Münchshöfener Gruppe
4300–3900 v. Chr.
(benannt nach den Funden in der
Nähe des Dorfes Münchshöfen im
Kreis Straubing-Bogen in Niederbayern)
Verbreitung: in Niederbayern und
den angrenzenden Teilen Bayerns
und Österreichs.
Kleine Siedlungen mit nur wenigen Häusern und die geringen Keramikfunde spiegeln vielleicht eine
niedrige Bevölkerungszahl wieder.
Auch Höhlen wurden gelegentlich
aufgesucht. Vom Ackerbau zeugen
Getreidekörnerfunde, Bruchstücke
von → Mahlsteinen aus Granit sowie Erntemessereinsätze mit → Sichelglanz. Es wurden Haustiere
gehalten und die Jagd ausgeübt.
Bruchstücke menschlicher Tonfiguren deuten vermutlich auf kultische Handlungen hin. Gefäßformen und Verzierungen können von
der → Lengyel-Kultur abgeleitet
werden. Andere Tongefäße mit anderen Formen, vor allem Schüsseln
und Schalen mit einbiegenden und
teilweise verdickten Wulsträndern,
lassen auf einen Einfluß der ägäischen Kultur schließen. Die Verzierungen erfolgten in Stich- und
Furchentechnik mit Holz- und Kno-
chenstäbchen, seltener mit kammartigen Geräten mit 2–7 Zinken.
Aus Felsgestein (Amphibolit)
wurden Querbeile, Schuhleistenkeile, Hammeräxte und Pfeilspitzen hergestellt.
Gräber und Skelettreste wurden
nur selten entdeckt.

Muschelöffner
Pfriemartiges Gerät zum Öffnen
von Muscheln und zum Lösen von
Schnecken aus ihrem Gehäuse.
Funde gab es in → Ertebølle und
aus dem → Capsien.

Musikinstrumente
Erste Kunstäußerungen und Hinweise auf menschliche Musik etwa
vor 45000 Jahren.
In der ungarischen Höhle → Istállóskö fand man eine 12 cm lange
→ Flöte aus dem Oberschenkelknochen eines Höhlenbären, die
auf der vorderen Seite 2 Öffnungen und eine auf der hinteren Seite
besaß; sie wird als umstrittener
Beleg für die Tatsache angeführt,
daß schon der Neandertaler Musik
machen konnte. Nach der → Ra-
dio-Karbon-Methode hat sie ein
Alter von etwa 45000 Jahren. Auf
40000–35000 Jahre wird die Knochenflöte aus dem Aurignacien des
Geissenklösterle bei Blaubeuren
datiert. In Frankreich sind Kno-
chenflöten seit etwa 30000 Jahren
bekannt. In → Molódowa am
Dnjester wurde eine Flöte gefunden, die auf einer Seite sogar 7
Öffnungen hintereinander, auf der
gegenüberliegenden Seite desselben Endes 2 und am anderen Ende
nochmals 2 Öffnungen besaß. Dieses Instrument aus dem Jungpaläolithikum ist etwa 15–20000
Jahre alt: Man kann daraus schließen, daß die Grundlagen der Musik
den Mammut- und Rentierjägern
bereits bekannt waren. In den paläolithischen Bilderhöhlen wurden
auch Stalaktiten als Klangkörper
benutzt. Die → Schwirrgeräte des
Jungpaläolithikums werden auch
im Mesolithikum weiterhin verwendet. In der Ahrensburger-Kultur

(10 700–10 000 v. Chr.) wurden knöcherne Schwirrgeräte gefunden, von denen das kleinste 12,8 cm und das größte 21 cm lang ist.

In der Mammutjägersiedlung in →Mezin in der Ukraine wurden Überreste von festen Winterhütten entdeckt, die etwa 15–20 000 Jahre alt sind. In der größten →Hütte machte man überraschende Funde: Bei genauer Untersuchung entdeckte man eine ganze Sammlung von Musikinstrumenten. Reich bemalte Knochen stellten sich bei näherer Untersuchung als Musikinstrumente heraus: ein Mammutschulterblatt mit einem Hämmerchen aus Rengeweih zum Schlagen, ein Beckenknochen vom Mammut zum selben Zweck, einen Mammutunterkiefer, der Schädel dieses Tieres als Trommel und ein ebenfalls vom Mammut stammender Schenkelknochen mit herausgekratztem Mark, der wohl wie ein Xylophon gehandhabt wurde, das je nach Länge einen anderen Ton

ergab. 4 geschnitzte Elfenbeinplättchen ergaben ein „Kastagnetten-Armband". Abnutzungsspuren scheinen die Funktion als Musikinstrumente zu bestätigen. Neben den Schlaginstrumenten wurden auch verschiedene →Pfeifen und →Flöten gefunden, die senkrecht oder waagerecht geblasen wurden (Sklenár, 185, 120–124).

Aus dem Magdalénien (15 000–11 500 v. Chr.) stammen Rentierpfeifen, die vielleicht als Signalpfeifen bei der Jagd dienten. Ob sie beim Tanzen den Takt angaben, läßt sich nicht entscheiden. In der Schweiz wurden insgesamt 41 solcher Pfeifen nachgewiesen. Zu den Musikinstrumenten der Jungsteinzeit (6 000–1 600 v. Chr.) gehören außerdem Pfeifen aus Tierknochen, denen man schrille Töne entlocken konnte, importierte Mittelmeermuscheln als Trompeten, Gefäßrasseln, Tierhörner und etwa seit 3 500 v. Chr. mit Tierhäuten überzogene Trommeln aus Ton.

Nachbestattung

Wiederverwendung eines älteren Grabes durch neue Bestattung. Nachbestattungen kommen seit dem →Neolithikum in ganz Europa häufig vor. Bei den Megalithgräbern wird zum Teil angenommen, daß die vorhandenen Skelettreste einfach zur Seite geräumt wurden.

Nacheiszeit

Vor etwa 18 000 Jahren setzte eine klimatische Milderung ein, die etwa 8000 Jahre dauerte und von den Geologen noch dem Eiszeitalter zugerechnet wird. Mit dem Spätglazial (→Glazialzeit) vor 16 000 Jahren beginnt die Übergangsperiode zwischen Kaltzeit und Warmzeit, die in mehreren Schüben und mit klimatischen Rückschlägen erfolgte.

Mehr als das übrige Europa wird Nordeuropa von dem allmählich abschmelzenden nördlichen Inlandeis und den damit verbundenen geographischen und klimatischen Veränderungen geprägt, die auch eine sich wandelnde Verteilung von Land und Wasser mit sich bringen. Die Zeit der Eisschmelze ergab kein stetes Abtauen der Riesengletscher, sondern auf eine starke Wärmeperiode erfolgte wieder der Vormarsch der Gletscher: Es dauerte Jahrtausende, bis das Eis geschmolzen war. Im allgemeinen ging das Eis jedes Jahr um 50–300 m nach Norden zurück. Die Zeiten und die Dauer der Eisschmelze werden mit der →Warvenzählung gemessen.

Im Postglazial, also etwa um 8000 v. Chr., verlief die südliche Grenze des skandinavischen Eisschildes von der Südküste Norwegens über Mittelschweden zur Südküste Finnlands. Von den heutigen britischen Inseln über die jetzige Nordsee, Jütland, den dänischen Inseln, Südschweden bis zum Baltikum zog sich ein zusammenhängender Festlandsgürtel. In Mitteleuropa waren die Erwärmung und die Eiszeit abgeschlossen, die Gletscher hatten sich auf die heutigen Standorte zurückgezogen und die Temperaturen und Niederschlagsmengen schwankten seitdem nur geringfügig um relativ konstante Mittelwerte. Möglicherweise ist das Postglazial auch ein Interglazial, eine Warmzeit zwischen 2 Eiszeiten, und das Holozän also ein Thermal, dem ein Glazial folgt. Die erste Form der Ostsee war der Schmelzwassersee der skandinavischen Gletscher, der sich mitten im Eis bildete: der Baltische Eisstausee. Er war zunächst ein Süßwassersee, dessen Spiegel mehr als 50 m höher lag als der Spiegel des offenen Meeres im Skagerrak. In der Katastrophe bei dem Berg Billingen in Västergötland (Mittelschweden) durchbrach zwischen 7700 und 6800 v. Chr. dieser See die Eisbarriere, ergoß sich in den Ozean und wurde so ein Salzmeer (Brackwasserfjord), den man nach der Eismeermuschel *Yoldia arctica* das →Yoldia-Meer nannte: die erste Entwicklungsstufe der Ostsee.

Gegen Ende der Yoldia-Zeit hob sich die Erdkruste des mittelschwedischen Gebietes infolge der Entlastung durch das Eis und führte um 6000 v. Chr. zur Schließung des dortigen Sundes. Die

Ostsee wurde erneut ein Süßwassersee, der wieder um 20 m anstieg und nach der Süßwassernapfschnecke *Ancylus fluviatilis* Ancylus-See genannt wird.

Um 5000 v. Chr. war die Eisschmelze so stark, daß der Ozeanspiegel erheblich anstieg und den Ancylus-See aufnahm, der nun zum Litorina-Meer wurde (benannt nach der Strandschnecke *Litorina littorea*). In dieser Zeit erfolgte im Westen der Durchbruch des Ärmelkanals, England wurde endgültig zur Insel, und weite Teile der Nordsee versanken im Meer. Die Doggerbank blieb noch eine zeitlang als Insel übrig.

Gegen 2000 v. Chr. war der Anstieg der Weltmeere durch die Eisschmelze beendet. Parallel zur Landsenkung im Süden hob sich das Land in Nordskandinavien, so daß die Ostsee im Norden flacher, im Süden tiefer und wieder ein Süßwassersee wurde, bis um 1000 v. Chr. der Durchbruch zum Weltmeer etwa dort entstand, wo auch jetzt diese Verbindung verläuft. So entstanden die dänischen Inseln und die heutige Ostsee.

Noch heute kommt an der Doggerbank von unterseeischen Mooren aus einer Tiefe von 32–50 Metern ab und zu Torf an die Oberfläche. An der holländischen, deutschen und dänischen Küste der Nord- und Ostsee befinden sich Reste von Kiefernwäldern in Tiefen von 22–40 Metern auf dem Meeresgrund: An einigen Stellen sollen sogar noch Stämme von bis zu 2 Metern Höhe existieren.

Nadeln

Spitze Stechwerkzeuge ohne Öhr, seit 3000 v. Chr. bekannt. Sie dienten vor allem zum Zusammenheften der Kleidung. Die ältesten Nadeln waren aus Knochen, Horn, Mammutelfenbein oder Gräten und wurden Ende des Neolithikums mit verschiedenartigen Knöpfen versehen. Die eigentliche Entwicklung der Nadel setzte erst zur →Bronzezeit ein, in der sie in zahlreichen Formen vorkommt, von beiden Geschlechtern als Schmucknadel getragen wurde und als Grabbeigabe das Totengewand zusammenhielt.

Nähnadeln

In das →Jungpaläolithikum bzw. das →Gravettien fiel die Erfindung von Nähnadeln mit Öhr aus Knochen, obwohl sie allgemein dem →Magdalénien zugerechnet wird.

Als Nähnadeln bezeichnet man nur Nadeln mit einem Öhr. Dies sind schmale, langgestreckte rundliche Stechwerkzeuge mit einer Spitze und Durchbohrung (Öhr) am gegenüberliegenden Ende. Die ältesten Nadeln

hatten noch kein Öhr, aber ein gespaltenes Ende für den „Faden", der ein Tierdarm oder eine Sehne war. In den Spalt wurde anfangs der Faden eingeklemmt und von der Nadel durch das Loch gezogen. Später machte man zunächst ein Loch und schob dann den Faden mit dem gespaltenen Ende voran hindurch (Honoré, 93, 70).

Als Material für die Nähnadel dienten meist Knochen (Ren- und Wildpferdknochen), aber auch Geweih, Mammutelfenbein, Rippen oder Röhrenknochen von Hasen und Vögeln. Bei dickwandigen Knochen, Geweih oder Elfenbein wurde die →Spantechnik angewandt. Mittels →Stichel und

→Zinken wurden lange, parallele Rinnenpaare gezogen, bis ein Span in gewünschter Breite verblieb, der mittels zugespitzter Knochenkeile und Hebeldruck gelöst wurde. Die Rohspäne wurden auf die gewünschte Länge gebracht, das Öhrende abgerundet, beiderseits abgeflacht, mit einem Feinbohrer durchbohrt, mit einem Steinmesser angespitzt und die Oberfläche evtl. auf einem →Schleifstein (Rillenstein) geglättet und poliert. Damit erhielt die Nadel eine fast vollendete Form, die sich nicht mehr wesentlich änderte. Bei Verwendung von dünneren Knochen, z.B. von Hasen oder Vögeln, ist der Querschnitt fast rechteckig. Die Länge der Nadeln betrug etwa 30–100 mm, der Durchmesser im Minimum 0,8 mm und das Öhr etwa 0,5 mm. Feine Nadeln waren wichtig, um in einem unwirtlichen Klima dichte Nähte zu bekommen. Diese wurden zum Zusammenfügen von Zeltdecken, Pelzbekleidung oder für Behältnisse aus Tierhäuten verwendet. Zur Aufbewahrung der Nadeln dienten Behälter aus Röhrenknochen.

Nasenschaber („Nasenkratzer")

Die retuschierten Enden der →Schaber sind durch ein oder 2 Kerben verengt und lassen eine nasenähnlich hervorspringende Schaberkante entstehen, die am Ende oder an einer Seite des Schabers angebracht ist. Sie kamen bereits im →Altpaläolithikum, hauptsächlich im →Aurignacien Europas vor.

Natufien (Natoufien)

12 000–7 000 v. Chr.
(benannt nach dem Wadi en-Natuf im →Karmel-Gebirge, Israel)

Verbreitung: gesamte östliche Mittelmeerküste von Syrien bis Ägypten, Libanon, Palästina.

Mit dem Ende der →Eiszeit setzte die Entwicklung des Natufien ein. Damit wird eine überwiegend seßhafte Kultur im Jäger-Bauern-Übergangsstadium bezeichnet, die zwischen der rein aneignenden Wirtschaftsform und der Landwirtschaft steht. Fundplätze dieser Gruppe sind teils vorübergehend belegte Freiland-, Abri- und Höhlenstätten, teils dauerhafte Ansiedlungen mit Rundhütten aus Stampflehm, die auf in den Boden eingelassenen Steinsockeln standen.

Die Geräte umfassen →Mikrolithen, Silex- und Obsidianklingen mit →Sichelglanz, Klingen- und Kernschaber, Stichel, Bohrer, Steingefäße, Steinmörser mit Stößeln und Handmühlen. Mikrolithen saßen reihenweise nebeneinander in Knochenschäftungen und gehörten zu →Sicheln bzw. →Erntemessern. Andere in Knochen geschäftete Mikrolithen ergaben eine glatte, durchgehende scharfe Schneide und weisen keinen Sichelglanz auf. Es ist nicht auszuschließen, daß sie jagdlichen oder handwerklichen Zwecken dienten, es ist aber wahrscheinlicher, daß es sich um Waffen handelt. Die sogenannte Mikrostichel (→Mikrolithentechnik) ist eher ein Abfallprodukt bei der Herstellung geometrischer Mikrolithen, jedoch wohl kein beabsichtigtes Gerät. Normalgroße Stichel werden nicht nur für die Bearbeitung von Geweih, Knochen- und Horngeräten benutzt, sondern auch zur Herstellung von Kalksteinplastiken. In Ain-Sakhri bei Jerusalem wurde die Plastik eines anthropomorphen Paares in erotischer Stellung hockend und sich eng umschlingend gefunden. Betont sind nur die Gliedmaßen, während die Gesichter der beiden Wesen nur räumlich und nicht in den Details ausgedrückt wurden. Steinerne Picken kann man als Hacken für den Ackerbau deuten. Außerdem stieß man auf die ältesten Steingefäße vor Erfindung der →Keramik. Dazu wurden Kalkstein- und Basaltblöcke ausgehöhlt, geschliffen und auch von außen zu Gefäßen geformt. Diese hatten eine Wandstärke von oft nur bis zu einem Zentimeter (→Bohrtechnik). Üblich sind einfache Knochenwerkzeuge und aus Knochen geschnitzte Harpunenspitzen.

Zahlreiche Funde von →Sicheln, →Mörsern und →Mahlsteinen lassen vermuten, daß sich bei den damaligen Bewohnern entweder die verzehrten Pflanzenarten oder die Art der Nahrungszubereitung gegenüber früheren Zeiten geändert hat. Obwohl man früher allgemein der Ansicht war, daß mit den Mörsern und Stößeln pflanzliche Nahrung verarbeitet wurde, sind auf den Stößeln bisher ausnahmslos Reste von Ocker nachgewiesen worden. Geräte weisen aber darauf hin, daß neben der →Jagd und dem Fischfang auch Erntewirtschaft betrieben wurde.

Schmuck sind Hirschgrandelketten, Perlen aus Karneol, Grünstein, Basalt, Muscheln und Anhänger aus Knochen. Menschen- und Tierplastiken kommen vor.

In der Wad-Höhle des Karmel-Gebirges wurde ein großer Friedhof dieser Periode ausgegraben. In den Höhlen fand man auch Knochen von Ziegen, Schafen und Rindern, die aber anders aussahen als alle bisherigen Funde: Es waren Knochen von Haustieren.

Neandertal

10 km östlich von Düsseldorf, ein Teilabschnitt des Düsselbaches, benannt nach dem Lieddichter Joachim Neander (17. Jahrh.), der die Stille des Tales oft aufgesucht hat (zu dieser Zeit wurde „Tal" mit einem „h" geschrieben).

Bei Steinbrucharbeiten in der ehemaligen Kleinen Feldhofer Kalksteingrotte fanden sich dort ein menschliches Schädeldach und einige Skelettknochen des nach dem Fundort benannten Neandertalers (→Evolution des Menschen), die von C. Fuhlrott gerettet wurden. Da die Knochen nicht →in situ gefunden wurden, steht eine genaue Altersbestimmung aus. Schätzungen reichen von 100 000–40 000 Jahren. Eine kürzlich durchgeführte →Sondage im Neandertal brachte eine Lokalisierung der zerstörten Höhlen „Kleine Feldhofer Grotte" und „Feldhofer Kirche". Man hofft, in dem durch Kalkabbau entstandenen Abraum fehlende Knochenteile und Hinterlassenschaften des Neandertalers zu finden. Nach einer Mitteilung in der „Welt" (27. 1. 99, 32 von Nicole West) wurden von den beiden Forschern Jürgen Thissen und Ralf Schmitz vom Rheinischen Amt für Bodendenkmalspflege fehlende Teile des historischen Neandertaler-Skeletts von 1856 gefunden. Die insgesamt 20 Teile umfassen Backenzahn, Wirbel, Rippen, Zehenknochen. Ein markgroßer Knochensplitter paßt genau an das bereits vorhandene linke Oberschenkel-Kniegelenk. Man hofft, mit den neuen Funden durch eine Analyse des Erbgutes die Verwandtschaft zwischen *Homo neandertalensis* und *Homo sapiens* zu klären. Weitere Funde von Steinwerkzeugen können vielleicht zu einer besseren Datierung des Alters des Neandertaler-Skeletts beitragen.

Neandertaler

(→Evolution des Menschen: Ante-Neandertaler, Früher Neandertaler, Klassischer Neandertaler)

Neolithikum

(gr. neos: neu; lithos: Stein; Jungsteinzeit →Steinzeit)
Wichtigstes Kriterium des Neolithikums gegenüber den vorhergehenden Kulturstufen der →Steinzeit ist die seßhafte Lebensweise und Nahrungsproduktion, aber auch →Steinschliff, Steinbohrung (→Bohrtechnik), →Mahlsteine, Weben und die Weiterentwicklung von geometrischen Zeichen als Vorläufer der →Schrift, gesellschaftliche Arbeitsteilung und Tauschhandel sind typische Merkmale dieser neuen Zeit, die zu einer starken Veränderung der natürlichen Umwelt durch den Menschen führten. Es war die Zeit der ersten Bauern-, Hirten- und Stadtkulturen. Diese Entwicklung begann im Vorderen Orient mit den frühesten Anzeichen einer →Domestikation von Pflanzen und Tieren um 12000–10000 v.Chr. Um 7000 v.Chr. ist diese Entwicklung im →Fruchtbaren Halbmond und andernorts bereits weit verbreitet. Ausgelöst wurde diese Entwicklung durch die Klimaänderung am Ende des →Pleistozäns vor etwa 10000 Jahren v.Chr. Es gab offene Waldgebiete mit Haselnüssen und mit Gräsern, die man ernten bzw. deren Samen man Sammeln und domestizieren konnte. Die 3 ersten kultivierten Getreidearten waren Gerste, Emmer und Einkorn. Dazu mußte man →Sicheln und Mahlsteine entwickeln und Vorratshaltung treiben; dabei handelte es sich um Entwicklungen, die den Weg für die Landwirtschaft ebneten.

Die stabilere Nahrungsgewinnung bildete die Grundlage für eine Vermehrung der Bevölkerung und zur Konzentration an einem Ort, aber auch zu einem Bevölkerungsdruck und damit zur Ausbreitung und Inbesitznahme neuer Gebiete. Die Erzeugung von Nahrungsüberschüssen brachte für mehr oder weniger große Teile der Bevölkerung eine zeitweilige oder arbeitsteilige Freistellung von der Urproduktion an Nahrungsmitteln und führte zu neuen wirtschaftlichen und gesellschaftlichen Organisationsformen. Durch das Eingreifen des Menschen in das Wachstum, in die Verbreitung von Tier- und Pflanzenarten, durch Beweidung, Rodung und Ackerbau wurde mit der Zeit die Umwelt verändert.

Wandernde Bauerngruppen der →Linienbandkeramiker besiedelten ab 6000 v.Chr nach und nach ganz Europa und waren Träger dieser neuen Kultur. Von ca. 7000–4000 v.Chr. hat es gedauert, bis sich in ganz Europa (mit Ausnahme von Nordskandinavien), von Südosten bis nach Nordwesten vordringend, bäuerliche Gemeinschaften entwickelt haben. Daher begann die Jungsteinzeit in jedem Land zu einem anderen Zeitpunkt, jeweils mit dem Beginn von

→Ackerbau, Viehzucht (→Domestikation) und Töpferei (→Keramik). Die Entstehung von zunächst kleinen Siedlungsgebieten durch Rodung der Wälder und die weitere kontinuierliche Besiedlung bilden die Kerne der heutigen Siedlungsräume.

Ursache der Besiedlung Europas könnte aber auch eine Katastrophe gewesen sein. Um 7750 v.Chr. durchbrach das Mittelmeer den heutigen Bosporus und flutete das 150 m tiefer gelegene Schwarze Meer,

mancherorts drang die Küstenlinie binnen 24 Stunden mehr als einen Kilometer vor. Die dort lebenden steinzeitlichen Bauern und Hirten wurden vertrieben. Sie wanderten durch das reiche Flußtal der Donau in Richtung Mitteleuropa und sorgten so nach jahrhundertelangem Stillstand für die weitere Ausbreitung der Landwirtschaft (Kosmos, Heft Juli 1998, 15).

Die Kulturen bzw. Gruppen der Jungsteinzeit sind nach der Art der Verzierung der Keramikgefäße (beispielsweise Linienbandkeramische Kultur), der Form der Keramikgefäße (Trichterbecher-Kultur), dem Fundort, an dem eine Kultur oder Gruppe erstmals oder besonders typisch nachgewiesen wurde (Rössener Kultur; Oberlauterbacher Gruppe) oder nach der typischen Bestattungsart (Einzelgrab-Kultur) benannt. Die Abfolge der jungsteinzeitlichen Kulturstufen war in jedem Land und oft sogar in einzelnen Landesteilen unterschiedlich (Probst, 163, 226–227).

Das Neolithikum beginnt in Mitteleuropa mit der →Linienbandkeramischen Kultur und endet mit der Kupfer-Metallurgie in der →Schnurkeramischen Kultur, →Glockenbecher-Kultur und →Dolchzeit.

Die →Kupferzeit beginnt 7000 v.Chr. im Vorderen Orient (Türkei), in Mitteleuropa ab 4200 v.Chr. Ab 4000–2300 v.Chr. haben die meisten Kulturen und Gruppen in Deutschland Kupfergegenstände, sei es aus eigener Produktion oder als Importware, besessen. Trotzdem kann man diese Periode (→Chalkolithikum) dem Neolithikum zuordnen, da in ihr die Steingeräte überwiegen.

Neolithische Revolution

Der englische Prähistoriker V. Gordon Childe prägte 1936 diesen Begriff, um den Übergang zur bäuerlichen Wirtschaftsweise von der Bedeutung her der industriellen Revolution der Neuzeit gleichzustellen. Neuere Befunddatierungen zeigen eher, daß es sich auch bei der Neolithisierung um einen allmählichen evolutionären und vor allem vielfältigen Prozeß historischer Veränderungen handelt. Dennoch wurden dabei letztendlich entscheidende kulturelle Schwellen überschritten. Ökologisch bedingt, gab es enorm große Räume der Erde, vor allem die arktischen Tundren und Wälder sowie viele Wüsten, in denen allein der →Steinschliff als neolithisches Element übernommen wurde, aber nicht die →Domestikation von Pflanzen, und allenfalls regional die von Hund und Rentier (Müller-Beck, 141).

Veränderte Klima- und Umweltbedingungen am Ende der letzten →Eiszeit waren Ursachen dafür, daß sich neue ökonomische Systeme rasch auf der ganzen Welt entwickelten. Vor etwa 10000 v.Chr. begannen im Vorderen Orient (→Fruchtbarer Halbmond) →Sammler und Jäger damit, Kulturpflanzen und Haustiere planmäßig aus Wildformen zu züchten und sie heimisch zu machen (→Domestikation). Sie begannen mit Kulturpflanzen, etwas später folgten Haustiere. Sichere und ertragreichere Versorgung mit Nahrungsmitteln und die damit verbundene Bevölkerungszunahme führten zu geistigen, wirtschaftlichen und technischen Veränderungen, die man als „Neolithische Revolution" bezeichnet. Dies geschah aber nicht plötzlich, sondern ist eher ein allmählicher Prozeß, also eine Evolution und keine Revolution.

Der Mensch wird seßhaft, Ackerbau und Viehzucht prägen den neuen Lebensstil. Aus Siedlungen werden Dörfer und aus Dörfern erste Städte mit Ansätzen zur Infrastruktur und sozialer Gliederung. Handwerke entstehen und spezialisieren sich zu neuen Berufszweigen. Vorräte und Dinge, die über den täglichen Bedarf hinausgehen, sowie der Wunsch nach Luxusgütern ließen den Tauschhandel entstehen. Die neue Wirtschaftsweise war aber von mehreren negativen Erscheinungen begleitet. Der zunehmende Wohlstand und Bevölkerungsdruck schufen Konflikte und zwangen zu befestigten Siedlungen (→Befestigungen).

Da nun Menschen in größerer Zahl über längere Zeiträume dasselbe Gebiet bewohnten, kamen hygienische Probleme auf, die den mobilen Jägern und Sammlern unbekannt waren. Zudem führte die bäuerliche Lebensweise zu einseitiger und weniger ausgewogener und nahrhafter Ernährung. Gelagerte Lebensmittel wurden durch Ratten und andere Schädlinge in der Qualität gemindert, so daß

es zum erstenmal in der Geschichte zu epidemischen Krankheiten kam.

Die Sorge der Menschen um die Produktion von Getreide und Vieh führte zur Verehrung von Mutter Erde und anderen Muttergottheiten.

In der Kunst geht die Entwicklung von naturalistischen Motiven in der Altsteinzeit über stilisierte und überwiegend gegenständliche Motive in der Mittelsteinzeit zu den abstrakten Symbolen des Neolithikums. Geometrische Zeichen für Mensch, Hund, Pferd, Ochsengespann oder Schiff erscheinen auf →Felsbildern sowie Tontafeln und führen mit immer einfacheren Zeichen und dichteren symbolischen Inhalten zum Anfang der Schriftsprache (→Schrift).

Netz

Geknüpfte Maschen, in denen sich die Fische mit ihren Kiemen verfangen und festgehalten werden. Selten erhaltene Netzreste bestehen aus geknoteten, zum Teil zweifädigen Schnüren aus grobfaserigem Bast oder Baumrinde, Rensehnen, Lederstreifen, Pferdehaaren, Brennesselfasern, u.a. (→Fischfang).

Netzschwimmer

Durchlochte Baumrinden- oder Holzstücke, die auf dem Wasser schwimmend das Fischnetz tragen, während die →Netzsenker es straffen (→Fischfang).

Netzsenker

Natürliche, etwa faustgroße Steine, die zum Festbinden an ein Fischnetz geeignet waren, mit einer mehr oder weniger umlaufenden

Rille, Kerbe oder Durchlochung zum Festbinden, auch aus Ton und Tonscherben. Ein am Federsee gefundenes, etwa 30 cm langes Stück Birkenrinde, mehrfach eingerollt und mit Lehm und Kieseln gefüllt, wird als Netzsenker betrachtet. Im Zusammenspiel mit dem →Netzschwimmer soll das Stellnetz senkrecht im Wasser gehalten werden (→Fischfang).

Noailles-Stichel
(benannt nach der Höhle Noailles, Dep. Corrèze, Frankreich)
Verbreitung: Südwestfrankreich, Italien
Vorkommen im Gravettien. Der Stichel ist meist ein rechteckiger Klingenabschlag, an dem beide Querkanten meist konkav retuschiert worden sind. Die Spitzen sitzen jeweils entweder an einer Ecke diagonal gegenüber, es befinden sich 2 an den Ecken einer Querkante, oder sie werden bei spitz zulaufender Gegenkante zur Dreierstichel. Vermutlich dienten sie zu Holz- und Knochenarbeiten.

Nomenklatur
(lat. nomenclatio: Benennung mit Namen)
Wissenschaftliches   Namensverzeichnis. In der Biologie wird so die Benennung der Pflanzen und Tiere nach internationalen Regeln mit einem zweiteiligen lateinischen oder latinisierten Gattungs- und Artnamen bezeichnet. Kursive Schreibweise ist obligatorisch.

Nordafrikanische Felsbilder
Felsbilder der Sahara 12000 v.Chr. bis heute.
(Vorkommen: afrikanische Felsbilder reichen von Nord- bis Südafrika)

Die zentrale Sahara war während der letzten Mio. Jahre immer eine Wüste, aber immer wieder ausgeprägten Klimaschwankungen unterworfen. Steinartefakte aus den verschiedenen Kulturstufen der Steinzeit und Felsbilder zeigen, daß sie in ihrer gesamten Ausdehnung immer wieder von Menschen besiedelt wurde.
Felsbilder mit Malereien und Gravuren sind vor allem in den Gebirgen mit geeigneten Wänden und Höhlen, die auch günstige Voraussetzungen für deren Erhaltung boten, zu finden. Auch die Lebensbedingungen waren für die Menschen der damaligen Zeit günstiger als im Flachland. Um 1500 v.Chr. setzte eine stetige Austrocknung ein, die bis heute anhält.
Für die Felsbilder der gesamten Sahara: Saharaatlas (Marokko), Tassili N-Ajjer (Algerien), Akakus und Fezzan (Libyen), Tibesti (Tschad), Plateau von Djado (Niger) und im Ennich (Sudan), hat man eine relative →Chronologie vorgeschlagen, die davon ausgeht, daß die Bilder von großen Wildtieren zwangsläufig älter als die von Haustieren seien. Man hat 5 zeitlich aufeinanderfolgende Perioden vorgeschlagen und diese mit dem Klimaablauf in Verbindung gebracht, um zu einer absoluten →Datierung zu kommen.

1. Bubalus-Zeit
(Auch Wildesel- oder Jägerzeit genannt)
10000–6000 v.Chr.
Der Name Bubalus bezieht sich auf einen häufig abgebildeten afrikanischen Altbüffel mit meterlangen Hörnern (dem Kaffernbüffel verwandt), der vor etwa 5000 Jah-

ren ausgestorben ist. In dieser Art sind die Bilder des gesamten afrikanischen Großwildes dargestellt, z. B. Elefant, Nashorn, Giraffe, Büffel, Löwe, verschiedene Antilopen, Gazelle, Wildesel u. a. Darstellungen von Krokodil und Flußpferd weisen auf Wasserreichtum hin. Menschen werden bei ihren Tätigkeiten des Jagens und Sammelns dargestellt, spielen aber gegenüber den Tierbildern eine untergeordnete Rolle und werden eher kleinformatig abgebildet.

2. Rundkopfzeit
7 000–6 000 v. Chr.
In dieser Zeit tragen die dargestellten Menschen runde, direkt auf dem Körper aufsitzende Köpfe. Die Abbildungen sind namensgebend für diese Periode. Die Kunst zeichnet sich durch Stilisierung und Abstraktion aus. Großwild wird genauso wie domestizierte Tiere nur noch wenig dargestellt.

3. Rinderzeit
5 000–2 500 v. Chr.
In dieser neolithischen Feuchtphase überwiegen die Abbildungen der domestizierten Tiere: Rinder, Schafe, Ziegen und Hunde. Nach dem vorherrschenden Motiv nennt man diese künstlerische Periode „Rinderzeit". Menschen werden nun verstärkt im Alltagsleben dargestellt.

4. Pferdezeit
1 500 bis zur Zeitwende
Menschen werden in Doppeldreieckformen mit stäbchenförmigem Kopf dargestellt. Sie tragen Metallwaffen, besitzen Pferd und Wagen. Die Abbildungen fallen in die Zeit nach der letzten mäßigen Begrünung.

5. Kamelzeit
Das Dromedar kommt um die Zeitwende in die Sahara und wird fast ausschließlich dargestellt. Diese als Kamelzeit bezeichnete Epoche dauert bis zum heutigen Tage an (Lutz/Lutz, 130, 31–32).

Nordamerikanische Spitzen
„Anthropologische und genetische Untersuchungen stimmen darin überein, daß die Indianer vom asiatischen *Homo sapiens* abzuleiten seien". Wahrscheinlich erfolgte die Einwanderung über eine zeitweise bestehende Landbrücke zwischen Asien und Amerika. „Dies war dreimal der Fall, und zwar vor etwa 100 000 bis 93 000 Jahren, dann wieder vor 74 000 bis 62 000 Jahren und schließlich zum letztenmal vor 28 000 bis 13 000 Jahren". In diesen Glazialen nahm die Vergletscherung zu und führte zur Trockenlegung der Bering-Straße. In der letzten, der sogenannten Wisconsin-Eiszeit entstand eine 1 000 km lange Landbrücke zwischen Sibirien und Alaska. Anlaß für die Besiedlung könnte die Verfolgung der Jagdbeute wie Mammute, Pferde oder Wisente gewesen sein, die auf dem Landweg von einem Kontinent zum anderen übergewechselt sein könnten. Trotzdem läßt sich eine Besiedlung auf dem Seeweg nicht ganz ausschließen, wie das vor etwa 40 000 Jahren in Australien geschah (Vialou, 205, 404).
In Nordamerika werden hauptsächlich 3 Typen von doppelflächig retuschierten Feuerstein-Speerspitzen unterschieden, die man nach Fundplätzen im US-Staat New Mexiko benannt hat: Sandia-, Clovis- und Folsom-Spitzen. Außer den

Spitzen wurden Klingen, Schaber, einfache Abschläge, Bohrer, Stichel, uni- und bifaciale Messer, Kernsteine und Hammersteine aus Hornstein, Quarz oder Obsidian gefunden. Sie gehören dem →Jungpaläolithikum an. Eine genaue Altersabstufung steht noch aus.

Sandia-Spitzen
12000 v. Chr.
(benannt nach der Höhle bei Albuquerque in den Sandia Mountains, New Mexiko)
Die ungewöhnlichen Formen der Sandia Spitzen unterscheiden sich erheblich von den üblichen frühen nordamerikanischen Geschoßspitzen. Ob es eine eigenständige Sandia-Periode vor Clovis gab, ist noch nicht geklärt.
Es sind dicke, meist ungekehlte →Kerbspitzen. Die Basiskerbung kann gerundet, zugespitzt oder parallelseitig-rechteckig sein. Sie sind wahrscheinlich zeitgleich mit den Clovis-Spitzen, haben aber eine gröbere Bearbeitung als diese und ähneln den →Solutréen-Spitzen.

Clovis-Spitzen
11600–10700 v. Chr.
(benannt nach dem Fundort – einem ehemaligen, von einer Quelle gespeisten Teich – der gleichnamigen Stadt im US-Staat New-Mexiko, nahe der texanischen Grenze)
Clovis-Spitzen sind Teil der Llano-Kultur, der ersten von allen Forschern anerkannten Kultur der Neuen Welt. Man weiß wenig über die Llano-Kultur. Außer den Spitzen sind Schaber, prismatische Messer und flache Messer aus Abschlägen, sowie zylindrische Objekte aus Knochen oder Elfenbein typisch, die man teils als →Geschoßspitzen, teils als Vorschäfte für Speere bezeichnet. Sogenannte „Pfeilschaftglätter" (→Lochstäbe) aus Knochen dienten wahrscheinlich als Glätter und Weichmacher für Lederriemen. Die meisten Funde wurden auf Mammutschlachtplätzen gemacht. Das bedeutet aber nicht, daß die Menschen der Llano-Kultur reine Mammutjäger waren. Vielleicht wurden die Clovisspitzen nur für diese Jagdtiere hergestellt und für andere Beute, wie Alt-Pferd und Alt-Bison u.a., auch andere Spitzen oder Geräte wie Netze, Schleudern oder Fallen benutzt. Untersuchungen an Depotfunden zeigten Abnutzungsspuren und an einigen Spitzen Spuren von Huftierblut und kein Mammutblut! Typisch und nur auf Nordamerika beschränkt ist die Kehlung der blattförmigen Klinge, die in der Regel ca. ein Viertel der gesamten Objektlänge einnimmt, aber nicht bei allen Clovisspitzen vorhanden ist; diese Objekte haben vielleicht eine andere Funktion (möglicherweise als Messer). Die Kehlung stellt eine Blut- oder Schäftungsrinne dar und könnte auch der Befestigung an einem vorne gespaltenen Schaft gedient haben. Dabei paßt sich die Speerspitze in die Kehlung ein, es wird eine Reduzierung der Spitzendicke erreicht und die Waffe kann leichter in den Tierkörper eindringen. Spitzen wurden in →Kernstein- oder →Abschlagtechnik und mit doppelseitiger Flächenretusche (Schlagretusche) hergestellt. Die maximale Breite der Spitze befindet sich etwa in der Mitte oder etwas darunter. Dadurch weisen viele Stücke langgezogene scharfe Enden auf. Die Basis ist leicht kon-

kav und hat meist einen Einzug zwischen einem und 4 mm. Die Kehlungsabschläge sind relativ kurz. Die Länge der Schäftungsrinnen übersteigt nur unwesentlich die Breite der Basis und liegt unter der Projektilbreite. Viele Kehlungen machen einen technisch unzulänglichen Eindruck. Sie entstanden dadurch, daß man unter Schlag oder Druck Steinsplitter von der Basis zur Spitze entfernte. Die meisten Spitzen sind aus kryptokristallinem Gestein (→Feuerstein) und im Durchschnitt 10–12 cm lang, im Extremfall 5 und 30 cm.

Ein Grab von 2 Jugendlichen enthielt neben Clovisspitzen zahlreiche Geräte aus Stein und Knochen, die man mit rotem Ocker überstreut hatte.

Folsom-Spitzen

10 800 bis nach 10 000 v. Chr.

(benannt nach der Fundstätte nahe Folsom in Neumexiko)

Die Folsomjäger jagten das Alt-Bison, den etwa ein Drittel größeren Vorläufer des heutigen Bisons. Ihre Waffen stellen eine Fortsetzung der Clovisspitzen dar. Folsom war die letzte Kultur im westlichen Nordamerika, bei der Geschoßspitzen gekehlt waren.

Sie ähneln den Clovis-Spitzen, aus denen sie sich vermutlich entwickelten, sind aber durch Druckretusche feiner und stärker geschweift, weisen eine breitere und längere Mittelkehlung auf und ihre Basis ist tiefer eingezogen. Sie besitzen retuschierte Schneiden und zeichnen sich durch eine allgemeine Verkleinerung der Geräte aus. Sowohl die Clovis- wie auch die Folsom-Speere wurden wahrschein-

lich mit Hilfe der →Speerschleuder (Atlatl) geworfen. Bekannteste Fundstelle ist Lindenmeier in Colorado, ein Lager- und Bison-Schlachtplatz der Folsomjäger.

Plano-Spitzen

7 800–5 100 v. Chr.

(benannt nach einem Bisonjagdplatz in Texas)

Verbreitung: in den Prärien des westlichen Nordamerikas.

Geschoßspitzen, die aus den Clovis- und Folsom-Spitzen der Großwildjägertradition entwickelt wurden. Dies sind große, lanzenähnliche Spitzen ohne Kehlung, die mit Druckretusche, im Gegensatz zur Abschlagtechnik vorhergehender Clovis-Spitzen, hergestellt wurden. Man unterscheidet 2 Typen: die Plainview-Spitze mit konkaver Basis und dünnem Ende für die Schäftung und die Agate-Beckens-Spitze, die länger, dünner, technisch ausgereifter und an der Basis flach oder konkav ist.

Nuklei

(lat. nucleus: Kern)

Restkern, der nach Klingenabschlägen keinen weiteren Klingenabbau mehr zuläßt, aber z. B. als Werkzeug noch verwendet werden kann (→Kernschaber). Die Form des Restkerns gibt Auskunft über die Abbauweise: z. B. →Schildkern- oder →Klingenabschlag-Technik.

Nuraghen

(auch Nuragen).

Runde, kegelförmige Turmbauten megalithischen Charakters der ausgehenden Jungsteinzeit und der Bronzezeit auf Sardinien, Korsika und Süditalien (hier „Trulli" genannt). Vorkragende Steine bilden Gewölbe, Nischen und Treppen; das Dach bildete ein schilfgedecktes Balkengerüst mit Mittelstütze. Ihre Bedeutung ist noch umstritten. Sie werden als Wehr- und Wachtürme, Kult- und Fluchtstätten und teilweise auch als Gräber gedeutet. Auf Sardinien fällt ihre Entstehung in die Zeit zwischen 1500 bis maximal 238 v. Chr. (→Talayots).

Oberlauterbacher Gruppe

4 900–4 500 v. Chr.

(benannt nach dem Fundort Oberlauterbach im Kreis Landshut in Niederbayern)

Verbreitung: Niederbayern, südliche Oberpfalz, im bayrischen Oberschwaben, gebietsweise in Mittelfranken, Oberbayern und Salzburger Land. Einzelne Erzeugnisse dieser Gruppe fanden sich auch noch in Böhmen und Unterfranken.

Die Oberlauterbacher Gruppe wird als verwandt mit der →Stichbandkeramischen Kultur angesehen. Anatomisch unterscheiden sich die Menschen nicht von den gleichzeitig existierenden Stichbandkeramikern. Ihre Siedlungen lagen häufig zwischen dem fruchtbaren Ackerland und den Aueböden entlang von fließenden Gewässern, wie etwa Donau oder Isar. Bevorzugt wurden auch Siedlungslagen auf hochgelegenen Stellen zwischen kleineren Tälern.

Langhäuser erreichten manchmal eine Länge von mehr als 30 Metern, wobei die kleineren Häuser zahlreiche verschiedene Grundrisse hatten; auffällig waren zum Teil die nach innen geschwungenen Längswände vom Typ Hienheim im Kreis Kelkheim. Als beispielhaft für eine befestigte Siedlung der Oberlauterbacher Gruppe sei diejenige von Zeholfing-Kothingeichendorf im Kreis Dingolfing angeführt. Sie lag über der Isar auf einem steil abfallenden Geländesporn, war 350 m lang, 175 m breit und von einem Wall geschützt. Im Inneren befand sich ein von 2 kreisförmigen Gräben umgebenes Heiligtum mit einem Außendurchmesser von 60 Metern.

Auf diesem Platz hatten zuvor die →Linienbandkeramiker gesiedelt. Reste von Tongefäßen in Höhlen zeigen, daß solche Orte zumindest vorübergehend aufgesucht wurden. Neben Ackerbau und Viehzucht wurde noch die Jagd betrieben.

Zu den Steingeräten gehören Beile, Äxte und Scheibenkeulen, Bohrer, Schaber und Klingen für verschiedene Zwecke. Pfeilspitzen aus Plattenhornstein belegen die Verwendung von →Pfeil und Bogen. Aus Geweihsprossen von Rothirschen waren Schlag- und Grabgeräte, aus Knochen vor allem Spitzen.

An Tongefäßen gab es mehr oder weniger geschlossene Töpfe mit deutlich markiertem Fuß, rundbogige Becher mit scharfem Bauchknick und solche mit Trichterwand, Schüsseln, flaschenartige Gefäße, Näpfe, Schalen und große Vorratsgefäße. Ornamente wurden als Halsband oder Bauchmuster eingeritzt.

Als Schmuck wurden Halsketten mit durchbohrten Schneckenhäusern oder Kalksteinperlen getragen. Kunstwerke waren selten; weibliche Statuetten wurden vielleicht im Rahmen eines Kultes absichtlich zerbrochen.

→Bestattungen erfolgten einzeln oder in Gruppen, meist in Rückenlage oder mit leicht angezogenen Beinen; auch seitliche Hockerlage kam vor. Grabbeigaben gab es nur wenig. Bestattete Tiere werden als Opfer betrachtet (→Tierbestattungen).

Obsidian

(lat.: Gestein, benannt nach dem Römer Obsius, der in der Antike erstmals ein Stück Obsidian aus Äthiopien nach Rom brachte)

Vorkommen: auf Melos (Ägäis), Pantelleria, Lipari, Sardinien, Ischia (Italien), in Mittel- und Ostanatolien und in der Ostslowakei.

Kieselsäurereiche, glasartige und schnell erstarrte vulkanische Lava (Gesteinsglas) von meist schwarzer oder grauer Farbe, seltener braunrot, oft geflammt oder streifig. An den Kanten ist selbst schwarzer Obsidian grau durchscheinend, kleine Splitter erscheinen sogar hell und durchsichtig. Charakteristisch sind Glasglanz und ein muscheliger, scharfkantiger Bruch; deshalb eignen sich schon einfache Abschläge vorzüglich zum Schneiden und Schaben.

Im Kaukasus wurden zahlreiche Obsidian-Faustkeile aus dem → Paläolithikum gefunden. Aber bereits im → Jungpaläolithikum, vor allem aber im → Neolithikum, wurde Obsidian zur Herstellung von Messern, Pfeil- und Speerspitzen, für Klingen als Sicheleinsätze, für Bohrer, Perlen, Schalen, Gefäße und Spiegel verwendet. Seine technischen Eigenschaften und Bearbeitung ähneln dem → Feuerstein. Der Obsidianhandel begann im Jungpaläolithikum und endete mit der Einführung von Metallwerkzeugen im → Chalkolithikum. Da jedes vulkanische Obsidianvorkommen eine charakteristische Zusammensetzung hat, können die Steinbrüche, aus denen das Material der Obsidiangeräte stammt, mit Hilfe der Neutronenaktivierungsanalyse oder der Spektographie lokalisiert und danach zum Teil auch die Handelswege rekonstruiert werden. Weit verbreitet war der Obsidian von der Insel Lipari, der im gesamten Mittelmeerraum gehandelt wurde.

Ochsenkopfnadeln

Auf dem oft konisch nagelförmigen Kopf ist eine Öse aufgesetzt, die Nadel ist meist säbelartig gebogen und aus → Bronze, seltener aus → Gold. Diese Nadelform ist der Leittyp der → Aunjetitzer Kultur, kommt aber auch in den angrenzenden Gebieten und mit verwandten Formen auch in anderen Kulturen vor.

Ocker

Ocker (→ Rötel) ist als Brauneisenerz (Limonit) ein Mineral der Gruppe Eisen-Erzmineralien und ein wenig verfestigter Ton mit höherem Eisengehalt in roter, gelber oder brauner Beimengung. Bereits im → Jungpaläolithikum wurde Ocker zum Färben, Malen, für kulturelle Zwecke oder bei → Bestattungen verwendet. Im Gebiet zwischen den Karpaten und dem Ural spricht man wegen der häufigen Verwendung von Ocker bei Totenbestattungen von der → Ockergrabkultur. Die Rotfärbung kann als Ausdruck der Festlichkeit gelten, mit der sich die Lebenden das Lager oder Gegenstände verschönten. Es lag nahe, bei Bestattungen durch rote Farbe Anteilnahme auszudrücken. So wurden Tote auf einer ockergefärbten Erdschicht wie auf einem ausgebreiteten Tuch gebettet.

Ockergrabkultur

Bezeichnung für die → Kurgan-Kultur nördlich des Schwarzen

Meeres, in der die Gräber Ocker-
streuungen enthielten.

Verbreitung: Walachei, Moldau,
Ukraine bis zum Kaukasusvorland,
zum Kaspischen Meer und zur
unteren Wolga.

Kurgane (→Hügelgräber) können
durch wiederholtes Anlegen von
Einzelbestattungen, die oft mit Er-
weiterungen und Erhöhungen verbunden waren, eine Höhe von bis
zu 13 Metern erreichen. In Nalcik
(Nordkaukasus) waren es mehr als
120 Gräber unter einem Hügel von
0,85 m Höhe. Neben einer teilwei-
sen oder vollständigen Färbung
durch roten Ocker oder Beigabe
eines Ockerklumpens kommt auch
die Bestreuung von Schädeln oder
Skelettteilen mit weißem Kalk sowie Schwarzfärbung durch Holzkohle vor.

Jüngere Gräber, sogenannte Ka-
takombengräber (russ. „Jamna":
Grubengrab), kommen häufig als
→Nachbestattungen mit Gruben-
gräbern in denselben Kurganen
vor. Der runde oder rechteckige
Schacht führt durch die Hügelauf-
schüttung auf den gewachsenen
Boden, wo seitlich des Schachtes
eine tieferliegende, backofenartige
Seitenkammer das Grab bildet.
Manchmal führen Stufen zum
Grab hinunter, das mit Steinplatten, Balken oder Brettern geschlossen wurde.

Die Ockergrabkultur vermittelt
durch Grabanlage, Grabbeigaben
und die Grabanordnung den Eindruck einer Generationsabfolge
oder eines Familienzusammenhalts
mit einer auf Viehbesitz beruhen-
den aristokratischen Oberschicht.
Darüber hinaus können Einzelgräber als Ruhestätten für fürstliche
Herrscher angesehen werden, zumal sogenannte beigelegte „Zep-
ter" in Form eines Pferde- oder
Hundekopfes so etwas wie fürstliche Hoheitszeichen gewesen sein
können. Menschenopfer sowie Beigaben verschiedener Tiere innerhalb oder außerhalb des Grabes
sind belegt. Gefäße mit Asche- und
Brandspuren weisen auf die rituelle Bedeutung des Feuers bei Bestattungen hin. Auch ein oder mehrere Idole aus Ton oder Stein wurden den Toten mitgegeben.

Odontologie
(gr. odous: Zahn)
→Zähne

Ofnethöhlen
(bei Holheim, Kreis Nördlingen,
Bayern)

In der Großen Ofnethöhle wurden
2, kaum einen Meter voneinander
entfernt liegende Mulden mit 27
bzw. 6 Köpfen, 4 Männer, 9 Frau-
en und 20 Kinder gefunden, die in
mit Ocker und Asche durchsetzter
feiner Erde bestattet waren. Sie lagen einheitlich mit dem Gesicht
zum Höhleneingang. Spuren von
Hiebverletzungen weisen auf gewaltsame Tötung und vielleicht
Opferung hin. Die Frauen und Kinder bekamen zahlreiche durchbohrte Schneckengehäuse (ca. 4000)
und Hirschgeweihgrandeln (ca.
200) als Grabbeigaben oder
Schmuck. Die Männer waren bei-
gabenlos. Zahlreiche Schneckengehäuse stammen vom Mittelmeer.
Fundumstände lassen eine Datierung in das →Mesolithikum wahrscheinlich erscheinen.

Olchewienien
33 000–26 000 Jahre v. Chr.
(benannt nach dem Olschewa-Berg

mit der Höhle Potocka, Ostkarawanken, Slowenien)
Das Olchewienien ist eine Sonderform des →Aurignacien.
Die Olchewa-Gruppe siedelte fast
ausschließlich in höher gelegenen
Höhlen der Bergländer, wohin sie
nur im günstigeren Abschnitt des
Würm-Stadials (→Eiszeit) auf der
Jagd vordringen konnte. Es wird
deshalb angenommen, daß es sich
nicht um eine selbständige Kultur-
gruppe handelt, sondern um saisonale Jagdgruppen aus jener Zeit.
Es wurden nur wenige Steinwerkzeuge und Knochenspitzen
(→Lautscher Spitzen) gefunden.

Oldesloer Gruppe
6000–5000 v.Chr.
(benannt nach dem Wohnplatz
dieser Gruppe bei Bad Oldesloe,
Norddeutschland; →Maglemose)
Verbreitung: Schleswig-Holstein,
Mecklenburg, Teile Brandenburgs.
Die Oldesloer Gruppe fiel in die
letzte Phase des →Boreals (etwa
7000–3800 v.Chr.), als das Festland noch von England bis nach
Nordfinnland reichte, und reichte
danach bis in das Atlantikum (etwa
5800–3800 v.Chr.), in dem etwa
vor 5000 v.Chr. die heutige Nordsee entstand. Die Tierwelt des Atlantikums entsprach weitgehend
jener aus dem Boreal. In den Ei-
chenwäldern gab es neben Eichen,
Ahorn, Eschen, Linden auch Ulmen. Die Erle bildete an Seeufern
und Niederungen Busch- oder
Bruchwälder.
Bisher sind von den Menschen
dieser Gruppe keine Skelette oder
Gräber gefunden worden. Bei den
Siedlungsspuren handelt es sich
hauptsächlich um Ansammlungen
von Steinwerkzeugen und Stein-

waffen, wobei die Oldesloer
Gruppe gegenüber der →Duven-
see-Gruppe lange schmale Dreiecke und trapezförmige Pfeilspitzen als Funde aufweist. Es gibt
weiterhin →Kern- und →Schei-
benbeile mit Holzschäftung: Deshalb wird die Oldesloer Gruppe
und die →Duvensee-Gruppe dem
Kern- und Scheibenbeilkreis zugeordnet. Nach 5500 v.Chr. waren
die Menschen der Oldesloer Gruppe bereits Zeitgenossen der jungsteinzeitlichen Bauern aus den
südlicher gelegenen Gegenden
Deutschlands.

Oldowan
Die ersten Werkzeuge wurden von
L. Leakey in der Olduvai-Schlucht
(→Olduvai Gorge) mit einem Alter von 1,9 Mio. Jahren gefunden.
Es handelt sich um →Geröllgeräte
(→Chopper, →Chopping Tools)
und →Abschläge wie Polyeder,
Disken, Schaber und Stichel, die
man als „Typ Oldowan" bezeichnet. Spätere und ältere Funde von
anderen Fundorten werden ebenso
benannt. Bei den Abschlägen sind
offenbar einige an Schneiden und
Kanten retuschiert worden.

Diese Formenvielfalt bildete sich bereits
in der ersten Periode der Geräteherstellung, die als Oldowan A bezeichnet
wird, heraus (J. Herrmann 1984, 78).
Daraus muß geschlossen werden, daß
der Umgang mit Geräten den sie herstellenden Hominiden bereits über längere Zeit vertraut war, ohne daß bisher
ein direkter archäologischer Nachweis
möglich ist (Herrmann/Ullrich, 89,
202).

Knochenfunde von großen Säugetieren in derselben Schicht können
Reste von Aasbeute früher Menschen gewesen sein. Darauf weisen

Schnittspuren auf Beckenknochen hin, die offensichtlich als Arbeitsunterlagen dienten. Sie zeigen, daß die Abschläge als Werkzeuge eingesetzt wurden, wie z. B. zum Schneiden von Häuten, zum Aufschneiden und Zerlegen von Wild. Die Bearbeitung von Hölzern kann angenommen werden.

Oldoway

auch Olduvai; →Olduvai Gorge, →Oldowan

Olduvai Gorge

1,9 Mio. Jahre alter Fundort.
(benannt nach der Olduvai-Schlucht am Südrand der Serengeti-Steppe in Tanzania. Olduvai: Bezeichnung der Massai für das Liliengewächs Sanseveria mit langen, schmalen Blättern und nadelscharfen Spitzen)
Die Olduvai-Schlucht in Tanzania ist eine 48 km lange und bis zu 100 m tiefe Erosionsschlucht des →Ostafrikanischen Grabens mit Freilandfundplätzen am Rande eines pleistozänen Sees. Vor etwa 500 000 Jahren vereinigten sich einige Flüsse zu einem Strom, dessen Fluten das Gebiet zu einer Schlucht auszuwaschen begannen. Heute zeigen die Ränder der ausgetrockneten Schlucht die während 2 Mio. Jahre angehäuften Sedimentkomplexe so deutlich wie eine angeschnittene Torte ihre aufeinanderfolgenden Schichten. Die Olduvai-Schlucht ist der einzige Fundort, an dem sich die Geschichte der Werkzeugtechnik fast 2 Mio. Jahre lang verfolgen läßt und damit auch einen Einblick in die Entwicklung menschlicher Kultur und intellektueller Fähigkeiten gibt.

Kein Fundort der Welt hat eine so umfassende zeitliche Gliederung von Steinwerkzeugen oder Hominidenfunden wie die Olduvai-Schlucht. Sie wurde infolge der zahlreichen Geröllgeräteformen auch namensgebend für diesen ältesten Gerätetyp, den Oldowan-Typ oder das →Oldowan. Die Werkzeuge werden dem *Homo habilis* und dem *Homo rudolfensis* zugeordnet (→Evolution des Menschen). Das Oldowan wird nach 4 Hauptschichtfunden eingeteilt, die insgesamt eine Mächtigkeit von etwa 100 Metern haben, und zwar von Bett (engl. bed.; synonym: Schicht, als einzelne Schicht aus Sedimentgestein) I–IV.

Bett I (Oldowan)

Die Schicht von Bett I ist die älteste Schicht einer über 30 m hohen Lavaablagerung, Schichten von Aschenregen und Seesedimenten mit einem Alter von etwa 1,9 Mio. Jahren, die direkt auf dem Grundfels aufliegt. Hier fand Mary Leaky Überreste eines Hominiden, der zunächst *Zinjanthropus*, später aber, als die Zugehörigkeit zu den Australopithecinen festgestellt wurde, *Australopithecus boisei* (→Evolution des Menschen: A. boisei) genannt wurde. Es wurden über 40 000 Knochen und über 2 600 Steinartefakte gefunden, wobei einseitige (→Chopper), aber vorwiegend zweiseitig bearbeitete Geröllgeräte (→Chopping Tools) aus Basalt, aber auch aus Quarz und Quarzit, etwa 79 Prozent des Gerätebestandes ausmachen. Sie stammen, wie die von Bett II, von Orten aus einem Umkreis von 2–5 Kilometern. 5 Knochenstücke scheinen Benutzungsspuren zu tragen. Etwa 100 Tierknochen zeigen eine mehr oder weniger intentionelle Veränderung. Ein ovaler Steinkreis von etwa 4 Metern Durchmesser wird als Schutzwall gegen Wind und Sonne, als Stütze für die Stäbe eines Windschirms oder als einfache Zweighütte gedeutet. Es könnte sich auch um das Fundament eines Zaunes handeln, hinter dem im Frühjahr gefangene Steinbocklämmer bis zur Schlachtreife im Herbst gehalten wurden (H. Müller-Beck, 141).

Bett II (Entwickeltes Oldowan)
Die Schicht ist etwa 1,5 Mio. Jahre alt und über 25 m stark. In ihr wurden Fossilien vom *Homo habilis* gefunden. Die Steingeräte gehören wie im Bett I der Oldowan-Tradition an. In der späten Phase kommen die ersten →Faustkeile vom Acheuléen-Typ auf, die durchweg im Amboßverfahren (→Amboßtechnik) gefertigt wurden. Sie laufen an einem Ende spitz aus, am anderen sind sie klobig ausgeprägt, damit die Hand den Faustkeil besser halten konnte. Diese Entwicklung fällt mit dem Erscheinen des *Homo erectus* zusammen.

Bett III (Frühes →Acheuléen)
Die Schicht ist etwa 10–15 m stark, eine Mio. Jahre alt und liefert nur wenig Steingeräte, aber einige Faustkeile, die mit der Hammertechnik hergestellt wurden, und zwar sowohl in feinerer Gestaltung als auch in Acheuléen-Form. Das Material für diese Geräte wurde in einer Entfernung bis zu 10 Kilometern aufgelesen.

Bett IV (Acheuléen)
Im Bett IV sind die Schichten bis zu 45 Metern hoch und etwas jünger als die vorhergehenden. In ihm wurden Schädel und Becken eines *Homo erectus* gefunden. Die →Steingeräte bestehen aus →Pebble Tools und einigen großen und gut gearbeiteten Faustkeilen der Acheuléen-Art, die aber gegenüber den vorhergehenden Faustkeilen einen linsenförmigen und keinen rhombischen Querschnitt haben. Außerdem gibt es Faustkeile, die eine geringere Größe und spitzere Basis aufweisen und sich schließlich zu dünnen und mandelförmigen Faustkeilen entwickelten. Sie bestehen nur vereinzelt aus Basalt, zumeist aber aus Quarzit. Offenbar findet nun eine erste Aufgliederung innerhalb der paläolithischen Industrien statt: Ein Teil setzt die Oldowan-Tradition fort, ein anderer entwickelt Faustkeilwerkzeuge in der Acheuléen-Prägung.
Die ältesten Steinartefakte stammen aber aus Äthiopien und sind ca. 2,5 Mio. Jahre alt. Als Hersteller dieser Werkzeuge gilt allgemein der *Homo habilis*. Ob Australopithecinen bereits Steinwerkzeuge herstellten, ist umstritten. Die vielen Tausend gefundenen Steinartefakte umfassen bereits eine Vielzahl von Gerätearten: →Chopper und →Chopping Tools, einige faustkeilartig bearbeitete Gerölle (→Protofaustkeile), →Ambosse, →Schlagsteine, →Kern- und Abschlagschaber (→Schaber), →Ahlen, →Meißel, →Bohrer, scheibenförmige, rundliche und polyedrische Artefakte (→Polyeder). In dieser Vielfalt spiegelt sich die Herausbildung spezieller Tätigkeiten. Die Werkzeuge wurden fast alle mit wenigen Schlägen eines Schlagsteines hergestellt, wobei für jede Werk-

zeuggruppe der geeignete Rohstoff ausgewählt wurde. Mit der Kenntnis des muschelförmigen Bruchs (→Abschläge) wurde der feinkörnige Hornstein für kleine und scharfe Geräte verwendet, während →Quarz und Lava für große und kompakte Geräte ausgesucht wurden. Mit diesen Werkzeugen konnten Tierknochen zerschlagen werden, um an das begehrte Knochenmark heranzukommen, eßbare Wurzeln und Knollen ausgegraben, Fleisch geschnitten und Holz geschnitzt und geschabt werden. „Schnittmarken auf Arbeitsunterlagen können schon für eine frühe Hautbearbeitung – etwa zur Herstellung von Tragtaschen und Tragtüchern – sprechen, und auch die Herstellung von einfachen Grabstock/Lanzenvarianten ist anzunehmen" (Müller-Beck, in 17, 330). Funde von Koobi Fora und Olduvai beweisen, daß Steinwerkzeuge über erhebliche Entfernungen transportiert wurden: Dies beweist ein in die Zukunft gerichtetes Denken.
In Europa tauchen die ersten Geröllwerkzeuge vor etwa 1,2 Mio. Jahren auf. Am Übergang vom Alt- zum Mittelpleistozän (vor 400 000 Jahren →Eiszeit) waren Geröllgeräte über ganz West-, Süd- und Mitteleuropa verbreitet.

omnivor
(lat. omnis: all, ganz; vorare: fressen, verschlingen)
allesfressend, sowohl pflanzliche wie tierische Nahrungsstoffe verdauend (→herbivor, →carnivor).

Omo-Tal
(benannt nach dem Fluß Omo in Südäthiopien, der in den →Turkanasee mündet)

Funde umfassen vorwiegend Kiefer und Zähne des *Australopithecus africanus* und *boisei*, Reste des *Homo habilis* und des *Homo erectus*. Knochenfunde des *Homo sapiens neanderthalensis* werden von anderen Wissenschaftlern als früher *Homo sapiens* eingestuft und auf etwa 130 000 Jahre datiert (→Evolution des Menschen).
Die entdeckten →Geröllgeräte zählen mit etwa 2,5 Mio. Jahren zu den ältesten Funden in Ostafrika. Kleine Quarzartefakte von etwa 1,5 cm Länge stammen aus 2 Mio. Jahren alten Schichten, deren Fundplätze als Freiland- und Rastplätze angesehen werden.

Opal
(altind. upala: Edelstein)
Ein Opal besteht aus Kieselsäure, die durch Wasserverlust ein eingetrocknetes Kieselgel bildet, in der Folge dann zu Opal und schließlich →Quarz wird. Die Farbe ist milchigweiß, oft durch Beimengungen gefärbt. Er gilt als Edelstein.

Opfergaben
→Depotfund: Votivdepot

organisch
(der belebten Natur angehörend)
Organismen umfassen die Gesamtheit der Lebewesen.

Ösenhalsringe
(Barrenringe, Ringbarren, Halsringbarren, Ösenringe)
Verbreitung: Vorderer Orient, ganz Mitteleuropa.
Offene Kupfer- oder Bronzeringe mit dünneren, breitgehämmerten und in einem Kreis (Öse) gerollten Enden. Sie werden häufig in De-

pots mit mehreren 100 Stücken gefunden, z. B. in München-Luitpoldpark 500 Bronzestücke im Gewicht von 85 kg. Sie werden in erster Linie als eine zu Handelszwecken hergerichtete Rohstofform angesehen. Später wurden sie auch einzeln oder zu mehreren zusammengefaßt als Halsschmuck getragen. In Byblos (Prov. Beirut, Libanon) befanden sich in einem Depotfund von nahezu 1 000 Gegenständen auch mehr als 40 bronzene und silberne Ösenhalsringe.

Ossuarien
(lat. os: Knochen)
Vorkommen im →Chalkolithikum des Vorderen Orients.
Gebeinurnen, meist in Hausform, aus rotbraun bemaltem Ton oder seltener aus Stein. Im Gegensatz zu Aschenurnen dienten sie zur Aufnahme unverbrannter Skeletteile, die nach der Verwesung des Leichnams erfolgte (→Exkarnation). Als Hausmodelle geben sie Einblicke in die damalige Bauweise, zumal leicht verderbliche Baustoffe wie z. B. Holz oder Schilf nachgeahmt und sonst nicht erhalten sind. Typisch sind die Gesichtsdarstellungen über dem Eingang (Mensch, Tier), die oft nur durch eine Nase oder vielleicht zusätzlich durch Augen dargestellt wurden. Daneben fanden Ossuarien auch als große Vorratsgefäße Verwendung. Andere besaßen Tiergestalt oder Eiform (→Hausurnen).

Ostafrikanischer Graben
Grabensystem vom Jordangraben im Norden über das Rote Meer bis nach Ostafrika, von dort trennt er sich in einen westlichen Arm entlang der Westgrenze Ugandas und Tanzanias und einen östlichen durch Kenia und Tanzania, der im Süden in Malawi (Malawi-Rift) endet. Vor etwa 15–20 Mio. Jahren erfolgte die Spaltung der Erdkruste, die von starken Auffaltungen und Vulkanausbrüchen begleitet war. Der Graben besteht aus vielen einzelnen Becken, oft mit einem See in der Senke. Die große Zahl unterschiedlicher Lebensräume auf eng begrenztem Raum mit einem Gemisch ökologischer Nischen und deren sich oft schlagartig ändernde Geographie war für die menschliche Entwicklung von großer Bedeutung.
Der ostafrikanische Teil (Rift Valley) ist etwa 40–50 km breit, bis zu 400 Metern tief und wird von parallelen Bruchstufen begleitet. Vulkanasche, Lavaströme und Sedimente fließender Gewässer bedeckten und schützten archäologische Fundstätten, die oftmals durch neue Erdbewegungen freigelegt werden und einen bis zu 15 Mio. Jahre umfassenden Querschnitt zeigen.

Osteodontokeratische Kultur
Knochen-, Zahn-, Horn-Kultur: Ein von R. Dart eingeführter Begriff für eine weithin abgelehnte Werkzeug-Kultur der Australopithecinen (→Evolution des Menschen: *Australopithecus africanus*), die vor allem von G. H. R. Koenigswald widerlegt wurde. Nach seinen Beweisen sind die Funde die Reste von Hyänenmahlzeiten, die leicht für spätere Werkzeuge gehalten werden können. Andere Wissenschaftler (z. B. R. Adrey) kommen aber zu gegenteiligen Schlüssen und unterstützen Darts Theorie.

Out-of-Africa-Modell

(auch „Eva"-Theorie, „Arche Noah" oder „Garten-Eden"-Modell)

Anhänger dieses Modells vertreten die Annahme, daß der anatomisch moderne *Homo sapiens (sapiens)* unter Ausschluß des *Homo sapiens neanderthalensis* sich zunächst in Afrika entwickelte und alle außerafrikanischen Menschenformen komplett verdrängte. Diese These wird von der „Eva"-Theorie unterstützt, eine Theorie über jene Frau, von der die modernen Menschen abstammen. Sie hat vor 100 000–300 000 Jahren in Afrika gelebt und hatte Erbmaterial, das auch heutige Menschen noch in sich tragen. „Die jüngst entdeckten Spuren eines molekulargenetischen Adams stellen nun das menschliche Pendant zu den mitochondrialen Verwandtschaftsdaten dar". Auch die Zeitdaten stimmen mit der „Eva"-Theorie überein (Vaas, 204). Ein ähnlicher kritischer Ansatz hat Ch. Oxnard (158) zur „African Eve? Asian Adam!"-These führen können.

Kritisiert wird an diesem Modell, daß es wenig wahrscheinlich ist, daß in einer relativ kurzen Zeit von etwa 200 000 Jahren eine einzige Gruppe von Jägern und Sammlern weltweit alle anderen Menschengruppen abgelöst habe. Als Neuankömmlinge stießen sie auf eine einheimische Bevölkerung, die sich ihrem Lebensraum gut angepaßt hat und sicher auch zahlenmäßig überlegen war: Nach der Out-of-Africa-Theorie müßte es gerade umgekehrt gewesen sein. Auch archäologisch sind keine Spuren dieser Verdrängung zu finden, und zwar weder im kulturellen noch im technischen Bereich.

Dem gegenüber steht das Modell eines multiregionalen Ursprungs (→ Kandelaber-Modell), d.h. die mehr oder weniger gleichzeitige Entwicklung des modernen Menschen in verschiedenen Ländern.

Paläoanthropologie

(gr. palaios: alt; anthropos: Mensch)
Zweig der →Paläontologie: Die Wissenschaft von den fossilen Hominiden. Sie erforscht nicht nur die Menschenformen, die vor uns da waren, sondern auch die noch nicht menschlichen, uns ähnlichen Wesen, die heute nicht mehr existieren und die als unsere fernen Vorfahren und Verwandten angesehen werden können. Die Paläoanthropologie erforscht nicht nur den körperlichen Aspekt, das Aussehen, das Verhalten, die Wanderungen prähistorischer Menschen, sondern auch die Werkzeuge, die Lebensweise, ihre Beziehung zur Umwelt und zusammen mit der Prähistorie ihre Kultur.

Paläolithikum

(gr. lithos: Stein)
Altsteinzeit (→Steinzeit)

Paläontologie

Wissenschaft von den Lebewesen der Vergangenheit.
Während sich die →Archäologie mit den materiellen Hinterlassenschaften vergangener Menschheitskulturen befaßt, ist die Paläontologie die Wissenschaft zur Erforschung fossiler Lebensformen unter naturwissenschaftlichen Gesichtspunkten. Der Öffentlichkeit besonders bekannt geworden ist die Paläontologie durch die Erforschung der Saurier.

- Die allgemeine Paläontologie behandelt grundlegende Fragen der Fossilierung und der Beziehung zwischen Fossil und eingebettetem Gestein.
- Die spezielle Paläontologie hat die Aufgabe, die fossilen Lebewesen zu erfassen, zu beschreiben und in Systeme einzuordnen. Nach G. Hahn (in 121, 115) läßt sich die Erfassung der Art in folgenden aufsteigenden Schritten durchführen:
  1. Histologie
     (Gewebe-Erfassung)
  2. Anatomie (Organ-Erfassung)
  3. Eidonomie
     (Gestalt-Erfassung)
  4. Ontogenie
     (Gestaltveränderung während des Lebenslaufs)
  5. Phylogenie
     (Einordnung der Art in ihre Stammesgeschichte)
- Als angewandte Paläontologie ist die Leitfossilkunde (→Leitfossil) eine Hilfswissenschaft der Geologie: Ihre Aufgabe ist die Zeit- und Altersbestimmung (→Chronologie) von Gesteinen und Vorgängen mit Hilfe von →Fossilien.

Palisaden

(lat. palus: Pfahl)
Palisaden wurden seit dem →Neolithikum in verschiedenen Kulturen verwendet und erfüllten verschiedene Aufgaben: Schutz vor kriegerischen Auseinandersetzungen, vor wilden Tieren oder als Einfriedung für Haustiere, als Kontrolle für den Zutritt in die Siedlung. Vielleicht galt im umzäunten Bereich auch ein besonderes Recht. Als →Erdwerke in Verbindung mit Wall und Graben bilden Palisaden typische Befestigungswerke. Für Palisaden gibt es verschiedene Konstruktionsformen:

• Im Abstand von 60–80 Zentimetern werden abwechselnd links und rechts von den auf dem Boden liegenden Stangen oder Hölzern Pfosten eingeschlagen. Auf die Stangen folgt eine Schicht von Ruten, die um die Pfosten geschlungen wurde und wieder eine Reihe Stangen, dann Ruten und so fort.

• Um Pfähle in gewissen Abständen werden Ruten in abwechselnder Rechts-Linksfolge geflochten.

• Pfosten werden dicht an dicht gesetzt und benötigen daher kein →Flechtwerk aus Ruten. Dafür mußten oft Tausende von Bäumen gefällt werden.

• Eine Art Mauer bilden Holzpfähle, die in einem Abstand zwischen 2–3 Metern in den Boden eingeschlagen werden. Hölzer werden so dazwischengelegt, daß eine Schalung entsteht, die mit losem Material aufgefüllt wurde.

Papageienschnabel

Typisches Gerät aller →Magdalénien-Stationen, tritt aber in frühen Formen bereits im →Aurignacien auf. Damit bezeichnet man aus →Klingen hergestellte Eckstichel (→Stichel) mit einer bogenförmigen (papageienschnabelähnlichen) retuschierten Stichelspitze. Er wurde in der →Spantechnik verwendet, um lange Späne aus dem Rengeweih zu lösen, aus denen dann z.B. →Geschoßspitzen oder →Nähnadeln hergestellt werden konnten.

Paradigma

(gr. paradeigma: Beispiel, Muster, Modell)

Wissenschaftliche Paradigmen sind allgemein Betrachtungsweisen, die unter den Mitgliedern einer wissenschaftlichen Gemeinschaft anerkannt sind und →Modelle für akzeptable Problemlösungsverfahren liefern. Unter einem paradigmatischen Wandel versteht man einen grundsätzlichen Erklärungswandel, z.B. die Darwinsche Evolutionstheorie, die als selbstorganisatorisches →Modell ein völlig neues Erklärungsprinzip enthielt und die Schöpfungstheorie der Naturgeschichtler ablöste.

Patina

(ital. patina: Lackbezug, Edelrost)
Der Begriff ist von Metallgegenständen auf Steinartefakte übertragen worden und unterscheidet sich vom →Glanz. Es handelt sich im Gegensatz zur Krustenbildung bei Metallen um eine Lösungserscheinung, die unter der Oberfläche des Artefakts stattfindet und diese an der Luft durch Einwirkung von Regen, Sonne, Frost und Wind und im Boden durch chemische Stoffe verändert. Die schwammige, innere Struktur bei Feuerstein und Hornstein ist anfällig für chemische Einwirkungen. Er erscheint dann weißlich oder durch Eisenoxyde gelb bis braun. Die Patina kann nicht nur innerhalb einer Rohmaterialgruppe differenzieren, sondern sogar innerhalb einer Fundstelle bei gleichem Fundhorizont. So hat man ein Steinbeil gefunden, das nur zur Hälfte eine Patina besaß. Unter bestimmten Bedingungen kann schon innerhalb einer kurzen Zeit (weniger als ein Jahr) Patina entstehen. Andererseits können aber Jahrtausende vergehen, ohne daß eine sichtbare Verände-

rung eintritt. Aus diesem Grund kann die Patina nicht zu Datierungszwecken herangezogen werden.

Als „Feuerpatina" bezeichnet man Artefakte, die einem Feuer ausgesetzt waren und eine farblich unterschiedlich glänzende Patina bekommen (→Tempern).

Wüstenlack
In Wüsten oder heißen Gebieten trocknen die auf der Landoberfläche liegenden Artefakte auf ihrer Oberseite stark aus. In den Kappillaren steigt Feuchtigkeit und damit Mangan-, Eisensalze und andere Mineralien in feinster Verteilung auf und bilden einen gelartigen Überzug von 0,2–0,1 mm Dicke. Im trockenen Wüstenklima bei Temperaturen über 40° Celsius werden diese Gele in eine harte, schwarz glänzende Kruste verwandelt. Ein ähnlicher Vorgang findet auch auf Geröllen und Felsoberflächen der Sahara statt. Das →Messak Sattafet im Mezzan, im Süden Libyens, bedeutet nichts anderes als das „Schwarze Gebirge". Auch Felsbilder mit ursprünglich hellgelber oder rötlicher Gravur tragen eine Patina unterschiedlicher Intensität.

Oberflächenpolitur, wie sie bei neolithischen Werkzeugen auf mechanischem Weg durch Gebrauch entstand, ist nicht als Patina, sondern als →Glanz zu bezeichnen.

Pavlovien
26000–19000 Jahre v. Chr.
(benannt nach dem Fundplatz Pavlov (Pollau), Südmähren)
Verbreitung: Mitteleuropa, Südwestrußland
Das Pavlovien ist eine Variante des →Gravettien. Fundorte sind:

Pavlov, etwa 500 m südlich von Pavlov entfernt →Unterwisternitz, →Predmost (Mähren) sowie ein Teil der Funde von →Willendorf (Wachau, Österreich).

Der Freilandlagerplatz spezialisierter Mammutjäger (vom Typ →Combe-Capelle), die auch Ren, Wildpferde und anderes Wild erlegten, wurde 1952 entdeckt. Als Wohnstätten dienten runde oder ovale, mit Fellen abgedeckte zeltartige →Hütten, die vermutlich jeweils einer Familie gehörten. Steine, große Tierknochen und Mammutstoßzähne am Wohngrubenrand (→Grubenhütten) könnten als Beschwerung von Zeltwänden gedeutet werden. Feuerstellen waren backofenartig überdeckt. In Pavlov wurden derartige Anlagen in großer Zahl ausgegraben.

Im Pavlovien zeigt sich die Tendenz, die Formen der Steingeräte zu verkleinern, so daß sie manchmal geometrisch regelmäßige Formen und einen hohen Grad der Spezialisierung erreichen. So dienten z. B. →Sägen zum Anfertigen von Erzeugnissen aus Elfenbein oder Knochen. Der umfangreiche Fundbestand, bei jeder Grabungskampagne wurden etwa 7000 Geräte gefunden, gehört übereinstimmend dem Gravettien an. An Feuersteingeräten umfaßt das Pavlovien Stichel, Rückenmesserchen, dreieckige Mikrolithen, Segment- und Gravettespitzen, lange Klingen, seltener Bohrer, Schaber und Mikrospitzen, vereinzelt Kerbspitzen, Steinscheiben und häufiger kombinierte Geräte wie z. B. Schaber-Stichel. Längliche Steingeräte mit abgeschliffener Schneide dienten wohl zur Bearbeitung von Häuten. Schleif-, Reib-, Schab- oder

Glättsteine aus Sandsteingeröllen haben ein schräg abgeschlagenes Ende, welches sich im Lauf der Zeit abrundete und glättete. Sie können zum Zerreiben von Farbsteinen und in der Leder- und Pelzzurichtung eingesetzt worden sein.

Aus organischem Material waren: schaufelartige Knochengeräte (offenbar für Erdarbeiten) und ähnliche Geräte als Keulen. Es gibt durchlochte Mammutknochen oder Knochen als große spatelförmige Instrumente. Außerdem wurden Pfrieme, Ahlen, Dolche, Speerspitzen (→Lautscher Spitzen), →Glätter aus Elfenbein, Elfenbeinnadeln, Rengeweihbeile (→Beile) und Rengeweihhacken gefunden (einmal 14 Exemplare in einer Wohnstelle).

Als Schmuck wurden dünne verzierte Plättchen aus Elfenbein oder Schiefer, gelochte Tierzähne und Schneckenhäuser verwendet. Ohne Beispiel ist eine Kette aus 7 Elfenbeinringen. Überraschend sind die aus →Lehm gebrannten kleinen Tier- und Menschenplastiken, denen aber keine Gebrauchskeramik entspricht (→Unterwisternitz). Durch einen Brand blieben auf Tausenden winzigen Tonbruchstückchen eines ursprünglichen Lehmbodens Abdrücke von Geweben, Körben und vermutlich geknoteten Netzen erhalten. Dies sind Zeichen einer ersten textilen Herstellungsweise.

Pebble Tools
(engl. pebble: Kiesel; tool: Gerät/Werkzeug →Geröllgeräte)

Pech
Meist zähflüssige Rückstände bei der Gewinnung von →Holzteer, die als →Klebstoff benutzt wurden.

Pekingmensch
(*Sinanthropus pekinensis*. *Homo erectus pekinensis*. Benannt nach der Fundstelle bei Peking in China)
Die ersten Funde des *Homo erectus* in China wurden 1928 und 1937 in →Zhoukoudian gemacht. Die 14 Schädel, 14 Unterkiefer und mehr als 150 Zähne und Skelettreste von mehr als 45 Individuen gingen in den Wirren des Zweiten Weltkriegs 1941 verloren. In Kisten verpackt wurden sie aus China herausgeschafft, doch kamen diese ohne ihren Inhalt in Amerika an.
Neue Funde des *Homo erectus* wurden seit 1949 in Zhoukoudian und an anderen Orten in Mittel- und Südchina entdeckt. Die meisten Fundstellen werden auf ein Alter von 600 000–200 000 Jahre datiert. Nur in der Höhle von Longgupo bei Wushan und aus Yuanmou in der Provinz Yunnan können Reste 1,5 Mio. Jahre oder älter und 2 Hominiden-Zähne (→Zähne) und das Fragment eines Kieferknochens ca. 1,9 Mio. Jahre alt sein. Im Gegensatz zu den Funden in Java (→Javamensch) stammen die chinesischen Funde von ehemaligen Rast- und →Lagerplätzen mit einem Inventar an Werkzeugen wie Geröllgeräten, Protofaustkeilen u.a.

Périgordien
35 000–30 000 v. Chr.
(benannt nach der Landschaft Périgord, Dep. Dordogne, Frankreich)
Verbreitung: Südwestfrankreich. Das Obere Périgordien im süd-

westlichen Frankreich gilt als eine Sonderform des Gravettien.

Das →Jungpaläolithikum beginnt in Frankreich mit dem →Périgordien und →Aurignacien, die mit dem Auftauchen des *Homo sapiens sapiens* gleichzusetzen sind. Besonders französische Forscher bevorzugen eine typologische Zusammenfassung von →Châtelperronien und →Gravettien zu einer eigenständigen Formengruppe. Dem widersprechen allerdings stratigraphische Funde. In der Literatur finden sich noch andere Einteilungen. So z. B.: „Alt-Périgordien" (= Châtelperronien), das als einigermaßen gesichert gilt, „Entwickeltes Périgordien" (= Gravettien), „Jung-Périgordien" (mit Font-Rôbert-Spitzen und Naoilles-Stichel) und schließlich das „End-Périgordien" (mit Klingengeräten). Die Wohnweise ist unverändert gegenüber dem vorausgehenden Moustérien. Dies sind →Höhlen, →Abris und Freilandstationen, in denen auch Fundamente von →Hütten gefunden wurden. Diese Plätze befinden sich, wie bei allen jungpaläolithischen Gruppen, oft in Flußtälern, die dem Jagdwild als Wanderrouten zu den Hochflächen dienten. In Südwestfrankreich waren es die Täler Vézère und Dordogne.

Ein Kennzeichen des Périgordien besteht darin, daß seine Steinindustrie noch stark vom →Moustérien geprägt ist. Die steile Randretusche ist typisch für die Klingengeräte. Charakteristische →Steingeräte sind: →Klingen mit geschwungenem Rücken und steiler Retusche, das →Châtelperron-Messer, das sich später zur →Gravette-Spitze entwickelte, →Stichel

mit Steilretusche und auch mit beidflächigen Retuschierungen, gestielte Spitzen (→Stielspitzen) und sogenannte →Font-Rôbert-Spitzen, deren Rand manchmal von nach innen laufenden Retuschen bedeckt ist.

Aus dem jüngeren Périgordien stammen zahlreiche eingravierte Tierumrisse und einige tiefer eingeschnittene Niedrigrelief-Gravuren, (wobei wohl die Höhlenmalereien aus dem Aurignacien stammen). →Venusfiguren erscheinen innerhalb einer kurzen Zeitspanne vor 25 000–23 000 Jahren und werden auch mit dem →Gravettien in Verbindung gebracht.

Aus Knochen und Geweih gibt es einfache →Spitzen (auch mit Widerhaken) für Speere, Lanzen und sogar für Pfeile, die nicht mehr unmittelbar im Holzschaft befestigt waren, sondern in einem →Zwischenfutter steckten.

Perlen

Unter Perlen versteht man allgemein zum Auffädeln zentral gelochte Kügelchen. Je mehr sich aber die Durchlochung vom Schwerpunkt entfernt, nähert sich die Perle einem Anhänger: Deshalb sind die Grenzen zwischen beiden fließend. Früheste Perlen waren jedoch vielfach röhrenförmig, zylindrisch oder als kleine flache Scheiben gebildet. Sobald man jedoch in der Lage war, Kugeln zu gestalten, setzte sich diese Form durch. Die ältesten Schmuckobjekte bestanden wahrscheinlich aus Beeren und Samen; erst später ging man auf haltbarere Materialien wie Zähne, Muscheln, Knochen, Geweih, Steine oder Versteinerungen wie fossiles Holz

(→Gagat) und Seelilienstengel über, die oft als →Grabbeigaben den Verstorbenen mitgegeben wurden.

Aus der Zeit vom frühen →Mittelpaläolithikum zum →Jungpaläolithikum, also von vor etwa 37000 Jahren, stammen die ältesten Perlen. Sie wurden in →La Quina in Frankreich gefunden und bestehen aus eingekerbten Tierzähnen und Knochen; man trug sie als Anhänger. Sie sind jedoch einzigartig für diese Epoche: Es gibt nur wenige Fundstücke. Tierzähne, meist Eckzähne, erforderten den geringsten Zeitaufwand für die Herstellung von Perlen, die an der Wurzel eingekerbt oder von beiden Enden mit sanduhrförmiger Durchbohrung versehen waren. Es ist die Zeit, in der der *Homo sapiens* den Neandertaler abzulösen begann.

Erst im frühen Jungpaläolithikum, und zwar im →Châtelperronien, tauchten Perlen, jedoch in wenigen Exemplaren, in der ganzen Welt auf. Nur in Europa und in der Höhle von →Zhoukoudian in China fand man eine größere Anzahl. Die europäischen Fundstätten scheinen zu beweisen, daß die Herstellung von Perlen Teil einer wichtigen kulturellen Entwicklung war.

Während des Jungpaläolithikums, besonders im →Aurignacien und →Gravettien, entwickelte sich eine kunstvollere handwerkliche Technik für Perlen. Knochen, Mammutelfenbein und fossiles Holz wurden zu Perlenformen geschliffen und mit Ritzmustern geschmückt. Zu dieser Zeit waren die meisten Perlen nicht mehr eingekerbt, sondern gelocht, d.h. an dieser Stelle wurde der Rohling abge-

flacht und die Lochung durchgedrückt. Aber auch die ersten durchbohrten Bernstein- und Steinperlenketten tauchten auf. Durchlochte Schmuckschnecken wurden als Besatz auf die Kleidung genäht oder als Bestandteil von Halsketten getragen. In →Sungir enthielten Gräber 23000 Jahre alte Elfenbeinperlen aus Mammutelfenbein, die auf die Kleider der Toten aufgenäht waren.

Das späte Jungpaläolithikum ist eine Periode künstlerischen Fortschritts sowohl in der Gestaltung der einzelnen Perlen als auch in der Art, sie miteinander zu kombinieren. Die Kultur des →Magdaléniens hat auch wunderbar gearbeitete Perlen gekannt. In Barma Grande, Süd-Frankreich, nahe Grimaldi, wurde ein Halsband aus 3 parallelen Ketten von symmetrisch angeordneten Fischgratwirbeln, Nassus-Muscheln und Hundezähnen gefunden. In Deutschland kommen ortsfremde Schmuckschnecken zum Teil vom Atlantik, aus dem Pariser Becken oder vom Mittelmeer. Dies weist auf Tauschgeschäfte über große Entfernungen hin.

Früheste Perlenfunde aus Afrika stammen aus Haua Fleah in Libyen und werden auf 10000 v.Chr. datiert; es sind runde Scheiben aus Straußeneierschalen. In anderen Gebieten Nordafrikas tauchen durchbohrte Steinperlen auf: Sie sind vielfach aus Amazonit.

Im →Neolithikum änderte sich die Lebensweise. Deshalb bestand offenbar kein Bedarf mehr für Perlen und Schmuck; sie wurden nicht weiterentwickelt. Trotzdem gibt es Funde von Steinperlen in vielen Formen, wie zum Beispiel flache, retuschierte und durchlochte Feuersteinabschläge in rundlicher und schaberförmiger Art von etwa 2,5 Zentimetern Durchmesser, Steine mit natürlichen Lochungen und solche, bei denen die natürliche Lochung im Abschlag an einer Seite erhalten blieb und weiterhin kleine durchlochte Steinperlen, die ca 0,7 cm lang und 0,5 cm dick sind. Viele Perlen sind mit größter Präzision in der äußersten Spitze durchbohrte, tropfenförmige Quarzitsteine; bei kleinen, flachen, beilförmigen und großen, flachen Dreiecksformen wurde auch auch quer gebohrt. Ebenso wurden z. B. eine abgebrochene Speerspitze an der konvexen Bruchfläche glattgeschliffen und seitlich der Symmetrieachse durchbohrt, wobei der erste Bohrversuch abgebrochen wurde, weil er vermutlich zu dicht an der Mittelachse lag. Neu hinzugekommen sind Perlen und Schmuck aus →Bernstein, →Kupfer und →Gold um 7000 v.Chr., →Fayenceperlen und Glasperlen um 3000 v.Chr. in Vorderasien.

Kulturgeschichte der Perlen und Schmuckketten

Perlen waren nicht nur Schmuck, sondern sie symbolisieren auch das Bedürfnis des Menschen nach Schutz und Beistand übersinnlicher Mächte für ein gefährdetes Leben bei der Jagd. Sie waren Talismane, die aus den Nebenprodukten der Jagd hergestellt wurden: Knochen, Zähne und Geweih. Das Tragen eines tierischen Körperteils bedeutete eine gewisse Macht über dessen Geist. Die einfachste Lösung des Befestigungsproblems war das Aneinanderreihen mehrerer Objekte: die Geburtsstunde der Kette. Damit verbunden war auch sicher der Glaube, daß eine ganze Perlenkette einen höheren Schutz vor bösen Mächten bot als eine einzelne Perle. Das Aufkommen von Schmuck hängt auch mit dem wachsenden Selbstbewußtsein des *Homo sapiens* und seinen Bedürfnissen nach Verschönerung zusammen.

Perlen aus Elfenbein, Knochen und Geweih

Sie wurden mit der →Stichel geschnitten, geschnitzt und geformt. Weitere Arbeitsgänge waren das →Schleifen (→Schleifsteine), Polieren und Durchlochen mit einem spitzen Werkzeug durch Picken (→Pick-Technik). Vor etwa 18000 Jahren kam die Bohrung (→Bohrtechnik) auf, und zwar zunächst durch Drehbewegung einer Spitzklinge (→Spitzen) oder eines →Bohrers. Später wurde ein Stab mit der Hand gequirlt oder mit einer Bogensehne unter Zusatz eines Schleifmittels und Wasser gedreht. Es wurde von jeder Seite bis zur Mitte ins Loch gebohrt. Bereits im →Aurignacien gab es Serienproduktion von Elfenbeinperlen: ein Span wurde in Abständen unterteilt und durchgetrennt. An den abgeflachten Enden läßt sich dann ein Loch einschneiden.

Perlenherstellung:
Vorderasien um 6500 v.Chr.

Perlen aus Lapislazuli, Türkis, Chalzedon
Bei der Herstellung dieser Perlen kann auf eine Arbeitsteilung geschlossen werden, in der die Gewinnung des Rohmaterials, der

Transport sowie die Herstellung geteilt waren. Die Bearbeitungsvorgänge für Perlen aus Mesopotamien und dem Iran hat man rekonstruieren können. Für Lapislazuli und Türkis ergeben sich folgende Arbeitsgänge:

Trennprozeß
* Am Anfang stand die Zerkleinerung der aus den Gruben geförderten Blöcke in grobe Vorformen.
* In die provisorisch geglätteten Perlenblöcke wurde in der Mitte mit Hilfe einer →Klinge oder Mikrostichel (→Mikrolithentechnik) aus Feuerstein durch Sägen oder Schaben eine Furche von wenig mehr als einem Millimeter angelegt.
* Durch einen Schlag in diese Rinne wurde das Stück gespalten. Dieser Vorgang wiederholte sich so lange, bis die gewünschte Rohform erreicht war.

Perlenbearbeitung
* Nun begann die eigentliche Bearbeitung der Perlen. Das Stück wurde auf die Form eines kleinen Prismas mit aneinandergrenzenden Glättungsflächen reduziert.
* Mit dem Durchbohren begann die kritische Phase des ganzen Vorgangs, wie zahlreiche Bruchstücke auseinandergeplatzter Perlen beweisen. Um das Bruchrisiko zu senken, bohrte man abwechselnd von beiden Enden her, bis die konischen Bohrungen aufeinandertrafen (→Bohrtechnik).
* Nach abgeschlossener Bohrung erfolgte die Endbearbeitung der Perle durch Glätten und Polieren (→Steinschliff).

Die Bohrköpfe (→Bohrer) hatten eine mittlere Länge nicht über einen Zentimeter, und waren sehr fein aus normalen Mikroklingen gefertigt. Der Bohrkopf konnte aber auch in einem Griff geschäftet sein: Er hatte dann einen rechteckigen Querschnitt mit einer steil zulaufenden Verjüngung der 4 Seiten. Die Länge dieser Bohrspitze betrug nicht mehr als 5 mm.

Arbeitsgänge bei Chalzedon:
Zerkleinerung und Bearbeitungsverfahren bei Chalzedon-Kieseln (→Feuerstein) oder -stücken erfolgten nach der →Klingen-Abschlagtechnik, bei der ein Kernstein übrigbleibt. Dabei wurden die Rohstücke durch Abschläge auf den 4 Seiten reduziert und zu langen, stabähnlichen Gebilden geformt, die dann je nach gewünschter Größe der Perle in Segmente zerkleinert wurden. Die Perlengrundformen wurden dann anschließend auf sehr harten Steinflächen geglättet, was die Oberfläche undurchsichtig machte und deutlich sichtbare Riefen auf ihr hinterließ. Dann erfolgte das →Bohren von beiden Enden her, um die Spannungen, die zum Bruch der Perle führen können, auf ein Mindestmaß zu reduzieren. Die Bohrköpfe sind größer und robuster als die bei den Lapislazuliperlen und sind aus verschiedenen Feuersteinqualitäten hergestellt. Anfangs sahen sie wie rechteckige Stücke aus, die sich an den 4 Seiten steil verjüngten und am äußersten Ende durch die gleiche Art der Bearbeitung noch dünner wurden. Das Aussehen dieser Bohrköpfe veränderte sich nach langem Gebrauch erheblich; das Rotieren und der Abrieb schliffen

die 2–4 cm lange Spitze nahezu glatt, die dann vollkommen zylindrisch wurde.
Werkzeuge zur Herstellung der Perlen bestanden aus → Feuerstein und umfaßten → Stichel, Mikroklingen (→ Klinge), unterschiedliche → Bohrer und → Rückenmesser (Bulgarelli, 31).

Perlenherstellung in der Sahara
6 500 v. Chr.
Die Herstellung von Perlen aus harten Steinen wie z. B. Karneol, der so hart ist, daß man ihn mit einem modernen Bohrer aus gehärtetem Stahl kaum anbohren kann, erforderte größte Sorgfalt. Mit einem Spitzmeißel wurden beide Seiten der rohen Perle in der Mitte angekörnt, bis 2 napfähnliche Vertiefungen entstanden. In diese Aushöhlung kam eine Mischung aus Harz und feinem Quarz. Mit einem Steinbohrer wurde die Vertiefung langsam abwechselnd von beiden Seiten vorangetrieben, bis sich die beiden Trichter etwa in der Mitte trafen. Erst wenn die Bohrung geglückt war, wurde die Perle poliert (Hugot/Bruggemann, 94, 96–97).

Perlenherstellung im neolithischen Fundort Gaimersheim, Lkr. Eichstätt in Deutschland
4 500 v. Chr.
• Der Herstellungsprozeß begann mit dem Zerschlagen der Kieselsteine zu polyedrischen Rohklingen.
• Die etwa 5–15 mm messenden würfelförmigen Splitter wurden offenbar zuerst grob geschliffen, so daß Kanten und Ecken verrundeten und eine Rohperle entstand.

• Hierauf erfolgte der Schliff der beiden Flachseiten und das Facettieren der noch unregelmäßigen Ränder der Kalksteinplättchen.
Die Plättchen wurden zuerst großzügig sechs- bis achteckig über die gesamte Perlenhöhe abgeschliffen; danach erfolgte die Überarbeitung der Ecken von einer Seite aus, bis eine regelmäßig runde Perle entsteht.
Danach begann die Durchbohrung von einer Seite aus. War der Perlenkörper etwa zu zwei Dritteln durchtrennt, fand eine Gegenbohrung von der anderen Seite statt. Das so entstandene Bohrloch war etwa sanduhrförmig.
Der letzte Arbeitsgang bestand im Ausschleifen des Bohrlochs und Nachglätten aller Flächen.
Als Werkzeuge wurden verwendet: Steinbohrer (→ Bohrer), Widerlager für Drillbohrer (→ Bohrtechnik), → Schleif- und Glättsteine (Weinig, 208).

Perlenherstellung in Seeufersiedlungen des Neolithikums
4 000 v. Chr.
Die Leute der → Seeufersiedlungen am Bodensee schliffen aus Gesteinsstücken tönnchenförmige Rohlinge, die von 2 Seiten mit länglichen Steinspitzen solange angebohrt wurden, bis sie vollständig durchlocht waren. Durch Schliff auf Sandsteinplatten erhielten sie ihre endgültige zylindrische Form. Versuche ergaben, daß die Bohrspitze sich pro Millimeter Bohrung auch um 1 mm abnutzte.

Perlenherstellung der Induskultur in Chanhu Daro
3 000 v. Chr.
Besonders beliebt waren lange, tönnchenförmige Perlen aus Achat

und Karneol, die fast alle 10 cm lang waren.

* Die Blöcke aus den Rohsteinen wurden zersägt, die rechteckigen Rohstücke durch kleine Abschläge gerundet und auf Sandstein geschliffen.
* Die Perlenenden wurden angepickt, damit der Bohrer faßte, und durchbohrt.

Die Bohrer waren feine Abschläge aus Felsgestein, die man zu dünnen Stäben von 2,5–2,8 mm Stärke schliff. Die Bohrspitze war ausgehöhlt, damit sie besser faßte und den feinen Steinstaub, den man mit Wasser als Bohrmittel benutzte, aufnahm. Bohrversuche ergaben, daß man Karneole und Achate mit dem Härtegrad 7 mit dem →Bogenbohrer in einer Stunde etwa 3 mm bohren konnte. Für 10 cm wurden also mindestens 33 Stunden benötigt.

Den Höhepunkt der Perlentechnik stellen aber die Mikroperlen dar. Die kleinen Perlen sind 0,5 mm groß und mit einem Loch von 0,25 mm Durchmesser fein durchbohrt. Sie weisen außen spiralartige Rinnen auf, die im Uhrzeigersinn um die Perlen verlaufen. Die Handwerker von Chanhu Daro erfanden in der Steinzeit, als das Kupfer schon bekannt war, die erste „Drehbank" der Welt. Dies war eine Kupferplatte mit einem Loch mit Perlendurchmesser. Aus dem weichen →Steatit wurden lange Stäbe mit quadratischem Profil geschnitten, in der Längsachse wurde ein Loch durchbohrt, das Ende angespitzt, so daß es in das Loch der Kupferplatte paßte, und der Stab durch das Loch gedreht und gerundet. Durch kleine Einschnitte wurde die lange Perlenstange in kleine Rohperlen zerlegt und mit feinstem Pulversand rund geschliffen. Dann erfolgte der eigentliche Prozeß: Die Handwerker kannten nämlich das Geheimnis des Steatits (Speckstein). Dieser weiche Stein hat nur die Härte 1 und läßt sich spielend in diesem Zustand bearbeiten. Erhitzt man aber Steatit auf 900–1 200 Grad Celsius, so nimmt er die Härte 7 an, wird glänzend weiß und genau so hart wie Karneol und Achat.

Auf Grund chemischer Prozesse wurden auch rote Karneolperlen mit Mustern versehen, indem mit alkalischer Sodalösung feine Muster aufgetragen wurden. Erhitzte man die Perlen, fraß sich die alkalische Lösung ein und bildete ein weißes porzellanartiges Muster auf der roten Perle. Bei einem anderen Prozeß überzog man die Perle vollständig mit einer Sodalösung, erhitzte sie, wobei sie vollständig weiß wurde, und brachte auf der Oberseite feinste Zeichnungen mit einer Kupfernitratlösung an, die tiefschwarze, unauslöschliche Muster ergab (Honoré, 93, 126–128).

Perlen aus Glas tauchten vor dem 3. Jahrtausend durch Fernhandel in Europa auf. Das älteste in Europa hergestellte Glas in Form von Perlen und Anhängern stammt aus dem 3. Jahrtausend v. Chr.

Permafrost

(lat. permanere: verbleiben, ausharren)
Andere Bezeichnung für Dauerfrost (→Dauerfrostboden).

Petralona

(Höhle in Nordgriechenland)
Oberflächenfund eines Schädels ohne Unterkiefer mit nicht gesi-

cherter Datierung von 300000–
400000 Jahren. Der Schädel weist
Schnittmarken und Kratzspuren
auf und scheint gewaltsam abgetrennt worden zu sein. Fundumstände in der Höhle deuten auf eine
besondere Behandlung des Schädels, vielleicht im Rahmen einer
rituellen →Schädelbestattung. Die
Zuordnung zum *Homo erectus*,
frühen *Homo sapiens* oder zu einer
eigenen Spezies ist umstritten.

Petroglyphe
(gr. petros: Fels; glyphe: eingra-
ben)
In einen Stein eingravierte oder
gemeißelte vorgeschichtliche Fels-
zeichnung oder ein Symbol. Die
ältesten Felszeichnungen stammen
aus Tanzania, sind über 40000
Jahre alt; die jüngsten stammen
aus geschichtlicher Zeit. Petrogly-
phen sind in der ganzen Welt verbreitet (→Felsbilder).

Pfahlbauten
→Seeufersiedlungen

Pfeifen
Diese sind seit dem Altpaläolithikum bekannt und haben im Gegensatz zu →Flöten nur eine Öffnung,
werden den Hineinblasen senkrecht gehalten und sind für Musik
ungeeignet. Sie wurden aus Zehengliedern vom Ren oder Reh,
meist jedoch aus Knochen von
Kleinsäugern oder größeren Vögeln hergestellt. Die älteste Pfeife
stammt aus Libyen. In der Höhle
Haua Fteah in der Cyrenaica wurden 2 Knochenpfeifen in einer
45000 Jahre alten Schicht gefunden: Sie wurden wahrscheinlich
für Vogelimitationen oder Signale
benutzt.

Pfeilschaftglätter
→Schleifsteine
Meist aus grobkörnigen Sandsteinen hergestellte kleine Walzen
oder rechteckige Platten mit einer
ebenen Fläche und einer länglichen, regelmäßig vertieften Rille
in der Mitte. Sie dienten zum
Schmiergeln und Glätten hölzerner
Pfeilschäfte, die in der Rille so
lange hin- und hergezogen wurden,
bis die Unebenheiten beseitigt und
der Schaft geglättet war. Es ist
möglich, daß Pfeilschaftglätter
auch paarweise benutzt wurden.
Pfeilschaftglätter sind seit dem
→Jungpaläolithikum (→Magda-
lénien) bekannt.

Pfeilspitzen, Pfeilköpfe
Spitzzulaufende Pfeilköpfe, im
Gegensatz zu →Querschneidern
und den stumpfen, bolzen- bis kol-
benförmigen Pfeilköpfen in Ganzholzausführung. Die stumpfen Vo-
gelpfeilköpfe konnten vom Gefie-
der nicht so leicht abrutschen, waren in der Lage, bei genügender
Wucht jedoch zu Brüchen und damit Flugbehinderungen im fragilen
Skelett der Vögel zu führen. Die
Spitzen wiegen etwa 1–8 g, waren
1,5–4 cm lang und wesentlich kleiner als Speerspitzen. Meist wurden
sie aus Feuerstein, einem ähnlichen Material oder Obsidian, aus
Knochen und Geweih und möglicherweise aus Mangel an Feuerstein auch als Ganzholzausführung
hergestellt. Eine Sonderform waren die Gabelpfeile von etwa 2–8
Zentimetern Länge mit 2–6 nach
vorne gerichteten Zacken, deren
rundliche Basis im Pfeilschaft befestigt wurde. Vermutlich haben
sie durch ihre Aufprallfläche große
Wunden verursacht.

Pfeilspitzen wurden in den aufgespaltenen Schlitz des Pfeilschaftes
gesetzt, mit Harz oder Birkenpech
verklebt und mit einer Umwicklung befestigt. Die häufigsten
Pfeilspitzenformen sind dreieckig,
herzförmig, mit Einbuchtung an
der Basis, trapezförmig, gestielt,
geflügelt, querschneidig oder klöp-
pelförmig aus Holz.
Drei Dinge machen eine Pfeilspitze besonders wirkungsvoll: ihre Schärfe, ihr Durchdringungsver-
mögen bzw. damit die Fähigkeit,
tiefe Schnitte zu verursachen und
ihre Symmetrie, die dem fliegenden Pfeil ein Maximum an Rich-
tungsstabilität verleiht (→ Pfeil und
Bogen).

Pfeil und Bogen
Jungpaläolithikum
Ein Bogen besteht aus einem Bo-
genstab und einer straff gespannten
Sehne. Die ältesten Bögen waren
vermutlich optimal gewachsene
Äste oder dünne Stämmchen. Das
Material wurde zunächst kaum und
später mit größter Sorgfalt bearbeitet, um die Längsfasern des
Holzes nicht zu stark zu schwä-
chen, um beim Spannen Brüche zu
vermeiden. Die Dicke des Bogens
nimmt vom Griff in der Mitte zu
den Bogenenden kontinuierlich ab
und kann an beiden Enden eine
Kerbe zum Befestigen der Bogensehne besitzen. Der Querschnitt ist
halbkreisförmig (D-förmig) bis
kreisrund. Das Holz kann aus Spänen von Eibe, Esche, Kiefer oder
Ulme sein, während die Sehne aus
Schnüren von Pflanzenfasern, Tier-
sehnen oder geflochtenen Därmen
bestand.
Pfeile bestehen aus einem gerundeten und geglätteten Holzschaft

bis über 1 m Länge, einem Durchmesser bis 1 cm und einer → Pfeilspitze, die aus dem spitzzulaufen-
den Pfeilschaft oder aufgesetztem
Pfeilkopf bestand. Der Pfeilschaft
hatte an der Basis eine Kerbe von
etwa 0,6 cm Breite und 0,3 cm
Tiefe, damit der Pfeilschaft rutsch-
fest auf der Bogenschnur saß. Das
Pfeilschaftende konnte gefiedert
sein: Um die Flugstabilität zu verbessern wurden Federn angebunden oder angeklebt. Pfeilköpfe
konnten verschiedentlich zugerichtete Steinspitzen, mikrolithische
Abschläge und Knochenspitzen
sein. Gewöhnlich wurden sie aus
Feuerstein oder einem ähnliche Eigenschaften aufweisenden Werkstoff wie z. B. Obsidian hergestellt.
Der Bogen ist im Gegensatz zu den
anderen zeitgenössischen Waffen
eine Maschine. Alle übrigen Waffen wurden nur mit jener Kraft geschleudert, die die menschliche
Hand in einem bestimmten Au-
genblick entwickelte. Im Bogen
sammelt sich jedoch die Bewegungsenergie allmählich in dem
Maße an, wie die Sehne gespannt
wird, um beim Loslassen mit einem Mal freizuwerden. Durch seine Eigenelastizität schnellt der Bogen in seine Ausgangslage zurück
und kann dann erneut gespannt
werden. Dieses Prinzip war den
Menschen der Altsteinzeit bekannt
und sie wußten auch die Wirkung
eines Bogens zu verbessern, indem
sie beide Bogenarme verlängerten.
Der abgeschossene Pfeil dringt daher mit großer Wucht in den Tierkörper ein. Schußversuche mit einem Nachbau ergaben durchschnittliche Weiten von mehr als
120 Metern. Da Holz nur selten
über Jahrtausende erhalten bleibt,

sind Funde von Bögen selten. Der umfangreichste Fund stammt aus der Mittelsteinzeit und wurde im Vis-Moor, nahe dem Sindor-See, in Rußland gemacht. Dort fand man neben zahlreichen Bruchstükken 31 Bögen mit einer Länge von bis zu 3,50 m. Zum Schutz der Bogenhand gegen die zurückschnellende Sehne wurde schon in der mittleren Steinzeit eine Knochenplatte mit einem Riemen befestigt (→Armschutzplatten).

Mit Pfeil und Bogen konnte der Jagderfolg verbessert werden. Während ein Speerwerfer gleichzeitig nur über 3–4 Speere verfügt, kann ein Bogenschütze bis zu etwa 20 Pfeilen in schneller Folge abschießen und hatte dadurch größere Aussicht, ein oder mehrere Stück Wild zu erlegen. Vor allem scheues Wild, Kleinwild und Vögel ließen sich damit besser erlegen: Die Jagd auf gefährliche Tiere wurde weniger riskant.

Die Erfindung von Pfeil und Bogen wird dem →Crô-Magnon-Menschen zugeschrieben. Es bleibt aber unklar, wann Menschen zum erstenmal mit dieser Waffe auf Jagd gingen. Die bisher ältesten Pfeilspitzen sind die meist nur wenige Zentimeter langen Knochenspitzen mit gespaltener Basis (→Lautscher Spitzen) aus dem →Aurignacien. Dies deutet daraufhin, daß der *Homo sapiens* bereits vor mehr als 30000 Jahren Pfeil und Bogen erfunden hatte. Auch die →Font-Rôbert-Spitzen aus Feuerstein werden als Pfeilspitzen gedeutet. Die bisher ältesten Pfeilfunde stammen aus der →Ahrensburger-Kultur, wurden in →Stellmoor gefunden und sind etwa 11000–10000 Jahre alt. Die aus Kiefernholz hergestellten Pfeile bestanden aus einem längeren Hauptschaft und einem etwa 15–20 cm langen, mit einer Feuersteinspitze bewehrten Vorschaft mit einer Gesamtlänge von etwa einem Meter. Die Befestigung des Vorschaftes erfolgte im gespaltenen Pfeilschaft, der es ermöglichte, bei Bruch oder Verlust des Vorschaftes diesen durch Aufstecken eines neuen zu ersetzen. Auch die ältesten Bogenfunde stammen aus dem nördlichen Raum. Im Holmegaard-Moor auf Seeland in Dänemark wurde ein 10000 Jahre alter vollständig erhaltener Bogen von 1,54 m Länge gefunden, der aus einem dünnen Ulmenstämmchen hergestellt wurde.

Pflug

Unter einem Pflug versteht man heute ein Gerät zum Wenden und Lockern der obersten Bodenschicht, dessen Anfänge im →Neolithikum liegen.

Die frühen Bauern benutzten zunächst den angespitzten →Grabstock zum Auflockern des Bodens. Die weitere Entwicklung war der gewinkelte Grabstock, der durch Hebelwirkung den Boden aufreißen konnte und deshalb auch Furchengrabstock genannt wird. Ein Fortschritt war der von Ochsen gezogene hölzerne Hakenpflug, der mit einem etwa 40 cm langen Haken den Boden aufriß und Furchen für die Saat zog. Pflugspuren vom Hakenpflug tauchen um 4500 v.Chr. erstmalig in Mesopotamien auf. Um 3500 v.Chr. wird der Pflug in der →Linienbandkeramischen Kultur bezeugt. 4500 Jahre alte Funde von Rinderknochen an der unteren Donau deuten auf eine

Verwendung des Rindes als Zugtier und damit evtl. auf die Verwendung eines Pfluges hin. Ob der sogenannte →Schuhleistenkeil bereits als steinerne Pflugschar diente, ist umstritten. Nachgewiesen ist aber, daß der Hakenpflug von Ochsen gezogen wurde. Die Kastration von Stieren, die sie als Zugtiere geeignet machte, läßt sich an Hand von Skelettteilen klar nachweisen. Die Hakenpflüge waren einsterzig, d. h. sie wurden mit dem senkrecht angebrachten Holzsterz geführt. Damit konnte auch der Hakenpflug geneigt werden. Dadurch wurde das Aufwerfen, Abschieben und teilweise Wenden der Erde nach einer Seite ermöglicht. Pflugspuren von Hakenpflügen stammen aus der ausgehenden Jungsteinzeit und älteren →Bronzezeit mit Fundorten in Dänemark, Holland und Norddeutschland. Erst zu Beginn der Zeitrechnung wurde durch die Römer der Pflug durch Hinzufügung von Rädchen verbessert.

Pfostenbauweise

(lat. postis: Pfosten, →Behausungen)

Als Pfosten bezeichnet man Rundhölzer von mindestens 5 cm Durchmesser, die in Längsrichtung auf Druck im Gegensatz zu den vierkantigen Balken beansprucht werden, die meist waagrecht verlegt werden. Pfostenlöcher sind sehr dauerhaft und noch nach Jahrtausenden nachzuweisen. „Nichts ist so dauerhaft wie ein Loch!" erklärte der Archäologe Carl Schuchardt (1859–1943) einst Kaiser Wilhelm II., als man die Bedeutung der dunklen Flecken im Erdreich erkannt hatte (Rieckhoff,

167, 24). Ist der Pfosten vergangen, füllt sich das Loch auf und wird durch die Verfärbung nachweisbar. Tiefe und Richtung der Pfostenlöcher lassen sich feststellen, Grundrisse und Konstruktion der →Häuser (→Hütten) können bestimmt werden.

Bereits im →Jungpaläolithikum wurden Zeltbehausungen in Pfostenbauweise errichtet, wie etwa 11 000 Jahre alte Grundrisse in →Gönnersdorf beweisen. Die Pfostenbauweise im Hausbau beginnt erst im 6. Jahrtausend v. Chr. in Mitteleuropa mit dem Beginn der →Jungsteinzeit und ist mit der Seßhaftigkeit der frühen Bauernkulturen verbunden. Die großen Wälder lieferten das Bauholz und dienten auch als Waldweide.

In Nea Nikomedeia, also in Makedonien in Nordgriechenland, fand man innerhalb einer Siedlung Häuser, deren Lehmwände (→Lehm) durch Holzpfosten gestützt, deren Zwischenräume mit Schilf und Zweigen ausgefüllt und mit einer dicken Lehmschicht verputzt waren und die nicht, wie zur gleichen Zeit im Vorderen Orient, aus Lehmziegeln bestanden. Das älteste Haus war mit einer Seitenlänge von ca. 12 Metern etwa quadratisch und durch parallele Reihen schwerer Pfosten dreigeteilt. Dazu wurden im Abstand von 90–120 Zentimetern Pfosten aus Jungbäumen bis zu 1 m tief in Pfostenlöcher eingegraben. Diese Technik der Pfostenbauhäuser breitete sich später über ganz Europa bis nach Skandinavien aus.

Langbauten der →Linienbandkeramiker mit einer Länge von bis zu 50 Metern und mehr besaßen 3 Reihen tragender Pfosten in der

Mitte und je eine Pfostenreihe an den Längswänden. Auf ihnen ruhte die mit Schilf oder Stroh abgedeckte Dachkonstruktion. Später verlagerte man das Gewicht der Decke immer mehr auf die beiden äußeren Pfostenreihen. Querreihen von Innenpfosten gliederten den Langbau.

Die Lebensdauer solcher Pfostenhäuser wird auf etwa 30–40 Jahre geschätzt, so daß man annehmen kann, daß von jeder Generation ein neues Haus errichtet werden mußte. Das alte Gebäude wurde wohl häufig verbrannt, der übriggebliebene Schutthaufen eingeebnet und die Lehmgruben (→Gruben), deren Material zum Verputzen des neuen Hauses verwendet wurde, damit aufgefüllt.

Pfrieme (Ahle)

Geschnitzte, geschabte oder geschliffene spitz zulaufende Artefakte, die seit dem Paläolithikum bekannt sind. Der Querschnitt ist rund bis oval. Das andere, proximale Ende kann unbearbeitet aber auch zugeschnitten bzw. mit einem abgesetzten Ende sein. Als Pfriem genügt bereits ein roher Splitter, wie er beim Zerschlagen von Knochen zufällig anfällt. Materialien: Knochen (auch Mittelfußknochen vom Reh), Geweih, Elfenbein, Holz. Gebrauchsglanz (→Glanz) an Schaft und Nacken dieser Geräte zeigen an, daß sie nicht geschäftet waren.

Funktion: Zum Durchstechen, Erweitern und Perforieren von Häuten, damit Fäden oder Riemen durchgezogen oder gedrückt werden können. Beim Binden von →Schäftungen bei Beilen, Geflechten (Körben), um das Ende

dazwischenzuschieben, sowie bei der Herstellung von Netzen. Auf einen Holzstab gesteckt, kann er auch als Geschoßspitze bei einem Speer oder einer Lanze dienen. Pfrieme erscheinen vom →Altpaläolithikum bis zur geschichtlichen Zeit. Sie können mit den →Nähnadeln indirekt als Beleg für eine genähte →Kleidung gelten. In Aggsbach (Österreich) wurde ein Pfriem mit eingeritztem Fischgrätmuster gefunden.

Pfyner Kultur

3900–3500 v.Chr.

(benannt nach dem schweizer Fundort Pfyn im Kanton Thurgau) Verbreitung: östliche Schweiz, Bodenseegebiet, Oberschwaben Zeitgleich mit der Pfyner Kultur war die →Michelsberger Kultur in Südwestdeutschland, die →Altheimer Kultur in Bayern, die →Trichterbecher-Kultur in Norddeutschland und die →Baalberger Kultur in Mitteldeutschland.

Die Pfyner Kultur fällt in die auch als →Chalkolithikum bezeichnete Zeit. Siedlungen lagen oft an Seeufern mit Pfahlbauten (→Seeufersiedlungen) und auf moorigem Grund mit ebenerdigen Fußböden mit Lehmestrich. Dörfer umfaßten bis zu 40 Häuser, wobei die größten etwa 4,50 m breit und bis zu 9 m lang waren, in denen insgesamt etwa 200–300 Menschen lebten. Außer den Wohnhäusern gab es Ställe und Holzbohlenwege. Einige Dörfer wurden durch Palisaden oder Zäune geschützt (→Seeufersiedlungen).

Haupternährungsgrundlage war Ackerbau und Viehzucht, wobei die Haustiere eine größere Bedeutung hatten als bei der älteren

→Hornstaader Gruppe. Neben dem →Fischfang wurde seltener die Jagd betrieben.

Die Keramik aus den Ufersiedlungen am Bodensee war häufig glänzend und unverziert. Tontöpfe wurden mit Schlick aufgerauht oder mit Ritzmustern versehen. Eine Besonderheit sind die Henkelkrüge mit plastisch herausgearbeiteten weiblichen Brüsten, die manchmal auch nur durch ein Knubbenpaar angedeutet werden. Merkmale der nordschweizer Pfyner Kultur tauchen auch bei den Tongefäßen der →Altheimer Kultur in Bayern auf. Deswegen spricht man hier von der Pfyner-Altheimer Kultur, einer Mischkultur aus beiden Gruppen. Tongefäße der Pfyner Kultur wurden in der zeitgleichen →Michelsberger Kultur gefunden und weisen auf Tauschhandel hin.

Neben Stein- (flachen Hammeräxten), Holz-, Knochen- und Geweihgeräten wurden Geräte aus →Kupfer in Gußtiegeln hergestellt. Es wurden nur die Klinge eines Dolches und Flachbeile gefunden. Als Schmuck dienten durchbohrte flache Kiesel, Hirschgeweihanhänger und manchmal ritzverzierte Spangen aus Knochen. Leinwandbindige Gewebe aus Flachs weisen auf Kleidungsstücke hin. Bestattungen sind nicht bekannt: Die geborgenen Skelettreste sind wenig aussagekräftig.

Phalangen
Knochen der Finger- oder Zehenglieder von Tieren, die oftmals zu Werkzeugen hergerichtet wurden, z. B. als →Pfrieme.

Phyletische Evolution
Stammesgeschichtliche Artumwandlung durch eine graduelle Veränderung der Individuen (→Artenentstehung) und Populationen einer Art, die im Laufe der Generationsfolge zu einer neuen Art führt. Daraus resultiert keine Zunahme der Artenvielfalt (→Spezifikation).

Phylogenese
Stammesgeschichte

Pic
(frz.: Hacke)
Großer und grober aus einem langen Geröll, Abschlag oder einer Platte hergestellter spezieller →Faustkeil mit einer massiven Spitze. Auch spitz zulaufende Geröllgeräte nennt man Pic. Trieder sind Pics, deren Spitze durch 3 Flächen mit glatter Spitzenunterseite gebildet wird. Über ihre Funktion ist nichts bekannt: Sie eigneten sich wohl mehr zum kräftigen Durchstoßen als zum Schneiden und gehören in das frühe Acheuléen.

Pickel
Der Pickel unterscheidet sich von der →Hacke oder vom →Beil dadurch, daß er eine Spitze anstelle einer Schneide hat. Der einteilige Geweihpickel besteht aus dem Schaft, die Spitze bildet eine Sprosse. Er eignet sich gut zum Wühlen und zum Hacken; als →Gezähe wurde er, wie der geschäftete Feuersteinpickel, im neolithischen Bergbau eingesetzt (→Feuersteinbergbau).

Pick-Technik
Materialentfernender Vorgang als Vorbereitung zum Glätten und Schleifen von Flächen, bei dem mit einem schmal zulaufenden,

stößelähnlichen Stein auf den zu bearbeitenden Stein fortwährend geklopft wird. Dabei wird die Oberflächenstruktur zerstört: Das Material pulverisiert sich an dieser Stelle und winzige Teilchen lösen sich. Gepickte Oberflächen werden durch zahlreiche Schlagnarben gebildet, sind verhältnismäßig rauh, rissig, aber gleichmäßig.

Gepickt werden nicht allzuharte Steine wie Kalk- und Sandstein, aber auch Amphibolit, Granit, Basalt und sogar Quarz. Obsidian und Feuerstein eignen sich weniger für diese Bearbeitungstechnik.

Durch beidseitiges Picken kann eine sanduhrförmige unechte Bohrung geschaffen werden. Für Schlaggeräte konnte für die Schäftung eine umlaufende Rille oder alle Oberflächen eines Gerätes gepickt werden, um sie evtl. in einem weiteren Arbeitsgang zu schleifen und zu polieren. Dies geschah bei den Walzenbeilen und Keulenköpfen, Beilen und Äxten des →Neolithikums. Die →Jungpaläolithiker wendeten bereits die Picktechnik bei den Reliefs der →Felsbilder oder dann an, wenn sie Mulden in ihren Farbreibschalen oder Fettlampen (→Lampe) schufen.

Piltdown
(bei Sussex, England)
Die 1912 gemeldeten, angeblich zusammen mit einigen Feuersteinstücken der Präacheuléen-Industrie gefundenen 4 Schädelbruchstücke (ein Unterkiefer und 2 Backenzähne mit einer Kombination von Mensch- und Affenmerkmalen) wurden von zahlreichen Forschern als echt angesehen. Spätere Untersuchungen (1953 von J. S. Weiner, K. P. Oakley und W. E. Le Gros Clark) entlarvten anhand des →Fluortests die Funde als Fälschung. Es waren Schädelknochen eines mittelalterlichen Menschen und ein abgeschliffener und künstlich patinierter Unterkiefer eines jungen Orang-Utan. Grund für diese Fälschung war das Bestreben eines Engländers, dem Unterkiefer von →Mauer einen „Urengländer" mit großem Gehirn entgegenzustellen. Damit bleibt der Unterkiefer von →Mauer (600 000 Jahre), neben den 780 000 Jahre alten Funden in →Gran Dolina (→Evolution des Menschen: *Homo antecessor*) eines der ältesten menschlichen Fossile Europas.

Pithecanthropus
(gr. pithekos: Affe; anthropos: Mensch)
Der von Eugen Dubois (→Lebensläufe) 1891 entdeckte Javamensch wurde ursprünglich als „missing link", als fehlendes Glied in der menschlichen Entwicklungsreihe zwischen Affe und Mensch betrachtet. Heute zählt der →Javamensch, der →Peking-Mensch und der →Heidelberger-Mensch zum *Homo erectus* (→Evolution des Menschen), der über die ganze alte Welt verbreitet war.

Plastiken
Verbreitung: über ein großes Gebiet in Ost-, Mittel- und Westeuropa.
Körperhafte Gebilde eines Gottes, eines Menschen, Tieres oder Tiermenschen aus Stein (Sand-, Kalk-, Speckstein), Elfenbein, Knochen, Geweih, Holz, Rötel, Gagat oder Ton: Männliche Darstellungen sind sehr selten. Sie tauchen zum erstenmal im Jungpaläolithikum

vor 30 000 Jahren auf, und zwar vom →Aurignacien bis zum späten →Magdalénien. Die Verbreitung reicht von der Atlantikküste bis Sibirien (→Malta). Dargestellt wurden Menschen und Tiere. Fundorte sind Gräber, Wohnstätten, die Umgebung von Feuerstellen auf Lagerplätzen und Höhlen. Die Durchbohrung einiger Stücke läßt auf die Verwendung als Anhänger schließen; andere dienten wohl als Grabbeigabe. Ein Vorläufer dieser Figuren, ein etwa kastaniengroßer Brocken vulkanischen Eruptionsgesteins, wurde in einer 230 000 Jahre alten Schicht mit zahlreichen Steinwerkzeugen, die dem *Homo erectus* oder dem frühen *Homo sapiens* zugeschrieben werden, 1981 auf den Golanhöhen entdeckt.

Dieser Steinbrocken ähnelt einer Frauenfigur mit Kopf, Armen und Brüsten. Unterstrichen wird diese Ähnlichkeit zusätzlich durch mehrere Furchen oder Rillen, die den Kopf und die Glieder vom übrigen Rumpf abzuheben scheinen. ... Es handelt sich demnach um eine Art Proto-Plastik, die vermuten läßt, daß schon die Menschen des älteren Paläolithikums in Naturobjekte Figuren „hineinsahen" und diese durch gestalterische Modifikationen gezielt „herausmodellierten" (70, 177–78).

Die Plastiken von →Battenberg sind umstritten. Bei den Figuren überwiegen die weiblichen, auch als →„Venusfiguren" bezeichnet und überwiegend nackt dargestellt. Ausnahmen sind ein gravierter Gesäßschutz (Lespugue, Frankreich) und die Kerbreihen und Querstriche bei sibirischen Exemplaren (Malta, Buret), die wohl →Kleidung andeuten sollen. Die Geschlechtsmerkmale sind überbetont, Bauch, Oberschenkel und Gesäß treten stark hervor. Die Arme sind bei vielen Statuetten nicht ausgearbeitet, der Kopf kann Gesichtszüge zeigen oder es handelt sich um einen ungegliederten Kugelkopf bei stehender, hockender oder sitzender Haltung. Die Größe der Figuren beträgt ca. 1,5–20 cm, ausnahmsweise auch bis zu 30 cm. Über die Bedeutung dieser Figuren sind sich die Wissenschaftler nicht einig. Sie werden als erotisches Ideal, überirdische Fruchtbarkeitswesen, weibliche Gottheiten, einheitliche göttliche Wesenheit der verschiedenen Statuentypen, Ahn- und Stammütter oder Schutzgeister von Familie, Lagerplatz und Jagd gedeutet (Müller-Karpe, 147, 251). Es kann aber auch aus dem Überwiegen von weiblichen Statuetten auf den →jungpaläolithischen Plätzen geschlossen werden, „daß die Frau in dieser Zeit sozial eine bevorzugte oder gar beherrschende Stellung eingenommen habe" (Müller-Karpe, 145, 143). Tierplastiken stellen vor allem Bär, Löwe, Mammut, Nashorn, Wolf, Pferd, Hirsch und Bison dar.

Pleistozän

→Eiszeit mit Wechsel aus Warm- und Kaltzeiten: die längste Periode des →Quartärs.

Pliozän

Erdgeschichtliches Zeitalter zwischen 5–2 Mio. Jahren und die jüngste Stufe des →Tertiärs. In dieser Zeit lebten die ersten Australopithecinen (→Evolution des Menschen) in Afrika. Das →Wildpferd breitete sich von Nordamerika über die ganze Welt aus. In Europa ähnelte der Küstenverlauf bereits weitgehend dem heutigen. England war noch mit dem Kontinent verbunden, weite Teile Hollands und Belgiens von der Nordsee bedeckt und das heutige Ostseegebiet festes Land. Mit dem Ende des Pliozän beginnt das Pleistozän (→Eiszeit).

Politur
Alle Verfahren zur Herstellung hochglänzender Oberflächen. Nichtintentionelle Politur bezeichnet man als →Glanz, wie er durch Natureinflüsse z.B. bei →Eolithen oder durch Benutzung an Geräten entstehen kann. Das Polieren von harten Materialien und Steinen erfolgte im großen Umfang erst im →Neolithikum durch →Steinschliff.

Pollenanalyse
Pollen sind Blütenstaubkörner, die durch ihre widerstandsfähige Außenhaut oft in →Sedimenten über Jahrmillionen erhalten bleiben. Unter dem Mikroskop können sie nach Pflanzengattung und oft auch nach Pflanzenart unterschieden werden. An Hand eines Pollenkalenders können Bodenproben einer →Kulturschicht eingeordnet und relativ datiert werden (→Chronologie). Die Pollenanalyse gibt auch Aufschluß über Jahreszeiten, Klimaschwankungen, Walddichte, Wechselwirkung zwischen offenem Wald und →Tundra sowie über das Vorhandensein und die Form des Ackerbaus.

Polyeder
(von Vielecken begrenzter Körper; polyedrisch: vielflächig →Sphäroid)
Annähernd kugelige, würfelförmige oder vielkantige Kerne, die Abschlagnegative zeigen und deren Schlagrichtung häufig wechselt. Sie tauchten erstmals vor etwa 1,9 Mio. Jahren im →Oldowan auf. Polyeder
mit Narbenfeldern könnten in der Weise benutzt worden sein, wie auch jeder andere Stein als Klopfgerät hätte verwendet werden können. Die sehr kleinen Abschlagnegative auf manchen Polyedern machen es aber wahrscheinlich, daß sie nicht nur als Restkerne anzusehen sind, sondern gezielt hergestellte Werkzeuge oder Schleuderschosse waren. Als Wurfsteine hätten sie gegenüber glatten Kieseln den Vorteil, bei schrägem Auftreffen auf das Fell eines Tieres größere Schockwirkung und Verletzungskraft zu haben (Fiedler, 64, 101).

Postglazial
Nacheiszeit. Andere Bezeichnung für →Holozän (8000 v.Chr. bis heute).

Postkranium
Skelett ohne →Kranium (Schädel), hinter dem Schädel gelegen; das postkraniale Skelett besteht aus allen nicht zum Schädel gehörenden Skeletteilen.

Pradnikmesser
(benannt nach einem polnischen Fundort)
Diese gehören zu den →Keilmessern und sind eng mit den →Faustkeilen des →Mittelpaläolithikums verwandt. Der Rücken des Messers knickt im vorderen Drittel zur Spitze ab und bildet eine retuschierte Schneide, die durch einen flachen Abschlag von der Spitze entsteht, während die Basis stumpf ist. Die Form entspricht mehr oder weniger einem Rechteck mit abgeschrägter Kopfseite.

Präkeramisches Neolithikum

Im Vorderen Orient 8000–6000 v.Chr.

(Jungsteinzeit vor Erfindung der Töpferei)

Auch als Akeramisches Neolithikum bezeichnet (engl. PPN = Pre-Pottery-Neolithic). Stufe zwischen →Protoneolithikum und →Neolithikum, in der Viehzucht (→Dometikation), →Ackerbau, Seßhaftigkeit in →Häusern und Herstellung von geschliffenen Beilen (→Steinschliff) der Erfindung der →Keramik weit vorausgingen, die ein Merkmal des Neolithikums ist. Ursprünglich nahm man an, daß die Keramik ebenso zu den charakteristischen Merkmalen der neolithischen Kulturen gehört wie Ackerbau und Viehzucht oder seßhafte Lebensweise in dörflichen Siedlungen. Erst bei den Ausgrabungen der Tells (→Tell) stellte man fest, daß schon früher ortsfeste Siedlungen ohne Keramik bestanden hatten. So ist in Jericho in Jordanien das präkeramische Neolithikum durch eine 10 m dicke Schicht vertreten, die bereits Luftziegelbauwerke und einen aus Steinen gemauerten Wehrturm enthält. Die Anfänge der Töpferei liegen in Anatolien um 7000 v.Chr. mit dickwandigen und kaum tragbaren Behältnissen aus gebranntem →Ton und im Mittelmeergebiet um 7000 v.Chr. Aber erst um 6000 v.Chr. setzt sich die Töpferei nennenswert durch. Um 5000 v.Chr. gab es schließlich eine Fülle vielfältiger Töpfereierzeugnisse, auch mit Bemalungen und Dekormustern. In dieser Zeit traten im Vorderen Orient die frühesten jungsteinzeitlichen Kulturen auf, die Ackerbau, Viehzucht und Töpferei betrieben. Von dort und vermutlich von Nordafrika aus wurde diese Neuerung weiter verbreitet. Allerdings gab es schon im →Jungpaläolithikum Figürchen aus gebranntem Ton (→Unterwisternitz), aber keine Gebrauchskeramik.

Predmost

(tschech. Predmosti, liegt etwa 65 km nordwestlich von Brünn am Stadtrand von Prerau in Mähren)

Die Funde gehören in die späte Phase des östlichen →Gravettien und sind etwa 20000 Jahre alt.

Die Freilandstation ist neben →Willendorf die reichste Lößfundstätte paläolithischer Jäger Europas. In der um einen Kalksteinfelsen angesammelten Lößschicht fand man in 2–4 m Tiefe eine Kulturschicht, die über 1 m dick und von einer großen Menge Knochen pleistozäner Tiere und Werkzeuge durchsetzt war. Vermutlich wurde der Lagerplatz der Eiszeitjäger eine beträchtlich lange Zeit hindurch belegt. Daher kam es vielfach zur Entstehung von einem voneinander abweichenden archäologischem Typenbestand. Vor der wissenschaftlichen Untersuchung am Ende des 19. Jahrhunderts ließ der Besitzer des Landes, ein Bauer, ungeheure Mengen an Knochen abtragen, in seiner Mühle zermahlen und fuhr das Knochenmehl als Dünger auf seine Felder. Die Knochenfunde waren so reichhaltig, daß er das Düngemittel sogar zentnerweise verkaufte. Trotzdem schätzt man nur aufgrund der Anzahl der ausgegrabenen Knochen die Zahl der →Mammuts auf über 1000 Individuen, vom kaum geborenen Kälbchen bis zu den

ausgewachsenen alten Tieren. Die
weitere Tierliste ist umfangreich
und zeigt ein wahres eiszeitliches
Jägerparadies mit Löwe, Höhlen-
hyäne, Panther, Eisfuchs, Fuchs,
Wolf, Schneehase, Biber, Vielfraß,
Halsbandlemming, Braunem Bär,
Urstier, Bison, Steinbock, Moschusochse, Ren, Hirsch, Elch,
Wildpferd, sibirischem Nashorn,
Schnee-Eule, Schneehuhn, Geier,
Rabe und Wildgans. Hauptjagdtie-
re waren Mammut, Wildpferd und
Ren. Die Skelette von Wolf und
Fuchs waren häufig vollständig erhalten: Dies waren sicher die Räu-
ber des Lagers, die man erschlug.
Bei den ersten Ausgrabungen wurden über 40 000 Feuersteinwerkzeuge oder Abschläge und bei
späteren Grabungen nochmals umfangreiche Mengen gefunden. Die
Masse der Funde wird dem →Gra-
vettien zugeordnet, die übrigen gehören zum →Aurignacien und seltener zum →Solutréen. Die Hälfte
der Geräte sind →Klingen; häufig
kommen Spitzklingen (→Spitzen)
und etwas weniger Mikroklingen,
Klingenschaber (mehr als 2 000
Exemplare) und →Stichel aller
Varianten (ca. 4 000 Exemplare)
vor. →Gravettespitzen sind mit
über 60 Exemplaren vertreten, vereinzelt auch →Kerb- und →Stiel-
spitzen sowie →Schleif-, →Reib-
steine und →Glätter aus Sandstein.
Daneben sind auch Werkzeuge aus
Knochen, Geweih und Gegenstände aus Mammutelfenbein zahlreich
erhalten: →Geweihpickel, Rengeweihhacken (→Hacken), verzierte
zylindrische Walzen von 7–20
Zentimetern Länge und Beinspit-
zen.
Bedeutend sind auch die Kunstge-
genstände: →Statuetten aus Mam-

mutelfenbein (12–14 cm groß), aus
Mammutmittelfußknochen oder anderen Knochen sind als 11 hockende bzw. kniende menschliche Figuren sowie als eine in einen
Mammutzahn eingeritzte und stark
abstrahierte Frauengestalt geschnitzt. Auch die Tonfigur eines
Vielfraßes wurde gefunden. Bein-
geräte, besonders aber →Glätter
aus flachbreiten Mammutrippen
zieren Schnitzereien mit zahlreichen geometrischen Ornamenten:
durch kleine, kurze Striche in ver-
schiedenartiger Anordnung, Zickzacklinien, Wellenlinien, konzentrische Kreise, schraffierte Dreiek-
ke und gefüllte rhombische Felder.
Halsketten waren aus Knochen,
Muscheln u. a.
Es wurde ein Massengrab mit
mehr als 20 Personen aller Altersstufen, d. h. von kleinen Kindern
bis zu alten Personen gefunden.
Vielleicht deutet die Gruppenbe-
stattung bereits auf einen über die
einzelnen Familien hinausgehen-
den, umfassenderen sozialen Verband wie eine Sippe oder Großfa-
milie hin. Das Grab war an den
Seiten mit Steinen abgestützt. Die
Toten wurden mit Mammutschulterblättern und mit einer Stein-
schicht abgedeckt. Aus der Gra-
vettienschicht sind auch Kopfbestattungen bekannt.

Primaten
→Evolution

Prospektion
Fundstättensuche nach verschiedenen Verfahren: Oberflächenbeob-
achtung (→Feldbegehung), Luft-
bildaufnahme (zeigt Auswirkungen
alter menschlicher Aktivitäten,
→Luftbildarchäologie) und natur-

wissenschaftliche Verfahren (Boden-Meßverfahren und geochemische Bodenuntersuchung).

Proto-Faustkeile

Nachfolger der →Pebble Tools und meist einflächig (unifacial) bearbeitet. Dadurch, daß immer mehr →Abschläge entfernt wurden, schafften die Paläolithiker Proto-Faustkeile (Vorläufer der späteren →Faustkeile des →Acheuléens), die häufig roh und knollenförmig blieben. Von den vorausgegangenen Werkzeugen unterscheiden sie sich durch ausgedehnte Flächenbearbeitung. Oftmals ist nicht zu unterscheiden, ob das jeweilige Exemplar noch ein →Chopping Tool oder bereits ein Proto-Faustkeil ist. Sie wurden wie die →Choppers und Chopping Tools auf dem →Amboß oder mit einem →Schlagstein grob partiell zurechtgeschlagen.

Protoneolithikum

(vor dem Neolithikum)
Im engeren Sinne ist es dies die Bezeichnung mesolithischer Kulturen (→Mesolithikum) an der Schwelle zum →Neolithikum. Allgemein wird damit der Übergang von der →Wildbeuterstufe zur produzierenden Wirtschaftsform bezeichnet, in der man bereits Wildgetreide erntete, davon Vorräte anlegte, es bei Bedarf verzehrte sowie in festen Siedlungen wohnte. Charakteristisch für den Gerätebestand sind →Sicheln zum Ernten von wildem Getreide, →Mahlsteine und →Mörser zum Mahlen und Zerstampfen der Körner. Dieses Stadium wird im Vorderen Orient, im heutigen Israel und Jordanien, um 10 000 v. Chr. erreicht. Das Protoneolithikum geht dem →Präkeramischen Neolithikum voraus.

proximal

(lat. proximus: der nächste)
In der Nähe des Schlagpunktes gelegen (→Abschläge).

Punktionalismus

Modell der →Artenentstehung durch sprunghaften Wandel.

Quartär

Umfaßt →Pleistozän und →Holo-
zän von vor 2 Mio. Jahren bis
heute und ist die 4. Abteilung der
Erdgeschichtsgliederung
(→Erdneuzeit). In ihr trat erstmals
Homo auf (→Evolution des Menschen).

Quarz

Reines Quarz (SiO_2) ist ein farblo-
ser oder durch Fremdbestandteile
getrübter, flächenreicher Bergkristall. Da Quarz chemisch sehr trä-
ge ist, bleibt er bei der Verwitterung kristalliner Gesteine unverändert zurück und kommt im Ge-
menge mit magmatischen Gesteinen (Gneis, Glimmerschiefer) und
→Sedimentgesteinen   (→Feuer-
stein) vor.

Quarzit

Im engeren Sinne sind Quarzite
metamorphe (umgewandelte) feinkörnige Gesteine mit hoher Härte,
die wenigstens zu 80% aus
→Quarz bestehen. Ausgangssteine
können Sandsteine und Hornsteine
wie Radiolarit und →Kieselschie-
fer sein. Nicht metamorphe, aber
kieselig gebundene Sandsteine
werden ebenfalls als Quarzite bezeichnet (→Feuerstein).

Querbeile

Merkmal ist die Querschäftung der
Schneide   (→Dechsel,   →Beile,
→Schuhleistenkeil).

Querschneider

(auch querschneidige Pfeilspitzen
oder Pfeilschneiden genannt)
Querschneider sind trapezförmige
Pfeilaufsätze mit breiter Schneide.
Sie verursachen größere und stärker blutende Wunden als Pfeilspitzen (die statt dessen leichter in
den Tierkörper eindringen), eine
schnellere Schwächung des Tieres
und erleichtern dadurch die Verfolgung und Tötung der Beute. Bei
der Vogeljagd glitten Querschneider nicht so leicht vom dichten Ge-
fieder der Vögel ab (→Pfeil-
spitzen).

Quina-Technik

Technik des →Moustérien. Längliche Feuersteinknollen werden auf
dem Spitzamboß (→Amboßtech-
nik) in Scheiben zerlegt und die
dickeren Abschläge zu Werkzeugen wie Schaber, Bohrer, Messer
und Spitze verarbeitet. Quina-
Retuschen entstehen aber auch
durch wiederholtes Nachschärfen
von Arbeitskanten an dickeren und
ursprünglich breiteren Abschlä-
gen/Scheiben, die dadurch mehr-
reihig werden (→Abschlagtech-
niken).

Rad und Wagen

Um 3500 v. Chr. wurde die Erfindung von Rad und Wagen vermutlich an verschiedenen Orten in kurzen zeitlichen Abständen gemacht. Das hölzerne Scheibenrad bestand aus bis zu 3 Einzelteilen, das um das Mittelloch herum für die hölzerne Achse verstärkt war. Ob sich das Rad frei auf der Achse drehte, wie Splinte auf Darstellungen in →Uruk vermuten lassen, oder sich mit der Achse drehte, muß offenbleiben.

Im schweizerischen →Spätneolithikum kommen schmale, kleine, aber stabile Wagen vor, die wahrscheinlich für den Metalltransport auf Laufwegen vor dem Bau von Straßen geeignet waren und durch Mensch oder Tier gezogen wurden. Die etwas größeren Wagen, die in Nordwestdeutschland aus wenig späterer Zeit stammen, waren ohne Deichsel etwa 1,40 m lang und 1,15 m breit. Reste solcher Räder oder Wagenteile wurden neben hölzernen Bohlenwegen gefunden, die in Moorgebieten als Fahrbahn dienten (→Moorwege). Auch Felsbilder, Tongefäße und Tonmodelle zeigen Darstellungen solcher Wagen. Große massive Scheibenräder aus Eiche stammen aus der Zeit um 2800 v. Chr. aus Jütland.

In Europa kann die Erfindung des Rades vielleicht im Zusammenhang mit der Errichtung von Megalithbauten (→Megalith-Kultur) stehen, wo man neben Schlitten auch Holzrollen einsetzte, um die Steinblöcke zu transportieren.

Um 1640 v. Chr. setzten die Hyskos im Krieg gegen Ägypten kriegsentscheidende, leichte, schnelle, zweirädrige Streitwagen mit Speichenrädern ein, die zuerst 4 und später 6 Speichen besaßen. Sie wurden von Pferden gezogen. Ansonsten wurden Rinder oder Esel vor die Wagen gespannt.

Radialstrahlen

(radial: strahlenförmig)
Strahlenförmige Sprünge bei Feuersteinen, die auf →Abschlägen sichtbar werden können und deren Richtung auf den Schlagpunkt hinweist.

Radiation

Auf Grund von Fossilfunden festgestellte Aufspaltung einer Stammform in mehrere Formen: z. B. Primatenradiation.

Radiokarbon-Methode (C-14)

Ein nach 1945 von Willard F. Libby entwickeltes Verfahren zur Altersbestimmung ehemals organischer Stoffe (→Fossilien) durch Ermittlung ihres Gehaltes an radioaktivem Kohlenstoff durch Messung der radioaktiven Strahlung. Kohlenstoff (C) ist eines der Elemente, das nahezu in allen Materialien vorkommt. Es wird von Pflanzen aus dem Kohlendioxyd der Luft und von Tieren aufgenommen und lagert sich durch die Nahrungskette auch beim Menschen in Knochen und Zähnen ab. Mit dem Tod der Lebewesen endet auch die Aufnahme von Kohlenstoff 14: das Verhältnis der Kohlenstoffisotope verschiebt sich durch natürlichen radioaktiven Zerfall des Isotops C-14 zugunsten des stabilen C-12. Auf Grund des meßbaren C-12/C-14-Verhältnisses läßt sich der C-14-Anteil ermitteln. Der C-14-Gehalt nimmt konstant ab und beträgt nach 5730 Jahren nur noch die Hälfte des Ausgangswertes (Halbwertszeit). Nach 11460 Jahren ist nur noch ein Viertel der ursprünglichen Menge vorhanden. Nach 50000 Jahren sind es noch kaum meßbare Mengen, die aber durch Spezialtechniken noch bis zu 70000 Jahren bestimmt werden können. Bei →Fossilien, die überhaupt keine C-14-Radioaktivität zeigen, kann man nur sagen, daß sie älter sind als 50000/70000 Jahre.

Die Radiokarbon-Datierung kann auf einen Zeitraum von 10000 Jahren bezogen um ± 1000 Jahre abweichen: Auf 30000 Jahre bezogen wären das ± 3000 Jahre. Als Eichung und Korrektur der C-14-Datierung dienen vor allem die Jahresringe der Bäume (→Dendrochronologie, →Kalibration).

Rasiermesser

Messerartige Geräte als →Feuerstein- oder →Obsidianklingen tauchen seit dem →Jungpaläolithikum auf und können als Rasiermesser gedeutet werden, ohne aber letzte Sicherheit zu erbringen. Erst in der →Bronzezeit gibt es Geräte, die von den Formen her für den gedachten Verwendungszweck geeignet erscheinen. Es sind ein- und zweischneidige, mit Handgriff versehene rechteckige oder elliptische Messer mit einem Loch oder Ausschnitt in der Mitte zwischen den beiden Schneiden. Es gibt auch halbmondförmige Typen mit seitlichem Griff. Diese Messer erscheinen in zahlreichen abgewandelten Formen in den verschiedenen Gruppen und Kulturen der Bronzezeit.

Refitting

(engl.: instandsetzen)
Wiederzusammenfügen von →Abschlägen, die bei der Herstellung eines Kerngerätes anfallen, zum ursprünglichen Gesteinsrohstück, von dem die Abschläge herrühren. Dieses Verfahren kann dem Archäologen Aufschluß über die angewendete Technik und Ausgangsform geben. Es erlaubt auch Unterscheidungen der verschiedenen Areale innerhalb einer Fundstelle. Wenn sich Abschläge aus einem bestimmten Abschnitt wieder zusammenfügen lassen, diese aber nicht zu den Funden eines anderen Abschnitts passen, läßt sich daraus entnehmen, daß die Steinbearbeitung zu verschiedenen Zeiten erfolgte.

Reibmühlen

Andere Bezeichnung für →Mahlsteine mit →Läufer.

Reibschalen

Reibschalen tauchen im →Jungpaläolithikum vor etwa 35000 Jahren auf. Es handelt sich um bewegliche, oft nur handgroße runde oder ovale Steine mit einer flachen Mulde und einem Reibstein (ähnlich dem →Läufer beim Mahlstein). Sie sind meist aus Sandstein, Basaltlava, Sedimentgestein oder ähnlichem körnigen Gestein gefertigt und deutlich kleiner als →Mahlsteine oder →Schleifsteine. Sie dienten wohl für die Zerkleinerung von organischen, meist pflanzlichen Stoffen und Farbstoffen.
Reibsteine Nordafrikas haben flache, ovale oder runde Formen mit

2 Reibflächen oder mit einer Reibfläche und einem gewölbten Rükken.

Reibsteine
Reibsteine sind als Läufersteine Gegenstücke zu den →Reibschalen.

Relative Datierung
Die relative Datierung gibt keine absoluten, durch einen O-Wert oder gleiche Zeitabschnitte fixierte und gemessene Zeitangabe. Es ist unbedingt notwendig, bei jeder Zeitangabe die Skalenart und die Streuungsbreiten der Datierungen C-14 Jahre v.h. (= vor 1950), Thorium-Jahre v.h. (wegen der großen Streuabweichungen der Daten ohne Bestimmung des v.h. Zeitpunktes), v.Chr. Geburt, n.Chr. Geburt, Gründung Roms, 1. Olympiade etc. anzugeben. Der absolute 0-Punkt der Zeit kann allenfalls theoretisch auf den Beginn unseres Kosmos bezogen werden und ist damit unwiderruflich mit diesem verbunden, wie auch die absolute 0-Temperatur (in Kelvin) nur in ihm (und eventuell sogar nur seitdem er definiert und annähernd gemessen worden ist) gelten kann. Dank genauester Messtechniken wissen wir heute, daß das Erdjahr (das auf die Sonne bezogene Umlaufjahr der Erde), obwohl es als Ausgangsdefinition benutzt wird, keineswegs gleichbleibend ist. Es kann sogar sein, daß selbst das Erd-/Sonnenjahr in Vergangenheit und Zukunft mit seiner Dauer unterschiedlich war und sein wird (H.Müller-Beck, 141) →Chronologie.

Relief
Figur, die sich vom Untergrund abhebt, weil das sie umgebende Material abgetragen worden ist (→Felsbilder).

Ren
(skandinav. ren: Geweihträger)
Kälteliebende Hirschgattung, bei der beide Geschlechter Geweihe tragen. Es gibt ein Tundra-Ren und ein Wald-Ren, wobei beim ersteren der Wandertrieb sehr ausgeprägt ist. Ihre Nahrung besteht im Sommer aus Gräsern und im Winter aus Rentierflechten (Rentiermoos). In der Altsteinzeit war es ein viel gejagtes Tier.
Nach der letzten →Eiszeit (mit dem Beginn des →Holozän) zog es sich nach Norden zurück. In der ungastlichen Tundra mit Tausenden von Seen und Teichen, die sich durch das schmelzende Eis bildeten, ästen große Renherden. Die Zahl der →Mammuts ging langsam zurück, aber die Fleischversorgung der Menschen wurde durch die Jagd auf das Ren mehr als ausgeglichen. Die zweimaligen Wanderungen des Ren, im Sommer nach Norden und im Winter nach Süden, zwangen auch die Menschen zu Wanderungen über hunderte von Kilometern. Das wirkte sich auf die Lebensweise der Rentierjäger aus. Die Unterkünfte mußten beweglich sein; das transportable →Zelt wurde entwickelt.
Das Ren konnte alle Bedürfnisse des täglichen Lebens der Jäger erfüllen. Alles wurde genutzt:
• Geweih: Geschoßspitzen, Hauen, Pfrieme und Nähnadeln.
• Knochen: Schaber, Glätter, Pfrieme, Angelhaken, Jagdpfeifen und Behälter.
• Fell und Leder: Bekleidung, Behausungs-Abdeckung, Riemen,

Behälter, zum Auslegen von Kochgruben.

- Därme und Sehnen: Geteilt, getrocknet und mit Talg geschmeidig gemacht dienten sie zum Binden, Nähen und als Schnur.
- Magen und Blase: Getrocknet als Behälter, zum Auslegen von Kochgruben (→Gruben, →Kochsteine).
- Mageninhalt: Für menschliche Ernährung.
- Fleisch: Frisch zur sofortigen Ernährung, getrocknet, geräuchert oder eingefroren als Vorrat.

Retusche
Sekundäre Formung (→Modifikation) von Flächen oder Kanten an Steingeräten durch Überarbeitung mittels Druck oder Schlag. Dieser Vorgang ist der primären Abschlagsherstellung ähnlich, bei der jedoch nicht die abgehobenen Teile Ziel des Vorgangs sind, sondern die Abhebungen der Formung des Rohlings dienen. Formungsabschläge (Retuschenabschläge) sind im allgemeinen kleiner als Primärabschläge. Das häufig wiederholte Abheben kleiner Flips bis zum Erreichen der gewünschten Form ist daher das wesentliche Kennzeichen der Retusche. Sie zählt zu den →spanabhebenden Verfahren.
Natürliche Kanten primär geschlagener Abschläge sind meist scharf und für viele Funktionen ohne Retusche geeignet, so zum Schneiden weicher Materialien, wie Fleisch und Pflanzenteile. Für Funktionen dieser Art kann durch Retusche keine grundsätzliche Verbesserung der Schneidekante erreicht werden, aber für harte Stoffe (Holz, Horn) ist eine Retusche notwendig, um

der Schneide Festigkeit zu verleihen. Retuschiert wurde seit den frühen Abschlagskulturen in der gesamten →Steinzeit.

Benennung der Retuschen:
- Formgebende Retusche: Formung von Flächen und Kanten durch Abschlag- oder Druckretusche.
- Kantenretusche: Retuschen an Funktionskanten zur Schärfung und Anpassung an den jeweiligen Zweck: Sie sind trotz Übergänge nicht flächendeckend und ähneln einem modernen Wellenschliffmesser.
- Schutzretusche: Abstumpfen von Kanten bei Werkzeugen, um bei Handhabung Verletzungen zu vermeiden (z.B. bei Rückenmessern).

GSM-Retuschen:
- Gebrauchs-, Sediment- und Museumsretuschen.
- Gebrauchsretuschen: entstehen unbeabsichtigt während des Gebrauchs und können trotzdem relativ regelmäßig erscheinen.
- Sedimentretuschen: sind meist schwache, partielle Beeinflussungen. Sie kommen in Höhlen oder Abris vor, wo durch Bewegung in einem steinigen Untergrund, durch Setzung, Treten oder Bestoßen retuschenartige Beschädigungen entstehen können.
- Museumsretuschen: Kantenbeschädigungen, die während der Ausgrabung oder bei der anschließenden Lagerung entstehen.

Reusen
Meist tonnen- oder kegelförmige Fanggeräte aus geflochtenen Wei-

den oder Netzen mit einer sich konisch verengenden Öffnung, die den Einschlupf von Fischen oder Schalentieren gewährt, ihr Herauskommen aber verhindert (→Fischfang).

rezent
gegenwärtig noch lebend bzw. existierend; Gegensatz: →fossil

Riemenschneider
Gerät der Rentierjägerkultur des nördlichen Mitteleuropas (→Hamburger Kultur).
Messerartige Werkzeuge. Im äußeren Bogen eines Rentierschaftes, etwa wo der Schaft umbiegt, wird eine spitze, scharfe, unretuschierte Feuersteinklinge, evtl. auch eine →Kerbspitze, eingesetzt. Der Riemenschneider kann aber auch aus dem flachen Schaufelstück eines Rengeweihs hergestellt werden. Es handelt sich dann um langgestreckte, an einem Ende hakenförmig umgebogene Stücke, an deren äußersten Biegung das Messer sitzt, mit dem man aus einer Haut, von der Mitte ausgehend, spiralförmig lange Riemen schneidet. Dabei wurde der Riemenschneider mit größerem Druck und stärkerem Zug geführt. War das Messer etwa in der Mitte des Schaftes eingesetzt, wurde es rechts und links gefaßt. Befand sich der Einsatz am Ende, so blieb ein längerer einseitiger Griff, der es gestattete, wie mit einem Messer zu schneiden. Es kam auf eine genaue Schnittführung an, um keine Schwachstelle im Lederriemen entstehen zu lassen, die einer stärkeren Beanspruchung nicht standhielt. Die Riemen selber wurden unter Spannung gestreckt (evtl. mit Hilfe von →Lochstäben), getrocknet, eingefettet und dadurch regelmäßig und glatt.

Zur Aufnahme der Messerklinge wurde das spongiose Innere (→Knochen) des Schaftes durch vertikales und horizontales Schnitzen und Schaben (nicht Bohren) so ausgehöhlt, daß ein länglicher, mehr oder weniger bikonischer Schlitz (→Tülle) entstand, in den die Klinge eingesetzt und evtl. zusätzlich festgekittet wurde.

Außer dem angeführten Zweck konnte der Riemenschneider auch zum Abhäuten, Öffnen des Wildbrets und zum Zerteilen des Fleisches verwendet werden.

Rift-Valley
tektonischer Graben (→Ostafrikanischer Graben)

Rijckholt
(Stadt bei Maastricht in Holland)
Feuersteinbergwerk aus der Jungsteinzeit um 3000 v. Chr. mit etwa 5000 Schächten (→Feuersteinbergbau).

Rillenbeil
Steinbeil mit umlaufender Rille zur Befestigung am Schaft (→Gezähe).

Rillensteine (Furchensteine)
Meist isoliert liegende monolithische Steine mit einer bis zu 10 cm tiefen umlaufenden Rille von unbekannter Bedeutung. Sie kamen in wenigen Exemplaren in der →Jungsteinzeit und →Bronzezeit Norddeutschlands vor.

Rinde
(Kortex)
Als Rinde oder Knollenrinde bezeichnet man die natürliche, oft verwitterte Oberfläche eines Stei-

nes (→Patina). Bei vielen Feuersteinwerkzeugen ist die Rinde oft noch partiell sichtbar, z.B. bei Beilen, Schabern, Bohrern u.a.

Rissener Gruppe
10 000–8 700 v.Chr.
(benannt nach dem Fundort Hamburg-Rissen, ein Dünengebiet, etwa 2 km vom Steilufer der Elbe entfernt)
Verbreitung: Nordwestdeutschland, im nordöstlichen Teil der Niederlande, Niedersachsen, Sachsen-Anhalt.
Die Rissener Gruppe gehört zu den →Federmesser-Gruppen.

Rondelle
Kreisrunde, ovale oder elliptische →Erdwerke mit bis zu 4 äußeren Grabenringen von bis zu 8 Metern Tiefe mit →Palisaden. Die Bedeutung ist unklar. Rondelle wurden vor allem von den →Linienbandkeramikern um 4 800 v.Chr. und später errichtet. Neuere Untersuchungen deuten auf Sonnentempel hin, wobei Ost- und Westtor auf Sonnenauf- bzw. -untergang zum Frühlings- und Herbstanfang am 21. März und 23. September hinweisen. Dies waren wichtige Zeiten für Aussaat und Ernte.

Röntgenstil
→Felsbilder mit gravierten Tieren, seltener Menschen, in einer Art technischer Schnittzeichnung (Querschnitt) mit ihren inneren Organen wie Herz, Lunge, Leber, Nieren, Labmagen, Blättermagen, Pansen, spiralhaften Därmen und After. Dieser Stil ist über die ganze Welt verbreitet. →Skandinavische Felsbilder zeigen Menschen und Tiere im Röntgenstil.

In der →Linienbandkeramischen Kultur (5 800–4 500 v.Chr.) wurden auf tönernen Menschenfiguren Skelette angedeutet. Funde in Österreich zeigen Schulterknochen und Rippen (Reibersdorf), Wirbelsäule und Rippen (Maiersch, Pulka) und auf der Fußsohle eines Beines die Fußknochen (Frauenhofen).
In China sind Tiere samt ihren Knochen dargestellt. In Wulata, in der Inneren Mongolei, ist vor etwa 2 000–3 000 Jahren die Form eines Tieres nur durch seinen Knochen mit zahlreichen Rippen und Wirbeln angedeutet.
Große, mehrfarbige Röntgenbilder, vor allem Känguruhs, Emus, Fische, stammen von den Aborigines aus dem westlichen Arnhem Land in Australien und sind in den letzten 3 000 Jahren entstanden. Die eingezeichneten inneren Organe und das Rückgrat sind als Anleitung zum Zerlegen und Zubereiten zu verstehen.

Rössener Kultur
4 600–4 300 v.Chr.
(benannt nach der Fundstelle des Ortsteils Rössen von Leuna bei Merseburg, Sachsen-Anhalt)
Verbreitung: Baden-Württemberg, Saarland, Rheinland-Pfalz, Hessen, Nordrhein-Westfalen, im südlichen Niedersachsen, Thüringen, Sachsen-Anhalt, Brandenburg und im östlichem Mecklenburg.
Die Rössener Kultur geht aus der →Stichbandkeramischen Kultur, →Oberlauterbacher Gruppe und der →Großgartacher Gruppe hervor und verlief zeitgleich mit der →Lengyel-Kultur. Klimatisch fällt die Rössener Kultur in das →Atlantikum mit kälteren Wintern und

wärmeren Sommern. Der Eichenmischwald herrschte weiterhin vor.
Anatomisch unterschieden sich
die Menschen nicht von den vorausgehenden →Linienbandkerami-
kern.

Am einleuchtendsten dürfte vielmehr
sein, als Träger der Rössner Kultur dieselbe Bevölkerung in Betracht zu ziehen
wie für die vorangehende Bandkera-
mikkultur (Müller-Karpe, 148, 274).

Wohnstätten waren Einzelgehöfte
oder unbefestigte oder mit Gräben,
Wällen und →Palisaden umgebene
Siedlungen (→Befestigungen), die
manchmal in besonders geschütz-
ten Lagen auf Höhen angelegt waren. Die Siedlungslage auf den
weniger fruchtbaren Hochflächen
kann aber auch bedeuten, daß alles
ertragreichere Land schon längst
verteilt war und Seiten-, Neben-
täler und Hochflächen besiedelt
werden mußten. Im Gegensatz zu
den Häusern der →Linienbandke-
ramiker, die reine Rechtecke bilden, haben die Rössener →Häuser
einen trapezförmigen Grundriß mit
leicht konvexen Längswänden. Die
schmalste Seite war stets nach
Nordwesten gerichtet. Hüttenlehm-
funde der →Flechtwerkwände lassen erkennen, daß der Lehmverputz nicht nur weiß getüncht war,
sondern aufgemalte Muster wie
z.B. Zickzackbänder trug. An der
Eingangsseite ragten die Längswände meist ein Stück über die
dortige Querwand hinaus und bildeten eine Art Vorhalle. Damit ähneln diese Häuser schon ein wenig
den viel späteren und aus Stein errichteten griechischen Tempeln.
Teilweise sind die Häuser 50–80 m
lang. Neu sind die Anfügungen
kleiner Nebenbauten mit seitlichem Zugang vom Hauptbau. Ihr

Zweck ist unbekannt (Schuppen?
Speicher?).
Angepflanzt wurden Zwergweizen,
Emmer, Einkorn und Nacktgerste.
Haustiere waren Rinder, Schafe,
Ziegen und Schweine. Die Jagd
wurde nur noch gelegentlich mit
Pfeil und Bogen ausgeübt. Jagdwild waren Rothirsche, Reh, Wildschwein und Auerochse sowie
größere Wasservögel.
Steingeräte umfaßten undurchbohrte und durchbohrte Schuhleistenkeile, Querbeile, Geradbeile,
Flachhacken und Äxte aus Felsgestein. Aus Feuerstein waren Rundschaber, Klingenschaber, Messer,
Bohrer, einfache Klingen sowie
querschneidige und dreieckige
Pfeilspitzen.
Tongefäße bestanden aus kugel-
förmigen Bechern oder Töpfen,
rundbödigen Schüsseln mit aus-
ladendem Rand sowie Fußvasen
mit Standring. Große Becher und
Schüsseln hatten am Unterbauch
Schnurösen für Tragschnüre. Außerdem gab es tönerne Flaschen
mit engem Hals, ovale Wannen,
Schalen, Sieb- und Miniaturge-
fäße. Tongefäße waren nur zum
Teil verziert. Unverziert blieb vor
allem die Gebrauchskeramik. Typische Schmuckformen waren der
sogenannte Doppelstich (Geißfuß-
einstich), der einzeln, gereiht oder
in Furchen ausgeführt und kombiniert wurde, Winkelbänder und
-stapel, Fransen, strich- oder strich-
gefüllte hängende Dreiecke bzw.
Zwickel und Strichrauhungen von
Zwischenflächen. Oftmals wurden
die eingeritzten Muster mit gelber,
brauner oder rot getönter Masse
kontrastvoll aufgefüllt. Große zusammenhängende Flächen wurden
bedeckt, aus denen die Muster ne-

gativ hervortreten. Neu sind die plastischen Tonlinsen mit Resten aufgelegter, weißer oder weißgelber Farbpaste. Überbleibsel von mehr als 1000 Gefäßen in der Rössener Siedlung Heidelberg-Neuenheim in Baden Württemberg deutet man als Töpferei; es wurden große Serien hergestellt.

Schmuck bestand aus charakteristischen Marmorarmringen sowie Imitationen aus Knochen, Geweih, Kalkstein, Ton oder Erdpech. Anhänger oder Perlen bestanden aus Marmor, Kalkstein, Gagat, aus Muscheln, Knochen und durchbohrten Tierzähnen, die man an Ketten trug. Es gab Doppelknöpfe aus Eberhauern.

Reiche Schmuck-, Geräte- und Speisebeigaben in den Gräbern deuten auf den Glauben an ein Weiterleben nach dem Tode hin. Bestattungen erfolgten auf Gräberfeldern zum Teil in Hockerstellung, meist unverbrannt in gestreckter Lage und als Leichenbrand (→Brandbestattung).

Auf Opferbräuche weisen Reste einer Kannibalenmahlzeit (→Kannibalismus) in der Höhle Hohlenstein im Lonetal im Alb-Donau-Kreis in Baden Württemberg hin. Die Knochen von etwa 44 Menschen (vor allem Frauen und Kinder und nur wenige junge Männer) weisen zum Teil deutliche Spuren von Hieben, Schnitten und Feuer auf. Auch Felsgeräte, die man auf dem Grund von Flüssen fand, gelten als →Opfergaben.

Rötel
Rötel ist ein Roteisenerz der Gruppe Eisen-Erzmineralien und zählt neben Eisenglanz und Eisenglimmer zum →Hämatit. Es ist erdig, kann zerrieben werden und kommt in den Farben gelb und rot bis schwarz vor. Auch Dryaspflanzen, die auf arktischen Böden mit hoher Eisenbeweglichkeit gewachsen sind, verbrennen zu Rötel, der so leicht in größerem Umfang zu gewinnen war und ist. Rötel dient seit dem →Paläolithikum als Farbstoff zur Körperbemalung, als Schminke, bei →Bestattungen zum Bedecken des Toten und der Grabstelle, um Gegenstände zu färben (z.B. Werke der Kleinkunst) oder als Malfarbe bei den →jungpaläolithischen Höhlenmalereien, wo man auch Knochen als Behälter für den roten Farbstoff fand (→Ocker).

Rückenmesser
Klinge, bei der eine Seitenkante durch Abschläge stumpf geschlagen wurde, so daß sie mit der Hand benutzt werden kann, ohne daß man sich in die Finger schneidet: Die andere Seite bildet die retuschierte Schneide. Der Querschnitt ist dreieckig. Vermutlich wurden sie vorwiegend als →Geschoßspitzen verwendet. Darauf deutet ein Fund in der Höhle von Lascaux in Frankreich hin, an dem noch Befestigungsmasse anhaftete. Rückenmesser kommen seit dem →Jungpaläolithikum vor und wurden von allen →Federmesser-Gruppen verwendet. Auch →Schaber mit Rückenretusche werden als Rückenmesser bezeichnet.

Rudolfsee
Nordkenia, heute →Turkanasee.

Sägeklinge

Verwendung: bei organischen Materialien (→ Sägen)

Mit der Spezialisierung der Gerätefunktion im Jungpaläolithikum, tauchen auch Sägeklingen auf, und zwar meist als → Klingenabschlag mit ein oder 2 gezähnten Schneiden an den Seitenkanten. Bei einseitiger Zähnung kann die gegenüberliegende Seite retuschiert sein. Im → Pavlovien wurden auch Mikrosägen hergestellt.

Sägen

→ Spanabhebendes Verfahren zum Trennen und Schlitzen, wobei mehrere in einer Reihe angeordnete Zähne auf ein gewöhnlich weicheres Material linear wirkten.

Unter Zusatz eines härteren Schleifmittels wie Quarzsand können auch schmale Holz- und Steinplättchen oder Schnüre sägend wirken. Der Vorteil des Sägens, obwohl es zeitaufwendig ist, liegt in der genauen Trennung. Der Vorgang entfernt am wenigsten Material und wird im Gegensatz zum Schlag kontrollierbar durchgeführt.

In vielen Fällen kann man nicht feststellen, ob die Trennungsmarke vom Sägen oder vom Sticheln stammt. Wahrscheinlich wurde die Säge häufiger gebraucht, denn sie wirkt durch ihre Zähnung auf einer langen, sehr schmalen Fläche gleichzeitig an verschiedenen Stellen und fast nur in die Tiefe. Dadurch vollzieht sich der Trennungsvorgang schneller als bei einer → Stichel, die bei zunehmender Tiefe, bedingt durch die Breite der Stichel, auch die Seitenwände der Rille abspant. Die Säge wirkt also stärker linear auf die Fläche als der Stichel.

Bereits die → Faustkeile des → Acheuléen und → Micoquien waren als Mehrzweckwerkzeuge zum Sägen geeignet. Im → Jungpaläolithikum gab es ein- oder doppelseitig gezähnte Sägeklingen. Im → Mesolithikum wurden in Hirschgeweihstangen so dicht hintereinander dreieckige Mikrolithen gesetzt, daß man von einer Säge sprechen kann (ähnlich den späteren → Erntemessern).

Im → Neolithikum erfolgte das Sägen von Stein mittels gezähnter Steinklingen oder häufiger noch mit einem Holz- oder Steinplättchen als Sägeblatt, wobei ein Schleifmittel (→ Steinschliff) zugesetzt werden mußte. Der Sägeschnitt wurde nur so weit geführt, bis man den Stein auf einer Amboßkante oder mittels eines Holz- oder Steinmeißels spalten konnte. Aus der → Horgener Kultur stammen Sägen aus Kalkstein, Gneis, Schiefer oder Sandstein mit einer Länge von bis zu 18 Zentimetern.

In der → Bronzezeit traten Sägen mit ein- oder zweiseitig gezähnten Bronzeblättern auf.

Saint-Acheul

(Dep. Somme, bei Amiens, Frankreich)

In den Freilandfundplätzen wurden von 1854–1870 in mehreren Sand- und Kiesgruben große Mengen → Faustkeile (jährlich etwa 800 Stück) aus dem → Altpaläolithikum ausgegraben. Der Ort wurde namensgebend für die älteste paläolithische Kultur in Europa, deren Vorkommen unter der Bezeichnung

„Acheulean" unterdessen auch für ganz Afrika und West- und Südwestasien bis Indien nachgewiesen ist (1,5 Mio.–200 000 Jahre v.h.). Von 1905–1907 wurde in der Kiesgrube Bultel-Tellie in 8,70 m Tiefe ein Komplex von über 5 000 Geräten gefunden: Schaber, Messer, Stichel, gezähnte Geräte u.a. Weitere Schichten brachten Geräte von →Moustérien- und Levallois-Art und in den oberen Lößschichten →jungpaläolithische und →neolithische Geräte.

Sammler(innen) und Jäger

Kennzeichnend für die Sammler und Jäger ist die Lebensform der aneignenden Wirtschaft. Sie war über 2 Mio. Jahre lang, also vom →Paläolithikum bis zur Einführung des →Ackerbaus, die ausschließliche Wirtschaftsform, die aber im Laufe der Zeit immer größeren produktiven Arbeitsaufwand mit sich brachte. Während die →Jagd auf Großtiere immer mehr zur Prestigesache der Männer wurde, obwohl sie sehr oft die Mitwirkung der Frauen erforderte (Treibjagd), fiel das insgesamt weit ertragreichere Sammeln von vorwiegend Nutz- und Nahrungspflanzen, aber auch Kleintieren, eiweißreichen Insekten und Sammelprodukten wie Honig, Körner- oder Nußdepots vor allem den Frauen und mit ihnen arbeitenden Kindern, aber auch in oft sehr erheblichem Umfang den jugendlichen und erwachsenen Männern zu (→Wildbeuter). Gesammelt und gejagt wurde von →Lagerplätzen aus. Man zog bei Erschöpfung der Ressourcen weiter oder folgte den im jährlichen Rhythmus wandernden Tieren.

Sandia-Spitzen

→Nordamerikanische Spitzen

Sarg

→Baumsärge

Sauveterrien

8 000–4 000 v. Chr.
(benannt nach den Funden in Sauveterre-la-Lémance, Dep. Lôtet-Garonne, Südfrankreich)
Verbreitung: Frankreich, Spanien und möglicherweise durch die Provinz Valenzia bis Portugal, Südengland, Belgien, Holland, Nordwestdeutschland, Schweiz, Mitteldeutschland, Tschechien und Slowakei und noch weiter östlich.
Es handelt sich um eine →mesolithische Jägerkultur, die auf das →Azilien folgt und dem →Tardenoisien vorausging. Eine kurze Zeit bestanden die Azilien-Spitzen noch fort. Hinzu kamen kleine runde Schaber. Neu waren die vom →Capsien stammenden geometrischen →Mikrolithen von 1–2 cm Länge, die als Schneideeinsätze nebeneinander in Speerköpfe und Harpunen eingesetzt und in →Kerbbruch-Technik hergestellt wurden. Sie waren halbmondförmige Segmente und vorwiegend lange und schmale Pfeilspitzen. Daneben sind nur einige Ahlen aus Knochen und Eberhauer mit →Gebrauchsspuren bekannt.
Träger dieser Kultur, Jäger und Fischer, haben die mikrolithischen Steingeräte in die nördlichen und östlichen Gebiete Europas vermittelt, wo sie sich vor allem im →Tardenoisien weiterentwickelten.

Schaber

Schaber kann jeder Kernstein, Abschlagsplitter oder eine Klinge mit einer retuschierten (nach der morphologischen Typologie von F. Bordes längeren) Kante sein. →„Kratzer" sitzen dagegen an den Schmalseiten.

Schaber gab es zu allen Zeiten, bereits die einfachen Abschläge der →Pebble Tools waren zum Schaben geeignet ebenso jeder Abschlag oder jedes Werkzeug mit einer scharfen Kante, sei es, daß sie durch unkontrolliertes Zertrümmern eines Steines oder durch einen gezielten Abschlag und anschließende Retusche entstand. Größte Verbreitung und Formenvielfalt erreichten die Schaber jedoch im →Mittelpaläolithikum. Meist sind sie aus →Abschlägen, seltener aus →Klingen hergestellt und weisen mindestens eine retuschierte Kante oder ein breites Kopfstück auf. Bogen- oder Geradschaber mit Rückenbearbeitung werden auch als →Rückenmesser bezeichnet. Schaber wirken als spanabhebendes Werkzeug ziehend flächig, sie können aber auch schabend linear wirken und sind ein vielseitig einsetzbares Werkzeug. Sie können verwendet werden zum Glätten und Sägen von weichem oder hartem Holz, Enthaaren und Reinigen von Häuten, Schneiden von Fleisch und Vegetabilien, zum Schaben von Rillen in Geweih, Knochen, Elfenbein und in Felswände und um Menschen-, Tierdarstellungen oder abstrakte Zeichen anzubringen (→Felsbilder). Eine besondere Funktion könnten die →Winkelschaber (90°-Winkel) besessen haben. Man kann vermuten, daß ein Teil der Schaber geschäftet war.

Schaber können nach der Herstellungstechnik unterschieden werden: Abschlag-, Klingen-, Kern-(Block-), Scheibenschaber; oder nach der retuschierten Schabekante: Kopf-, Bogen-, Rund-, Seiten-, Doppelseiten- oder Buchtschaber. Beim Winkelschaber stoßen 2 Kanten im rechten Winkel zusammen. Hohlschaber haben eine konkav gewölbte Unterseite. Bei der Herstellung der Klingen blieb immer ein Kernstein (→Kerne) übrig, den man als Kernschaber (auch Hobel-, Hoch-, Kiel- oder Blockschaber) bezeichnet. Aus kleineren Steinen, die nie als Kernsteine gedient hatten, fertigte man Kielschaber, die mit ihrer Breitseite über die zu bearbeitende Fläche gezogen wurden.

In der →Ahrensburger-Kultur fand man auch Schaber aus organischem Material: Rentierschulterblätter und kleinere Wirbel.

Schädelbestattungen

Als eine Form des Schädelkults werden die vorwiegend aus Schädelknochen bestehenden Überreste des *Homo erectus pekinensis* aus der Höhle von →Zhoukoudian (südwestlich von Peking, China) von vor etwa 350 000 Jahren gedeutet. Bei den Schädeln von etwa 40 Frühmenschen war das Hinterhauptloch erweitert worden, um das Gehirn herausnehmen und verzehren zu können; auch die Schenkelknochen sind zerschlagen und geöffnet worden, um an das Mark zu gelangen.

Spätestens aus dem →Mittelpaläolithikum stammen Funde, die eine besondere Behandlung der Schädel erkennen lassen. Entweder ruhte der Schädel auf einer Steinpflasterung mit einer Stein- oder Knochenplatte als Abdeckung, oder

Ziegenhörnerpaare waren rings um den Schädel gesteckt oder der Schädel war vom Körper getrennt und gesondert von ihm bestattet worden. In der Guattari-Höhle im Monte Circeo (südlich von Rom) wurde ein einzelner Schädel inmitten einer ovalen Steinsetzung niedergelegt. Es war der Schädel eines älteren Mannes. Die Schädelbasis war aufgebrochen: Die Opfernden hatten das Gehirn entnommen, ehe sie den Schädel deponierten. Die Höhle wurde offensichtlich verlassen und bis zur Ausgrabung nach 50 000 Jahren weder von Menschen noch von Tieren betreten. Die Sitte der Kopfbestattung ist für das ganze →Jungpaläolithikum belegt. In einigen Fällen sind solche Köpfe nicht einzeln, sondern in Gruppen beigesetzt worden.

In der Höhle Le Placard (bei Vilhonneur, Dep. Charente, Frankreich) lagen offenbar 5 Schädel nebeneinander. In der →Ofnethöhle wurden in 2 Mulden, kaum einen Meter voneinander entfernt, in einer 27 und in der anderen 6 Schädel gefunden. Es handelte sich um 4 Männer, 9 Frauen und 20 Kinder, die aber vermutlich nicht zur gleichen Zeit beigesetzt worden sind. Auffallend sind sowohl bei den →mittelpaläolithischen wie auch bei den →jungpaläolithischen Kopfbestattungen die schweren Schädelverletzungen, die zum Tode des betreffenden Menschen geführt haben dürften.

In der →Kupferzeit fanden neben der Urnenbeisetzung auch isolierte Schädelbeisetzungen statt, wie z. B. in Leobersdorf (Bez. Baden bei Wien, Niederösterreich), wo zu den Füßen eines Skeletts in linksseitiger Hockerlage 5 aufgereihte Kinderschädel mit →Grabbeigaben lagen.

Schaft

Allgemein ist dies die Bezeichnung für den geraden, hölzernen Stiel einer →Lanze, eines →Speers, →Pfeils, →Beils oder einer →Axt. Im weiteren Sinne ist der Schaft eine Verbindung mit einem anderen Werkstück zu einem →zusammengesetzten Gerät. Er kann auch der besseren Handhabung eines →Gerätes oder →Werkzeugs dienen, z. B. kann eine Feuersteinklinge als Messer zur besseren Handhabung einen Schaft (Griff) aus Holz oder Geweih haben oder auch zum Schutz der Hand nur mit einer Umwicklung als Griff geschäftet werden (→Schäftungen).

Auch bei einigen einteiligen Geräten spricht man von einem Schaft, so etwa beim Geweihbeil (→Beile) oder →Beitel. Holzschäfte der Neolithiker beweisen eine hervorragende Materialkenntnis: Holzart, Lage im Baum und Jahresringstellung im Verhältnis zur Schlagrichtung wurden berücksichtigt. Das Holz wurde auch nach Verwendungsart der Geräte ausgesucht. Aus Astgabeln oder Stamm-Ast-Ansatzstücken fertigte man →Knieholme für →Dechseln. Für Äxte bevorzugte man Stangenholme aus widerstandsfähigen Stamm- bzw. Stamm-Wurzelansatzstücken. In gegabelten Schaftenden wurden Klingen häufig nur festgebunden; kleine Klingen setzte man in eine →Tülle oder in ein →Zwischenfutter aus Geweih und befestigte dieses am Schaft.

Schaftröhrenäxte

Verbreitung: Karpatenbecken, Böhmen und Mähren, Ungarn, Norddeutschland und Südschweden

Bronzeäxte mit einem mehr oder weniger großen kreisförmigen Nacken und einer schmalen gegenüberliegenden Schneide. Die Schaftröhre zur Aufnahme des Schaftes ragte lang beiderseits über den Klingenkörper hinaus und war meist mit einer dicht umlaufenden Linie verziert. Schaftlochäxte erschienen von der →Aunjetitzer Kultur bis in den Anfang der Hügelgräber-Kultur (1600–1200 v. Chr.).

Schäftungen

Die Verbindung eines Schaftes aus Holz, Knochen, Geweih oder anderen Materialien mit einem Einsatz aus Stein, Knochen oder Elfenbein nach verschiedenen Verfahren zu einem →zusammengesetzten Gerät, einer Waffe oder einem Werkzeug. Ob die →Faustkeile des →Altpaläolithikums bereits geschäftet waren, ist nicht feststellbar, aber die allseitig scharfkantigen Faustkeile könnten durchaus mit einem ledernen Handschutz als Schäftung benutzt worden sein. Neben den Speerfunden von Schöningen bei Braunschweig (→Speere) gab es weitere Funde von Stökken mit Kerben an den Enden, die darauf hinweisen, daß die Menschen vor 400000 Jahren bereits Steinklingen geschäftet haben. Sie stellen die ersten aufgefundenen, zusammengesetzten Waffen dar. Auch →Schaber und Spitzklingen (→Spitzen) waren oft nur in Schäftungen zweckmäßig zu handhaben.

Schäftungen bei Beilen
Geweihbeile

Geweihstangenstücke wurden am Nacken oder in der Mitte (auch durch das abgeschnittene Ende einer Sprosse) durchlocht und auf das konische Ende eines hölzernen Schaftes gesteckt: Das andere Ende wurde angeschrägt und bildete die Schneide.

Tüllenbeile

- Das Ende des Geweihstücks erhielt bis in die Markröhre eine →Tülle für den Schaft, das andere angeschrägte Ende bildete die Schneide.
- Die Eissprosse erhielt eine Tülle, in der die Klinge eingepaßt und evtl. mit Schlingenschäftung (Lederriemen oder Sehnen) und Pech fixiert wurde; die Eissprosse bildete den Schaft.
- Ein Geweihstück erhielt am Ende in Längsrichtung eine Tülle für die Klinge, das andere Ende erhielt eine Durchlochung für den Schaft. Die Klinge konnte durch →Pech zusätzlich fixiert werden. Das gleiche Verfahren wurde auch bei einer Holztülle angewendet.

Steinbeile

- Der keulenartig verdickte Schaftkopf wurde entsprechend der Klingenform, rechteckig oder oval, durchlocht und nahm die Klinge direkt auf, die sich durch die konische Form beim Schlagen fest mit dem Schaft verband. Der Beilnacken ragte frei über den Schaft hinaus oder schloß mit ihm ab. Bei schräger Durchlochung saß die Schneide tiefer als der Nacken, um beim Schlagen mit voller Schneide aufzutreffen. Eine derart ursprünglich

geschäftete Steinbeilklinge aus einem nicht mehr erhaltenen langen zweihändig geführten Holm wird zwar morphologisch (und ungeschäftet) von Archäologen auch als Beil angesprochen, war aber funktional eine (Fäll-) Axt.
- Beim Knieholm, also einem Stück Stamm mit abzweigendem Ast, wurde die →Dechsel (Querbeil) auf den abzweigenden Ast (oberständige Schäftung) oder unter ihn gebunden (unterständige Schäftung).
- In den durchbohrten verdickten Schaftkopf wurde ein Zwischenfutter, d.h. ein hohles Geweihstück, mit einer Klinge in das Schaftloch eingepaßt. Damit wurde der Druck der Klinge beim Schlagen gleichmäßig auf den Schaft verteilt.
- Bei der Stiellochschäftung erhielt der dicke Schaftkopf eine Tülle (keine Durchbohrung) mit oder ohne →Zwischenfutter und eine Klinge mit Pechkittung.

Schlingenschäftung
Durch Festbinden von Klinge und Schaft mit Schnüren, feuchten Lederriemen oder Sehnen, die sich beim Trocknen zusammenzogen und evtl. mit Pech eine harte und feste Verbindung ergaben:
- Einfachste Bindung war die Zweigschlingenschäftung: Dabei wurde ein elastischer Zweig oder gespaltener Ast um das Steinbeil gelegt und die beiden Enden fest zu einem Griff (Schaft) gedreht. Diese Methode wurde meist bei rohen und wenig bearbeiteten Bruchstücken angewandt, die lang, schmal und mit einem dünneren Nacken gut geschäftet werden konnten.

- Eine Klinge wurde direkt auf einen durch Hacken und Schaben vorbereiteten Schaftkopf gesetzt und festgebunden.

Steinäxte
In die Durchbohrung der Axtklinge kam der konische Schaft, der durch einfaches Aufschlagen befestigt wurde; bei trockenen runden Schäften wurde durch Wasser und das damit verbundene Aufquellen des Holzes die Festigung erreicht.

Geweihäxte
Ein Geweihstück mit Schneide (= Axtklinge) erhielt für den Einsatz eines Schaftes eine Durchbohrung. Auch die Kombination von Geweihaxt und Geweihbeil kam vor, indem das 2. Ende eine →Tülle zur Aufnahme einer Steinklinge erhielt.

Speere
Diese konnten mit Geschoßspitzen aus Stein, Geweih, Knochen und Elfenbein geschäftet worden sein.
- Steinspitzen wurden vermutlich in die gespaltene Spitze des Schaftes eingeklemmt, mit Harz (→Klebstoff) festgeklebt und zusätzlich mit Riemen, Sehnen oder Bast festgebunden.
- Feuersteinspitzen wurden in eine geschnitzte Rinne des Schaftes, solche mit runder Basis in eine Tülle und die mit breiter flacher Basis in den gespaltenen Teil des Schaftes eingekittet und umwickelt.
- Einsätze von Mikrolithen aus Feuerstein wurden in 2 gegenüberliegenden Rillen direkt am Speerkopf eingesetzt und festgekittet.
- Für Aufnahme von →Geschoßspitzen aus Geweih, Knochen

und Elfenbein wurde die Schaftspitze unterschiedlich vorgeformt: als spitze oder runde
Tülle, kegelförmig oder abgeschrägt. Zur Einpassung der
Spitzen in den Schaft wurden die
Basen entsprechend vorbereitet:
spitz, rund, gespalten oder abgeschrägt. Die Befestigung erfolgte
durch eine Umwicklung.

Pfeilspitzen
Die vielgestaltigen Pfeilspitzen
kann man für die Pfeilschäftung in
2 Gruppen einteilen, die aber nicht
alle Formen erfassen: Die eine ist
die Gruppe der →Stielspitzen, die
andere die Gruppe der Spitzen ohne Stiel mit gerader, konkaver oder
konvexer Schaftseite. Die Basis ist
der Teil, an dem geschäftet wurde.
Ihre Ausformung bedingte eine entsprechende Gestaltung des Pfeil-
schaftkopfes.
Pfeilspitzen wurden entweder in
die Tülle oder in den aufgespaltenen Schaft gesetzt, verklebt oder/
und umwickelt. Andere Pfeilspitzen wie etwa Mikrolithen wurden ähnlich geschäftet.

Sicheln
Sichelschneiden bestanden aus einer großen, einzelnen gebogenen,
2 gebogenen oder vielen kurzen
Feuersteinklingen, die in einem
Schlitz im verdickten Mittelteil eines gebogenen Holz- oder Ge-
weihgriffs eingelassen und mit
→Pech verkittet wurden.

Klingengeräte
Man muß davon ausgehen, daß die
meisten Klingengeräte (→Klin-
gen) geschäftet waren, um die
Handhabung und die Wirksamkeit
zu verbessern. Die Schäftung er-

folgte vermutlich in Knochen-,
Geweih- oder Holzgriffen mit oder
ohne Pech oder Umwicklung.

Schalensteine
vor 4 000–1 600 v. Chr.
Verbreitung: in ganz Europa, besonders in Skandinavien, Norddeutschland und den Alpen.
Diese sind künstliche Vertiefungen
in meist runder, seltener ovaler
Form in Felswänden, einzelnen
Steinen oder Megalithgräbern. In
den Alpen kommen sie bis in Höhen von 2 800 Metern vor. Der
Durchmesser dieser Näpfchen oder
Schalen reicht von wenigen Zentimetern bis zu 33 Zentimetern bei
einer Tiefe zwischen 1–2 Millimetern und 17 Zentimetern. Kleinere Schalen sind durch →Bohren,
größere durch →Picken entstanden. Sie sind in allen Teilen der
Welt zu finden, zählen zu den
jüngsten Felsbildern und kommen
seit der →Jungsteinzeit vor. Eine
Ausnahme bilden Mulden →au-
stralischer Felsbilder, die älter datiert werden. Die gut gearbeiteten
Vertiefungen zeigen die Form einer Halbkugel, gebohrte Vertiefungen sind konisch. Mitunter sind
die Schalen mit Linien verbunden
und treten mit anderen geometrischen Figuren auf. Steine mit
natürlichen Vertiefungen, deren
Schalen, Wannen oder Mulden
durch Verwitterung, Auswaschung
oder Gletschermühlen entstanden
sind, sind keine Schalensteine. Sie
werden im Volksmund oft als Op-
fer-, Altar- oder heilige Steine bezeichnet. Neben vielen anderen
Deutungsmöglichkeiten erscheint
ein Zusammenhang mit religiösen
Gebräuchen am wahrscheinlichsten.

Schamane

(mandschurisch-tungusisch: „auf-
begehren", „um sich schlagen",
„tanzen")
Kultische Person als Mittler zwischen Menschen und Geistern, die
er entweder durch eine „Geistreise
zu den Ahnen" aufsuchte oder denen er Zutritt zu seinem Körper
gewährte. Dazu versenkte er sich
in Trance, die durch Drogenein-
fluß, Atemtechnik, Meditations-
übungen, Rezitieren alter Lieder
oder Dichtungen, Rhythmus einer
Trommel und die Bewegung beim
Tanz herbeigeführt wurde.
Äußere Zeichen bildeten ein besonderes Gewand (meist Tierfelle), Kopfbedeckungen, Gürtel,
Schmuck und sonstige Gegenstände. Der Schamane wurde als
„Träger eines geheimen Wissens"
betrachtet, das ihn auch zum Wet-
termacher, Medizinmann, Seelsor-
ger und Heiler machte (Braem, 23,
52–54). Bildliche Darstellung von
Schamanen finden sich in französischen Höhlen, z. B.: der Zauberer
von Les Trois Frères (Ariège), 3
tanzende, in Tierfelle gekleidete
Schamanen in der Höhle von Tey-
jat (Dordogne), eine menschliche
Gestalt mit Bisonhaupt und langem
Schwanz in Le Gabillou (Dordogne) sowie als Statuette die Löwen-
Mensch-Figur aus der Höhle im
Lonetal.

Scheibenbeile (Spalter)

Vorkommen seit dem älteren
Mesolithikum in Südskandinavien
(→Fosna-, →Komsa-, →Magle-
mose-, →Ertebøllekultur und in
Norddeutschland bis Niedersach-
sen (→Duvensee-Gruppe, →Erte-
bølle-Ellerbek-Kultur) und im
→Chasséen Frankreichs.

Scheibenbeile wurden aus der
Scheibe eines Feuersteinknollens
oder einem Trümmerstück gearbeitet. Beide Seiten wurden durch
grobe Abschläge vorbereitet und
zugerichtet. Durch einen Schlag,
der diagonal oder schräg zur Achse
des Stückes geführt wurde, entstand eine scharfe Kante als
Schneide. Die Unterseite blieb unbearbeitet. Das typische Scheibenbeil ist flach, in der Aufsicht rechteckig oder trapezförmig und hat
eine Länge von ca. 7–10 Zentimetern. Die Schneide lag meist in der
Ebene der ventralen Spaltfläche
oder aufgrund beidseitiger Retu-
schierung in der Mittelebene, ist
leicht konvex, gerade oder sogar
konkav mit seitlich ausgeprägten
Ecken. Retuschierungen auf der
Oberseite dienten vielleicht der
besseren Schäftung. Der Nacken
war teilweise stielartig, rund, trapezförmig oder rechteckig retuschiert.

Es dürfte anzunehmen sein, daß es im
allgemeinen kein selbständiges Beil war,
sondern daß es mit seiner vorzüglichen
Spaltschneide und seinem kurzen „Körper", die am rationellsten hergestellte
Schneide war, die nur indirekt, durch
eine besondere Haltevorrichtung, mit
einem Schaft verbunden war. ... die ge-
äußerte Auffassung, daß das Kernbeil
ein primäres Beilblatt ist, das Scheibenbeil dagegen das erst nach langer Erfahrung zur besonderen Form gebildete
„Schneidenstück", könnte vielleicht dazu beitragen, die Tatsache zu erklären,
daß das Kernbeil früher voll ausgebildet
vorkommt als das Scheibenbeil. Dieses
wird erst im Laufe der älteren Steinzeit
ebenbürtig, um zum Schluß zu dominieren (Brönsted, 29, 52).

Die →Schäftung erfolgte längs
oder quer zur Schneide und bestimmte dadurch die Funktion als

Längsbeil (Trennverfahren) oder als →Dechsel (→spanabhebendes Verfahren) zur Zerteilung der Jagdbeute oder zur Herstellung hölzerner Gebrauchsgegenstände.

Scherbe
Bruchstück eines Keramikgefäßes. Als archäologischer Scherbenfund müssen Reste der Außen- und Innenseite vorhanden sein. Scherben können Rückschlüsse auf die ursprüngliche Form des Gefäßes, der Verzierungen, Motive, Tonfarbe, Wandstärke, Herstellungstechnik, Kulturstufe u.a. geben.

Schiff
→Wasserfahrzeuge

Schildkern-Technik
→Levallois-Technik

Schlägel
Steinerne Schlagwerkzeuge des Bergmanns (→Feuersteinbergbau).

Schlagfläche
Fläche des →Kerns, auf die der trennende Schlag erfolgt (→Abschläge: Schlagkegel, Schlaglippe, Schlagnarbe, Schlagpunkt).

Schlagsteine
Auch Klopfsteine genannt. Sie bestehen oft aus natürlichen Rohstücken wie Felsgestein oder Quarzit ohne weitere Bearbeitung. Sie wurden nach Form, Gewicht und handlicher Verwendung ausgesucht. Meist sind die Schlagsteine rund, rundlich oder von zylindrischer Form mit 2 Schlagflächen. Zur besseren Handhabung wurden zuweilen Griffdellen an den Seiten angebracht. Auch Restkerne (→Kerne) aus Feuerstein, →Läu-

fer von Mahl- oder Reibsteinen, flache →Ambosse, Gegenlager beim →Bogenbohren oder Abfall- und Ausschußstücke bei der Geräteherstellung wurden als Schlagsteine verwendet. Die Schlagspuren (Schlagnarben) befinden sich meist an ein oder 2 Hauptschlagzonen, können aber auch über den ganzen Schlagstein verteilt sein.

Schlagsteine wirken durch direkten Schlag, Stein auf Stein oder über ein →Zwischenstück aus Knochen, Geweih oder Elfenbein, um →Abschläge zu erzielen. Sie konnten aber auch anderen Zwecken dienen und zwar dafür, zu retuschieren, Farbstoffe zu pulverisieren, Samen zu zermahlen, hartschalige Früchte und Knochen zu zerschlagen oder Muscheln zu öffnen. Schlagsteine wurden vom frühen →Oldowan bis zum Ende der →Jungsteinzeit verwendet, wo sie am häufigsten vertreten sind.

Schlegel
(Gerät zum Schlagen)
Als Schlegel (→Hammer) eignen sich Steine, Hölzer, Knochen und Geweih (→Schlägel). Sie wurden bei Abschlägen, Retuschen, Kernbeilen u.a. verwendet. Schlegel kommen seit dem →Altpaläolithikum im →Acheuléen vor (→Faustkeile).

Schleifen
→Steinschliff

Schleifsteine/Poliersteine
Flache, eckige oder runde bis ovale Scheiben aus körnigem Material mit einer ebenen, geschliffenen Arbeitsfläche. Sie dienten zum Schleifen, Glätten und Polieren

und unterscheiden sich dadurch von den →Reibsteinen, die als Läufer Gegenstücke zu den →Reibschalen bilden. Wie bei den →Mahlsteinen kam es auf eine möglichst glatte und rauhe Arbeitsfläche an. Plattige Grundformen wie Sandstein und Schiefer, aber auch Quarzite, Basalte und Granite sind bestens geeignet, auch zerbrochene Mahlsteine wurden verwendet.

Vereinzelt im →Altpaläolithikum, vermehrt im →Jungpaläolithikum und →Mesolithikum, dienten Schleifgeräte vor allem zum Glätten von Holz-, Horn- und Knochengeräten.

Im →Neolithikum weisen Schleifsteine oft nicht nur eine, sondern mehrere Schleifbahnen (Rillen) auf, die vielleicht durch →Picken sogar etwas vorgeformt wurden. Damit ergäbe sich hier ein Unterschied zu den Unterliegern (Mahlsteinen). Sie wurden zum Glätten von Holz-, Horn- und Knochengeräten und zur Rundung und Kalibrierung (Festlegen des äußeren Durchmessers) von Perlen aus verschiedenen Materialien verwendet. Paarweise auftretende Schleifsteine dienten wahrscheinlich zum Glätten hölzerner Pfeilschäfte. Erst für das Neolithikum werden geschliffene und polierte Beile, Äxte und Meißel zu einem Charakteristikum (→Steinschliff).

Schlicker
Farbige Tonschlämme als Farbauftrag für →Keramik.

Schnitt
Erkundung archäologischer Fundstellen durch Anlegen von →Suchschnitten.

Schnurkeramische Kulturen
2 800–2 400 v. Chr.
(benannt nach den Tongefäßen dieser Kulturen, die häufig mit Schnurabdrücken verziert wurden. Da aber auch tönerne Becher und →Streitäxte kennzeichnend sind, spricht man auch von „Becher-Kulturen" oder „Streitaxt-Kulturen")
Verbreitung: vom Elsaß bis zur Ukraine, von der Westschweiz bis Südnorwegen.

Die Schnurkeramiker überrollten die dort vorherrschenden Kulturen und prägten riesige Gebiete neu, die so zu einer großen Kultureinheit zusammenwuchsen, die mit den Hirten und Viehzüchtern der Steppen und mit den seßhaften Bauern Südosteuropas rivalisierte. Dies war einer der folgenreichsten Umwandlungsprozesse in der europäischen Vorgeschichte (Sherratt, 182).

Über Siedlungen und Hausformen gibt es nur wenige Hinweise. Sie bestehen im Gegensatz zu vorangegangenen Siedlungsmustern mit Kreisgrabenanlagen, →Erdwerken und rituellen Zentren aus verstreuten Gruppen von nur wenigen Häusern, die vermutlich klein und wenig dauerhaft gebaut waren, denn sie lassen sich aus den Grabungsfunden mit den wenigen Pfostenlöchern kaum rekonstruieren. Befestigte Siedlungen sind unbekannt.

In Mitteldeutschland haben die Schnurkeramiker auch in Ödgebieten und an Gebirgsrändern mit schlechten Ackerböden gewohnt. Das deutet auf eine Zunahme der Bevölkerung und auf vermehrte Viehzucht. Hakenpflugspuren und Nachweise von Getreide und Hülsenfrüchten weisen auf Ackerbau hin. Haustiere waren Rinder, Schweine, Schafe, Ziegen, Hunde und Pferde. Die Jagd wurde gelegentlich ausgeübt. Für Transporte gab es von Rindern gezogene Wagen (→Rad und Wagen). Bei moorigen Untergründen wurden auch Holzbohlenwege (→Moorwege) angelegt. Die beiden Hauptkeramiktypen waren rundbauchige Amphoren mit bauchständigen Henkeln und Ritzverzierung auf der Schulter sowie große, hohe und schlanke Becher mit ausgeprägtem Standboden und meist verziertem Gefäßoberteil, die etwa einen Liter Flüssigkeit faßten. Daneben gab es noch Schalen ohne und mit Füßchen, Henkelkannen und -tassen, Näpfe, Deckeldosen und ovale Wannen. Die Verzierung der Tongefäße erfolgte durch Eindrücken von Schnüren und Schnurstückchen in die noch ungebrannten Gefäße oder durch Eindrücke von spitzen, kantigen oder rundlichen Holzstäbchen, die Linien-, Zickzack-, Strichbündel-, Tannenzweig-, Sparren-, Dreiecks-, Trapez-, Leiter- und Flechtmuster ergaben. Die Ausführung der Tongefäße von der Tonbearbeitung, der Formung, Oberflächenglättung bis zur Dekoration war im allgemeinen grob und nicht sehr sorgfältig. Aus Feuerstein gab es Beile, Meißel, Klingen, Dolche und Pfeilspitzen und aus Felsgestein durchlochte Keulenköpfe, Äxte und →Streitäxte vom A-Typ. Die Formen der Äxte und Steindolche entsprachen den kupfernen Vorbildern. Aus den Knochen von Haustieren wurden Meißel, Pfrieme und Dolche, aus Kupfer Pfrieme, Dolche und gerundete Hammeräxte hergestellt.

Schmuckgegenstände waren Bernsteinanhänger, Ketten mit durchlochten Hunde- und Tierzähnen, Gürtelschließen aus Knochen, Knochennadeln, Muschelschmuck, Kupferschmuck und Rötel zum Schminken. Der Kupferschmuck umfaßte Blechröhrchen, Spiralröllchen, Spiralringe, Armringe, Kopfbänder, Fingerringe und Perlen. Typische Grabform war das →Hügelgrab, das bevorzugt an landwirtschaftlich markanten Plätzen, etwa auf Anhöhen, errichtet wurde. Es handelt sich um runde, vereinzelt mit einem Steinring versehene Grabhügel von 1–2 Metern Höhe mit Einzelbeisetzung unter Bodenniveau. Daneben gab es flache Erdgräber, Steinkammergräber und Totenhütten, die aber auch mit Erdhügeln bedeckt wurden. Die Steinkammergräber waren auf den Innenseiten zum Teil verziert. Es gab eingravierte und aufgemalte Muster wie Wolfszahn-, Tannenzweig-, Zickzack-, Leiter-, wechselseitige Schrägstrichmuster und Waffenmotive sowie das stilisierte Bild einer →„Dolmengöttin“. In der Bestattungsform der liegenden Hockerlage trat erstmals eine geschlechtsspezifische Totenhaltung auf: Die Männer lagen auf ihrer rechten Seite mit dem Kopf im Westen, die Frauen auf ihrer linken Seite mit dem Kopf im Osten. →Brandbestattungen bildeten die Ausnahme. Grabbeigaben waren stets ein Becher und eine Amphore neben noch anderen Tongefäßen. Männern legte man Waffen ins Grab, Frauen stattete man mit Schmuck aus, und gelegentlich wurden Hunde als Grabopfer beigelegt.

Typisch sind Schädeltrepanationen (→Trepanation), die aber nur bei Männergräbern belegt sind. Heilungsspuren zeigen, daß die meisten der Operierten den Eingriff längere Zeit überlebt haben.

Schönfelder Kultur
2500–2100 v. Chr.
(benannt nach dem Fundort Schönfeld im Kreis Stendal nördlich von Magdeburg)
Verbreitung: Saalegebiet, mittlere Elbe, untere Havel, Altmark, östlich und nördlich vom Harz, östliches Niedersachsen.
Diese Kultur bildet räumlich und kulturell einen Keil zwischen den →Schnurkeramischen Kulturen und deren nördlichen Zweig, der →Einzelgrab-Kultur. Von den →Behausungen sind meist nur Grundrisse und Spuren von Feuerstellen erkennbar. Diese waren kleine bis mittelgroße →Häuser in →Pfostenbauweise. Ein Pfostenbau in Randau im Kreis Schönbeck in Sachsen-Anhalt erreichte eine Länge von etwa 20 Metern bei 5,50 m Breite und hatte mehrere Feuerstellen im Inneren. Ernährungsgrundlage war Ackerbau, Viehzucht und Fischfang.
Bei den Tongefäßen gab es Schalen, an deren oberen Rand 2 Ösen auffällig nahe beieinander (etwa im Winkelabstand von 30°) angebracht und deren Böden sehr dekorativ verziert sind. Vermutlich wurden sie als Wandschmuck so aufgehängt, daß der verzierte Boden sichtbar war. Auch Becher besaßen asymmetrische Henkelösen und wurden vielleicht ebenfalls aufgehängt. Amphoren mit und ohne Hals waren selten. Daneben gab es noch Füßchenschalen und

Tontrommeln (→Musikinstrumente). Verzierungen bestanden aus Punktstichen, Winkelstichen, Furchenstichen, Stacheldrahtlinien, Rillen und Leisten, die in Sektoren-, Strahlen- und Parabeleinteilung angeordnet wurden. Bodenmuster in Form von konzentrischen Kreisen und manchmal davon ausgehenden Strahlenbündeln stellen vielleicht Sonnensymbole dar.
Zu den Steingeräten gehörten unter anderem dünn- und dickblattige Feuersteinbeile, seltener Äxte aus Felsgestein, trapez- und lanzenförmige Feuersteinpfeilspitzen und Feuersteinmesser.
Schmuckstücke waren gestielte Knochen- und Bernsteinanhänger mit Durchbohrung am Ende des Stiels (vielleicht als Nachahmung entsprechender kupferzeitlicher Goldringe aus Ungarn), durchbohrte Tierzähne, Kiefernhälften verschiedener Tiere (z.B. vom Baummarder), Knochenperlen und Knochennadeln.
Im Gegensatz zu den benachbarten Kulturen wurden die Toten verbrannt (→Brandbestattung) und der Leichenbrand in →Urnen beigesetzt. Dies sind die ersten Urnengräber der mitteleuropäischen Jungsteinzeit; vorwiegend wurde aber in Flachgräbern bestattet. Manchmal erfolgten Bestattungen auch in Großsteingräbern früherer Kulturen. →Grabbeigaben wurden meist mit auf den Scheiterhaufen gelegt und bestanden aus Schalen, Töpfen, Trommeln, Beilen, Äxten, Feuersteinmessern, Pfeilspitzen oder Schmuck.

Schöningen
Im Braunkohlentagebau von Schöningen, südöstlich von Braun-

schweig, wurden in einer Tiefe von 15 Metern sieben →Speere, ein Wurfholz, Feuersteinwerkzeuge (Spitzen und Schaber zum Zerlegen der Tiere), Retuschierabfälle, Siedlungsreste, eine →Feuerstelle und ein →zusammengesetztes Gerät mit Feuerstein aus dem Altpaläolithikum von vor 400 000 Jahren entdeckt. Daneben lagen zahlreiche Tierknochen, Tierskelette von Bären, Hirschen, Rehen sowie ein 3 m langer Stoßzahn eines Elefanten (auf einem Quadratmeter gab es bis zu 100 Funde).

Schrift

Durch Zeichnen, Malen, Schaben, Ritzen und Eindrücken hervorgebrachte Zeichen, die verwendet wurden, um eine Mitteilung zu machen.
Im Schreiben zeigt sich eine der wesentlichsten Grundlagen des Denkens, nämlich die Fähigkeit zur Abstraktion. Schon die Piktogramme der paläolithischen Kunst (→Felsbilder) beruhten auf Abstraktionen. Vielleicht sind diese Zeichen die Vorläufer der ersten Schrift, die schon mehr als einen Gedanken versinnlichen und bereits einzelne Worte durch Bildzeichen darstellen. Diese Mitteilungen eines Sachverhalts ohne Bindung an eine bestimmte sprachliche Form nennt man „Ideen-Schrift". Es kann auch angenommen werden, daß verschiedene Linien, Striche, Kerben und Knoten schon früher beim Zählen und Rechnen verwendet wurden.
Im 6. Jahrtausend v. Chr. existierende Vorformen der Schrift sind heute nicht mehr entzifferbar. Als erste entwickelten die Sumerer in Mesopotamien um 3 500 v. Chr. eine noch heute lesbare Bilderschrift, die von links nach rechts geschrieben wurde. Die Schriftzeichen sind Piktogramme, d. h., jedes Zeichen stellt als kleines Bild einen Gegenstand dar: ein Pferd steht für ein „Pferd", ein Ochsenkopf für „Ochse" und ein Pflug für einen „Pflug" usw. Das Schreibmaterial war plastischer Ton, in den man die Zeichen mit einem Rohrgriffel eindrückte, was gut unterscheidbare keilförmige Eindrücke hinterließ und zur Bezeichnung „Keilschrift" führte. Das Streben nach kursiver (fortlaufender) Schreibung hat die ursprünglichen Zeichen schon früh unkenntlich gemacht, so daß die Bildformen nur noch von geübten Schreibern entziffert und gelesen werden konnten. Die Keilschrift war zunächst eine Schrift, die nur in den Tempeln zur Regelung des Wirtschaftsbetriebes verwendet wurde. Sie enthielt Aufstellungen von Gütern und Arbeitsleistungen verschiedenster Art, die wohl für den Tempeldienst und Opferkult bestimmt waren.
Die Schrift, die um 3 000 v. Chr. als Hieroglyphen („heilige Zeichen") in Ägypten auftauchte, zeigt keine Zeichen einer allmählichen Entwicklung, so daß vermutet wird, daß die Grundidee zu dieser Schrift aus Mesopotamien importiert worden ist. Anders als die Keilschrift bewahrten aber die Hieroglyphen ihren Bildcharakter. Sie wurden entweder in Stein geschnitten oder auf Papyros mit Schilfrohr und Tinte geschrieben. Neue Funde auf dem Gräberfeld von Abydos (500 km südlich von Kairo) durch den Archäologen Günter Dreyer scheinen die bisherigen Kenntnisse über die Herkunft

der Schrift zu widerlegen. Die eingeritzten Bilder auf Tonscherben und Knochentäfelchen stammen aus der Zeit um 3 400 v.Chr. und sind keine Piktogramme, sondern können als Lautschrift gelesen werden. So sind z.B. „auf einer Scherbe ein Elefant (ägyptisch „ab") und ein Berg („dschu") dargestellt. Zusammengelesen ergibt das, so Günter Dreyer, „den Namen des Gräberfeldes von Abydos im regionalen Dialekt". Das könnte belegen, daß die Sumerer die Schrift aus Ägypten übernahmen und nicht umgekehrt (Althaus, 4, 13).

Die Keilschrift war vorwiegend eine Silbenschrift, die sich über die Hieroglyphen zu den nord- und südsemitischen Schriften entwikkelte. Das nordsemitische Alphabet mit 22 Konsonantenzeichen spaltete sich etwa um 1 700 v.Chr. in 3 Typen: den phönikischen, den althebräischen und den aramäischen Typ. Aus dem Phönizischen entwickelte sich um 1 000 v.Chr. die griechische, lateinische und unsere heutige Schrift. Die Reihenfolge und die Anfangsbuchstaben des griechischen Alphabets: Alpha, Beta, Gamma und Delta verweisen mit aleph, beth, gimmel und daleth auf das Semitische, das in der Reihenfolge Ochse, Haus, Kamel (?) und Tür bedeutet. Auch die Richtung der alten griechischen Inschriften wechselt von links nach rechts und umgekehrt am Ende jeder Zeile so, wie der Pflüger den Pflug wendet, um zurückzuackern. Die klassische Richtung von links nach rechts hat sich nur langsam durchgesetzt.

Außer in China, Korea und Japan ist die Bilderschrift heute verdrängt, und unterschiedliche Alphabete (z.B. das kyrillische und indische Alphabet) beherrschen die Schriftsprache.

Schuhleistenkeil

Geschliffene und polierte Steinbeile und -äxte aus Felsgestein in Form eines Schuhleistens mit D-förmigem Querschnitt, flacher Unterfläche, hoch- oder flachgewölbter Oberfläche und kantig abgesetzten Seitenbahnen. Der Nacken ist gewöhnlich gerade, die Schneide schmal, meist abgerundet und durch Abschleifen von unten ein wenig gehoben.

Das Hauptgerät der neolithischen →Linienbandkeramischen Kultur (Band- und Stichbandkeramiker, 5 800 v.Chr.) war beilartig oder als Axt geschäftet. Liegt eine Querschäftung vor, spricht man von einer →Dechsel. Schuhleistenkeile variieren zwischen Miniaturausführungen und großen Exemplaren von mehr als 40 Zentimetern Länge, die undurchbohrt und durchbohrt (auch quer durchbohrt) sein können, sowie zwischen breitflächigen und schmalen, hohen Stücken. Der Keil war ein Universalwerkzeug und konnte je nach Größe und Schäftung zum Fällen von Bäumen für den Hausbau, zu Meißel- und Hobelarbeiten und zum Herausarbeiten verschiedener Hohlformen dienen. Auch eine Verwendung als Feldhacke oder sein Einsatz im →Hakenpflug wird angenommen. Als Querbeil ist eine Knieschäftung (→Knieholme) anzunehmen (→Schäftungen), die dazu führte, daß beim Fällen zwangsläufig die Baumstümpfe etwa in Brusthöhe stehen blieben. Ihr Vorkommen in Männergräbern weist auch auf die

Verwendung als Waffe hin, zumal Schuhleistenkeile manchmal aus auffallend weichen Gesteinen bestehen (z. B. Glimmerschiefer), die zur Arbeit nicht geeignet waren, und diese Vermutung unterstützen.

Schussenrieder Gruppe
4200–3500 v. Chr.

(benannt nach dem Fundort im Hochmoor Riedschachen bei Bad Schussenried im Federseegebiet)
Verbreitung: Südwestdeutschland im mittleren Neckarraum südlich Heilbronn, Oberschwaben.
Die Schussenrieder Menschen bevorzugten Wohnplätze am Ufer von Seen oder Flüssen. Am →Federsee wurden 16 von einer →Palisade umgebene Häuser freigelegt. Im Ortsteil Ehrenstein von Blaustein, Alb-Donau-Kreis, in der Nähe von Ulm wurden Grundrisse und Böden von ein- und zweiräumigen Häusern innerhalb eines Dorfes von ca. 40 Gebäuden festgestellt, die etwa 6 m lang und 4 m breit waren. Die Böden bestanden aus Holzbalken mit einem Lehmestrich, die Außenwände aus dicht nebeneinander stehenden oder waagerecht liegenden Spalthölzern oder aus Flechtwänden mit Lehmverputz. Im Eingangsbereich gab es einen →Backofen und im hinteren Hauptraum eine steingepflasterte →Feuerstelle. Von der Gründung bis zur Aufgabe der Siedlung wurde innerhalb von 200 Jahren das Dorf viermal durch Brandkatastrophen zerstört. An einer anderen Fundstelle stieß man auf einen Darrofen (→Backofen) zum Trocknen von Getreide. Auch Höhlen wurden kurzfristig aufgesucht, wie Keramikfunde beweisen. Die Schussenrieder waren Ackerbauern und Viehzüchter, die nur gelegentlich zur Jagd gingen, aber trotz der landwirtschaftlichen Produktionsweise →Fischfang auch mit Angelruten, Harpunen (Pfeil und Bogen), aber vorwiegend mit →Netzen betrieben. Haustiere waren hauptsächlich Rinder und Schweine, daneben auch Ziegen und Schafe. Vermutlich wurden die Tiere in den Wald getrieben, wo sie sich von Laub, Pflanzen, Eicheln und Bucheckern ernährten. Interessant ist der Fund eines Tongefäßes aus Ehrenstein mit dem Rest einer dicken Suppe aus feingemahlenem Emmer und Einkorn. Für die Keramik sind vor allem verzierte Henkelkrüge mit fast schwarz gebrannter Ware typisch. Muster sind eingeritzte schräg- oder kreuzschraffierte Dreiecke und Bandmotive, die mit weißer Paste inkrustiert wurden. Die Gefäße wurden ohne Scheibe in Wulsttechnik (→Keramik) aufgebaut. Unverziert waren Becher und sogenannte →„Backteller". Beim Brennen der Tongefäße um 600° Celsius wurde keine vollständige Sinterung erreicht. Die Wandung blieb porös, und erst beim Kochen füllten sich die Poren mit Fett und wurden dicht. Krüge der Schussenrieder Gruppe kommen in Mitteleuropa, in West-Österreich und in Böhmen vor.
Steingeräte umfaßten Mahlsteine, Beile und Äxte, Klopf- und Reibsteine, Pfeilspitzen sowie Sicheleinsätze aus Feuerstein. Das verwendete Steinmaterial wurde zum Teil aus 30–110 Kilometern und Feuerstein sogar aus dem 400 km entfernten Feuersteinbergwerk →Rijckholt in der Provinz Limburg in Holland importiert. Aus

diesem Feuerstein ließen sich besonders lange Klingen schlagen. Aus Knochen und Geweih gab es verschiedene Geräte, und sogar Pfeilspitzen wurden aus Röhrenknochen großer Vögel gefertigt. Schmuck bestand aus durchbohrten Tierzähnen von Wolf und Schwein sowie aus durchbohrten Kalksteinscheiben als Anhänger. Über →Bestattungen ist wenig bekannt. Ein Skelett in Schwieberdingen im Kreis Heilbronn wurde in einer Grabgrube mit Steinplatten abgedeckt.

Schwieberdinger Gruppe
4300–4200 v. Chr.
(benannt nach dem Fundort Schwieberdingen im Kreis Ludwigsburg in Baden-Württemberg)
Verbreitung: Im mittleren Neckarraum um Stuttgart.
Von der Schwieberdinger Gruppe gibt es nur spärliche Funde. Sie besaß Kontakt zur →Rössener Kultur, war aber keine Gruppe von ihr. Funde zeugen von →Grubenhütten und Höhensiedlungen. Ernährungsgrundlage war Ackerbau und Viehzucht. Pfeilspitzen weisen auch auf Jagd hin.
Keramikfunde sind unverzierte Becher, unverzierte und verzierte Schüsseln und Schalen sowie reich verzierte Flaschen. Striche und Linien auf der Keramik wurden häufig mit weißer Farbe gefüllt.
Aus Feuerstein sind vor allem Schaber und Pfeilspitzen; aus Felsgestein sind Mahlsteine mit Läufer sowie Beilklingen und aus Knochen Pfrieme.

Schwirrgeräte
Seit dem frühen Jungpaläolithikum bekannt.

Längliche, schmale, ovale Stücke aus Knochen oder Elfenbein mit einer Bohrung am Ende, um eine Schnur zu befestigen. Schnell kreisend erzeugt das Schwirrblatt einen hohen oder tiefen Ton. Frühe Exemplare sind unverziert. Vermutete Geräte aus Holz sind, wie bei den →Speerschleudern, nicht erhalten geblieben.

Sebilien
(benannt nach der Freilandstation Sebil, Prov. Assuan, Oberägypten)
Verbreitung: Nildelta
Fundgruppe von Klingengeräten, die zum Teil in →Moustérien- und →Levallois-Technik gefertigt wurden und eine paläolithische Tradition widerspiegeln. Die mikrolithischen Formen wie Segmente, Dreiecke, Trapeze und Mikrostichel (→Mikrolithentechnik) erinnern stark an das →Capsien. Es gab Funde von →Mahl- und →Reibsteinen.

Sediment
(lat. sedimen: Bodensatz)
Abtragungs- und Verwitterungsprodukte von Gesteinen wie Sand, Kies, Schluff, Schutt, Kalk und organischen Substanzen wie Torf, Kohle und Tieren. Hebungen und Senkungen, Transport und Ablagerungen sowie klimatische Wechsel hatten zur Folge, daß sich unterschiedliche Ablagerungen überdeckten, jüngere die älteren unter sich begruben, zusammenpreßten und zu Gestein werden ließen. In den meisten Fällen wurde das Sediment auf einer planen, waagerechten Fläche abgelagert. Aus Sand wurde Sandstein, aus Kalk Kalkstein, aus Salz Steinsalz und aus organischer Substanz Kohle

und Kreide. Die Entstehung der Sedimente und ihre Verwandlung in Stein nennt man „Lithogenese". In all diesen Gesteinen waren Überreste von Lebewesen eingeschlossen, die zu Stein und damit zu →Fossilien wurden. Man kann an den Versteinerungen, die aus verschiedenen Gesteinsschichten stammen, die Entfaltung der Lebewesen erkennen und durch stratigraphische Methoden (→Stratigraphie) mit →Leitfossilien eine relative chronologische Aufeinanderfolge (→Chronologie) der einzelnen Gesteinsschichten bestimmen. Auf Grund der vorkommenden Fossilien können bei Steingeräten auch Rückschlüsse auf den Gewinnungsort gemacht werden. Fossilien können nur in Sedimentgesteinen, aber nicht in kristallinem Gestein wie Granit, Basalt oder Gneis vorkommen.

Höhlensedimente werden klimatologisch ausgewertet, um chronologische Anhaltspunkte zu bekommen. Dabei wird z.B. intensiv rot oder rotbraun gefärbter →Lehm zumeist als Ablagerung regnerischer Warmzeiten, scharfsplitteriger Steinschutt (Frostbruch) dagegen als Ablagerung aus Kaltzeiten gedeutet.

Seelenloch

Bezeichnung für eine gemeißelte runde Öffnung in der Zwischenwand bei Steinkammergräbern der →Megalith-Kultur, die den Hauptraum vom Vorraum trennt. Meist sind die Seelenlöcher so groß (in Züschen bei Fritzlar, Hessen, 50 cm), daß man durch sie in die Grabkammer gelangen konnte, um die Toten zu bestatten. Vermutlich hatten sie neben der praktischen auch eine kultische Bedeutung, da sie den Bestattungsraum mit dem Vorraum verbanden, wo der Totenkult abgehalten wurde oder Lebende und Tote miteinander kommunizieren konnten. Vermutlich war ein Teil der Seelenlöcher verschließbar. In Guiry (Dep. Seine-et-Oise, Frankreich) hat die Steinplatte zwischen Grabkammer und Vorraum ein rundes Loch mit Außenfalz, in das ein dazugehöriger Steindeckel mit Griff paßt.

Die gewählte runde Form dieser Öffnungen scheint symbolisch auf das Sonnenmotiv hinzuweisen, daß auch in den Grabkammern, auf Ritualschalen, in Gefäßböden und an Wandungen von →Urnen vorkommt. Seelenlöcher, die so klein sind, daß durch sie keine Beisetzungen mehr möglich waren bzw. diese nur durch das Abheben einer Deckplatte erfolgen konnte, haben genauso symbolische Bedeutung wie die portugiesischen Steinkammergräber mit seitlichem Eingang und Vorraum mit einer runden Mittelöffnung in der Decke, die wohl durch eine Steinplatte oder →Stele verschlossen wurde.

Seeufersiedlungen

In Österreich, Schweiz, Süddeutschland, Jugoslawien, Norditalien, Ostfrankreich und um den ganzen Alpenrand herum sind Seeufer- und Moorsiedlungen ausgegraben worden, die aus der Zeit zwischen 4500–800 v.Chr. aus der →Jungsteinzeit und der →Bronzezeit stammen. Im 8. Jahrhundert, mit dem Beginn der →Eisenzeit, verschwanden die Seeufersiedlungen und Pfahlbauten für immer.

Die Ursache dafür kann in einer Klimaänderung um 800 v. Chr. liegen, die durch höhere Niederschlagsmengen die Seen ansteigen ließ und zur Aufgabe der Seeufersiedlungen führte (Probst, 162, 260). Die ersten Entdeckungen der Seeufer- und Moorsiedlungen in den alpennahen Seen wurden im Jahre 1854 gemacht. Sie gaben den Anstoß zu weiterer Suche.

Zuvor hatte sich die Archäologie vor allem mit den klassischen Quellen des griechischen und römischen Altertums beschäftigt. Die noch in den Kinderschuhen steckende Erforschung der Vorgeschichte nördlich der Alpen war zunächst nur auf die Welt der Toten, auf Grabhügel und Megalithgräber, gestoßen. Nun kamen – unter Wasser vom Luftsauerstoff abgeschlossen und in erstaunlicher Frische konserviert – Haushaltsgegenstände, Geräte für Holzbearbeitung, Wald- und Landwirtschaft, Waffen, Jagd- und Fischereigerät, Schmuck und Kleidungsstücke zum Vorschein; fertige Produkte, Halbfabrikate und Bearbeitungsabfälle, die im Siedlungsalltag verlorengegangen, weggeworfen oder bei Brandkatastrophen untergegangen waren. Vor allem fanden sich in den Kulturschichten ganze Lagen von Kultur- und Sammelpflanzen sowie Knochen von Haus- und Wildtieren, die Einblick in Nahrungsgewohnheiten und Wirtschaft der Siedler gewährten (Schlichtherle, 174, 7).

Bekannte Siedlungsplätze sind: Federsee, Bodensee (Dtl.), Burgäschisee, Wauwiler Moos, Greifensee, Pfäffikersee, Zürichsee, Genfer See, Bieler See, Neuenburger See (Schweiz), Lac de Châlain, Lac de Clairvaux (Frankr.) Lago die Varesa, Lago die Ledro (Ital.), Mondsee, Attersee, Traunsee (Österr.).
Seeufersiedlungen und Moorsiedlungen wurden so gebaut, wie es die Bodenfeuchte und die Hochwassergefahren erforderten. Bei fester Torfdecke war kein Unterbau erforderlich: Die Bauhölzer wurden direkt auf den Baugrund gelegt. Bei nur geringer Torfauflage genügten einfache, ebenerdige Grundschwellen als tragender Rahmen für den Holzboden. Bei nassem oder sumpfigem Gelände wurden Pfähle mit Traggabeln in den Untergrund getrieben, auf denen die Querstangen zum Tragen des Fußbodens ruhten. Die örtlichen Gegebenheiten machten also verschiedene Siedlungs- und Bauweisen erforderlich.
Man baute dort Häuser auf Pfählen, wo der See durch Schmelzwasser der Alpen im Frühjahr bis zu 1,80 m stieg, im Winter aber die Uferbereiche trocken lagen. Längs- und quergelegte Hölzer mit einem Lehmestrich bildeten den Fußboden der mehrfach ausgebessert, über einen halben Meter Dicke erreichen konnte. Außenwände bestanden aus Rundhölzern, Zwischenwände wohl aus Spaltbrettern und Flechtwänden mit Lehmverputz. Als Inneneinrichtung waren meist ein kuppelförmiger →Backofen und eine →Feuerstelle vorhanden.

Seitenklinge
(auch Schrägendklinge)
Schmale Klinge mit einer scharfen, retuschierten Kante auf einer Seite, die schräg zur Spitze führt. Häufig wurden solche Seitenklingen als →Geschoßspitzen für Pfeile und Speere verwendet, um den Blutverlust einer getroffenen Beute zu vergrößern und sie so schneller zu erlegen.

Shanidar-Höhle

(b. Mossul, Bez. Sulaimani, Kurdistan, Irak)

Für die älteste Fundschicht in der Höhle (in einem 15 m hohen Schichtenprofil) wird ein Alter von 70000–60000 Jahren angenommen. Neben Steinwerkzeugen der Moustérien-Art (Schabern und asymmetrische Spitzen) wurde in der Erde auf einer Aschenschicht liegend das Skelett eines zweijährigen Kindes vom Neandertal-Typ gefunden. Im gleichen Fundhorizont fanden sich noch 2 Erwachsenenskelette. Eines lag unter einem mächtigen Steinblock. Anthropologisch ähneln diese Skelette den Menschen vom Berg →Karmel, die als frühe *Homo sapiens sapiens*-Formen angesehen werden. Die Umstände sprechen dafür, daß es sich um →Bestattungen handelt. Es wurden Pollen von Blumen nachgewiesen, die in unmittelbarer Umgebung der Höhle nicht vorgekommen sein konnten: Das →Grab wurde mit herbeigebrachten Blumen bestreut. Es könnte sich aber auch um Heilkräuter handeln, wie sie noch heute von den dort lebenden Menschen bei Krankheiten verwendet werden. Nach E. Rutte (Bayerns Neandertaler, S. 37) „stammen die Pollenkörner von einem Gebirgswind, der irgendwann in die offenbar zugige Höhle und auf die Knochen gelangt war". Das gefundene

Skelett eines Mannes zeigt eine Vielzahl von Frakturen am Schädel und postkranialen Skelett sowie weitere pathologische Veränderungen ..., die für eine jahrelange Fürsorge sprechen, welche die Neandertaler ihrem Angehörigen widmen mußten [E. Trinkaus 1983]. Der Mann war etwa 30–40 Jahre alt,

als ihn ein herabstürzender Felsblock tötete [R. S. Solecki 1971]. Dieser Mann konnte sich jahrelang vor seinem Tode nicht an der Jagd und an sonstigen Arbeiten nur beschränkt beteiligen, und lediglich die Hilfe seiner Gruppenangehörigen ermöglichte ihm, ein für die Altmenschen relativ hohes Alter zu erreichen (Herrmann/Ullrich, 89, 352). Die durchschnittliche Lebenserwartung kann weder für die Neandertaler noch für die daraufolgenden Jungpaläolithiker hoch veranschlagt werden. Nur einer von 20 Neandertalern erreichte ein Alter von mehr als 40 Lebensjahren. Eine Altersdiagnose von über 50 Jahren ließ sich bisher an keinem Fund bestätigen (Herrmann/Ullrich, 89, 639).

Sichel

Gebogene Geweih- oder Holzfassungen, in deren verdicktem Mittelteil man mehrere ungezähnte, gezähnte oder doppelseitig retuschierte Feuersteinklingen hintereinander oder eine größere →Klinge schräg einklemmte und mit Harz (→Klebstoff) befestigte. Sie wurden zum Schneiden getreideartiger Gräser, später von Getreide, Schilf und Wasserschwaden (Gräser in Feuchtigkeitsgebieten zum Dachabdecken) benötigt. Durch die siliziumhaltigen Pflanzenteile entsteht an den Sicheleinsätzen der sogenannte Sichelglanz (→Glanz). Ursprünglich wurden wahrscheinlich einfache Feuersteinmesser ohne →Schäftung benutzt; später wurden sie häufig in einen gebogenen Horn- oder Holzgriff gekittet: War der Griff gerade, spricht man von einem →Erntemesser. Versuche mit solchen Geräten zeigten, daß 20 zusammengefaßte Gerstenhalme mühelos abgeschnitten werden konnten. Die ältesten Sicheln fand man im Irak und in Israel. Sie stammen aus der Zeit zwischen 9500–8500 v. Chr. In der Jungsteinzeit wurden sie zu einem notwendigen Gerät bei der Getreideernte. In der jüngeren →Bronzezeit wurden Bronzesicheln in großen Serien hergestellt, deren durch Dengeln gehärtete Schneide auch nachgeschärft werden konnte. Den Griff bildete ein Holzschaft.

Sichelglanz
→Glanz, der durch Pflanzenschnitt an der Schneidekante von Feuersteinklingen entsteht und ein Gebrauchsmerkmal ist.

Silex
(lat.: Kiesel)
Französische Bezeichnung für →Feuerstein: ein wichtiger Rohstoff der Steinzeit für die Werkzeug-, Geräte- und Waffenherstellung. Er ist sehr hart, splittert glasartig und liefert scharfe Schneiden. Wichtige mineralische Hauptformen sind kristalliner Quarz (Bergkristall), kryptokristalliner Quarz (Chalzedon), amorpher Quarz (Opal) und →Feuerstein. Vom Begriff „Silex" streng getrennt werden sollten die Bezeichnungen →„Quarzit" und →„Obsidian".

Sinanthropus pekinesis
(Chinamensch aus Peking)
Ältere Gattungsbezeichnung für den *Homo erectus*, die heute nur zur Kennzeichnung geographischer bzw. zeitlicher Gruppen innerhalb des *Homo erectus* verwendet wird (→Pekingmensch, →Javamensch, →Heidelberger-Mensch).

Sinter
Mineralische Ausscheidung aus fließendem Wasser, die zur Bildung von Krusten und Terrassen führt: häufig als Kalk- oder Kieselsinter (→Travertin). In →Bilzingsleben versinterte ein vollständiger Freilandlagerplatz.

Sitzsteine
Steine mit flacher Oberseite, die in Höhlen des →Mittelpaläolithikums gefunden wurden. Sie werden als Sitzsteine, aber auch als Unterlage für Steinschläger gedeutet. Zahlreiche →Absplisse und halbfertige Geräte um solche Steine herum weisen auf diese Funktion hin.

Sivapithecus
16–5,5 Mio. Jahre
(gr. pithecos: Affe; benannt nach dem Fundort Siwalik Hills im Himalaja)
Verbreitung: Afrika, Asien, Vorderasien, Europa.
Die Einordnung in die Taxa (→Taxonomie, →Evolution: Primaten) ist unklar. Von einigen Forschern wird er als möglicher Vorfahre der rezenten Menschenaffen und des Menschen bezeichnet, da er unter anderen Merkmalen keine „Spezialanpassungen aufweist, die nicht mit rezenten Formen in Einklang zubringen wären" (Henke/Rothe, 89, 240).

Skandinavische Felsbilder
Verbreitung: Von der Westküste Norwegens bis nach Nordwestrußland mit Ablegern in Mittelschweden, am karelischen Onegasee und am Weißen Meer.
Die Besiedlung Skandinaviens konnte erst nach dem Abtauen des Eises vor etwa 10000 Jahren von den Küsten her beginnen. Felsbilder in verschiedenen Stilarten zei-

gen die Welt der mesolithischen Sammler und Jäger und der neolithischen Jäger und Bauern und reichen bis in die nordische Bronzezeit (1600–750 v. Chr.) hinein. →Schamanen und Göttergestalten weisen auf religiöse Bräuche hin.

Zur Zeit der Felsbilder – sagte der karelische Felsbildforscher Juri Sawwatejew – hatte sich die Kunst noch nicht als eine spezifische Form gesellschaftlichen Bewußtseins verselbständigt ... Die Felsbilder waren mit anderen Erscheinungen des geistigen Lebens, besonders aber mit Kult und Ritus eng verflochten. Ob die Tierdarstellungen in Trance gemalt wurden, ob allein von Schamanen oder im Beisein aller Jäger, ob der Totemglaube dabei eine Rolle spielte oder die „Urväter" anwesend gedacht waren – wir wissen es nicht (Evers, 55, 11)

Die meisten der Zehntausende von Felsbildern sind eingepickt, einige eingeschliffen und nur wenige mit Hämatit auf von Gletschern glatt geschliffenen Felsflächen, auf Wänden in Höhlen oder unter Abris gemalt. Die Bildstationen liegen vorwiegend an Fjorden, Fluß- und Seeufern, Stromschnellen oder Wasserfällen, also überall dort, wo noch heute Tränken, Wildwechsel oder gute Fischgründe zu finden sind.

Die Darstellungen sind stark schematisiert und zeigen das Jagdwild wie Ren, Elch, Auerochse und Bär, Wassertiere wie Delphine, Seehunde und Fische sowie Vögel. Einige Tiere sind im →Röntgenstil graviert. Menschen befinden sich mit Pfeil und Bogen sowie mit dem Speer auf der Jagd, sind beim Fischfang mit Angel oder Fischgabel, mit ihren Hautbooten, Einbäumen, den in Schalenbauweise hergestellten Rindenbooten

(→Wasserfahrzeuge) oder als Skiläufer dargestellt. Einige Bilder zeigen in Gattern gefangene Rentiere und Tierfallen. Zwei- und vierrädrige Wagen zeigen Speichenräder; sie waren lenkbar und wurden von Pferden gezogen (→Rad und Wagen).

Solutréen
19000–16000 Jahre v. Chr.
(benannt nach den Funden beim Dorf Solutré, Mocon, Mittelfrankreich)
Verbreitung: Südwestfrankreich, Spanien, Deutschland, in Osteuropa vor allem in Ungarn, Tschechien und Slowakei. Das früheste Solutréen liegt im Ardéche-Tal und im Périgord.
Auf das →Aurignacien folgte das Solutréen mit neuen Verfahren der Abdruckretusche, die zu den flachen →Blattspitzen mit dünnem Querschnitt in Lorbeer- oder Weidenblattform führten. Sonst sind im Solutréen außer den Blattspitzen noch viele Geräte des →Aurignacien in Gebrauch. Weitere Werkzeuge sind andersförmige, dünne, flächig retuschierte Spitzen einschließlich asymmetrischer →Kerbspitzen, sowie seltener Stichel, Rückenmesser, Bohrer und häufig Schaber, die ebenfalls oft flache Rand- bis Flächenretuschen aufweisen. In Frankreich wird das Solutréen in 3 Entwicklungsstufen unterteilt: Das untere Solutréen ist durch einfache glatte Doppelspitzen, das mittlere Solutréen durch doppelseitig retuschierte Lorbeer- und Weidenblattspitzen und das obere Solutréen durch Kerbspitzen gekennzeichnet.
Neu sind die Herstellung von Knochennadeln mit Öhr (→Nähna-

deln), die auf genähte Fellbeklei-
dungen schließen lassen, sowie die
→Lochstäbe. Die aus Geweih oder
Knochen gefertigten →Geschoß-
spitzen haben eine meist einseitig
abgeschrägte Basis.
Alle Knochen sind zur Markge-
winnung aufgeschlagen worden
und teilweise stark verkohlt.
→Feuerstellen, 18 x 9 m groß,
fanden sich inmitten der Knochenhaufen. Sie waren groß genug, um
mehrere Pferde gleichzeitig zu
braten. Die Menschen haben auf
den Knochenhaufen ähnlich wie
die Menschen der →Ertebølle-
Kultur in Dänemark auf Muschelabfallhaufen regelrecht gewohnt.
Bei Solutré fand man an einem
steil abfallenden Bergriegel die
Reste von über 100 000 Wildpferden. Vermutlich wurden sie aber
nicht in Massen den Steilabhang
heruntergejagt, – naturverbundene
Menschen jagen nur soviel Wild,
wie sie verzehren können –,
sondern auf ihren jahreszeitlichen
Wanderungen vom Rhonetal auf
die westliche Hochebene im Eng-
paß unterhalb des Felsens erlegt.
Die Menschen des Solutréen drangen – vielleicht mit Hilfe von steinernen Talglampen (→Lampen) –
auch in weit vom Eingang entfernte Höhlenbereiche vor und
schmückten sie mit Reliefs
(→Felsbilder: Techniken) von Tieren aus. Werke der Kleinkunst sind
als gravierte oder bemalte Steinplättchen mit Tierfiguren erhalten;
die Vollplastik fehlt fast vollständig. Aus der ostspanischen Par-
palló-Höhle stammen etwa 5 000
Steinplatten mit Tierzeichnungen,
die sich auf eine insgesamt 9 m
mächtige Kulturschicht verteilten.
Das Erbe des Solutréen trat das
→Magdalénien an: Wenn man das
Solutréen als einen Höhepunkt der
Steinbearbeitung bezeichnen kann,
dann wurde im älteren Magdaléni-
en ein Tiefpunkt erreicht, dem aber
die letzten und schönsten Höhlenmalereien (→Höhlenbilder) ge-
genüberstehen.

Sondage
Rechteckiger oder quadratischer
(etwa 1 x 1 m) Probeschnitt, der
bis auf den anstehenden Boden
hinabgeführt wird. In den Profilen
der über eine größere Fläche verteilten Sondagen können aufeinanderfolgende Schichten abgelesen
und Einzelfunde zeitlich eingeordnet werden (→Archäologie).

Spalter
Merkmal ist die durch einen →Ab-
schlag enstandene Schneide und
unbearbeitete Unterseite (→Schei-
benbeile).

Spaltkeile
→Faustkeile aus Kernabschlägen
mit geringfügiger Flächenbearbeitung (→Cleaver).

Spanabhebendes Verfahren
Verschiedene Bearbeitungsverfah-
ren, bei denen bei Holz, Stein,
Knochen oder Geweih durch
→Bohren, →Sägen, Schaben
(→Schaber), Hobeln, Schnitzen
oder Schleifen (→Steinschliff)
Material (Späne) entfernt wird, im
Gegensatz zum Trennverfahren
durch Schneiden und Hacken.

Spantechnik
Diese ist seit dem →Jungpaläo-
lithikum bekannt. Die Geweihe
wurden für die Bearbeitung vorbereitet und weich gemacht, indem

man sie einige Tage im Wasser liegen ließ oder über Feuer erwärmte. Knochen und Geweih bestehen aus organischer Substanz (Ossein) und anorganischem Kalk (Kalziumphosphat). Löst man den Kalk aus den Knochen heraus, hat man Leim, der beim Erwärmen weich und beim Erkalten wieder fest wird.

Mit diesem Verfahren wurden die Geweihstangen geradegebogen und waren für den weiteren Arbeitsgang vorbereitet.

Meist werden auf dem Innenbogen der Geweihstange etwa ein Viertel oder Drittel des Schaftumfangs tief 2 parallele Rillen mit der Stichel oder einem unretuschierten Abschlag in die Kompakta (feste äußere Schicht) eingeschnitten und bis in die Spongiosa (schwammartiges Innengewebe) geschabt. Die Spongiosa kann nun mit einem gebogenen → Zinken bis auf einen schmalen Trennsteg unterschnitten werden. Mit Hilfe von bis 1,5 cm breiten Geweihkeilen wurde dann der Span herausgebrochen. Solche Geweihspäne sind 30–45 cm lang und 2,5–3 cm breit. Die Geweihstange erlaubt aber Späne bis zu 95 Zentimetern Länge.

Es war auch möglich, das Ende des Spanes von der Stange durch Vor- und Rückwärtsbiegen zu lösen. Spuren an den Abrißflächen von Geweihen der → Hamburger Kultur sprechen dafür, daß die Geweihe zuvor längere Zeit im Wasser gelegen haben.

Eine einfachere Methode wurde während der → Ahrensburger Kultur angewendet. Die Geweihstange erhielt an den Trennenden eine Ringkerbe, die oft nur halb ausgeführt wurde, an denen dann die

Stange durch Zertrümmern geteilt und mit Keilen gespalten wurde, um einen groben Span zu erhalten. Vorteil des Rillenverfahrens ist demgegenüber die hohe Ausnutzung des Rohmaterials und die kontrollierte Herstellung langer Späne. Die Späne konnten entsprechend dem geplanten Endprodukt in Größe und Form so gestaltet werden, daß nur noch geringfügige Nacharbeiten notwendig wurden. Auch → Nähnadeln lassen sich so in serienmäßig gleicher Form erzeugen. Geweihspäne wurden zu → Geschoßspitzen (Lanzen-, Speer-, Harpunen-, Pfeilspitzen) und → Nadeln weiterverarbeitet.

Es ist anzunehmen, daß ähnliche Bearbeitungstechniken auch bei Holz angewendet wurden. Man muß sich sogar überlegen, ob dieses Verfahren, wegen des knapper werdenden Holzes auf dem Höhepunkt der letzten Eiszeit (ältere Dryas), auf härtere Materialien übertragen wurde, zumal die harten Hölzer, vor allem die Eibe, selten wurden.

Spatel

Spatelähnliche Geräte gibt es seit dem jüngeren → Paläolithikum, vor allem aber im → Magdalénien. Mit „Spatel" (oder „Spachtel") werden Knochenstücke bezeichnet, die gewöhnlich eine länglich flachovale Form haben und in einen schmaleren Teil mit kurzem Griff übergehen, der auch wie ein Fischschwanz geschnitzt sein kann.

Die in Rußland (Avdeevo) entdeckten, etwa 22 000 Jahre alten Spateln besaßen zum Teil katzenähnliche Köpfe. Im allgemeinen sind sie sorgfältig geglättet und weisen meistens Verzierungen auf, die denen auf den → Speerschleudern und → Lochstäben ähneln.

Als Spatel bezeichnet man ein Werkzeug zum Auftragen, Entnehmen, Mischen oder Entfernen von Substanzen. Daher gibt die Bezeichnung „Spatel" nur die vermutete Verwendung an, sagt aber nichts über den eigentlichen Verwendungszweck aus. Bisweilen werden diese Geräte auch als → „Glätter" bezeichnet. Der Arbeitsbereich dieser Geräte weist in vielen Fällen, wie auch der Schaftbereich, eine deutliche Gebrauchspolitur auf. Oft sind die Kanten völlig verrundet. Dies ist ein Zeichen dafür, daß weiche Materialien bearbeitet worden sind. Der Begriff „Spachtel" scheint daher angebracht zu sein.

Speere

Vorkommen seit der Altsteinzeit.
Angespitzte Stangenwaffe aus Holz oder Geweih. Als → zusammengesetzte Waffe ist er mit einer eingesetzten Spitze aus Knochen, Geweih, Elfenbein oder Stein versehen und nach dem Faustkeil eine der ältesten Waffen.

Im Braunkohlentagebau von → Schöningen (südöstlich von Braunschweig) wurden sieben 400 000 Jahre alte Holzspeere durch Archäologen des niedersächsischen Instituts für Denkmalpflege entdeckt. Sie sind neben dem wohl etwas älteren Lanzen- oder Speerfragment von Clacton-on-Sea die bisher frühesten Nachweise für die vermutlich ältesten Wurfwaffen aus Holz und belegen, daß schon der *Homo erectus* auf Großwildjagd ging (die älteste, gefundene Wurfwaffe eines Neandertalers ist eine etwa 125 000 Jahre alte Lanze aus → Lehringen).

Neben den Speeren wurden Stöcke mit Kerben an den Enden gefunden, die auf → Schäftungen hinweisen.

Die Speere sind zwischen 1,80 und 2,30 m lang, laufen in eine etwa 60 cm lange konische Spitze aus und wurden aus jungen, geraden und etwa 7 cm dicken Fichtenstämmchen gefertigt. Der Schwerpunkt liegt an der Stelle mit dem größten Durchmesser und sitzt nahe bei der Spitze. Zum Ende verringert sich der Durchmesser. Sie ähneln damit modernen Sportspeeren. Zusammen mit den Speeren wurden Knochenreste der Beutetiere – hauptsächlich Wildpferde – entdeckt, die offenbar an dieser Stelle zerlegt wurden, sowie Reste einer → Feuerstelle. Diese Funde dokumentieren eindrücklich die Kenntnis der Fernwaffe Speer in einer Epoche, für die bislang nur Hinweise auf die Verwendung hölzerner Stoßlanzen vorlagen. In unmittelbarer Nähe der Speere wurde auch ein → Wurfholz gefunden.

Das Vorhandensein einer Wurfwaffe, die das ganze obere → Paläolithikum hindurch verwendet wurde, wird durch das konstante Auftreten von Spitzen aus Knochen dokumentiert. Ihr Querschnitt ist zylindrisch bis flach-oval mit einer Länge von 5–30 Zentimetern und einem Durchmesser von 1–3 Zentimetern. Alle sind an einem Ende zugespitzt und weisen eine verschieden geformte Basis auf. Zahlreiche Spitzen brachen ab, solange der Knochen noch frisch war, wenn sie auf einen harten Gegenstand trafen.

Speere sind als Fernwaffen leichter und schlanker als → Lanzen, die als Nahkampfwaffe meist gestoßen werden, und haben ihren Schwerpunkt vor der Mitte des Schaftes, während er bei Lanzen mehr im ersten Schaftdrittel liegt. Gegenüber der Lanze hat der Speer den Vorteil der größeren Reichweite: Der Jäger muß sich seiner Beute nicht mehr so stark nähern, ist weniger gefährdet und kann das Wild sogar auf der Flucht noch erlegen. In Ilskaja am nordwestlichen Kaukasus wurden etwa 2000 Wisente erlegt, was sicher nicht ohne weitreichende Jagdwaffe wie dem Speer möglich gewesen wäre.

Die ältesten Speere wurden wie die Lanzen nur angespitzt. Im →Solutréen erhielten sie vorwiegend →Kerbspitzen und im →Gravettien die sogenannten →Rückenmesser. Spätesten im →Magdalénien erhielten viele Speerschäfte besonders widerstandsfähige Spitzen aus Knochen oder Geweih mit ein- oder beidseitiger Abschrägung der Basis (→Geschoßspitzen). Aufgesetzte Spitzen und Schneiden erleichterten mit dem höheren Gewicht nicht nur das Eindringen in den Tierkörper, sondern verbesserten auch die Flugeigenschaften und die Zielgenauigkeit. Eine weitere Steigerung des Wirkungsgrades erfolgt durch die →Speerschleuder. Viele Speerspitzen haben eine Längsrinne: Es ist jedoch noch umstritten, ob sie zur Befestigung von Feuersteinklingen, dem schnellen Abfließen des Blutes (Blutrinne) oder der Aufnahme von Gift diente. Speere, die aus den Geweihstangen des Ren geschnitzt wurden, wurden unter Hitzeeinwirkung gerade gebogen, erlangten aber mit der Zeit ihre ursprüngliche Krümmung zurück.

Aus dem Magdalénien sind etwa 2 cm breite und etwa 20 cm lange Stäbe aus Geweihstangen des Ren bekannt, deren harte Oberfläche abgerundet, die weiche Spongiosa abgeflacht und häufig mit Rillen versehen wurde. Der gerundete Teil ist meist verziert. Der Fund zweier miteinander verbundener halbrunder Stangen ergab durch Zusammenfügen der beiden Schrägflächen einen großen Speer. Im Solutréen erhielten die Speere erstmals Widerhaken und wurden zur →Harpune oder zu speziellen Waffen wie →Fisch- und →Vogelspeeren oder →Fischgabeln weiterentwickelt. Tiermotive auf Speeren umfaßten nur ganz bestimmte Arten (eine Erscheinung, die auch auf Malereien in hinteren Höhlenteilen zutrifft): Pferd, Nashorn, Cervide (Geweihträger), Steinbock und Fisch. Neben diesen naturalistischen Darstellungen erscheinen Anordnungen von Punkten, Linien und Zickzackmustern, deren Bedeutung unbekannt ist: Vermutet wird eine Art Kalender mit Mondphasen. Zahlreiche Speere mit bestimmten vereinfachten schematischen Darstellungen erwecken den Eindruck einer Massenanfertigung.

Die Speerverzierung nahm vermutlich im Gravettien ihren Anfang. Im Solutréen finden sich Verzierungen vor allem auf den großen, ovalen Speeren, während es im Magdalénien kleine Speere mit einfach abgeschrägter und lange Speere mit doppelt abgeschrägter Basis gab.

Speerschleuder

Schwerpunkt der Verbreitung ist Südwestfrankreich (Dordogne, Py-

renäenvorland) sowie einige Fundstellen in Spanien, der Nordost-
schweiz und Thüringen, während
des →Jungpaläolithikums vom
→Solutréen bis →Magdalénien.
Sie entstanden vor etwa 21 000–
12 000 Jahren, obwohl es sie auch
schon im späteren Mittelpaläolithikum gegeben haben dürfte"
(Müller-Beck, in 17, 345).
Speerschleudern sind Geweihsprossen von etwa 3–40 Zentimetern Länge, die an einem Ende eine
ovale Durchbohrung und am anderen Ende einen Widerhaken für
den Speerschaft haben. An der
Stelle, wo sich das Geweih gabelt,
befindet sich häufig eine Tier-
skulptur.
Zu diesem Speerschleuder-Haken-
ende gehört noch ein angebunde-
ner Holzschaft als Verlängerung,
der sich aber bei keinem Fund-
stück erhalten hat: Übriggeblieben
ist also nur das Speerschleuder-
Hakenende. Insgesamt hatte die
Speerschleuder die Länge eines
menschlichen Unterarmes. Die
Durchbohrung kann, wie experimentelle Versuche ergaben, mit
großer Sicherheit als Schäftungs-
hilfe zum Durchziehen der Leder-
bänder interpretiert werden. Es
gibt 3 verschiedene Typen des
Speerwiderlagers:
• Hakenschleuder mit vorstehen-
dem Haken.
• Muldenschleuder mit muldenar-
tiger Vertiefung und senkrechtem Absatz oder Aushöhlung.
• Kurze Haken-Mulden-Schleuder
als Mischform mit Mulde und
hakenartigem Vorsprung.
Durch die Speerschleuder wird der
Arm des Werfers künstlich verlängert. Damit bekommt der Wurf eine höhere Beschleunigung, eine

größere Weite, Durchschlagskraft
und Treffsicherheit. Der Bewe-
gungsablauf entspricht dem des
handgeworfenen Speeres, jedoch
mit dem Unterschied, daß die Kon-
taktphase mit dem Speer verlängert
wird. Experimentelle Versuche mit
der Speerschleuder ergaben Wurf-
weiten von über 140 Metern, der
Rekord beträgt 180,90 m.
Aus dem relativ kurzen Zeitraum
des Auftretens der Speerschleuder
und aus der Tatsache, daß bisher
nur 125 Speerschleuder-Hakenen-
den bekannt sind, kann nicht geschlossen werden, daß nur zu einer
bestimmten Zeit und in einem bestimmten Zeitraum solche Geräte
aus Geweihsprossen gefertigt worden sind. Vermutete Speerschleudern aus Holz haben sich nicht erhalten und können deshalb nicht
nachgewiesen werden.
Kleine, zerbrechlich wirkende und
fein ornamentierte Speerschleudern lassen Zweifel aufkommen,
ob sie einer praktischen Verwendung bei der Jagd dienten, zumal
einige Funde am Ende keinen Haken aufwiesen, um das Ende des
Speeres anlegen zu können. Vielleicht handelt es sich eher um
Prunk- und Zeremonialgeräte. Die
Anzahl bildlicher Darstellungen
auf den Speerschleudern ist beträchtlich; sie umfaßten, nach Häufigkeit geordnet: Pferd, Steinbock,
Fisch, Bison, Ren, Vogel, Mammut, Löwen und vielleicht den
Mann.
Mit dem Aufkommen von →Pfeil
und Bogen mit ihrer großen
Reichweite, die in den die offenen
Tundren ablösenden Wäldern bes-
ser einsetzbar waren, kam die
Speerschleuder immer mehr außer
Gebrauch. Aber auch „in der

Tundra setzt sich die neue Waffe als Ergänzung oder Ersatz der älteren Speerschleuder durch" (Müller-Beck, in 17, 345). Ähnliche Geräte waren auch in der Neuen Welt bekannt, wo sie als „Atlatl" bezeichnet werden.

Speerspitzen/Lanzenspitzen

Die ältesten Speere und Lanzen des →Altpaläolithikums waren einteilig und besaßen keine aufgesetzten →Geschoßspitzen. Die Spitze bildete der sorgfältig zugespitzte Schaft selbst.
Erst ab dem späten →Mittelpaläolithikum (60 000 v.h.) tauchen Stein-, Geweih- und Knochenspitzen auf, die auf Grund ihrer Größe als Aufsätze für Speere und Wurflanzen angesehen werden können. Spitzen aus gut spaltbarem Gestein und Feuerstein sind etwa 4–10 cm lang und zeichnen sich durch schneidende Kanten und damit durch leichteres Eindringen in das Beutetier aus. Demgegenüber sind Spitzen aus Knochen, besonders aber aus Geweih, bei einem harten Aufprall weniger bruchanfällig. Zu den Speerspitzen aus Stein zählen vermutlich auch ein Teil der →Blatt- und →Kerbspitzen.
Spitzen aus Geweih unterscheiden sich hauptsächlich durch ihre Basisgestaltung: Als →Lautscher-Spitzen besitzen sie eine massive, als →Aurignac-Spitzen eine gespaltene Basis oder sie sind ein- oder beidseitig abgeschrägt, um die Haftung an dem Schaft zu erhöhen. →Mikrolithen wurden als scharfe Schneiden seitlich in die Schaftspitze eingesetzt. „Speer- und Pfeilspitzen unterscheiden sich oftmals nur in der Größe voneinander" (Müller-Karpe, 148, 241).

Speziation

(Modelle zur →Artenentstehung)
Die Artenaufspaltung einer Art führt zu 2 Schwesterarten. Bei der Artenbildung werden grundsätzlich 2 Modelle unterschieden:
• Umgestaltung von Populationen infolge Erwerbs evolutionärer Neuheiten (phyletischer Gradialismus).
• Spaltung von Populationen einer Art über die Errichtung von Fortpflanzungsbarrieren (phyletischer Punktionalismus).

Sphäroid

(gr. sphaira: Kugel)
Kugelförmige, aber nicht ganz gleichmäßige Gebilde. Die ältesten Sphäroide stammen aus dem →Oldowan von vor etwa 1,9 Mio. Jahren und werden dem *Homo habilis* zugeordnet (→Evolution des Menschen).

Spiennes

(Feuersteinbergwerk bei Mons, Prov. Hainaut, Westbelgien)
3500 v.Chr.
Der Abbau von Feuerstein erfolgte zunächst im Tagebau, dann im bergmännischen Verfahren (→Feuersteinbergbau). Die Gräben in Spiennes hatten einen Durchmesser von 4–6 Metern und eine Tiefe von 4 Metern, wo man auf einen grau-violetten Feuerstein stieß, dessen Knollen weit auseinanderlagen und nicht größer als 60 x 40 x 20 cm waren. Trichterförmige Schächte von 1,20 Meter Durchmesser reichten in eine Tiefe von bis zu 5,50 Metern, einige sogar bis zu 15 Metern. Mit diesen Schächten stieß man auf eine feuersteinführende Schicht, deren

Knollen eine Länge von bis zu 3 Metern, eine Breite von bis zu 2 Metern und eine Stärke von 0,30 Metern besitzen. Diese Stollen waren aus abbautechnischen Gründen so niedrig, daß die Bergleute nur kniend oder liegend arbeiten konnten. Zwischen den Stollen, die vom Schachtboden aus strahlenförmig nach verschiedenen Seiten vorgetrieben wurden, ließ man kräftige Pfeiler und Wände als Stützen stehen.

Ein Teil der Produktion wurde auf Schlagplätzen in unmittelbarer Nähe der Schächte zu Beilrohlingen, Beilen, Picken, Meißeln, Schabern, Klingen zur Herstellung von Dolchen, Pfeilspitzen, Sticheln und Bohrern verarbeitet.

Spinnwirtel

Rundes, halbkugeliges, konisches, doppelkonisches oder scheibenförmiges, zentrisch durchlochtes Gewicht aus Stein, Knochen oder Ton, meist verziert (Punkte, Linien, Striche Kreise), mit einem Durchmesser von etwa 1,5–5 Zentimetern. Der Wirtel wird auf die Spindel (konisch zulaufender Holzstab) aufgesetzt und erleichtert durch sein Gewicht die Drehbewegung, die erforderlich ist, um aus der Rohwolle ein Garn zu spinnen (drehen) und es auf der Spindel aufzuwickeln.

Aus dem Garn kann dann auf einem Webstuhl durch Verkreuzen senkrechter und waagrechter Fäden ein Stoff hergestellt werden. Als Grabbeigaben hatten Spindel und Spinnwirtel in Frauengräbern ähnliche Bedeutung wie die Waffen in Männergräbern. Sie kommen seit dem →Neolithikum vor.

Spiralwulsttechnik

Eine der Herstellungstechniken bei →Keramik.

Spitzen

Der Begriff „Spitze" sagt nichts über das eigentliche Gerät aus, sondern bedeutet lediglich, daß eine oder 2 Spitzen am Werkstück vorhanden sind. Die näheren Bezeichnungen sind vielfältig. Sie erfolgen nach Form (→Blattspitzen), gedachter Verwendung (→Geschoßspitzen), Kulturstufe (→Gravette-Spitzen), Fundort (→Lautscher Spitzen), Herstellungsart (Levalloisspitzen), Material (Feuersteinspitzen) oder Form und Herstellungsart (Spitzklingen).

(→Abri-Audi-Spitzen, Aurignac-Spitzen, Châtelperron-Spitzen, Font-Rôbert-Spitzen, Handspitzen, Hamburger-Spitzen, Harpunen, Kerbspitzen, Pfeilspitzen, Lyngbyspitzen, Stielspitzen, Rückenmesser)

Spondylus-Muschel

Bereits im →Jungpaläolithikum wurden fossilierte Schneckengehäuse aus dem →Tertiär gesammelt und als Schmuck verwendet. Im →Neolithikum wurde aus den Gehäusen der dickschaligen Spondylus-Muscheln vom Mittelmeer Schmuck hergestellt, der in ganz Europa verbreitet war: Es gab Anhänger, Armreifen, Röhrenperlen und andere Formen. Orangefarbene Muscheln ähneln Korallen. Von der Seltenheit und Kostbarkeit der Spondylus-Muscheln zeugen Nachahmungen in Ton.

Spongiosa

Knochensubstanz mit schwammähnlicher Struktur im Inneren der →Knochen.

Sprache

Die Lautbildung für eine variationsreiche Sprache konnte erst durch eine anatomische Veränderung im Laufe der Entwicklung der heutigen Menschen erfolgen. Sie dürfte aber in weniger komplexer Form mit dennoch breiter Gestaltungsmöglichkeit schon bei den Populationen des *Homo erectus* vorhanden gewesen sein. Zur Zeit des Übergangs von den lokalen Varianten des *Homo erectus* zu denen des *Homo sapiens* war das nötige morphologische und funktionale Potential für differenzierte sprachliche Kommunikation erreicht. Dies entspricht technohistorisch dem Ausgang des → Acheulean und synchroner ostasiatischer Industrien auf Geröllgerätebasis zwischen 400 000–200 000 Jahren v. h. (Müller-Beck, 141). Mit der Vergrößerung des Rachenraumes als Resonanzkörper, der Absenkung des Kehlkopfes, der gleichzeitig stattfindenden Aufwölbung des Gaumens, die bereits beim *Homo erectus* begann, und mit der zugehörigen Absenkung des Kehlkopfes, die am Skelett allerdings nicht zu beobachten ist, führte dies zu einer größeren Bewegungsfreiheit der Zunge. Im Zusammenspiel von Rachenraum, Mund- und Nasenhöhle sowie dem Gaumensegel, den Lippen und der Zunge kann der von den Stimmbändern erzeugte Grundton zu Vokalen und Konsonanten moduliert werden. Untersuchungen an Schädelfunden zeigen, daß die Aufwölbung des Gaumens und die Absenkung des Kehlkopfes vor etwa 100 000 Jahren abgeschlossen waren. In der → Kebara-Höhle bei Haifa in Israel wurde bei einem etwa 60 000 Jahren alten Skelett ein Zungenbein gefunden, das den Schluß zuläßt, daß der Kebara-Mann zu einer Lautsprache fähig war.

Anthropologen von der Duke Universität im amerikanischen Durham vermuten, daß der Neandertaler bereits vor mehr als 300 000 Jahren sprechen konnte.

Sie verglichen die Größe des „hypoglossalen Kanals" in Schädeln des modernen Menschen mit verschiedenen Urmenschen und Menschenaffen. Durch diese röhrenförmige Öffnung in der Schädelbasis führt ein Nerv, über den das Gehirn die Bewegung der Zunge steuert.

Die Wissenschaftler stellten fest, daß der hypoglossale Kanal bei Neandertalern ähnlich groß war wie bei heutigen Menschen. Bei Affen ist er dagegen deutlich kleiner – ebenso wie bei den Urmenschen der Art *Australopithecus*, die vor rund zwei Millionen Jahren lebten. Nach Ansicht der amerikanischen Anthropologen ist ein großer hypoglossaler Nerv die Voraussetzung für eine differenzierte Sprache, die demnach auch die Neandertaler besessen haben könnten. Bisher hielten die Forscher die menschliche Sprache für nur 40 000 Jahre alt („bild der wissenschaft", Juli 1998, Heft 7, 10–11).

Spuren

Mehr oder weniger deutliche Zeichen oder Hinterlassenschaften, die, durch geeignete Methoden aufgespürt oder sichtbar gemacht, von der Anwesenheit des Menschen und seinen Aktivitäten zeugen. Spuren geben Nachweise für fossile Fauna und Flora (Körper- und Lebensspuren) oder sind geologischen Ursprungs (Marken: Spuren anorganischen Ursprungs). In der Archäologie werden sie meist mit dem Gegenstand der Untersuchung verknüpft wie z. B. Arbeits-, Herstellungs-, Gebrauchs-, Siedlungs-, Biß-, Brand-, Schlag-, Schnitt-, Schäftungs-, Glanzspuren u. a.

Stabdolch
→Dolchstab

Stabharpune
→Fischspeere

Stadial
Kürzerer, kälterer Abschnitt mit Gletschervorstößen während einer Warmzeit (→Interglazial) in der →Eiszeit.

Stammbaum
Einordnung des Menschen, der Tiere und Pflanzen in ein bestimmtes System (→Evolution).

Ständerbauweise
→Pfostenbauweise

Star Carr
Mesolithische Fundstelle (→Mesolithikum) der →Maglemose-Kultur bei Scarborough in Yorkshire an der Ostküste Englands um 7500 v. Chr. Moorfunde zeigen, daß es sich um ein Lager einer Jägergruppe an einem ehemaligen See handelt. Infolge besonders günstiger Bodenverhältnisse ist Star Carr die an Holz- und Knochenartefakten reichste mesolithische Fundstätte Englands.
Aus Holz sind Pfeile und Bögen, Beil- und Speerschäfte, Paddel, Fischgabeln und Lochscheiben (Keulenköpfe?). Aus Hirschgeweih sind einseitige Harpunen, Speerspitzen mit Widerhaken, Messer, Dolche, Meißel, Druckstäbe, Fellschaber, gelochte Hakken zum Schäften, Geweihbeile

mit schräg geschliffener Schneide oder solche als Tüllenbeil mit Steineinsatz. Zu den Feuersteingeräten gehören Kern- und Scheibenbeile (Spalter), Klingen, Schaber, Bohrer, Stichel und Mikrolithen. Aus den Abfallprodukten der Mikrolithenherstellung (→Mikrolithentechnik) entstanden Mikrostichel und querschneidige Pfeilspitzen. Es wurden Spuren von 80 erlegten Hirschen, 33 Rehen, 11 Elchen, 9 Auerochsen, 5 Wildschweinen und zahlreichen Wasservögeln gefunden.

Statuetten
Kleine, vollplastische Einzelfiguren (→Plastiken).

Steatit
Weicher, grauer Stein, auch als „Speckstein" bekannt. Verwendung für →Perlen, →Plastiken und Rollsiegel.

Steingeräte/Steinwerkzeuge
Die frühesten Hominiden, die Australopithecinen (→Evolution des Menschen), stellten vermutlich keine Steinwerkzeuge her. Ihnen werden aber Funde von Antilopenhörnern mit solchen Benutzungsspuren zugeschrieben, wie sie beim Graben nach Knollen oder Wurzeln entstehen.
Die →Steinzeit wird durch den Gebrauch von Steingeräten charakterisiert, die oftmals der einzige Nachweis einer Werkzeugverwendung sind und Technokomplexe und Kultureinflüsse widerspiegeln. Alle anderen verwendeten Materialien sind meist verrottet. In der Steinbearbeitung unterscheidet man 3 Grundtechniken: →Kernsteintechnik, →Levallois-Technik

und →Klingenabschlag-Technik (→Oldowan, →Acheuléen, →Moustérien, →Jungpaläolithikum).

Im →Paläolithikum wurden die Steingeräte nur durch Behauen (→Kernstein- und →Abschlagtechnik) und →Retusche bearbeitet, obwohl die Technik des Schleifens (→Steinschliff) bei Knochen- und Geweihgegenständen schon bekannt war und auch bei der Herstellung von Schmuckstücken und Figuren aus Stein (Kalkstein, Sandstein, Speckstein u.ä.) in vollkommener Weise angewandt wurde. Die Fälle, bei denen diese im Prinzip also bekannte Technik auf die Zurichtung von Steingeräten übertragen wurde, blieben im Paläolithikum einzelne Versuche, die keine Nachfolge fanden.

Eine überschliffene Klinge aus der →Hamburger Kultur wurde in →Meiendorf bei Ahrensburg im Kreis Stormarn in Schleswig-Holstein und geschliffene Nephritsteine in Buret, im Irkutsk-Gebirge in Sibirien, gefunden.

Auch das Durchbohren von Steingeräten wurde erst im Neolithikum üblich, wenngleich bereits vorher bei Knochen- und Geweihgegenständen großen und kleinen Formats, aber auch bei kleineren Schmuckstücken aus Stein ... und vereinzelt bei Steinscheiben ... das Durchbohren durchaus bekannt war (Müller-Karpe, 147, 37).

Ältere Altsteinzeit (Altpaläolithikum)

Oldowan
(1 900 000–1 000 000 Jahre v.h.)
Die ersten →Geröllgeräte wurden in der →Olduvai-Schlucht in Tanzania gefunden und erhielten nach ihrem Fundort den Namen →Oldowan. Spätere Funde in →Hadar (Äthiopien) waren 2,6 Mio. Jahre alt und werden ebenfalls mit „Oldowan" bezeichnet.

Das Steininventar wurde in Schlagsteintechnik hergestellt, umfaßt Geröllwerkzeuge, →Chopper und →Chopping Tools, →Spaltbeile, →Kern- und Abschlagschaber, rundliche und polyedrische Artefakte, →Schlagsteine und faustkeilartige Gerölle.

Altsteinzeit (Paläolithikum)

Acheuléen
(1 500 000–100 000 Jahre v.h.)
Es gab weiterhin Werkzeuge des Oldowan, dazu →Faustkeile, Kerngeräte (→Kernsteintechnik), →Abschläge und →Schaber. Im Spätacheuléen (150 000–100 000 v.h.) gab es erstmals →zusammengesetzte Geräte mit Holz- oder Geweihschäften.

Mittlere Altsteinzeit (Mittelpaläolithikum)
200 000–50/35 000 v. Chr.
Weiterhin werden Geräte und Werkzeuge der Altsteinzeit verwendet.

Micoquien
200 000–50 000 v. Chr.
Kleine Faustkeile (→Micoquienkeile), →Halbkeile, →Faustkeilblätter, →Keilmesser, Schaber in vielen Formen, beidflächig retuschierte Schaber, gezähnte und gekerbte Abschläge, Kernschaber, →Bohrer.

Moustérien/Pre-Moustérien
200 000–35 000 v. Chr.
Faustkeile in Kernsteintechnik, später aus Abschlägen und als Miniaturfaustkeile in →Levallois-Technik, →Handspitzen (Mousté-

rien-Spitzen). In →Quina-Technik hergestellte Schaber („Halbmondmesser"), Winkel- und Dreifachschaber, →Buchtschaber und Schaber vom Ferassityp mit gezähnter Schneide (Säge), →Geschoßspitzen und →Bolasteine.

Blattspitzen-Gruppen
50 000–35 000 v. Chr.
Große, flächenhaft bearbeitete Lorbeerblatt-, kleine Buchenblatt- und lange, schmale, weidenblattähnliche Spitzen (→Blattspitzen), langovale Spitzen und schaberartige Klingen aus Feuerstein (sie bilden das Ende der Faustkeilzeit).

Jüngere Altsteinzeit (Jungpaläolithikum)
45 000–8 000 v. Chr.

Aurignácien
45 000–25 000 v. Chr.
Übergang vom Faustkeil zur Klingenabschlag-Technik mit →Retusche. Es gab BogenStichel, →Kernschaber, Klingenschaber, Klingenbohrer, →Abri-Audi-Spitzen, →Font-Rôbert-Spitzen, Mikrolithenabfälle (→Mikrolithen) der Klingenindustrie mit Retuschen sowie →Reibschalen.

Châtelperronien
35 000–30 000 v. Chr.
Klingenindustrie (→Klingenabschlag-Technik) mit schlanken, schmalen und bogenförmigen Messern (→Châtelperronien-Spitze) sowie →Stichel.

Gravettien
26 000–19 000 v. Chr.
Vor allem Klingengeräte, →Gravette-Spitzen, Klingenendschaber, Zwillings- und EckStichel, Bohrer, →Meißel, →Messer, →Pfeil- und →Kerbspitzen mit steiler Retusche.

Solutréen
19 000–16 000 v. Chr.
Flache Blattspitzen mit Abdruckretusche, Kerbspitzen, Stichel, →Rückenmesser, Bohrer und Schaber. Geräteformen aus dem →Aurignacien sind noch weiterhin in Gebrauch.

Magdalénien
16 000–9500 v. Chr.
Werkzeuge der Anfangsphase wirken noch roh und bestehen oft mehr aus Abschlägen als aus Klingen. Spätere Geräte erinnern an das →Gravettien. Es gab Klingen mit umlaufender Retusche und schräger Stichelspitze, eigenartig gebogene Zinken (→„Papageienschnabel"), Schaber mit Retusche, Bohrer – auch mit mehreren Bohrenden – und Mikrolithen. Aus Stein sind →Mörser und die neuen Talglampen (→Lampe).

Sonderformen des Magdalénien
Hamburger Kultur
13 000–12 000 v. Chr.
Das Steininventar besteht meist aus Feuerstein. Es gab eine Klingenindustrie mit gestielten Pfeilspitzen, (→Stielspitzen), Schabern mit Retusche, Buchtschabern, Stichel, →Zinken, Bohrern, Kerbspitzen (→Hamburger-Spitzen), wenigen Kleinklingen mit Rücken, jedoch keine Beile, Äxte und Mikrolithen.

Bromme Kultur
11 700–9 000 v. Chr.
Spärliches Steininventar aus Klingenabschlägen, Pfeil- und Speerspitzen, Stichel, Messern, Meißeln, Bohrern, Schabern und Kernschabern.

Federmesser-Gruppen
10 000–8 700 v. Chr.
Die Steinwerkzeuge entsprechen
dem späten →Magdalénien: Schaber, Rückenmesser und als Spezialform →„Federmesser", außerdem Stichel, Pfeilspitzen, →Pfeil-
schaftglätter.

Mittelsteinzeit (Mesolithikum)
8 000–4 000 v. Chr.
→Feuerstein war das wichtigste
Rohmaterial dieser Zeit, aus dem
ein großes Spektrum von Steingeräten hergestellt wurde. Die Zeit
ist die Blütezeit der →Mikrolithen
und der →zusammengesetzten
Geräte, auch die Steinbeile des
→Jungpaläolithikums erhalten eine größere Bedeutung. Die einzelnen Gerätetypen unterscheiden
sich durch die Art des Feuersteins,
die funktionalen Bedürfnisse der
Benutzer und den kulturellen Einfluß. Es sind →Klingenwerkzeuge
und Werkzeuge aus →Abschlä-
gen: Messer, Block-, Klingen- und
Rundschaber, gezahnte Klingen
(Sägen), Mikro-, Eck- und Mittelstichel, Bohrer, Mikrolithen, schräge und querschneidige Pfeilspitzen, Kern- und Scheibenbeile und
pfriemenartige Geräte (→„Muschelöffner"). Aus Felsgestein sind
Keulenköpfe (→Keulen), seltener
geschliffene →Walzen-, →Kern-
und Querbeile (→Dechsel),
→Pickel, →Meißel, →Klopf-
steine, →Mahlsteine, →Reibscha-
len und →Mörser.

Jungsteinzeit (Neolithikum)
5 800–1 600 v. Chr.
Dies wird gekennzeichnet durch
den bereits bekannten →Stein-
schliff und die Steinbohrung
(→Bohrtechnik). Die Steinbearbeitung erreichte ihren Höhepunkt.

Es gab Beile mit gepickten, retuschierten und polierten Oberflächen, →Schuhleistenkeile, Querbeile, →Flachhacken, →Beilklin-
gen für Zwischenfuttereinsätze
(→Zwischenfutter), Sicheleinsätze
(→Sichel), Meißel und Hohlmeißel, Bohrer, Schaber, Klopfsteine,
Pfeilspitzen und →Angelhaken.
Aus Felsgestein waren Knaufhammeräxte (→Hammeräxte), Doppeläxte (→Amazonenäxte), Keulen, gepickte und polierte →Äxte,
→Schleif- und Poliersteine sowie
Mahlsteine.

Chalkolithikum
Das →Chalkolithikum (Kupfersteinzeit) bildet den Übergang von
der →Jungsteinzeit zur →Kupfer-
zeit. Typisch ist die erstmalige
Verwendung des →Kupfers, jedoch ohne Kenntnis seiner Weiterverarbeitung zu →Bronze. Es über-
wiegt der neolithische Gerätebestand aus Stein, Knochen, Geweih
und Holz.
Der Zeitpunkt, von dem an Kupfer
verarbeitet wurde, unterscheidet
sich in den einzelnen Kulturen beträchtlich: in Vorderasien z. B. um
7 000 v. Chr., auf dem Balkan und
im südöstlichen Europa ab 5 000
v. Chr. und in Mitteleuropa etwa ab
4 000 v. Chr. In Europa ist die
Kupferverarbeitung vor allem mit
der →Schnurkeramischen Kultur
(2 800–2 400 v. Chr.) und der
→Glockenbecher Kultur (2 500–
2 200 v. Chr.) verbunden.

Steinheim
300 000 Jahre v. Chr.
(Steinheimer Waldelefantenzeit;
Interglazial).
(Kiesgrube bei Steinheim an der
Murr, nördlich von Stuttgart)

Der Kiesgrubenbesitzer Karl Sigrist meldete 1933 den Fund eines affenähnlichen Schädels. Es konnte ein fast vollständiger und gut erhaltener Schädel geborgen werden, der als *Homo steinheimensis* bezeichnet wird und als Übergangsform zwischen *Homo erectus* und *Homo sapiens* angesehen wird, da er Charakteristika von beiden Menschentypen aufweist. Man kann den *Homo steinheimensis* zur Ausgangsgruppe europäischer Neandertaler zählen (→Evolution des Menschen).

Steinkistengräber
Wände mit flachen Steinplatten, die mit einem oder mehreren Decksteinen oder mit Holzbalken belegt wurden (→Megalith-Kultur).

Steinreihen
→Megalith-Kultur

Steinschleuder
→Bolasteine

Steinschliff
Das Schleifen gehört zu den →spanabhebenden Verfahren wie Bohren oder Sägen, wenn auch die hier abgehobenen Späne außerordentlich klein und für das Auge meist unsichtbar sind. Ein Material kann nur dann geschliffen werden, wenn ein härteres Schleifmittel zur Verfügung steht. Da Feuerstein selbst zum großen Teil aus Quarz besteht, Quarzsandsteine aber die härtesten verfügbaren Schleifmittel waren, ist das Schleifen von Feuersteingeräten ein langwieriger und mühseliger Vorgang gewesen. Im Gegensatz zu Feuerstein weisen Felsgestein oder Knochen einen wesentlich kleineren Härtegrad im Vergleich zum Schleifmittel auf.

Steinwerkzeuge, die geschliffen werden sollen, haben je nach Art ihres Materials und der Oberflächenbearbeitung, eine retuschierte oder gepickte, unebene oder rauhe Oberfläche. Als Unterlage diente ein harter, körniger →Schleifstein wie Quarzit, Granit oder Basalt, auf dem das Werkstück evtl. unter Hinzufügung von Quarzsand und Wasser mit leichtem Druck hin- und her bewegt wurde. Dabei wurden feine Partikelchen aus dem Werkstück gerissen und die Fläche geglättet. Damit der Schleifstein griffig blieb, wurde er von Zeit zu Zeit mit Wasser abgespült. Geschah das nicht, bildete sich aus dem Schleifmehl eine Paste, die nur wenig angreift und polierend wirkt.

Um eine →Politur zu erhalten, wurde das Werkstück auf einem feinkörnigen Gestein unter Hinzufügung von Wasser und Polierzusatz wie Asche, deren feine Siliciumkristalle eine glänzende Oberfläche ergeben, poliert; evtl. erfolgte noch ein zusätzliches Nachpolieren mit der Lederseite eines Felles. In Westafrika fanden sich zahlreiche Schleifspuren und Polierrillen an den Felswänden der Abris und in Höhlen. Der Steinschliff bei Beilen und Äxten läßt auf ein Schönheitsempfinden schließen, das wohl den Tausch erleichterte, für die Praxis aber keine Verbesserung bedeutete.

Der Steinschliff gilt als Merkmal der →Jungsteinzeit, obwohl bereits im →Paläolithikum die Technik des Schleifens bei Knochen- und Geweihgeräten wie →Nadeln, →Pfriemen, →Meißeln und auch bei Schmuckstücken und Figuren aus Stein angewandt wurde. Der älteste geschliffene Knochen, ein Meißel aus Prezletice in der ehemaligen Tschechoslowakei, ist etwa 750 000 Jahre alt; 4 geschliffene Spitzen aus dem Stoßzahn eines Waldelefanten aus →Bilzingsleben werden auf 370 000 Jahre geschätzt. In Australien waren geschliffene Steinbeile schon vor 20 000 Jahren üblich.

Steinzeit

Die früheste und längste Epoche der menschlichen Kultur, die vor etwa 2,5 Mio. Jahren in Ostafrika begann und mit dem Übergang zur Metallverarbeitung vor etwa 2000 Jahren endete (→Evolution des Menschen). Sie wird aufgrund stratigraphischer Befunde in mehrere Stufen unterteilt:

Paläolithikum
(gr. palaios: alt; lithos: Stein)
Die Altsteinzeit umfaßt den ältesten und längsten Abschnitt der Menschheitsgeschichte, und zwar vom Auftreten des ersten Menschen in Afrika bis zum Ende der →Eiszeit. Geologisch bezeichnet man diese Phase als → „Pleistozän". Üblicherweise läßt man das Paläolithikum mit dem Auftauchen der ersten Steinwerkzeuge beginnen. Daher gibt es von Kontinent zu Kontinent und von Land zu Land zeitliche Unterschiede.

Die Altsteinzeit wird in vielen Gebieten Europas in drei unterschiedlich lange Abschnitte gegliedert: ältere Altsteinzeit (Altpaläolithikum), mittlere Altsteinzeit (Mittelpaläolithikum) und jüngere Altsteinzeit (Jungpaläolithikum). Leider sind sich die Prähistoriker über die Kriterien dieser Gliederung und somit über die Zeitdauer der einzelnen Abschnitte nicht einig. Deshalb gibt es voneinander abweichende Gliederungen der Altsteinzeit" (Probst, 163, 28).

Es folgt die Mittelsteinzeit (→Mesolithikum); mit der Jungsteinzeit (→Neolithikum) endet die Steinzeit. Auf andere Erdteile ist diese Einteilung nicht generell übertragbar.

Die Erforschung des Paläolithikums begann im großen Maße im Frankreich des 19. Jahrhunderts. Deshalb sind die Kulturstufen nach französischen Fundorten benannt, indem man an deren Namen die Endung „ién" anhängt: z.B. Aurignac = Aurignacién. Die folgende archäologische Chronologie wurde teilweise durch außereuropäische Angaben ergänzt und lehnt sich im übrigen stark an das von Lutz Fiedler entworfene Schema über die Abfolge und Zeitdauer der steinzeitlichen Technokomplexe in Mitteleuropa an (Probst, E., 163, S.29). Man muß dabei von zeitlichen Überlappungen vieler Kulturen ausgehen.

Altpaläolithikum
(Ältere Altsteinzeit)
Afrika: 2 500 000–1 000 000 v.h.
Europa: 1 200 000–600 000 v.h.
Das Altpaläolithikum oder die ältere Altsteinzeit ist die Grundstufe der menschlichen Kultur. An der Vervollkommnung der Steinwerkzeuge zeichnen sich der technische Fortschritt und die geistige Entwicklung ab. Sie beginnt mit den ältesten archäologischen Zeugnissen, fast ausschließlich Steingeräten, „bei denen eine intentionelle Bearbeitung objektiv nachweisbar ist, oder deren Fundumstände die Annahme einer Benutzung durch

den Menschen begründet erscheinen lassen" (Müller-Karpe, 147, 40). Es umfaßt die Kulturstufen →Oldowan mit der →Geröllgeräte-Kultur des *Homo rudolfensis* und *Homo habilis* sowie das →Acheuléen des *Homo erectus* und Neandertalers mit den →Kernstein-, →Abschlag-, →Clacton- und →Levallois-Techniken. In Europa ist es die Zeit der eiszeitlichen Jägerkulturen im Gegensatz zu den späteren Ackerbaukulturen des →Neolithikums. Das Acheuléen setzt sich in der Form des →Micoquien und →Mousterién mit Achéul-Tradition fort.

Afrika

Oldowan- 2 500 000–1 000 000 v.h.
Acheuléen 1 500 000–200 000 v.h.
Die weitere Aufteilung entspricht ungefähr den West- und Mitteleuropäischen Kulturen.

Europa

Protoacheuléen
(Abbevillien) 1 500 000–600 000 v.h.
Altacheuléen 600 000–350 000 v.h.
Jungacheuléen 350 000–150 000 v.h.
Spätacheuléen 150 000–100 000 v.h.

Mittelpaläolithikum
(Mittlere Altsteinzeit)
200 000–50/35 000 v. Chr. je nach Region
Meist läßt man das →Mittelpaläolithikum bzw. die Mittlere Altsteinzeit mit der letzten →Eiszeit (Weichsel-/Würm-Zeit) beginnen und nennt es nach Funden aus dieser Zeit →Moustérien. Neben Steinwerkzeugen sind auch bearbeitete Knochen, Farbstoffe und →Bestattungen bekannt. Deshalb stellt das Mittelpaläolithikum kulturell gesehen gegenüber dem Alt-

paläolithikum etwas Neues dar. In Europa entstanden die technisch hochstehenden Steinwerkzeuge des Mittelpaläolithikums in den Micoquien-, Pre-Moustérien-, Moustérien- und Blattspitzen-Kulturen, deren Urheber in den ältesten Sapiens-Formen des Riß-Würm-Interglazials (120 000–70 000 v.h.) und in den Neandertalern der Würm-Eiszeit (70 000–10 000 v.h.) zu erkennen sind.

Europa

Micoquien	200 000–50 000 v. Chr.
Moustérien (zeitgleich)	200 000–35 000 v. Chr.
Blattspitzen-Gruppe	50 000–35 000 v. Chr.
Szeletin	50 000–35 000 v. Chr.

Nordafrika

Atérien	40 000–18 000 v. Chr.
Ibéromaurusien	17 000–8 000 v. Chr.
Capsien	9 000–3 000 v. Chr.

Jungpaläolithikum
(Jüngere Altsteinzeit)
35 000–8 000 v. Chr.
Das →Jungpaläolithikum oder die jüngere Altsteinzeit wird von der Kultur des *Homo sapiens sapiens* geprägt und umfaßt verschiedene Kulturstufen. Es ist die Periode des →höheren Jägertums, in der die →Speerschleuder und →Pfeil und Bogen verwendet wurden. Gleichzeitig entstand die →Kunst; die Klingen-Industrien (→Klingenabschlag-Technik) erreichten mit der Spezialisierung der Gerätefunktionen ihren Höhepunkt. Das Jungpaläolithikum gilt sowohl in den Technokomplexen als auch durch den Beginn der →Kunst als Höhepunkt der Altsteinzeit.

Europa

Aurignacien
Südost- und
Mitteleuropa   45 000–25 000 v.Chr.
Frankreich
und Spanien   30 000–25 000 v.Chr.
Sonderformen des Aurignacien
• Grimaldine (Italien)
• Olchewien (Ostkarawanken)

Chatelperronien/
Perigordien   35 000–30 000 v.Chr.

Gravettien   26 000–19 000 v.Chr.
Sonderformen des Gravettien
• Pavlovien (Südmähren)
• Kostjenki (Rußland)

Solutréen   19 000–16 000 v.Chr.
(nur in Frankreich und Spanien)

Magdalénien   16 000–9 500 v.Chr.
(in Südwestfrankreich und Nordspanien)
Deutschland   13 000–9 500 v.Chr.
Sonderformen des Magdalénien
• Creswellien (England)
• Tjonger-Gruppe (Holland, Belgien,
  Norddeutschland)
• Swiderien (Polen und Ungarn)

Deutschland
Hamburger Kultur 13 000–12 000 v.Chr
Federmesser-
Gruppe   10 000–8 700 v.Chr
Ahrensburger-Kultur 9 500–8 500 v.Chr
Bromme Kultur   9 700–9 000 v.Chr

Dänemark
Hamburger Zeit   13 000–10 000 v.Chr
Lyngby-Kultur   10 700–10 000 v.Chr
Bromme Kultur   11 700–9 000 v.Chr
Ahrensburger-Kultur 9 000–8 000 v.Chr

Mesolithikum
(Mittlere Steinzeit)
8 000–4 000 v.Chr.
Der Begriff →Mesolithikum oder
Mittlere Steinzeit ist auf Europa
beschränkt, fällt in den Beginn des
Nacheiszeit und des →Holozäns,
kennzeichnet den Übergang zwischen →Paläolithikum und →Neo-
lithikum und umfaßt eine Reihe
von kulturellen Gruppen. Das Mesolithikum endet regional verschieden mit dem Beginn von →Acker-
bau, Viehzucht (→Domestikation)
und Töpferei (→Keramik) bei den
letzten mittelsteinzeitlichen Jägern,
Fischern und Sammlern.

Deutschland
Beuronien   7 700–5 800 v.Chr.
Maglemose-Kultur:
• Duvensee-Gruppe 7 000–5800 v.Chr.
• Oldesloer Gruppe 6 000–5 000 v.Chr.

Dänemark
Maglemose-Kultur   8 300–6 000 v.Chr.
Gudenå
(Jägerzeitalter)   8 000–4 000 v.Chr.
Klosterlund   8 000–5 000 v.Chr.
Kongemose   6 000–5 200 v.Chr.
Ertebølle (ältere) 5 200–3 000 v.Chr.

Nordskandinavien
Fosna   9 000–2 000 v.Chr.
Komsa   8 000–3 000 v.Chr.
Askola   7 500 v.Chr.

Frankreich
Sauveterrien   8 000–4 000 v.Chr.
Tardenoisien   4 500–3 500 v.Chr.
Campignien   4 000 v.Chr.

Spanien
Azilien   8 500–5 000 v.Chr.
Asturien   8 500–5 000 v.Chr.

Nordafrika
Natufien
(Protolithikum)   12 000–7000 v.Chr.
Capsien   9 000–3 000 v.Chr.

Neolithikum
(Jungsteinzeit)
Das kennzeichnendste Merkmal
dieses Abschnitts ist die Ent-
wicklung von umherziehenden
→Sammlern und Jägern zu seß-
haften Bauern, die im Vorderen
Orient begann und sich allmählich
in ganz Europa ausbreitete
(→Neolithische Revolution).
Vorderer Orient 8 000 v.Chr.
Mittelmeerraum 7 000–2 300 v.Chr.

West-, Mitteleuropa und Nordeuropa
Linienband-
keramische Kultur 5 500–4 500 v. Chr.

Stichband-keramische Kultur	4 900–4 500 v.Chr.
Ertebølle-Ellerbek-Kultur	5 000–4 300 v.Chr.
Rössener Kultur	4 600–4 300 v.Chr.
Michelsberger Kultur	4 300–3 500 v.Chr.
Trichterbecher-Kultur	4 300–2 700 v.Chr.
Kugelamphoren-Kultur	3 100–2 700 v.Chr.
Schnurkeramische Kultur	2 800–2 400 v.Chr.
Glockenbecher-Kultur	2 500–2 200 v.Chr.
Dolchzeit	2 300–1 600 v.Chr.

Dänemark

Jüngstes Ertebølle	3 000–2 000 v.Chr.
Streitaxt-Kultur	3 000–2 500 v.Chr.
Dolchzeit	2 500–1 600 v.Chr.

Schweden/Norwegen

Streitaxt-, Bootaxt-Kultur	2 800–2 300 v.Chr.

Frankreich

Chasséen	4 600–2 400 v. Chr.
Tardenoisien	4 500–3 500 v. Chr.

Schweiz

Cortaillod-Kultur	4 000–3 500 v. Chr.

Stele

(Neolithikum)
Frei- und aufrechtstehende Steinplatten oder -säulen, oft mit einem
→Relief versehen; auch in Form
einer menschlichen Gestalt. Sie
stellen in vielen Fällen ein Grab-
denkmal, einen Verstorbenen oder
eine Gottheit dar. In Collorgues
(Dep. Gard, Südfrankreich) fand
sich auf dem mittleren Deckstein
eines Kuppelgrabes eine →anthro-
pomorphe Stele, die gewiß einst
aufrecht stand. In der Glockenbecher-Kultur verloren die Stelen ihre ursprünglich kultische Bedeutung: Sie wurden zum Bau der
kleinen →Steinkistengräber verwendet.

Stellmoor

(bei Ahrensburg, Kreis Stormarn,
Schleswig-Holstein)
Der Lagerplatz Stellmoor ist eine
Fundstätte der →Ahrensburger-
Kultur auf moorigem Grund beim
Hofgut Stellmoor, nahe Ahrensburg bei Hamburg (→Ahrens-
burger Tunneltal). Die Wachs-
tumsstadien der gefundenen Ren-
geweihe sprechen für nur sommer-
liche Belegung des Lagerplatzes.
Es gibt Funde von Feuerstein- und
Knochenwerkzeugen sowie eines
Kultplatzes; besonders bedeutsam
sind die ältesten Pfeilfunde: In einem Renschulterblatt steckte eine
eingeschossene Pfeilspitze und in
einem Halswirbel eine →Kerbspit-
ze.

Stichbandkeramische Kultur

(auch Stichbandkeramiker)
4 900–4500 v. Chr.
(benannt nach den typischen Verzierungen der Tongefäße)
Verbreitung: östliches Mitteleuropa, Bayern, im südlichen Niedersachsen, Thüringen, Sachsen-Anhalt, Sachsen, in Teilen Brandenburgs, in der ehemaligen Tschechoslowakei, seltener in Niederösterreich)
Zeitgleich und verwandt waren die
→Oberlauterbacher Gruppe, die
→Hinkelstein-Gruppe und die
→Großgartacher Gruppe. Während die →Linienbandkeramiker
geschlossene (gezogene) Linien
verwendeten, waren die Muster der
Stichbandkeramiker eingestochen.
Die Stichbandkeramiker stammen
von den Linienbandkeramikern ab,
es handelt sich also nicht um eine
neu eingewanderte Gruppe.
Langhäuser, manchmal über 30 m
lang, entsprechen der Tradition der

Linienbandkeramiker. Es gab Einzelgehöfte sowie unbefestigte und befestigte Dörfer mit Gräben, Wällen und →Palisaden. Wie Ihre Vorgänger waren auch die Stichbandkeramiker Ackerbauern und Viehzüchter und gingen nur gelegentlich zur Jagd.

Kunstwerke waren aus Ton mit eingestochenen Menschen- oder Tierdarstellungen, manchmal auch mit plastischen Gesichtern. Es gab auch Gefäße und Plastiken in Menschen- oder Tiergestalt. Frauen wurden häufig in Gebärstellung dargestellt. Bei den Tieren überwog das Rind. Die Gebrauchskeramik entsprach etwa den Formen der Linienbandkeramiker. Fast alle Keramikgefäße hatten runde Böden. Muster waren Zickzackbänder in verschiedenen Ausführungen und waagerechte und senkrechte Strichbänder. Kreuz- und Sternmuster sowie seltener Dreieck-, Girlanden- und Schachbrettmuster blieben hauptsächlich auf Schalen beschränkt, die gelegentlich auch innen verziert wurden. Besondere Tongefäße wurden repariert: So kennt man von mehr als 30 Siedlungsplätzen im Saalegebiet Keramikstücke mit Harzresten, die als →Klebstoff bei der Wiederherstellung zerbrochener Tongefäße gedient hatten. Auch wurden Bruchstellen durchbohrt, die Bruchränder mit klebrigem Harz bestrichen, Schnüre oder Sehnen durch die Löcher gezogen und so die Form gefestigt.

Das Geräteinventar umfaßt undurchbohrte und querdurchbohrte Schuhleistenkeile, Flachhacken und Pfeilspitzen aus Stein, und zwar vor allem →Querschneider. Aus Feuerstein sind Kleingeräte, aus Knochen Pfrieme, Nähnadeln, Spachteln und Spitzen, die alle den Geräten der Linienbandkeramischen Kultur entsprechen.

Als Schmuck dienten Muschelschalen, Schneckenhäuser und durchbohrte Tierzähne, die man auf die Kleidung nähte oder als Halsketten trug.

→Bestattungen erfolgten meist als Körperbestattungen, in linksseitiger Hockerlage oder als →Brandbestattung. Zerstückelte Körper, abgetrennte und eingeschlagene Schädel deuten auf Gewalttaten hin. →Grabbeigaben bestanden aus Keramik, Schuhleistenkeilen, Flachhacken und Schmuck.

Kreisrunde Plätze mit Durchmessern von 60–150 Metern, waren von 1 oder 2 Spitzgräben umgeben und oft mit Erdbrücken als Zugang in allen 4 Himmelsrichtungen versehen. Funde von tönernen Menschenfiguren im Inneren solcher Anlagen weisen auf Kulthandlungen hin, wie sie in ähnlicher Form auch bei der →Linienbandkeramischen Kultur, der →Jordansmühler Gruppe und der →Münchshöfener Gruppe auftraten (→Erdwerke). Geopfert wurden menschengestaltige Tonfiguren, Tiere und zu besonderen Anlässen wohl auch Menschen.

Stichel

Steingeräte mit durch schmale Längsabschläge an den Arbeitskanten (auch in der Schäftung) rasch nachschärfbaren und dennoch stabilen Schneiden. Erste Stichel finden sich im →Paläolithikum, in größerer Menge ab dem →Jungpaläolithikum und zählen mit den →Klingen zu den →Leitformen. Der Stichel ist ein Werkzeug mit kurzer und fester Spitze und wird, geschäftet oder nicht, senkrecht stehend zur Fläche gezogen. Im spanabhebenden Trennverfahren diente er vorzugsweise dazu, andere Geräte aus Knochen, Geweih, Elfenbein oder Holz (Speerköpfe, Harpunen, Pfeilspitzen, Nadeln) herzustellen. Um Späne aus dem Geweih zu lösen wurden Zug um Zug 2 parallele Rillen ausgefurcht, mit dem →Zinken vertieft und solange unterminiert, bis der Span gelöst werden konnte (→Spantechnik). Auch Knochen wurden, vor allem im →Gravettien, auf diese Weise zerlegt.

Stichelformen:
• Der Mittelstichel wird aus einer Klinge in der Stichelschlagtechnik hergestellt: die Spitze entsteht durch 2 Stichelschläge rechts und links neben dem Mittelgrat, der dann die Spitze bildet.
• Wird aus der Klinge ein Seitenstichel, liegt die Spitze an einem Ende der Querschneide. Stefan Unser bemerkt (203, 119): „Angestrebt war immer die Idealform ..., der statisch unübertroffene Mittelstichel, dessen beide Arbeitskanten nach Schlägen um ca. 85° den Mittelgrat der Klinge unter einem möglichst spitzen Winkel symmetrisch anliefen". Das Ziel sei aber immer der Mittelstichel: Die anderen Formen stellen nur mißratene Stücke dar.
• Dicke Stichel haben Ähnlichkeit mit langen, dünnen Kernsteinen, sind besonders massiv und wurden später auch aus einem Kernstein gearbeitet.
• Bei Stichel aus einem Abschlag richtet sich die Herausformung

der Spitze nach der mehr oder weniger zufällig entstandenen Form des Abschlags und ist keiner festen Regel unterworfen (zahlreich vertreten im Mesolithikum Dänemarks).
• Der Papageienschnabelstichel ist ein Abschlag mit bogenförmiger Randretusche, dessen Spitze durch eine Hohlkerbe erzeugt wird.
• Ebenso gibt es Stichel mit 2 Spitzen oder mit einer retuschierten Bucht als Mehrzweckwerkzeug.

Stichel dienten zum Schaben, Schnitzen, Schneiden und Gravieren, „um Rillen in Holz, Knochen, Geweih und Elfenbein zu ziehen und um Späne als Halbfabrikate für Speerspitzen, Nadeln u.v.a.m. herauszulösen" (Feustel, 61, 128). Oftmals weisen sie keine Gebrauchsspuren auf, da sie immer wieder nachgeschärft wurden. Auch Muster wurden mit Sticheln auf verschiedene Materialien graviert (z. B. Knochen). Zur besseren Führung und um mehr Druck ausüben zu können wurden Stichel wohl meist mit einem Rundholzgriff, Röhrenknochen oder Geweihzapfen geschäftet. Auf Grund der umfangreichen Stichelfunde kann man auch auf zahlreiche, längst verrottete Holzgegenstände schließen.

Die Menge der Stichel steht in krassem Gegensatz zur Zahl der aufgefundenen Geweih- und Knochenstücke, die mit jenen bearbeitet sein konnten. Es ist deshalb sehr wahrscheinlich, daß mit den Sticheln vorwiegend hölzerne Objekte zugerichtet worden waren. Auf Grund der vielen Stichel muß man geradezu auf die ehemalige Existenz zahlreicher Holzgegenstände im Jungpaläolithikum schließen (Feustel, 61, 128).

Stielspitzen

Dies sind Steinartefakte des →Jungpaläolithikums, größtenteils →Pfeilspitzen, wurden aus →Abschlägen hergestellt und könnten sich aus den →Kerbspitzen entwickelt haben. Der →Font-Rôbert-Typ besitzt ein breites, beiderseitig retuschiertes Blatt mit einem langen, symmetrischen Mittelstiel und ist besonders für das Gravettien kennzeichnend. Ähnliche Formen erscheinen in den spät- und nachpaläolithischen Kulturen, den sog. Stielspitzenkulturen, und in Gruppen wie z.B. →Swidérien, →Ahrensburg, →Bromme, →Lyngby, →Fosna und →Komsa.

Eine eigenständige Gruppe sind die Stielspitzen des nordafrikanischen →Atérien. Im Gegensatz zu den europäischen Spitzen sind diese fast ausschließlich nur unifaciel (dorsal) bearbeitet, während der Stiel meist eine vollständige Retusche erhielt. Vermutliche Verwendung als Speerspitze. Alle Stielspitzen weisen auf →zusammengesetzte Geräte hin.

Stone Age

Die englische Einteilung der Steinzeit in Afrika stimmt nur bedingt mit der europäischen Terminologie überein.

- Early Stone Age
  = Altpaläolithikum
  2 500 000–200 000 v.h.
- Middle Stone Age
  = Mittelpaläolithikum
  200 000–40 000 v.h.
- Late Stone Age
  = Jungpaläolithikum
  40 000–10 000 v.h.
- Neolithikum
  10 000–1 000 v.h.

(das Neolithikum Afrikas geht direkt in die →Eisenzeit über, die →Kupfer- und →Bronzezeit wird übersprungen)

Stoßspeer

→Lanzen

Stratigraphie

(lat. stratum: Schicht)

Allgemein die Anordnung von Schichten (oder Straten) nach ihrer zeitlichen Abfolge. Diese Methode aus der Geologie wurde bereits 1817 von William Smith, dem Vater der Stratigraphie, beschrieben. Er stellte fest, daß verschiedene Strata jeweils unterschiedliche charakteristische Fossiltypen enthalten und daß gleichaltrige Gesteinsschichten (auf der ganzen Welt) anhand der charakteristischen Fossilien identifiziert werden können, die man in ihnen findet. In der →Archäologie wurde 1847 die Stratigraphie zuerst von Jacques Boucher de Perthes (→Lebensläufe) im Zusammenhang mit eiszeitlichen Funden bei Abbeville (Frankreich) angewendet.

Mit einem →Suchschnitt kann die Stratigraphie eines Fundortes ermittelt werden. Das Stehenlassen von senkrechten Wänden bei einer Ausgrabung ermöglicht die Beobachtung der Schichtenfolge, die sich durch unterschiedliche Bodenverfärbungen ablesen läßt.

Wenn sich diese Schichten in ursprünglicher Lagerung befinden und durch keinen nachträglichen Eingriff gestört wurden, sind die unteren älter, die oberen jünger (vertikale Stratigraphie). Es ist möglich, durch Trennung der einzelnen Schichten eine relative Zeitfolge zu bestimmen: Man kann zwar sicher sagen, welche Schicht jünger oder älter ist, aber es ergibt sich keine absolute Datierung (→Chronologie). Für diese bräuchte man noch zusätzliche Methoden aus anderen Wissenschaftsgebieten, z.B. Pollenanalyse, Radiokarbon-Methode u.a. Funde aus ein- und derselben Schicht sind in der Regel ungefähr gleich alt. Kennt der Archäologe das Alter eines Gegenstandes, darf er das Alter auch auf das mit ihm Gefundene übertragen.

Mit der Biostratigraphie werden fossile Reste verbreiteter Tierarten und Pflanzen (→Leitfossilien) auf weit auseinanderliegenden Fundstellen, die im Laufe der Evolution Veränderungen erfahren haben, durch Altersvergleich relativ datiert. Das Verfahren kann zur Überprüfung der absoluten Datierung (→Chronologie) herangezogen werden.

Streitäxte

(→Amazonenäxte, →Bootäxte, →Knaufhammeräxte, →Hammeräxte)

2800–2400 v.Chr.

Verbreitet ist die Streitaxt außerhalb des nordischen Bereichs in den mitteleuropäischen →Schnurkeramischen Kulturen sowie weiter östlich davon.

Die Streitaxt ist eine als Waffe gebrauchte Steinaxt mit Schaftloch und einem Hammerkopf gegenüber der Schneide. Im späten Neolithikum hat sie Kennzeichen, die den Bronzeguß imitieren. Das weist auf eine Konkurrenz durch das neue Metall hin.

- Bei den Streitäxten steht ein rundnackiger Hammeraxttyp, die sogenannte „gemeineuropäische Hammeraxt" oder auch „A-Axt", am Anfang. Sie zeigt eine geschweifte Verbreiterung in Höhe des Schaftlochs, eine heruntergezogene Schneide und einen leicht geneigten, gerundeten oder etwas verdickten Nacken bei gerundetem Querschnitt und häufig oberer Längsrippe.
- Der „B-Typ" besitzt eine geknickte Verbreiterung in Höhe des Schaftlochs und einen vierkantigen Querschnitt. Funde gab es nur in Jütland und Norddeutschland.
- „C-Äxte" unterscheiden sich von den vorhergehenden „A- und B-Typen" nur durch ihre Symmetrie.
- „D- und E-Äxte" sind sogenannte Konkav-Äxte, die symmetrisch oder asymmetrisch sind und am Nackenende mitunter einen Wulst aufweisen. Sie sind typisch für den jütländisch-norddeutschen Raum.
- „F-H-Äxte" sind Konvex-Äxte, die teils eine gerade oder gleichmäßige bzw. geschweifte konvexe Oberseite aufweisen. Sie sind hauptsächlich in Jütland verbreitet (Müller-Karpe, 149, 336).

Streitäxte stellen sowohl Waffen, als auch Statussymbole und Grabbeigaben dar. Die Bedeutung dieser Äxte als Standessymbole wird daran erkennbar, daß sie in Miniaturausführungen als →Grabbeigaben erscheinen und auch Knaben mit ihnen ausgestattet wurden.

Streitaxtkulturen

Umfassen mehrere neolithische Kulturen, deren gemeinsames Merkmal die Streitaxt ist, z.B. die →Schnurkeramische Kultur und die nordische →Einzelgrab-Kultur.

Suchschnitte
(→Archäologie)
Nach einer vorausgegangenen →Sondage werden Schnitte angelegt, die, in der Regel nicht sehr breit (ca. 1–2 m), dem Geländelauf folgen bzw. bereits nachgewiesene Strukturen rechtwinklig schneiden, bis auf den gewachsenen Boden führen und sich weit über das zu erforschende Gebiet ziehen. Die vertikalen Schnittwände (Profile) verdeutlichen den Schichtenaufbau (→Stratigraphie). Vorstufen des Suchschnitts sind Bohrprofile, deren Bohrkern den Aufbau der Schichten zeigt. So kann auch die Befunddichte und -erhaltung sowie die Ausdehnung der Fundstelle festgestellt werden.

Sungir
(Jungpaläolithischer Wohnplatz am Bach Sungir bei Wladimir, östlich von Moskau, Rußland)
Sungir besaß eine Ausdehnung von 10000 Quadratmetern, wovon knapp die Hälfte ausgegraben wurde. Auf dem etwa 25000 Jahre alten Wohnplatz fand man die Reste an der Oberfläche gebauter →Häuser (im Gegensatz zu den →Grubenhütten in →Timonovka), zahlreiche Herdstellen, Gruben verschiedener Größe sowie Arbeitsbereiche für Stein- und Knochenbearbeitungen. Die über 50000 gefundenen Steinwerkzeuge stammen aus Vorkommen der Umgebung. Es sind beidseitig bearbeitete, dreieckige Spitzen aus der Aurignac-Tradition (→Aurignacien) und archaische Formen des →Moustérien. Auf Grund der Tierreste kann man vermuten, daß die Menschen sich vom Sommer bis zum Frühherbst in Sungir aufhielten und dieser Ort über mehrere Jahre aufgesucht wurde.

Außerdem wurden mehrere Gräber des *Homo sapiens* freigelegt. Ein Grab enthielt das auf dem Rücken liegende Skelett eines ungefähr sechzigjährigen Mannes mit etwa 3 500 kleinen Elfenbeinperlen, deren Lage Aufschlüsse über die Bekleidung des Toten gab. Demnach bestand die Kleidung aus Pelz und Leder, einem hemdartigen Rock, Hosen mit langen Beinen, die wahrscheinlich in Schuhen aus weichem Leder ausliefen, Fellschuhen, die bis über das Knie hinaufreichten und einer Art Fellmütze. Weitere Schmuckstücke waren dünne Reifen aus Elfenbein. Der Mann hatte etwa zwanzig an jeder Hand. Diese kostbaren Beigaben lassen auf eine besondere soziale Stellung des Bestatteten schließen. Insgesamt wurden etwa 10 000 Perlen aus Elfenbein gefunden.

Das in der Nähe gefundene Doppelgrab zweier Kinder, ein Mädchen und ein Junge, die langgestreckt sich mit den Köpfen berührten, enthielt zahlreiche →Grabbeigaben: 16 Waffen, darunter 2 Elfenbeinspeere mit scharfen dünnen Spitzen von 1,60 und 2,42 m Länge (letzterer mit ca. 20 kg Gewicht), weitere Lanzen oder Speere, Speerschleudern, 2 Lochstäbe, Dolche, eine dünne, durchlochte Elfenbeinscheibe, lange Gewandnadeln, Armbänder, Fingerringe und Perlen. Der Junge trug einen Gürtel mit mehr als 250 durchbohrten Eckzähnen des Polarfuchses. Unter seinem Körper lag das elfenbeinerne Bild eines Mammuts. Weil diese Kinder nur zwischen 7–13 Jahre alt waren, kann die Ehrung durch reiche Grabbeigaben als erstes Beispiel für einen Status gedeutet werden, den sie nicht selber verdient, sondern vielleicht ererbt hatten.

Swanscombe
(Freilandfundplatz am Themse-Unterlauf in der Grafschaft Kent, Südengland, 30 km von London)
Gefunden wurden → Steinwerkzeuge des → Clactonien und → Acheuléen-Faustkeile. Ein Faustkeil mit einem versteinerten Seeigel spricht für das Schönheitsempfinden des Herstellers. Schädelteile einer Frau stammen aus der Zeit von vor etwa 300 000–250 000 Jahren „nach der älteren, kurzen und „engen" Chronologie, vor etwa 450 000–250 000 Jahren nach der neueren, langen und „weiten" [→] Chronologie (Müller-Beck, 141), und stehen dem *Homo steinheimensis* nahe, einer Übergangsform zwischen *Homo erectus* und *Homo sapiens*, der Ausgangsgruppe des europäischen Neandertalers.

Swidérien
13 000–9 500 v. Chr.
(benannt nach der Freilandstation Swidery Wielkie auf den Dünen einer Weichselterasse bei Warschau, Polen)
Verbreitung: Polen und Ungarn
Das Swidérien gilt als Sonderform des → Magdalénien in Osteuropa und wird den Stielspitzengruppen (neben → Ahrensburger und → Bromme Kultur) zugeordnet. Feuersteingeräte haben hauptsächlich symmetrische Formen. Typisch sind die teilweise flach retuschierten → Stiel- und → Kerbspitzen. Weitere Funde sind Stichel, Bohrer, Schaber und Sägen. Im

Zusammenhang mit den geometrischen → Mikrolithen wird die jüngere Stufe auch als Swidero-Tardenoisien bezeichnet.

Szeletien
50 000–33 000 v. Chr.
(benannt nach der Szeleta-Höhle im Bükk-Gebirge bei Hámor in Nord-Ungarn)
Verbreitung: Südwestdeutschland, Österreich, Ungarn Südpolen, Tschechien, Slowakei mit verwandten Erscheinungen in Bulgarien, Rumänien und der Ukraine.
Das Szeletin gehört zu den → Blattspitzen-Gruppen. Die Szeleta-Höhle ist der erste systematisch erschlossene Ausgrabungsort Ungarns. Das Szeletien stellt ein Mischprodukt dar: Es enthält sowohl archaische Elemente des → Micoquien wie Keilmesser, Faustkeile, Blattspitzen, Schaber als auch Elemente eines entwickelten → Aurignacien, wie Schaber, Stichel und prismatische Kernsteine. Besonders die charakteristischen Lorbeerblattspitzen fallen durch ihre regelmäßige Form mit beiderseitigen Flächenretuschierungen auf. In einigen Szeletien-Stationen sind ein archaischer Bestandteil der → Levallois-Technik und natürlich echte Levallois-Spitzen, -klingen und -kernsteine vertreten.
Geopfert wurden menschengestaltige Tonfiguren, Tiere und aus besonderen Anlässen wohl auch Menschen.
Im östlichen Mitteleuropa ist das Szeletien noch für einige Zeit neben dem → Aurignacien nachweisbar, es blieb aber im wesentlichen auf sein Ursprungsland begrenzt.

Talayots

(arab.: Wachposten)
1400–800 v. Chr.
Verbreitung: Balearen (Mallorca, Menorca, Ibizza)
Runde oder viereckige Türme (ähnlich den → Nuraghen Sardiniens), deren Sockel oft aus tonnenschweren, ohne Mörtel zusammengefügten Steinen bestand und die 8 m oder höher sind. Der Durchmesser an der Basis betrug z.T. über 15 m und verjüngte sich nach oben konisch. Sie dienten vermutlich als Wachtürme der sie umgebenden Dörfer, wobei einige einen sakralen Charakter besitzen. Auch die Nutzung als Wohntürme für einzelne Persönlichkeiten (Häuptlinge, Priester) erscheint möglich.

Tanz

In der großen Höhle von Niaux in den Pyrenäen wurden mehr als 1000 m im Höhleninneren, nach der Galerie Noir, über 500 Fußabdrücke von Kindern zwischen 13 und 15 Jahren gefunden. Da man in vielen Höhlen auf Flöten und Reste anderer mutmaßlicher Instrumente stieß, wurde ein zeremonieller Tanz vermutet, der mit Musik begleitet wurde. Auch in der Höhle von Le Tue d'Audobert entdeckte man Fußabdrücke von 6 Kindern, die zeigen, daß jedes Kind anders getanzt hat. Vielleicht hingen diese Tänze mit Initiationsriten zusammen. Neuere Forschungen weisen aber darauf hin, daß diese Spuren von Personen jeden Alters, Erwachsenen wie Kindern hinterlassen wurden ... Das unterschiedliche Alter der Urheber dieser Fußabdrücke entspricht dem Umstand, daß die mit Fingern gezogenen Linien außer von Erwachsenen recht häufig auch von Kinderhänden stammen ... in Gargas [Pyrenäen] stieß man sogar auf ein Handnegativ von einem Säugling. Die Tatsache, daß die in manchen Heiligtümern zurückgelassenen Fußspuren von Personen unterschiedlichen Alters stammen, spricht vielleicht nicht grundsätzlich gegen einen rituellen Zusammenhang. Die Abdrücke befinden sich nicht alle an denselben Stellen in der Höhle und haben daher wahrscheinlich eine unterschiedliche Bedeutung (Lorblanchet, 128, 218–219).

Im → Magdalénien in Deutschland (13000–9500 v. Chr.) ist auf einer Schieferplatte aus → Gönnersdorf offenbar ein Rundtanz nackter Tänzerinnen dargestellt, wobei sogar das Kleinkind auf einer Rückentrage dabei ist. Einige Gestalten mit behaarten Beinen, fratzenartigen Gesichtern und großen Augen werden als Männer gedeutet. Auf 4 Fragmenten eines Knochenspans vom Petersfels bei Engen-Bittelbrunn in Baden-Württemberg sind 2 Reihen untereinander tanzender Frauen dargestellt. Vielleicht ist bei diesen Tänzen der Rhythmus durch Händeklatschen oder → Musikinstrumente angegeben worden.
Von den → Federmesser-Gruppen (12000–10700 v. Chr.) gibt es nur ein einziges Kunstwerk: einen Pfeilschaftglätter aus Sandstein, der in Niederbieber gefunden wurde. Eine Seitenkante ist mit stark schematisierten Frauengestalten verziert, die vermutlich eine Tanzszene darstellen.
Aus der Mittelsteinzeit (→ Mesolithikum 8000–4000 v. Chr.) wer-

den Tanzende mitunter auf Ge-
weihäxten oder auf Felsbildern
dargestellt. Unter einem Abri bei
Cogul in der spanischen Provinz
Lérida zeigt eine Wandmalerei ei-
ne Gruppe von gertenschlanken
Frauen, die sich offenbar, bekleidet
mit glockenförmigen Röcken, mit
freiem Oberkörper und barfuß im
Tanze wiegen. Zwei kümmerliche
Gestalten dazwischen stellen wohl
Männer dar, die anscheinend keine
Kleidung trugen.
In →Çatal Hüyük in der Türkei
wurden um 7000 v. Chr. tanzende
Jäger mit Trommeln auf der Wand
eines Jagdheiligtums dargestellt.

Taphonomie
(gr. taphos: Grab; nomos: Gesetz)
Wissenschaft von der Einbettung
und Bildung archäologischer oder
paläontologischer Lagerstätten, die
durch den Tod einer Pflanze, eines
Tieres oder Menschen entstehen
(→Fossilien). Sie umfaßt die Entwicklung vom lebenden Organismus, dessen Zerfall, die Skelettreste, deren Einbettung und Fossilierung, Bergung, Präparation des
fossilen Materials sowie deren
Analyse. „Taphonomie läßt sich
durch folgende Kurzformel beschreiben: *‚›Übergang eines Le-
bewesens von der Biosphäre in die
Lithosphäre‹*" (Henke/Rothe, 86,
14).

Tardenoisien
4500–3500 v. Chr.
(benannt nach den Funden in der
Landschaft La Fère-en-Tardenois,
Dep. Aisne, Frankreich)
Verbreitung: West- und Mitteleuropa. Bevorzugte Siedlungsplätze
sind die Küsten Portugals und der
Bretagne).

Die Bezeichnung „Tardenoisien"
(ebenso wie →Sauveterrien und
→Campignien) wird in Deutschland heute nicht mehr verwendet,
da sich hinter diesem Begriff unterschiedlich alte Kulturstufen ver-
bergen.
Deshalb werden Fundstellen und
Funde oft keiner bestimmten Stufe,
sondern lediglich der Mittelsteinzeit zugerechnet. Gleichwohl emp-
fiehlt Hermann Müller-Karpe (148,
141) „den konventionellen Namen
Tardenoisien als Sammelbezeichnung für die westeuropäische
geometrische Mikrolithik beizube-
halten."
Zwischen dem →Sauveterrien und
dem etwas jüngeren Tardenoisien
bestehen sehr enge Beziehungen,
so daß beide Begriffe oft verwechselt werden. Das Tardenoisien
führt die schon für das Sauveterri-
en charakteristische mikrolithische
Produktion fort und ergänzt die
geometrischen Formen hauptsächlich durch Trapezformen. Die
wichtigsten, durchweg aus schmalen Klingen hergestellten mikrolithischen Formen sind Kreisseg-
mente, ungleichseitige Dreiecke
und Vierecke bzw. Trapeze. Als
Tardenoisien-Spitzen werden kleine, gleichschenklige, dreieckige
Spitzen mit retuschierter Basis bezeichnet.
Ferner gab es Mikrostichel, Klingen, Rückenmesser, Stichel, seltener Schaber sowie doppelseitig
retuschierte Spitzen spitzovaler,
dreieckiger oder gestielter Form,
die bereits neolithischen Typen
entsprechen.
Aus Knochen und Geweih sind
hacken- und axtförmige Hiebgeräte, breitflache Harpunen, die an
jene des →Azilien erinnern, Kno-

chenahlen, beinerne Dolche, Glätter und Spitzen. Ihre Fundlage bei Skeletten deutet auf eine Verwendung als Nadeln.

Als Schmuck wurden durchlochte Schalen von Weichtieren und Tierzähne sowie natürlich gelochte Steine getragen. Einfache Gravierungen sind meist geometrischer Art. Polierte Kiesel und rote Farbstoffe erinnern an die bemalten →Azilienkiesel.

In der letzten Phase des Tardenoisien ist die Haustierhaltung belegt, die zum →Neolithikum überleitet. Überraschend ist die ungeheure Verbreitung der →Mikrolithentechnik (größtenteils mit den gleichen Formen des Tardenoisiens), so z.B. in Nordafrika: →Capsien, →Ibéromarusien, →Sebilien, in Ost- und Südafrika: Kenia-Gruppe, in Vorderasien: →Natuf-Gruppe, den Ländern am Schwarzen Meer und in Osteuropa. Es ist wahrscheinlich, daß diese weite Ausbreitung in gewissem Grade durch Wanderungen und damit verbundene Kulturmischungen zustande gekommen ist.

Taxonomie
(Taxon: Ordnungseinheit in der Systematik, mit der Anordnung der Organismen nach einem bestimmten System)
Erforschung grundlegender Prinzipien, die die wissenschaftliche Klassifizierung steuern. Die biologischen Taxonomien bemühen sich um eine hierarchische Klassifizierung des Menschen, der Tiere und Pflanzen entsprechend ihrer vermuteten natürlichen Verwandtschaft, z.B. in die Einteilung in Überfamilie, Familie, Unterfamilie oder Gattung (→Evolution).

Tayacien
(benannt nach dem Fundort Les-Eyzies-de-Tayac im Vezèretal, Dordogne, Frankreich)
Formengruppe von Steingeräten aus der älteren und mittleren →Altsteinzeit West-, Mittel- und Südeuropas mit ähnlichem Inventar. Es spricht alles dafür, daß das früher oft als Industrie angesehene Tayazien durch →Inventare gebildet wird, die wohl während eher kurzer, über einige Zeit hinweg wiederholter und nicht mit spezialisierten Arbeiten verbundenen Aufenthalte entstanden sind (Steingerätefazies). Typisch sind kleine Geräte mit grober Zurichtung, besonders aber die →Tayacspitzen und Geräte mit gezähnten Schneiden, das Fehlen von Faustkeilen und die Verwendung grober Geröllgeräte. In der Nähe von Les-Eyzies-de-Tayac befindet sich die Fundstelle La Micoque mit ähnlichem Inventar. Nach Francois Bordes kann man sagen:

Der Ausdruck „Tayacien" ist niemals deutlich definiert worden. Auf jeden Fall bezog er sich auf verschiedene Industrien ... und muß deshalb zumindest noch einmal neu definiert werden. .... Man muß sich aber fragen, ob dieser Begriff überhaupt eine Daseinsberechtigung hat, es sei denn, um ein entwickeltes Clactonien damit zu bezeichnen oder einen möglichen Vorgänger des Moustérien oder gar beide Epochen zugleich (Bordes, 19, 147/84/98).

Tayacspitzen
Spitzen der älteren und mittleren →Altsteinzeit, die aus einem Abschlag mit wenig Retuschennegativen bilateral zu einer spitz zulaufenden Form gearbeitet sind. Sie dienten vermutlich der Holzbearbeitung.

Technik
Art der Vorgehensweise zur Herstellung oder Gewinnung materieller Güter und der Befriedigung religiöser oder künstlerischer Bedürfnisse.
Bearbeitung verschiedener Materialien zur Herstellung von Werkzeugen, Waffen oder Geräten (z. B. →Abschlagtechniken), in der Kunst die Form der Darstellung (Felsbilder), Feuererzeugung, Jagd und Fischfang, landwirtschaftliche Produktionsweisen, Textil- und Keramikherstellung u. a.

Tektonik
Teilgebiet der Geologie, das sich mit dem Bau der Erdkruste und ihrer inneren Bewegung befaßt.

Tell
(arab.: Hügel)
Siedlungshügel des →Altneolithikums im Vorderen Orient. Bei der Neuanlage eines →Hauses oder Siedlung wurde der →Lehm der vorhergehenden Bauten an Ort und Stelle planiert, so daß er die Steinsockel der alten Hausmauern bedeckte. Die Errichtung immer wieder neuer Häuser ließ Siedlungshügel bis zu 20 m Höhe entstehen. Bei höher werdendem Hügel können weniger Häuser auf der oberen Fläche gebaut werden, was zur Anlage von Häusern auf den oft terrassierten Hängen oder bei zu steilem Winkel zum Bau von Gebäuden am Fuße des Hügels führte. Das bringt beim Ausgraben Schwierigkeiten mit sich, da zur gleichen Zeit bewohnte Gebäude auf verschiedenen Ebenen liegen.

Tempern
(thermische Steinbehandlung)
Wenn Hornstein unter einer Sandabdeckung eine zeitlang auf Temperaturen um 350 Grad erhitzt wird, bewirken chemische Reaktionen eine Gefügeänderung im Stein, die seine Spaltfähigkeit erheblich verbessert: Dieser Vorgang wird als „Tempern" bezeichnet. Mit den inneren Veränderungen gehen oftmals eine rosa Verfärbung des Materials und ein seidenmatter Glanz der Oberfläche einher.
Farbliche Variationen von rot über rosa bis hin zu einer grauen Farbe dürfen wohl mit einem unterschiedlichen Mineralgehalt zusammenhängen. Je mehr Eisen im Hornstein gebunden war, desto roter war die Farbe; beinhaltete der Stein mehr Mangan, so spielte seine Farbe mehr oder weniger ins Graue. Der seidenmatte Glanz ist immer zu beobachten.

Terra Amata
(Name einer kleinen Gasse über dem alten Hafen von Nizza, Südfrankreich)
Am Ende dieser Gasse entdeckte man 1965 bei Ausschachtungsarbeiten für die Fundamente eines neuen Hauses die ältesten bisher bekannten →Behausungen Europas mit einem Alter von etwa 400 000 Jahren.
Die sehr sorgfältig durchgeführte Grabung stieß in etwa 15 Metern Tiefe auf zahlreiche Spuren einer *Homo-erectus*-Gruppe. Es wurden etwa 35 000 Objekte geborgen: Ihre Auswertung erlaubte eine Rekonstruktion des Aufenthaltsortes und der damaligen Landschaft. Zu dieser Zeit lag der Meeresspiegel 25 m höher als heute und bildete eine Bucht, an der Terra Amata lag.

Es konnten 21 Wohnstätten nachgewiesen werden: 4 auf einer länglichen Sandbank, 6 direkt am Strand und 11 auf einer Düne. Sie wurden nach jährlich wiederkehrender Wanderung im Frühjahr auf dem gleichen Platz errichtet. Die ovalen Behausungen schwankten in der Länge zwischen 8 und 15 und in der Breite zwischen 4 und fast 6 Metern. Die Dächer bestanden aus langen schräg gestellten Ästen für die Unterkunft von 20–25 Menschen. Das Innere enthielt eine Feuerstelle sowie Schlaf- und Arbeitsplätze.

Ein kugelförmiger Abdruck kann von einem Holzgerät stammen, in dem Früchte, Samen oder Wasser aufbewahrt wurden; letzteres ist vielleicht zur Nahrungszubereitung durch →Kochsteine erhitzt worden. Es wurden Ockerstücke gefunden. Die →Acheuléen-Geräte waren zum Teil aus Strandkieseln gefertigt, die auch für Abschläge benutzt wurden. Skelettreste wurden nicht gefunden, aber ein 24 cm langer Fußabdruck (→Fußspuren) blieb erhalten.

Gejagt wurden: Elefanten, Wildschweine, Steinböcke, Nashörner, Wildtiere, Fische, Vögel und Schildkröten. Gesammelt wurden Austern, Napfschnecken und Miesmuscheln.

Tertiär

Dritte Abteilung einer Erdgeschichtsgliederung mit weiteren Unterteilungen von 65–2 Mio. Jahren (→Erdneuzeit).

Theorie

(gr.: Betrachtung)
Nicht praxisorientierte oder -bezogene Betrachtungsweise oder wissenschaftlich begründete Aussage zur Erklärung bestimmter Tatsachen oder Erscheinungen (→Hypothese).

Thermolumineszenz-Datierung

(gr. thermos: warm; lat. lumen: Licht)
Beim Erwärmen bestimmter Stoffe tritt ein Aufleuchten in einer charakteristischen Farbe auf. Diese Methode wird vor allem eingesetzt, um Ablagerungen zu datieren, die zwischen 50 000 und 100 000 Jahren alt sind und von der →Radiokarbon-Methode (C-14) nicht mehr erfaßt werden. Im Zeitraum der C-14-Methode sind beide wirksam und werden zur gegenseitigen Überprüfung eingesetzt (→Archäologie). Besonders bewährt hat sich diese Methode beim Nachweis der Echtheit keramischer Objekte. Das für Keramiken verwendete Material enthält radioaktive Elemente, die Teilchen ausstrahlen. Die dabei entstehenden Elektronen bleiben beim Brennen in den Kristallgittern gefangen. Erhitzt man die Keramik, vereinigen sich die Teilchen und strahlen Licht aus. Je mehr Zeit ab dem Brennen der Keramik vergeht, das als Jahr Null betrachtet wird, desto intensiver ist das ausgestrahlte Licht. Die Genauigkeit kann bei hohen Brenntemperaturen und einheitlichen Tonmaterialien sowie idealer Abschirmung im Sediment bis +/– 10 Jahre betragen. Das gleiche Verfahren wird auch bei Steingeräten oder Gesteinen angewendet, die Wärmequellen ausgesetzt waren. Dort können niedrige Starttemperaturen, wechselnde Einbettungsbedingungen

und schlechte Abschirmung zu erheblichen, nur aufwendig kontrollierbaren Schwankungen der Meßergebnisse führen.

Tierbestattungen

Der Brauch, Tiere in Gräbern zu bestatten, kommt in der Jungsteinzeit auf. Es gibt sowohl selbständige Tiergräber, als auch die gemeinsame Bestattung mit Menschen. In der →Linienbandkeramischen Kultur in der Slowakei fand sich ein Hundeskelett zu Füßen einer menschlichen Bestattung. In einem Grab in Jordansmühl (→Jordansmühler Gruppe) lagen das Skelett eines jungen Hausrindes und Reste eines Schafes getrennt durch einen Schleifstein. In einem anderen lag das fast vollständige Skelett eines jungen Wildrindes, auf diesem 1 Hundeskelett, 2 Hundeschädel und 1 Kinderschädel mit einigen Knochen. In der →Kugelamphoren-Kultur war es Brauch, bei Einzel- oder Mehrfachbestattungen 1, 2 oder 3 Rinder mit ins Grab zu geben. Teilweise gab man den Rindern auch Gefäße mit (vielleicht für Speise und Trank) und hängte den Tieren Knochenmedaillons mit einem Sonnensymbol um den Hals. Auch reine Tiergräber mit 1–5 Rindern kamen vor.

Ab dem Übergang vom →Neolithikum zur →Kupferzeit kamen auch Pferdebestattungen, manchmal auch zusammen mit anderen Tieren, vor. In Großhöflein (Österreich) fanden sich in einem Grab mit Steinkranz die Skelette eines Erwachsenen und eines Kindes in Hockerlage, eine zwanzigjährige Stute mit ihrem Fohlen, eine vierjährige Stute, der Schädel einer etwa zwanzigjährigen Stute, die Skelette einer Kuh, eines Kalbes, einer Ziege und einer Kitze.

Über die Gründe der Tierbestattungen gibt es verschiedene Vermutungen: Opferhandlungen oder ein Zusammenhang mit angesehenen Persönlichkeiten.

Timonovka

(am rechten Ufer der Desna, Cernigov-Gebiet, Ukraine)

Jungpaläolithischer Freilandlagerplatz mit 6 rechteckigen Wohngruben, die ca. 6–10 m lang, 3–3,50 m breit und etwa 2,50–3 m in den Boden eingelassen waren. Wände zeigen Spuren einer Holzverkleidung; eine Holzbalkendecke mit einer aufgeschütteten Erdschicht ist anzunehmen. Der Zugang erfolgte über einen rampenartigen Gang von etwa einem Meter Breite und 2,50 m Länge. Jeweils 2 größere Erdgruben lagen mit einer kleineren zusammen, aber nur die größere besaß eine Herdstelle, in einem Fall sogar mit einem Rauchabzug aus Rinde mit Lehmverputz. Nahebei lagen kegelförmige Vorratsgruben mit einem oberen Durchmesser von ca. 3,50–4 Metern und einer Tiefe von 2,40–0,80 m, die ebenfalls mit einem schrägen Zugang versehen waren. Auf 2 Werkplätzen wurden 33 000 Feuersteingeräte gefunden: Kernsteine, messerartige Geräte und Stichel. Der Feuerstein wurde aus 10 km Entfernung geholt, weil der örtliche Feuerstein den Ansprüchen nicht genügte. Knochengeräte sind selten: z. B. 2 Nähnadeln mit Öhr; 2 Elfenbeinstücke tragen Ritzzeichnungen mit Wellen- und Rautenmuster, ein weiteres eine

Fischdarstellung. Hauptjagdwild war das →Mammut.

Tjonger-Gruppe
10 000–8 700 v. Chr.

(benannt nach dem Fluß Tjonger in Holland, der in den Zuider-See mündet)

Verbreitung: Nordbelgien, Niederlande, gebietsweise in Niedersachsen und Schleswig-Holstein; vielleicht stand sie in Verbindung mit dem englischen →Creswellien sowie zu den →Wehlener- und →Rissener-Gruppen im norddeutschen Tiefland. Die Tjonger Gruppe drang später nordwärts bis Jütland und Westschweden vor. Sie gehört zu den →Federmesser-Gruppen.

Es handelt sich um eine dem →Magdalénien folgende Steinindustrie, die durch Messer mit geknicktem Rücken, Trapezmesser, Zinken und kreisrunde Scheiben gekennzeichnet ist.

Togogeld
(auch Donner- oder Blitzsteine)
3 000–1 200 v. Chr.

Vorkommen: Westafrika im Neolithikum

Die Bezeichnung „Blitzsteine" oder „Donnersteine" ist an die Umstände ihrer Entdeckung gebunden. Den Überlieferungen nach findet man sie nach einem Gewitter am Fuß eines Baumes. Im Süden von Togo und Benin nennt man sie „sokpé" (so: Blitz; kpé: Stein).

Die bikonisch durchbohrten Steine sind aus hellem Quarzit von weißer bis gelblich-grauer Farbe, aus Sandstein oder marmoriertem Gestein, haben einen Durchmesser von 3–8 Zentimetern, sind bis zu 3 cm dick und wiegen 25–300 g. Sie sind mehr oder weniger gut behauen, haben keine gleichmäßige Stärke und sind meist glatt geschliffen. Der Schliff der Steine erfolgte in Felsrinnen entsprechender Kalibrierung. Die doppelkonische Durchbohrung ist etwa stecknadelkopfgroß und befindet sich annähernd in der Mitte des Steines. Togosteine in zylindrischer Form, ca. 1,8 cm hoch und mit einem Durchmesser von etwa 2,6 Zentimetern, sind selten. Die Quarze haben oft eine kristalische Struktur und sind wohl aus dem Atlas eingeführt worden.

Über die Verwendung ist nichts bekannt. Die Kiesel sind zu schwer, um als Perlen gedient zu haben, weisen auch keine Tragespuren auf, und die enge Durchbohrung erlaubt auch nicht ihre Verwendung als Spindel. Zahlreiche Hortfunde belegen aber, daß die Besitzer dieser Stücke ihren Reichtum vergruben, um ihn in Sicherheit zu bringen. Im Museum von Akkra in Ghana befindet sich ein Depotfund von 384 Steinen. Steinperlen aus dem gleichen Gestein, die mit der gleichen Technik durchbohrt wurden, scheinen noch früher aufgetreten zu sein, und zwar etwa in mesolithischer Zeit. Eine andere Form von „Blitzsteinen" sind kleine Beile aus grünem, braunem oder schwarzem weichen Gestein, z.T. vulkanischen Ursprungs, glatt geschliffen, von wenig regelmäßiger Form und etwa 4–8 cm lang, dienten sie vermutlich keinem praktischen Zweck.

Ton
Nicht verfestigtes, sehr feinkörniges silikatisches, aus verwitterten,

älteren Gesteinen entstandenes
Material, das durch Wasser oder
Eis befördert, sich als → Sediment
absetzte. → Keramik ist gebrannter Ton.

Töpferscheibe
→ Keramik

Topographie
(gr.: Ortskunde, Lagebeschrei-
bung)
Die Beschreibung und Darstellung
geographischer Örtlichkeiten (Ge-
ländebeschreibung), aber auch die
Beschreibung des Reliefs und der
Struktur eines bestimmten geographischen Areals. In der → Anatomie bezeichnet man damit Lagebe-
schreibung der einzelnen Organe
im Körper.

Torralba/Ambrona
(Zwei Hügel etwa 150 km nordöstlich von Madrid in der Sierra de
Guadarrama, Spanien)
Altpaläolithischer Jagdplatz aus
der Zeit von 400 000 Jahren v.h.
Bereits 1888 wurden Knochen und
Stoßzahn einer ausgestorbenen Ele-
fantenart gefunden. 1907 fand der
Marqués de Cerralbo die Überreste
von etwa 25 Waldelefanten. Aber
erst 1961 grub der Paläoanthro-
pologe F. Clark Howell Torralba
vollständig und Ambrona zum Teil
aus. Die Ausgrabungen an den sich
gegenüberliegenden Hügeln brachten zahlreiche alte Knochen von
etwa 50 Elefanten, Hirschen, Wildpferden, Nashörnern und anderen
Tieren zum Vorschein.
Neben Steinwerkzeugen, Geröllgeräten, Faustkeilen, Spaltkeilen und
Abschlaggeräten fanden sich
Bruchstücke von zahlreichen konisch zugespitzten Holzstäben, von

denen einige Einschnitte, Hack-
marken, Glanzspuren und feuergehärtete Spitzen aufweisen, die auf
eine Verwendung als Lanze deuten.
Die *Homo-erectus*-Gruppen hatten
sich mindestens zehnmal im Gebiet der Hügel aufgehalten, durch
das das Wild auf seinen jährlich
wiederkehrenden Wanderungen in
nördliche oder südliche Gebiete
zog. Durch Treibjagden wurden
vorwiegend Elefanten erlegt, die
offenbar durch gezielt angelegte
Grasbrände in das sumpfige Gelände eines in der Nähe liegenden
Flusses getrieben wurden, wo sie
steckenblieben und leicht getötet
werden konnten. Die Zusammensetzung der Knochenhaufen an den
verschiedenen Feuerstellen läßt erkennen, daß die Beute offensichtlich redlich geteilt wurde, denn bei
Jagden, in deren Verlauf verschiedene Tierarten erlegt wurden, waren bei jedem Feuer Überreste fast
aller erlegten Wildarten zu finden.
Merkwürdig ist das fast vollständige Fehlen der Schädel der Beutetiere sowie der Fund einer rechten
Hälfte eines Elefanten, die mit der
Fellseite nach oben lag, während
die linke Hälfte des Tieres fehlte,
und der Fund von einem Stoßzahn
und 5 Beinknochen in einer geraden Linie, während andere einen
rechten Winkel dazu bildeten.
Vielleicht stellen diese Funde einen Jagdzauber oder rituelle
Handlungen dar.
Skelettfunde des *Homo erectus*
und Spuren seiner Behausung wurden nicht gefunden.

Totenhaus
Vorkommen: im nördlichen Niedersachsen im Bereich Harburg

und Lüneburg während der älteren Bronzezeit.

Hölzerne Nachahmung eines Hauses, meist als offene Halle ohne Wandkonstruktion von mindestens 2,50 m Höhe, in der die Leichen mit Abbrennen des Hauses verbrannten. Anschließend wurde der Brandherd mit Steinen abgedeckt und erhielt einen Hügel. Die Konstruktion des Hauses aus Balken (Kanthölzern) läßt eine zimmermannsgerechte Arbeit mit Verzapfungen und einem Walm- oder Satteldach vermuten. Auf Grund der erhaltenen Beigaben erhielten ausschließlich Frauen diese aufwendige Bestattung. In Grünhof-Tesperhude, östlich von Hamburg, wurden um 1300–1200 v. Chr. eine Frau und ein Kleinkind in dieser Art bestattet. Die beiden Baumsärge standen auf einer oben sorgfältig mit Lehm verstrichenen Steinpackung im Totenhaus, dessen Giebelseite etwa 3,60 m breit war. Die Toten wurden in ihren Särgen verbrannt, danach das Haus angezündet und über dem Brandort ein Hügel errichtet. In Rosengarten, Krs. Harburg, wurde das in Sottorf gefundene Totenhaus von 5,70 x 5,20 m rekonstruiert (→Bestattungen).

Tranchets

(franz. tranche: Scheibe → Scheibenbeil)
Vorkommen seit dem älteren Mesolithikum.
Scheibenbeile (Spalter), aus der Scheibe eines Feuersteinknollens gearbeitet, in der eine scharfe Kante als Schneide belassen und die Unterseite nicht bearbeitet wurde, so daß ein rechteckiger, häufig trapezförmiger Querschnitt

entstand. Sie waren quergeschäftet und dienten der Holzbearbeitung.

transversal

Querverlaufende Richtung (→Abschläge)

Travertin

(Name nach italienischer Ortsbezeichnung. Auch „Tuff" genannt).
Vor allem in der letzten Warmzeit des Eiszeitalters vor etwa 120 000–50 000 Jahren entstanden im Verlauf des Riß/Würm- →Interglazials sowie eines oder mehrerer →Interstadiale der Würmeiszeit (→Eiszeit) in Europa bedeutende Travertin-Lagerstätten. Heißes, saures Wasser löste unterirdisch relativ viel Kalk aus dem Gestein. Gelangte das Wasser an die Erdoberfläche, schied es als Quelle oder Bach Kalkstein aus und bildete als Travertin ein poröses und festes Kalkgestein. Die Travertinbildung in warm-gemäßigter Klimaperiode konnte sehr schnell erfolgen. In →Bilzingsleben (370 000 v.h.) konnten im Travertin senkrechte Abdrücke von Schilfrohr beobachtet werden, das bis zu einer Höhe von 75 Zentimetern in 1–3 Jahren vollständig im Travertin eingelagert wurde.

Trepanation

(gr. trypao: bohren)
Operative Schädelöffnung am lebenden Individuum durch Schaben oder Schneiden in der Form einer runden oder ovalen Öffnung, meist auf dem Scheitel, die in einigen Fällen bis über 10 cm groß sein kann. Dabei machte man die Erfahrung, daß nach der Entfernung von Splittern und der Erweiterung der Schädelöffnung zahlreiche Be-

gleitsymptome der Verletzung verschwanden und eine Besserung des Allgemeinbefindens eintrat. Deshalb wendete man diese Methode auch auf andere Krankheitsbilder mit ähnlichen Symptomen an. Nach den Heilungsspuren der Trepanationsränder zu urteilen, haben die meisten der Trepanierten diesen schweren Eingriff um Jahre überstanden und sind in einigen Fällen sogar nochmals operiert worden. Wahrscheinlich war auch eine Art Antibiotika aus Pflanzen bekannt: Anders ist es nicht zu erklären, wie sonst die Gefahr von Infektionen beherrscht worden ist.

Vor der Operation hat man den Verletzten vielleicht berauschende oder beruhigende Getränke verabreicht. Durch Schnitte mit einem Feuersteinmesser wurde dann die Kopfhaut aufgeklappt. Die Entfernung des Knochenstücks aus dem Schädeldach erfolgte wohl meistens durch die Schabetechnik mit einem scharfkantigen Feuersteinwerkzeug. Anschließend wurden die Stege durchtrennt und das Knochenstück gelöst.

Der 1996 im elsässischen Ensisheim gefundene Schädel stammt aus der →Linienbandkeramischen Kultur, also etwa 5 000 v. Chr., und weist 2 Trepanationen auf. Er gilt als der älteste trepanierte Schädel Mitteleuropas. Die Knochenränder vernarbten ohne sichtbare Komplikationen: Somit dürfte der Patient die Eingriffe überlebt haben. Der Fund ist deshalb bedeutsam, weil er um 2 000 Jahre älter ist als alle bislang gesicherten Spuren von vorgeschichtlichen Schädeloperationen. (Alt, 3).

Im →Neolithikum erlebte die Schädelchirurgie einen ungeheuren Fortschritt, was durch entsprechende Funde aus vielen Ländern belegt ist.

Die Trepanation wurde in Europa zur Zeit der →Megalith-Kultur (4 800–2 800 v. Chr.) zum erstenmal angewendet. Der Anthropologe Herbert Ullrich vermutet die Entstehung dieser Technik im südfranzösischen Lozére-Tal, die sich von dort schnell nach England, Dänemark, Südschweden, Niedersachsen, Mitteldeutschland und Mähren ausbreitete. In der →Walternienburg-Bernburger Kultur, der →Kugelamphoren-Kultur und den →Schnurkeramischen Kulturen kommen Trepanationen relativ häufig vor.

Die rezenten Kisii, ein Bantustamm in Kenia (Afrika), beherrschen noch heute die steinzeitliche Trepanationstechnik. Sie trepanieren Kopfverletzungen und Schädelbrüche, wie sie bei handgreiflichen Auseinandersetzungen entstehen.

Die Eingriffe finden im Freien statt. Magische Praktiken oder Hypnose werden offenbar nicht angewandt. Die Verletzten bekommen vorher keinerlei Drogen oder Betäubung. Helfer halten die Patienten lediglich fest, damit der Chirurg ungehindert arbeiten kann. Die Eingriffe dauern zwischen einer Stunde bis zu mehreren Stunden lang, bei Schwerverletzten soll auch schon über zwei volle Tage trepaniert worden sein, obwohl das offensichtlich als absolute Ausnahme zu sehen ist (Lippert, 126, 197).

Trichterbecher-Kultur
4 300–2 700 v. Chr.
(benannt nach dem Gefäß mit trichterförmigem Hals, das als Trinkbecher gedient hat)
Verbreitung: Nordost- und Nordwestdeutschland, Dänemark, Süd-

schweden und Mitteleuropa. Sie wird in eine Nord-, Ost- und Westgruppe ohne klare Abgrenzung unterteilt. Im erweiterten Sinn gehören auch Süd- und Südostgruppen wie Süddeutschland, Südpolen sowie Böhmen und Mähren zur Trichterbecher-Kultur, sie haben sich aber durch andere Elemente stark verändert.

Unter dem Begriff „Trichterbecher-Kultur" sind mehrere Kulturen zusammengefaßt, für die der Besitz des Trichterbechers charakteristisch ist. Eine der ältesten ist die Nordgruppe mit Südskandinavien und dem nördlichen Mitteleuropa, die bei der Neolithisierung eine entscheidende Rolle spielte. Die Errungenschaften von Landwirtschaft und Viehzucht wurden durch Gruppen eines wahrscheinlich weit verbreiteten Volkes, der Trichterbecherleute, von Südosten her gebracht. Der Wunsch nach neuem und geeignetem Land für Weiden und den Anbau von Getreide und Hülsenfrüchten muß den Völkerwanderungen der Steinzeit zugrundegelegen haben.

Die Menschen der Trichterbecher-Kultur mußten für die Anlegung ihrer Äcker den Wald erst roden. Dies geschah mit Feuersteinbeilen oder durch Brandrodung. Beim Fällen blieben die Baumstümpfe hoch stehen: Zwischen ihnen wurde dann gesät und geerntet. Pflugspuren weisen auf die Verwendung des Hakenpfluges (→Pflug) hin, der mehr ein „Furchenstock" war; echte Pflüge tauchen erst in der Bronzezeit auf und wurden vermutlich von Rindern gezogen. Mit dem Hakenpflug riß man Furchen in den Erdboden und legte das Saatgut zum Schutz gegen Wind und Vögel hinein. Rinder, Schweine, Ziegen oder Schafe wurden zum Weiden in die Laubwälder getrieben. Dies und das Abschneiden belaubter Äste für die Fütterung sowie wiederholte Brandrodungen zerstörten die Bodenstruktur und begünstigten die spätere Ausbreitung der Heide.

Siedlungen waren unbefestigt oder befestigt, lagen oft auf Anhöhen oder im Wasser umgebenen Gelände und konnten durch Gräben, Wälle und →Palisaden gesichert sein. Form und Größe der Siedlungen waren sehr unterschiedlich. In Dänemark wurden in Barkaer in Mitteljütland 2 gegenüberliegend Langhäuser von etwa 85 m Länge und 7,50 m Breite gefunden. Durch eine 10 m breite Straße getrennt, die längs der Häuserreihen gepflastert war. Jedes Langhaus war in 26 rechteckige Räume gleicher Größe und Form eingeteilt, so daß man von einer reihenhausartigen Unterkunft sprechen kann. In den Häusern werden etwa 100 Erwachsene gelebt haben. Die breite Straße zwischen den Häusern diente vermutlich für das abends nach Hause getriebene Vieh als Stall. Vielleicht besaßen diese Siedler eine Gesellschaftsform ohne Klassenunterschiede. In Deutschland fand man Gebäude mit einer Länge von bis zu 16 Metern, die meist in mehrere Räume unterteilt waren. Rechteckige Häuser besaßen an einer Schmalseite oft eine offene Vorhalle. Neben diesen Wohngebäuden wurden auch Wirtschaftsgebäude gefunden, in denen unterschiedliche Arbeiten erledigt wurden.

Gegenüber der →Ertebølle- und der →Ertebølle-Ellerbek-Kultur, in denen noch die Jagd und der Fischfang die Haupternährungsgrundlagen bildeten, traten nun immer mehr Ackerbau und Viehzucht an deren Stelle. Aus geschroteter Gerste oder Mehl wurde ein Brei mit Wasser, etwas Öl und Salz hergestellt, der in einem Topf oder Pfanne erhitzt wurde und einen Fladen ergab, der auch über längere Zeit haltbar blieb. Oder man kochte einen Brei mit Milch und Fett und gab Wildgemüse, Fleisch, Fisch oder Knochenmark hinzu. Auch Himbeeren, Brombeeren, Honig und Haselnüsse wurden in Breiresten nachgewiesen.

Die Keramikformen der skandinavischen Trichterbecher-Kultur werden in die Gruppen A und B eingeteilt. Gruppe A ist die ältere und umfaßt Trichterbecher und Ösenbecher mit Hals, die oft mit einer Stichreihe in der aufgelegten Dellenleiste unter der Mündung versehen waren, Vorratsgefäße mit Dellen am Rand (durch Fingerabdrücke), Schnürösengefäße, Amphoren, Warzennäpfe, flache Platten (→ „Backteller") und Flaschen. Alle Gefäße hatten flache Böden. Das Steininventar umfaßte geschliffene, zweiseitige, spitznackige Flintbeile und querschneidige Pfeilspitzen, die wohl denen der Ertebølle-Kultur nachgeahmt sind, da auch deren Scheibenbeile weiterhin in Gebrauch waren.

Die Gruppe B zeigt Trichterbecher mit einem markant abgesetzten Halsknick, dazu Vorratsgefäße mit einem Ösenkranz über dem Boden sowie Flaschen mit einem Halsring, sogenannte → Kragenflaschen. Alle Gefäße haben im Gegensatz zur Gruppe A flachabgerundete „Wackelböden". Die Or-

namente waren: feine Einstiche, Striche und Abdrücke von doppelt gedrehten Schnüren, die dicht unter der Mündung lagen. Beim Steininventar entwickelte sich das zweiseitige Flintbeil zum vierseitigen spitznackigen Beil und zum Breitbeil mit ebenen Schmalseiten, leicht gewölbtem Rücken und schwach gebogener Schneide; als Vorbild diente das Kupferbeil. Die Beilklinge war schräg nach unten geschäftet, das Nackenteil ragte frei über den Schaft hinaus (→ Schäftungen).

Abgesehen vom dänischen Steininventar gab es Beile, Sicheln, Rundschaber, Klingenschaber, Zinken und Meißel aus Feuerstein und Beile, Keulen, Streitäxte (Hammeräxte), Amazonenäxte, Keulenköpfe sowie Mahlsteine aus Felsgestein. Die Äxte entsprachen in der Form ihren kupfernen Vorbildern.

Einbäume bzw. Fragmente von solchen wurden in Åmose auf Seeland in Dänemark und in Dümmer in Niedersachsen gefunden. Eines dieser Boote ist 5,50 m lang, hat einen nach oben geschwungenen Bug und ein gerade abgeschnittenes Heckteil (→ Wasserfahrzeuge).

Zu den Kunstwerken zählen in Norddeutschland die Deckplatten von Großgräbern mit eingemeißelten Sonnenrädern sowie Hand- und Fußdarstellungen. In Krzemionki in Polen haben die Trichterbecherleute im Stollen eines Feuersteinbergwerks mit Holzkohlenstückchen stark schematisierte Zeichnungen hinterlassen, die als Darstellung betender Menschen, einer thronenden weiblichen Gottheit, eines Bootes und anderer Objekte gedeutet werden.

Als Schmuck gab es Bernstein, Gagat, durchbohrte Ammoniten oder Tierzähne, Armringe aus Knochen, dünn ausgehämmertes Kupferblech und Gold. Bernsteinketten bestanden oft aus röhrenförmigen Perlen sowie beil- oder axtförmigen Gliedern.

Bestattungen erfolgten anfangs in gestreckter Rückenlage, und zwar mit oder ohne Steinsetzung in einfachen Erdgräbern als Flachgräber oder Kleinhügel. Durch Kontakte mit Seeleuten, Händlern oder Priestern wurde um 3 400 v. Chr. der Bau von Megalithgräbern und die damit verbundenen Bestattungsriten und die megalithische Religion vermittelt. Nun wurden die Toten in Großsteingräbern, den Dolmen, später in Ganggräbern und Galeriegräbern beigesetzt (→ Megalith-Kultur).

Grabbeigaben umfaßten zahlreiche Keramikerzeugnisse, auch Getränke und Speisen, Beile, Pfeilspitzen, Pfeilbündel und Köcher, Knochengeräte, durchlochte Tierzähne, Bernsteinperlen und Feuerzeuge (Pyrit, Kiesel und Feuerstein). Ein Mooropfer aus Mollerup in Jütland bekam 13 000 Bernsteinperlen beigelegt. Knochenteile von jungen Menschen lassen auf einen rituell begründeten → Kannibalismus schließen.

Trieder

Spezielle Gruppe von langen und groben Faustkeilen mit dreieckiger Spitze neben → Cleaver und → Faustkeil (→ Pic).

Tülle

Eine Höhlung (keine Durchlochung) für die Aufnahme einer Klinge oder eines Schaftes bei → Beilen.

Tumulus

(lat.: Hügel → Kurgan-Kultur, → Einzelgrab-Kultur, → Hügelgräber)

Grabanlage, bei der über einem Grab ein Erdhügel mit kreisrundem Grundriß aufgeschüttet und oftmals mit Soden abgedeckt wurde. Der Bodenverbrauch für ein Hügelgrab konnte beträchtlich sein.

Für einen Hügel von nur 1 m Höhe und 10 m Durchmesser, was für ein bronzezeitliches Grab eher klein ist, brauchte man allein 70 cbm Erdreich. Wurde nur der Oberboden als Soden genutzt, wurden mehrere Hundert Quadratmeter verbraucht. Die Erosion oder Verarmung von Böden und andere Einschränkungen der Erwerbsfläche können so durchaus die Mobilität verstärkt haben (Willroth, 210).

In manchen Fällen gaben Grassodenwälle oder Holzkonstruktionen dem Hügel Halt. Das Hügelgrab ist die typische Grabform des späten → Neolithikums und der → Bronzezeit des mitteleuropäischen Raumes. Hügelgräber enthalten Einzelgräber zumeist mit Einzelbestattungen, und unterscheiden sich dadurch von den neolithischen Steingräbern der → Megalith-Kultur mit ihren Grabkammern und Kollektivbestattungen. Der Durchmesser der Hügelgräber kann sehr gering sein, aber auch mehr als 30 m betragen: Die Gräber sie sind oft in Gruppen als friedhofartige Anlagen anzutreffen.

Tundra

(finn.-russ.; die baumlose Kältesteppe jenseits der arktischen Waldgrenze)

Heute erstreckt sich die Tundra in den nördlichen Teilen Europas, Asiens und Nordamerikas meist als Tiefland mit →Dauerfrostboden, der nur im Sommer an der Oberfläche bis zu etwa 1,50 Metern Tiefe auftaut. Der Bewuchs besteht aus Moosen, Flechten, Zwergbäumen, Heidelbeer- und Preiselbeersträuchern. Im Pleistozän verschob sich die Tundra in den einzelnen Glazialen (→Glazialzeit) und Interglazialen (→Interglazial) gleichzeitig mit dem Abzug der Gletscherfront. Vor der Gletscherstirn bildete die Tundra bis über 200 km breite Gebietsstreifen, in denen eine reiche Tierwelt die Grundlage für die menschliche Ernährung abgab. Im Laufe der Zeit ging sie in Steppe und Wald über, und die großen eiszeitlichen Tiere starben aus oder wanderten ab (→Mammut).

Tundrenzeiten:
• Älteste Tundrenzeit
  vor mehr als   15 000 v.h.
  (älteste Dryaszeit)
• Ältere
  Tundrenzeit   14 000–13 700 v.h.
  (ältere Dryaszeit)
• Jüngere
  Tundrenzeit   12 700–12 000 v.h.
  (jüngere Dryas)

Turkanasee
(früher Rudolfsee, benannt nach dem Volk der Turkana, das an seinem Westufer lebt)
Der Turkanasee liegt in Nordkenia und erstreckt sich bis nach Äthiopien. Hier liegt ein wichtiges Forschungsgebiet der →Paläoanthropologie und →Archäologie mit Überresten ältester, bisher bekannter Entwicklungsformen ur-

zeitlicher Menschen (→Evolution des Menschen) und Funden sehr alter Steinartefakte (bis zu 2,3 Mio. Jahren →Geröllgeräte). Die fossilen Schichten haben ein Alter von 1–5 Mio. Jahren.

Türkische Felsbilder
Latmosgebirge (heute Besparmak: „Fünffinger"-Silhouette), türk. Westküste, nordwestlicher Zipfel von Karien.
8 000–4 000 v. Chr. (vorläufige Datierung)
Granitgebirge mit zahlreichen Höhlen und Felsbildern, die bisher nur zum Teil entdeckt worden sind (erstmals 1994). Sie befinden sich unter Abris oder an Innenwänden von kleinen Höhlen, meist in der Nähe von Quellen oder Bächen und stellen „die ersten Zeugnisse prähistorischer Felsmalerei in der Westtürkei" dar (Peschlow-Bindokat, 160, 17). Die bisher gefundenen Höhlen und Abris waren nicht bewohnt und gelten als Kultstätten außerhalb von den noch unbekannten Siedlungsplätzen. Die Felsbilder waren in den von Tageslicht erhellten Höhlen zu allen Zeiten sichtbar.
In der Karadere (= Schwarztal) -Höhle befindet sich in Augenhöhe ein „1 m breites und 45 cm hohes Bildfeld mit elf Figuren, an die sich in der nächsten Nische rechts eine zwölfte Figur als Nachzügler anschließt. ... In der Überzahl sind es Strichmännchen mit überlangen Körpern und stummelartigen Beinen" (Peschlow-Bindokat, 160, 19), mit T-förmigem Kopfputz, der an Hörner denken läßt. Menschliche Figuren in der Göktepe (= Himmelshügel) -Höhle besitzen runde oder abgerundete Körper-

formen, die auch weibliche Gestalten deutlich erkennen lassen. Die Malereien mit roter Farbe wurden mit Fingern oder Pinseln aufgetragen.

Typologie

Gliederung prähistorischer Funde nach charakteristischen Merkmalen in Typen, z. B. bei Tongefäßen nach der Gefäßform (z. B. Glokkenbecher) oder bei Steingeräten nach der Art der Abschlagtechnik (z. B. Klingenabschlag). Durch einen Vergleich der typologischen Merkmale eines Gegenstandes läßt sich dieser datieren (→ Relative Datierung). Die ältere Forschung führte die verschiedenen Formen eines Gerätetyps auf einen Prototyp zurück und sah darin eine vermeintliche Entwicklungsreihe. Diese Beurteilung wird von der neueren Forschung nur unter großen Vorbehalten geteilt.

Typologischer Vergleich

Vergleichende Untersuchung der Form von Fundobjekten, die man in Typen einteilt, z. B. nach Art der Abschlagtechnik bei Feuersteinwerkzeugen: der Levallois- oder Klingenabschlag-Technik; bei der Form von Pfeilspitzen: dreieckige, gestielte oder transversale Schneiden; der Durchlochung von Perlen: gebohrt oder gepickt; oder die chronologische Abfolge von Speertypen auf Grund der unterschiedlichen Basis der Geschoßspitzen: mit massiver oder gespaltener Basis u. a. Jedem Typ entspricht ein bestimmtes Verbreitungsgebiet und eine bestimmte Epoche: Ist beides bekannt, lassen sich andere Funde relativ leicht einordnen.

Unterwasserarchäologie

Der Fundplatz wird mit einem Koordinationsgitter (Meßnetz) aus Kunststoffrohren überspannt, das die zeichnerische und fotografische Aufnahme der Befunde erleichtert. Die Sand- und Schlammmassen werden mit dem Sauggerät weggeräumt oder mit dem Strahlrohr freigespült. Taucher besorgen das Registrieren, Zeichnen und Fotografieren. Geschrieben und gezeichnet wird mit Fettstift auf Plastikfolie oder Plexiglas. Das abgetragene Material wird ins Boot gehievt und dort gesiebt. Die Analyse, Konservierung und Restauration der Funde entspricht den Methoden an Land.

Unterwisternitz

(benannt nach dem Dorf der gleichnamigen Fundstätte bei Brno am Nordfuß der Pollauer Berge in Mähren, heute Dolni Vestonice)
Dicht an der Grenze zu Österreich erhebt sich aus der Ebene ein Kalksteinmassiv, die Pollauer Berge. An seinen Südhängen lagen vor 20–30000 Jahren zahlreiche Siedlungen der Mammutjäger. Die bedeutendsten Stationen sind Unterwisternitz (Dolni Vestonice) und Pollau (Pavlov).
Siedlungsspuren auf einem Lagerplatz im Löß reichen vom →Jungpaläolithikum (→Aurignacien) bis in das →Neolithikum (→Glockenbecher Kultur) und zur →Bronzezeit. Bedeutsam ist der Fund eines Lagerplatzes der Mammutjäger. Die Besiedlungsspuren des späten Aurignacien und des →Gravettien (→Pavlovien) zeigten runde Erdgruben (→Grubenhütten) von ehemaligen Behausungen und →Feuerstellen.
Das Fundinventar enthält ältere Aurignacien-Formen, datiert aber ins Gravettien. Unter den Zehntausenden von Steingeräten (hauptsächlich aus Feuerstein) überwiegen Klingen, Klingenschaber, Spitzklingen, Stichel, Schaber und Stichelkombinationen; aber auch Gravette-Spitzen und Mikrogravetten-Spitzen sind häufig. Fast völlig fehlen Hoch- und Kielschaber, Klingen mit ventraler Endretusche und blattspitzenartige Geräte.
Auf einem Brandplatz von über 35 Quadratmetern Fläche und halbmondförmiger Begrenzung befanden sich verschiedenfarbige Aschenlagen von 80 cm Dicke. Auf diesem Brandplatz fand man 381 verbrannte Steingeräte und eine weibliche Statuette aus gebranntem Ton (die sogenannte „Venus" von Unterwisternitz) und zahlreiche weitere Ton-Figürchen (aber keine Tongefäße): Dies sind die ältesten Objekte aus Ton, die bisher gefunden wurden. Eine frühe Massenproduktion bezeugt der Fund einer Ziegelei um 28000 v. Chr. mit einer backofenartigen Feuerstelle in einer Hütte mit über 2200 gebrannten Tonklümpchen, von denen viele eine Modellierung und Abdrücke von Papillarlinien der Finger aufweisen sowie Bruchstücken kleiner Tierfiguren. Alle Figuren bestehen aus einer Mischung aus Ton, verkohltem und pulverisiertem Elfenbein und Knochen. Bemerkenswert sind auch ein aus Elfenbein geschnitzter flacher Gegenstand einer stilisierten

Frauengestalt und ein Frauenköpf-
chen mit meisterhaft gestalteten,
geschnitzten Gesichtszügen. Neben den Funden einer groben
Stein- und Knochenindustrie sind
besonders knöcherne →Pfeifen
erwähnenswert.
Aus dem →Jungpaläolithikum
stammen mehrere Gräber. Bei
einer Dreifachbestattung (Mann-
Frau-Mann) lag die Frau neben
dem Mann in Rückenlage und
links daneben ein Mann in Bauchlage mit Spuren roten Farbstoffes.
Ein Kindergrab und ein Frauen-
grab, letzteres mit rechtsseitiger
Hockerlage, waren mit Mammutschulterblättern abgedeckt. Außerdem wurden Reste menschlicher
Schädel und andere Menschenknochen gefunden.
Der Lagerplatz wurde nach lange
andauernder intensiver Besiedlung
(mit Unterbrechungen) offenbar
nach starken Erdrutschen aufgegeben. Vielleicht wurde in das nahe
Pavlov (→Pavlovien) umgesiedelt.

Ur
5000 v. Chr.
(in der Nähe des Tell el Muqaijar,
im Süden des Irak gelegen. Der
arabische Name „Muqaijar" bedeutet „der mit Bitumen Versehene" und bezieht sich auf den Bitu-
menmörtel großer Bauwerke)
Die sumerische Stadt Ur hatte die
Form eines Ovals mit einer Quer-
achse von 1300 Metern Länge.
Bekanntgeworden ist Ur durch die
Entdeckung der Königsgräber mit
den Überresten von Königen, zum
Teil von ihren Dienern, Höflingen
und Soldaten umgeben, die dem
König in den Tod gefolgt waren.
Haltung und Zustand der Mitbe-
statteten lassen auf einen freiwil-

ligen Tod schließen, der vielleicht
durch Gift erfolgte. Wagen mit Zugtieren und kostbare Grabbeigaben
(Schmuck, Gefäße, Musikinstrumente, Möbel, Waffen, Spielbret-
ter) zeugen von den Beisetzungs-
riten um 2450 v. Chr. Viele Objekte trugen in Bitumen eingelegte
Mosaiken aus Muschelschalen, Lapislazuli und rotem Stein. Die einfachen Bestattungen erfolgten in
Särgen aus Flechtwerk oder Ton.
Die zahlreichen Fundstücke aus
→Gold zeigen die vollkommene
Beherrschung der Goldverarbei-
tung: Die Goldschmiede arbeiteten
mit Zellenschmelz, kannten die
Filigranarbeit, das Zisselieren und
Löten, die Herstellung von Elek-
tronlegierungen (→Elektron) und
das Verfahren zur Ausscheidung
von Silber.

Urne
Ein Gefäß zur Aufnahme der Reste
einer Leichenverbrennung. Bereits
im →Neolithikum erfolgten Totenverbrennungen im Brandgrab
ohne Urne. In Mitteleuropa kamen
die ersten Bestattungen in Urnen in
der →Schönfelder Kultur (2500–
2100 v. Chr.) vor. In der →Bron-
zezeit wird dann in weiten Teilen
Europas die Leichenverbrennung
und die Bestattung der Leichenre-
ste in Urnen üblich. Die äußere
Gestaltung der Urnen war sehr
vielfältig, z. B. als Gesichts-, Buk-
kel-, Glocken- und doppelkonische
Urnen, Urnen mit Deckel, bauchige Töpfe oder Terrinen (→Hausur-
nen, →Ossuarien, →Bestattungen).

Urnenfelder-Kultur
1250–750 v. Chr.
Die Phase seit der mittleren
→Bronzezeit in Europa, die durch

den Übergang von der Körperbestattung zur →Brandbestattung in →Urnen und Beisetzung auf Gräberfeldern gekennzeichnet ist. Die Brandbestattung wird als ein wichtiger Aspekt betrachtet, da er auf eine völlig veränderte Einstellung gegenüber dem Tod und dem Leben nach dem Tod deutet. Vermutlich spielte bei der Körperbestattung die Unversehrtheit des Körpers für ein Weiterleben nach dem Tod eine Rolle, während bei der Verbrennung dies für unwichtig erachtet wird und der Tote nur in der Erinnerung und in seinen Taten weiterlebt.

Die Urnenfelder-Kultur ist kein einheitlicher ethnischer Komplex, sondern bezieht sich nur auf die Form der Brandbestattung in Urnen, die in mehreren Kulturen vorkommt. Daneben gibt es auch Brandbestattungen ohne Beisetzung in einer Urne. Am Ende der Bronzezeit trat allmählich wieder die Bestattungsweise unter Grabhügeln (→Hügelgräber) in den Vordergrund.

Uruk
3500 v. Chr.
Stadt im südlichen Mesopotamien, heute Warka genannt. Uruk ist die größte prähistorische Stadt der Welt und war Hauptstadt der Sumerer. In ihr lebte der sagenhafte König Gilgamesch. Die kreisförmige Stadt hatte eine Ausdehnung von 3 x 2,7 km und war von einer 9 km langen Lehmziegelmauer umgeben, die mit mehreren 100 Türmen bewehrt war. Sie wurde um 2700 v. Chr. erbaut. Bevorzugtes Baumaterial waren kleine, schmalrechteckige Lehmziegel (Riemchen). Außen- und Innenwände der Gebäude wurden mit →Lehm verputzt, innen mit figürlichen oder ornamentalen Malereien und außen oft mit Tonstiftmosaiken geschmückt.

Große Bedeutung kam dem Handel zu, da die Sumerer die meisten Rohstoffe einführen mußten (Holz, Steine, Metall). Sie wurden gegen Fertigwaren und landwirtschaftliche Produkte eingetauscht. Die gut organisierten Handelsbeziehungen reichten bis in das westliche Mittelmeer und nach Ägypten sowie im Osten bis in die Länder des Persischen Golfs und nach Indien.

Die bedeutsamste Erfindung war die vermutlich in Uruk erfundene babylonische →Schrift und die Verwendung eines Rechensystems, das auf der Zahl 60 als höchster Einheit beruhte (ähnlich unserem noch heute geltenden Uhrzeitsystem mit 60 Minuten pro Stunde und 60 Sekunden pro Minute). Das Stempelsiegel aus Stein oder Ton wurde in ein Rollsiegel umgewandelt.

Wirtschaftsgrundlage waren weiterhin →Ackerbau und Viehzucht. →Pflug und →Rad wurden zum erstenmal erwähnt. Durch die Organisation des Bewässerungswesens, das durch die königliche Polizei kontrolliert wurde, stiegen die Erträge an Getreide, Gemüse und Steinobst – später kamen noch Reben und Dattelpalmen hinzu. Die künstliche Bewässerung bewirkte aber eine allmähliche Versalzung der Böden, die sich auf bestimmte Kulturpflanzen schädlich auswirkte und die Ernteerträge minderte. So war es für die Bauern nicht erkennbar, warum vor allem der Weizen nicht mehr gedeihen wollte.

Val Camonica

(80 km langes Tal in den norditalienischen Alpen, nahe bei Capo di Ponte)

In dem damals unzugänglichen Tal, das für nachrückende fortschrittliche Ackerbauern nicht interessant war, zog sich ein alteingesessener Stamm primitiver Ackerbauern zurück.

Die Römer nannten sie „Camuni". Davon erhielt das Tal seinen Namen. Felsgravierungen von Luine, aus der Anfangsphase der Camuner (Pro-camuner Zeit), also etwa von 10000 v. Chr., zeigen große Tierfiguren (Elche) in einem Ausdruck, der im Mesolithikum die Traditionen des Paläolithikums fortdauern ließ, ohne den Reichtum und die Qualität der Höhlenkunst zu erreichen (Anati, 6, 221).

Es wurden bis heute über 300000 Felsgravuren entdeckt, die in einer Höhe bis zu 1400 m liegen. Damit handelt es sich um die dichteste Konzentration der Felsbildkunst in Europa.

Von Anbeginn scheinen diese Menschen den Drang verspürt zu haben, sich selbst, ihr Leben, ihre kultischen Handlungen und ihre Sorgen den Felsen anzuvertrauen. ... Auf diese Weise läßt sich der Weg der damaligen Menschen aus der Steinzeit in die Kupfer-, Bronze- und Eisenzeit verfolgen. ... In ganz Europa findet man nirgends einen so vollständigen und chronologischen Überblick über ein Volk von der Steinzeit bis zur Epoche, da die Römer bereits ein mächtiges Imperium aufgebaut hatten (Evers, 55, 151–152).

Die Zeichnungen umfassen:

- Jagdbilder: Meist sind die Jäger zu zweit und mit dem Speer als bevorzugter Waffe, begleitet von Hunden dargestellt. Sonst sind die Jäger mit Schwert, Dolch, Axt und Hellebarde bewaffnet. Mit Netzen und Fallen fing man Tiere. Der Elch, das am häufigsten abgebildete Tier, starb in dieser Region mit dem Ende der Eiszeit um 8000 v. Chr. aus.
- Haustiere: Sie wurden in geringerem Umfang als das Jagdwild dargestellt, vermutlich deshalb, weil sie weniger Ansehen genossen. In bäuerlichen Szenen wurden Hunde, Ziegen, Schafe, Ochsen, Pferde, Schweine und Federvieh gezeigt.
- Landkarten: Auf der westlichen Talschulter ist all das in den Felsen graviert worden, was man auf der gegenüberliegenden östlichen Seite sah: Fluß und Bach, Feldstücke mit Trockenmauern, in deren Umfriedung kleine Quellen mit Abfluß lagen, der in einen Kanal mündet sowie Weideflächen, Wohnhäuser und Wege.
- Hausdarstellungen: An einer Stelle sind 23 Häuser dargestellt. Sie zeigen die Holzkonstruktionen mit überkragendem Gebälk auf Ständerbauweise, das mit Dreiecksverbänden gesichert wurde, und Hölzer im Dachbau für die Dachabdeckung (vermutlich mit Grassoden). Auch Handwerksräume und Webstuben sind vorhanden.
- Karren und Wagen: Sie wurden von Zugtieren gezogen, Pferde schienen nur vor einachsige Wagen gespannt worden zu sein.

• Kultische Darstellungen: Im →Neolithikum waren dies zunächst Sonnensymbole und Sonnenanbeter, später der Hirsch. Über die Bedeutung der →Schalensteine können keine Aussagen gemacht werden. Menschliche Figuren stellen vielleicht Schamanen oder Götter dar. Gegen Ende der →Bronzezeit, also um 1000 v. Chr., wurden unblutige Gladiatorenkämpfe in Form von Tänzen gezeigt.

Das kleine Tal Val Camonica zählte nicht zum Riesenreich der Römer. Erst 16 v. Chr. wurde es durch römische Legionäre anscheinend kampflos erobert. Damit endet das einmalige Felstagebuch der Camuni, die nur noch ganz beiläufig in römischen Listen überwältigter Völker auftauchten. Danach wurden nur noch vereinzelt →Felsbilder, aber auch römische Gravuren mit lateinischen Inschriften sowie zahlreiche Notizen aus dem Mittelalter und späterer Zeit geschaffen.

ventral
(lat. venter: Bauch)
Bei Silexabschlägen die Bulbusseite mit Wellenringen, die dem Kernstein zugewandte Seite, im Gegensatz zur Dorsal- oder Außenseite (→Abschläge).

Venusfiguren
Die Bezeichnung ist auf den ursprünglich mehr ironisch gemeinten Namen „Venus von Brassempoy" für die 1892 und 1894 in Frankreich (Dordogne) entdeckten Reste einer aus Elfenbein geschnitzten Figur zurückzuführen (→Plastiken). – Tatsächlich stehen sie aber in ihrem Symbolgehalt durchaus der erotisch-sexuellen Idee der ursprünglichen (noch nicht verklärten) Venus-Konzeption der Griechen nahe. Außerdem führt ihre oft betonte Fraulichkeit und Mütterlichkeit sie in die Nähe der Idee der Muttergottheiten und Gottesmütter (Mariensymbolik). Nach Analogien der Alten Geschichte und der Völkerkunde handelt es sich dabei um Bereiche, die speziell die geistige Welt der Frauen repräsentierten (Müller-Beck, 141). – Venusfiguren tauchten vor 29000 Jahren im →Gravettien auf. Dies waren kleine, geschnitzte oder geformte Figuren nackter Frauen mit übersteigerten Merkmalen wie einem großen Gesäß, schwellenden Brüsten und Hüften und deutlichen Genitalien. Sie wurden als standardisierte Figuren aus Geweih, Knochen, Elfenbein, Stein oder Ton hergestellt und sind vom Atlantik bis nach →Malta in Rußland (Ost-Sibirien) über fast 8000 km verbreitet.

Verkieselung
(Silifizierung)
Dabei werden poröse Gesteine oder Organismenreste mit stark wasserhaltigem Kieselsäuregel durchtränkt. Dieses erhärtet später bei Abnahme des Wassergehalts als Chalzedon oder Quarz. Holzstein ist verkieseltes Holz (→Gagat).

Vertésszöllös
(bei Tabanya, nordwestlich von Budapest in Ungarn)
→Altsteinzeitliche Fundstelle in einem 400000 Jahre (nach neuen Datierungsmethoden 200000 Jahre) alten Travertinkomplex (→Travertin) mit mehreren Kulturschich-

ten. Funde sind: Geröllgeräte, →Clactonienabschläge aus Feuerstein, Quarzit und Quarz, angebrannte und aufgeschlagene Tierknochen, kleine →Feuerstellen und ein Teil eines menschlichen Schädels, das als sapiensähnlich bestimmt wurde.

Victoria-West-Technik

(benannt nach der gleichnamigen Fundstelle in Südafrika)
So wird die →Levallois-Technik in Afrika genannt. Der Kern, von dem die Abschläge erfolgten, ist aber eher breit als lang, genauso wie die seitlichen Abschläge. Vom →Acheuléen bis etwa zum Ende des →Moustérien wurden in dieser Technik →Faustkeile hergestellt, wobei der mit einem Schlag gelöste Schildkrötpanzer den Faustkeil ergab. Die Bedeutung der Funde von Victoria-West liegt darin, daß nur an dieser Stelle die Entstehung der Levallois-Technik in all ihren Phasen verfolgt werden kann. Ob sie auch hier erfunden wurde, ist nicht sicher.

Villafranchien

(Villafrancium, Villafranca)
→Biostratigraphische Zeiteinheit im →Pleistozän. Das Ältestpleistozän (2–1,5 Mio. Jahre) hat den Südelefanten (Elephas meridionalis) als →Leitfossil; im Mittelpleistozän (0,4–0,13 Mio. Jahre) dominiert das Altmammut oder der Steppenelefant (Elephas trogontherii) und vom Riß-Glazial an (0,18–0,12 Mio. Jahre) das echte →Mammut (Elephas primigenius).

Vogelspeer

Spezieller Speer für die Vogeljagd mit mehreren harpunierten Spitzen, die bündelförmig gespreizt, eine größere Aufschlagfläche bilden und den Jagderfolg erhöhen. Werden mehrere solcher Speere in einen fliegenden (aufsteigenden) Vogelscharm geworfen, „hat der Wurf die Wirkung eines Schrotschusses" (Birket-Smith/Boe in: 61, 163).

Vorgeschichte – Urgeschichte

Der Begriff „Vorgeschichte" kann unterschiedliche Bedeutungen haben. Wörtlich bedeutet er „vor der Geschichte" oder auch das „Vorspiel einer späteren Geschichte". Im Falle der Urgeschichte geht es um die Betonung des Uranfanges als Teil der Geschichte selbst, die damit wie die Alte Geschichte, die Mittelalterliche Geschichte etc. einen eigenständigen Teil der Geschichte (der Menschen) definiert. Wenn die Geschichte des Menschen mit dem Auftreten der ersten Hominiden vor etwa 5 Mio. Jahren beginnt, so ist mit dem Begriff die Zeit davor gemeint. Als Vorgeschichte wird aber üblicherweise die Periode bezeichnet, die der →Schrift vorausgeht, also die Zeit etwa ab 3500 v. Chr., die man in die einzelnen Perioden der →Steinzeit gegliedert hat. Schließlich kann auch die Vorgeschichte als Teil der Gesamtgeschichte des Menschen aufgefaßt werden.

Votivgabe

(lat. votivus: versprochen, geweiht)
Gegenstände, die als Weihe- oder Opfergabe an heiliger Stätte niedergelegt wurden (etwa an Gewässern, Quellen, Mooren). In gewissem Sinne gehören auch →Grabbeigaben dazu (→Depotfunde).

Wagen

→ Rad und Wagen

Wallner-Linien

Benannt nach dem Physiker Wallner, auch als Schlagwellen bezeichnet. Sie entstanden durch Überlagerung aufeinanderfolgender Bruchfronten und laufen konzentrisch vom Auftreffpunkt zum gegenüberliegenden spitzen Ende des Abschlags.

Walternienburg-Bernburger Kultur

3200–2800 v. Chr.

(benannt nach den beiden Fundorten Walternienburg im Kreis Zerbst und Bernburg im Kreis Bernburg in Sachsen-Anhalt)
Verbreitung: Mitteldeutscher Raum, Havelland, Teile von Niedersachsen, Unterfranken (Bayern).
Beide Gruppen haben sich teilweise überschnitten, so daß man von der Walternienburg-Bernburger Kultur spricht. Gewohnt wurde in Einzelgehöften, unbefestigten und befestigten Siedlungen im Flachland und auf Höhenlagen. Ernährungsgrundlage war Ackerbau und Viehzucht. Dort, wo es fischreiche Gewässer gab, wurde auch → Fischfang betrieben. Die Jagd wurde gelegentlich ausgeübt. Neben Getreide wurde auch Flachs angebaut, aus dessen Fasern → Kleidung hergestellt wurde. Als Haustiere gab es Rinder, Schafe, Ziegen, Schweine, Hunde und wahrscheinlich erstmals in Mitteldeutschland auch Pferde. Tönerne Gegenstände und Gefäße zur Salzgewinnung im Elbe-Saale-Gebiet weisen darauf hin, daß bei manchen Speisen Salz verwendet wurde.

Zur Keramik gehören verzierte, bauchige Henkeltassen, unverzierte, schrägwandige Henkeltassen zum Teil mit Griffzapfen, Amphoren ohne und mit Schulteransatz, unverzierte und innenverzierte Trichterschalen, verzierte und unverzierte Tonnengefäße mit Grifflappen, weitmundige Näpfe ohne und mit Schulterabsatz, Schöpflöffel, Spinnwirtel, Tontrommeln mit Zapfen, Henkeln oder Ösen. Tongefäße waren mit waagerechten Linienbändern, Zickzack-, Dreiecks-, Schachbrett- sowie Textil- bzw. Binsenmustern verziert. Die Musterung auf Tongefäßen und die Gestaltung bei Grab- und Palisadenanlagen zeigen, daß die wichtigsten mathematisch-geometrischen Grundformen bekannt waren.

Steinwerkzeuge wurden vielfach aus Schiefer hergestellt. Aus Felsgestein sind Äxte, Hammeräxte und Amazonenäxte, aus Feuerstein gestielte und ungestielte sowie querschneidige Pfeilspitzen. Aus Knochen wurden verschiedene Werkzeuge hergestellt. Einige Objekte werden als Knebel gedeutet, wie sie bei Reittieren benutzt werden.

Als Schmuck dienten durchbohrte Tierzähne, Bernstein, Knochennadeln und aus Kupfer gefertigte Spiralen, Röllchen, Ösenhalsringe und Spiralarmbänder. Gußtiegel belegen die eigene Kupferproduktion und Schmuckherstellung.

Zu den Kunstwerken gehören verzierte Steinplatten von → Steinkistengräbern, eine mannshohe →Menhirstatue aus Sandstein, die als Deckstein für ein Grab verwendet wurde, eine Gesichtsdarstellung aus Ton, eine fragmentarisch erhaltene menschliche Tonfigur und tönerne Throne. Motive auf den Steinplatten sind Tannenzweige, Leitermotiv, Kammuster, sich teilweise kreuzende Linien, ein Dreiviertelkreis, ein Kreuz und eine liegende B-ähnliche Figur mit einem waagerechten Strich darunter.

Bestattungen erfolgten in Steinkistengräbern, Gräbern mit Steinpackungen oder Holzbohlenverkleidung und in einfachen Erdgräbern, und zwar meist in Kollektivbestattungen. Es gab die gestreckte und die liegende „Hockerbestattung" sowie beide Formen zusammen in Gemeinschaftsgräbern. Skelettfunde belegen erstmals in Mitteldeutschland Schädeloperationen (→Trepanationen). Einzigartig waren aus Holz errichtete Totenhütten (→Totenhaus) über dem Grab, die bei Bestattungen verbrannt wurden und manchmal fälschlicherweise den Eindruck von Brandbestattungen erweckt haben. →Grabbeigaben bestanden aus Amphoren, Tassen, Schalen, Zwillingsgefäßen, Schöpflöffeln, Spinnwirteln, Doppeläxten und Steinbeilen, Pfeilspitzen, Schmuckstücken und absichtlich zertrümmerten Tongefäßen.

Walzenbeile

Mittel- bis Jungsteinzeit
→Kernbeile mit einem annähernd runden oder elliptischen Querschnitt. Da Walzenbeile nicht aus Feuerstein, sondern vorzugsweise aus Geröllen (Granit, Gneis, Porphyr, Grünstein) mit entsprechendem Querschnitt hergestellt wurden, erfolgte die weitere Formgebung durch Picken (→Pick-Technik) und in der Jungsteinzeit durch zusätzliches Schleifen (→Steinschliff). Die geschliffene Schneide ist gerade bis stark gewölbt. Die Beilbreite beträgt meist 25%-35% der Beillänge. Walzenbeile sind besonders in Nordeuropa und Nordafrika vertreten.

In Nordafrika traten auch Miniaturwalzenbeile auf, die vermutlich geschäftet als →Dechsel oder als Tüllenbeile für Holzarbeiten eingesetzt wurden. Bei ihnen war nicht so sehr ihre Masse, sondern die Länge und Steilheit der Arbeitskante und die Verwendung schwerer und harter Steine für ihre Wirksamkeit entscheidend. Sie sind nicht zu verwechseln mit den „Blitzsteinen" (→Togogeld).

Wartberg-Gruppe

3500–2800 v. Chr.
(benannt nach den Siedlungsfunden auf dem Wartberg bei Niedenstein-Kirchberg im Schwalm-Eder-Kreis in Hessen)
Verbreitung: Hessen, Nordrhein-Westfalen, Thüringen.
In Hessen folgte die Wartberg-Gruppe der →Michelsberger Kultur. Bevorzugt wurden befestigte Höhensiedlungen mit Gräben, Wällen und Palisaden. Im Inneren lagen Häuser mit Kellergruben. Ernährungsgrundlage war Ackerbau und Viehzucht. Abbildungen auf Steingräbern zeigen Rinder und Wagen. Vermutlich wurde der Boden durch einen Holzpflug mit Rindergespann beackert.
An Keramikgefäßen gab es Henkelbecher, Tassen, Schalen mit und

ohne Henkel oder Füße, Kragenflaschen, große Töpfe mit zum Teil
durchlochtem Rand sowie einen
Becher mit Ösen an der Innenseite.
Tongefäße in Figurenform und
Tonfiguren sind anscheinend unbekannt. Die Keramik wurde von
der → Walternienburg-Bernburger
Kultur in Mitteldeutschland beeinflußt. Außerdem bestanden Beziehungen zur → Kugelamphoren-
Kultur, zur → Trichterbecher-Kultur und zur → Goldberg III-Gruppe.
Als Werkzeuge wurden aus Feuerstein Klingen, Beilklingen, gestielte und ungestielte Pfeilspitzen,
aus Felsgestein Axt- und Beilklingen, aus Knochen Meißel und
Pfrieme gefertigt; auch kupferne
Flachbeile werden dieser Gruppe
zugeschrieben.
Schmuckstücke bestanden aus unterschiedlichen Materialien. Besonders beliebt waren Unterkiefer-
hälften von Wild- und Haustieren,
durchlochte Tierzähne, Bernsteinperlen und Spiralröllchen und Ohrringe aus Kupfer.
Die Steinkammergräber (→ Megalith-Kultur: Galeriegräber) waren
Kollektivgräber, die häufig etwa
einen Kilometer von der Siedlung
entfernt angelegt und meist über
Generationen hinweg benutzt wurden. Anlagen dieser Gräber waren
Gemeinschaftsleistungen, da die
Steinplatten oftmals aus einigen
Kilometern Entfernung stammten.
Besonders breite Gräber waren
vermutlich nicht mit Steinplatten,
sondern mit Holzbalken abgedeckt
und der Boden meist mit kleinen
Steinen pflasterartig belegt. Das
Lautariusgrab von Gudensberg im
Schwalm-Eder-Kreis wurde in die-
ser Bauweise oberirdisch errichtet

und so in 3 Kammern eingeteilt,
wie man das aus Frankreich kennt.
Viele Steingräber besaßen ein
sogenanntes → „Seelenloch", das
ebenfalls in französischen Steingräbern vorkommt. Auf dem Steingrab von Züschen bei Fritzlar in
Hessen zeigen sich fast abstrakte
Abbildungen von Rindern mit Wagen (denen in → Mont Bego und
im → Val Camonica gleichend)
und eine knappe Andeutung eines
menschlichen Gesichtes, das als
→ „Dolmengöttin" gedeutet wird
(vergleichbare Motive erscheinen
auf den Dolmen in Frankreich). In
der Nähe von Warburg im Kreis
Höxter wurden auf den Steinplatten Wellen- und Zickzacklinien,
ein kammähnliches und gabelför-
miges Zeichen und ein kleiner
Kreis eingepickt. In einem südlich
von Altendorf bei Naumburg im
Kreis Kassel entdeckten Stein-
kammergrab gab es mindestens
235 Bestattungen. Auch Brandbestattungen kamen vor.
→ Grabbeigaben gab es selten. Sie
bestanden meist aus Keramik, einigen Stein- oder Knochenwerkzeugen, Tierknochen und Fleisch-
beigaben.

Warven

(schwed. Warve: Jahresschicht aus
Bänderton)
Methode zur absoluten Zeitbe-
stimmung skandinavischer Glet-
scher der letzten Vereisung (von
G. De Geer, 1912).
Feingeschichteter Ton mit wech-
selnder Färbung und unterschied-
licher Breite, der in Schmelzwas-
serbecken und an der Stirn von
Gletschereis abgelagert wurde. Im
Sommer färbten sich die tonigen
Schmelzwasserinhalte hell und

im Winter dunkler (Jahreswarwe). Diese Schichten lagerten sich Jahr für Jahr in Mulden und Becken ab. Falls die Eisfront stehen blieb, bildeten sich oft hunderte Bänder mit streifigem Aussehen übereinander ab. Man kann also an den Warven den schrittweisen Rückzug der Gletscher nach Norden berechnen, der im Durchschnitt 50–300 m im Jahr betrug. In Verbindung mit den Ergebnissen weit auseinanderliegender Bändertonserien durch einzelne, in vielen Profilen wiederkehrende Zeitmarken wird die Aufstellung einer absoluten →Chronologie der mittleren Steinzeit ermöglicht. Bis zu einem gewissen Grad läßt sich die Bändertonchronologie mit der Jahresringchronologie (→Dendrochronologie) von Hölzern vergleichen, bei der ein ähnliches Ergebnis durch Auszählen und Kombinieren der mehr oder weniger starken jährlichen Zuwachsraten erreicht wird. Nach der Warvenbestimmung wurde das Ende der →Eiszeit auf 8000 v. Chr. angesetzt.

Wasserfahrzeuge

Die ersten Wasserfahrzeuge hat es vermutlich schon in der →Altsteinzeit vor mehr als 60000 Jahren gegeben. Es handelte sich um schnell errichtete, einfache Flöße aus Baumstämmen oder Schilfbündeln, mit denen man kleinere Wasserstraßen überqueren konnte. Obwohl Flöße nicht besonders manövrierfähig sind, dürfte zu jener Zeit das Mittelmeer überquert und Australien von Indonesien oder Neuguinea, über rund 100 km offenen Meeres hinweg, erreicht worden sein. Nach neuesten Funden scheint aber schon der *Homo erectus* offenbar die Seefahrt mit Booten oder Flößen beherrscht zu haben. Die neue Theorie begründet sich auf Steinwerkzeuge, die Paläontologen im indonesischen Archipel auf der Sundainsel Flores fanden. Die Datierung ergab ein Alter von 800000 Jahren. Zu dieser Zeit gab es noch keinen *Homo sapiens* („Focus" Nr. 12, 16. März 1998, 224). Selbst zu den Zeiten der tiefsten Meeresstränge wäre noch eine 20 km breite Wasserstraße zwischen den kleinen Sundainseln und dem Festland zu überwinden gewesen. „Ließe sich die neue Hypothese erhärten, so hätte das weitreichende Konsequenzen für die früheste Kulturgeschichte, denn der Bau und die Nutzung von Wasserfahrzeugen gehört zweifellos zu den anspruchsvollsten kulturgeschichtlichen Leistungen" (70, 179–180).

Bei Schachtarbeiten an der Schleuse im Husumer Hafen in Schleswig-Holstein wurde ein Krummstück eines Rentiergeweihs gefunden. Der Direktor des Deutschen Schiffahrtsmuseums in Bremerhaven und Bootsarchäologe Detlef Elmers identifizierte das Stück als halben Spanten eines kleinen Hautbootes. Die mit dem Spanten gefundene Stielspitze der Ahrensburger-Kultur weist den Fund in die Zeit von 9500–8500 v. Chr.: Man kann es als das älteste Boot der Erde ansehen. Das Boot war in Skelettbauweise erstellt worden. Um einige Spanten aus widerstandsfähigem Rengeweih wurden dünne Stäbe zu den Steven an Bug und Heck gespannt (ähnlich einem modernen Faltboot) und mit auf Form genähten Häuten (ohne Fell) überzogen. Zahlreiche Felsbilder in Skandinavien zeigen solche Hautboote. Auf Grund ihres geringen Gewichts konnten sie mühelos über Land getragen werden. Gegen die Annahme, daß → Einbäume die ältesten Wasserfahrzeuge waren, sprechen zwei Gründe:

die Herstellung von Einbaum und Pirogge [Pirogge: Einbaum mit Plankenaufsatz] erfordert nicht nur einfach Baumbestand, sondern Wald mit starken Stämmen. Zweitens erfordert das Fällen und Gestalten des Bootes Werkzeuge, die am Ende des Paläolithikums noch nicht in rechter Qualität zur Verfügung standen, weil sie in der fast baumlosen Tundra nicht benötigt worden waren: Spalter, Axt und Dechsel (Evers, 54, 59).

Aus dem → Mesolithikum Mitteleuropas (8000–4000 v. Chr.) liegen Funde von Paddeln und Booten vor. Boote sind Wasserfahrzeuge, die einen Hohlkörper bilden. Sie wurden aus ausgehöhlten Baumstämmen als Einbäume hergestellt. Solche Funde kennt man aus Dänemark, Deutschland, Holland und England. Der älteste Einbaum wurde in Holland in einem Moor bei Pesse in der Provinz Drenthe gefunden und ist vor mehr als 6300 Jahren v. Chr. hergestellt worden.

Die am besten erhaltenen mesolithischen Einbäume fand man in Tybrind Vig auf Fünen in Dänemark, die auf 4100 v.Chr datiert werden. Der eine Einbaum, fast vollständig erhalten, war 9,50 m lang, 0,65 m breit, 0,35 m hoch und konnte etwa 6–8 Menschen samt ihrer Ausrüstung tragen. Der Einbaum ist mit dem Beil und mit Keilen aus einer hohen Linde herausgearbeitet worden. Im Inneren fand sich ein großer, etwa 30 kg

schwerer Stein, der vermutlich als Ballast diente. Im Heck gab es auf einer Sandschicht eine Feuerstelle, die vielleicht beim abendlichen Fischfang im Sommer benutzt wurde. Das lange, schmale und vorn spitz zulaufende Boot besaß einen runden Querschnitt, die Seitenwände waren gerundet und das Heck hatte eine quadratische Form. Das Bruchstück vom Heck des zweiten Einbaums läßt auf ein noch größeres Boot schließen. Die Paddel waren herzförmig geschnitzt und mit eingeritzten Mustern braun inkrustiert.

Der dicke Boden eines Einbaumes verhindert ein Kentern (selbst wenn 2 Personen einseitig eine Bordwand belasten); das Boot kann praktisch auf der Stelle gewendet werden. Geeignet ist es allerdings nur für ruhigere Gewässer, denn ab Windstärke 4–5 schlagen Wellen hinein. Trotzdem wurden während des → Mesolithikums viele vor der Küste liegende Inseln besiedelt (z.B. Hebriden, Mittelmeerinseln). Solche Einbäume waren noch bis in unsere Zeit hinein als Fischerboote gebräuchlich.

Etwas jüngere Felsbilder aus Norwegen zeigen kajakähnliche Boote aus Holzgerüsten, die mit Häuten bespannt wurden. Nachbauten solcher Boote waren 7 m lang, 1,30 m breit, mit 8 gegerbten Rinderhäuten bezogen und etwa 180 kg schwer. Mit einer Besatzung von 6 Mann und einer Fracht von 600 kg nahm der Tiefgang des Bootes nur um etwa 18 cm zu. Bei ruhiger See konnten demnach auch Tiere auf diesen Booten transportiert werden. Spätere Boote bestanden nur aus Holz: Dabei wurden auf einem

Spantengerüst mit Kiel Planken aufgebracht. Diese Bootstechnik erreichte in der Wikingerzeit ihre höchste Blüte.

In Ägypten baute man um 4000 v. Chr. Boote aus Papyrus für die Schiffahrt auf dem Nil. Um 3000 v. Chr. wurden größere Papyrusschiffe mit Leinwandsegeln ausgerüstet und befuhren auch küstennahe Gewässer des östlichen Mittelmeers. In der gleichen Zeit wurde auch der Bau von Holzschiffen mit Holzplanken und einem kiellosen Rumpf begonnen, der durch quergelegte Deckplanken stabilisiert wurde. Das Ausbrechen des Schiffsrumpfes in der Länge wurde durch ein starkes Tau zwischen Bug und Heck verhindert, das mit einem Holzpfahl zusammengedreht wurde. Da die Holzplanken des Rumpfes keinem größeren Druck von innen gewachsen waren, wurden Ladung und Passagiere an Deck befördert.

Um 3500 v. Chr. wurden im ägäischen Raum offene Langschiffe aus Holz für den Fischfang, Handel und für Raubzüge benutzt, und kurze Zeit später tauchen die mit Segel ausgestatteten Schiffe aus Syrien auf, mit denen größere Entfernungen zurückgelegt werden konnten. Auch die Verbreitung der →Megalith-Kultur an den Küsten wird auf die Einführung eines seetüchtigen Schiffstyps aus dem Mittelmeerraum zurückzuführen sein.

Wehlener Gruppe

10000–8700 v. Chr.

(benannt nach der Fundstelle Wehlen, einem Dünengelände in der Lüneburger Heide)

Verbreitung: im südlichen Schleswig-Holstein, nordöstlichen Niedersachsen und in Sachsen-Anhalt. Die Wehlener Gruppe gehört zu den →Federmesser-Gruppen.

Werkzeuge

Allgemein: Verwendung zur Herstellung von anderen Werkzeugen, Waffen und Geräten durch Bearbeitung verschiedener Werkstoffe und ihre Formgebung. Wie bei dem Begriff →„Gerät" handelt es sich um einen nicht genau definierten Begriff.

Wessex-Kultur

1500 v. Chr.

(benannt nach dem südwestlich von London gelegenen gleichnamigen Ort)

Verbreitung: In den Grafschaften Wiltshire, Dorset und Hampshire. Die bronzezeitlichen Funde beziehen sich auf eine Anzahl von Gräbern mit umfangreichen Grabbeigaben aus →Kupfer, →Bronze, →Gold, →Bernstein, →Fayence- und →Gagatperlen sowie auf Gefäße, die einer Oberschicht zugeordnet werden. Daher ist die Bezeichnung „Kultur" irreführend, da es sich um die Anhäufung von Schätzen örtlicher Stammesfürsten handelt, die ihren Reichtum dem nahegelegenen Zinnvorkommen verdanken, das zu weitreichenden Kontakten mit den mediterranen Ländern führte. Bernsteinfunde bestehen vorwiegend aus konisch durchbohrten Perlen und Knöpfen. Interessant sind sogenannte →„Bernsteinschieber" (Abstandhalter) an Perlengehängen, die bis nach Kreta exportiert wurden. Bescheidene Beisetzungen aus dieser Zeit weisen als Beigabe nur gewöhnliche Keramik in der Tradition der →Glockenbecher-Kultur auf. Die Bestattungen erfolgten unter oft sehr hohen Grabhügeln mit Umwallung.

Wildbeuter

Bezeichnung für →Sammler und Jäger seit dem →Altpaläolithikum, die wilde Tiere und Pflanzen ausbeuteten, ohne für deren Vermehrung zu sorgen, und noch keinen →Ackerbau und keine Viehzucht kannten. Sie betrieben aneignende Wirtschaftsformen wie Jagen, Fischen und Sammeln organischer Nahrung und keine oder nur wenig entwickelte Vorratswirtschaft. Eine entwickelte Art des Wildbeutertums stellt das →„Höhere Jägertum" des →Jungpaläolithikums dar, das sich durch die Jagd auf bestimmte Wildarten und reicheren Kulturbesitz äußert, wie hochentwickelte Jagdwaffen und Jagdtechniken, künstlerische Erzeugnisse, feste Behausungen u. a. Charakteristisch für die Wildbeuter sind regelmäßige saisonale Wanderungen innerhalb eines mehr oder weniger großen Schweifgebietes mit der Errichtung immer wieder neuer Lagerplätze oder dem Aufsuchen alter Lagerplätze für kürzere oder längere Zeit. In der kältesten Phase des Würm/Weichsel-Hochglazials vor etwa 20 000 Jahren lag die Bevölkerung zeitweilig vielleicht unter 1 000 Individuen und dürfte davor eine Gesamtsumme von 10 000 kaum je wesentlich überschritten haben (Müller-Beck in 17, 344). Das allmähliche Ende des Wildbeutertums erfolgt mit der beginnenden Neolithisierung, mit dem Übergang zur produzierenden Wirtschaftsweise des Pflanzenanbaus und der Tierhaltung (→Neolithikum, →Neolithische Revolution). Die letzten noch lebenden Wildbeuter sind die Eskimos Nordamerikas, die Aborigines Australiens und die Buschmänner Südafrikas. „Der Anteil von Jägern und Sammlern [war] an der Weltbevölkerung vor 12 000 Jahren 100% von etwa 10 Mio. Menschen ..., heute 0,001% von 4 Milliarden Menschen [400 000]" (114, 6).

Wildpferde

Im Eozän des →Tertiärs (58–37 Mio. Jahre) entwickelte sich das etwa hundgroße Urpferd in Europa und breitete sich von dort nach Nordamerika aus. In Europa entwickelte sich das Urpferd zum kleinen Waldurpferd, das im Übergang vom Eozän zum Oligozän ausstarb. In Nordamerika ging die Evolution des Pferdes weiter, führte im Pliozän (5–2 Mio. Jahre) zum kleinen einzehigen Pferd, das sich im frühen Pleistozän (→Erdneuzeit) zum modernen Pferd entwickelte und sich als Steppenpferd und Grasfresser bald über die ganze Welt (ausgenommen Australien) ausbreitete. In der →Nacheiszeit verloren die Wildpferde durch die starke Ausbreitung der Wälder ihre Lebensräume, verschwanden aus Europa und wurden in die asiatischen Steppen abgedrängt. Alle heutigen Hauspferde stammen vom ausgestorbenen europäischen Wildpferd und vom mongolischen Wildpferd ab. In Nordamerika starb das Wildpferd vor ein paar 1 000 Jahren aus ungeklärten Gründen aus. Domestiziert wurde das Wildpferd etwa 3 000 v. Chr.

Willendorf

Willendorf liegt in der Wachau in Niederösterreich im etwa 30 km langen Durchbruchstal der Donau zwischen Melk und Krems. Hier liegen am nördlichen Donauufer mindestens sieben (W. I-VII) selbständige Freilandfundplätze. Sie liegen auf einem Lößrücken und boten den Jägern einen guten Ausblick ins Donautal.

An der Fundstelle Willendorf I in der Ziegelei Großensteiner barg man Hinterlassenschaften der →Moustérien-Jäger, und zwar fast ausschließlich Steinwerkzeuge.

Am bedeutsamsten ist der Fundplatz II in der Ziegelei Ebner mit 9 Schichten. Während die Schicht 1 wenig charakteristische Steingeräte enthielt, fanden sich in den Schichten 2–4 ein Steingeräteinventar von →Aurignacien-Charakter: Hochschaber, Klingen mit zweiseitiger Kantenretusche, Klingenschaber, Kernschaber. Die Schichten 5–9 zeigen →Gravettien-Inventar (etwa 10 000 Stück): Gravette-Spitzen, Rückenmesser, Mikromesserchen, Kerbspitzen sowie Stichel-Schaber-Kombinationen. Der bedeutendste Fund war aber eine weibliche Kalksteinstatuette, die „Venus von Willendorf", (→Venusfiguren) mit rotem Überzug, eine schematische Elfenbeinfigur sowie aus Knochen geschnitzte und z.T. zickzackverzierte Spitzen. Nach C-14 Bestimmungen sind die Schichten des Fundplatzes II zwischen 30 000 und 28 400 Jahre alt.

Die Fundplätze I und III-VII ergaben weniger reichhaltiges Fundmaterial, gehören aber allgemein derselben Zeit an wie Fundplatz II. Die Steingeräte bestehen durchweg aus Gesteinsarten, die als Geröll in der Donau vorkommen: Radiolarit, Hornstein, Mergelkalk, Quarzit, Chalzedon, Serpentin, Amphibolit. Wesentliche Unterschiede der Tierwelt ergaben sich in den einzelnen Schichten nicht. Überall wurden die Knochen von Höhlenlöwe, Höhlenhyäne, Wolf, Eisfuchs, Fuchs, Bär, Vielfraß, Hase, Mammut, Wildschwein, Bison, Steinbock, Gemse, Ren, Edelhirsch, Riesenhirsch, Wildpferd und sibirischem Fellnashorn gefunden. Hauptjagdwild waren →Mammut, →Ren und vor allem Steinbock.

Windschliff
→Glanz

Winkelschaber
→Altpaläolithische, rechtwinklige Artefakte von 90° oder mit geringfügiger Abweichung davon mit konvexer oder konkaver Schabekante. Ob sie auch zur Bestimmung von Himmelsrichtungen gedient haben, ist fraglich.

Wühlstöcke
Wühlstöcke (→Grabstöcke) tauchten in erhaltenen Fragmenten im →Mittelpaläolithikum vor 100 000 Jahren in Afrika auf, haben aber vermutlich eine noch ältere Tradition, wie die Funde von →Kalambofalls (Sambia) beweisen: Dort wurden etwa 200 000 Jahre alte Wühlstöcke gefunden, die an einem Ende angespitzt waren.

Ein Wühlstock ist ein etwas über 1 m langer angespitzter Stock, oft mit feuergehärteter Spitze. Es ist ein bei Jäger- und Sammlervölkern wohl von der Frau benutztes Gerät, das zum Ausgraben eßbarer, wildwachsender Wurzeln, Knollen,

Zwiebeln, Insekten, Larven, Kleintieren u.ä. benutzt wurde. Vielleicht wurden sie auch gelegentlich als Stoßlanze zur Jagd auf Niederwild oder als Defensivwaffe gegen angreifende Raubtiere verwendet.
Der Nachweis für Wühlstöcke aus dem →Altpaläolithikum kann kaum erbracht werden, da die Erhaltung von →Holz zu den größten Seltenheiten gehört. Man kann aber davon ausgehen, daß bereits im Mensch-Tier-Übergangsstadium (→Australopithecinen), ganz sicher aber von den Sammler- und Jägerkulturen des Altpaläolithikums, herumliegendes Holz als Wühlstöcke benutzt worden ist.
Auch Mammutrippen aus dem Mittelpaläolithikum von etwa 60–80 cm und Spitzen von 5–13 cm Länge können als Wühlstöcke angesehen werden. Auf Grund der Verschleißspuren ergibt sich die Annahme, „daß man mit diesen Rippen im Löß gegraben, Nahrungsmittel und Brennstoff ausgewühlt sowie Wohn-, Grab- und vielleicht auch Fallgruben ausgehoben hatte" (Feustel, 61, 166). In den Anfängen der Landwirtschaft wurde der Wühlstock zum →Grabstock umfunktioniert.

Wurfhölzer

Wurfhölzer oder →Bumerangs waren wie →Speer und →Pfeil eine Fernwaffe, die aber wohl nicht für größere Tiere geeignet war.
Der älteste Bumerang, ein gut gearbeitetes Holzgerät aus Fichte, 78 cm lang, bis zu 3 cm stark an beiden Enden zugespitzt, wurde in →Schöningen gefunden: Es wäre mit etwa 400 000 Jahren das älteste Wurfholz. In unmittelbarer Nähe

befanden sich auch 3 →Speere aus der gleichen Zeit.
In der Höhle der Oblazowa-Berge in Südpolen wurde ein Bumerang aus Elfenbein gefunden, der auf 23 000 Jahre datiert wird. Aus Freilandstationen der →mittleren Steinzeit in Nordeuropa stammen Wurfhölzer, die in ihrer Form an australische Bumerangs erinnern: Es ist nicht ausgeschlossen, daß schon die damaligen Jäger wußten, ein wiederkehrendes Wurfholz anzufertigen.
Zeichen auf Höhlenbildern von El Pindal (Asturien) aus dem mittleren →Magdalénien werden als Wurfhölzer gedeutet. Im Bereich der Ertebøllesiedlung, also am Brabandsee bei Aarhus in Ostjütland, wurde ein Wurfholz aus Ahorn aus der Zeit vor über 4 000 Jahren v.Chr. gefunden.

Wurfschlingen

Liniengeschlinge vor Cerviden auf einer Felsbildzeichnung in der Höhle Les Cambarelles (Dordogne, Frankreich) können als Wurfschlingen gedeutet werden.

Würm-Eiszeit
70 000–8 000 v.Chr.
Der trockene Kältehöhepunkt dieser →Eiszeit lag etwa bei 18 000 Jahren v.h., also nach der davor liegenden größten Ausdehnung der →Gletscher zur Zeit noch höhere Niederschläge. Danach schlossen sich mehr als 10 000 Jahre schwankungsreiche Tauperioden mit anhaltender Eisschmelze an, die sich noch heute fortsetzen.

Wüstenlack
→Patina

Yoldia-Meer

(benannt nach der Muschel Yoldia artica)

Aus dem Baltischen Eissee bildete sich um 7700 v.Chr. durch Verbindung mit dem Ozean das salzhaltige Yoldia-Meer, die erste Entwicklungsstufe der Ostsee (→Nacheiszeit).

Zapfenbecher

Becherartiges Tongefäß mit 2 seitlichen Griffzapfen.

Zähne

Sie besitzen mit dem Zahnschmelz die härteste biologische Substanz; auch das innere, harte, mineralische Zahnbein läßt Zähne oft zum einzigen Überbleibsel bei archäologischen Funden werden. Zähne stellen gespeicherte Informationen dar: Form, Abnutzung, Zahnschmelz und Zahnschmelzschäden können Aufschluß über Kieferanatomie (jeder Zahn hat eine bestimmte Stellung im Gebiß), Alter, Geschlecht, Ernährung (pflanzliche-, tierische-, gemischte Kost) und Gesundheit geben. Erwachsene Hominiden und Altweltaffen besitzen 32 Zähne mit unterschiedlichen Funktionen (Zerteilen, Greifen, Durchlöchern, Zerkleinern, Zermahlen). Für unsere frühen Vorfahren waren Zähne fast ausschließlich das einzige Mittel zur Nahrungsverarbeitung.

Zelt

Im →Jungpaläolithikum gab es einfache, kleine, leicht zu transportierende Sommerzelte und massive Winterzelte bzw. geräumige und stabile Karkassen (Gerippezelte).
Von letzteren wurden höchstens die Zeltabdeckungen mitgenommen, das Gerüst blieb stehen und konnte in der nächsten Saison erneut benutzt werden. Für ein Zelt in →Gönnersdorf wurden von Dietrich Evers etwa 40 Pferdehäute mit einem Gesamtgewicht von 240 kg berechnet. „Die Behausungen dürften daher beim Fehlen von Lasttieren und anderen Transportmitteln kaum über große Strecken zu bewegen gewesen sein, sondern verblieben wohl am Ort, wenn die Jägergruppe zeitweise weiterzog" (Kuckenburg, 113, 69).

Die Zelte bestanden aus einem kegelförmigen Gerüst aus langen Holzstangen: über dieses wurden als Abdeckung Mammut-, Rentier-, Pferdehäute oder Felle von anderen Tieren mit der Fellseite so nach außen aufgelegt, daß das Regenwasser gut ablaufen konnte. Errichtete man über diesem Zelt ein zweites, größeres Zelt, so daß die Luft im Zwischenraum isolierend wirkte, und legte innerhalb des Zeltes eine Feuerstelle an, ließ es sich auch im Winter darin wohnen. Der Rand des Zeltes wurde mit Aufschüttungen aus Sand, Erde und Steinen befestigt. Vermutlich sicherten von der Spitze aus gespannte Schnüre das Zelt gegen Wind und Sturm.

Die Behausungen der Tundra- oder Pferdejäger mußten beweglich sein, denn in der baumlosen Tundra gab es nicht genügend Baumaterial und die Jäger mußten den Wanderungen der Tiere folgen.

Das Zelt verlor erst in der →Mittelsteinzeit an Bedeutung, als die großen Urwälder entstanden. Nun wurden ortsgebundene leichte →Hütten gebaut; die →Jungsteinzeit ermöglichte mit besseren Geräten die ersten →Häuser (→Behausungen) in →Pfostenbauweise.

Zhoukoudian

(auch Choukoutien. Dorf mit einer Gruppe von Höhlen, etwa 45 km südwestlich von Peking, China)
In einer der eingestürzten Höhlen wurde ein Rastplatz des →Peking-menschen (*Homo erectus*) entdeckt, der einen Zeitraum von 720 000–200 000 Jahre v.h. umfaßt. Die Höhlen wurden nur während der kalten Jahreszeit von Gruppen aufgesucht. Die offenen Herdfeuer dienten der Zubereitung der Fleischnahrung und zugleich als Schutz vor Raubkatzen (Tiger, Leoparden). Es wurden Geröllwerkzeuge, faustkeilartige Geräte und Breitklingen mit Schaberkanten oder Spitzen gefunden, die zumeist in Amboßtechnik hergestellt worden waren. Steinabfälle beweisen, daß diese Geräte an Ort und Stelle hergestellt wurden. Sie bestanden aus Quarz, Bergkristall, Sandstein und Feuerstein. Tierknochen, Geweihstücke und Schädelteile mit Geweihansätzen scheinen als Werkzeuge benutzt worden zu sein. Sie belegen auch die Jagd, wie auch kleine, kirschenähnliche Früchte die Sammeltätigkeit.
Für die zahlreichen zertrümmerten Schädel und aufgespaltenen Langknochen wurde vielfach →Kannibalismus angenommen, eine Interpretation, die heute nicht mehr allgemein anerkannt wird. Eher wird Raubtierverbiß oder eine besondere Behandlung menschlicher Schädel vermutet.

Ziegel
→Keramik

Zinjanthropos
„Der Mensch von Zinj" (arab. Zinj: Ostafrika). Frühere Bezeichnung für den *Australopithecus boisei* (→Evolution des Menschen: Australopithecinen).

Zinken
→Jungpaläolithische Geräteform. Grundform des Zinken ist ein kräftiger Abschlag mit einer bohrerähnlichen, durch Steilretusche herausgearbeiteten Spitze, die meist zur Seite leicht abgewinkelt und somit außerhalb der Längsachse gegenüber der Bulbusseite liegt. Sie kann 0,2–3 cm lang sein. Zinkenformen sind: Zinken mit einer Spitze, mit Spitzen an beiden Enden und solche, die mit einem zweiten Gerätetyp kombiniert sind, wie z.B. einem Schaber. Es ist nicht immer möglich, Zinken und →Bohrer zu unterscheiden.
Mit Zinken konnte man die herauszulösenden Späne aus einem Geweih unterschneiden. Bevor man allerdings einen gekrümmten Zinken nutzbringend anwenden konnte, mußte man erst mit dem Geradzinken oder der →Stichel eine tiefe Rille auf beiden Seiten vorarbeiten. War die Partie zwischen den Furchen genügend unterminiert, konnte sie mit Hilfe von eingetriebenen Querkeilen hochgekippt und in Form eines langen regelmäßigen Spanes freigemacht werden (→Spantechnik). Die Geweihspäne gaben den Rohstoff für Pfeil- und Speerspitzen, Harpunen und Nadeln ab.

Zinn
Das Zusammenschmelzen von Metallen wie Arsen oder Zinn mit reinem →Kupfer bewirkt eine Härtung und Verbesserung der Gußeigenschaften. Schon früh wurde die Giftigkeit von Arsen erkannt,

man legierte deshalb in der Regel Zinn mit Kupfer zu →Bronze.

Zonhofer-Spitzen

(benannt nach der Fundstelle Zonhofen, Holland)
Mikroklingen (→Mikrolithentechnik) mit retuschiertem Schrägende und daraus sich ergebender Spitze, die als Pfeilspitzen verwendet wurden. Sie setzen die Werkzeugtradition der →Ahrensburger Kultur fort.

Zoomorphismus

(gr. zoo: Tier; morphe: Gestalt)
Tiergestaltigkeit

Zunder

→Feuererzeugung
Die Funken bzw. das glühende Holzmehl müssen von einem Material aufgenommen werden, das die Hitze isoliert und leicht brennbar ist. Dafür eignen sich verschiedene Materialien:
• Das Fruchtfleisch des getrockneten Buchenschwammes oder verwandter Pilze wird zunächst in einer Pottaschenlauge (mit Wasser versetzte Eichenholzasche) eingelegt, dann weichgeschlagen, getrocknet und mit Salpeter eingerieben oder vorher durch Einweichen in Urin nitriert.
• Auch Wollgras oder Distelsamen sowie Holunder- und Binsenmark konnten verwendet werden.
• Waren keine Baumpilze vorhanden, ergaben auch dünne Birkenrinde, trockenes Moos oder Holzpulver, das beim Bohren anfiel, guten Zunder.

Zusammengesetzte Geräte

Um die Wirkungsweise eines Werkzeuges, Gerätes oder einer Waffe zu erhöhen, wurde es oft mit anderen Gegenständen aus Holz, Knochen, Geweih, Elfenbein oder Horn mit Pflanzen- und Sehnenfasern sowie Klebematerialien verbunden. Dies gilt z. B. für Beilklinge und Schaft, Speer und eingesetzte Geschoßspitze und Pfeil und Bogen.
Die Frage, ob die Faustkeile bereits teilweise geschäftet waren, ist noch ungeklärt. Der älteste Hinweis auf eine zusammengesetzte Waffe könnte der Fund von Schöningen in Niedersachsen sein, wo man neben 400 000 Jahre alten Speeren ebenso alte Stöcke mit Kerben an den Enden fand, die darauf hinweisen, daß der *Homo erectus* möglicherweise bereits Steinklingen an Schäften befestigte. Der Fund eines armdicken Tannenzweiges am gleichen Ort mit 2 Einkerbungen für den Einsatz eines Feuersteins ist weltweit der älteste Beleg dafür, daß von Menschenhand 2 Materialien, hier nämlich Holz und Stein, zusammengefügt worden sind. Ab dem →Jungpaläolithikum gibt es zahlreiche zusammengesetzte Waffen: →Lanzen und →Speere mit →Geschoßspitzen aus Stein, Knochen oder Geweih, →Speerschleudern, →Harpunen und →Schäftungen verschiedener Werkzeuge wie Beile, Äxte, Messer, Schaber, Stichel und Sicheln.
Gerade die für die Großwildjagd benutzten Jagdwaffen wie Lanze, Speer, Speerschleuder sowie Pfeil und Bogen lassen die Effektivitätssteigerung erkennen. Von der einteiligen Holzlanze als Stoßwaffe

im direktem Kampf mit dem Beutetier führt der Weg durch mehrteilige Konstruktionen zu den
Fernwaffen.

Zweibeiner
→Aufrechter Gang

Zweiseiter
→Faustkeile

Zwischenfutter
Zähelastisches Geweih oder Knochen dienten bei →Beilen zur
Aufnahme und zum besseren Halt
der Beilklinge und sollten als Puffer zwischen Beilklinge und
→Schaft die Aufprallenergie beim
Schlag mildern, um den Bruch des
Schaftes zu verhindern (→Schäf-
tungen). Die Verjüngung des Zwi-
schenfutters am Einlaßende zum
Schaft verbesserte die Verbindung,
wobei der Einsatz in eine Durchbohrung oder →Tülle erfolgen
konnte. Diese Konstruktion erlaubt
auch die Verwendung kleinerer
Klingen.

Zwischenstück
- Meist gerade Stücke aus Geweih,
  Knochen, Elfenbein oder Holz.
  Als meißelartiges Gerät wurde
  das Zwischenstück (punch) auf
  das Werkstück gesetzt und mit
  einem Schlagstein auf das freie
  Ende geschlagen. Beide Enden
  weisen Schlagspuren auf. Vermutlich wurde das Zwischenstück in der →Klingenab-
  schlagtechnik eingesetzt.
- Fassung aus Holz, Geweih oder
  Knochen zur Aufnahme einer
  Klinge und einer Querdurchboh-
  rung zur Aufnahme des Schafts.
- Speerspitzen wurden mit dem
  gegabelten Ende auf das spitz
  zulaufende Zwischenstück aus
  Geweih oder Holz gesteckt und
  befestigt. Beim Eindringen in
  den Tierkörper konnte sich die
  Spitze leicht vom Zwischenstück
  lösen, so daß dieses und der
  Schaft unbeschädigt abfielen.
  Durch Aufsetzen einer neuen
  Spitze war der Speer wieder ein-
  satzbereit.

Lebensläufe

Georges Cuvier
(1769–1832)

Der französische Naturforscher gilt als Begründer der Paläontologie, der erstmals die Skelette ausgestorbener Tiere (Saurier u. a.) richtig zusammensetzte („Knochenpapst"). Er entwickelte auch die verhängnisvolle Katastrophentheorie, nach der im Devon, Karbon, Perm und in der Trias Katastrophen alles Leben vernichteten. Jedesmal sei aber eine Naturschöpfung des Lebens erfolgt. Erst nach der letzten Katastrophe, der Sintflut, sei nach der neuen Tierwelt auch der Mensch erschaffen worden. Einen davorlebenden fossilen Menschen könne es daher nicht gegeben haben.

Charles Lyell
(1797–1875)

Der Jurist und Geologe widerlegte in seinem Werk „Die Prinzipien der Geologie – Ein Versuch, die einstigen Veränderungen der Erdoberfläche durch Rückführung auf Ursachen zu erklären, die [noch] heute wirksam sind", die Katastrophentheorie von → Georges Cuvier. Nicht die Sintflut hat die ganze Erde heimgesucht, sondern die Eiszeit hat die Welt verändert. Die großen Steinblöcke, von denen man bisher annahm, daß sie von der Sintflut an Land gespült worden waren, kamen mit dem Eis aus den Gebirgen Nordeuropas. Mit Charles Lyell erfolgte der Durchbruch zum modernen, wissenschaftlichen Denken in der Archäologie.

Jacques Boucher de Perthes
(1788–1868)

Französischer Zöllner aus Abeville (Nordfrankreich), der 1832 in den Kiesen der Somme und beim Ausbaggern des Sommekanals altsteinzeitliche Faustkeile, jungsteinzeitliche Steinbeile und Knochen ausgestorbener Tiere fand. Dabei wendete er 1847 erstmals die Stratigraphie zur chronologischen Bestimmung an. Seine Funde stießen zunächst auf Ablehnung, da nach der Katastrophentheorie (→ Georges Cuvier) der erste Mensch erst nach der Sintflut erschaffen wurde, und das sei etwa vor 6 000 Jahren gewesen. Perthes beging den Fehler, bei seinen Artefaktzeichnungen echte Artefakte zusammen mit Pseudoartefakten zu veröffentlichen, was ihn angreifbar machte. Ein Umschwung bahnte sich durch einen seiner Gegner an: den Geologen Dr. Rigolott aus Amiens. Seine Ausgrabungen in den Kiesgruben von Saint-Acheul sollten Boucher de Perthes widerlegen. Doch die gefundenen Feuersteingeräte überzeugten ihn von der Zeitgleichheit früher Menschen und ausgestorbener Tierarten.

Pierre Marcellin Boule
(1881–1942)

Der Anthropologe bewies 1905 mit seinem Experiment mit der Kreidemühle das Vorkommen von →Eolithen, die Merkmale menschlicher Bearbeitung hatten, aber auf mechanische Weise zufällig in der rotierenden Mühle entstanden waren. Damit schieden die Eolithen, die in den Schichten des Tertiärs (25–2 Mio. Jahre) gefunden wurden, als intentionell hergestellte Werkzeuge aus.

Otto Hauser
(1874–1932)

Der Schweizer Hauser, Antiquitätenhändler und Schriftsteller, kaufte die Halde von La Micocque, nachdem andere Ausgräber angesichts der fast unüberwindlichen Grabungsvoraussetzungen ihre Suche aufgegeben hatten. Er pachtete oder kaufte die Grabungsstellen von La Moustier, Laugerie Basse und Laugerie Haute, Combe Chapelle, La Rochette und viele andere. Damit unterband er die wilde und planlose Schatzgräberei in Abris und Höhlen. Sogar an langfristige Arbeitsverträge mit seinen Arbeitern hatte er gedacht. Das weckte natürlich den Zorn der Wissenschaftler, die an den wenigen verbliebenen Stellen gruben und denen nun keine Arbeitskräfte zur Verfügung standen.

Der Hang von Micoque war eine betonartig harte Masse und bestand aus einem Gemisch von Kalktrümmern des ehemaligen Abris, Steinen, Geröllen, Kieseln, Erde, Steinwerkzeugen und fossilen Tierresten. Jedes Werkzeug, jeder Knochen mußte aus dieser Masse bei Temperaturen von manchmal 54–56° Celsius herausgemeißelt werden. Hauser fand 10 000 Steingeräte: verschiedene Schaberformen, Bohrer und Faustkeile. Leitwerkzeug wurde der →Micocquien-Keil. Vor allem fand er zahlreiche Pferdeknochen, seltener die von Hirsch, Bär und Elefant.

Einen beachtlichen Fund machte Hauser 1909 in Le Moustier, als er im Tal der Vézère grub. Als seine Arbeiter in einer ungestörten Schicht auf das Skelett eines Menschen stießen, ließ er die Grube sofort mit Erde zudecken, so daß sein Fund vor unerwünschten Eingriffen gesichert war. Er verschickte über 900 Einladungen an gelehrte und wissenschaftliche Gesellschaften, bei der Hebung des Fundes dabeizusein. Da Hauser bei den französischen Forschern nicht beliebt war, verzichteten sie auf die Teilnahme, so daß 9 deutsche Wissenschaftler die an das Tageslicht kommenden Funde begutachteten. Sie fanden einen jungen Neandertaler im Alter von etwa 15 Jahren. Zu Ehren Hausers, der selbstlos die Bergung anderen überließ, nannten sie ihn „Homo Moustériensis Hauseri".

Die französischen Wissenschaftler, die bei der Ausgrabung nicht anwesend waren, entrüsteten sich über den Außenseiter und warfen ihm unsachgemäße Bergung vor. Nachdem die Franzosen an dem Erwerb des Fundes nicht interessiert waren, verkaufte er das Skelett zusammen mit einem von ihm gefundenen Skelett aus dem Aurignacien an das Berliner Völkermuseum für den damals unerhörten Preis von 160 000 Mark. Doch der Verkauf sollte ihm kein Glück bringen. Das Geld, auf eine Schweizer Bank überwiesen, ging durch deren Konkurs verloren. Die Franzosen waren über den Verkauf empört, und als 1914 der Krieg ausbrach, wurde er des Landes verwiesen. Er verlor sein ganzes Eigentum und seine Sammlungen an Werkzeugen und Geräten aus dem Aurignacien, Solutréen und Magdalénien. Er ging nach Deutschland und schrieb Bücher über seine Ausgrabungen und über altsteinzeitliche Themen. Es wird berichtet, daß er jedesmal, wenn er nach Berlin kam, vor den beiden Toten im Völkermuseum einen Blumenstrauß niederlegte und einige Minuten schweigend verharrte. Die beiden Skelette gingen im Zweiten Weltkrieg durch Bombardierung und Brand verloren, doch blieben Abgüsse erhalten.

Ernst Haeckel
(1834–1919)
Haeckel war Zoologe und Professor an der Universität Jena und vertrat die Abstammungslehre Darwins in Deutschland. 1863 hielt er einen Vortrag über die Entwicklung des Menschen, der auf seinem Weg über niedrige Fische, eidechsenhafte Reptilien, känguruhartige Beuteltiere und affenähnliche Säugetiere seine Entwicklung nahm; diese seien seine unmittelbaren Vorfahren. Der Gedanke, daß der Mensch vom Affen abstammen könne, rief große Empörung hervor, die sogar in der Forderung nach seiner Entlassung gipfelte. Als er voraussagte, daß es eine Zwischenform von Affe und Mensch, den *Pithecanthropus alalus* (den sprachlosen Affenmenschen) gegeben haben müsse,

lachten ihn die Wissenschaftler aus, und selbst der berühmte Pathologe Virchow (1821–1902) hielt den „Affenprofessor" für verrückt. Aber →Eugène Dubois glaubte an die Voraussage Haeckels, daß Überreste des gibbonartigen Affenmenschen auf Java zu finden seien, wo noch heute der Gibbon lebt. Er ging nach Java, grub und wurde fündig.

Eugène Dubois
(1858–1940)
Der holländische Militärarzt, Anatom und Geologe ließ sich auf Grund von →Haeckels Voraussage nach Java versetzen, um unter schwierigsten klimatischen Bedingungen nach dem *Pithecanthropus* zu suchen. Es gelang ihm, 1892 die Gebeine eines menschenähnlichen Wesens zu finden; er nannte ihn *Pithecanthropus erectus*, den aufrecht gehenden Affenmenschen. Doch Virchow lehnte die Funde ab und die meisten Wissenschaftler schlossen sich seiner Meinung an. Erst 1921, nach dem Tode von Virchow, begann man, sich mit seinen Funden zu beschäftigen. →Gustav von Koenigswald macht bei mehreren Grabungen weitere Funde des *Homo erectus* und auch des *Pithecanthropus robustus*. Erst später stellte sich heraus, daß der *Pithecanthropus* nicht mit dem Gibbon verwandt war. Obwohl Dubois an der falschen Stelle gesucht hatte, hat er doch das Richtige gefunden.

Gustav H. R. von Koenigswald
(1902–1982)
Der Paläontologe von Koenigswald setzte die Arbeiten von →Dubois fort. Er kaufte 1935 in

einer chinesischen Apotheke fossile Knochen und Säugetierzähne (in China „Drachenzähne" genannt). Besonders 4 riesige Zähne mit →Dryopithecus-Muster, etwa 3–4 mal so groß wie ein Menschenzahn, erregten seine Aufmerksamkeit. Er schloß daraus, daß es Zähne von Riesen seien. Von 1937–1941 grub er bei dem Dorf Sangirum in Java und fand tatsächlich einen riesigen Unterkiefer, der zu den Zähnen paßte. Als er weitergrub, fand er einen Kiefer, der 4–5 mal so groß wie der eines heutigen Menschen ist und vom *Giganthropos blacki* stammte, der bis heute als der größte Primat aller Zeiten gilt.

Anton Johannes Hürzler
(†1995)
Der Baseler Anatom Johannes Hürzler entdeckte 1958 in einem Braunkohlebergwerk der Toscana Fossilien des *Homo bambolii* mit einem Alter von 8–10 Mio. Jahren, also von einem aufrechtgehenden Hominiden. Der Fund fand aber keine Anerkennung, weil man es für unmöglich hielt, ein ganzes Primatenskelett aus dem Miozän von vor 5–23 Mio. Jahren zu finden. Auch die Meinung Hürzlers, *Oreopithecus* sei ein echter Hominide gewesen, erschien vielen Fachleuten so ungeheuerlich, daß sie den Schweizer 1985 nicht einmal zu einem *Oreopithecus*-Symposium einluden. Hürzler resignierte und gab seine Forschungen auf. Erst nach seinem Tode erkannte man, daß nicht der Mensch, sondern der Affe *Oreopithecus bambolii* der erste aufrecht gehende Primat war (→Evolution des Menschen: Hominoidae).

Alfred Rust
(1900–1983)
Aus familiären Gründen war ihm der Zugang zum Gymnasium versagt. Er wurde Elektriker, wanderte nach dem Ersten Weltkrieg durch ganz Europa und verdiente seinen Unterhalt, indem er eine zeitlang in seinem Beruf arbeitete. Von den Wanderungen zurückgekehrt, besuchte er die Volkshochschule in Hamburg. Hier interessierte er sich vor allem für die Spatenforschung und wurde Mitarbeiter von Gustav Schwantes, einem Professor der Urgeschichte in Hamburg. Bei seinen Literaturstudien stieß er auf einen Bericht, wonach während des Ersten Weltkrieges beim Ausheben von Schützengräben in Syrien Werkzeuge der Urmenschen gefunden wurden. Kurzerhand fuhr er mit einem Freund 1929 mit dem Fahrrad los und erreichte 3 Monate später nach 4 500 Kilometern Syrien. An der Ruhr erkrankt, mußte er in ein Krankenhaus: Seinen Aufenthalt finanzierte er dort durch Verlegung elektrischer Leitungen. Hier hörte er von einer in der Nähe gelegenen Höhle von Jabrud, die er ausgrub. Seine Helfer bezahlte er durch weitere Elektroarbeiten im Krankenhaus, wo er jeweils einen halben Tag arbeitete. Er fand Steingeräte des Paläolithikums und hat damit eine neue Kultur des Nahen Ostens entdeckt: das →Jabrudien. Er radelte noch dreimal nach Syrien, nach Ägypten und Frankreich und besuchte die dortigen Steinzeitkulturen.
Als ihm 1931 die Sammlung von Dr. P. Albrecht aus Norddeutschland gezeigt wurde, erkannte er sofort die Werkzeuge des Mag-

dalénien. Daraufhin begann er mit Grabungen im Ahrensburg-Meiendorfer Tunneltal, überzeugt davon, daß nach dem Abschmelzen des Eises sich dort Seen und Teiche gebildet hatten. Wenn Menschen dort gewohnt hatten, so hätte man auch Abfälle in den See geworfen. Er gab seine Stelle auf, um sich voll der Suche nach den Seen zu widmen. Die wöchentliche Unterstützung von 9 Mark zwang ihn dazu, täglich 40 km mit dem Fahrrad zur Ausgrabungsstelle zu fahren. Unter schwierigen äußeren Umständen gelang ihm der Fund eines Rengeweihs mit einem ausgelösten Span an der Innenseite, der ganz in der Technik des Magdalénien hergestellt worden war. Nun (1934) bekam er volle Unterstützung. Schwantes übernahm die Leitung, der Geologe Gripp und der Pollenanalytiker Schütrumpf schlossen sich an. Lehrer Bleyle schlämmte die kleinen Pflanzenreste aus, und die Bestimmung der Tierknochen übernahm Dr. Krause. Es wurden 2698 Feuersteingeräte geborgen. Leitwerkzeug wurde der Zinken.

1947 fand Rust in Borneck (östlich vom Tunneltal) einen ungestörten Lagerplatz der Rentierjäger mit den Grundrissen von Sommerzelten und 4000 Feuersteinwerkzeuge.

Louis Seymour Bazett Leakey
(1903–1972)

In Kenia geborener und dort aufgewachsener Paläontologe und Prähistoriker. 1936 heiratete er die Archäologin Maey Nicol, und beide wurden zu einem erfolgreichen Forscherpaar. Zunächst mit wenig Geld und auf sich allein gestellt, wurden sie 1948 von dem amerikanischen Geschäftsmann Charles Boise finanziell unterstützt und gruben ab 1951 erfolgreich in →Olduvai (Tanzania). Unter großem körperlichen Einsatz bei glühender Hitze wurden zunächst nur Knochen von großen Säugetieren gefunden. Da sich in denselben Ablagerungen auch Steinwerkzeuge befanden, nahmen die Leakeys an, daß es sich um Beuteaas früher Menschen handelte.

1959 entdeckte Mary Leakey in der Olduvai-Schlucht den Schädel eines Australopithecinen (Nußknackermann) und nannte ihn zum Dank an ihren Förderer *Australopithecus boisei*. Weitere Funde des *Homo habilis* folgten. Neben den zahlreichen Funden besteht die Leistung der Leakeys auch in ihrer Art der Fossildokumentation, wie sie heute noch üblich ist.

Dietrich Mania
(*31.1.1938 in Orlamünde, Thüringen)

Der Name des Archäologen, Geologen und Paläontologen, der als Professor an der Universität Jena lehrte, ist untrennbar mit dem altpaläolithischen Freilandlagerplatz →Bilzingsleben verbunden. Bereits Anfang des 18. Jahrhunderts wurden dort fossile Knochen von Großsäugern gefunden. Überragende Bedeutung erhielt der Fundplatz Bilzingsleben aber erst 1969, als Dietrich Mania in den inzwischen aufgelassenen Travertinsteinbrüchen auf einen bis dahin nicht bekannten archäologischen Fundhorizont an der Basis der Travertinablagerung stieß. Er fand den Lagerplatz einer Gruppe von Urmenschen mit Steinartefakten, aufgeschlagenen Tierknochen und 1972 ein Fragment des Hinterhauptbeins eines *Homo erectus,* das aber erst später als solches erkannt wurde. 1974 wurde die Forschungsstelle Bilzingsleben eingerichtet, und Dietrich Mania baute als Leiter der Forschungsgruppe die Außensstelle und eine interdisziplinäre Arbeitsgemeinschaft mit zahlreichen Spezialisten auf, die er bis heute leitet. Die Ausgrabungen ließen ein Lebensbild des frühen Menschen entstehen. Die Bedeutung Bilzingslebens liegt in der Einmaligkeit eines vollständig erhaltenen Lagerplatzes mit Spuren aller menschlichen Aktivitäten aus der Zeit des *Homo erectus* und stellt damit einen bedeutenden Beitrag zur Stammesgeschichte des Menschen dar. Dietrich Mania hat in 30jähriger Forschungsarbeit bei oft schwierigen Arbeitsbedingungen die Erforschung Bilzingslebens zu seiner Lebensaufgabe gemacht. Außer dem Projekt Bilzingsleben gibt es noch weitere bedeutende Ausgrabungen und Untersuchungen wie etwa die Uferrandsiedlung am ehemaligen Ascherslebener See (1962/1969), Markkleeberg (1977–1980), Tagebau Neumarkt-Nord im Geistal (1987–1996), sowie seit 1992 Ausgrabungen im Helmstedter Braunkohlenrevier und in Schöningen.

Literaturverzeichnis

1. Adam, Karl Dietrich: Die Großgliederung des Pleistozäns in Mitteleuropa. Stuttgart 1964.
2. Alimen, Marie-Henriette/Steve, Marie-Joseph: Weltgeschichte, Bd. 1: Vorgeschichte. Frankfurt 1966.
3. Alt, Kurt W.: In: „bild der wissenschaft", Nr. 8 (1997) und „Mannheimer Morgen" 16. 9. 97.
4. Althaus, Johann: An der Schwelle zur Zivilisation. In: „DIE WELT" 30. 12. 98, S. 13.
5. Altuna, Jesús: Ekain und Altxerri bei San Sebastian, hg. v. Gerhard Bosinski. Sigmaringen, 1996.
6. Anati, Emmanuel: Felsbilder. Wiege der Kunst und des Geistes. Zürich 1991.
7. Anati, Emmanuel: Höhlenmalerei. Die Bilderwelt der prähistorischen Felskunst. Zürich/Düsseldorf 1997.
8. Attenborough, David: Das geheime Leben der Pflanzen. München 1988.
9. Bahn, Paul G.: Gräber, Särge & Mumien. Augsburg 1997.
10. Bandi, Hans-Georg/Breuil, Henri/Berger-Kirchner, Lilo/Lhote, Henri/Holm, Erik/Lommel, Andreas: Die Steinzeit. Vierzigtausend Jahre alte Felsbilder. Baden-Baden 1960.
11. Bantelmann, Niels/Hänsel, Bernhard/Müller-Wille, Michael/Peschel, Karl: Prähistorische Zeitschrift. 68/1 (1993) Berlin.
12. Bar-Josef, Ofer/Vandermeersch, Bernard: Koexistenz von Neandertaler und modernem *Homo sapiens* (1993). In: 187, S. 115–116.
13. Barfod, Jörn/Jacobs, Friedrich/Ritzkowski, Siegfried: Bernstein. Seelze 1989.
14. Barraclough, Geoffrey (Hg.): Atlas der Weltgeschichte. Augsburg [7]1997.
15. Baumann, W./Mania, D./Toepfer, V./Eissmann, L.: Markkleeberg. (Hg.): Werner Coblenz. Berlin 1983.
16. Bayerisches Landesamt für Denkmalpflege Ingolstadt (Hg.). Steinzeitliche Kulturen an Donau und Altmühl. Ingolstadt 1989.
17. Benda, Leopold (Hg.): Das Quartär Deutschlands. Berlin/Stuttgart 1995.
18. Böhme, Klaus: Vom Steinwurf des Vormenschen zum Waidwerk der Antike. Melsungen 1991.
19. Bordes, Francois: Faustkeil und Mammut. Die Altsteinzeit. München 1968.
20. Bosch, Peter W.: Ein Feuerstein-Bergwerk aus der Jungsteinzeit. In: 189, S. 216–218.

21. Bosinski, Gerhard/Dietrich, Evers: Jagd im Eiszeitalter. Bonn 1979.
22. Bosinski, Gerhard: Typen der Steinwerkzeuge. München 1967.
23. Braem, Harald: Die magische Welt der Schamanen und Höhlenmaler. Köln 1994, S. 38.
24. Braem, Harald: Magische Riten und Kulte. Stuttgart/Wien 1995.
25. Bräuer, Günter: Gebeine verraten die Art. In: „GEO" Nr. 1 (1995), S. 38.
26. Braunschweigisches Landesmuseum (Hg.): Jungsteinzeit in Bulgarien. Wunstorf 1982.
27. Breddin, Rolf: Gräber zwischen Elbe und Oder. In: Archäologie in Deutschland 1 (1997), S. 30.
28. Brézillon, Michel N.: La Dénomination des Objeks de Pierre Taillée. Matériaux pour un vocabulaire des préhistoriens de langue francaise. Paris 1983.
29. Brønsted, Johannes: Nordische Vorzeit, Bd.1: Steinzeit in Dänemark. Neumünster 1960.
30. Bruggemann, Maximilian/Acatos, Sylvio: Die Pueblos. Zürich 1989.
31. Bulgarelli, Grazia: Verwendung und Funktion von Feuerstein bei der Herstellung von Perlen aus Halbedelsteinen. In: 209, S. 329–332.
32. Burenhult, Göran (Hg.): I. Die ersten Menschen. II. Die Menschen der Steinzeit. Hamburg 1993.
33. Butzer, Karl W.: Studien zum vor- und frühgeschichtlichen Landschaftswandel der Sahara. Bd. 1–3. Mainz 1958.
34. Buurmann & Plas: In: 209, S. 9.
35. Calvin, William H.: Die Geschichte des Lebens. Augsburg 1997.
36. Chauvet, Jean-Marie/Deschamps, Éliette Brunel/Hillaire, Christian: Grotte Chauvet bei Vallon-Pont-d'Arc. Sigmaringen 1995.
37. Chen Zhao Fu: China, Prähistorische Felsbilder. Zürich 1989.
38. Clottes, Jean: Niaux. Sigmaringen 1997.
39. Clottes, Jean/Lewis-Williams, David: Schamanen. Sigmaringen 1997.
40. Clottes, Jean/Courtin, Jean: Grotte Cosquer bei Marseille. Sigmaringen 1995.
41. Cox, Barry/Dixon, Dougal/Gardiner, Brian/Savage, R. J. G.: Dinosaurier und andere Tiere der Vorzeit. München 1992.
42. Cunliffe, Barry (Hg.): Illustrierte Vor- und Frühgeschichte Europas. Frankfurt/M. 1996.
43. Darwin, Charles: Die Abstammung des Menschen. Wiesbaden ³1966.
44. Dawkins, Richard: Und es entsprang ein Fluß in Eden. Das Uhrwerk der Evolution. München 1996.
45. Der Große Brockhaus, 16. völlig neubearbeitete Auflage in zwölf Bänden. Wiesbaden 1952.
46. Deutsche Gesellschaft für Ur- und Frühgeschichte Bonn (Hg.): Archäologische Informationen, 11/2 (1988); 16/2 (1993) Bonn.

47. Dolezol, Theodor: Adam zeugte Adam. München/Wien 1979.
48. Drössler, Rudolf: Menschwerdung. Leipzig 1991.
49. Dubin, Lois Sherr: Alle Perlen dieser Welt. Eine Kulturgeschichte des Perlenschmucks. Köln 1988.
50. Engeln, Henning: Vor vier bis sieben Millionen machte der aufrechte Gang unserer Ahnen die Hände frei. In: „GEO" Januar 1995, S. 26.
51. Engesser, Burkart/ Fejfar, Oldrich/Major, Pavel: Das Mammut und seine ausgestorbenen Verwandten. Nr. 20, Basel 1996.
52. Eppel, Franz: Fund und Deutung. Eine europäische Urgeschichte. Wien/München 1958.
53. Eschenweck, Thomas: In 194, S. 39.
54. Evers, Dietrich: Felsbilder arktischer Jägerkulturen des steinzeitlichen Skandinaviens. Wiesbaden 1988.
55. Evers, Dietrich: Felsbilder-Botschaften der Vorzeit. Leipzig u.a.. 1991.
56. Facchini, Fiorenzo: Der Mensch. Ursprung und Entwicklung. Augsburg 1991.
57. Fagan, Brian M.: Das frühe Nordamerika. Archäologie eines Kontinents. München 1993.
58. Fagan, Brian M: Die ersten Indianer. Das Abenteuer der Besiedlung Amerikas. München [2]1990.
59. Fansa, Mamoun (Hg.): Mit dem Pfeil, mit dem Bogen. Technik der steinzeitlichen Jagd. In: Archäologische Mitteilungen aus Nordwestdeutschland, 16. Oldenburg 1996.
60. Fester, Richard: Die Eiszeit war ganz anders. München 1973.
61. Feustel, Rudolf: Technik der Steinzeit. Archäolithikum – Mesolithikum. Weimar [2]1985.
62. Fiedler, Lutz (Hg.): Alt- und mittelsteinzeitliche Funde in Hessen. Führer zur hessischen Vor- und Frühgeschichte, Bd. 2. Stuttgart 1994.
63. Fiedler, Lutz (Hg.): Archäologie der ältesten Kultur in Deutschland. Wiesbaden 1957.
64. Fiedler, Lutz (Hg.): Kleine Beiträge zur Urgeschichte der Sahara, des Maghreb und der iberischen Halbinsel. Heft 26. Marburg 1988.
65. Fiedler, Lutz (Hg.): Zur Urgeschichte der Sahara. Heft 31. Marburg, 1990.
66. Filip, Jan: Enzyklopädisches Handbuch zur Ur- und Frühgeschichte Europas. Stuttgart 1966.
67. Fletcher, Roland: Häuser aus Mammutknochen. In: 32, S. 135.
68. Förderverein Bilzingsleben – World Culture Monument e.V. (Hg.): Praehistoria Thuringica: 1 (1997), 2 (1998).
69. Ganzelewski, Michael/Slotta, Rainer (Hg.): Bernstein, Tränen der Götter. Essen 1997.
70. GEO-Wissen: Die Evolution des Menschen. Wie wir wurden, was wir sind. Hamburg 9 (1998).
71. Gerstenberg, Gebr.: Die ersten Menschen. Hildesheim [4]1991.

72. Glyn, Daniel: Geschichte der Archäologie. Köln, ³1990.
73. Glyn, Daniel (Hg.): Enzyklopädie der Archäologie. Bergisch Gladbach 1996.
74. Glynn, Daniel: Megalithische Monumente. In: 189, S. 189–190.
75. Gorys, Andrea: Wörterbuch der Archäologie. München 1997.
76. Gorys, Erhard: Handbuch der Archäologie. Ausgrabungen und Ausgräber, Methoden und Begriffe. Augsburg 1989.
77. Gould, Stephen Jay (Hg.): Das Buch des Lebens. Köln 1993.
78. Gould, Stephen Jay: Zufall Mensch. München 1994.
79. Gowlett, John A. J.: Auf Adams Spuren. Die Archäologie des frühen Menschen. Freiburg 1985.
80. Gripp, K.: In: 147, S. 301.
81. Haberland, Wolfgang: Amerikanische Archäologie. Darmstadt 1992.
82. Hahn, Joachim: Erkennen und Bestimmen von Stein- und Knochenartefakten. Einführung in die Artefaktmorphologie. Bd. 10. Tübingen, ²1993.
83. Haller, Franz : Die Welt der Felsbilder in Südtirol. Schalen- und Zeichensteine. Dannstadt-Schauernheim 1989.
84. Halstead, L. B.: Der Urzeit auf der Spur. Stuttgart ²1991.
85. Häßler, Hans-Jürgen (Hg.): Ur- und Frühgeschichte in Niedersachsen. Stuttgart 1991.
86. Henke, Winfried/Rothe, Hartmut: Paläoanthropologie. Berlin/Heidelberg/New York 1994.
87. Herrmann, Fritz-Rudolf/Jockenhöfel, Albrecht: Die Vorgeschichte Hessens. Stuttgart 1990.
88. Herrmann, Joachim (Hg.): Archäologie in der DDR. Denkmale und Funde. 2 Bde. Stuttgart 1989.
89. Herrmann, Joachim/Ullrich, Herbert: Menschwerdung. Millionen Jahre Menschheitsentwicklung – natur- und geisteswissenschaftliche Ergebnisse. Berlin 1991.
90. Hildebrandt, Reiner: „Ton und Topf". In: Schmitt, L. E. (Hg.): Beiträge zur deutschen Philologie. Bd. 30, Gießen 1963, S. 150.
91. Hillrichs, Hans Helmut: Terra-X. Von den Steppen der Mongolen zu den Inseln über dem Regenwald. München 1991.
92. Honoré, Pierre: Das Buch der Altsteinzeit. Düsseldorf/Wien 1967.
93. Honoré, Pierre: Es begann mit der Technik. Stuttgart 1969.
94. Hugot, Henri J./Bruggemann, Maximilian: Zehntausend Jahre Sahara. München 1993.
95. Imago Mundi. Studienreihe des Kult-Ur-Instituts (Hg.) Bd. 6: Spuren der Vergangenheit. Prähistorische Felsgravuren im Hohen Atlas. Lollschied 1994.
96. Imago Mundi. Studienreihe des Kult-Ur-Instituts (Hg.) Bd. 2: Der Zauberer vom Mont Bego. Lollschied 1993.
97. Imago Mundi. Studienreihe des Kult-Ur-Instituts (Hg.) Bd. 9: Die Steine beginnen zu reden. Lollschied 1995.
98. Jahn, Martin: Gab es in der vorgeschichtlichen Zeit bereits einen Handel? Berlin 1956.

99. Jockenhöfel, Albrecht/Kubach, Wolf: Bronzezeit in Deutschland. Stuttgart 1994.

100. Johanson, Donald: In: „GEO": Evolution. Der lange Weg zum Menschen. Nr . 1 (1995), S. 26.

101. Johanson, Donald/Shreeve, James: Lucy's Kind. Auf der Suche nach dem ersten Menschen. München 1989.

102. Johanson, Donald & Blake, Edgar: Lucy und ihre Kinder. Heidelberg/Berlin 1998.

103. Keefer, Erwin: Rentierjäger und Pfahlbauern. 14000 Jahre Leben am Federsee, hg. v. Württembergischen Landesmuseum Stuttgart. Stuttgart 1996.

104. Keefer, Erwin: Steinzeit, hg. v. Württembergischen Landesmuseum Stuttgart. Stuttgart 1993.

105. Kehnscherper, Günther: Hünengrab und Bannkreis. Von der frühen Eiszeit an – Spuren früher Besiedlung im Ostseegebiet. Leipzig [2]1990.

106. Kelterborn, Peter: Zur Bedeutung der „Livres de beurre". In: 209, S. 228–229.

107. Kipp, Friedrich A.: Indizien für die Sprachfähikeit fossiler Menschen. Stuttgart 1966.

108. Klenkler, C. E.: Sahara – Prähistorische Artefakte. Genf 1986.

109. Klotz. Heinrich: Die Entdeckung von Çatal Hüyük. München 1997.

110. Kocher, Kurt E.: Battenberg-Report: Werkplätze der älteren Altsteinzeit, 1984. Botschaft aus der Altsteinzeit, 1989. Kultort des *HOMO ERECTUS*, 1991. Dannstadt-Schauernheim.

111. Kokabi, Mostefa/Schlenker, Björn/Wahl, Joachim: Knochenarbeit. Artefakte aus tierischen Rohstoffen im Wandel der Zeit. Saalburg-Schriften 4. Bad Homburg v.d.H. 1996.

112. Kuckenburg, Martin: „.... und sprachen das erste Wort". Die Entstehung von Sprache und Schrift. Düsseldorf [2]1998.

113. Kuckenburg, Martin: Siedlungen der Vorgeschichte in Deutschland – 30000 bis 15 v.Chr. Köln [2]1994.

114. Landesmuseum Schloß Gottdorf, Schleswig (Hg.): Ausstellung 1998. Archäologen auf den Spuren der frühen Menschen. Schleswig 1998, S. 6.

115. Landschaftsverband Rheinland, Rheinisches Landesmuseum Bonn (Hg.): Beiträge zum Paläolithikum im Rheinland, Rheinische Ausgrabungen, Bd. 11: Rheinland. Bonn 1972.

116. Landschaftsverband Rheinland, Rheinisches Landesmuseum Bonn (Hg.): Beiträge zur Urgeschichte des Rheinlandes I, Rheinische Ausgrabungen, Bd. 15: Rheinland. Köln 1974.

117. Landschaftsverband Rheinland, Rheinisches Landesmuseum Bonn (Hg.): Beiträge zur Urgeschichte des Rheinlandes II, Rheinische Ausgrabungen, Bd. 17: Rheinland. Köln 1976.

118. Langbein, Wolf-Dietrich: Die Brenztalkultur. Geologisches Alter und archäologische Bedeutung. In: Ziegert, Helmut (Hg.): Arbeiten zur Urgeschichte des Menschen. Frankfurt/M./Bern 1976, S. 10.

119. Latusseck, Rolf: Kannibalismus war keine seltene Ausnahme. In: „Die Welt" 9. 8. 1997.

120. Lehmann, Thomas: Typentafeln zur Ur- und Frühgeschichte Mitteleuropas. Arbeitsgruppe Typentafel. Göttingen 1991.

121. Lehmann, Ulrich: Paläontologisches Wörterbuch. Stuttgart ³1985.

122. Leroi-Gourhan, A./Allain, J.: In: 89, S. 453.

123. Leroi-Gourhan, André: Prähistorische Kunst. Die Ursprünge der Kunst in Europa. Freiburg/Basel/Wien ⁵1982.

124. Leskov, A. M./Müller-Beck, H. (Hg.): Arktische Waljäger vor 3000 Jahren. Unbekannte sibirische Kunst. Mainz/München ²1995.

125. Lewin, Roger: Spuren der Menschwerdung. Die Evolution des Homo sapiens. Heidelberg ²1992.

126. Lippert, Helga: Safari in die Steinzeit. Die Schädelöffner der Kisi in Kenia. In: 91, S. 197.

127. Litzow, Karl: Keramische Technik. Vom Irdengut zum Porzellan. München, 1984.

128. Lorblanchet, Michel: Höhlenmalerei. Ein Handbuch. Sigmaringen 1997.

129. Luttropp, Adolf/Bosinski, Gerhard: Der altsteinzeitliche Fundplatz Reutersruh bei Ziegenhain in Hessen. Köln 1971.

130. Lutz, Rüdiger/Lutz, Gabriele: Das Geheimnis der Wüste. Die Felskunst des Messak Sattafest und Messak Mellet in Libyen. Insbruck 1995.

131. Mania, Dietrich/Dietzel, Adelhelm: Begegnung mit dem Urmenschen. Hanau 1980.

132. Mania, Dietrich: Auf den Spuren des Urmenschen. Die Funde aus der Steinrinne von Bilzingsleben. Berlin 1990.

133. Mania, Dietrich: Die ersten Menschen in Europa. In: Archäologie in Deutschland, Sonderheft 1998, Stuttgart.

134. McCrone, John: Als der Affe sprechen lernte. Die Entwicklung des menschlichen Bewußtseins. Frankfurt 1992.

135. McMann, Jean: Rätsel der Steinzeit. Zauberzeichen und Symbole. Augsburg 1989.

136. Meister, Martin: In „GEO", November 1997, S. 100–107.

137. Meurers-Balke, Jutta: In: 192, S. 142.

138. Müller-Beck, Hansjürgen (Hg.): Urgeschichte in Baden-Württemberg. Stuttgart 1983.

139. Müller-Beck, Hansjürgen/Albrecht, Gerd (Hg.): Die Anfänge der Kunst vor 30000 Jahren. Stuttgart 1987.

140. Müller-Beck, Hansjürgen: In: 163, S. 28.

141. Müller-Beck, Hansjürgen: Die Steinzeit. Der Weg der Menschen in die Geschichte. München 1998.

142. Müller-Beck, Hansjürgen: Von Mauer bis zum Vogelherd – Versuch einer Rekonstruktion der paläolithischen Begehungen Südwestdeutschlands. In: Jahrbuch des Heimat- und Altertumsverein Heidenheim an der Brenz 1997/98, S. 30–60.

143. Müller-Beck, Hansjürgen: In: 113, S. 40.

144. Müller-Karpe, Hermann: Die geschichtliche Bedeutung des Neolithikums. Wiesbaden 1970.
145. Müller-Karpe, Hermann: Geschichte der Steinzeit. Augsburg 1998.
146. Müller-Karpe, Hermann: Grundzüge früher Menschheitsgeschichte. Bd. 1–4. Stuttgart 1998.
147. Müller-Karpe, Hermann: Handbuch der Vorgeschichte, Bd. I: Altsteinzeit. München 1977.
148. Müller-Karpe, Hermann: Handbuch der Vorgeschichte, Bd. II: Jungsteinzeit. München 1989.
149. Müller-Karpe, Hermann: Handbuch der Vorgeschichte. Bd. III, 1/2/3: Kupferzeit. München 1974.
150. Museum Moesgård: Dänemarks Vorzeit auf Moesgård. Moesgard 1988.
151. Nakott, Jürgen: In: „bild der wissenschaft", Nr. 4 (1998), S. 102–104.
152. Narr, Karl J.: Handbuch der Urgeschichte. Bern/München 1966.
153. Narr, Karl J.: Kultur, Umwelt und Leiblichkeit des Eiszeitmenschen. Stuttgart 1963.
154. Negev, Avraham (Hg.): Archäologisches Bibellexikon. Neuhausen-Stgt. ²1991.
155. Niel, Fernand: Auf den Spuren der großen Steine. Stonhenge, Carnac und die Megalithen. München ⁴1989.
156. Normann, David: Ursprünge des Lebens. München 1994.
157. Otto, Josef: In: 95.
158. Oxnard, Ch.: African Eve? Asian Adam! The Implications of Modelling for Interpretation of Mitochondrial DANN Studies. In: Jablonski, N. A.: The Changing Face of East Asia during the Tertiary and the Quaternary. Hongkong 1997, S. 476–497.
159. Paturi, Felix R.: Die Chronik der Erde. Gütersloh ²1995.
160. Peschlow-Bindokat, Anneliese: Der Latmos. Eine unbekannte Gebirgslandschaft an der türkischen Westküste. Mainz 1996.
161. Pittioni, Richard: Beiträge zur Geschichte des Keramikums in Afrika und im Nahen Osten. Horn/Wien 1950.
162. Probst, Ernst: Deutschland in der Bronzezeit. München 1996.
163. Probst, Ernst: Deutschland in der Steinzeit. München 1991.
164. Probst, Ernst: Deutschland in der Urzeit. München 1986.
165. Reichholf, Josef H.: Das Rätsel der Menschwerdung. Gütersloh 1990.
166. Reichholf, Josef H.: Der schöpferische Impuls. Eine neue Sicht der Evolution. Stuttgart 1992.
167. Rieckhoff, Sabine: Faszination Archäologie. Regensburg 1990.
168. Rind, Michael M. (Hg.): Feuerstein, Rohstoff der Steinzeit. Bergbau und Bearbeitungstechnik. Buch am Erlbach ²1988.
169. Rith, Adolf: 5 000 Jahre Töpferscheibe. Konstanz 1960.
170. Ruoff, Ulrich: Leben im Pfahlbau. Solothurn 1991.
171. Ruspoli, Mario: Die Höhlenmenschen von Lascaux. Augsburg 1998.

172. Rust, Alfred: Über Waffen und Werkzeugtechnik des Altmenschen. Neumünster 1965.

173. Scheer, Anne.: Eiszeitwerkstatt – Experimentelle Archäologie. Museumsheft 2, Urgeschichtliches Museum Blaubeuren 1995.

174. Schlichtherle, Helmut (Hg.): Pfahlbauten rund um die Alpen. Sonderheft Archäologie in Deutschland. Stuttgart 1997.

175. Schlichtherle, Helmut/Wahlster, Barbara: Archäologie in Seen und Mooren. Den Pfahlbauten auf der Spur. Stuttgart 1986.

176. Schmitt, Michael: Wie sich das Leben entwickelte. Die faszinierende Geschichte der Evolution. München 1994.

177. Schneider, Max: Die Urkeramiker. Entstehung eines mesolithischen Volkes und seiner Kultur. Leipzig 1932.

178. Schrenk, Friedemann: Im: Spiegel, Nr. 42 (1995), S. 222.

179. Schrenk, Friedemann: Die Frühzeit des Menschen. Der Weg zum *Homo sapiens*. München 1997.

180. Schrenk, Friedemann: Die Geschichte geht weiter.... In: 198, S. 312.

181. Schulze-Thulin, Axel: Indianer der Urzeit. Die Clovis-Periode in Nordamerika. München 1995.

182. Sherratt, Andrew: In: 42, S. 220.

183. Siefer, Werner: Der erste Europäer. In: Focus Nr. 23 (1997), S. 148.

184. Sielmann, Burchard: In 189, S. 133.

185. Sklenár, Karel: Menschen und Tiere in der Steinzeit. Erlangen ²1991.

186. Spatz, Helmut: Beiträge zum Kulturenkomplex Hinkelstein – Großgartach – Rössen. Materialhefte zur Archäologie, Landesamt Baden-Württemberg, Bd. 1–3. Stuttgart 1996.

187. Spektrum der Wissenschaft (Hg.): Bruno Streit: Evolution des Menschen. Heidelberg 1995.

188. Spektrum der Wissenschaft: Evolution. Die Entwicklung von den ersten Lebensspuren bis zum Menschen. Heidelberg ⁷1988.

189. Spektrum der Wissenschaft: Siedlungen der Steinzeit. Haus, Festung und Kult. Heidelberg 1989.

190. Spreth, Günter: Jagen unter der Tarnkappe. In: „GEO" Nr. 11 (1997), S. 187–189.

191. Staatl. Konservatoramt Saarland (Hg.): Führer zu archäologischen Denkmälern in Deutschland. Bd. 18: Saar-Pfalz-Kreis. Stuttgart 1988.

192. Staatliches Museum für Naturkunde und Vorgeschichte Oldenburg: Moorarchäologie in Nordwest-Europa. Oldenburg 1992.

193. Stadt Ingoldstadt (Hg.): Steinzeitliche Kulturen an Donau und Altmühl. Begleitheft zur Ausstellung im Stadtmuseum Ingolstadt. Ingoldstadt 1989.

194. Städtisches Museum Heilbronn (Hg.): Beile und Äxte aus Felsgestein. Neolithische Steingeräte aus den Städtischen Museen Heilbronn. Heilbronn 1991.

195. Steiner, Walter: Europa in der Urzeit. Die erdgeschichtliche Entwicklung unseres Kontinents von der Urzeit bis heute. München 1993.

196. Streit, Bruno (Hg.): Evolution des Menschen. Heidelberg 1995.
197. Stringer, Chris/McKie, Robin: Afrika, – Wiege der Menschheit. Die Entstehung, Entwicklung und Ausbreitung des *Homo sapiens*. München 1996.
198. Tattersall, Ian: Puzzle Menschwerdung. Auf der Spur der menschlichen Evolution. Heidelberg 1997.
199. Tesseraux, Marianne: Die Felssteingeräte. Die Sammlung des Instituts für Ur- und Frühgeschichte der Universität Heidelberg. Bonn 1981.
200. Torbrügge, Walter: Europäische Vorzeit. Baden-Baden 1968.
201. Trinkaus, Erik/Shipman, Pat: Die Neandertaler – Spiegel der Menschheit. München 1992.
202. Uerpmann, Margarethe: Zur Technologie und Typologie neolithischer Feuersteingeräte. In: Tübinger Monographien zur Urgeschichte Bd. 2, hg. v. Hansjürgen Müller-Beck/Wolfgang Taute/Jan Tomsky. Tübingen 1976.
203. Unser, Stefan: Die Feuerstein-Technologie der Steinzeit. Freiburg/Breisgau 1983.
204. Vaas, Rüdiger: Adam war Afrikaner. In: „bild der wissenschaft", Nr. 4 (1998), S. 103.
205. Vialou, Denis: Frühzeit des Menschen. München 1992.
206. Wagner, Günther A./Beinhauer, Karl W. (Hg.): *Homo heidelbergensis* von Mauer. Das Auftreten des Menschen in Europa. Heidelberg 1997.
207. Wegner, Günter (Hg.): Leben-Glauben-Sterben vor 3000 Jahren. Bronzezeit in Niedersachsen. Niedersächsisches Landesmuseum Hannover, Ausstellungskatalog 1996. Oldenburg 1996.
208. Weinig, Jan G.: Eine neolithische Schmuckwerkstätte aus Gaimersheim. In: 16 (1989), S. 153–156.
209. Weißgerber, Gerd: 5 000 Jahre Feuersteinbergbau. Die Suche nach dem Stahl der Steinzeit. Unter Mitarb. v. R. Slotta und J. Weiner, hg. v. Deutschen Bergbaumuseum Bochum. Bochum ²1981.
210. Willroth, Karl-Heinz: Landschaft, Besiedlung und Siedlung. In: 207, S. 41.
211. Wingert, Helga: Spuren in die Vergangenheit. Frankfurt/M. 1994.
212. Wolf, Josef /Burian, Zdenek: Menschen der Urzeit. Leipzig 1979.
213. Zahlhaas, Gisela: Keramiken der Prähistorischen Staatssammlung im internationalen Keramik-Museum Weiden, hg. v. Museum für Vor- und Frühgeschichte München. München 1990.

Buchanzeigen

Ur- und Frühgeschichte bei C. H. Beck –
Eine Auswahl

Jan Assmann
Ma'at
Gerechtigkeit und Unsterblichkeit im Alten Ägypten
2. Auflage. 1995. 319 Seiten mit 13 Abbildungen. Broschiert

Roman Herzog
Staaten der Frühzeit
Von der Gewgenwart einer vergangenen Zeit
2., überarbeitete Auflage. 1998. 329 Seiten mit 4 Karten. Leinen

Heinrich Klotz
Die Entdeckung von Catel Höyük
Der archäologische Jahrhundertfund
1998. 80 Seiten mit 68 Abbildungen, davon 35 in Farbe und
zahlreiche Computeranimationen. Broschiert

Denis Vialou
Frühzeit des Menschen
Aus dem Französischen übertragen von Helga Weippert
1992. VII, 436 Seiten mit 436 Abbildungen, davon 249 in Farbe.
Leinen

Venceslas Kruta
Die Anfänge Europas von 600–500 v. Chr.
Aus dem Französischen übertragen von Helga Weippert
1993. 410 Seiten mit 322 Abbildungen, davon 192 in Farbe. Leinen

Veronique Schiltz
Die Skyten und andere Steppenvölker
8. Jahrhundert v. Chr. bis 1. Jahrhundert n. Chr.
1994. XVI, 472 Seiten mit 407 Abbildungen, davon 395 in Farbe
und 9 Karten
Universum der Kunst

Verlag C. H. Beck München

Ur- und Frühgeschichte in der Reihe
C.H. Beck Wissen

Friedemann Schrenk
Die Frühzeit des Menschen
Der Weg zum Homo sapiens
2., neubearbeitete Auflage.1998. 127 Seiten mit 17 Abbildungen.
Paperback. Beck'sche Reihe Band 2059

Herwig Wolfram
Die Germanen
4. Auflage. 1999. 128 Seiten. Paperback
Beck'sche Reihe Band 2004

Alexander Demandt
Die Kelten
2. Auflage. 1999. 128 Seiten mit 13 Abbildungen. Paperback
Beck'sche Reihe Band 2101

Barthel Hrouda
Mesopotamien
Die antiken Kulturen zwischen Euphrat und Tigris
Unter Mitarbeit von Rene Pfeilschifter
1997. 125 Seiten mit 14 Abbildungen, 2 Karten und 2 Zeittafeln.
Paperback. Beck'sche Reihe Band 2030

Josef Wiesehöfer
Das frühe Persien
1999. 128 Seiten mit 7 Abbildungen, 1 Karte und 1 Zeittafel.
Paperback. Beck'sche Reihe Band 2107

Hansjürgen Müller-Beck
Die Steinzeit
Der Weg des Menschen in die Geschichte
1998. 136 Seiten mit 3 Abbildungen und 4 Karten. Paperback
Beck'sche Reihe Band 2091

Verlag C.H. Beck München